재무관리

강신성 · 이광로

제7판

신영사

머리말

이 책이 출간된 지 벌써 18년이 되었다. 그동안 저자들을 아끼고 격려해주신 많은 분들의 질책과 성원에 힘입어 제6판에서의 불비한 점을 수정 · 보완하여 제7판을 출간하게 되었다. 제6판의 내용과 체제를 그대로 유지하고 있는 제7판 역시 재무관리를 처음 공부하는 학부 학생들이 재무관리의 체계를 세우고, 재무이론과 관리기법을 쉽게 이해할 수 있도록 하는 데 역점을 두는 동시에 각 장에서의 일부를 수정하고 보완하였다.

재무관리는 '기업가치의 극대화' 또는 '주주 부의 극대화'라는 기업목표를 실현하기 위해 기업의 재무활동을 관리하는, 즉 재무계획을 세우고 실행한 다음 이를 평가하는 일련의 의사결정과정이라 할 수 있다. 기업의 재무활동은 자본조달결정과 투자결정이란 두 가지 의사결정이 핵심을 이룬다. 이들 재무의사결정은 현금흐름의 측정과 평가, 즉 측정된 미래현금흐름의 현재가치를 기준으로 기업가치의 극대화라는 관점에서 이루어진다.

이 책에서는 '기업가치의 극대화'라는 기업목표를 실현하기 위해서는 합리적이고 효율적인 자본조달결정과 투자결정이 재무관리의 핵심과제임을 일관성 있게 설명하려고 노력하였다. 또한 재무관리와 관련된 제반 이론과 기법을 이해하기 쉽도록 예제와 자세한 풀이도 제시하였다.

이 책은 한 학기 수업에 적당하도록 5부 15장으로 구성되었다.

제 I 부는 '재무관리의 기초' 편으로, 재무관리에 대한 전반적인 개관 및 기업재무와 금융시스템의 관계(1장), 화폐의 시간가치 개념(2장), 채권과 주식의 평가를 통한 기업가치평가(3장)의 문제를 살펴보았다.

제 II 부는 '투자결정' 편으로, 우선 확실성하의 투자결정문제를 살펴보았다. 즉, 자본예산편성과 투자안의 현금흐름 추정(4장), 투자안의 경제성 평가방법(5장) 등을 설명하였다. 다음으로 위험하의 투자결정문제를 살펴보았는데, 평균·분산기준에 의한 포트폴리오 선택이론(6장), 자본자산가격결정모형(*CAPM*)과 이를 이용한 불확실성하의 투자결정(7장)문제 등을 설명하였다. 그리고 제7장 제6절 차익거래가격결정모형(*APM*)은 대학원 과정으로 제7판에서는 제외시켰다.

제Ⅲ부는 '자본구조와 배당정책' 편으로, 우선 자본조달결정 및 투자결정문제의 이론적 기초가 되는 자본비용의 개념과 계산방법, 그리고 실무에의 적용방법(8장) 등을 살펴보았다. 이어서 자본구조와 기업가치 관계를 설명한 자본구조에 관한 기존 이론들의 주장과 차이점을 정리한 다음, 최적자본구조의 존재 여부와 실제로 기업들이 자본구조를 결정할 때 고려하는 제반 요인들(9장)을 살펴보았다. 다음으로 배당에 관한 기초개념 및 배당과 기업가치의 관계를 규명하는 배당정책(10장)을 설명하였다.

제Ⅳ부는 '장·단기자본의 조달과 운전자본관리' 편으로, 장기자본의 조달 원천과 종류·특성·조달방법 등을 살펴보았고, 리스금융의 종류, 장·단점 및 리스의 경제성 평가방법(11장)을 다루었다. 이어서 단기자본의 조달 원천인 단기금융수단의 종류·특성·조달방법 등을 알아본 다음, 운전자본관리의 주요 내용(12장)을 구체적으로 설명하였다. 제6판에서의 제13장 재무비율분석은 경영분석이나 재무분석에서 배우는 분야이기에 제7판에서는 제외시켰다.

제Ⅴ부는 '재무관리의 특수 주제' 편으로, 옵션과 선물거래(13장), 기업의 인수·합병(M&A)(14장) 및 국제재무관리(15장)의 문제를 다루었다. 제13장은 옵션의 개념과 가격결정요인 및 가격결정모형을 설명하고, 다음으로 선물의 개념과 종류 및 선물가격결정원리 등을 살펴보았다. 아울러 파생금융상품들에 대해 참고란에서 설명하였다. 그리고 제14장은 기업의 성장전략과 구조조정의 일환으로 이루어지는 M&A에 대하여 설명하였다. M&A의 방법과 유형, M&A의 가치평가, 적대적 M&A에 대한 방어전략 등을 살펴보았다. 마지막으로, 제15장 국제재무관리는 기업재무활동의 국제적 확장이라는 차원에서 외환시장과 환위험, 환율결정이론, 해외투자와 해외자본조달에 대해 살펴보았다.

이 책을 집필하는 과정에서 저자들은 국·내외 학자들이 출간한 여러 종류의 재무관리 교과서와 논문들로부터 많은 도움을 받았기에 이분들께 심심한 감사의 인사를 드린다. 그러나 이 책의 내용상 오류는 전적으로 저자들의 책임이며, 선배 제현과 독자들의 충고를 받아 차후 개정판을 통해 계속 수정·보완해 나갈 예정이다. 이 책이 재무관리를 공부하는 학부생 및 대학원생, 그리고 실제로 기업재무를 담당하는 재무관리자에게 조그마한 보탬이라도 되었으면 하는 것이 저자들의 희망이다.

끝으로, 이 책을 선택하신 교수님들께서 한 학기에 이 교재를 다 끝마치기는 매우 어려울 것으로 사료됩니다. 참고로 저자들은 한 학기 동안 제Ⅳ부 제12장까지만 다루고, 학생들에게 제Ⅴ부의 내용들은 투자론과 국제재무관리에서 배우도록 권장하고 있습니다. 그리고 제6판의 오류와 미흡한 점을 수정할 수 있도록 세심한 지적과 많은 격려를 해주신 선후배 · 동료 교수님들께 깊은 감사의 인사를 드리며, 흔쾌히 제7판의 출판을 맡아주신 신영사의 권영섭 사장님과 제6판보다 더 보기 좋은 책이 되도록 편집을 해주신 박지영 편집국장님 및 편집부 직원 여러분께도 심심한 감사의 인사를 드립니다.

2021년 6월

저자들 씀

차 례

제 I 부
재무관리의 기초

CHAPTER 1 재무관리의 개요

CHAPTER 2 화폐의 시간가치

CHAPTER 3

채권과 주식의 가치평가

제 Ⅱ 부

투자결정

CHAPTER 4

자본예산과 현금흐름의 추정

CHAPTER 7 자본자산가격결정모형(*CAPM*)

제 Ⅲ 부
자본구조와 배당정책

CHAPTER 8
자본비용

CHAPTER 9
자본구조이론

제 IV 부
장 · 단기자본의 조달과 운전자본관리

CHAPTER 11 장기자본조달

CHAPTER 12 단기자본조달과 운전자본관리

제 V 부
재무관리의 특수 주제

CHAPTER 13 옵션과 선물거래

PART

I 재무관리의 기초

재무관리는 기업의 재무활동을 관리(계획 · 실행 · 평가)하는 의사결정과정, 즉 기업재무와 관련된 의사결정이다. 제 I 부에서 다루는 핵심내용은 다음과 같다.

제1장은 재무관리의 전반적인 틀을 개관하고, 기업가치극대화라는 기업목표 설정의 타당성, 기업재무와 금융시스템의 관계를 다루고, 재무관리이론의 발달과정을 살펴본다.

제2장은 재무의사결정에서 일관되게 근본적 기저(基底)를 이루는 기초개념, 즉 화폐의 시간가치를 고려하는 할인과 현재가치의 개념을 확실히 이해하도록 살펴본다.

제3장은 기업자금조달의 기본수단인 채권과 주식의 평가를 이해함으로써 기업가치평가의 개념을 알 수 있도록 한다.

CHAPTER 1

재무관리의 개요

학습목표

본장은 재무관리에서 다루어지는 내용이 무엇인지 개괄적으로 살펴본다. 기업재무에서 재무의사결정의 내용과 목표, 그리고 재무관리와 금융시장 및 금융시스템의 관계를 이해하도록 설명한다. 본장에서 이해해야 할 핵심내용은 다음과 같다.

1. 재무관리의 기능과 목표를 이해한다.
2. 재무의사결정(자본조달결정과 투자결정, 운전자본관리, 배당정책)기능이 재무상태표상에 어떻게 나타나는지를 확실히 이해한다.
3. 재무관리의 목표로서 전통적인 '이익극대화' 목표의 문제점과 '기업가치극대화' 목표의 타당성을 이해한다.
4. 기업재무와 금융시장의 관계를 금융시스템 측면에서 이해한다.
5. 현대재무관리이론의 발전과정을 개관한다.

제1절 재무관리의 역할

1. 재무관리의 의의

기업은 원재료(material), 기계 · 설비(machine), 인적자원(man power), 자본(money), 정보(information)[4M+I]를 투입하여 소비자가 원하는 재화와 서비스를 생산 · 공급하기 위해서 구매, 생산, 마케팅, 인사, 재무, 회계, 연구 · 개발(R&D) 등 일련의 경영활동을 수행하게 된다. 그런데 재화와 서비스를 생산하기 위해서는 투자가 필수 전제조건인데, 투자는 막대한 자본조달을 필요로 한다. 재무활동(financial activity)은 필요한 자본(물적자본, 금융자본)[1]을 조달하고 운용하는 활동이라 할 수 있다. 이러한 재무활동이 합리적 · 효율적으로 수행되도록 하기 위해서는 일차적으로 기업의 목표를 설정하고 목표달성을 위해서 어떤 사업을 할 것인가를 결정하는 전략계획(strategic planning)을 수립하게 된다. 이 계획(plan)대로 실행(do)을 한 다음에는 그 결과를 통제 · 평가(see)하는 관리과정(management process)을 거치게 된다. 따라서 재무관리(financial management)란 자본(자금)의 조달 및 투자 · 운용과 관련된 재무활동의 의사결정을 효율적으로 관리하는 경영활동과정이라고 정의할 수 있다.

재무관리는 좁은 의미에서 기업재무를 말한다. 기업재무(corporate finance, business finance)는 기업의 자금 조달과 운용에 관련된 계획을 세우고 이를 집행하며 통제하는 활동을 수행하는 것으로, 자금의 흐름과 관련된 재무의사결정을 다루는 이론과 기법이 주를 이룬다. 따라서 재무관리는 재무활동(자금의 조달과 운용)을 계획하는 재무계획(financial planning)과 재무활동을 통제하는 재무통제(financial control)가 연구대상이 된다.

재무관리는 넓은 의미에서 기업재무론 외에 유가증권(주식 · 채권 · 파생상품), 설비, 부동산 등 투자자산에 대한 분석 · 평가 및 투자결정과 관련된 투자론, 금융기관의 존재이유, 금융기관의 경영기법, 금융기관에 대한 규제, 이자율이론 등을 다루는 금융기관론과 금융제도론 등을 포함한다. 이러한 의미

1) 물적자본(physical capital)은 건물, 기계, 설비, 그 외에 생산과정에서 사용되는 모든 중간 투입물이다. 금융자본(financial capital)은 물적자본을 보유하기 위해서 자금을 조달하는 데에 사용되는 주식, 채권, 은행차입, 리스 등이다.

에서 넓은 의미의 재무관리를 재무학(theory of finance)이라고도 한다. 이 책에서 다루는 재무관리는 기업의 재무의사결정을 담당하는 재무관리자(financial manager)의 관점에서 다루는 기업재무, 즉 좁은 의미의 재무관리이다.

2. 재무관리의 기능

재무관리의 기능은 기업의 재무적 의사결정으로 크게 자본조달결정기능과 투자결정기능으로 대별되고, 배당결정, 자본예산결정, 운전자본관리 등이 포함된다.

자본조달결정기능(financing decision)은 투자 및 기업활동에 필요한 자금을 기업가치극대화(maximization of firm value)란 관점에서 어떤 자금(부채와 자기자본)을 얼마만큼, 어떻게 조달할 것인가 하는 의사결정이다. 즉, 자본조달결정기능은 투자 및 기업활동에 필요한 자금을 자본조달의 원천별로 어떻게 조합하는 것이 기업가치극대화라는 기업목적 달성을 위해 가장 적합한 방법인가를 결정하는 것이다. 따라서 자본조달의 수단, 경로, 절차 등 관련제도와 자본조달에 따르는 대가(자본비용) 및 조달된 자금의 이용가능기간을 분석, 파악해야 한다. 자본조달결정기능은 자본조달의 원천인 자기자본(주식)과 타인자본(회사채, 차입금 등)의 최적배합이 주된 과제가 되므로, 이를 자본조달의 최적배합(optimal mix of financing) 또는 최적자본구조(optimal capital structure)의 문제라 하며, 이러한 제반 문제가 핵심이 된다.

기업은 이렇게 조달된 자금으로 경영활동을 영위하여 창출한 성과인 순이익을 배분하게 된다. 배당결정은 순이익을 배당 및 사내유보로 어떻게 배분할 것인가에 관한 의사결정이다. 즉, 배당결정(dividend decision)은 순이익 가운데 주주에게 귀속되는 배당액의 크기를 결정하는 이익처분결정과 사내에 유보되는 유보이익의 크기를 결정하는 사내유보결정이 동시에 이루어진다. 따라서 배당결정은 자본조달결정의 잔여적 결정의 성격을 가지므로 자본조달기능과 함께 이루어져야 한다.

투자결정기능(investment decision)은 조달된 자금을 역시 기업가치극대화라는 목표를 달성하기 위해서 어떤 자산에 얼마나 배분·운용할 것인가 하는 의사결정을 의미한다. 투자결정기능은 “조달된 자금을 총투자자산 중 유동자산(현금, 매출채권, 재고자산 등)과 유형자산(건물, 설비 등)에 대해 어떻게 배분·보유하는 것이 기업목적에 합당하며 가장 효율적인가?"라는 자산의 최적 배합(optimal mix of assets) 또는 최적자산구조(optimal assets structure)의 문제가 주 과제가 된다. 이러한 투자결정기능 중 거액의 투자지출을 수반하는 유형자산에 대한 투자의사결정을 자본예산결정(capital budgeting)이라고 한다. 기업은 지속적인 수익창출을 위해서 공장, 기계·설비, 연구실험실, 창고, 그 밖의 자산들과 같은 장기자산(long-term assets) 구입과 관련하여 발생하는 현금의 유입과 유출에 대한 세부계획 수립을 하게 된다. 자본예산결정은 장기성 유형자산 투자에 관한 총괄적인 계획으로 이들 자산의 효율적인 사용을 위한 계획과 교육·훈련의 의사결정을 포함한다.

한편, 기업의 경영활동에는 일상 현금의 유출과 유입이 부단히 이루어진다. 원자재 구입, 노무비와 경비의 지출, 유형자산의 구입에 따른 현금유출이 이루어지고, 제품매출, 매출채권의 회수에 의한 현금유입이 지속적으로 이루어지고 있다. 그런데 자금의 유입·유출은 그 실현이 불확실하므로 실현 시기와 금액 등을 예상하기가 매우 어렵기 때문에 지급능력(solvency)을 항상 일정하게 유지해야 한다. 지급능력의 적정수준 유지와 결정은 유동자산(현금, 시장성 유가증권, 매출채권, 재고자산 등)의 크기로 결정된다. 유동자산을 가장 넓은 의미의 운전자본(working capital)이라고 하므로, 운전자본관리(working capital management)의 주요 과제는 유동자산의 관리라 할 수 있다. 기업성공에 있어 운전자본관리는 매우 중요한 사안이다.

재무관리의 기능에 대해서는 학자마다 조금씩 다르게 구분하고 있다. Ross, Westerfield & Jordan(1991)은 장기투자결정·자본조달결정·운전자본관리로 구분하고 있으며, Van Horne(1986)은 투자결정·자본조달결정·배당결정으로, Johnson은 재무계획·자산관리·자금조달기능을 재무관리기능으로 제시하고 있다. Copeland & Weston은 자본조달결정기능·투자결정기능·배당결정으로 구분하고 있다.

결론적으로 재무관리의 기능은 크게 나누어 투자결정기능과 자본조달결정기능으로 대별되나, 세분하면 투자결정, 자본조달결정, 배당결정, 자본예산결정, 운전자본관리로 나눌 수 있다.

3. 재무의사결정과 재무상태표 구조

기업의 주된 재무의사결정인 투자결정과 자본조달결정의 내용은 재무상태표를 통해서 쉽게 설명될 수 있으며, 이들의 관계는 [그림 1-1]과 같다.

투자결정은 재무상태표상의 차변항목과 관련된 의사결정이라고 할 수 있다. 투자결정기능은 기업이 조달된 자금으로 영업활동을 하기 위해서 비유동자산(주로 건물, 기계설비 등과 같은 유형자산)과 유동자산(현금, 유가증권, 외상매출금, 재고자산 등)의 투자비중을 적절하게 배합함으로써 기업의 자산구조(asset structure), 자산믹스(asset mix)를 결정하는 의사결정과정이다. 이러한 투자결정의 결과로서 기업이 보유하는 자산의 총가치가 결정된다.

투자결정은 비유동자산 중 주로 유형자산에 대한 투자결정인 자본예산과 유동자산에 대한 투자결정인 운전자본관리로 구성된다. 투자는 조달한 자금을 운용한 결과 나타난 상태로서 재무관리에서는 유형자산에 대한 투자를 중요시한다.

자본조달결정은 재무상태표상의 대변항목과 관련된 의사결정이다. 재무상태표 대변에는 자산구입, 즉 투자안 수행을 위해서 조달한 자금의 형태로 나타난다. 투자소요자금을 부채나 자기자본으로 조달하는 데 있어 어떤 비중으로 배합하여 조달할 것인가, 즉 부채와 자기자본의 규모와 이들의 최적배합(optimal mix)이 중요하다. 이 배합 비중이 기업의 자본조달믹스(financing mix),

그림 1-1
재무의사결정과 재무상태표

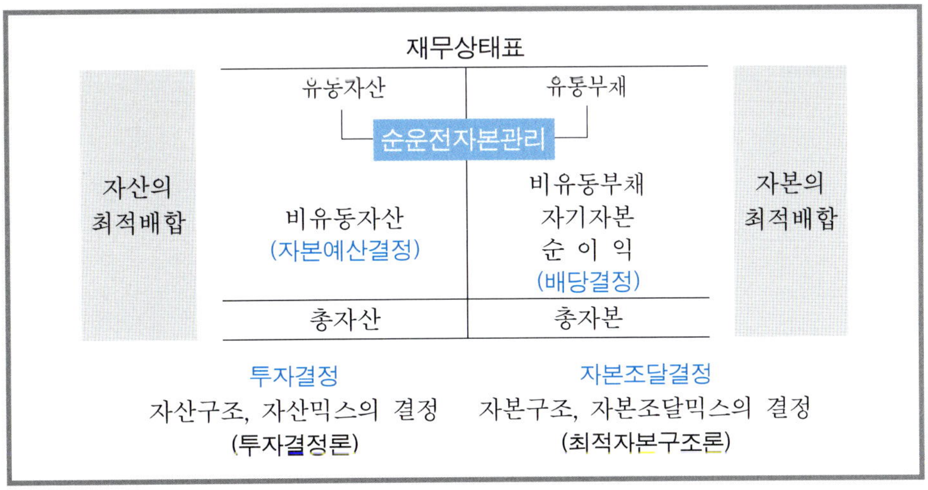

* 비유동자산 : 투자자산, 유형자산, 무형자산, 기타 비유동자산

즉 자본구조(capital structure)를 결정하게 된다. 재무상태표에서 기업가치의 크기는 자본제공자들이 소유하고 있는 유가증권(주식, 채권)이 금융시장에서 평가되는 가치에 따라 좌우된다.

그리고 자본조달을 하는 데 있어서는 자본비용(cost of capital)이 따르게 마련이다. 따라서 자본비용을 최소화하는 최적자본구조의 여부를 탐색하는 것이 주요 과제로 다루어진다.

유동자산을 가장 넓은 의미에서의 운전자본이라 하고, 유동자산에서 유동부채를 차감한 것을 좁은 의미에서의 운전자본, 즉 순운전자본이라고 한다. 기업은 현금흐름의 유입·유출액의 차이와 현금흐름의 시차불균형으로 인해 정상적인 영업활동이 저해되는 경우, 지급능력 부족으로 부도를 초래할 수도 있다. 따라서 순운전자본관리가 중요해진다.

한편, 순이익의 배분에 관한 결정을 배당결정이라 하며, 재무상태표 대변에서 이루어진다. 순이익은 자본제공자인 주주의 몫으로서, 배당으로 지급되거나 재투자 자금으로 사내에 유보된다. 사내유보자금이 재투자를 통해 많은 이익을 얻게 되면 주가상승으로 이어지고 주주는 주가상승으로 인한 매매차익(자본이득)을 얻게 된다. 배당결정은 기업가치극대화와 주주 부의 극대화란 관점에서 순이익을 배당과 사내유보로 배분하는 의사결정이다.

제 2 절 재무관리의 목표

1. 기업의 목표

재무관리의 목표는 기업의 목표와 일치하는 성격을 가지고 있다. 그래도 기업은 재무관리의 목표를 명확히 설정해야 할 필요가 있다. 재무관리 목표는 재무관리 담당자가 투자나 자본조달과 같은 재무의사결정을 할 때 기준이 되고, 이 목표에 따라 재무활동을 더욱 합리적이고 효율적으로 수행하기 위해서이다. 재무관리 목표는 전통적으로 '이익극대화'로 인정되어 왔다. 그 이유는 기업은 설립할 때부터 영구히 유지 · 성장 · 발전해야 한다는 기본적인 의무를 지닌 조직체라는 성격을 가지므로 지속적인 이익창출이란 책임은 불가피한 요소이기 때문이다. 그래서 기업의 목표로는 영리추구를 위한 이익극대화, 시장점유율극대화, 매출액극대화, 생존과 성장지향 등이 전통적으로 인정되어 왔다. 그러나 경제학자들이 전통적으로 기업목표로서 설정해 왔던 '이익극대화' 목표는 여러 가지 문제점이 있기 때문에 현대재무관리에서는 보다 광범위한 목표로서 '기업가치극대화(maximization of firm value)', '주주 부의 극대화(maximization of stockholders' wealth)'를 기업의 기본목표로 인식하고 있다.

2. 이익극대화 목표의 한계점과 기업가치극대화 목표

기업가치극대화 목표는 최근에 재무관리 목표로, 또한 기업이 지향해야 할 사명(mission)으로 부각되고 있는데, 그 이유는 이익극대화 목표가 가지고 있는 다음과 같은 문제점에서 비롯된 것이다.

첫째, 이익극대화 개념은 화폐의 시간성을 무시하고 있는 데 비해, 기업가치극대화 개념은 화폐의 시간가치를 고려한다는 점이다. 예를 들어, 금년에 들어오는 1억원이란 이익은 10년 후에 들어오는 이익 1억원보다는 더 가치가 있다. 이와 같이 단순금액으로서의 이익은 이익의 발생시기가 서로 다를 경우 비교가 곤란하지만, 할인율을 이용하여 현재가치를 구함으로써 화폐의 시간가치를 비교할 수 있다.

둘째, 이익극대화 개념은 이익실현의 불확실성을 무시하는 데 비해, 기업가치극대화 개념은 현금유입의 위험을 고려한다는 점이다. 예를 들어, 새롭게 시작하는 사업투자안에 대한 요구수익률은 무위험채권인 국채의 요구수익률보다는 더 높아야 할 것이다. 또한 투자대상별로 위험이 다를 뿐만 아니라 미래에 예상되는 이익의 실현가능성도 불확실하며, 같은 크기의 예상이익이라도 실현가능성의 차이, 즉 위험은 서로 다르다. 따라서 미래이익흐름을 예측할 때에는 반드시 위험을 감안해야 한다. 그럼에도 이익개념에는 이러한 위험의 차이가 고려되지 않고 있다.

셋째, 이익극대화 개념에서는 이익의 개념이 모호한 데 비해, 기업가치극대화 개념은 이익개념의 모호성과 인위성이란 문제점을 해소해 준다. 미래에 실현될 기대현금흐름의 질(quality)은 상당히 다양하다. 이익의 개념은 회계기준과 회계처리방법에 따라 이익이나 순이익이 다르게 측정되고, 순이익, 경상이익, 영업이익, 주당이익, 장기이익, 단기이익, 자본이익 등과 같이 서로 다른 의미를 지니고 있다. 기업가치극대화 개념은 순현금흐름이나 자금흐름을 강조함으로써 이러한 문제점들을 피할 수 있다. 금융시장은 기업가치를 경영성과의 차이를 통해 평가하면서도 기업에 내재하는 진정한 기초가치에 더 접근한다는 실증증거가 있다.

넷째, 이익극대화 개념에는 타인자본비용만 반영되고 자기자본비용이 반영되지 않는 데 비해, 기업가치극대화 개념에서는 기업가치 측정시 적정할인율로 자기자본비용이 포함된 가중평균자본비용을 이용한다.

이상에서 재무관리 목표를 이익극대화에 두어야 한다는 견해는 화폐의 시간가치, 위험의 반영, 이익개념의 모호성과 인위성 등을 고려하지 않기 때문에 재무의사결정의 지표로서는 한계가 있다. 이런 면에서 기업가치극대화 개념은 이익극대화보다는 더 광범위하고 통일화된 개념적 아이디어이면서 보다 더 일반적인 개념으로서 재무의사결정에 확고한 기준을 제공한다.

3. 기업가치극대화와 주주 부의 극대화 목표

이익극대화 목표는 위에서 언급한 바와 같은 문제점 때문에 기업목표로서 적절하지 못한 것으로 비판되고 있다. 기업가치란 기대현금흐름을 미래의 불확실성(위험)을 고려한 적정할인율로 할인한 현재가치로 나타나는 가치평가 메커니즘에 의해 결정된다.

$$V_0 = \sum_{t=1}^{n} \frac{CF_t}{(1+k)^t} \qquad (1\text{-}1)$$

단, V_0 : 기업가치
CF_t : t 기에서의 현금흐름
k : 위험을 감안한 적정할인율

여기서 기업가치를 기업의 부(wealth)와 같은 개념으로 본다면, 기업활동에 의해 창출되는 부의 증가는 기업가치의 증가를 가져온다. 기업가치는 궁극적으로 증권시장에서 이러한 가치결정을 통해 주가로 평가된다. 여기서 기업목표를 기업가치극대화로 정의하면 가장 적절한 재무관리 목표가 된다. 그 이유는 식 (1-1)에서 보는 바와 같이, 현금흐름의 시간성과 위험성이 모두 고려되고, 위험과 주주 및 채권자의 자본비용이 반영된 적정할인율(k)이 적용되므로 개념이 명확해지고 귀속주체가 분명해지기 때문이다.

기업가치는 미래의 현금흐름(수익창출능력, 수익성)과 위험이란 변수에 의해서 결정된다. 이에 기업의 재무관리 담당자는 미래의 수익성과 위험 간에 상존하는 상충관계(trade-off)를 조화롭게 관리하면서 기업가치가 극대화되도록 투자결정, 자본조달결정, 배당결정 등 재무의사결정을 해야만 하는 과제를 안고 있다.

기업가치는 결국에는 주주에게 귀속되므로 주주지분(stockholders' equity)의 가치로 나타난다는 것을 의미한다. 따라서 '기업가치의 극대화' 목표는 '주주부의 극대화(maximization of stockholders' wealth)' 목표와 일치하며, '주가의 극대화'와 같은 의미로서 재무관리 목표로 사용된다. 이는 오늘날 기업이 양적 성

참고

앞의 식 (1-1)에서 현금흐름(cash flow : CF)은 기업의 성과지표로서 '당기순이익'을 주로 사용하는데, 자기자본비용을 반영하지 못하는 한계점이 있다. 그래서 최근에는 경제적 부가가치 극대화가 기업목표로 제시되고 있다.

경제적 부가가치(economic value added : EVA)는 세후영업이익에서 총자본(타인자본+자기자본)에 가중평균자본비용(weighted average cost of capital : $WACC$)을 곱하여 계산한 금액을 차감한 경영성과지표이므로 현금흐름 측정지표로서 당기순이익보다 더 합리적이라고 볼 수 있다.

$$EVA = \text{세후영업이익} - \text{총자본} \times \text{세후가중평균자본비용}$$

그런데 EVA도 사후적 성과지표이므로 EVA의 현재가치인 시장부가가치(market value added : MVA)가 이용된다.

MVA는 현금흐름 대신에 미래기간별 EVA_t를 대입하여 $WACC$로 할인해서 구한 EVA의 현재가치이다. 따라서 MVA의 극대화는 기업가치극대화 목표와 일치한다.

$$MVA = \sum_{t=1}^{n} \frac{EVA_t}{(1+WACC)^t}$$

* $WACC$=타인자본비용×[타인자본/총자본]+자기자본비용×[자기자본/총자본]

장과 함께 질적 성장이 반영된 장기적 이익과 성장을 추구하는 전략을 실행한다는 면에서도 가장 합목적적 · 합리적 목표로서 합당한 지표라고 하겠다.

4. 제 논점

(1) 경영자의 목표와 주주의 목표

기업의 본질을 어떻게 규정하느냐 하는 관점에서 보면, 재무관리 목표는 경영자의 목표와 주주의 목표 사이에 상당히 다를 수 있다. 젠센과 메클링(Jensen & Meckling, 1976)은 "기업의 본질을 계약이론(contract theory)에 기초를 둔 대리인문제(agency problem)에서 보아야 한다"는 새로운 이론을 제시하였다. 그들은 "기업이란 경영자, 주주, 채권자, 근로자로 구성된 조직체로서, 이들 이해관계자들간에는 다양한 조건하에서 실질적이고도 암묵적인 권리 · 의무 · 지급으로 정의되는 계약관계들의 네트워크이다"라고 규정하고 있다. 대리인이론(agency theory)은 기업의 본질 측면에서 광범위하게 주목을 받아 왔다.

오늘날 현대 기업은 고도로 소유와 경영이 분리된 특징을 갖고 있다. 주주는 이익분배권, 의결권을 갖는 대신 경영자에게 경영권을 위임하는 계약관계이다. 이렇게 경영권을 갖는 경영자는 주주(principal)의 대리인(agent)으로서 '기업가치극대화' 목표를 도외시한 채 자신의 이익만을 극대화하는 방향으로 기업의 목표를 정할 수도 있다. 즉, 항상 주주의 최대이익을 위해서 행동하지 않을 수도 있다는 것이다. 경영자의 이익에는 연봉, 수당, 상여금과 같은 금전적 이익과 경영자라는 지위를 이용해서 얻을 수 있는 호화 사무실, 고급 자동차 등과 같은 비금전적 이익(perquisite)이 있다. 기업규모가 클수록, 성장이 빠를수록 경영자는 금전적 · 비금전적 이익을 더 많이 누릴 수 있다. 만약 경영자가 자신의 이익을 극대화하기 위한 행동을 취하면 기업소유자인 주주의 가치는 감소하게 된다. 이렇게 경영자와 주주 사이에는 상충적 이해관계가 상존한다. 주주는 기업이 비용으로 충당하고 남는 이익, 즉 잔여이익에 대한 청구권자이면서 동시에 잔여위험에 대해서도 책임이 있고, 기업청산시 잔여재산청구권만 있기 때문에 주주와 경영자 사이에는 항상 잠재적 갈등이 존재한다. 따라서 경영자가 주주의 이익을 위해 최선을 다하도록 하기 위해서 인센티브제도나 감시제도와 같은 장치를 필요로 하며, 이에 따른 비용이 발생하게 된다. 이런 비용들을 대리비용 또는 대리인비용(agency cost)이라 한다. 이렇게 경영자의 목표가 주주의 목표와 다를 수 있기 때문에 '기업가치극대화' 목표는 현실적이지 못하다는 비판이 제기될 수도 있다.

그러나 현대 주식회사제도에서 주주들은 경영자가 주주의 최대이익을 위해서 행동하도록 하는 또 다른 유인시스템과 메커니즘을 통해 경영자를 지배할 수 있다는 것이다. 이는 주주의 부를 감소시키는 경영자에게는 불리한 결과가 돌아간다는 기본가정에서 출발한다.

첫째, 경영자의 보상 수준인 연봉, 성과급, 상여금은 주주에게 돌아가는 수익성과가 클수록 높아진다. 이러한 분위기를 조성하기 위해 주식옵션, 종업원지주제 같은 경영자인센티브제를 활용할 수 있다.

둘째, 주주는 기업의 주요 의사결정에 대한 의결권 행사를 통해 경영자를 감시하고, 비효율적인 경영진의 교체 등을 통해 경영자를 지배할 수 있다.

셋째, 주주의 이익을 희생하는 대가로 경영자 자신의 이익을 추구하려 한다면, 주주의 불만은 주식시장에서 주식매도로 나타나 주가하락을 초래하고, 낮은 주가수준은 다른 기업에 기업인수(takeover)라는 매력적 기회를 제공하게 된다. 다른 기업의 기업인수 위협은 무능경영자의 교체압력을 의미한다.

넷째, 경영자(노동)시장에서의 평가가 주주의 이익을 위해 행동하도록 하는 요인이 된다. 기업 내·외부에서 경영자의 지위에 오르기 위한 경쟁이 치열하고, 이러한 경쟁압력이 경영자로 하여금 주주의 이익에 상반되는 의사결정을 하지 않도록 할 수 있다는 것이다.

다섯째, 실제로 최고경영자는 상당량의 주식을 소유한 주주이므로 주주라는 위치가 자기자본가치극대화를 위해 행동하도록 유발하는 요인이 된다. 따라서 예외적으로 과도한 대리인비용이 발생한 경우를 제외하고는 크게 우려할 사안은 아니라는 것이다.

주주는 이러한 유인 및 통제 수단을 통해 경영자가 자기자본가치극대화, 즉 주주의 이익극대화를 위해 행동하고 결정하도록 하기 때문에 경영자의 목표가 주주의 목표와 일치한다고 믿는 논리적 근거를 제공하고 있다. 따라서 경영자는 주주 부의 극대화라는 목표를 위해 행동한다고 할 수 있다.

(2) 기업의 사회적 책임

기업이 사회적 책임을 충실히 이행하려면 비용지출이 과다해진다. 이러한 기업의 사회적 책임수행에 따른 막대한 비용지출이 '기업가치극대화', '주주 부의 극대화' 목표와 상충될 수 있기 때문에 현실적이지 못하다는 비판이 제기될 수 있다.

현대 기업은 신제품과 신기술 개발 · 원가절감 · 양질의 서비스 증대 등을 통한 소비자 생활의 질 향상, 종업원의 교육 · 훈련, 노조와의 원만한 관계 및 고용의 안정 · 유지 등과 같이 소비자, 근로자라는 이해자집단의 요구에 부응해야 하는 사회적 책임을 갖는다. 최근에는 환경보전 · 제품안전을 통한 소비자보호, 직업안정 등과 같은 사회적 책임의 외부환경문제가 중요성을 더해가고 있다. 즉 장기적 측면에서 장기적 기업가치극대화를 위해 외부경제환경이 기업의사결정에 매우 중요한 것으로 인식되고 있다.

기업가치극대화를 위해서 혁신과 효율성을 통해 시도되는 원가절감, 신제품 · 신기술 개발, 서비스 증대 등의 노력, 노조와의 원만한 관계 유지 등도 사회적 책임의 수행이란 측면에서 바람직한 방향이다. 또한 공해물질을 유출한 기업들이 정부의 규제와 사회의 지탄으로 인해 파산에 이른 경우를 볼 수 있는 것처럼 장기적으로 보면 환경보전비용은 기업가치극대화의 전제조건이란 특성을 가지고 있다.

오늘날 기업은 외부환경, 즉 정부의 정책이나 사회 전체로부터 받는 영향의 범위가 매우 넓고 중요하다는 것을 인식하고, 외부제약조건 내에서 주주의 부를 극대화해야 한다는 사고를 가져야만 한다. 또한 기업은 사회와 정부가 요구하는 기업행동규칙을 수립하는 데 협조적이어야 하고, 법률과 사회정신을 준수해야 한다는 사명감을 인식해야 한다.

사회적 책임과 기업가치극대화 양자간에 갈등이 불가피하다면 사회적 책임의 수행과 사회공헌경영이 우선되는 현실이므로 재무의사결정은 이와 같은 제약조건하에서 기업가치극대화를 기해야 할 것이다. 그렇다고 기업가치극대화가 기업의 궁극적인 목표로서 부정되는 것은 아니다.

제 3 절 금융시장 및 금융시스템의 기능과 기업재무

1. 금융시장의 기능과 기업재무

기업은 금융시스템 내에서 자금의 조달과 투자를 하게 된다. 금융시스템이란 금융시장과 금융중개기관, 금융관련 서비스를 제공하는 기업, 가계·기업·정부의 재무의사결정을 수행하는 데에 관여하는 여러 조직과 관련된 제도 및 운영체계 등을 이른다. 오늘날 금융시스템은 국내뿐만 아니라 국제적으로 확대되어 광범위하게 이루어지고 있다. 금융시스템은 금융시장보다 더 넓은 의미로, 금융시장과 기업재무의 관계에 대해 살펴보면 다음과 같다.

첫째로 기업의 소요자금 조달은 금융시장을 통하여 이루어진다. 예를 들어, 기업은 필요한 자금을 국내금융시장에서 주식과 사채를 발행하거나 금융기관에서 차입에 의해서 조달하며, 때로는 뉴욕이나 런던 증권거래소에서 주식이나 채권을 발행하거나 혹은 외국 금융기관으로부터 차입을 하는 등 국제금융시장에서 다양한 국제적인 거래를 통해 조달하고 있다.

금융시장(financial market)은 자금수요자와 자금공급자를 연계시켜 자금매매가 이루어지는 시장으로 정의된다. 즉 금융시장은 자금잉여단위(surplus spending unit)인 가계와 투자자, 일부 기업이 소득이나 이익 중 일부를 저축하거나 투자하는 시장이며, 이들 자금잉여단위로부터 자금부족단위(deficit spending unit)인 기업이 필요한 자금을 조달하는 시장이다. 물론 금융시장의 성립은 기업의 실물자산에의 투자분이 자금잉여단위의 저축분을 초과할 때에만 가능해진다는 전제가 있다. 기업은 금융시장을 통해 자기자본(주식발행)이나 차입(회사채 발행)에 의해서 이 초과 저축분을 자금으로 조달하게 된다. 이러한 자금의 이전메커니즘은 이자율이란 교환결정수단에 의해 이루어진다.

금융시장은 화폐시장과 자본시장, 금융중개시장으로 구분된다. 화폐시장(money market)은 1년 이내의 단기채권(기업어음(CP), 통화안정채권, 미국재무성 단기증권인 T-bills 등)이 발행되어 유통되는 시장을 말하는데, 오늘날은 화폐시장이 범세계적으로 통합되고 있어서 유동성이 매우 높은 시장이다.

그림 1-2

금융시장

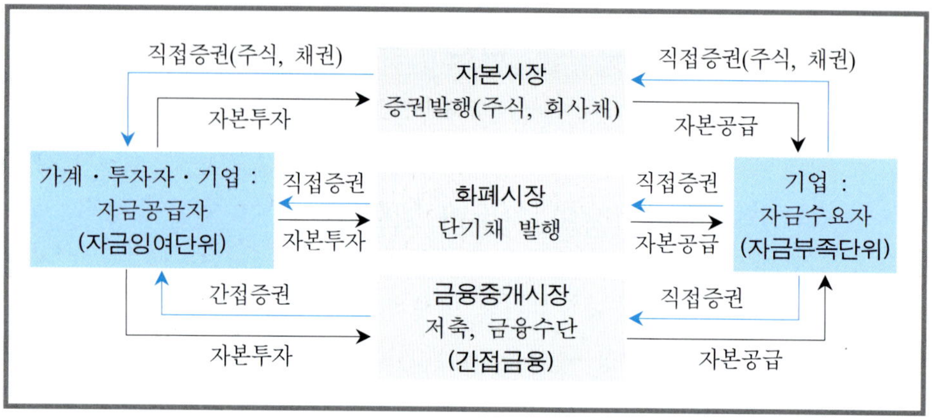

자본시장(capital market)은 장기채권 및 주식과 같은 증권이 자금의 최종수요자인 기업에 의해 발행되고, 이들 증권이 투자자에게 직접 유통되는 시장이다. 자본시장은 투자자가 기업이 발행한 직접증권을 매입함으로써 자금이 투자자로부터 기업에 직접 이전되기 때문에 직접금융시장(direct financial market)이라고 한다.

금융중개시장은 금융서비스 및 금융상품의 제공과 중개를 주 업무로 하는 금융중개기관(은행, 투자회사, 보험회사)이 자금잉여단위로부터의 자금을 자금부족단위에 간접적으로 중개하는 시장이다. 이들이 제공하는 상품으로는 보통예금, 상업대출, 부동산담보대출, 뮤추얼펀드, 다양한 종류의 보험계약 등이 있다. 이와 같이 금융중개기관이 저축이나 금융상품의 발행을 통해 조달한 자금은 기업이 발행한 증권을 매입하는 데 투입됨으로써 투자자의 자금이 금융중개시장을 거쳐 간접적으로 기업에 이전된다. 이 금융중개시장을 간접금융시장(indirect financial market)이라고 한다.

둘째로 기업의 투자는 금융시장을 통해 조달한 자금을 건물, 토지, 공장, 기계 · 설비 등과 같은 실물자산에 효율적으로 배분함으로써 달성된다. 원재료나 노동력 확보 등에 필요한 제 경비의 지급도 투자에 포함된다. 기업은 이러한 투자자산을 이용하여 영업활동을 영위하면서 이익을 창출하게 된다. 이 이익 중에서 일부는 투자자에게 배당금으로, 채권자에게는 원금과 이자로 지급하며, 남은 잔액은 영업활동에 재투자하기 위해서 기업내부에 유보금으로 적립한다.

2. 금융시스템의 기능과 기업재무

금융시스템이란 가계・기업・정부가 재무의사결정을 수행함에 있어 금융시장, 금융중개기관, 금융관련 서비스를 제공하는 기업, 기타 조직들과 관련된 모든 제도 및 운영체계 등을 말한다. 기업은 끊임없이 재무의사결정을 수행하게 되는데, 이는 금융시스템을 통해서 그리고 금융시스템 내에서 이루어지므로, 기업은 금융시스템을 잘 이해하고 충분히 활용할 줄 알아야만 성공기업이 될 수 있다. 금융이 추구하는 목표와 기본적 기능은 자원의 효율적 배분인데, 이런 금융의 목표와 기능은 효율적이고 합리적인 금융시스템이 존재해야만 달성될 수 있다. 이하에서는 자원의 효율적 배분이란 측면에서 금융시스템의 기본적・중심적 기능은 무엇인지 살펴보고자 한다.[2)]

첫째, 금융시스템은 시간적 이동과 공간적 이동을 촉진시키는 중요한 역할을 한다. 미래의 보다 행복한 삶을 위해서 장기예금이나 연금에 저축한다면, 이는 자금과 부의 시간적 이동을 의미한다. 오늘날 금융시스템은 국가간에, 산업간에 경제적 자원을 공간적으로 이전시킬 수 있는 다양한 방법들을 제공하고 있다. 그리고 국제금융시스템・금융중개기관・금융시장이란 복잡한 네트워크가 형성되어 국제간에 자금조달과 투자란 기능을 향상시켜 효율성을 증대시키고 있다.

둘째, 금융시스템은 위험관리의 수단을 제공한다. 예를 들어, 보험계약이나 보증, 선물・스왑과 같은 파생금융상품이 위험관리 수단을 제공하고 있다.

셋째, 금융시스템은 상품・서비스・자산의 교환에 수반되는 대금지급의 청산과 결제의 효율적인 수단을 제공한다. 즉, 가계나 기업들이 구매 후 대금지급에 소요되는 시간과 자원을 낭비할 필요가 없도록 효율적인 지불시스템을 제공해 준다. 해외여행에서의 카드사용, 수표사용, 전자화폐의 개발, 결제시스템의 발달로 인한 효율성 증가 등이 좋은 예이다.

넷째, 금융시스템은 분할하여 수행할 수 없는 대규모 사업에 공동출자할 수 있는, 혹은 다수의 소유자가 사업을 공유할 수 있는 메커니즘을 제공한다. 즉, 자원의 공동출자 메커니즘과 다양한 사업에 있어서의 소유권을 세분화하

2) 박영석 역, 「재무의 이해」(Zvi Bodie & Robert C. Merton, *Finance*, Prentice Hall, 2000), pp.23～39, 시그마프레스, 2002.

는 메커니즘을 제공한다. 예를 들어, 뮤추얼펀드, 단기투자신탁 뮤추얼펀드와 같이 금융시스템은 투자자 입장에서 자금의 풀을 구성해서 자금제공자들이 투자안의 공동소유자가 되게 함으로써 대규모 자금이 소요되는 투자안들에 개인투자자의 참여를 가능하게 한다.

다섯째, 금융시스템은 경제 내의 다양한 부문에서 내려지는 분권화된 의사결정의 조정에 도움이 되는 가격정보를 제공한다. 매일 매체를 통해 제공되는 이자율, 증권가격 등의 정보는 개인투자자들의 의사결정에 효율적인 정보가 된다. 기업경영자에게도 자산가격과 이자율은 투자 프로젝트의 선택, 자금조달과 같은 의사결정에 기준을 제공한다. 옵션, 선물 등과 관련된 계량적 정보들의 대폭 증가는 위험관리 의사결정에 유용하게 이용된다.

여섯째, 금융시스템은 금융거래에 참여하는 한 거래부문만이 상대방이 갖고 있지 않은 정보를 갖고 있거나, 한 부문이 다른 부문을 대신하여 대리자로서 의사결정을 할 때, 대리인으로서 발생하는 인센티브문제, 즉 도덕적 해이(moral hazard), 역선택(adverse selection), 대리인문제(agency problem)를 해결하는 방법을 제공해 준다. 또한 벤처사업의 자금조달시 정보교환의 비대칭성문제, 대출시 정보불균형을 해소해 주기도 한다. 이러한 금융시스템이 효율적이라면 인센티브문제와 정보불균형문제는 기업의 가치, 즉 주가로 나타나 해소되기 때문이다.

금융시장은 발행시장(primary market)과 유통시장(secondary market)으로 구분된다. 자금조달을 위해서 발행된 유가증권은 유통시장에서 매매거래되면서 가격이 형성된다. 금융시장은 기업이 제공하는 현금흐름의 현재가치에 의해 기업가치를 평가하며, 이때 증권(주식, 채권)의 가격은 금융시장이 효율적이라면 발행기업의 미래 성장가능성, 수익성, 위험을 반영한 것이므로 기업가치 평가의 객관적 기준이 된다. 여기서 효율적 시장이란 기업이 발행한 금융자산(주식, 채권)에 대해 해당기업의 위험과 기대수익을 충분히 반영하여 공정가격(fair price)을 성립시키는 시장을 말한다. 금융시장의 효율성은 금융자산의 공정가격을 반영하는 정도, 즉 시장효율성의 정도(degree of market efficiency)에 달려 있다. 이러한 공정가격으로 평가된 유가증권 가치의 합이 금융시장 투자자에게는 기업의 총가치가 된다.

앞에서와 같이 금융시장은 투자자로부터 기업으로 자금을 이전시키는 자금의 이전메커니즘을 제공하는 한편, 주식 · 채권 · 기타 금융수단의 가치를 평가하는 수단을 제공한다. 수많은 증권분석가와 투자자들은 끊임없이 최적의 위험과 수익의 상반관계를 제공하는 투자기회를 찾으면서 금융시장을 바라본다. 이러한 분석가와 투자자들은 끊임없이 투자대상에 대한 새로운 정보와 내용을 평가하고, 투자 및 관련활동을 통하여 금융수단의 시장가격조정에 영향을 미친다.

제 4 절 현대재무관리의 주요 이론 전개과정

재무관리는 장기간 경제학의 일부분으로 인식되어 오다가 비로소 하나의 독립된 학문분야로 연구가 시작된 것은 1900년대초부터이다. 이 시기에는 주로 자본시장의 기구, 발행과 유통 절차, 자본조달수단들을 취급했다. 회계자료와 재무기록도 오늘날 사용하는 종류와는 다르며, 공표용회계자료에 필요한 규제도 없었다. 그러나 1900년 US Steel회사의 출현으로 합병에 대한 관심이 고조됨에 따라 거대한 고정적 수익에 대한 관심과 증권발행을 포함한 기업결합(combination)의 추세가 시작되었다.

1920년대에 들어서면서 기술혁신이 빠르게 진전되고 새로운 산업들이 출현하게 된다. 이에 따라 보다 많은 자금조달이 필요하게 되면서 내부경영에 대한 관심은 외부자금조달로 전환한다. 따라서 보통주, 사채, 우선주 같은 자금조달수단이 기업재무의 중심과제를 이루게 되었고, 기업의 유동성과 자금조달을 강조하는 재무연구를 발전시켰다. 특히 투자은행들이 이 시기의 기업재무 연구에 상당한 자취를 남겼다. 듀잉(Dewing)의 「기업재무정책」(*The Financial Policy of Corporation*, 1920)은 이 시기의 학문적 교과서로서 새 아이디어를 널리 알리면서 재무관리 교육을 정형화하는 중요한 역할을 하였는데, 특히 보통주에 대한 광범위한 관심을 10여년 동안 고조시켰다.

1930년대 들어 경기침체가 심화되면서 기업생존이란 방어적 관점에서 유동성의 유지, 파산, 자산유동화, 기업재조직과 관련된 연구에 관심을 집중시키게 된다. 기업경영에 있어서의 보수주의는 자연적으로 안전한 재무구조를 강조하게 되었고, 외부금융에서의 주요 관심사는 대출자가 자기보호를 어떻게 할 수 있는가에 집중되었다. 많은 기업들이 붕괴되면서 부채의 과다 사용 및 오용에 대한 비판이 고조되었다. 특히 기업들에 대한 문제점이 폭로되면서 비난은 더욱 고조되었다. 이러한 기업실패들은 수많은 투자자들의 냉대와 함께 강력한 규제의 필요성을 불러일으켜서 정부의 통제가 강화되었다. 이에 따라 기업들은 수많은 재무자료와 부속명세서를 발표하도록 강요받게 되었다. 또한 재무분석가들도 여러 재무조건들과 여러 회사들의 성과를 비교하는 재무분석을 하도록 강요받았다.

1940년대부터 1950년대초까지 재무관리는 1920년대와 1930년대를 통해 전개되어 온 전통적 접근방법을 주로 취급하였다. 투자자나 자금대여자와 같은 외부자의 관점에서 기업분석을 하는 데 주안점을 두었고, 기업 내에서 이루어지는 의사결정은 강조하지 않았다. 비록 외부금융에 대한 연구가 아직은 주로 기술적(記述的)이지만, 현금흐름 분석에 대해 많이 강조하고 내부 현금흐름의 계획과 통제에 대해 보다 중점을 두었다.

현대재무관리는 1950년대 들어 계량적 분석방법이 투자의사결정에 널리 이용되면서 시작되었다고 할 수 있다. 딘(J. Dean)은 그의 저서 「자본예산」(*Capital Budgeting*, 1951)[3]에서, 그리고 루츠(F. Lutz)는 「기업의 투자이론」(*The Theory of Investment of the Firm*, 1951)[4]에서 투자성과를 현재가치로 평가하는 기법과 투자의 불확실성을 고려하는 투자결정기법을 제시했다. 이익관리가 단기적 종합관리를 지향하는 데 비해 자본예산편성 문제는 장기성 자본적 지출 투자안에 대한 경제성을 평가하는 의사결정을 주 내용으로 한다. 이 시기에 자본예산과 연계된 기업결합이 관심 대상으로 대두되면서 현재가치에 대한 관심이 고조되었다. 그리고 투자안 선택을 위한 여러 기법들은 자본의 효율적 배분을 위한 기본 틀을 제공하였다. 이러한 투자분석에 관한 이론에 의해 비로소 재무관리자들은 개별자산에 대한 자본의 배분문제와 자산에 투입된 총자금 규모 등의 문제를 취급하게 되었다.

이 이론이 촉매제가 되어 1950년대 중반 이후 밀러와 모딜리아니(M.H. Miller & F. Modigliani, 1958, 1961)의 논문이 발표된다.[5] MM의 논문은 기업가치

---

3) Dean, Joel, *Capital Budgeting*, New York: Colombia University Press, 1951.

4) Friedrich and Vera Lutz, *The Theory of the Firm*, N.J: Princeton University Press, 1951.

5) Modigliani, Franco, and Merton H. Miller, "The Cost of Capital, Corporate Finance and the Theory of Investment," *American Economic Review*, 48(June 1958), pp.261～297 ; "Dividend Policy, Growth and the Valuation of Shares," *Journal of Business*, 34(October 1961), pp.411～433.

평가모형(valuation model)을 새로 개발한 논문으로 자본시장이 효율적이고 완전시장이라면 부채 사용(자본구조)과 배당정책이 기업가치평가와 관련이 없다는, 즉 기업가치에 아무런 영향을 미치지 않는다는 충격적인 이론을 발표한다. 이러한 주장은 이전에는 없었던 아카데믹하고 특별한 사고로, 전통적으로 인정되어 온 자본구조이론을 부정하는 것이었다. 이 논문은 이 분야의 혁혁한 발전의 계기를 제공한다. 이후 이 토픽과 관련되어 나온 많은 논문들이 가치평가의 효과를 일으키는 자본시장의 불완전성을 증명하거나, 또는 확장된 이론적 의문을 증명하려는 연구를 계속하였다. 이처럼 MM의 논문은 기존의 재무관리이론들을 재정비하는 전환점이 되었다.

한편, 1952년 마코위츠(H. Markowitz)가 처음 개발한 「포트폴리오 선택이론」(*Portfolio Selection Theory*, 1952)은 현대재무관리의 투자결정론에서 포트폴리오분석이란 새로운 시대를 여는 기초가 되었다. 포트폴리오 선택이론이란 분산투자의 원리를 체계화한 이론으로, 분산을 이용하여 위험자산들의 위험을 측정하는 방법을 제시하고, 포트폴리오를 구성하는 각 자산들간의 상관관계를 고려하여 일정한 기대수익하에서 위험을 최소화하는 효율적 포트폴리오의 구성방법을 개발하였다.[6)]

1960년대에 들어서는 샤프(W.H. Sharpe, 1964), 린트너(J. Lintner, 1965), 모신(J. Mossin, 1966), 파마(E. Fama, 1972) 등에 의해 마코위츠의 포트폴리오이론이 더욱 확장 · 수정되어 자본자산가격결정모형(capital asset pricing model : *CAPM*)이 개발된다.[7)] 자본자산가격결정모형은 개별자산 및 포트폴리오의 기대수익을 위험과의 관계에서 구하는 이론으로 자본시장선과 증권시장선으로 구분된다. 자본시장선은 모든 투자자가 포트폴리오 선택이론에 따라 합리적으로 투자한다면, 포트폴리오의 기대수익률은 총위험과 선형관계를 이룬다는 가격결정모형이다. 증권시장선은 자본시장이 균형상태를 이룰 때 개별증권의 기대수익률은 체계적 위험과 선형관계가 성립되는 가격결정모형이다. 이 이론은 1970년대 이후 기업의 자산선택 및 가치평가, 자본조달, 배당정책 등을 결

6) Markowitz, Harry, "Portfolio Selection," *Journal of Finance*, 7, No.1(March 1952), pp.77~91 ; Markowitz, Harry, *Portfolio Selection : Efficient Diversification of Investments*, New York: John Willey, 1959.

7) Sharpe, William F., "Capital Asset Prices: A Theory of Market Equilibrium under Conditions of Risk," *Journal of Finance*, 19(September 1964), pp.425~442 ; Lintner, John, "Security Prices, Risk and Maximal Gains from Diversification," *Journal of Finance*, 20(December 1965), pp.587~616 ; Mossin, J., "Equilibrium in a Capital Asset Market," *Econometrica*, 34(October 1966), pp.768~783 ; Fama, Eugene F., and Merton H. Miller, *The Theory of Finance*, New York: Holt, 1972.

정하는 데 새로운 아이디어를 제공하면서 그 적용도가 매우 높아지고 있다. 이 이론에 대한 수많은 검증은 자본시장의 불완전성 및 효율성에 집중되어 왔다.

1970년대에 로스(S. Ross, 1976)는 자산가격결정모형의 검증에서 나타나는 문제점을 극복하기 위해서 자산의 기대수익은 다요인에 의해 가격이 결정된다는 차익거래가격결정이론(arbitrage pricing theory : *APT*)을 개발하였다.[8] 이 모형은 차익거래가 이루어질 수 없는 균형상태에서 자산의 기대수익은 다수의 공통요인에 대한 민감도와의 선형함수로 표시됨을 제시하고 있는데, 공통요인 추출이 어렵다는 문제점을 안고 있다.

1973년에 블랙과 숄즈(F. Black & M. Scholes, 1973)가 개발한 옵션가격결정모형(option pricing model : *OPM*)은 금융청구권의 상대적 가치평가와 효율적 금융시장에서 무위험이자율이 달성되는 무위험헤지포지션의 구성, 그리고 다양한 형태의 옵션들을 만드는 공식에 기본적 원리를 제공한다.[9] 이 모형은 전환증권, 신주인수권부사채(bond with warrants : BW) 같은 파생상품의 가치평가 및 자본구조 평가 측면에서 재무관리의 이론적 발전에 크게 공헌하였다.

1976년에 젠센과 메클링(M. Jensen & J. Meckling, 1976)은 대리인이론(agency theory)을 발표하였다.[10] 이 이론에 의하면, 기업의 자본공급자인 내부주주, 외부주주, 채권자 간의 대리관계에서 발생할 수 있는 이해상충이 대리인비용을 초래하며, 이들간의 이해관계가 재무의사결정에 영향을 미치므로 대리인비용을 최소화하는 최적자본구조결정이 가능하다는 것이다. 이 이론은 재무관리의 각 분야에 큰 영향을 미치고 있다.

1980년대에 들어서는 불확실성과 불완전자본시장 하에서의 기업가치평가이론이 많은 발전을 이루었다. 마이어스와 마지루프(S. Myers & N. Majluf, 1984)는 자본시장의 불완전성 효과에 대해 관심을 갖고, 기업은 자본조달비용이 가장 저렴한 순서, 즉 내부유보이익, 부채, 전환사채, 주식의 순서로 자본조달수단을 결정한다는 자본조달순위이론(pecking order theory)을 제시하였다.[11]

8) Ross, Stephan A., "The Arbitrage Theory of Capital Asset Pricing," *Journal of Economic Theory*, 13(December 1976), pp.341～361.

9) Black, Fisher, and Myron Scholes, "The Pricing of Options and Corporate Liabilities," *Journal of Political Economy*, 81(May-June 1973), pp.637～654.

10) Jensen, Michael C., and William H. Meckling, "Theory of the Firm: Managerial Behavior, Agency Costs and Ownership Structure," *Journal of Financial Economics*, 3(October 1976), pp.305～360.

11) Myers, Stewart C., and Nicholas S. Majluf, "Corporate Financing and Investment Decisions When Firms

아스퀴스와 물린스(P. Asquith & W. Mullins, 1987)는 경영진과 투자자 사이의 정보의 불일치 및 차이가 다양한 재무의사결정, 즉 증권발행, 배당정책, 자산에의 투자, 합병, 조직재구조 등에 시그널효과를 준다는 연구결과를 제시하였다.[12] 경영진이 주가상승을 위해 취하는 행동은 즉각 신호효과를 나타낼 것이고, 이에 따라 가치평가에도 변화를 가져와 투자자들로 하여금 예측적인 행동을 하도록 한다는 것이다.

1990년대 이후 재무관리는 투자결정, 현금흐름, 자본구조, 자본비용, 정보효과, 시장의 불완전성, 배당정책, 기업지배구조, *CAPM*, *APT*, *OPM*, 선물(futures), 파생상품, M&A, 공개매수, 재무분석, 기업가치평가, 국제재무관리 등 전반적인 분야에 걸쳐 연구가 활발히 진행되어 왔다.

2000년대에 들어서는 외부요인들이 기업재무이론에 다양한 영향을 미치고 있고, 그런 사건들이 날로 증가하고 있는 실정이다. 금융서비스산업에 대한 규제강화는 자본공급자들간의 경쟁과 금융서비스 제공자들간의 경쟁을 더욱 첨예화시키고 있으며, 정부의 규제강화와 세법의 잦은 개정은 기업활동을 더욱 위축시키고 있다. 또한, 이자율의 변동, 국제경제의 불확실성, 환율의 지속적인 변동, 국제금융거래에서 발생하는 문제들, 금융 관련 윤리적 문제들, 파생상품의 증가 및 이와 관련된 합리적 의사결정문제 등이 최근에는 더욱 복잡해지면서 외부환경 변화에 대한 기업의 지속적인 대응이 요구되고 있다. 최근에는 ESG(environment 친환경, social 사회적 책임경영, governance 지배구조 건전성) 관련해 패러다임이 변화하고 있다. ESG 관련 정책의 실행 정도, ESG 리스크 정도와 회피 노력이 중요시되면서 ESG 관련 정보공시제도 시행이 강행될 예정이다. 이에 ESG는 기업가치 및 수식 평가에 적극적으로 활용되고 있고, ESG 관련 채권 발행까지 하게 되었다.

이러한 외부환경 변화에 맞추어 오늘날 재무학은 이전에 변화해 온 것과 같이 새로운 아이디어와 기법으로 재무이론을 더욱 발전시켜야 한다. 이를 위해 변화하는 환경을 철저히 받아들이고, 이에 도전하면서 정확성이 재무이론에 추가된다면, 재무관리의 중요성과 역할은 더욱 인정받게 될 것이다.

Have Information That Investors Do No Have," *Journal of Financial Economics*, 13(June 1984), pp.187～222 ; Miller, Merton H., and Kevin Rock, "Dividend Policy and Asymmetric Information," *Journal of Finance*, 40(September 1985), pp.1031～1051.

12) Asquith, Paul, and David W. Mullins, Jr., "Signaling with Dividends, Stock Repurchases, and Equity Issues," *Financial Management*, 15(Autumn 1986), pp.27～44 ; Cornell, Bradford, and Allan C. Shapiro, "Corporate Stakeholders and Corporate Finance," *Financial Management*, 16(Spring 1987), pp.5～14.

연습문제

01 재무관리의 목표와 기능을 설명하시오.

02 재무의사결정의 주류는 자본조달결정과 투자결정, 배당결정이라고 할 수 있다. 이를 재무상태표에서 설명해 보시오.

03 기업의 재무관리 목표로서 기업가치의 극대화, 주주 부의 극대화, 주가의 극대화를 들고 있는데, 이들은 서로 일치하는 개념이라 할 수 있다. 이들의 관계가 왜 동일한 개념인지를 설명하시오.

04 경영자가 추구하는 목표가 주주 부의 극대화 목표와 일치한다고 볼 수 있는 근거 및 이유를 제시해 보시오.

05 금융시장의 기능을 설명하시오.

06 금융시스템의 기능을 설명하시오.

07 재무관리이론의 전개과정을 약술하시오.

08 ESG에 대해 조사하여 약술하시오.

CHAPTER

2

화폐의 시간가치

학습목표

재무관리에서 다루는 의사결정의 핵심은 '기업가치극대화', '주주 부의 극대화'라는 목표하에 이루어지는 투자결정과 자본조달결정이다. 이들 재무의사결정은 일관되게 현금흐름과 관련하여 화폐의 시간가치 개념을 원용하고 있다. 본장은 재무관리에서 가장 기초가 되는 화폐의 시간가치와 할인 개념에 대해 학습하며, 다음과 같은 핵심내용에 대한 명확한 이해가 필요하다.

1. 화폐의 시간가치 개념
2. 현재가치의 계산과 현가의 유용성
3. 연금의 미래가치 계산과 현재가치 계산의 유용성
4. 불규칙한 현금흐름의 현가와 미래가치 계산
5. 연 2회 이상 복리계산과 실효이자율의 개념
6. 표면이자율과 실효이자율의 개념

제1절 화폐의 시간가치

1. 화폐의 시간가치와 시차선호

현대재무관리이론에 따르면, 금융시장에서의 가격결정원리는 화폐의 시간가치를 전제로 이루어지며, 재무관리의 목표인 기업가치극대화는 기업가치평가로부터 출발한다. 기업의 모든 투자 및 자금조달 결정은 기업의 성과로 나타나고, 이 기업성과가 기업가치로 평가되어 나타나게 된다. 기업가치의 평가는 재무관리에서 매우 중요한 기본원리이다. 기업가치평가는 현재가치 개념을 적용하게 되는데, 현재가치는 할인이라는 원리가 적용된다. 현재가치 개념을 확실히 알아두면 그 응용범위가 넓다는 사실을 알게 될 것이다.

할인(discounting)은 화폐의 시간가치 개념에 기초를 둔 것이다. 동일한 크기의 현금흐름이라도 발생시간에 따라 서로 가치가 달라지는데, 이를 화폐의 시간가치(time value of money)라 한다. 동일한 현금흐름일 경우 미래의 현금과 현재의 현금 사이에는 먼저 들어오는 현금흐름이 더 가치가 있고, 현재의 1만원이 미래의 1만원보다 가치가 더 크다. 이렇게 시간에 따라 화폐의 가치가 다른 것은 시차선호(time preference)라는 개념이 존재하기 때문이다.

일반적으로 소비자들은 미래의 소비보다는 현재의 소비를 선호하는 시차선호의 경향과, 동일한 금액이라도 미래의 현금보다 현재의 현금을 선호하는 유동성 선호의 경향을 갖고 있는데 그 이유는 다음과 같다. 첫째, 유리한 미래의 재투자기회가 있는 경우, 이에 투자함으로써 높은 수익을 얻을 수 있기 때문이다. 둘째, 미래에는 물가상승에 따른 구매력 손실의 가능성이 존재하기 때문이다. 셋째, 미래는 불확실성으로 인한 위험이 존재하기 때문에 현재의 현금흐름을 더 선호한다.

한편, 미래의 일정시점에서의 더 많은 소비를 위해서 현재의 소비를 억제하는 경우가 있다. 예를 들어 3년 후에 나올 새 모델의 차를 사기 위하여 소비를 억제하고 저축을 한다면 현재의 소비 억제는 미래에 더 좋은 차 구입이란 미래소비를 위한 지연으로서, 현재와 미래 사이에는 시차선호라는 개념이 존재하게 된다. 또한 현재 사용 내지 소비가 가능한 재화나 화폐를 지금

소비하지 않고 미래에 더 많은 재화와 용역을 생산해서 소비하기 위하여 기계나 설비와 같은 자본재 구입에 투자를 하든가, 원 · 부자재를 구입해서 생산에 투입하면 일정기간 후에 더 많은 재화와 용역을 생산해서 더 많은 소비를 할 수 있다. 이러한 의사결정을 하는 이유는 현재의 투자와 미래의 더 많은 생산 · 소비 사이에는 시차에 의한 재화의 생산성의 차이도 존재하기 때문이다. 여기서 생산성 역시 시차선호 개념을 포함하는 동시에 화폐의 시간가치를 발생시킨다는 것을 알 수 있다. 따라서 생산성은 화폐의 시간가치에 근거한 시차선호의 개념을 포함한다. 재무관리에서 기업의 투자와 가치평가에서는 모두 시차선호와 화폐의 시간가치 개념으로 이론이 전개되고 있다.

2. 화폐의 시간가치와 시장이자율

화폐의 시간가치는 경제적 자원이 현재와 미래의 경제적 자원을 교환함에 있어, 이들이 동일한 가치를 갖는 현금흐름을 창출할 수 있는지를 점검하는 데 유용한 개념으로 재무의사결정에 매우 중요한 개념이다. 왜냐하면 기업의 자본조달결정과 투자결정은 현재부터 미래에 걸쳐 현금흐름의 유입과 유출이 지속적으로 반복되는 과정을 거치므로 이런 시간적 연장선상에서 현재의 현금과 미래의 현금을 환산하는 과정이 끊임없이 필요하기 때문이다. 이 과정에서 현재가치를 미래가치로 환산하거나 또는 미래가치를 현재가치로 환산해야 하는데, 이러한 환산과정에서 매개체로서의 역할을 해 주는 기준이 바로 이자율이다. 구체적으로 화폐의 시간가치는 현재의 소비를 미래의 소비로 지연시키는 것에 대한 보상으로 정의되며, 통상 시장이자율(market interest rate)로 결정된다. 즉, 시장이자율은 소비자들의 시차선호와 위험정도가 감안되어 화폐의 시간가치를 반영한 척도가 된다. 시장이자율은 화폐의 시간가치로 인해 발생하는 현재와 미래 사이에의 소비 및 재화의 배분에 있어서 필수적인 지표로 이용될 뿐만 아니라, 금융시장에서 얻을 수 있는 최소한의 투자수익률이 되므로 투자안의 가치를 평가하는 기준으로 이용된다.

제 2 절 미래가치와 현재가치의 계산

1. 가치평가와 가치환산방법

기업의 가치평가가 재무관리의 핵심주제 중 하나라는 것은 이미 앞에서 언급한 바와 같다. 기업가치평가는 먼저 현금흐름을 추정한 다음, 위험이 반영되어 이루어진다. 그런데 투자안의 특성에 따라 현금흐름의 시차가 발생하고, 현금흐름의 위험도 다르게 마련이다. 투자결정에서 보면, 현재의 투자를 위한 현금유출액과 투자수익의 미래현금유입액은 서로 발생시기가 다르다. 위험면에서도 현재의 투자지출은 확실한 데 반해 미래의 현금흐름은 불확실하다. 설령 투자안들의 위험이 동일하다고 가정해도 현금흐름의 발생시기와 그 크기가 다르기 때문에 이들을 서로 비교가능한 동일시점의 가치로 환산해야 가치평가가 가능해진다. 가치평가방법에는 두 가지가 있다. 그 하나는 각 시점에서 발생하는 모든 현금흐름을 미래 일정시점의 가치, 즉 미래가치(future value)로 환산하는 방법이고, 다른 하나는 각 시점에서 발생하는 모든 현금흐름을 현재시점의 가치, 즉 현재가치(present value)로 환산하는 방법이다.

2. 미래가치 계산

미래가치란 현재의 일정금액을 미래 특정시점에서의 화폐가치로 환산한 금액이다. 미래가치 계산은 시차선호에 따른 화폐의 미래가치를 구하는 것으로 시장이자율이 반영되어 매년 복리로 계산되므로 복리계산이라고도 한다. 이하에서 k는 시장이자율로, n은 기간을 표시하는 기호로 사용한다.

예를 들어, 어떤 투자자가 현재의 원금(PV_0) 1,000만원을 매년 10%의 시장이자율(k)로 5년(n)간 예금한다면, 미래의 원리금합계, 즉 n시점의 미래가치(FV_n)는 다음과 같이 계산된다.

	1년말	2년말	3년말	……	n년말
FV_n	$PV_0(1+k)$	$PV_0(1+k)(1+k)$	$PV_0(1+k)(1+k)(1+k)$		$PV_0(1+k)\cdots$
FV_n	$PV_0(1+k)$	$PV_0(1+k)^2$	$PV_0(1+k)^3$	……	$PV_0(1+k)^n$

위에서 n년 후의 미래가치는 다음과 같이 나타낼 수 있다. 이 식이 복리이자합계 공식이다. 복리계산은 각 기간에 받는 이자를 모두 반복해서 재투자하는 것을 전제로 한다.

$$FV_n = PV_0(1+k)^n \tag{2-1}$$

이제 1원에 대한 5년간 10%의 복리합계이자를 부록의 미래가치표에서 찾으면 1.6105원이다. 이를 원금에 곱하면 다음과 같다.

$$FV_n = PV_0(1+k)^n = 1{,}000\text{만원}(1.6105) = 1{,}610.5\text{만원}$$

위 식에서 $(1+k)^n$을 계수화한 것을 복리합계이자계수(compounding value interest factor : $CVIF_{k,\ n}$) 또는 미래가계수(future value interest factor : $FVIF$)라고 하며, 이자율과 기간에 따라 정리한 표를 미래가치표 또는 복리표라고 한다. 따라서 일시불의 복리합계 미래가치는 다음과 같다.

$$FV_n = PV_0(1+k)^n = PV_0(FVIF) \tag{2-2}$$

예제 2-1 복리합계 미래가치 계산

연리 4%로 복리로 지급되는 정기예금에 1,000,000원을 5년간 저축을 한 경우, 5년말에 복리계산되어 수령하는 금액은 얼마인가? 또 반기(6개월)마다 연 2회 복리로 계산된다면, 만기에 받는 복리합계지급액은 얼마인가?

풀이

$$FV_n = PV_0(FVIF_{4\%,\ 5}) = 1{,}000{,}000(1+0.04)^5$$
$$= 1{,}000{,}000 \times 1.2167 = 1{,}216{,}700(\text{원})$$

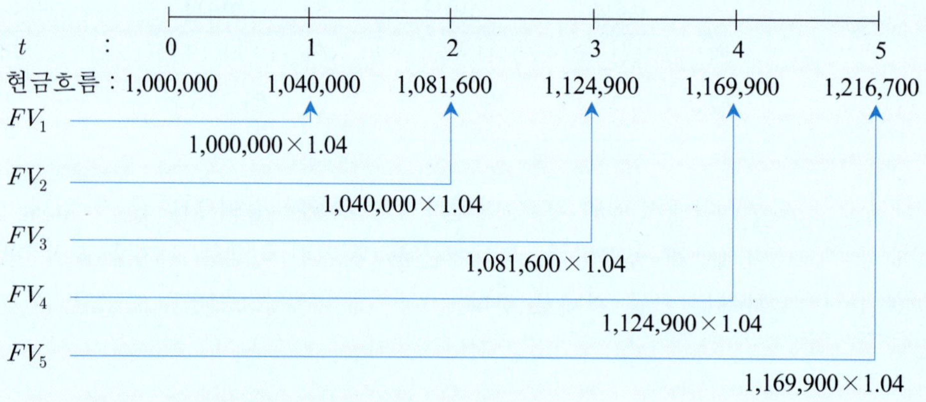

$$FV_n = PV_0(FVIF_{2\%,10}) = 1{,}000{,}000(1+0.02)^{10}$$
$$= 1{,}000{,}000 \times 1.2190 = 1{,}219{,}000(\text{원})$$

3. 현재가치 계산

현재가치란 미래에 발생하게 될 일정금액을 현재시점의 화폐가치로 평가한 금액이다. 현재가치 계산은 미래가치 계산의 역순이므로 다음과 같이 구할 수 있다. 현재가치는 미래가치를 현재시점에서 이자율 k로 할인한 값이므로 현가계수(present value interest factor : $PVIF_{k,\,n}$)를 사용하여 나타내면 다음과 같다.

$$PV_0 = \frac{FV_n}{(1+k)^n} = FV_n \times PVIF_{(k,\,n)} \qquad (2\text{-}3)$$

이와 같이 미래가치를 현재가치로 환산하는 과정을 할인(discount)한다고 하며, 이때 사용되는 시장이자율(k)을 할인율(discount rate)이라고 한다. 시차선호에 따른 화폐가치 계산에는 통상 시장이자율이 반영되므로 시장이자율이 할인율로 사용된다. 그러나 이 할인율에는 많은 의미가 포함되어 있기 때문에 단순히 시장이자율만을 의미하는 것은 아니다. 이 할인율은 가치평가나 경제성평가 측면에서 보면, 투자자의 기대수익률 · 요구수익률 · 자본환원율 · 위험조정수익률 · 자본비용 등의 의미를 내포하고 있다.

현가의 개념은 재무관리나 일상생활에서 매우 유용하고 중요한 개념이다. 예를 들면, 투자안의 경제성 분석, 주가 및 채권가격의 결정, 예금 · 연금의 현재가치 등을 산출하는 데에 응용되는 중요한 원리이다.

예제 2-2 현재가치 계산

매년 4%의 이자율이 지급되는 저축예금이 있다고 하자. 이 예금은 현재부터 5년 후 만기에 1,216,700원을 받을 수 있다면, 이 투자안의 현재가치는 얼마인가?

풀이

$$FV_5 = PV_0(1+0.04)^5 = 1{,}216{,}700 \ (k=4\%,\ n=5)$$

$$PV_0 = \frac{FV_5}{(1+k)^5} = \frac{1{,}216{,}700}{(1+0.04)^5} = 1{,}216{,}700 \times 0.8219 = 1{,}000{,}000(\text{원})$$

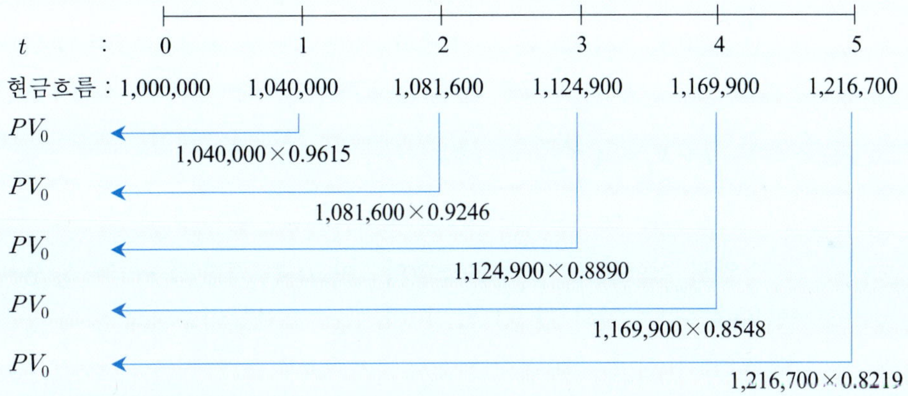

※ 위에서 FV_5 1,216,700원을 5년간, 4%라는 적정이자율로 할인하면 현재가치(PV_0)가 된다. 즉 현재가치 1,000,000원은 1,216,700원에 현가계수 0.8219를 곱한 값이 되고, 0.8219를 **현가계수**라 한다. 이 현가계수는 복리합계이자계수의 역수이다.

제 3 절 연금의 미래가치와 현재가치 계산

1. 연금의 미래가치 계산

연금(annuity)은 특정기간 동안에 걸쳐 일정금액이 정기적으로 계속 지급되는(지급받는) 일련의 현금흐름이다. 연금은 기간말에 지급되는 것이 보통이므로 연금의 미래가치(future value of annuity)는 기간말에 일정금액을 복리로 예금 또는 투자하여 투자기간말에 얻게 되는 미래가치의 합계액이다. 매년말 일정금액 A(정기연금지급액)를 n년 동안 지급을 받을 때, n년 후의 연금의 미래가치(FVA_n)는 다음과 같이 계산된다.

$$
\begin{aligned}
FVA_n &= A(1+k)^{n-1} + A(1+k)^{n-2} + \cdots + A(1+k)^1 + A(1+k)^0 \\
&= A[(1+k)^{n-1} + (1+k)^{n-2} + \cdots + (1+k)^1 + (1+k)^0]
\end{aligned}
$$

$$FVA_n = A\left[\sum_{t=0}^{n-1}(1+k)^t\right]$$

앞의 식에서 [ ] 안은 초항이 1이고[왜냐하면 $(1+k)^0=1$], 공비가 $(1+k)$인 유한등비수열의 합이므로, 이의 합은 유한등비수열의 합의 공식을 이용하여 다음과 같이 구해진다.

$$FVA_{k,\,n} = A\left[\frac{1-(1+k)^n}{-k}\right] \tag{2-4}$$

$$FVA_{k,\,n} = A\left[\frac{(1+k)^n-1}{k}\right] = A \cdot FVIFA_{(k,\,n)} \tag{2-5}$$

여기서, $\left[\frac{(1+k)^n-1}{k}\right]$은 n년 동안 매년 복리로 계산되는 연금 1원의 미래가계수(future value interest factor for an annuity : *FVIFA*) 또는 연금의 복리이자계수(compound value interest factor for an annuity : *CVIFA*)라고 한다. 연금의 미래가치는 부록에 있는 연금의 미래가계수를 이용하여 구할 수 있다.

연금의 미래가치합계 공식은 미래의 일정기간 동안에 걸쳐 부채를 상환할 경우, 매기 부채상환을 위해 일정하게 지불하는 지급액들의 미래합계액, 즉 미래가치합계와 현재의 부채가 같도록 해야 할 때 이용될 수 있다. 연금의 복리합계는 연금의 미래가계수($FVIFA$)를 이용하여 쉽게 구할 수 있다.

예제 2-3 연금의 미래가치 계산

K씨는 향후 10년 동안 매년말에 100만원씩의 연금을 지급받는데, 이를 연리 6%로 복리계산되는 10년만기 정기예금에 예입하려고 한다. 연금지급이 끝나는 10년 후에 인출가능한 총액, 즉 연금의 미래가치는 얼마인가?

풀이

$A=100$만원, $k=6\%$이므로

$$FVA_n=100(1+0.06)^9+100(1+0.06)^8+100(1+0.06)^7+100(1+0.06)^6+\cdots+100(1+0.06)^0$$
$$=100\left[\frac{(1+0.06)^{10}-1}{0.06}\right]=1{,}318.1(\text{만원})$$
$$FVA_n=A\cdot FVIFA_{(k,\ n)}=100\cdot(13.181)=1{,}318.1(\text{만원})$$

2. 연금의 현재가치 계산

연금의 현재가치(present value of annuity)는 특정기간 동안 매년말에 일정하게 지급되는 연금지급액을 현재가치로 환산하여 합한 금액이다. n년 동안 매년말 A크기의 연금액을 받을 경우, 할인율이 k라고 하면, 미래에 받게 되는 이 연금의 현재가치(PVA)는 매년 지급받는 정기연금액 A를 k로 할인하여 합하면 된다. 즉 연금의 현재가치는 다음과 같은 현가 공식에 의해 도출될 수 있다. 이를 수학적으로 표시하면 다음과 같다.

$$PVA=\frac{A}{1+k}+\frac{A}{(1+k)^2}+\frac{A}{(1+k)^3}+\cdots\cdots+\frac{A}{(1+k)^n}$$
$$=A\left[\frac{1}{1+k}+\frac{1}{(1+k)^2}+\frac{1}{(1+k)^3}+\cdots\cdots+\frac{1}{(1+k)^n}\right]$$

$$PVA=\sum_{t=1}^{n}\frac{A}{(1+k)^t}=A\left[\sum_{t=1}^{n}\frac{1}{(1+k)^t}\right] \tag{2-6}$$

위의 식에서 [ ] 안은 초항이 $1/(1+k)$이고, 공비가 $1/(1+k)$인 유한등비수열이므로, 연금의 현재가치는 유한등비수열의 합의 공식에 따라 다음과 같은 기본공식으로 구해진다. 연금의 현재가치를 연금의 현가계수($PVIFA$)를 사용하여 다시 나타내면 다음과 같다.

$$PVA = A\left[\sum_{t=1}^{n}\frac{1}{(1+k)^t}\right] = A\cdot\left[\frac{(1+k)^n-1}{k(1+k)^n}\right] = A\cdot PVIFA_{(k,\ n)} \quad (2\text{-}7)$$

여기서, $\left[\frac{(1+k)^n-1}{k(1+k)^n}\right]$을 연금 1원의 현재가치를 나타내는 연금의 현가계수(present value interest factor for an annuity : $PVIFA$)라고 한다.[1)]

위의 연금의 현가계산 공식은 기업의 재무의사결정에 많이 이용되고 있다. 예를 들면, 리스, 장기주택대여금(mortgage) 등 대부금의 할부상환금액 산정이나 자동차, 전자제품 등을 할부조건으로 판매한 경우 할부수입액의 현재가치를 구하고자 할 때 이용된다. 기본원리는 지금 현금판매할 경우의 가격과 미래 할부수입총액의 현가를 같게 한다. 또한 어떤 투자안이 n년 동안 매년 일정액의 현금흐름의 수익을 가져오는 경우, 이 현금흐름의 합계액이 현재시점에서 얼마인지를 계산하는 데 주로 이용된다.

예제 2-4 연금의 현재가치 계산

K씨는 향후 10년 동안 매년말에 100만원씩의 연금을 지급받는데, 이자율이 연 6%라면 이 연금수령액의 현재가치는 얼마나 될까?

풀이

$A=100$만원, $k=6\%$, $n=10$이므로 연금의 현가계수표에서

$PVIFA_{(6\%,\ 10)}=7.3601$이므로

$PVA = A\cdot PVIFA_{(6\%,\ 10)} = 100\cdot(7.3601) = 736.01$(만원)

1) 연금의 현가계수는 $\frac{1}{k}-\frac{1}{k(1+k)^n}$로 나타낼 수 있다.

예제 2-5 연금의 현재가치와 투자수익률 계산

S씨는 10년간 매년 1,000만원씩 일정한 현금흐름의 수익을 얻을 수 있는 투자안에 대한 투자를 고려하고 있다. 이 투자안에 대해 현재 투입가능한 투자액은 6,145만원이라면 이 투자안의 투자수익률은 얼마로 정해야 하는가?

풀이

$A=1{,}000$만원, $n=10$이므로

$PVA=A\cdot PVIFA_{(?\%,\ 10)}=1{,}000\cdot PVIFA_{(?\%,\ 10)}=6{,}145$

위 식을 변형하면 $PVIFA_{(?\%,\ 10)}=\dfrac{PVA}{A}=\dfrac{6{,}145}{1{,}000}=6.145$가 된다. k를 모르므로 연금의 현가계수표에서 기간 10년에 해당하는 행(row)을 정한 다음에 6.145에 가장 근접하는 이자계수를 찾으면 $PVIFA_{(10\%,\ 10)}=6.1446$이라는 값이 가장 근접함을 알 수 있다. 따라서 $k=10\%$가 투자안의 수익률이 된다.

※ 연금의 현재가치 계산 공식을 이용하면, 위와 같이 투자안의 투자수익률을 쉽게 결정할 수 있는 이점이 있다. 만약 위의 투자안에서 요구되는 기초투자액이 6,145만원부터 8,000만원까지의 금액이 필요하다면, 결국 이 투자안의 수익률은 10% 이하임을 의미한다. 역으로 10년간, 10%의 수익률로 매년 1,000만원의 현금흐름이 있는 투자안에 6,145만원보다 적은 5,000만원의 투자금액이 소요된다면, 이 투자안은 10%보다 큰 수익률을 올린다고 하겠다.

예제 2-6 연금의 현재가치와 할부수입액 계산

H자동차회사는 신형승용차 H-21형(판매가격 5,000만원)을 선수금 1,000만원을 받고 나머지 4,000만원은 연 균등상환 조건으로 할부판매하는 마케팅전략을 계획하고 있다. 할부기간은 48개월, 연 4%의 이사율을 적용할 때, 연간 균등할부수입액과 월 할부수입액은 얼마인가?

풀이

$40{,}000{,}000=A\times PVIFA_{(4\%,\ 4)}=A\times 3.6299$

$A=11{,}019{,}587$(원) : 연간 균등할부수입액

$11{,}019{,}587\div 12=918{,}299$(원) : 월 할부수입액

3. 영구연금의 현재가치 계산

영구연금(perpetuity)은 일정금액이 정기적으로 영구히 지급되는 일정지급연금 형태이다. 영구연금의 현금흐름의 예는 일정액의 배당을 영구히 지급한다는

전제하에서 실행하는 우선주의 배당지급이나 항상 일정액의 이자지급액을 무한횟수로 지급하는 영구채권(perpetuity bond, consol bond)[2]의 이자지급을 들 수 있다. 앞의 식 (2-6)에서 지급횟수(t)가 무한하다면, 영구연금의 현재가치는 공비가 $1/(1+k)$인 무한등비수열의 합과 같으므로 다음과 같이 나타낸다.

$$PVA = \sum_{t=1}^{\infty} \frac{A}{(1+k)^t} = \lim_{n \to \infty} \frac{A\left[1 - \frac{1}{(1+k)^n}\right]}{k} = \frac{A}{k} \qquad (2\text{-}8)$$

예제 2-7 영구연금의 현재가치 계산

할인율이 5%인 경우, 매년 12,000,000원씩의 이자가 영구히 지급되는 영구사채의 현재가치는 얼마인가?

풀이

$A = 12,000,000$원, $n = \infty$, $k = 5\%$이므로

$PVA = \frac{A}{k} = 12,000,000/0.05 = 240,000,000$(원)

4. 일정성장연금의 현재가치 계산

앞에서 연금지급액은 언제나 동일한 것으로 가정해서 전개했다. 그런데 만약 연금액이 매기 일정한 비율로 성장하는 경우, 즉 현재시점의 연금지급액(A_0)에다 매기 일정비율 g 만큼 계속해서 성장(증가) 지급해 주는 연금을 생각해 보자. 이 경우에 1기말의 연금 A_1은 $A_0(1+g)$이다. 이런 연금을 일정성장연금이라 하고, 현재가치는 다음과 같다.[3]

---

2) 18세기 영국의 중앙은행이 발행한 적이 있다고 하나, 현실적으로 매기마다 정해진 이자를 영구히 지급하는 영구채권은 발행되지 않고 있다. 예를 찾는다면, 우선주가 이자 성격의 배당을 지급하면서 만기가 없기 때문에 영구채의 특성을 지니고 있다고 볼 수 있다. 그리고 2002년 11월부터 발행된 신종자본증권은 만기가 30년이므로 영구채권의 성격이라고 볼 수 있다(p.323 참조).

3) $A_1 = A_0(1+g)$이라면, 2기말에는 $A_2 = A_1(1+g) = A_0(1+g)^2$이 된다. n년 동안 일정성장률(g)을 적용하는 연금의 현재가치 합계액은 식 (2-9)에서 공비를 $u = \frac{1+g}{1+k}$로 하여 무한등비수열을 풀면, 아래와 같이 된다. $\lim_{n \to \infty} PV = \frac{A_1}{k-g}$ (단, $k > g$이라고 가정함)

$$PV_0 = \frac{A_1}{1+k} + \frac{A_1(1+g)}{(1+k)^2} + \cdots\cdots + \frac{A_1(1+g)^{n-1}}{(1+k)^n} = \frac{A_1}{k-g} \qquad (2\text{-}9)$$

위 식은 $g=0$인 경우에는 영구연금의 현가와 같아진다. 식 (2-9)는 자본비용의 계산, 배당을 기초로 한 주가계산, 배당과 기업가치의 관계 등 재무관리, 투자론의 여러 분야에서 자주 이용되는 식으로 고든의 배당성장모형(Gordon's dividend growth model)이라고 한다. 이 모형은 보통주의 현재가치를 평가할 때 많이 이용되는데, 1기말에 받는 1주당 배당금 d_1을 $(k-g)$로 나누면 주식의 현가가 된다. 단, 할인율 k가 배당성장률 g보다 크다고 가정해야만 무한등비수열의 합의 공식을 이용할 수 있다. 따라서 영구히 성장배당금이 지급되는 주식의 현재가치도 위의 공식을 이용하여 구할 수 있다.

예제 2-8 일정성장연금의 현재가치 계산 : 고든의 배당성장모형

D기업은 금년 말에 1주당 배당금으로 1,000원을 지급할 예정이다. 이 기업의 자본비용(할인율)은 10%이고, 매년 5%씩 배당을 성장 지급한다고 한다. D사 1주의 현재가치는 얼마인가?

풀이

$$\frac{1{,}000}{0.10-0.05} = 20{,}000(\text{원})$$

5. 불규칙한 현금흐름의 현재가치와 미래가치

지금까지 설명한 현금흐름들은 기간에 관계없이 일정한 것으로 예정하여 설명하였다. 그러나 실제에서는 현금흐름의 크기가 각 시점마다 다른 경우가 훨씬 많다. 이렇게 특정기간 동안 매기 발생되는 현금흐름의 크기가 다른 경우의 현재가치는 기간별 현금흐름의 현재가치를 적절한 할인율로 할인하여 구한 다음에 기간별 현재가치를 합산하여 구한다. 미래가치의 계산도 마찬가지로 기간별로 미래가치를 구해서 합산한다.

예제 2-9 **불규칙한 현금흐름의 현재가치와 미래가치**

D건설이 현재 투자계획중인 투자안 P는 1년말에는 5,000만원, 2년말에는 8,000만원, 3년말에는 7,000만원의 현금유입이 예상된다. 이 투자안의 현재가치는 얼마인가? 또 이 투자안의 4년말에서의 미래가치는 얼마인가? 단, 적정할인율은 10%이다.

풀이

$$PV = \frac{5,000}{1.10} + \frac{8,000}{(1.10)^2} + \frac{7,000}{(1.10)^3}$$
$$= 5,000 \times PVIF_{(10\%,\ 1)} + 8,000 \times PVIF_{(10\%,\ 2)} + 7,000 \times PVIF_{(10\%,\ 3)}$$
$$= 5,000 \times 0.9091 + 8,000 \times 0.8264 + 7,000 \times 0.7513$$
$$= 1억\ 6,415.8(만원)$$
$$FV_4 = 5,000(1+0.1)^3 + 8,000(1+0.1)^2 + 7,000(1+0.1)$$
$$= 5,000 \times FVIF_{(10\%,\ 3)} + 8,000 \times FVIF_{(10\%,\ 2)} + 7,000 \times FVIF_{(10\%,\ 1)}$$
$$= 5,000 \times 1.331 + 8,000 \times 1.210 + 7,000 \times 1.100$$
$$= 2억\ 4,035(만원)$$

6. 복리계산기간이 연 2회 이상인 경우의 가치계산

지금까지 설명한 이자계산은 1년 단위로 이루어지는 것으로 가정하였으나, 실제로는 은행예금이나 채권의 이자계산처럼 3개월(분기), 6개월(반기), 또는 1개월 단위로 이루어지기도 한다. 만일 연간 분기별 또는 반기별로 이자를 수회에 걸쳐 복리로 계산하여 지급하는 예금의 경우는 연이자율을 연간 지급되는 횟수로 나누어 복리로 계산한다. 이를 수식으로 나타내면 다음과 같다.

$$FV_n = PV_0(1+k)^n \rightarrow FV_n = PV_0\left(1+\frac{k}{m}\right)^{n \cdot m} \qquad (2\text{-}10)$$

예제 2-10 **연 2회 복리가치 계산**

연리 6%의 복리로 지급되는 정기예금에 1,000,000원을 5년간 저축을 한 경우, 반기(6개월)마다 연 2회 복리로 계산한다면 만기에 받는 복리합계지급액은 얼마인가?

풀이

$$FV_n = PV_0(FVIF_{3\%,\ 10}) = 1{,}000{,}000(1+0.03)^{10}$$
$$= 1{,}000{,}000 \times 1.3439 = 1{,}343{,}900(\text{원})$$
$$FV_n = PV_0(FVIF_{6\%,\ 5}) = 1{,}000{,}000(1+0.06)^{5}$$
$$= 1{,}000{,}000 \times 1.3382 = 1{,}338{,}200(\text{원})$$

※ 연간 2회 반기별로 복리계산한 경우는 1,343,900원으로 연별로 1회씩만 복리합계한 1,338,200원보다 다소 많다. 그것은 복리지급횟수가 10회로 연별 복리계산시의 지급횟수 5회의 2배이기 때문이다. 따라서 이자율은 연간 지급횟수의 역수로 작아지고, 지급횟수는 연간 지급횟수를 곱한 것만큼 많아진다. 예를 들어, 갑을은행이 연리 12%, 만기 5년, 매월 복리로 계산하여 지급하는 예금상품을 개발했다고 광고하는 경우, 이자율은 12%(k)를 12로 나눈 1%로 작아지는 대신에 지급횟수가 60회(=5×12)로 늘어나기 때문에 연별 복리계산의 경우보다는 다소 많아진다. 그러나 근본적으로 복리계산의 원리에는 차이가 없다.

7. 표면이자율과 실효이자율

표면이자율(stated interest rate)은 자금수요자나 금융기관이 연간 지급하기로 약정한 이자율 또는 자금대부자가 요구하는 이자율로서 통상 연 몇 %로 표시되며 복리계산을 감안하지 않는 것을 전제로 한 이자율이다. 그러나 연간 2회 이상 복리로 계산되는 경우에는 복리에 복리로 연속 계산되므로 연간 표면이자율과 비교하기 위해 연간 실효이자율이 사용된다. 실효이자율(effective interest rate : EIR)은 연간 2회 이상 복리계산될 경우의 실제 연간복리이자율로서 표면이자율과 동일하게 일치시켜 주는 이자율이다. 일반적으로 연간 m번 복리계산되는 경우, 실효이자율은 표면이자율 k와 다음과 같은 관계를 갖는다.

$$EIR = \left(1 + \frac{k}{m}\right)^m - 1 \tag{2-11}$$

표면이자율은 보통 명목이자율로 혼동되어 사용되는데, 엄밀한 의미에서 명목이자율(nominal interest rate)은 인플레이션효과가 반영된 이자율로서 실질적인 현금흐름의 증가율을 나타내는 실질이자율(real interest rate)과 인플레이션율의 합으로 나타나므로 표면이자율과는 다른 개념이다.

명목이자율 = (1+실질이자율) × (1+인플레이션율) − 1

예제 2-11 실효이자율 계산

만일 1년간 분기별로 복리로 계산되는 예금의 표면이자율이 연리 8%라면 연간 실효이자율은 얼마인가?

풀이

1원을 투자한 경우 복리이자율은 8%를 4분기로 나누면 실제로는 분기별로 2%의 표면이자율이 적용되는 것이다. 따라서

$$EIR = \left(1+\frac{0.08}{4}\right)^4 - 1 = (1.02)^4 - 1 \approx 1.0824 - 1 = 0.0824$$

가 된다. 즉, 원금 1원에 대해 약 8.24%의 이자가 지급된다. 이 8.24%가 실제 연간복리이자율이며, 이를 실효이자율이라 한다.

예제 2-12 표면이자율 계산

원금을 8년간 복리로 계산해 주는 은행예금에 가입해서 원금의 2배가 되려면 표면이자율은 얼마가 되어야 하는가?

풀이

원금 P가 2배가 되는 데 필요한 표면이자율을 k라 하면, 복리계산해서 원금의 2배가 된다고 했으니까 수령액은 $2P$가 된다.

$$P(1+k)^8 = 2P$$
$$(1+k)^8 = 2$$
$$1+k = \sqrt[8]{2}$$
$$k \approx 1.0905 - 1 = 0.0905$$

따라서 요구되는 표면이자율은 9.05%이다.

예제 2-13 72법칙(72 rule)

현재의 투자원금이 2배로 늘어나는 기간을 계산할 때 개략적으로 72를 이자율 또는 목표수익률로 나누어 계산하는 원리를 72법칙이라 한다. 예를 들어 1억원을 6% 이자율로 투자했을 때 투자원금이 2배로 늘어나는 데 얼마나 걸리겠는가? 또 현재의 투자원금을 투자기간 8년 만에 2배로 늘리려면 이자율 몇 %의 금융상품에 투자해야 하는가?

풀이

$72 \div 6 = 12$(년). 12년이 걸린다.

$72 \div 8 = 9$(%). 9% 이자율의 금융상품에 투자한다.

연습문제

01 다음의 용어들을 간단히 설명하시오.

(1) 현재가치
(2) 시차선호
(3) 연금의 미래가치와 현재가치
(4) 영구연금과 일정성장연금의 차이
(5) 실효이자율과 표면이자율

02 화폐의 시간가치를 설명하시오.

03 현대재무관리이론에서 화폐의 시간가치와 현재가치 개념이 왜 중요한지 설명하시오.

04 연리 8%의 복리로 지급되는 정기예금으로 2,000,000원을 5년간 매년말 저축한다면, 5년말 수령하는 금액은 얼마인가? 또 분기(3개월)마다 연 4회 복리로 계산된다면, 만기에 받는 복리합계지급액은 얼마인가?

05 매년말 8%의 이자율로 지급되는 저축예금이 있다고 하자. 이 예금은 현재부터 5년 후 만기에 2,938,600원을 받을 수 있다면, 이 예금의 원금은 얼마인가?

06 매년말 연금지급액이 1,000만원씩이고 10년간 받는다고 하자. 이자율이 10%라면, 10년 후 이 연금의 미래가치는 얼마인가?

07 위의 06을 바꾸어 생각해 보자. 만일 10년 후 상환해야 하는 1억 5,937만원의 채무를 매년말 1,000만원씩 적립한다면, 이자율이 몇 %인 기금에 적립해야 하는가? 또 10년 후 1억 5,937만원을 상환하기 위해서 이자율이 10%인 기금에 적립한다면, 몇 년간이나 적립해야 하는가?

08 매년말 1,000만원을 받는 연금이 있다. 이 연금은 10년간, 연리 10%로 계산되는 연금이다. 이 연금의 현재가치는 얼마인가? 또 1년에 2회 반기마다 복리로 계산되는 경우, 이 연금의 현재가치는 얼마인가? (연간 수회 복리계산되는 연금의 계산)

09 앞으로 3년 동안 매년말에 100만원씩의 보험금을 받게 되었다. 이를 현재시점에서 일시불로 받는다면 얼마를 받을 수 있는가? 단, 시장이자율은 연 10%이다.

10 K씨는 공무원으로 퇴직하면서 받는 정년퇴직금을 일시불로 수령하면 2,500만원을 받을 수 있다고 한다. 그런데 K씨는 연금 형태로 받기로 결정하였다. 연금은 정년퇴직을 한 다음 해부터 100만원씩을 받는다고 한다. 그리고 K씨의 연금은 매년 공무원 봉급인상 예상률 5%만큼 증가(성장)되어 지급된다고 한다. 시중은행의 예금금리가 연리 10%라면, 이 연금의 현재가치는 얼마인가? 또 일시불로 수령하는 것이 유리한지 아니면 연금으로 수령하는 경우가 유리한지 평가하시오(단, 연금으로 수령하는 경우, 연금지급 횟수는 무한(∞)하다고 가정한다).

11 매년말에 1,000,000원씩의 이자를 무한히 지급하는 영구채권이 있다. 시장이자율이 10%라고 하면 이 채권의 가격은 얼마인가?

12 이자율이 6%인 경우, 5년간 100만원씩 지급되는 연금의 현재가치와 미래가치는 얼마인가?

13 A사는 C기계를 할부조건으로 판매하고자 한다. 현재 1,000만원의 계약금을 받은 후, 앞으로 5년간 매년 2,000만원씩 받기로 하고 기계를 판매한다면, 6%의 이자율로 할인할 경우 총수입액의 현재가치는 얼마인가? (할부판매 금액의 현재가치 계산)

14 위의 13에서 예를 들어보자. 8,424.8만원을 투자하여 5년 동안 매년 2,000만원의 수익을 얻고자 한다면 적어도 투자수익률은 얼마나 되어야 하는가? (이 투자수익률을 내부수익률이라고 한다. p.107 참조)

15 H자동차회사는 승용차 T-3형(판매가격 22,000,000원)을 판매가 전액에 대해 매년 균등상환하는 조건으로 할부판매하는 판매전략을 계획하고 있다. 6년간 12%의 이자율을 적용할 때 연간 균등할부액은 얼마인가?

16 매월 복리로 계산되는 만기 2년짜리 정기예금의 표면이자율이 연 12%이다. 이 예금으로 2년 후 1,000만원을 받는다면 이 예금의 현재가치는 얼마인가? 또 실효이자율은 얼마인가?

17 D건설이 은행에서 대출받은 차입금의 표면이자율은 연 12%가 적용된다. 매월 이자를 지급한다면 월별 실효이자율은 얼마인가? 또 분기별로 지급할 때의 실효이자율은 얼마인가? 또 반기별 실효이자율은 얼마인가?

18 실질이자율이 6%이고 인플레이션율이 3%일 때 명목이자율은 얼마인가?

CHAPTER

3

채권과 주식의 가치평가

학습목표

기업가치평가의 기본개념은 현재가치에 근거한다는 것을 이해하고, 기업이 자금조달수단으로 발행하는 주식과 채권의 가치평가를 명확히 이해한다.

1. 채권의 가치평가모형
2. 주식의 배당평가모형
3. 주식의 이익평가모형
4. *PER* 평가모형

제 1 절 가치평가의 개념

기업의 가치평가는 기업재무에서 매우 중요한 개념이다. 기업가치는 채권의 시장가치와 주식의 시장가치의 합으로 나타난다. 본장에서는 채권과 주식의 시장가치를 구하는 방법을 구체적으로 고찰하기로 한다.

먼저 기업가치가 얼마인가를 평가하는 일반적인 평가과정과 기본적인 모형을 살펴볼 필요가 있다. 기업은 주식과 채권을 발행하여 투자에 필요한 자금을 조달하고, 이렇게 조달된 자금으로 투자자산들을 구입하게 된다. 그 후 이 투자자산을 활용하여 영업활동을 영위하면서 현금흐름을 창출하게 되는데, 이 현금흐름을 현재가치로 환원하면 기업가치가 구해진다. 이 기업가치를 기업의 내재가치(intrinsic value)라 한다.

만일 투자자산으로부터 매기마다 기대되는 미래현금흐름이 CF_1, CF_2, ···, CF_n 이라면, 이 자산의 현재가치, 즉 내재가치는 다음과 같이 나타난다.

$$V_0 = \frac{CF_1}{(1+k)^1} + \frac{CF_2}{(1+k)^2} + \cdots + \frac{CF_n}{(1+k)^n} = \sum_{t=1}^{n} \frac{CF_t}{(1+k)^t} \qquad (3\text{-}1)$$

이 식이 투자안의 미래현금흐름을 적정할인율로 할인해서 현재가치로 환원하는 공식으로 재무관리에서 일반적으로 가장 많이 활용되는 기본공식이다. 이 식에서 현재가치(V_0)를 결정하는 요소는 미래현금흐름(CF)의 크기(size)·발생시기(timing)·위험(risk)과 적정할인율(k)의 크기이다. 만일 다른 조건이 같다면, 미래에 발생될 현금흐름(CF)의 크기가 클수록, 현금흐름의 발생시기가 빠를수록, 그리고 분모의 적정할인율(k)이 작을수록 자산의 현재가치(V_0)는 커진다. 따라서 가치평가에서 미래현금흐름의 크기와 발생시기의 추정은 필수적이다.

한편, 적정할인율은 화폐의 시간가치와 투자안의 위험 및 기회비용까지 반영된 투자자의 기대수익률이라 할 수 있다. 이는 투자자가 이익실현에 대한 불확실성, 즉 위험감수에 따른 보상 프리미엄과 기회비용을 감안해서 요구하는 수익률 수준이므로 요구수익률(required rate of return)이라고도 한다.

이렇듯 재무관리에 있어 가치평가메커니즘(valuation mechanism)의 기본원리는 기업이 보유한 자산을 활용해서 생기는 미래현금흐름을 적정할인율(요구수익률)로 할인하여 현재가치로 환산하는 현재가치 계산방법으로 자산의 내재가치를 추정하는 과정이라 할 수 있다. 그런데 통상 한 기업의 시장가치는 증권시장에서 수요와 공급에 의해 결정되어 나타나는데, 이는 일반적인 의미의 가격으로 현재가치라 할 수 있다.

한편, 내재가치는 한 기업의 투자수익의 규모 및 그 위험을 반영한 이론적 가치이며 본질적 가치이므로, 증권시장이 효율적이고 투자자들의 행동이 합리적이라는 전제하에서 해당증권의 시장가격은 내재가치와 일치하게 된다. 이와 같이 증권시장이 효율적 시장이라는 전제하에서 내재가치와 시장가격이 같은 경우를 균형상태라 하며, 내재가치와 시장가격이 다른 경우를 불균형상태라 한다.

제 2 절 채권과 주식의 가치평가

1. 채권의 가치평가

채권(bond)이란 정부, 공공기관, 회사 등이 상대적으로 장기성 자금을 조달하기 위하여 발행하는 차용증서형 유가증권이다. 이 가운데 기업이 발행하는 회사채(會社債)는 자금공급자인 채권자에게 만기까지 일정기간마다 미리 약정

참고 채권은 크게 국채, 지방채, 특수채, 금융채, 회사채로 구분된다. **국채**에는 국민주택채권, 양곡기금채권, 국채관리기금채권, 재정증권 등이 있고, **지방채**에는 도시철도공채, 지역개발공채, 도로공채, 상수도공채 등이 있다. **금융채**는 특별법에 의해 설립된 기관이 발행하는 채권으로 통화안정채권, 산업금융채권, 주택금융채권, 중소기업금융채권 등이 있다. **회사채**에는 보증사채, 담보부사채, 전환사채(CB), 신주인수권부사채(BW) 등이 있다.

한 이자를 정기적으로 지급하고, 만기일에 원금의 상환을 약속하는 채무증서이다. 회사채는 줄여서 흔히 사채라고 하는데, 채권자 입장에서 보면 이자라는 정액소득이 부가되는 유가증권이다. 회사채는 지하경제라고 일컫는 장외시장(curb market)의 개인적 사채(私債)와는 구별된다. 사채(社債)의 종류는, 이자지급방법에 따라 확정이자부(附)사채(쿠폰부사채 또는 이표채 ; coupon bond), 할인사채, 복리사채, 금리연동부(附)사채, 수익사채, 이익참가사채 등이 있다. 이 가운데 가장 일반적인 사채발행 형태인 확정이자부사채(이표채)의 가치평가방법을 살펴보면 다음과 같다.

(1) 이표채의 가치평가

채권투자는 복리로 재투자하는 것을 대전제로 하기 때문에, 현재의 채권가격이란 해당채권으로부터 받게 될 이자와 만기시의 원금을 현재가치로 나타낸 것이다. 社債의 가치평가도 마찬가지로 정기적으로 받는 이자수입(I_t)과 만기시의 원금(F)을 채권자의 요구수익률(k_d)로 할인한 현재가치(B_0)로 환산하여 이루어진다. 이것이 채권평가모형의 기본모델이다. 여기서 k_d는 이 채권과 동일한 위험을 가진 채권의 연간 시장수익률을 적용하는 것이 상례이다.

$$\begin{aligned} B_0 &= \frac{I_1}{(1+i)} + \frac{I_2}{(1+i)^2} + \cdots + \frac{I_n}{(1+i)^n} + \frac{F}{(1+k_d)^n} \\ &= \sum_{t=1}^{n} \frac{I_t}{(1+i)^t} + \frac{F}{(1+k_d)^n} \end{aligned} \tag{3-2}$$

단, B_0 : 채권의 현재가치

I_t : 연간 지급이자액($I_t = F \cdot i$)

F : 액면가

i : 표면이자율

k_d : 적정할인율(채권자의 요구수익률)

n : 상환연수(만기)

예제 3-1 이표채의 가치평가(현재가치)

만기 5년, 표면이자율[1])은 5%이고 액면가액이 100만원인 회사채가 있다. 이 채권의 위험수준과 비

1) 표면이자율은 표면금리, 쿠폰금리, 쿠폰이자율(coupon interest rate)이라고도 하며, 채권의 액면가에 대한

슷한 채권들에 대한 요구수익률이 6%라고 한다면, 이 채권의 현재가치는 얼마인가?

풀이

$$B_0 = \sum_{t=1}^{n} \frac{I_t}{(1+i)^t} + \frac{F}{(1+k_d)^n} = I \times PVIFA_{(i,\,n)} + F \times PVIF_{(k_d,\,n)}$$
$$= \sum_{t=1}^{5} \frac{5}{(1+0.05)^5} + \frac{100}{(1+0.06)^5} = 5 \times PVIFA_{(5\%,\,5)} + 100 \times PVIF_{(6\%,\,5)}$$
$$= 5 \times 4.3295 + 100 \times 0.7473 = 96.378(\text{만원})$$

(2) 할인채의 가치평가

할인채는 통화안정채권이나 산업금융채권과 같이 만기까지 이자지급이 없는 채권이다. 따라서 할인채의 가치는 만기에 상환받는 원금(액면가, 액면금액)을 만기까지의 채권자의 적정한 요구수익률로 할인한 현재가치이다.

$$B_0 = \frac{F}{(1+k_d)^n} \qquad (3\text{-}3)$$

예제 3-2 할인채의 가치평가(현재가치)

액면가는 1,000만원, 만기가 10년이며 만기까지 이자지급은 없는 순수할인채권이 있다. 이 채권의 만기수익률이 5%라고 하면 이 채권의 현재가치는 얼마인가?

풀이

$$B_0 = \frac{F}{(1+k_d)^n} = \frac{1{,}000}{(1+0.05)^{10}} = 1{,}000 \times PVIF_{(5\%,\ 10)}$$
$$= 1{,}000 \times 0.6139 = 613.9(\text{만원})$$

(3) 영구채의 가치평가

영구채(consol)는 흔한 경우는 아니지만, 제2장에서 살펴본 바와 같이 원금의 상환없이 매기 동일한 이자(C)를 영구히 지급받는 채권으로 영구연금의 계

연간 약정이자의 비율로 약정이자율을 의미한다. 예를 들어, 액면가 1억원의 회사채가 연 500만원의 이자를 정기적으로 지급하기로 약정한다면 표면이자율은 5%가 된다.

산방법과 동일하다.

$$B_0 = \frac{C}{1+k} + \frac{C}{(1+k)^2} + \cdots + \frac{C}{(1+k)^\infty} = \frac{C}{k} \quad (3\text{-}4)$$

예제 3-3 영구채의 가치평가(현재가치)

매년 분기마다 100만원의 이자를 30년간 동일하게 계속해서 지급하는 국채가 발행된다고 한다. 국채이므로 위험이 없어 현재 국채의 표면금리인 연 8%를 요구수익률로 하여 할인한다면, 이 채권의 현재가치는 얼마인가?

풀이

지급횟수가 30년간 연 4회이므로 120회이다. 120회 정도이면 영구채로 간주하여 계산해도 무리가 없겠다. 연 8%의 수익률은 분기로 2%의 수익률이므로 이 채권의 현재가치는 다음과 같다.

$$B_0 = \frac{100\text{만}}{0.02} = 5{,}000\text{만(원)}$$

(4) 채권수익률(만기수익률)

채권수익률은 채권을 만기까지 보유할 때 얻을 수 있는 수익률로 실무에서는 흔히 채권의 만기수익률이라 한다.[2] 만기수익률(yield to maturity : YTM)이란 채권으로부터 기대되는 이자・원금의 현재가치와 채권의 시장가격, 즉 현재가격(P_0)을 일치시켜 주는 할인율을 의미한다. 이는 제5장에서 설명되는 내부수익률(internal rate of return : IRR)의 성격으로 식 (3-5)에서 r이 된다.

$$P_0 = \frac{C}{1+r} + \frac{C}{(1+r)^2} + \cdots + \frac{C+F}{(1+r)^n} \quad (3\text{-}5)$$

2) 채권수익률을 반드시 만기수익률로 적용하고 판단하는 것은 위험하다. 그 이유는 만기수익률이 갖고 있는 문제점 때문인데, 다음과 같다. ① 만기수익률은 기간에 관계없이 동일하게 계산하므로 정확한 수익률이 못 된다. ② 사채가격이 만기수익률을 결정하는 것이지, 만기수익률이 사채의 가격을 결정하지 못한다. 결국 사채가격은 수요와 공급에 의한 현물이자율로 결정된다. ③ 사채가격을 알아야만 적정 만기수익률 계산이 가능하며, 만기수익률은 현물이자율의 평균값이다.

예제 3-4 채권수익률(만기수익률) 계산

액면가는 10,000만원이고, 표면이자율(쿠폰이자율)이 연 12%, 이자는 연 1회 지급하고 만기가 3년 남은 회사채가 있다. 현재 채권시장에서 이 회사채의 시장가격은 9,315만원에 거래되고 있다면, 채권수익률은 얼마인가?

풀이

$$P_0 = \frac{C}{(1+r)} + \frac{C}{(1+r)^2} + \cdots + \frac{C+F}{(1+r)^n}$$

$$9{,}315 = \frac{1{,}200}{(1+r)} + \frac{1{,}200}{(1+r)^2} + \frac{11{,}200}{(1+r)^3}$$

시행착오법으로 구하면 $r \fallingdotseq 0.15$, 즉 15%이다.

- 근사법을 이용하여 개략적으로 구하면, 다음과 같다.

$$r = \frac{\text{연평균 투자수익}}{\text{평균투자액}} = \frac{C+(F-P_0)/n}{(P_0+F)/2}$$

$$= \frac{1{,}200+(10{,}000-9{,}315)/3}{(9{,}315+10{,}000)/2} = 0.1479,\ r \fallingdotseq 0.15,\ \text{즉 } 15\%\text{이다.}$$

2. 주식의 가치평가

주식은 채권과 함께 기업의 중요한 자금조달수단이며, 자본시장의 발달과 더불어 투자자들의 주된 투자대상이 되고 있다. 주식이란 주주의 권리, 즉 주주총회의 의결권, 이익배당청구권, 잔여재산분배청구권 등을 실체화하여 표시한 유가증권이다. 주식의 종류는 보통주와 우선주, 의결권주와 무의결권주, 신주와 구주, 유상주와 무상주, 기명주와 무기명주 등으로 구분할 수 있다.

여기서는 주식의 내재가치평가는 어떻게 이루어지는지 가치평가이론을 소개함으로써, 이 내재가치가 자본시장에서 투자자들에 의해 주식가격의 형성에 어떻게 반영되는가를 살펴보고자 한다.

(1) 기본평가모형(배당평가모형)

앞에서 언급된 바와 같이, 특정자산의 가치는 그 자신이 미래에 실현할 수익흐름을 그 수익흐름의 불확실성 정도(위험)를 고려하여 할인한 현재가치이다.

마찬가지로 주식의 가치평가도 그 주식을 일정기간 소유함으로써 실현될 것으로 기대되는 미래의 현금흐름을 주식투자자의 요구수익률로 할인하여 현재가치로 환산하는 방법이 이용된다. 주식(보통주)을 일정기간 소유함으로써 기대할 수 있는 미래현금흐름은 주식 보유기간 동안 받는 배당금과 해당주식을 처분했을 때 얻는 판매가격이다. 이 경우 보통주의 가치는 다음의 식 (3-6)과 같으며, 이 모형이 주식을 평가하는 가장 기본적인 평가모형이다.

$$P_0 = \frac{d_1}{1+k_e} + \frac{d_2}{(1+k_e)^2} + \cdots + \frac{d_n}{(1+k_e)^n} + \frac{P_n}{(1+k_e)^n}$$
$$= \sum_{t=1}^{n} \frac{d_t}{(1+k_e)^t} + \frac{P_n}{(1+k_e)^n} \qquad (3\text{-}6)$$

단, P_0 : 보통주의 현재가치
d_t : t 기말의 주당배당금
P_n : 매각시 주가
k_e : 적정할인율(주주의 요구수익률)

이 모형은 보통주의 가치를 평가하는 기본 틀을 제공하지만, 실제로 미래에 기대되는 배당금과 미래에 매각할 주식의 예상주가를 정확히 예측한다는 것은 매우 어렵다는 단점이 있다. 따라서 배당평가모형을 사용하기 위해서는 미래의 배당금을 추정해야 하며, 이 모형은 배당이란 기대현금흐름을 근거로 보통주의 이론적 현재가치, 즉 내재가치를 평가한다는 데에 의미가 있다.

예제 3-5 주식가치평가(배당평가모형)

H기업은 금년말 1주당 1,000원, 내년말에는 2,000원의 배당금을 지급할 것으로 기대된다. 그리고 내년말에 이 주식을 처분하면 20,000원을 받을 것으로 예상된다. 만일 주주의 요구수익률이 10%라면 H기업 주식의 현재가치는 얼마인가?

풀이

$$P_0 = \frac{d_1}{1+k_e} + \frac{d_2}{(1+k_e)^2} + \frac{P_2}{(1+k_e)^2}$$
$$= \frac{1{,}000}{1+0.10} + \frac{2{,}000}{(1+0.10)^2} + \frac{20{,}000}{(1+0.10)^2}$$
$$= 1{,}000 \times 0.9091 + 2{,}000 \times 0.8264 + 20{,}000 \times 0.8264 = 19{,}090(\text{원})$$

이 평가모형에서 n기의 주가인 P_n은 n기 이후에 발생하게 될 미래의 배당금을 n시점에서의 현재가치로 환산한 가격이라고 할 수 있다. 또한 일반 투자자가 유한적 투자자라는 성격을 갖는 데 비해 현대기업의 특성이 계속기업이란 것을 감안하면 주식에 대한 투자는 미래 무한한 기간 동안 배당금의 수입을 기대하는 것으로 볼 수 있다. 결국 보통주 가치평가의 일반모형은 투자자의 투자기간과 관계없이 모든 기대 배당금의 현재가치의 합으로 규정되므로 다음의 식 (3-7)과 같이 나타낼 수 있다.

$$P_0 = \sum_{t=1}^{n} \frac{d_t}{(1+k_e)^t} + \left\{ \sum_{t=n+1}^{\infty} \frac{d_t}{(1+k_e)^t} + \frac{P_\infty}{(1+k_e)^\infty} \right\}$$
$$= \sum_{t=1}^{\infty} \frac{d_t}{(1+k_e)^t} \quad \text{여기서,} \quad \frac{P_\infty}{(1+k_e)^\infty} \approx 0 \tag{3-7}$$

(2) 제로성장모형

미래배당금에 대한 예측은 매우 어렵기 때문에 이 어려움을 단순화하기 위해서 매기 배당금이 일정하다고 가정하거나($d_1 = d_2 \cdots d_i$), 배당금이 매년 동일할 것으로 기대되는 제로성장주식(zero growth stock)의 경우를 상정해 볼 수 있다. 이 경우 보통주의 가치는 식 (3-8)과 같이 나타나며, 이를 제로성장모형(zero growth model)이라 한다. 이는 앞에서 살펴본 영구채의 가격결정원리와 동일하며 영구연금의 현재가치 계산식과도 같다는 것을 알 수 있다.

$$P_0 = \sum_{t=1}^{\infty} \frac{d_t}{(1+k_e)^t} = \frac{d}{k_e} \tag{3-8}$$

위의 식 (3-8)을 변형하면 투자자들의 기대수익률 또는 자본환원율은 $k_e = \frac{d}{P_0}$가 되는데, 이 식은 배당수익률(dividend yield)과 일치하게 된다. 그런데 제로성장기업이 당기의 이익 전부를 배당금으로 지급한다면 주당배당금(DPS)과 주당이익(EPS)이 일치하는 관계로 $k_e = \frac{d}{P_0} = \frac{EPS}{P_0}$가 된다. 여기서, 주주의 「기대수익률＝배당수익률＝주가수익률」의 관계가 성립한다.

예제 3-6 주식가치평가(제로성장모형)

매년말에 주당 1,000원씩 영구히 배당금을 지급하는 주식이 있다고 가정할 때, 주주의 요구수익률이 10%인 경우 이 주식의 현재가치는 얼마인가?

풀이

$$P_0 = \frac{d}{k_e} = \frac{1,000}{0.1} = 10,000(\text{원})$$

참고

배당성향(payout ratio) : $\frac{d_1}{EPS_1}$

주가수익률(earnings price ratio) : $\frac{EPS_1}{P_0}$

배당수익률(dividend yield) : $\frac{d_1}{P_0}$

(3) 항상성장모형 : 배당성장률이 일정한 경우

앞의 제로성장모델을 현실적으로 적용하는 데에는 어려움이 많다. 대부분의 기업은 성장을 통해 유지・발전하는 계속기업(going concern)이므로 통상 장기 성장목표를 정해 놓고 해마다 수익흐름을 증대시키면서, 이에 따라 배당금도 증가시키는 것이 상례이다. 만일 어느 특정기업의 배당금이 매년 일정한 비율 g만큼 성장한다고 가정하면, 기대배당금은 매년 g만큼 복리로 증가하게 된다. 즉 배당성장률이 g로 일정하다고 가정하면, 보통주의 현재가치는 다음과 같은 식으로 표시할 수 있다.[3)]

$$P_0 = \frac{d_1}{k_e - g} \ (\text{단, } k_e > g) \tag{3-9}$$

이와 같이 매기 일정한 배당성장률을 반영한 보통주의 가치평가모형을 항상성장모형(constant growth model)이라고 하며, 흔히 고든모형(Gordon model)으로 잘 알려져 있다. 이 성장모델은 두 가지 가정을 전제조건으로 하여 성립

3) 식 (3-9)의 유도과정은 '제2장 제3절 4'의 일정성장연금의 현재가치 계산을 참조.

된다. 하나는 g가 매기 동일해야 하며, 다른 하나는 주주의 요구수익률(자기자본비용) k_e가 기대배당의 성장률보다 크다($k_e > g$)는 가정이다. 그리고 g는 계속하여 k_e를 초과할 수 없음을 전제로 하고 있다. 특히, g가 k_e에 접근할수록, 즉 배당성장률이 클수록 분모의 값이 작아지기 때문에 주가는 상당히 커진다. 위의 식 (3-9)를 변형하여 주주의 요구수익률로 나타내면 다음과 같다.

$$k_e = \frac{d_1}{P_0} + g \tag{3-10}$$

주주의 요구수익률(k_e)은 주가에 대한 배당금, 즉 배당수익률과 기대배당금의 성장률(g)의 합으로 나타낸다. 이 식은 이해하기 쉽고 보다 현실적이어서 이용하기에 편리하지만, 배당이 지속적으로 동일하게 증가한다는 비현실적 가정을 전제로 하기 때문에 한계가 있다. 대부분의 기업들이 일정한 기간 동안은 배당을 안정적으로 유지하려는 속성이 있다고 하지만, 배당성장률을 무한히 똑같이 유지하기는 어렵다. 대부분의 기업들의 배당성장률은 불규칙하게 증가하는 것이 상례이고 보다 더 현실적이다. 즉, 배당금이 기간마다 다르게 정해지는 경우, 이를 불규칙성장모형(non continuous growth model)이라고 한다. 이 모형은 외관상으로는 매우 복잡한 것처럼 보이지만, 기본평가모형식인 식 (3-6)에서 기간마다 다른 배당금과 요구수익률(자기자본비용)을 대입하면 구할 수 있다.

예제 3-7 주식가치평가(항상성장모형)

A기업의 보통주는 작년말에 1주당 배당금 1,000원을 지급하였다. 그런데 앞으로 이익이 대폭 증가할 것으로 예상되기 때문에 배당금을 매년 7%씩 증가해서 지급할 것으로 기대되고 있다. 이 주식에 대한 투자자의 적정 요구수익률이 연 12%라고 할 때, 이 주식의 1주당 가격은 얼마인가? 만약에 배당성장률(배당금의 증가율)이 10%라고 한다면, 주가는 얼마가 되는가?

풀이

- 배당성장률(g)이 7%인 경우

$$P_0 = \frac{d_1}{k_e - g} = \frac{1,000(1+0.07)}{0.12-0.07} = 21,400(\text{원})$$

• 배당성장률(g)이 10%인 경우

$$P_0 = \frac{d_1}{k_e - g} = \frac{1,000(1+0.10)}{0.12-0.10} = 55,000(\text{원})$$

(4) 이익평가모형

배당 이외에 주당이익으로부터 현재의 주가를 구할 수도 있다. 즉, 미래에 실현될 각 기간별 주당순이익(earnings per share : EPS)을 주주의 요구수익률로 할인함으로써 주식의 현재가치를 평가할 수 있는데, 이 모형이 이익평가모형이다. 이 모형은 배당을 전혀 하지 않거나 극히 적은 배당을 하는 기업의 주식가치를 평가하는 경우에 적용할 수 있다.

$$P_0 = \frac{EPS_1}{1+k_e} + \frac{EPS_2}{(1+k_e)^2} + \cdots + \frac{EPS_\infty}{(1+k_e)^\infty} = \sum_{t=1}^{\infty} \frac{EPS_t}{(1+k_e)^t} \qquad (3\text{-}11)$$

단, EPS_t : t기의 주당순이익

k_e : 주주의 요구수익률(EPS에 대한 자본환원율)

1) 성장기회가 없는 경우의 이익평가모형

만약, 성장기회가 없어서 이익흐름이 평균적으로 매기 EPS수준으로 동일해서 이 EPS를 전부 배당으로 지급하는 기업이 있다고 가정해 보자. 이런 기업의 주식가치는 성장기회가 없으므로 사내유보율은 0이고, EPS는 매기 동일하므로 영구연금공식을 적용할 수 있다. 즉, 주식의 현재가치는 매기 동일한 연금 EPS의 현재가치의 합으로 다음과 같다.

$$P_0 = \sum_{t=1}^{\infty} \frac{EPS}{(1+k_e)^t} = \frac{EPS}{k_e} \qquad (3\text{-}12)$$

예제 3-8 주식가치평가(성장기회가 없는 경우의 이익평가모형)

A기업은 성장기회가 없어서 매기 보통주 1주당 700원만큼의 순이익만 계속해서 영구히 얻을 것으로 예상되며, 이 순이익 전부를 배당으로 계속 지급할 예정이다. 주주의 요구수익률이 10%라면, 이 주식의 가치는 얼마인가?

풀이

$$P_0 = \frac{EPS}{k_e} = \frac{700}{0.1} = 7,000(\text{원})$$

2) 성장기회를 고려한 경우의 이익평가모형

기업이 성장・발전하려면 계속 투자를 해야 한다. 기업은 통상 이익 모두를 배당으로 지급하는 것이 아니라, 이익의 전부 또는 일부는 투자를 위해서 사내에 유보하여 미래 성장을 위한 재투자(성장기회가 있을 경우) 자금으로 활용한다. 외부로부터 자금조달이 없다면 성장에 필요한 투자자금은 모두 유보이익으로 조달해야 한다. 따라서 유보이익의 재투자수익률(r)은 결국 자기자본순이익률(return on equity : ROE)로 볼 수 있다. 당기순이익에서 유보이익이 차지하는 비율을 유보율(retention ratio)이라고 한다. 만약, 재투자수익률(r)이 요구수익률(k_e)을 상회한다면($r > k_e$), 기업의 이익은 일정률로 성장하게 되는데, 이처럼 성장기회를 고려한 이익평가모형을 살펴보면, 다음과 같다.

$$P_0 = \frac{EPS_1}{k_e} + \frac{EPS_1}{k_e}\left[\frac{f(r-k_e)}{k_e - f \cdot r}\right] \qquad (3\text{-}13)$$

단, EPS_1 : 1기말 예상주당순이익
k_e : 수수의 요구수익률
f : 유보율
r : 재투자수익률(자기자본수익률)
$f \cdot r = g$: 성장률

위 식에서 EPS_1, k_e, f, r이 매년 일정하다고 가정하면, 첫째 항은 성장기회가 없는 경우 미래순이익(EPS_t)의 현재가치이고, 둘째 항은 순이익(EPS_t)을 재투자하는 경우의 현재가치, 즉 성장기회에 재투자하는 경우 성장기회의 현재가치(present value of growth opportunity : $PVGO$)를 나타낸다. 만약 재투자수익률(r)이 요구수익률(k_e)보다 작다면, 식 (3-13)에서 둘째 항의 분자는 음의 값을 가지게 되어 오히려 주식의 가치는 하락하게 된다.

보충 • 성장기회의 현재가치($PVGO$) 계산

성장을 위한 투자금액은 주당이익에 유보율을 곱한 금액($f \cdot EPS_1$)으로, 이 투자금액의 1년 후 순현가는 다음과 같다.

$$NPV_1 = -f \cdot EPS_1 + \frac{f \cdot EPS_1 \cdot r}{k_e}$$

위 식에서 우변의 첫째 항은 투자금액이고, 둘째 항은 영구연금의 현가공식을 이용하여 계산한 것이다. $PVGO$는 매년도 재투자로 인한 순현가(NPV_1, …, NPV_n)의 현가의 합이다. 즉, 투자시점의 현가를 구한 다음에, 그 현가를 현재시점의 현가로 다시 계산한 값이다. 따라서

$$PVGO = \frac{NPV_1}{1+k_e} + \frac{NPV_1(1+f \cdot r)}{(1+k_e)^2} + \cdots = \frac{NPV_1}{k_e - f \cdot r}$$

그런데 $NPV_1 = -f \cdot EPS_1 + \frac{f \cdot EPS_1 \cdot r}{k_e}$ 이므로,

$$PVGO == \frac{-f \cdot EPS_1 + \frac{f \cdot EPS_1 \cdot r}{k_e}}{k_e - f \cdot r} = \frac{EPS_1}{k_e}\left[\frac{f(r-k_e)}{k_e - f \cdot r}\right]$$

예제 3-9 주식가치평가(성장기회를 고려한 이익평가모형)

B사의 금년말 주당순이익(EPS_1)은 1,500원이 예상된다. B사는 재투자수익률이 20%인 이익성장기회의 투자안이 있어서 유보율을 60%로 해서 재투자하려고 한다. 주주의 요구수익률이 15%라면, B사의 주식가치는 얼마인가? 성장률은 얼마이고, 성장기회의 현재가치는 얼마인가?

풀이

• $P_0 = \frac{EPS_1}{k_e} + \frac{EPS_1}{k_e}\left[\frac{f(r-k_e)}{k_e - f \cdot r(=g)}\right]$

$= \frac{1,500}{0.15} + \frac{1,500}{0.15}\left[\frac{0.6(0.2-0.15)}{0.15-0.6\times 0.2(=0.12)}\right]$

$= 10,000 + 10,000 \times \frac{0.03}{0.03} = 20,000$(원)

• $g = f \cdot r = 0.6 \times 0.2 = 0.12 = 12\%$

• 성장기회의 현재가치($PVGO$) = 10,000(원)

(5) 주가수익비율(PER) 평가모형

실무에서 많이 사용하는 방법으로 주가수익비율(PER)을 이용하여 평가하는 PER모형이 있다. 주가수익비율(price earnings ratio : PER)은 주가를 주당순이익(EPS)으로 나눈 값(주가÷주당순이익)으로서, 주가수익배율(P/E ratio), 주가이익배율, 주가수익배수, 이익승수 등 다양하게 사용되고 있다.[4] 이는 현재의 주가가 주당순이익의 몇 배로 형성되어 있는가를 나타내는 지표로 식 (3-14)가 PER모형이다.

PER모형인 식 (3-14)에 예상주당순이익(EPS^*)을 대입하여 식 (3-15)의 예상주가수익비율(PER^*) 또는 정상적 주가수익비율(normalized PER)을 구한다. 예상 $PER(PER^*)$을 이용하면 식 (3-16)과 같이 현재의 이론적 주가(P_0)를 구할 수 있다.

$$\text{주가수익비율}(PER) = \frac{\text{주가}(P_0)}{\text{주당순이익}(EPS)} \tag{3-14}$$

$$\text{예상주가수익비율}(PER^*) = \frac{\text{주가}(P_0)}{\text{예상주당순이익}(EPS^*)} \tag{3-15}$$

$$P_0 = PER^* \times EPS^* \tag{3-16}$$

여기서, 예상주가수익비율(PER^*)은 추정한 값으로 기업의 내재가치, 즉 현재의 주가(P_0)를 기말에 평균적으로 실현될 것으로 추정한 예상주당순이익으로 나누어서 구한다.[5] 예상순이익의 추정은 결코 쉽지 않기 때문에 예상 PER의 추정 역시 쉽지 않다. 예상 PER의 추정은 통상 ① 동일한 위험수준의 기존 주식의 PER, ② 동일 산업의 평균 PER, ③ 해당기업의 과거 수년간의 평균 PER, ④ 배당평가모형에 의해 구한 PER 등을 이용한다.

---

4) PER에 대응하는 개념으로 실무에서 자주 이용되는 것으로 FV(firm value)/$EBITDA$(영업이익＋감가상각비)이 있다. 여기서 FV＝주식의 시가총액＋부채의 시장가치이다.

5) $EPS = EPS^*$ 라 하자. $PER^* = \dfrac{P_0}{EPS^*}$ 이고, 현재의 주가(기업가치)는 $P_0 = \dfrac{d_1}{k-g}$ 이므로

$$PER^* = \frac{P_0}{EPS^*} = \frac{\frac{d_1}{k-g}}{EPS^*} = \frac{\frac{d_1}{EPS^*}}{k-g}$$ 과 같이 나타낼 수 있다.

여기서, $\dfrac{d_1}{EPS^*}$ 을 통상 $\dfrac{d}{E}$ 로 나타내기도 하는데, 이를 기대배당성향이라 한다.

PER평가모형은 주가수준을 수익가치(이익발생능력)에 대비해 측정하는 개념으로 간편하고 이해하기 쉽다는 장점이 있지만, 주당순이익을 정확히 추정한다는 것이 결코 쉽지 않기 때문에 유의해야 한다.

예제 3-10 주식가치평가(PER 평가모형)

A사의 전기말 주당순이익(EPS)은 1,000원이다. A사의 현재 주가가 20,000원이라면 A사의 PER은 얼마인가? 금년말 실현될 예상주당순이익(EPS^*)이 2,000원이라면 예상주가수익비율(PER^*)은 얼마이고, 이 예상 PER을 이용했을 때, A사의 현재 주가는 얼마로 평가해야 하는가?

풀이

$$\text{주가수익비율}(PER) = \frac{20{,}000(P_0)}{1{,}000(EPS)} = 20(\text{배})$$

$$\text{주가}(P_0) = PER^* \times EPS^* = \left(\frac{20{,}000}{2{,}000}\right) \times 2{,}000 = 20{,}000(\text{원})$$

$$PER^* = 10(\text{배})$$

예제 3-11 주식가치평가(예상 PER 평가모형)

B기업의 금년말 주당순이익(EPS_1)은 2,000원으로 예상된다. 만약 B기업과 같은 산업에 속하면서 같은 위험을 지닌 C기업의 PER^*(예상 PER)은 15배이다. 이 경우 PER평가모형을 이용하여 B기업의 주가를 예측하면 얼마인가?

풀이

$$\text{주가}(P_0) = PER^* \times EPS_1 = 15 \times 2{,}000 = 30{,}000(\text{원})$$

(6) 주가순자산비율(PBR) 평가모형

주식가치 추정의 다른 한 방법은 주주들에게 귀속되는 순자산가치에 근거하여 평가하는 것이다. 주주에게 돌아갈 잔여재산의 크기는 재무상태표상의 총자산에서 채권자의 몫인 총부채를 차감한 순자산(net worth)(총자산－총부채)이다. 주당 순자산가치는 순자산을 발행주식수로 나눈 것으로 주당 장부가치(book value per share : BPS)를 의미한다. 주가순자산비율 또는 주가 장부가치비율(price to book value ratio : PBR)은 주가를 주당 장부가치(BPS)로 나눈 비율로서, 장부상 순자산가치(총자산−총부채)에 대비해 주가 수준을 측정하는 지표이다.

$$\text{주가순자산비율}(PBR) = \frac{\text{주가}(P_0)}{\text{주당 장부가치}(BPS)} \quad (3\text{-}17)$$

$$\text{주당 장부가치}(BPS) = \frac{\text{재무상태표상의 자기자본}^{*}}{\text{발행주식수}} \quad (3\text{-}18)$$

* 재무상태표상 자기자본=총자산−총부채

주가순자산비율(*PBR*) 평가법에서 *BPS*는 기업의 미래 성장기회, 즉 수익능력을 반영하지 못하기 때문에 실질적인 시장가치를 반영하지 못하는 단점이 있다. 그러나 실무에서 분석가들은 상대적 또는 절대적으로 저평가된 주식을 비교·판별하기 위해 *PER*와 같이 많이 이용하기도 한다.

예제 3-12 주식가치평가(*PBR* 평가모형)

A기업의 기말 현재 총자산은 1억원, 총부채는 4천만원, 발행주식수는 1,000주이다. A기업의 주당 장부가치는 얼마인가? 현재 A기업의 주식이 증권시장에서 30,000원에 거래된다면 주가순자산비율은 얼마인가?

풀이

$$BPS = \frac{100{,}000{,}000 - 40{,}000{,}000}{1{,}000} = 60{,}000(\text{원})$$

$$PBR = \frac{30{,}000}{60{,}000} = 0.5(\text{배})$$

3. 우선주의 가치평가

우선주는 대부분의 경우 우선주 발행시 약속된 배당금 또는 배당률이 영구히 지급되므로 우선주의 가치는 매기 지급되는 약속배당액의 현재가치이다. 따라서 우선주의 가치평가는 영구히 지급되는 약속배당금을 우선주의 적정할인율인 우선주 요구수익률로 할인한 값으로 다음과 같다.

$$P_0 = \frac{d_p}{k_p} \tag{3-19}$$

단, d_p : 약속배당금
k_p : 우선주의 요구수익률

예제 3-13 주식가치평가(우선주의 가치평가)

K기업의 우선주 배당금은 주당 1,500원이고, 우선주에 대한 요구수익률이 10%라면 우선주의 현재가치는 얼마인가?

풀이

$$P_0 = \frac{1,500}{0.1} = 15,000(\text{원})$$

제 3 절 기업가치평가

기업가치(firm value)는 자기자본의 시장가치(market value of equity)와 부채의 시장가치(market value of debt)의 합계액이다. 즉, 주식의 시가총액과 부채의 시가총액을 합한 것이 된다. 앞에서 살펴본 바와 같이, 자기자본의 시장가치는 배당흐름이나 순이익을 위험이 반영된 적정할인율로 할인한 현재가치로 평가할 수 있다. 부채의 시장가치는 채권자에게 지급될 이자와 원금을 동일한 위험수준의 부채에 상응하는 적정할인율로 할인한 현재가치로 평가할 수 있다. 그런데 일반적으로 부채는 기업이 도산하지 않는 한, 원금상환과 확정이자의 지급의무를 이행한다는 조건이 확증되어 있을 뿐 아니라, 부채의 위험조정할인율에 영향을 미치는 시장이자율도 급격히 변동하지 않기 때문에 통상 장부가치로 측정하는 경우가 많다.

그러나 주식의 경우는 상장되어 있지 않거나, 설령 상장되어 있다 해도 일부 대주주들이 대부분의 주식을 소유해서 유통주가 적기 때문에 주식거래가 활발하지 못한 경우, 또는 성장기회가 없어서 배당지급이 제대로 이루어지지 않는 경우 등에는 정상적인 시장가격이 형성될 수 없기 때문에 자기자본의 시장가치를 계산할 수 없다. 이렇게 주가의 정확한 산정이 어려운 경우에 실무에서 증권분석가들이 많이 사용하는 평가방법은 해당기업의 총가치를 먼저 평가·추정한 다음에 여기서 부채의 장부가치를 차감하여 자기자본가치를 산출하는 것이다.

한편, 상황조건부청구권 측면에서의 기업가치평가를 [그림 3-1]을 통해 살펴보면 다음과 같다. 주주의 이익배당청구권과 채권자의 이자지급청구권 및 원금상환청구권은 금융청구권(financial claim)으로서, 이 청구권의 가치는 미래에 전개될 상황에 따라 달라지므로, 이를 상황조건부청구권(state contingent claim)이라고 한다.

기업의 총가치를 V, 부채의 시장가치를 D라고 하면, $V > D$인 경우에 사채권자의 청구권, 즉 부채의 시장가치(D)는 물론 보장된다. 이때 주식의 시장가치(S), 즉 자기자본의 가치는 $V-D$가 된다($S=V-D$).

그러나 $V < D$인 경우에는 $0 \sim D$ 범위 내에서 V 자체가 채권자의 청구권, 즉 부채의 시장가치보다 작거나 같아($D \geq V$), 주식(자기자본)의 시장가치는 0이 된다($S=0$). $V < D$일 때 $S=0$인 이유는 잔여재산분배청구권의 최우선순위가 사채권자에게 있어 주주는 사채권자의 청구권보다 후순위이기 때문이다. 따라서 사채권자에게 지급하고도 잔여재산이 있을 경우에만 주주의 잔여재산분배청구권의 행사가 가능하다.

그림 3-1

주식과 부채의 가치평가

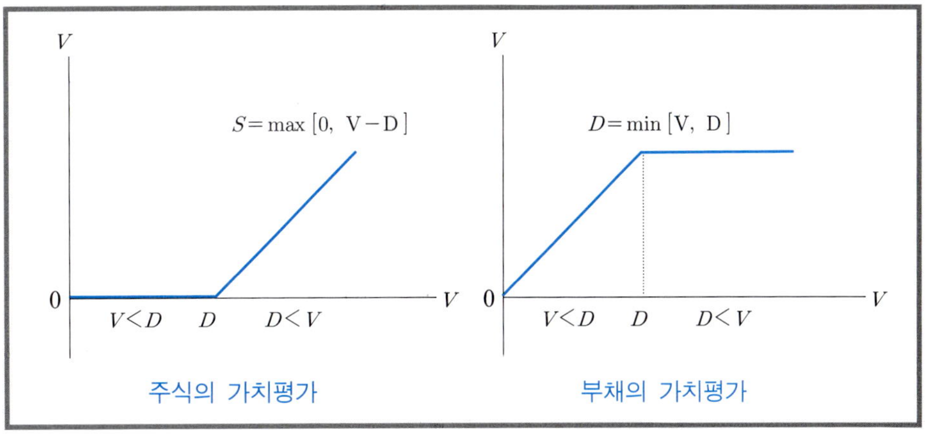

연습문제

01 다음의 용어들을 간단히 설명하시오.

(1) 내재가치
(2) 이표채 · 할인채 · 영구채
(3) 채권수익률(만기수익률)
(4) 성장기회의 현재가치(*PVGO*)
(5) *PER*과 예상*PER*
(6) *PBR*과 *BPS*

02 배당평가모형의 기본개념을 설명하고, 여기에 해당하는 모형들을 간단히 설명하시오.

03 이익평가모형의 기본개념을 설명하고, 여기에 해당하는 모형들을 간단히 설명하시오.

04 기업가치평가의 원리와 기본개념을 설명하시오.

05 만기 5년, 표면이자율은 8%이고 액면가액은 1억원인 회사채가 있다. 이 채권의 위험수준과 비슷한 채권들에 상응한 요구수익률이 10%라고 한다면, 이 채권의 현재가치는 얼마인가?

06 액면가는 2억원, 만기가 5년이며, 만기까지 이자지급은 없는 순수할인채권이 있다. 이 채권의 만기수익률은 10%라고 하면, 이 채권의 현재가치는 얼마인가?

07 연 500,000원의 이자를 80년간 동일하게 계속해서 지급하는 국채가 발행된다고 한다. 국채이어서 위험이 없으므로 현재 1년 만기 은행정기예금의 이자율인 5%를 요구수익률로 하여 할인한다면, 이 채권의 현재가치는 얼마인가?

08 액면가는 1억원이고, 표면이자율(쿠폰이자율)이 연 10%, 이자는 연 1회 지급되고, 만기가 3년 남은 회사채가 있다. 현재 채권시장에서 이 회사채의 시장가격은 9,520만원에 거래되고 있다면 채권수익률은 얼마인가?

09 H사는 금년말 1주당 1,000원, 내년말에는 2,000원의 배당금을 지급할 것으로 기대된다. 그리고 내년말에 이 주식을 처분하면 50,000원을 받을 것으로 예상된다. 투자자의 요구수익률이 10%라면, H사의 주가는 연초인 현재 얼마로 평가되어야 하는가?

10 매년말에 주당 1,200원씩 영구히 배당금을 지급하는 주식이 있다고 가정할 때, 투자자의 요구수익률이 10%인 경우 이 주식의 현재가치는 얼마인가?

11 K사의 보통주는 작년말에 1주당 배당금 1,000원을 지급하였다. 그런데 앞으로 이익이 대폭 증가할 것으로 예상되기 때문에 배당금을 매년 5%씩 증가해서 지급할 것으로 기대되고 있다. 이 주식에 대한 투자자의 적정 요구수익률이 연 10%라고 할 때, 이 주식의 1주당 가격은 얼마인가? 만약에 배당성장률(배당금의 증가율)이 3%라고 한다면, 주가는 얼마가 되는가? 두 경우의 이론적 현재 주가를 구하시오.

12 AS사는 향후 성장기회가 없어서 매기 보통주 1주당 500원만큼의 순이익만 계속해서 영구히 얻을 것으로 예상되며, 이 순이익 전부를 배당으로 계속 지급할 예정이다. 주주의 요구수익률이 10%라면 이 주식의 가치는 얼마인가?

13 BS사의 금년말 주당순이익(EPS_1)은 1,000원이 예상된다. BS사는 재투자수익률이 20%인 이익성장기회의 투자안이 있어서 사내유보율을 40%로 해서 재투자하려고 한다. 주주의 요구수익률이 10%라면 BS사의 주가는 얼마인가?

14 A사의 전기말 주당순이익(EPS)은 2,000원이다. A사의 현재 주가가 20,000원이라면 A사의 PER은 얼마인가? 금년말에 예상되는 주당순이익(EPS_1)이 4,000원이라면 예상주가수익비율(PER^*)은 얼마이고, 이 PER^*을 이용했을 때 A사의 현재 주가는 얼마로 평가해야 하는가?

15 B사의 당기말 주당순이익(EPS_1)은 1,000원으로 예상된다. 만약 B사와 같은 산업에 속하면서 같은 위험을 지닌 D사의 예상PER(PER^*)이 10(배)일 경우, PER평가모형을 이용하여 B사의 주가를 예측하면 얼마인가?

16 A사의 기말 현재 총자산은 10억원, 총부채는 5억원, 발행주식수는 10만주이다. A사의 주당 장부가치(BPS)는 얼마인가? 현재 A사의 주가가 30,000원이라면 주가순자산비율(PBR)은 얼마인가?

17 H사의 우선주 배당금은 주당 3,000원이고, 우선주에 대한 요구수익률이 10%라면 우선주의 현재가치는 얼마인가?

PART

Ⅱ 투자결정

재무관리에서 가장 중요한 의사결정은 크게 투자결정과 자본조달결정으로 구분할 수 있다. 이 가운데 투자결정의 문제는 다시 확실성하의 투자결정문제와 불확실성(위험)하의 투자결정문제로 구분할 수 있는데, 투자결정에서 다루는 주요 내용은 다음과 같다.

확실성하의 투자결정은 ① 자본예산편성과 투자안의 현금흐름추정(제4장), ② 투자안의 경제성 평가방법(제5장 제1・2절), ③ 상이한 내용연수・자본제약・인플레이션하의 투자결정(제5장 제3절) 등이다.

위험하의 투자결정은 ① 평균・분산기준 선택원리의 포트폴리오이론(제6장), ② 자본자산가격결정모형($CAPM$)과 $CAPM$을 이용한 불확실성하의 투자결정(제7장) 등이다.

한편, 위험자산의 옵션가격결정과 선물의 가격결정은 제13장에서 다룬다.

CHAPTER 4

자본예산과 현금흐름의 추정

학습목표

본장에서는 장기성 설비와 유형자산의 취득에 관한 의사결정의 문제를 다루는 자본예산관리에 대해서 설명한다. 본장에서 강조되는 핵심내용은 다음과 같다.

1. 자본예산의 의의와 중요성
2. 자본예산의 편성과정
3. 투자안의 목적과 상호의존관계에 따른 투자안의 종류
4. 현금흐름의 추정원칙과 추정시 유의사항
5. 현금흐름의 추정내용과 기간별 추정

제1절 자본예산의 의의와 중요성

1. 자본예산의 의의

기업은 신규사업시에나 기존사업의 확장시에도 많은 자산에 투자를 하게 된다. 자산에의 투자결정은 곧 미래수익을 실현하기 위해서 자산을 취득하는 것으로 기업성장에 직접적인 영향을 미친다. 특히, 신규사업투자, 시설투자, 연구개발투자와 같이 그 지출규모가 대단위이고, 투자효과가 장기적으로 나타나는 지출을 자본적 지출이라 한다. 자본예산편성(capital budgeting)은 1년 이상 효과가 지속되는 장기투자를 주 대상으로 하는 자본적 지출에 대한 총괄적인 계획을 수립하는 과정을 말한다. 따라서 자본예산(capital budget)은 장기성 시설·투자(광의에서는 연구·개발, 광고 포함)에 대한 계획 및 평가와 관련된 의사결정으로 투자자산의 현금흐름을 추정하고 투자안에 대한 경제성 분

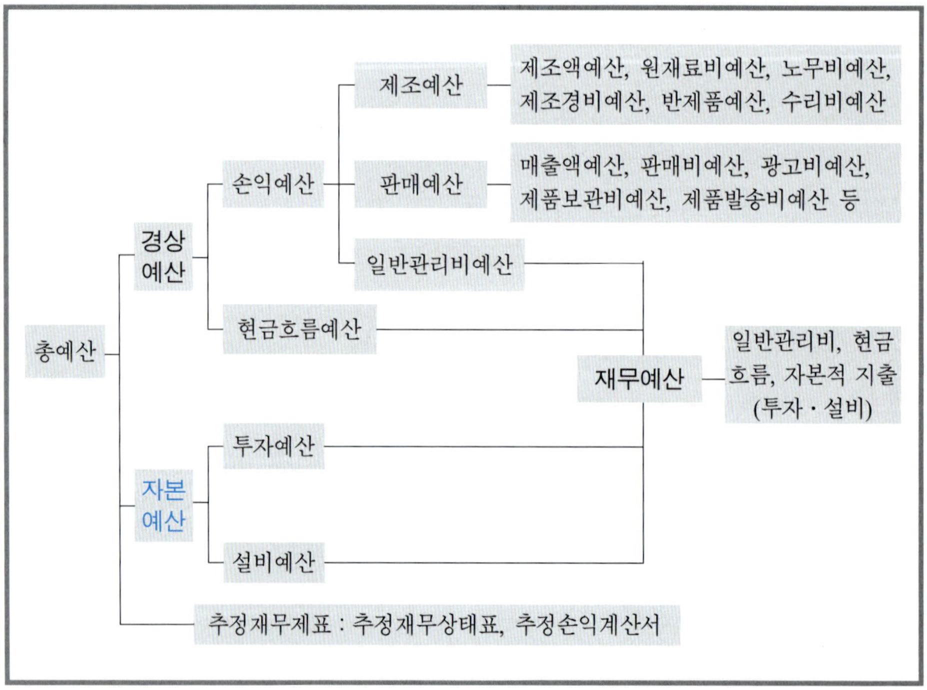

그림 4-1

예산의 구성

석을 통해 최적투자결정을 내리는 과정이라 할 수 있다.[1)]

[그림 4-1]에서 보는 바와 같이, 자본예산은 자본적 지출이 주를 이루는 설비예산과 투자예산으로 구성된다. 경상예산은 손익예산과 현금흐름예산으로 구성되며, 경상적 지출이 주를 이루는 예산으로서 원자재 구입비, 인건비처럼 일상적이고 반복적으로 이루어지는 지출로 그 효과가 단기간에 걸쳐 나타난다. 한편, 현금흐름, 일반관리비, 설비 및 투자 관련 예산을 재무예산(financial budget)이라 한다.

2. 자본예산의 중요성

오늘날 급변하는 기업환경과 무한경쟁에 처한 기업으로서는 투자에 의해 기업의 생존과 성장이 결정된다 해도 과언이 아니다. 자본예산에 의한 투자결정, 즉 자본적 지출의 결과는 기업의 장기적 미래의 수익성과 위험도에 결정적인 영향을 미쳐 기업의 미래가치를 좌우한다. 따라서 자본예산은 투자목표를 설정하고 적정한 투자규모를 결정하는 기업의 내부적 요인과 함께 경제전망, 경쟁환경, 소비자의 욕구 등 기업외부환경에 대한 분석이 같이 이루어져야 한다. 이런 의미에서 자본예산은 기업의 장기경영계획의 일환으로 이루어지는 전형적인 전략적 의사결정이다.

기업이 경쟁에서 우위를 확보하려면 설비의 현대화를 통한 품질의 향상과 가격경쟁력을 확보해야 한다. 이를 위해서 계획성 있는 지속적인 투자가 이루어져야 하는데, 자본예산은 다음과 같은 기업환경의 특성들 때문에 기업경영에 있어 그 중요성이 더욱 높아지고 있다.

첫째, 과학기술의 발전과 노무비의 상승 등으로 인해 투자규모가 점차 거대화되고 있다. 거대한 투자규모는 통상 대규모의 현금유출이 따르는 자본적 지출을 필요로 하는 특성이 있어서 기업의 자금사정의 악화를 초래하여 유동성(liquidity)을 상실하게 할 위험이 매우 크다. 만약 투자가 실패할 때에는 엄청난 손실로 인해 기업의 존립까지 위협을 받기 때문에 자본예산편성의 실

---

1) 예산(budget)이란 경영계획을 금액으로 표시한 것을 말한다. 따라서 자본예산편성(capital budgeting)이라고 해야 맞으나 편의상 자본예산으로 사용하고 있다.

참고 · 투자규모가 거대화되는 이유

① 과학기술의 발전에 따라 반도체, 항공우주, 생명공학, 그린산업과 같은 첨단산업의 경우 막대한 자본적 지출의 투자가 필수적이고, ② 삶의 질의 향상에 대한 욕구가 증대함에 따라 노무비·인건비가 지속적으로 상승하는 관계로 로봇과 같은 자동화시설 도입이 불가피해졌으며, ③ 신기술의 급속한 발전으로 인한 신제품개발의 홍수는 기존상품의 수명주기를 단축시키는 동시에 기존설비를 새로운 설비로 교체하기 위한 대체투자를 필요로 하기 때문이다.

패는 곧 기업의 생존마저 위태롭게 할 수 있다. 그러므로 거액의 자금조달 필연성에 따라 더욱 합리적인 자금조달계획의 수립이 중요시된다 하겠다.

둘째, 자본예산의 투자안은 투자결정 후 제품이 생산되어서 자금이 회수되기까지는 오랜 시간이 소요된다. 투자결정에 대한 성공여부를 최종적으로 평가하려면 상당한 기간이 지나야 한다. 또한 투자의 결과는 장기간에 걸쳐 기업활동에 영향을 미치므로 도중에 취소하거나 변경하기도 어렵고, 기업활동도 제약을 받는다. 따라서 자본예산은 미래의 자금수요와 투자효과에 대한 합리적인 예측을 바탕으로 이루어져야 한다.

셋째, 불확실성이 증대되는 기업환경하에서 자본예산은 기업의 장기전략과 자금조달계획, 미래경제상황을 분석하여 신중하게 이루어져야 한다.

넷째, 기업예산편성과정에서 경제환경 변화, 소비자취향 변화, 국가정책의 변화 등 여러 요인을 계획성 있게 분석하여 투자결정을 해야 한다.

3. 자본예산편성의 과정

자본예산편성의 과정은 [그림 4-2]와 같이 중요 3단계로 구성되며, 이를 세분하면 7단계를 거쳐서 이루어진다.

(1) 투자목적의 설정

투자는 시설·건물 교체, 시설확장, 연구·개발, 전략적 광고, 공해방지시설 등을 위해서 이루어지며, 투자목적은 기업의 외부환경과 내부능력을 분석·평가하여 기업가치를 증대시킬 수 있도록 구체적으로 설정한다. 예를 들면,

그림 4-2
자본예산편성의 과정

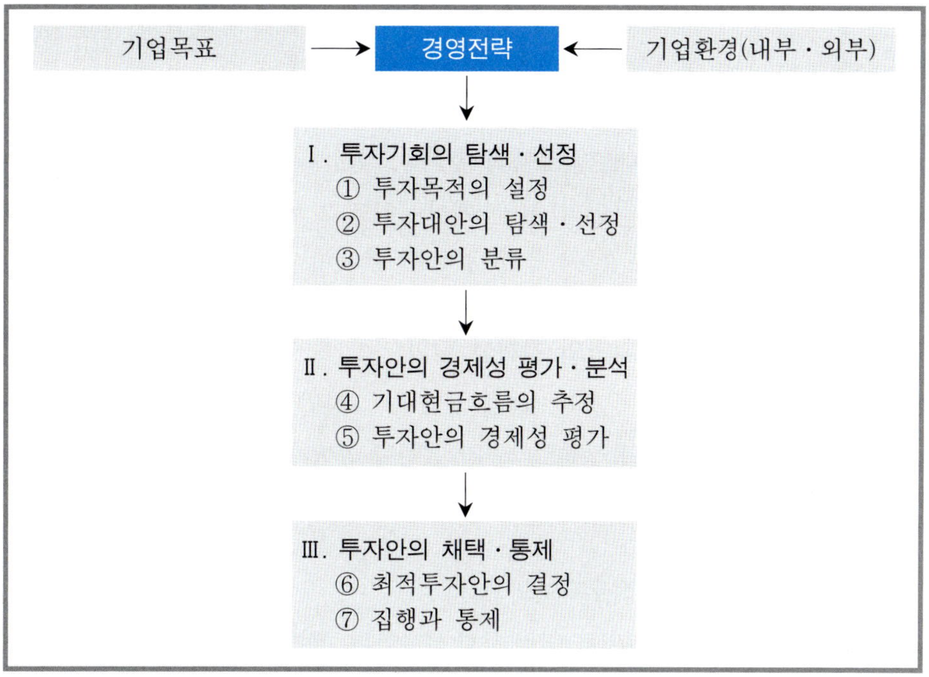

자기자본이익률 10% 증대, 매출액 20% 증대, 원가절감 20% 실현, 생산성 20% 증대 등이 되겠다. 투자목적은 기업이 추구하는 전략적 목표에 따라 결정되므로 기업이 처한 상황과 환경의 변화에 따라 변경될 수도 있다.

(2) 투자대안의 탐색 · 선정

일단 투자목적이 선정되었으면 투자목적을 달성할 수 있는 투자대안(investment alternatives)들을 탐색한다. 투자대안에 대한 아이디어는 시장조사, 고객, 제안제도, 경쟁업체, 성공기업 사례, 연구 · 개발부서, 기획부서 등으로부터 얻거나 창출해낸다. 다음에 투자대안들마다 반드시 시장가능성과 기술적 타당성을 분석 · 평가한 후에 경제성 분석이 필요한 투자대안들만을 걸러서 선정한다.

(3) 투자안의 분류

탐색과정을 거쳐 선정된 투자안들을 목적과 성격, 그리고 상호의존관계에 따라 분류하고 어떤 성격의 투자안에 해당하는지를 분석한다. 자본예산편성에서 투자목적에 따라 투자안을 분명히 분류함으로써 투자안과 관련되는 미래의 이득과 손실을 보다 정확하게 추정할 수 있다. 예를 들어 설비대체를 목적으로 하는 투자안의 경우, 신규설비의 도입에 따른 비용절약효과의 추정이 투자결정의 가장 중요한 과제가 된다.

(4) 기대현금흐름의 추정

각 투자안의 현금 예상유입액과 예상유출액을 측정함으로써 예상되는 미래 기대현금흐름을 추정하는 단계이다.

(5) 투자안의 경제성 평가

각 투자안의 기대현금흐름이 기업가치 증대에 얼마나 공헌하는지를 여러 경제성 평가방법(*NPV*방법이나 *IRR*기법 등)을 이용하여 평가한다. 각 투자안의 기업가치는 기대현금흐름에 대해 기간과 위험을 고려하여 평가한다.

(6) 최적투자안의 결정

기업가치를 극대화할 수 있는 가장 적합한 최적투자안을 선택한다.

(7) 집행과 통제

채택된 최적투자안은 집행을 하게 되고, 집행과정에서 기업환경, 자금조달능력, 경쟁회사의 전략 등의 변화로 최초 예상보다 편익이 적거나 비용이 많아지는 등 목표의 수정과 집행상 보완이 불가피하게 된다. 따라서 이런 변화를 감안하여 채택된 투자안의 실행이 기업목표를 달성하고 있는지 계속적으로 재평가하고 통제를 통해 사후관리를 할 필요가 있다.

자본예산편성 과정에서 가장 중요한 단계는 위의 「(4) 기대현금흐름의 추정과 (5) 투자안의 경제성 평가」이다. 투자안으로부터 기대되는 미래현금흐름을 정확히 추정한 다음에 경제성 평가방법을 적용하여 기업가치 증가에 가장 공헌도가 큰 투자안을 채택한다. 이 과정은 실무에서 재무팀이 실행하는 주요 업무이기도 하다.

제 2 절 투자안의 종류

이하에서는 ① 투자안이 어떤 성격을 갖고 있고, ② 투자안이 어떤 목적을 달성하기 위한 것이며, ③ 기존자산 및 다른 투자안과는 어떤 상호의존관계가 있는지, 그리고 기업의 존속과 성장에 대하여는 어떤 의미를 가지고 있는지 등을 명확하게 이해하도록 한다. 투자안들을 일정기준에 따라 분류하는 것은 투자안의 성격을 정의하는 데 큰 도움을 준다. 투자안을 분류하는 기준으로 투자안의 목적, 투자안의 상호간 관계, 현금흐름의 패턴 등이 사용된다.

1. 투자안의 목적에 따른 분류

투자안은 목적에 따라 신규투자, 교체투자, 확장투자, 그리고 전략적 투자로 나눌 수 있다.

(1) 신규투자

신규투자는 새로운 시상창출을 위해서 신제품 개발을 위한 투자를 말하며, 품질개량, 성능향상, 디자인변경 등을 위한 투자도 포함시킨다. 이 결정에서는 신제품의 수명주기 추정 및 수요 예측이 특히 중요하다.

(2) 교체투자

교체투자는 기존설비의 노후화나 진부화에 따라 원가절감을 위해 새로운 설비로 교체하는 투자이다. 대체투자라고도 한다.

(3) 확장투자

확장투자는 증가하는 수요 및 시장점유율 제고에 대처하기 위해서 공급증대를 목적으로 기존의 생산능력을 확장하는 투자이다. 동종설비의 추가, 공장의 증축, 기계설비의 추가를 위한 투자를 들 수 있다. 참고로 제품개량투자는 기존시장의 유지 또는 확대를 위해서 기존제품의 품질 및 성능의 개선을 추구하는 투자이다.

(4) 전략적 투자

전략적 투자는 기업의 전략적 목적에서 이루어지는 투자로서 경제적 가치보다는 전략적 가치가 더 중요하게 고려된다. 타품종과의 보완관계, 광고효과, 연구개발, 지역사회개발 등 경영전략적인 목적을 가진 투자이다. 전략적 투자는 흔히 위험저감투자와 후생투자로 나뉜다.

1) 위험저감투자

위험을 줄이기 위한 투자로서 흔히 수직적 계열화나 다각화 투자의 형태를 취한다. 안정적 원료공급을 위하여 원재료생산회사를 합병하는 경우가 수직적 계열화의 예이며, 비록 수익성은 없지만 기업 전체의 미래현금흐름이 보다 안정적으로 얻어지도록 기존제품의 현금흐름과 음(−)의 상관계수를 갖는 제품을 생산하는 경우가 다각화를 위한 위험저감투자의 예이다.

2) 후생투자

지역사회의 복지증진을 위하여 복지시설을 갖추거나, 환경오염을 줄이기 위하여 공해방지시설을 설치하거나, 종업원의 후생복지를 증진시키기 위하여 기숙사, 체육시설, 교육시설 등을 건설하는 경우가 후생투자의 예이다.

2. 투자안의 상호의존관계에 따른 분류

(1) 독립투자

독립투자는 투자안들 사이에 직접적인 연관이 없어서 채택여부에 서로 영향을 주지 않는 투자를 말한다. 투자안의 경제적 효과가 상호간에 아무런 관련이 없으므로 각각의 투자안을 별개로 평가할 수 있다.

(2) 종속투자

종속투자는 한 투자안이 채택되면 이와 관련된 다른 투자안이 반드시 채택되어야 하는 경우의 투자이다.

(3) 보완투자

보완투자는 한 투자안이 채택되면 다른 투자안의 경제적 이익을 증대시키는, 즉 보완관계를 이루는 투자를 말한다.

(4) 대체투자

대체투자는 한 투자안이 채택되면 다른 투자안의 경제적 이익을 상대적으로 감소시키는 투자이다. 두 개의 투자안이 대체적 관계일 때, 두 투자안을 동시에 채택하면 경제적 이익은 각각의 이익을 합한 것보다 오히려 적어진다. 대체투자의 극단적 예가 상호배타적 투자이다. 상호배타적 투자(mutually exclusive investment)는 한 투자안이 채택되면, 다른 투자안은 당연히 기각되는 경우의 투자를 말한다. 상호배타적 투자안의 경우에는 투자안들에 대한 경제성 분석의 결과에 따라 우선순위를 부여하여 가장 유리한 투자안을 채택하게 된다.

이상에서 투자안들 사이의 상호관계 역시 투자결정에 중요한 영향을 미친다는 것을 알 수 있다. 서로 보완적 관계에 있는 투자안을 독립적으로 평가하여 채택여부를 결정한다면, 그 투자결정은 반드시 그릇된 결과를 가져올 것이다. 밀접한 관련을 가지고 있는 투자안들은 서로 분리하여 분석하기보다는 커다란 하나의 투자안으로 종합하여 다루는 것이 보다 우수한 투자결정 판단에 이르게 할 것이다.

제 3 절 현금흐름의 추정

1. 현금흐름의 추정원칙

자본예산에서 가장 핵심이 되는 투자안의 경제성 평가 · 분석에서의 첫 단계는 투자안의 현금흐름 추정이다. 현금흐름을 정확히 추정한다는 것은 매우 중요한 과제이다. 투자안의 경제성 평가 · 분석에서 두 번째 단계는 첫 단계에서 추정된 현금흐름을 적정 할인율을 적용하여 평가하는 일인데, 이 내용은 제5장에서 다룬다.

재무관리자가 현금흐름을 추정할 때 반드시 지켜야 할 기본원칙은 다음과 같다.

1) 현금흐름기준 추정

회계적 순이익이 아닌 현금흐름(cash flow)기준으로 추정해야 한다. 현금흐름은 손익계산서에 나타나는 회계적 순이익과는 다른 개념이다. 현금흐름은 투자안을 채택할 때 투자시점 및 투자 이후 기간에서 발생하는 현금유입액(cash inflow)에서 현금유출액(cash outflow)을 차감한 금액이다. 이에 비해 회계상 이익은 수익에서 비용을 차감한 것으로 나타난다.

- 회계이익＝수익－비용
- 현금흐름＝현금유입액－현금유출액

회계상 비용은 현금흐름계산에서의 현금유출과 차이가 있다. 예를 들어 유형자산에 투자하는 경우, 회계상에서는 투자시점에서 취득원가로 기록되어 비용으로 인식되지 않지만, 현금흐름계산에서는 투자금액이 투자시점의 현금유출로 계산된다. 투자 이후 기간에도 감가상각비는 회계상 비용으로 인식되는 데 반해, 현금흐름계산에서는 현금유출로 계산되지 않는다. 이처럼 회계이익과 영업현금흐름은 측정기준이 다르기 때문에 투자로 인한 가치평가는 실질적 인식기준이 되는 현금흐름으로 추정해야 한다.

2) 증분현금흐름기준 추정

현금흐름은 증분현금흐름기준(incremental cash flow basis)으로 추정해야 한다. 증분기준으로 현금흐름을 추정해야 하는 이유는 현재 예정하고 있는 투자안이 가져올 미래현금흐름유입과 현금유출만을 고려해야 하기 때문이다.

3) 납세후기준 추정

법인세효과를 고려한 납세후(after-tax)기준으로 추정해야 한다. 즉 고려하고 있는 예상 투자안의 현금흐름은 납세후 증분현금흐름기준으로 편익과 비용을 추정해야 투자안의 현금흐름이 정확히 측정되기 때문이다.

2. 현금흐름 추정시 유의사항

(1) 증분현금흐름 추정시 반드시 포함해야 하는 항목

1) 잠식비용

잠식비용(erosion cost)은 새 투자안이 기존사업의 매출액을 감소시키거나 비용증가를 일으켜 총체적인 관점에서 현금흐름을 감소시키는 경우의 비용이다.

2) 자산의 기회비용

기회비용(opportunity cost)은 기업이 소유한 자금을 여러 가지 투자대상에 사용할 수 있는 경우, 어느 한 투자안을 선택하고 나머지는 포기함으로써 얻을 수 없게 된 현금흐름 중 가장 큰 것을 말한다. 즉, 기회비용이란 실질적인 현금유출은 없으면서 한 투자안을 채택함으로써 다른 투자안에서 얻을 수 있는 이득을 포기한 대가이다. 예를 들어, 현재 매년 1억원의 임대료가 나오는 토지에 골프장을 새로 건설하려고 한다면, 골프장 프로젝트(구체적인 투자안)의 평가에는 임대료 1억원을 현금유출로 반드시 계상해야 한다. 현금유입 1억원은 기회비용으로 골프장 건설이 시행되면 포기해야 하므로 새 투자안의 현금흐름계산에서는 당연히 현금유출에 포함시켜야 한다.

3) 추가적인 운전자본

운전자본(working capital)(광의의 유동자산) 중 외상매출금이나 재고자산은 통상 시설투자와 같은 자본적 지출 증가에 수반해서 추가적으로 증가하는 것이 상례이다. 따라서 운전자본을 위한 지출은 당연히 현금유출에 포함시켜야 한다. 그러나 투자수명이 종료하면 외상매출금은 모두 회수되고, 재고자산은 모두 생산에 투입되어 제품으로 변환되어 매출된 것으로 간주하기 때문에 운전자본은 더 이상 필요하지 않게 되므로 투자종료시점에서는 현금유입으로 계상해야 한다. 순운전자본의 증감은 회계적 수익이나 비용이 아니므로 법인세에 영향을 미치지 않는다.

4) 투자세액공제

투자안의 내용이 법에서 정한 투자세액공제(investment tax credit) 대상이 되는 경우 공제액만큼 현금유입에 포함시켜야 한다.[2] 투자액의 5%를 법인세에서 공제해 준다면, 10억원을 투자하는 경우 5천만원을 감면받는다.

(2) 증분현금흐름 추정시 제외되어야 하는 항목

1) 매몰비용

매몰비용(sunk cost)은 투자안 채택 이전에 발생된 비용으로서 현 투자안의 채택과는 관계가 없으므로 현금유출에 포함시키지 않는다. 예를 들면, 구자산의 취득원가, 기 지출된 연구개발비 및 시장조사비 등을 들 수 있다.

2) 감가상각비

감가상각비(depreciation cost)는 회계상 비용으로 처리되지만 현금유출을 수반하지 않는 비용이다. 따라서 현금흐름 추정시 현금유출로 처리하지 않는다. 그러나 감가상각비는 비용으로 처리되어 과세대상이익을 줄여주는, 즉 현금흐름 추정에서 세금효과($\Delta D \cdot t$)를 발생시키므로 어떤 감가상각 계산방법을 사용하느냐에 따라 증분현금흐름(ΔCF)도 달라진다.[3]

3) 이자비용

이자비용은 현금유출에 포함시키지 않는다. 투자안의 현금흐름을 현재가치로 환산하는 과정에서 이자비용이 반영된 할인율(자본비용)을 사용하는데, 이 자본비용에는 이자비용이 포함되기 때문에 이자비용을 현금유출에 포함시키면 결과적으로 이중계산이 된다. 이자비용은 감세효과를 발생시키지만 현금유출은 아니다.

---

2) 투자세액공제는 「조세감면규제법 시행령」에서 정한 설비·시설(R&D설비, 생산성향상설비, 안전설비, 에너지절약설비, 환경보전시설, 초연결(5G)네트워크시설, 근로자복지증진시설) 투자에 대해 일정률의 투자세액을 공제(대/중견/중소기업에 따라 공제율을 다르게 적용)해 왔는데, 코로나19 피해를 조기에 극복하고 경제활력을 제고하고자 지원대상, 지원수준이 상이한 각종 투자세액공제를 통합·재설계하여 2021년부터 '**통합투자세액공제**'를 신설하였다. 공제대상은 모든 사업용 유형자산(단, 토지·건물·차량·비품 등 제외)으로, 공제방식은 기본공제(당해연도 투자액)+추가공제(직전 3년 평균투자액 초과분)로 하고, 기본공제율은 대/중견/중소기업 각각 1%, 3%, 10%로, 추가공제율은 모든 기업에 3%를 적용한다. 신성장기술 관련 투자는 기본공제 2%로 우대하고, 공제율은 대/중견/중소기업 각각 3%, 5% 12%를 적용한다. 현행 투자세액공제는 폐지하되 2020년, 2021년 투자분은 현행 투자세액공제와 통합투자세액공제 중 선택이 가능하다.

3) 유형자산의 감가상각방법에는 정액법, 정률법, 생산량비례법, 연수합계법이 있다. 정률법, 연수합계법은 내용연수 초기에 감가상각비가 과대계상되므로 정액법보다 감세효과도 더 커진다. 우리나라 법인세법 시행령에서는 연수합계법을 제외한 상각방법만 인정하고 있다.

3. 기간별 증분현금흐름의 추정

투자안에 대한 증분현금흐름을 정확히 측정하기 위해서는 투자최초연도, 투자영업기간, 투자종료연도의 세 기간으로 나누어 기간별로 각기 다른 현금흐름의 특성을 감안하여 증분현금흐름을 추정해야 한다.

기본적으로 순현금흐름은 현금유입액에서 현금유출액을 차감해서 구해진 금액이다. 따라서 납세후 증분현금흐름(ΔCF)은 다음과 같이 구해진다.

$$\Delta CF = \Delta \text{매출액} - \Delta \text{영업비용} - \Delta \text{법인세} - \Delta \text{투자소요액} \qquad (4\text{-}1)$$

위와 같은 투자안의 현금흐름 추정식을 근간으로 해서 기간별(투자최초연도, 투자영업기간, 투자종료연도)로 증분현금흐름을 살펴보면 다음과 같다.

(1) 투자최초연도의 증분현금흐름(ΔCF_0)

투자최초연도의 증분현금흐름은 투자자산 구매와 투자자산의 가동을 위해 발생하는 최초 현금유출액으로 신규투자의 경우는 식 (4-2)로, 교체투자의 경우는 식 (4-3)으로 나타난다.

$$\begin{aligned}\Delta CF_0 = & -\text{자산구매투자액} - \text{설치} \cdot \text{시운전비} - \text{순운전자본투자액} \\ & + \text{구자산 매각가격} \pm \text{구자산 매각 세금효과} + \text{투자세액공제액}\end{aligned}$$

$$\text{신규투자} : \Delta CF_0 = -I_0 - P - \Delta WC_0 + ITC \qquad (4\text{-}2)$$

$$\text{교체투자} : \Delta CF_0 = -I_0 - P - \Delta WC_0 + S_0 + (BV_0 - S_0)t + ITC \qquad (4\text{-}3)$$

단, ΔCF_0 : 투자최초연도의 증분현금흐름
I_0 : 자산구입투자액
P : 설치 · 시운전비
ΔWC_0 : 투자최초연도의 순운전자본 투자액
S_0 : 구자산의 매각가격
BV_0 : 구자산의 장부가격
t : 법인세율
ITC : 투자세액공제액

예제 4-1 투자최초연도의 증분현금흐름(ΔCF_0) 계산

AK기업은 투자세액공제대상이 아닌 기존의 구식 기계설비를 투자세액공제대상인 첨단기술이용설비로의 교체투자를 계획하고 있다. 신설비의 구입가격은 1억원이고, 설치 및 시운전에 들어가는 비용은 1,500만원, 이 설비의 가동에 따른 순운전자본 투자액은 1,000만원이다. 신설비의 내용연수는 5년이고, 5년 후 잔존가치는 없는 것으로 추정하며, 투자세액공제율은 투자금액의 5%이다. 내용연수 5년인 구설비는 3년 전에 5,000만원에 구입하였으므로 아직 2년의 상각연수가 남아 있으며, 장부상 잔존가치는 없는 것으로 한다. 구설비는 현재 500만원에 매각할 수 있는 것으로 추정하고 있다. 이 회사의 감가상각방법은 정액법이고, 법인세율은 30%이다. 이 경우 최초연도의 투자액은 얼마인가?

풀이

신설비 구입투자액(I_0) : 10,000만원
설치・시운전비(P) : 1,500만원
순운전자본 투자액(ΔWC_0) : 1,000만원
구설비 매각가격(S_0) : 500만원
구설비의 현재 시점의 장부가격(BV_0) : 5,000−(1,000×3) = 2,000(만원)
구설비의 연간 감가상각비 : (취득가격−잔존가치)÷내용연수= (5,000−0)÷5 = 1,000
감세효과 : $(BV_0-S_0)t$=(2,000−500)×0.3 = 450(만원)
투자세액공제액(ITC) : 10,000×0.05 = 500(만원)

$$\Delta CF_0 = -I_0 - P - \Delta WC + S_0 + (BV_0 - S_0)t + ITC$$
$$= -10{,}000 - 1{,}500 - 1{,}000 + 500 + 450 + 500 = -11{,}050(\text{만원})$$

(2) 투자영업기간 증분현금흐름($\Delta CF_{1\sim n-1}$)

투자영업기간이란 구매한 자산이 실제 영업활동에 사용된 이후부터 그 수명을 다하거나 다른 시설로 교체될 필요에 의해 매각되는 투자종료시점 전까지의 영업기간을 의미한다. 따라서 이 투자영업기간에서의 증분현금흐름은 영업활동이 이루어진 연도별로 세후증분현금흐름을 구한다.

$$\Delta CF_{1\sim n-1} = (\Delta\text{매출액} - \Delta\text{영업비용} - \Delta\text{감가상각비})(1-\text{법인세율}) + \Delta\text{감가상각비} - (\Delta\text{운전자본})$$

$$\begin{aligned}\Delta CF_{1\sim n-1} &= (\Delta R - \Delta C - \Delta D)(1-t) + \Delta D - \Delta WC_t \\ &= \Delta NI + \Delta D - (\Delta WC_t) \\ &= (\Delta R - \Delta C)(1-t) + \Delta D \cdot t - (\Delta WC_t)\end{aligned} \quad (4\text{-}4)$$

단, $\Delta CF_{1\sim n-1}$: 영업활동에 의한 증분현금흐름
ΔR : 매출액증가액
ΔC : 영업비용증가액
ΔD : 감가상각비증가액
$\Delta D \cdot t$: 감가상각비의 법인세절감액(tax shield)
NI : 세후순이익

예제 4-2 투자영업기간 증분현금흐름($\Delta CF_{1\sim n-1}$) 계산

예제 4-1 에서 구설비를 사용하는 경우 매년 매출액은 1억원, 영업비용은 5,000만원인 데 반해, 신설비를 사용하는 경우에는 매년 매출액은 2억원, 영업비용은 7,000만원으로 예상된다. 즉, 신설비를 사용할 때 구설비를 사용한 때보다 연간 매출액은 1억원이 더 증가하고, 영업비용은 2,000만원이 더 증가한다. 이 영업기간 동안 매년 추가로 더 들어가는 순운전자본액은 450만원이다. 이 경우 영업활동에 의한 연간 현금흐름은 얼마인가?

풀이

매출액증가액(ΔR) : 10,000만원
영업비용증가액(ΔC) : 2,000만원
감가상각비증가액(ΔD) : 2,300 − 1,000 = 1,300(만원)

$$\text{신설비의 연간 감가상각비} : \frac{\text{취득가격} - \text{잔존가치}}{\text{내용연수}} = \frac{10{,}000 + 1{,}500 - 0}{5} = 2{,}300(\text{만원})$$

순운전자본추가액(ΔWC_t) : 450만원

$$\Delta CF_t = (\Delta R - \Delta C)(1-t) + \Delta D \cdot t - (\Delta WC_t)$$
$$= (10{,}000 - 2{,}000)(1 - 0.3) + (1{,}300 \times 0.3) - 450 = 5{,}540(\text{만원})$$

(3) 투자종료연도의 증분현금흐름(ΔCF_n)

투자종료연도란 투자자산의 이용이나 보유가 종료되는 연도를 말한다. 투자가 종료되는 연도의 증분현금흐름은 당해연도의 영업활동에 의한 증분현금흐름과 자산처분가격, 그리고 처분에 따른 세금효과와 순운전자본 투자회수액의 합계액이다.

$$\Delta CF_n = \text{종료연도 증분영업현금흐름} + \text{신자산매각가격} + \text{처분에 따른 세금효과} + \text{운전자본회수액}$$

$$\Delta CF_n = (\Delta R - \Delta C - \Delta D)(1-t) + \Delta D + S_n + (BV_n - S_n)t + \Delta WC_n$$
$$= (\Delta R - \Delta C)(1-t) + \Delta D \cdot t + S_n + (BV_n - S_n)t + \Delta WC_n \quad (4\text{-}5)$$

단, ΔCF_n : 투자종료연도의 증분현금흐름
S_n : 신자산의 매각가격
BV_n : 신자산의 장부가격
ΔWC_n : 순운전자본 투자회수액

투자최초연도 및 투자영업기간 동안 추가로 투자된 순운전자본은 투자종료연도에서는 현금유입으로 전환시켜 회수액이 있으면 현금유입으로 처리해야 한다. 이 경우는 순운전자본이 다시 현금화되어 유입되는 것이므로 세금의 영향은 없다. 여기서 장부가치는 최초 투자시 구매한 신자산의 투자종료연도말의 잔존가치를 의미한다. 자산매각시 장부가격과 매각가격의 차액에 법인세율을 곱하면 신규자산 매각에 따른 세금효과가 나타난다. 장부가격이 매각가격보다 큰 경우에는 고정자산처분손실에 따른 감세효과가 발생하고, 반대의 경우에는 고정자산처분이익으로 인해 오히려 세금부담이 늘어난다.

예제 4-3 투자종료연도의 증분현금흐름(ΔCF_n) 계산

예제 4-1 과 예제 4-2 에서 투자종료연도(5년차)에 매출액 증분이 5,000만원, 영업비용 증분이 2,000만원이고, 신설비를 투자종료연도에 1,000만원에 매각할 수 있다면 투자종료연도의 증분현금흐름은 얼마인가?

풀이

신설비 처분에 따른 세금효과 : $(BV_n - S_n)t = (0-1{,}000) \cdot 0.3 = -300$
투자종료연도에서의 순운전자본 투자회수액 : $1{,}000 + 450 \times 5 = 3{,}250$
투자종료연도에서의 실제 순운전자본 투자회수액 : $3{,}250 - 450 = 2{,}800$
※ 자본적 지출에 따라 부수적으로 발생하는 투자종료연도의 순운전자본회수액 450만원을 차감해 준다.

$$\Delta CF_n = (\Delta R - \Delta C)(1-t) + \Delta D \cdot t + S_n + (BV_n - S_n)t + \Delta WC_n$$
$$= (5{,}000 - 2{,}000)(1-0.3) + 1{,}300 \cdot 0.3 + 1{,}000 + (0-1{,}000) \cdot 0.3 + (3{,}250 - 450) = 5{,}990(\text{만원})$$

예제 4-1, 예제 4-2, 예제 4-3 으로부터 산출된 교체투자안의 현금흐름을 종합해서 나타내면 〈표 4-1〉과 같다.

표 4-1

교체투자안 예제의 증분현금흐름

(단위 : 만원)

현금흐름 \ 투자영업기간	0(시초)	1	2	3	4	5(종료)
신설비 구입가격(I_0)	−10,000					
설치 및 시운전비(P)	−1,500					
순운전자본투자액(ΔWC)	−1,000	−450	−450	−450	−450	−450
구설비 매각가격(S_0)	500					
감세효과[$(BV_0-S_0)t$]	450					
투자세액공제액(ITC)	500					
매출액증가액(ΔR)		10,000	10,000	10,000	10,000	5,000
영업비용증가액(ΔC)		2,000	2,000	2,000	2,000	2,000
법인세(−)		2,400	2,400	2,400	2,400	900
순이익증가액(ΔNI)		5,600	5,600	5,600	5,600	2,100
감가상각비감세효과($\Delta D \cdot t$)		390	390	390	390	390
신설비 매각가격						1,000
신설비 처분세금효과[$(BV_n-S_n)t$]						−300
순운전자본회수액						3,250
증분현금흐름(ΔCF)	−11,050	5,540	5,540	5,540	5,540	5,990

연습문제

01 다음의 용어들을 간단히 설명하시오.

(1) 자본예산
(2) 자본적 지출
(3) 증분현금흐름
(4) 매몰비용
(5) 기회비용
(6) 잠식비용
(7) 교체투자
(8) 대체적 투자
(9) 투자세액공제
(10) 현금흐름의 추정원칙

02 현금흐름과 회계상 이익의 차이는 무엇이며, 현금흐름을 증분으로 측정해야 하는 이유는 무엇인가?

03 자본예산의 중요성이 부각되는 이유는 무엇이며, 자본예산편성의 과정을 설명하시오.

04 기대현금흐름의 측정시 유의사항을 설명하시오.

05 이자비용을 증분현금흐름 측정에 포함시키지 않아야만 하는 이유는 무엇인가?

06 투자안을 목적에 따라 분류해 보시오.

07 투자안의 기대현금흐름 추정에서 순운전자본의 증가분을 왜 포함하며, 투자종료시점에서는 회수하여 환원시키는 이유는 무엇인가?

08 HK사는 투자세액공제 대상이 아닌 기존의 구식 기계설비를 투자세액공제 대상인 첨단기술이용설비로의 교체투자를 계획하고 있다. 신설비의 구입가격은 2억원이고, 이 설비의 설치 및 시운전에 들어가는 비용은 2,500만원, 이 설비의 가동에 따른 순운전자본 투자액은 2,000만원이다. 신설비의 내용연수는 5년이고, 5년 후 잔존가치는 없는 것으로 추정하며, 투자세액공제율은 투자금액의 5%이다. 내용연수 5년인 구설비는 3년 전에 1억원에 구입하였으므로 아직 2년의 상각연수가 남았으며, 내용연수가 지나면 장부상 잔존가치는 없는 것으로, 그리고 현재 1,000만원에 매각할 수 있는 것으로 추정하고 있다. 이 회사의 감가상각방법은 정액법이고, 법인세율은 27%이다. 이 경우 최초연도의 투자액은 얼마인가?

09 08에서 구설비를 사용하는 경우 매년 매출액은 1억원, 영업비용은 5,000만원인 데 반해, 신설비를 사용하는 경우에는 매년 매출액은 2억 5,000만원, 영업비용은 8,000만원으로 예상된다. 즉 신설비 사용시

구설비 사용시보다 연간 매출액은 1억 5,000만원, 영업비용은 3,000만원이 더 증가한다. 이 영업기간 동안 매년 추가로 더 들어가는 순운전자본액은 500만원이다. 이 경우 영업활동에 의한 연간 현금흐름은 얼마인가?

10 **08**과 **09**에서 투자종료연도(5년차)의 매출액 증분이 1억원, 영업비용 증분이 3,000만원이고, 신설비를 투자기간말에 2,000만원에 매각할 수 있다면 투자종료연도의 증분현금흐름은 얼마인가? **08**~**10**까지 교체투자안의 증분현금흐름을 표로 나타내시오.

CHAPTER

5

투자안의 경제성 평가

학습목표

제4장에서 살펴본 자본예산편성의 과정에서 가장 핵심이 되는 단계는 투자안의 경제성 평가 · 분석이라고 하였다. 투자안의 경제성 평가 · 분석의 첫 번째 단계는 현금흐름의 추정이고, 두 번째 단계는 투자안의 경제성을 평가하는 단계이다. 본장에서는 투자안의 경제성 평가방법들을 살펴본다. 본장에서 다루는 핵심내용과 학습목표는 다음과 같다.

1. 화폐의 시간가치를 고려하는 현금할인방법을 이용하는 순현재가치법, 내부수익률법, 수익성지수법의 특징, 장 · 단점, 차이의 이해와 실무에의 적용
2. 화폐의 시간가치를 고려하지 않는 회수기간법, 회계적이익률법의 특징, 장 · 단점, 차이의 이해와 실무에의 적용
3. 내용연수가 다른 투자안의 평가방법 이해와 실무에의 적용
4. 자본제약하의 투자안의 평가방법 이해와 실무에의 적용
5. 인플레이션하의 투자안의 평가방법 이해와 실무에의 적용

제1절 현금흐름할인법

제4장에서 자본예산편성 과정에서 가장 핵심이 되는 단계는 투자안의 경제성 분석·평가라고 하였다. 투자안의 경제성 평가·분석의 첫 번째 단계는 현금흐름의 추정이고, 두 번째 단계는 투자안의 경제성을 평가하는 단계이다. 투자안의 경제성 평가는 투자안이 과연 성공적인 투자안인가를 판단하기 위해서 필요한 필수적인 과정이다. 판단기준은 투자안에서 기대되는 미래현금흐름이 기업가치 증가와 기업목표 달성에 공헌하는 정도이며, 상대적으로 우월하게 평가된 투자안을 채택한다.

투자안의 경제성을 평가하고 분석하는 방법은 화폐의 시간가치를 고려하는 현금흐름할인법(discounted cash flow method)과 화폐의 시간가치를 고려하지 않는 전통적 방법(traditional method)으로 구분할 수 있다. 현금흐름할인법에는 순현재가치법과 내부수익률법, 그리고 수익성지수법이 있다. 전통적 방법에는 회수기간법과 회계적이익률법이 있다.

1. 순현재가치법(NPV법)

(1) 의 의

순현재가치법(net present value method : NPV법)은 재무관리에서 매우 중요한 개념으로, 줄여서 순현가법이라고도 한다. 순현재가치는 투자안으로부터 미래에 발생할 현금유입액의 현재가치(현가)에서 투자지출액(현금유출액)의 현재가치(현가)를 차감한 금액이다.[1)]

$$NPV = \sum_{t=1}^{n} \frac{CF_t}{(1+k)^t} - \sum_{t=0}^{n} \frac{I_t}{(1+k)^t} \qquad (5\text{-}1)$$

단, NPV : 순현재가치
CF_t : t기의 현금유입액
I_t : t기의 투자지출액(현금유출액)
k : 적정할인율

1) 이후 현재가치와 현가를 같이 사용함.

여기서, 적정할인율(k)은 여러 가지 의미를 포함하고 있다. 투자안으로부터 최소한 벌어들여야 할 최소한의 수익률인 요구수익률(required rate of return : *RRR*), 투자안의 위험을 감안한 위험조정수익률(risk adjusted rate of return), 투자를 위해 조달된 자본의 기회비용인 자본비용(cost of capital : *CC*)을 의미한다. 위 식에서 투자안의 순현가(*NPV*)는 현금흐름(*CF*)이 일정하다고 가정할 때, 할인율에 의해 크게 좌우된다. 즉, 할인율이 높을수록 *NPV*는 작아지고, 할인율이 낮을수록 *NPV*는 커진다. 따라서 적정할인율의 결정은 순현재가치법을 적용하는 데 있어 매우 중요한 요인이 된다는 것을 알 수 있다.

*NPV*법의 특징은, ① *NPV*는 기대현금흐름과 적정할인율로서의 자본비용(k) 두 가지만 고려하여 계산한 기업가치이므로 회계적 수치와는 다르다는 점과, ② *NPV*법은 중도에 현금흐름이 발생할 때, 이를 자본비용(k)으로 재투자할 수 있다는 가정하에서 출발하는 방법이다.

(2) 투자의사결정기준

순현가는 투자로 인한 기업가치의 증가분을 의미하므로, 투자의사결정기준은 순현가가 0보다 큰 투자안을 선택하는 것이다. 즉, 투자안의 순현재가치의 크기로 투자결정을 하며, 순현재가치가 양(+)의 값을 가지면($NPV>0$) 투자안을 채택하고, 음(−)의 값을 가지면($NPV<0$) 기각한다.

여러 개의 투자안이 있을 경우, 투자안의 채택여부는 순현재가치의 크기가 클수록 우선순위가 주어진다. 독립적 투자안의 경우에는 $NPV>0$이면 모두 채택하고, 상호배타적인 투자안의 경우에는 $NPV>0$이면서 *NPV*가 가장 큰 투자안을 채택한다.

(3) 순현재가치(*NPV*)법의 장 · 단점

[장점]

① 전통적 방법이 화폐의 시간가치를 고려하지 않는 데 반해, *NPV*법은 화폐의 시간적 가치가 반영된다.

② 개별 투자안의 *NPV*는 기업가치의 증분으로 나타나며, 채택된 모든 투자안의 *NPV* 합계는 기업가치로 나타난다. 결국 개별 투자안의 *NPV*는 개별 투자안이 기업가치 증가에 기여하는 공헌부분을 의미한다. 따라서 *NPV*법이 투자안의 경제성 평가방법들 중에서 여타 방법

들보다 기업가치극대화·주주 부의 극대화라는 재무관리 목표에 가장 적합한 평가기법이기 때문에 가장 우수한 경제성 평가방법으로 인정받는다.

③ 가치가산원칙(value additivity principle)이 적용되어 가치계산이 용이하다는 점이다. 여러 개의 투자안이 실행될 경우, 개별 투자안을 결합한 결합투자의 가치는 각 개별 투자안의 NPV를 합한 것과 같아지므로 투자계획을 유연성 있게 수립할 수 있다.

$$NPV(A+B+C) = NPV(A) + NPV(B) + NPV(C)$$

[단점]

① NPV를 측정할 경우 할인율로 사용하는 자본비용의 추정이 정확히 이루어져야 하는데, 자본비용의 정확한 추정이 어렵다는 점이다.

예제 5-1 NPV 법에 의한 투자안의 경제성 평가(Ⅰ)

DK사는 구기계를 새 기계로 교체하려는 투자안을 계획하고 있다. 투자안 A는 신기계 취득가격이 5,000만원이고, 이 기계는 내용연수는 3년이지만 생산성이 다소 높아 매년 3,000만원씩의 현금유입이 예상된다. 투자안 B는 신기계 취득가격이 6,000만원이고, 향후 5년 동안(내용연수 5년) 매년 2,000만원씩의 현금유입이 예상된다. 두 투자안 모두 현금흐름의 현재가치를 산출하는 데 적용할 할인율은 연 10%로 같다고 할 때, 두 투자안의 순현재가치를 산출하고, 투자여부를 판단하시오.

풀이

투자안 A의 순현재가치

기간	0	1	2	3
현가	−5,000	2,727.3	2,479.2	2,253.9

$$NPV(\text{A}) = \frac{3{,}000}{1+0.1} + \frac{3{,}000}{(1+0.1)^2} + \frac{3{,}000}{(1+0.1)^3} - 5{,}000$$

$= 3{,}000 \times (10\%,\ 3\text{년 연금현가계수} : PVIFA) - 5{,}000$

$= 3{,}000 \times 2.4868 - 5{,}000 = 2{,}460.4$(만원)

투자안 B의 순현재가치

기간	0	1	2	3	4	5
현가	−6,000	1,818.2	1,652.9	1,502.6	1,366.0	1,241.9

$$NPV(\mathrm{B})=\frac{2{,}000}{1+0.1}+\frac{2{,}000}{(1+0.1)^2}+\frac{2{,}000}{(1+0.1)^3}+\frac{2{,}000}{(1+0.1)^4}+\frac{2{,}000}{(1+0.1)^5}-6{,}000$$

$=2{,}000\times$(10%, 5년 연금현가계수 : $PVIFA$)$-6{,}000$

$=2{,}000\times3.7908-6{,}000=1{,}581.6$(만원)

투자안 A, B 모두 $NPV>0$이므로 채택이 가능하나, NPV가 더 큰 A안을 채택한다.

예제 5-2 ***NPV* 법에 의한 투자안의 경제성 평가(Ⅱ)**

예제 5-1 에서 적정할인율을 각각 5%, 7%, 10%, 15%로 가정한 경우, 투자안 A의 순현재가치를 구해 보시오.

풀이

투자안 A의 순현재가치(NPV)

- 할인율(k) 5%의 경우 : $NPV=3{,}000\times$(5%, 3년 연금현가계수 : $PVIFA$)$-5{,}000$
  $=3{,}000\times2.7232-5{,}000=3{,}169.6$(만원)
- 할인율(k) 7%의 경우 : $NPV=3{,}000\times$(7%, 3년 연금현가계수 : $PVIFA$)$-5{,}000$
  $=3{,}000\times2.6243-5{,}000=2{,}872.9$(만원)
- 할인율(k) 10%의 경우 : $NPV=3{,}000\times$(10%, 3년 연금현가계수 : $PVIFA$)$-5{,}000$
  $=3{,}000\times2.4868-5{,}000=2{,}460.4$(만원)
- 할인율(k) 15%의 경우 : $NPV=3{,}000\times$(15%, 3년 연금현가계수 : $PVIFA$)$-5{,}000$
  $=3{,}000\times2.2832-5{,}000=1{,}849.6$(만원)

※ 할인율(k)이 커질수록 현금흐름의 현재가치가 작아지기 때문에 순현재가치(NPV)도 작아지는 것을 볼 수 있다.

2. 내부수익률법(IRR 법)

(1) 의 의

내부수익률(internal rate of return : IRR)은 투자안의 현금유입액(cash inflow)의 현재가치와 현금유출액(cash outflow)의 현재가치를 동일하게 하는 할인율, 즉 투자안의 순현재가치가 0($NPV=0$)이 되는 할인율이다. 내부수익률의 계산은 시행착오법으로 구하며, 현가표에서 정확한 값을 찾을 수 없을 때에는 보간법(interpolation)으로 계산한다.

순현가=현금유입액의 현가－현금유출액의 현가=0

$$NPV = \sum_{t=1}^{n} \frac{CF_t}{(1+IRR)^t} - \sum_{t=0}^{n} \frac{I_t}{(1+IRR)^t} = 0 \tag{5-2}$$

단, NPV : 순현재가치
CF_t : t기의 현금유입액
I_t : t기의 투자지출액(현금유출액)
IRR : 내부수익률(할인율)

(2) 투자의사결정기준

IRR법은 투자안의 IRR과 k(자본비용, 요구수익률)를 비교해서 IRR이 k보다 큰 투자안을 채택하는 것을 기본으로 하고 있다. 따라서 투자결정은 $IRR>k$인 경우에는 채택하고, $IRR<k$인 경우에는 기각한다. IRR법에 의하면 투자안이 채택되기 위한 조건은 IRR이 k보다는 높은 수준이어야 한다는 것을 의미한다. 즉 IRR이 k(자본비용, 요구수익률)를 초과해야 한다는 점에서 k는 장애율(hurdle rate)로, 또한 IRR이 k보다 작은 경우에는 기각되어야 하므로 거부율(cut-off rate)로 사용되고 있다.

독립적 투자안의 경우에는 $IRR>k$이면 채택하고, 상호배타적인 투자안의 경우에는 $IRR>k$이면서 IRR이 가장 큰 투자안을 채택한다. 투자안에 순위를 부여하는 경우에는 내부수익률이 클수록 우선순위가 부여된다.

(3) 내부수익률(IRR)법의 장 · 단점

[장점]

① 화폐의 시간적 가치가 반영되어 있다.

② IRR은 투자안의 손익분기점 경제성 분석에 유용하다. IRR은 자본비용과 직접 비교하여 투자안의 채택 · 기각 여부를 결정한다고 했다. 이때 자본비용은 손익분기점의 기준이 된다.

[단점]

① NPV법은 투자기간 동안 투자수익이 자본비용(k)으로 재투자됨을 전제로 하는 데 비해, IRR법은 투자수익이 해당 투자안의 특정 IRR로 재투자됨을 가정한다. 따라서 재투자수익률상의 논리성 결여와 비현실성 때문에 조정된 $IRR(R^*)$이 이용되는 것이 상례이다.

② 가치가산원칙의 적용이 불가하다. 서로 다른 투자안의 경우 단순합계

나 평균산출이 곤란하여 투자계획 수립시 적용의 유연성이 적다.

③ *IRR*은 복수해가 존재하거나 아예 존재하지 않는 경우도 있어서 기술적 문제점이 있다.

④ *IRR*의 계산과정은 시행착오법에 의존하므로 계산이 번거롭다.

⑤ *IRR*은 투자금액 1원에 대한 수익(%)을 나타내므로 상대적 수익성을 비교하는 기준으로 이용될 수는 있다. 그러나 *IRR*이 높다고 해서 반드시 절대적 수익성이 좋은 것은 아니다. 따라서 *NPV*법의 순현재가치와 비교해서 투자결정을 해야 한다.

예제 5-3 *IRR* 법에 의한 투자안의 경제성 평가(Ⅰ)

현재 취득가격이 7,000만원인 기계를 구입하면, 앞으로 3년 동안 매년 3,000만원씩의 현금흐름이 기대되는 투자안 C가 있다. 이 투자안의 내부수익률(*IRR*)을 구하시오. 만약 투자자금 7,000만원을 시장이자율(=자본비용) 10%로 차입한다면, 이 투자안의 채택여부를 판단하시오.

풀이

$$NPV = \frac{3{,}000}{1+IRR} + \frac{3{,}000}{(1+IRR)^2} + \frac{3{,}000}{(1+IRR)^3} - 7{,}000 = 0$$

투자안 C의 순현재가치(*NPV*)가 0에 가장 가까운 값을 먼저 구해보면, *IRR*은 13%와 14% 사이의 값임을 알 수 있다. 보간법을 이용하여 정확한 *IRR*(%)을 구하는 방법은 다음과 같다.

IRR 13%인 경우 : $NPV = 3{,}000 \times (13\%,\ 3\text{년}\ PVIFA) - 7{,}000$
$= 3{,}000 \times 2.3612 - 7{,}000 = 83.6$(만원)

IRR 14%인 경우 : $NPV = 3{,}000 \times (14\%,\ 3\text{년}\ PVIFA) - 7{,}000$
$= 3{,}000 \times 2.3216 - 7{,}000 = -35.2$(만원)

$$IRR = 13\% + \frac{83.6 - 0}{83.6 - (-35.2)} \times (14 - 13) = 13.7\%$$

$IRR = 13.7\% > k = 10\%$이므로 이 투자안은 채택되어야 한다.

※ 기업이 투자안의 *IRR*보다 낮은 자본비용(k)으로 자본을 조달할 수 있다면, 이 투자안은 채택할 가치가 있는 투자안이다.

예제 5-4 ***IRR* 법에 의한 투자안의 경제성 평가(Ⅱ)**

DH건설은 올해 5,000만원을 투자해서 건물을 짓고, 5년 후에 이를 7,693만원에 팔 수 있다고 한다. 이 투자안의 내부수익률은 얼마인가? 시장이자율이 7%라면 이 투자안의 채택여부를 판단하시오.

풀이

5,000 × $FVIF$(?%, 5) = 7,693(만원) 또는 7,693 × $PVIF$(?%, 5) = 5,000(만원)

$FVIF$(?%, 5) = 1.5386　　　　$PVIF$(?%, 5) = 0.6499

내부수익률(?%) = 9%. 5,000만원을 9%로 투자시 5년 후 7,693만원이 됨.

※ 투자결정기준 : 내부수익률(9%) > 시장이자율(할인율 = 7%), 따라서 채택되어야 한다.

3. 수익성지수법(PI법)

(1) 의 의

수익성지수법(profitability index method : PI법)은 NPV법의 변형으로, NPV법이 절대액으로 비교 평가하는 데 반해, 수익성지수법은 투자안으로부터 미래에 발생할 현금유입액의 현가를 투자지출액의 현가로 나누어 수익성지수(PI)를 구한 다음, 수익성지수가 1보다 큰 투자안($PI > 1$)을 채택하는 방법이다.

$$PI = \frac{\text{현금유입액의 현가}}{\text{투자지출액의 현가}} = \sum_{t=1}^{n} \frac{CF_t}{(1+k)^t} \Big/ \sum_{t=0}^{n} \frac{I_t}{(1+k)^t} \tag{5-3}$$

$$PI = \frac{\text{편익의 현가}}{\text{비용의 현가}} : B/C \text{ 비율}$$

$$PI = \frac{\text{투자수익의 현가}}{\text{투자원금의 현가}} : B/C \text{ 비율}$$

수익성지수는 현금유입인 편익(benefit)의 현가와 현금유출인 비용(cost)의 현가의 비율로 나타나기 때문에 B/C비율(benefit / cost ratio)이라고도 한다. 또한 현금 유출·유입액을 할인해서 구한 현가를 가지고 비교한 비율이므로 할인현금유출입비율이라고도 한다. 이처럼 수익성지수법은 투자단위당 투자수익의 현가와 투자원금의 현가로 나타난 비율, 즉 수익성지수를 비교하여 크기가 상대적으로 큰 투자안부터 투자우선순위를 부여하는 투자안의 경제성 평가방법이다.

(2) 투자의사결정기준

투자안의 선택기준은 $PI=1$이다. 즉, PI가 1보다 크면 채택하고, 1보다 작으면 기각한다.

독립적인 투자안의 경우는 PI가 1보다 큰 투자안을 채택한다. 상호배타적인 투자안의 경우는 PI가 1보다 큰 투자안 중에서 PI가 가장 큰 투자안을 채택한다.

예제 5-5 *PI* **법에 의한 투자안의 경제성 평가**

예제 5-1 에서 투자안 A, B의 PI를 구한 다음, PI법에 의하면 어느 투자안이 더 우월한지 판단하시오.

풀이

$$\text{투자안 A의 } PI=\frac{7{,}460.4}{5{,}000}=1.49$$

$$\text{투자안 B의 } PI=\frac{7{,}581.6}{6{,}000}=1.26$$

A, B안 모두 PI가 1보다 크므로 채택이 가능하나, A안이 더 우월하다.

(3) PI의 문제점과 가중평균수익성지수($WAPI$)에 의한 수정

PI로 측정하면 상대적인 투자규모를 감안하여 개별 투자안의 단위당 투자수익성을 단순 비교할 수 있는 장점이 있다. 그러나 상호배타적인 투자안에서는 NPV법과 PI법의 평가가 서로 상충하는 경우가 있다. PI법에서는 상대적으로 투자규모가 작은 투자안에 투자하고 남은 유휴자금의 기회비용이 고려되지 않기 때문에, NPV법과 PI법 중 어느 방법을 사용하여 의사결정을 하든 간에 가중평균수익성지수로 수정해 주어야만 한다.

가중평균수익성지수(weighted average profitability index : $WAPI$)는 투자규모가 작은 투자안에 투자하고 남은 유휴자금의 기회비용까지 고려하여 가중평균한 수정 수익성지수를 말한다. 수정 PI를 사용한 결과는 NPV법에 의한 결과와 같게 된다.

예제 5-6 ***PI* 법에 의한 경제성 평가의 문제점과 *WAPI***

K건설은 투자자금 1,000,000원을 다음과 같은 상호배타적인 투자안 A, B에의 투자를 고려하고 있다. 먼저 수익성지수(PI)를 구하여 두 투자안을 평가하고, 다음에 가중평균수익성지수($WAPI$)와 NPV를 구하여 어느 투자안이 더 우월한지 판단하시오.

	투자규모	현금유입의 현가
투자안 A	1,000,000원	1,010,000원
투자안 B	1,000원	2,000원

풀이

투자안 A의 $PI=\dfrac{1,010,000}{1,000,000}=1.01$

투자안 B의 $PI=\dfrac{2,000}{1,000}=2.00$

※ PI만으로 판단하면 B가 더 우월하다. 그러나 두 투자안 비교에 있어 PI는 여유자금(999,000원)의 기회자본비용을 고려하지 않고 있기 때문에 정확한 값이라고 할 수 없다. 따라서 투자안 B의 여유자금(999,000원)에 대한 기회자본비용까지 고려하여 투자안 B의 수정PI($WAPI$)를 구하면 다음과 같다. 단, 투자되지 않은 여유자금은 조달된 자본비용으로 재투자될 수 있다고($NPV=0$) 가정한다. 즉 여유자금의 PI는 1로 보고 계산한다.

투자안 A의 $WAPI=\dfrac{1,010,000}{1,000,000}=1.01$

투자안 B의 $WAPI=\dfrac{1,000}{1,000,000}\times 2.00+\dfrac{1,000,000-1,000}{1,000,000}\times 1=1.001$

	PI	수정 PI : $WAPI$	NPV
투자안 A	1.01	1.01	10,000원
투자안 B	2.00	1.001	1,000원

투자안 A의 수정PI가 더 크므로 투자안 A를 선택한다. NPV기준으로 판단해도 투자안 A가 B보다 9,000원이 더 많으므로 투자안 A를 채택한다.

4. 순현재가치법과 내부수익률법의 비교

순현재가치법(*NPV*법)과 내부수익률법(*IRR*법)은 모두 화폐의 시간적 가치를 고려한 합리적인 투자안의 경제성 평가방법이다. 일반적으로 독립투자안, 즉 단일투자안의 채택여부를 결정할 경우에는 순현재가치법이나 내부수익률법에 의한 평가결과는 동일하다. 그러나 상호배타적인 투자안들을 평가할 때에는 두 방법의 결과가 서로 상충되는 경우가 있다. 그러므로 순현재가치법과 내부수익률법의 관계, 두 방법이 상충될 때 어느 것이 더 나은 방법인지 또한 그 이유는 무엇인지를 살펴보기로 한다.

(1) 독립적 투자안의 경우

독립적인 투자안 또는 단일 투자안을 평가하는 경우, [그림 5-1]에서 보는 바와 같이 순현가곡선은 할인율 k가 증가함에 따라 순현재가치는 감소하는 우하향곡선으로 나타난다. 순현가와 할인율은 역의 관계를 가지며, 순현가곡선의 기울기는 할인율의 변화에 대한 민감도를 나타낸다. *NPV*법과 *IRR*법의 관계를 살펴보면 [그림 5-1]과 같다.

[그림 5-1]에서 *IRR*은 $NPV=0$이 되는 할인율(k)이다. 따라서 *NPV*법과 *IRR*법에 의한 투자안의 채택여부는 다음과 같다.

$NPV>0$일 경우, $IRR>k$이므로 투자안은 채택된다. (예 : $IRR>k_1$)
$NPV<0$일 경우, $IRR<k$이므로 투자안은 기각된다. (예 : $IRR<k_2$)
$NPV=0$일 경우, $IRR=k$

그림 5-1
독립투자안의 순현가곡선

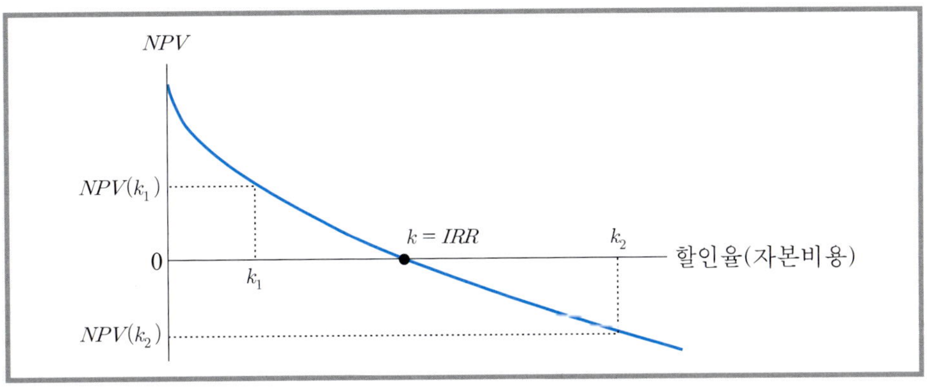

(2) 상호배타적 투자안의 경우

상호배타적인 투자안의 우선순위를 평가할 때, NPV법과 IRR법에 의한 평가결과가 상충하는 경우가 있다. 이러한 경우는 ① 두 투자안의 투자규모가 서로 크게 다른 경우, ② 미래현금흐름의 형태가 서로 크게 다른 경우, ③ 투자수명이 서로 크게 다른 경우에 나타난다. 예를 들어, [그림 5-2]에서 보는 바와 같이 두 투자안 A, B의 NPV와 IRR은 다음과 같은 관계가 있다.

$$NPV_A > NPV_B\ ,\quad IRR_A < IRR_B$$

NPV법에 의하면, 할인율이 k보다 작은 경우(0~k까지)에는 투자안 A가 B보다 우월하다. K점까지는 $NPV_A > NPV_B$이기 때문이다. 그러나 할인율이 k보다 큰 경우, 즉 K점 이후에는 투자안 B의 NPV가 더 크므로($NPV_A < NPV_B$) 투자안 B가 더 우월하다. 반면에 IRR법에 의하면, $IRR_A < IRR_B$이므로 투자안 B가 항상 우월하다.

이렇게 두 평가방법으로부터 서로 상충되는 결과가 나오는 이유는 NPV법과 IRR법의 장·단점에서 언급한 바와 같이 재투자수익률에 대한 가정이 서로 다르기 때문이다. 즉 NPV법은 투자수명기간중의 현금유입을 자본비용으로 재투자한다고 가정하는 데 비해, IRR법은 투자수명기간중 현금유입을 IRR로 재투자한다고 가정하기 때문이다.

A, B 두 투자안의 NPV선이 교차하는 점(K), 즉 두 투자안의 NPV를 같게 하는 할인율을 피셔의 수익률(Fisher's rate of return)이라 한다. 피셔의 수익률

그림 5-2

상호배타적 투자안의 순현가곡선 : NPV법과 IRR법의 상충결과

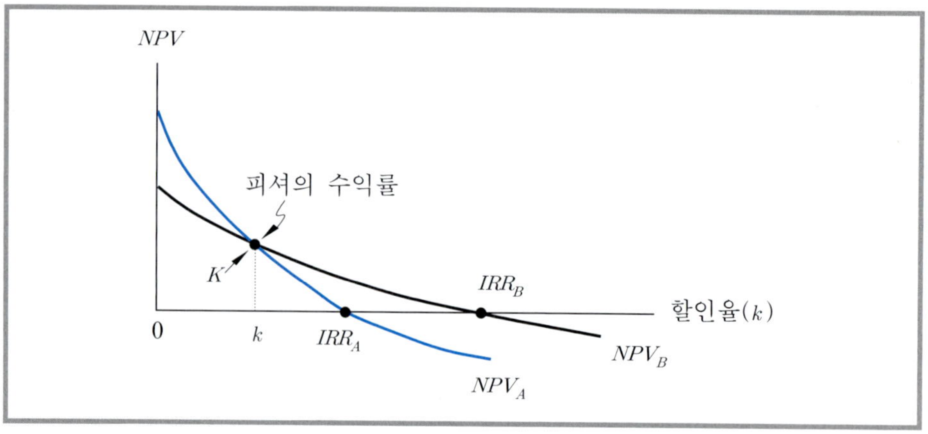

은 K점에서의 할인율로 k이며, 구하는 식은 다음과 같이 나타낼 수 있다.

$$\sum_{t=1}^{n}\frac{NCF_{At}}{(1+K)^t}=\sum_{t=1}^{n}\frac{NCF_{Bt}}{(1+K)^t} \quad \text{(단, } K\text{ : 피셔의 수익률)}$$

1) 투자규모가 크게 다른 경우

투자규모가 서로 크게 다른 상호배타적인 투자안의 경우 NPV법과 IRR 법에 의한 평가결과가 서로 상충되어 상이하게 나타날 수 있다. 예제 5-7 을 통해 살펴보자.

예제 5-7 NPV 법과 IRR 법의 상충결과 : 투자규모가 크게 다른 상호배타적 투자안의 경우

DK건설은 다음과 같이 투자규모가 크게 다른 상호배타적인 투자안 A, B를 고려하고 있다. NPV법과 IRR법으로 평가하여 두 투자안 중 어느 투자안이 더 우월한지 판단하시오. 단, 자본비용은 7%로 가정한다.

표 5-1 투자규모가 다른 두 투자안의 현금흐름 (단위 : 만원)

투자안	0	1	2	3	NPV	IRR
A	−50,000	10,000	30,000	30,000	10,037	16.1%
B	−10,000	5,000	5,000	4,000	2,305	19.7%

풀이

$$NPV_A=-50{,}000+\frac{10{,}000}{(1+0.07)}+\frac{30{,}000}{(1+0.07)^2}+\frac{30{,}000}{(1+0.07)^3}$$
$$=-50{,}000+9{,}346+26{,}202+24{,}489=10{,}037(\text{만원})$$

$$NPV_B=-10{,}000+\frac{5{,}000}{(1+0.07)}+\frac{5{,}000}{(1+0.07)^2}+\frac{4{,}000}{(1+0.07)^3}$$
$$=-10{,}000+4{,}673+4{,}367+3{,}265=2{,}305(\text{만원})$$

- 투자안 A의 IRR : $NPV=0$에 가장 가까운 값을 구하면, 16%와 17% 사이의 값임을 알 수 있다. 이를 보간법(interpolation)을 이용하여 정확한 IRR(%)을 구하면 16.1%이다.
- 투자안 B의 IRR : 위와 같은 방법으로 구하면 19.7%이다.

※ *NPV*법에 의한 의사결정
$NPV_A = 10{,}037 > NPV_B = 2{,}305$, 따라서 A안을 선택한다.
※ *IRR*법에 의한 의사결정
$IRR_A = 16.1\% < IRR_B = 19.7\%$, 따라서 B안을 선택한다.
※ 두 투자안 모두 양(+)의 *NPV*와 자본비용(7%)보다 큰 *IRR*을 나타내므로, 독립투자안이라면 두 투자안 모두 채택이 가능하다. 그러나 상호배타적 투자안인 경우에는 두 투자안 중 하나를 선택해야 한다. 이 경우 *NPV*법에 의하면 A안을, *IRR*법에 의하면 B안을 채택하게 되므로 서로 다른 결과를 초래하게 된다.

위의 예제와 같이 투자규모가 현저히 다른 경우, *NPV*법과 *IRR*법에 의한 평가결과가 서로 일치하지 않는 문제점이 있다. 이런 문제는 두 투자안의 현금흐름의 차이를 평가함으로써 해결할 수 있다. 〈표 5-1〉로부터 투자안 A와 B의 현금흐름의 차이는 〈표 5-2〉와 같다.

표 5-2
A안과 B안의 현금흐름의 차이

(단위 : 만원)

투자안	0	1	2	3	*NPV*	*IRR*
A－B	－40,000	5,000	25,000	26,000	7,732	15.4%

투자금액이 상대적으로 큰 A안에 대한 투자는 소규모 투자안 B와 A, B 두 투자안의 차액인 투자안 (A－B)에 함께 투자하는 것과 같다. 즉 A안의 순현재가치는 *NPV*법의 가치가산원칙에 의해 B안의 순현재가치에 투자안 A－B의 순현재가치를 합계한 값과 같다.

$$NPV(\mathrm{A}) = NPV(\mathrm{B}) + NPV(\mathrm{A}-\mathrm{B})$$

따라서 두 투자안 중 최선의 선택은 차액투자 (A－B)의 투자가치 여부에 따라 결정된다.

〈표 5-2〉에서 (A－B)는 $NPV > 0$이고, $IRR(15.4\%) > 7\%$(자본비용)이므로, *NPV*법에 의하든 *IRR*법에 의하든 A안을 선택하게 된다. **예제 5-7** 에서 순현재가치법에 의해 평가한 *NPV*를 보면 A안이 더 크다는 것을 알 수 있다. 결국 *NPV*가 큰 투자안을 먼저 고려한 다음에 *IRR*은 다만 자본비용(7%)보다 높은지 여부만 판단하는 자료로 활용하는 것이 바람직하다.

2) 미래현금흐름의 형태가 서로 크게 다른 경우

미래현금흐름의 상대적 형태가 서로 크게 다른 상호배타적인 투자안의 경우 *NPV*법과 *IRR*법에 의한 평가결과가 서로 상충되어 상이하게 나타날 수 있다. 다음의 예제 5-8 을 통해 살펴보기로 한다.

예제 5-8 ***NPV*법과 *IRR*법의 상충결과 : 미래현금흐름의 형태가 다른 상호배타적 투자안의 경우**

DK건설은 다음과 같이 현재 투자규모는 같지만, 투자 후 미래현금흐름은 크게 차이가 나는 서로 다른 상호배타적인 투자안 C, D를 고려하고 있다. *NPV*법과 *IRR*법으로 두 투자안 중 어느 투자안이 더 우월한지 판단하시오. 단, 자본비용은 7%로 가정한다.

표 5-3 현금흐름의 형태가 다른 두 투자안의 현금흐름 (단위 : 만원)

투자안	0	1	2	3	*NPV*	*IRR*
C	−100,000	20,000	50,000	90,000	35,829	21.8%
D	−100,000	80,000	50,000	20,000	34,764	30.1%

풀이

$$NPV_C = -100{,}000 + \frac{20{,}000}{1+0.07} + \frac{50{,}000}{(1+0.07)^2} + \frac{90{,}000}{(1+0.07)^3}$$

$$= -100{,}000 + 18{,}692 + 43{,}670 + 73{,}467 = 35{,}829(\text{만원})$$

$$NPV_D = -100{,}000 + \frac{80{,}000}{1+0.07} + \frac{50{,}000}{(1+0.07)^2} + \frac{20{,}000}{(1+0.07)^3}$$

$$= -100{,}000 + 74{,}768 + 43{,}670 + 16{,}326 = 34{,}764(\text{만원})$$

투자안 C와 D의 *IRR*을 보간법으로 구하면, $IRR_C = 21.8\%$, $IRR_D = 30.1\%$이다.

※ 〈표 5-3〉에서 보면, 투자안 C의 경우는 투자기간말에 보다 많은 현금흐름이 발생하는 데 비해, 투자안 D의 경우는 투자기간초에 보다 많은 현금흐름이 발생한다. 두 투자안의 경우에도 *NPV*법에 의하면 투자안 C를 선택하고, *IRR*법에 의하면 투자안 D를 선택하는 결과가 되어 서로 다른 결과를 얻게 된다.

위의 예제와 같이 미래현금흐름의 형태가 현저히 다른 경우에도 *NPV*법과 *IRR*법에 의한 평가결과가 서로 상충하는 문제점이 있다. 이런 문제는 두 투자안의 현금흐름의 차이를 평가함으로써 해결할 수 있다. 차액투자안(C−D)의 현금흐름을 나타내면 〈표 5-4〉와 같다.

차액투자인 (C−D)안의 투자가치는 $NPV > 0$이고, $IRR(8\%) > 7\%$(자본비

표 5-4

C안과 D안의 현금흐름 차이

(단위 : 만원)

투자안	0	1	2	3	*NPV*	*IRR*
C−D	0	−60,000	0	70,000	1,065	8.0%

용)이므로, *NPV*법, *IRR*법 모두 우월한 C안을 선택하게 된다. 이러한 결과는 예제 5-8 에서 *NPV*법에 의해 C, D안을 평가한 결과와 같다.

(3) 순현재가치법의 우위성

순현재가치(*NPV*)법과 내부수익률(*IRR*)법에 의한 평가결과가 서로 상충될 때에는 *NPV*법으로 투자결정을 해야 한다. 그 이유는 다음과 같은 근거에서 *NPV*법이 *IRR*법보다 합리적이고 우월한 방법으로 평가되기 때문이다.

첫째, 재투자수익률 가정에서 *NPV*법이 *IRR*법보다 더 현실적이다. *NPV*법은 투자기간 내에 발생되는 현금흐름을 투자규모 및 투자수명의 차이에 관계없이 자본비용으로 재투자한다고 가정한다. 이에 비해 *IRR*법은 동일한 *IRR*로 재투자한다고 가정한다. 그리고 *NPV*법의 재투자수익률 가정은 투자의 한계수익률이 체감한다는 개념이 적용되므로 *IRR*로 매기 재투자한다는 *IRR*법의 재투자수익률 가정보다 더 현실적이다. 즉 *IRR*법은 투자기간 중에 발생되는 현금흐름을 자본비용보다 높은 내부수익률로 재투자할 수 있는 유리한 투자기회가 계속 존재한다는 가정인데, 이는 무한경쟁의 기업환경하에서 적용하기에는 무리가 있다. 따라서 투자기간 동안에 기대되는 현금흐름은 자본비용으로 재투자된다고 가정하는 *NPV*법이 *IRR*법보다 더 합리적이다.

둘째, *NPV*법은 복수해 또는 해의 부재 문제가 발생하지 않는다. *IRR*법은 시행착오법으로 구하기 때문에 계산이 복잡하고, 계산과정에서 복수의 *IRR*이 있거나 아예 없는 경우도 있다. 이 경우 어느 내부수익률이 정확한지 알 수 없어서 내부수익률의 사용은 부적절해진다. 최초투자 이후에 추가 현금투자나 유출이 있는 경우를 통해 살펴보면 〈표 5-5〉와 같다.

표 5-5

IRR 법의 복수해와 해가 없는 경우

(단위 : 만원)

투자안	0	1	2	*IRR*
A	−20,000	46,000	−26,400	10%, 20%
B	20,000	−40,000	60,000	해 부재

〈표 5-5〉에서 투자안 A는 최초투자 이후 2차년도에 추가로 시설투자나 보수 등을 위해 현금유출이 있는 경우이다. $NPV=0$으로 하는 할인율인 IRR을 구하면 해가 10%와 20%로 두 개의 할인율이 존재한다.

투자안 B의 경우는 현재 시점에서 먼저 현금유입이 있은 다음에 추후에(1년 후) 투자유출이 이루어지는 형태이다. 예를 들어, 한 기업이 신기술 개발을 위한 투자자금을 기존기술의 매각으로 조달하는 경우를 가정하자. 현재 시점에서는 기존에 개발된 기술을 판매한 대가로 현금유입이 있고, 1차년도에는 이 현금유입액에 추가자금을 더해서 새로운 연구개발(R&D)을 위해 개발비를 투입한다. 2차년도에는 새로 개발한 연구결과를 바탕으로 대폭의 현금유입이 기대되는 투자안의 경우이다. 이 투자안 B에서는 내부수익률을 구할 수 없다. 따라서 이 경우에는 내부수익률로는 투자안을 평가할 수 없다.

셋째, NPV법은 기업가치의 극대화라는 투자결정 목표를 반영한다. 〈표 5-1〉에서 볼 수 있는 것처럼 NPV는 작아도 IRR은 높게 나타날 수 있다. 이것은 IRR이 높다고 반드시 우월한 투자안이 아니라는 것을 의미한다. 투자결정은 기업가치의 극대화라는 기업목표를 달성하는 데 목적을 두고 이루어진다. NPV법으로 측정되는 순현가는 투자로 인한 부의 증감액을 의미하므로 투자결정의 목표에 부합되는 방법이다. 반면에 IRR은 부의 상대적 증가율을 나타낼 뿐이다.

넷째, NPV법은 투자안 평가기준의 일관성을 유지한다. NPV법은 현금흐름의 유형에 관계없이 항상 동일한 평가기준을 사용하지만, IRR법은 현금흐름 유형에 따라 서로 다른 평가기준을 사용한다.

다섯째, NPV법은 가치가산원칙이 성립된다. NPV법은 가치가산원칙이 성립되기 때문에 여러 투자안을 독립적으로 평가하든 종합적으로 평가하든 결과는 동일하다. 그러나 IRR법은 이 원칙이 성립되지 않는다.

$$NPV(A+B)=NPV(A)+NPV(B)$$
$$IRR(A+B)\neq IRR(A)+IRR(B)$$

〈표 5-6〉에서 할인율 7%를 적용하여 가치가산원칙의 사례를 살펴보자. NPV법에서는 두 투자안의 현금흐름을 합한 경우(A+B)와 현금흐름의 차이로 구한 경우(A−B) 모두 NPV의 합과 차의 금액으로 나타난다. 그러나 IRR

표 5-6
가치가산원칙의 적용 예

(단위 : 만원)

투자안 \ 현금흐름 \ 연도	0 CF_0	1 CF_1	2 CF_2	3 CF_3	NPV	IRR
A	−50,000	10,000	30,000	30,000	10,037	16.1%
B	−10,000	5,000	5,000	4,000	2,305	19.7%
A+B	−60,000	15,000	35,000	34,000	12,342	16.7%
A−B	−40,000	5,000	25,000	26,000	7,732	15.4%

법으로 내부수익률을 구해보면, (A+B)의 경우는 16.7%, (A−B)의 경우는 15.4%로 차이가 난다. *IRR*법은 시행착오법과 보간법으로 $NPV=0$이 되는 *IRR*을 구하므로 가산원칙이 성립되지 않는다.

5. 순현재가치법과 수익성지수법의 비교

투자규모가 서로 크게 다른 상호배타적인 투자안의 경우, 순현재가치법(*NPV*법)과 수익성지수법(*PI*법)에 의한 평가결과가 서로 상충되어 다른 경우가 있다. 앞의 〈표 5-1〉에서 살펴본 투자안 A, B의 경우를 가지고 순현재가치와 수익성지수를 나타내면 〈표 5-7〉과 같다.

〈표 5-7〉과 같은 투자안의 현금흐름을 보면, *NPV*법에 의하면 투자안 A가, *PI*법에 의하면 B가 우월하다. *PI*법은 상대적 투자규모를 감안하여 수익성을 평가할 수 있는 장점이 있지만, 투자규모가 서로 크게 상이한 경우에는 *NPV*법과 *PI*법에 의한 평가결과가 상충되어 서로 다른 결과를 나타내는 경우도 있다. 이는 *NPV*법에서는 투자안의 가치를 절대금액인 순현재가치로 나타내나, *PI*법에서는 투자수익률에 의해 수익성을 평가하기 때문이다. 이는 앞의 *PI*법 평가에서 살펴본 바와 같이 유휴자금의 기회비용을 고려하지 않

표 5-7
A와 B의 현금흐름

(단위 : 만원)

투자안	0	1	2	3	NPV	PI
A	−50,000	10,000	30,000	30,000	10,037	1.20
B	−10,000	5,000	5,000	4,000	2,305	1.23

은 데 원인이 있다. 이를 해결하는 방법으로 가중평균수익성지수(*WAPI*)를 사용하면 *NPV*법에 의한 결과와 같게 된다. 〈표 5-7〉의 자료로 *PI*를 수정한 가중평균수익성지수를 구하여 비교해 보자.

	투자안 A	투자안 B
투자규모(−)	(−)50,000만원	(−)10,000만원
현금유입의 현가	60,037만원	12,305만원
NPV	10,037만원	2,305만원
PI	1.20	1.23
수정 *PI* : *WAPI*	1.20	1.05

단순히 *PI*만으로 판단하면 투자안 B가 더 우월하다. 그러나 *PI*법에서는 여유자금의 기회자본비용을 고려하지 못하기 때문에 수정이 필요하다. 이제 A, B안이 상호배타적인 투자안이고, 투자원금이 50,000만원이란 조건하에서 투자안 B에 투자시 여유자금 40,000만원에 대한 기회비용을 고려한 수정 *PI*(*WAPI*)를 구해 보자. 단, 투자되지 않은 여유자금은 조달된 기회자본비용으로 재투자될 수 있다고 가정하여($NPV=0$), 즉 여유자금의 *PI*는 1로 보고 계산하면 다음과 같다.

$$\text{투자안 A의 } WAPI=\frac{60{,}037}{50{,}000}=1.20$$

$$\text{투자안 B의 } WAPI=\frac{10{,}000}{50{,}000}\times 1.23+\frac{40{,}000}{50{,}000}\times 1=1.046$$

이렇게 수정 *PI*로 구한 결과를 가지고 판단하면, 투자안 A의 *WAPI*는 *PI*와 같아(투자금액 전액이 투자되기 때문임) 1.20으로 B안의 1.05보다 더 크므로 투자안 A가 더 우월하다. 이 경우 *NPV*의 평가결과와 동일한 결과를 얻을 수 있다.

이제 두 투자안의 현금흐름 차이를 가지고 판단해 보자. 평가결과는 〈표 5-8〉과 같이 나타난다. 〈표 5-8〉에서 $NPV>0$이고 $PI>1$이므로 A안을 채택하게 되고, 이러한 결과는 *NPV*법에 의한 평가결과와 같다는 것을 알

표 5-8 투자안의 현금흐름 차이

(단위 : 만원)

투자안	0	1	2	3	*NPV*	*PI*
A－B	－40,000	5,000	25,000	26,000	7,732	1.19

수 있다.

지금까지 살펴본 바에 의하면, 현금흐름할인법 가운데 *IRR*법과 *PI*법은 상호배타적인 투자안의 투자결정에는 적절치 못한 경우가 있음을 알 수 있다. 특히, *IRR*법은 투자규모가 크게 상이하거나, 현금흐름의 형태가 현저히 다른 경우 적절한 평가방법이 되지 못한다는 것을 보았다. 또한 현금흐름의 형태에 따라 복수의 내부수익률이 나타나거나 해가 없는 경우도 나타났다. 그리고 *PI*법은 투자규모가 상이한 상호배타적 투자안의 경우에 잘못된 투자결정을 할 수 있다.

따라서 *NPV*법은 상호배타적 투자안들의 평가 측면에서는 물론이고, 순현재가치(*NPV*)의 크기로 기업가치가 측정되기 때문에 투자목적 실현이란 측면에서도 가장 우수한 평가방법이라고 볼 수 있다. 그러나 *NPV*법은 적정할인율인 자본비용을 정확히 산출할 수 있다는 것을 전제로 한다.

한편, 정상적인 현금흐름을 수반하는 투자안의 경우에는 위의 세 가지 방법 중 어느 것을 사용해도 동일한 결과를 얻는다.

제 2 절 전통적 방법

전통적 방법(traditional method)은 화폐의 시간가치를 고려하지 않는 방법으로 회수기간법과 회계적이익률법이 있다.

1. 회수기간법

(1) 의 의

회수기간 또는 자본회수기간이란 투자에 소요된 최초투자액을 그 투자안의 현금흐름으로부터 완전히 회수하는 데 소요되는 기간을 말한다. 회수기간법(payback period method)은 투자안의 회수기간을 계산하여 이 회수기간과 목표회수기간을 비교하여 투자안을 평가하는 기법이다. 회수기간이 짧을수록 좋은 투자안이다. 회수기간은 다음과 같이 구한다.

$$\text{회수기간} = \frac{\text{최초투자액}}{\text{연간 현금흐름}}$$

(2) 투자의사결정기준

① 독립적인 투자안의 경우 목표회수기간보다 짧은 투자안을 선택한다.

② 상호배타적인 투자안은 목표회수기간보다 짧은 투자안들 중에서 회수기간이 가장 짧은 투자안을 선택한다.

(3) 회수기간법의 장 · 단점

[장점]

① 계산이 간단하고 이해하기 쉬워 예비분석 차원에서 실무계에서 많이 이용하며, 투자자에게 투자안의 경제성에 관한 기초적 정보를 제공하는 데 유용한 수단이 된다.

② 회수기간이 짧을수록 안전한 투자안으로 볼 수 있으므로 회수기간이 위험지표로서의 정보를 제공한다. 즉 목표회수기간을 초과하는 투자안을 평가대상에서 우선적으로 제외시킴으로써 예비평가단계에서 위험처리수단으로 활용이 가능하다.

③ 회수기간이 짧을수록 빠른 자금회수로 기업의 유동성이 증가함을 의미한다. 따라서 간접적으로 유동성 상태를 나타내는 지표로 활용할 수 있다.

④ 시설재의 내용연수의 적정성을 평가하는 판단기준이 된다. 특히 수요변화나 기술진부화 등의 위험이 클 경우 유용하다.

[단점]

① 화폐의 시간적 가치를 고려하지 않는다는 것이 가장 큰 약점이다.

② 회수기간 이후의 현금흐름이 무시되기 때문에 투자안의 전체기간에 대한 현금흐름을 평가하지 못한다는 점이다.

③ 회수기간만 고려하기 때문에 투자안의 수익성 자체는 무시된다. 목표회수기간의 합리적 설정이 어려워 목표회수기간을 자의적으로 결정할 우려가 상존한다.

예제 5-9 회수기간법에 의한 투자안의 평가

K사는 상호배타적인 투자안 C, D에 투자하려고 한다. 설비의 취득가액은 800만원으로 동일한데, 이 설비들을 구입하면 매년 다음과 같이 순현금유입이 예상된다. 회수기간법에 의한다면 어느 투자안을 채택할지 평가하시오. 단, 회수기간이 4.5년 이내인 투자안은 채택할 예정이다.

(단위 : 만원)

t	0	1	2	3	4	5
C	−800	300	200	200	300	100
D	−800	100	200	300	400	500

풀이

C투자안의 회수기간 : 800=(300+200+200+100) 3(년)+$\frac{100}{300}$(년) = 3.3년

D투자안의 회수기간 : 800=(100+200+300+200) 3(년)+$\frac{200}{400}$(년) = 3.5년

※ 회수기간법에 의하면 C안이 우월하다. 그러나 회수기간 이후인 4기와 5기에서의 현금흐름과 전체기간의 현금흐름 총액을 감안하면 오히려 D안이 우월하다. 이와 같이 회수기간법은 회수기간 이후 및 전체기간의 현금흐름을 평가하지 못하는 약점을 가지고 있다.

(4) 할인회수기간법

할인회수기간법(discounted payback period method)은 회수기간법의 단점을 개선하기 위해 회수기간법에 화폐의 시간가치를 고려하는 방법으로 투자안으로부터 발생될 각 기간의 현금흐름의 현재가치에 대하여 회수기간을 구하여 의사결정을 하는 방법이다. 이 방법 역시 회수기간 이후의 현금흐름을 고려하지 못하는 단점을 가지고 있다.

예제 5-10 할인회수기간법에 의한 투자안의 평가

K사는 상호배타적인 투자안 C, D에 투자하려고 한다. 설비의 취득가액은 800만원으로 동일한데, 이 설비들을 구입하면 매년 순현금유입이 다음과 같이 예상된다. 할인회수기간법에 의한다면 어느 투자안을 채택할지 평가하시오. 단, 5년 후 잔존가치는 없고 자본비용은 8%이다.

(단위 : 만원)

	t	0	1	2	3	4	5
C안	현금흐름	−800	300	200	200	300	100
	할인현금흐름		277.8	171.5	158.8	220.5	68.1
D안	현금흐름	−800	100	200	300	400	500
	할인현금흐름		92.6	171.5	238.1	294.0	340.3

풀이

C투자안의 할인회수기간 : $3(\text{년}) + \dfrac{800 - 277.8 - 171.5 - 158.8}{220.5}(\text{년}) = 3.87\text{년}$

D투자안의 할인회수기간 : $4(\text{년}) + \dfrac{800 - 92.6 - 171.5 - 238.1 - 294.0}{340.3}(\text{년}) = 4.01\text{년}$

※ 할인회수기간법에 의해서도 예제 5-9에서와 같이 C안이 다소 우월하다. 그러나 할인회수기간은 3.87년과 4.01년으로 거의 같아졌음을 볼 수 있다. 4기와 5기에서의 현금흐름과 전체기간의 할인현금흐름 총액을 감안하면 오히려 D안이 우월하다. 이와 같이 할인회수기간법도 회수기간법과 마찬가지로 할인회수기간 이후 및 전체기간의 현금흐름을 평가하지 못하는 약점을 가지고 있다.

2. 회계적이익률법

(1) 의 의

회계적이익률법(accounting rate of return method : ARR법)은 연평균투자액에 대한 연평균 회계적 순이익의 비율인 회계적이익률에 의거하여 투자의사결정을 하는 방법으로 평균수익률법(average rate of return : ARR)이라고도 한다. 추정재무제표와 회계자료를 이용하여 투자로부터 기대되는 이익을 투자지출액으로 나눈 수익성비율로 투자안을 평가하는 방법이다.

$$\text{회계적이익률} = \frac{\text{연평균순이익}}{\text{연평균투자액}^{*}} \quad \text{또는} \quad \frac{\text{연평균순이익}}{\text{총투자액}^{**}/2}$$

* 연평균투자액=총투자액÷2(감가상각을 정액법으로 하고 잔존가치는 없다고 가정)
** 총투자액=연초투자액+연말투자액

여기서, 특정연도의 연평균투자액은 장부상 평균투자액으로서 총투자액(=연초투자액+연말투자액)의 평균이며, 평균순이익이란 당해연도의 세후순이익으로 나타낸다.

(2) 투자의사결정기준

① 독립투자안의 경우 기업이 설정한 목표 회계적이익률(요구수익률)을 기준으로 투자안의 이익률이 이 기준보다 높은 투자안은 채택하고, 낮은 투자안은 기각한다.

② 상호배타적인 투자안의 경우 목표 회계적이익률보다 높은 투자안들 중에서 가장 높은 회계적이익률을 갖는 투자안을 채택한다.

(3) 회계적이익률법의 장·단점

[장점]

① 계산이 간편하고 이해하기 쉽기 때문에 예비분석 차원에서 많이 이용되고 있다. 경영자는 물론 투자자들 역시 투자안의 경제성에 관한 기초적 정보로서 유용한 수단이 된다.

② 장부상 회계자료를 바로 이용할 수 있어 편리하다.

[단점]

① 화폐의 시간적 가치를 고려하지 못하고 있다.

② 순이익은 감가상각법과 같은 회계처리방법의 변경에 따라 달라질 수 있기 때문에 객관적이지 못하다.

③ 적절한 목표 회계적이익률의 설정이 어렵고 자의적일 수 있다.

예제 5-11 회계적이익률법에 의한 투자안의 평가

설비투자안 P는 취득원가 6,000만원, 내용연수 5년, 잔존가치 1,000만원이다. 이 투자안을 수락할 시 순이익은 다음의 표와 같이 기대된다. 설비투자액의 감가상각법은 정액법으로 처리한다면 회계적이익률(평균이익률)은 얼마인가?

(단위 : 만원)

연 도	1	2	3	4	5	평 균
기대순이익	1,000	1,500	1,000	1,200	800	1,100
기초 투자가치	6,000	5,000	4,000	3,000	2,000	
기말 투자가치	5,000	4,000	3,000	2,000	1,000	
연평균투자액	5,500	4,500	3,500	2,500	1,500	3,500

풀이

연간 감가상각액 : $\dfrac{6{,}000-1{,}000}{5}=1{,}000$만원

ARR : $\dfrac{1{,}100}{3{,}500}=0.314=31.4\%$

제 3 절 특별한 경우의 투자안 평가

투자안의 경제성 평가기법 중에서는 현금흐름할인법이 가장 우수한 평가기법이라고 볼 수 있다. 그러나 기업이 처한 특수한 상황이나 현실적 문제, 개별 투자안의 특성으로 인해 자본예산편성 및 투자안 평가에서 특별히 감안해야 할 문제들이 있다. 본절에서는 이들 중 내용연수가 상이한 경우, 자본제약하의 투자결정문제, 그리고 인플레이션하의 투자결정문제와 같은 보다 현실적이면서 특별한 투자안의 경제성 분석에 대한 제 논점을 살펴본다.

1. 내용연수가 다른 투자안의 평가

지금까지는 동일한 내용연수의 상호배타적인 투자안을 살펴보았다. 지금부터 내용연수가 상이한 경우의 투자안 평가기법에 대해 살펴보기로 한다. 예를 들어, 내용연수가 서로 상이한 상호배타적인 A, B 두 투자안의 현금흐름이

표 5-9 내용연수가 다른 상호배타적 투자안

(단위 : 만원)

투자안	0	1	2	3
A	−17,500	10,500	10,500	
B	−17,500	7,000	7,000	8,313

$NPV(A)=722.75$만원, $NPV(B)=894.06$만원

그림 5-3 내용연수가 다른 투자안을 반복투자하는 경우 *NPV* (최소공배수법)

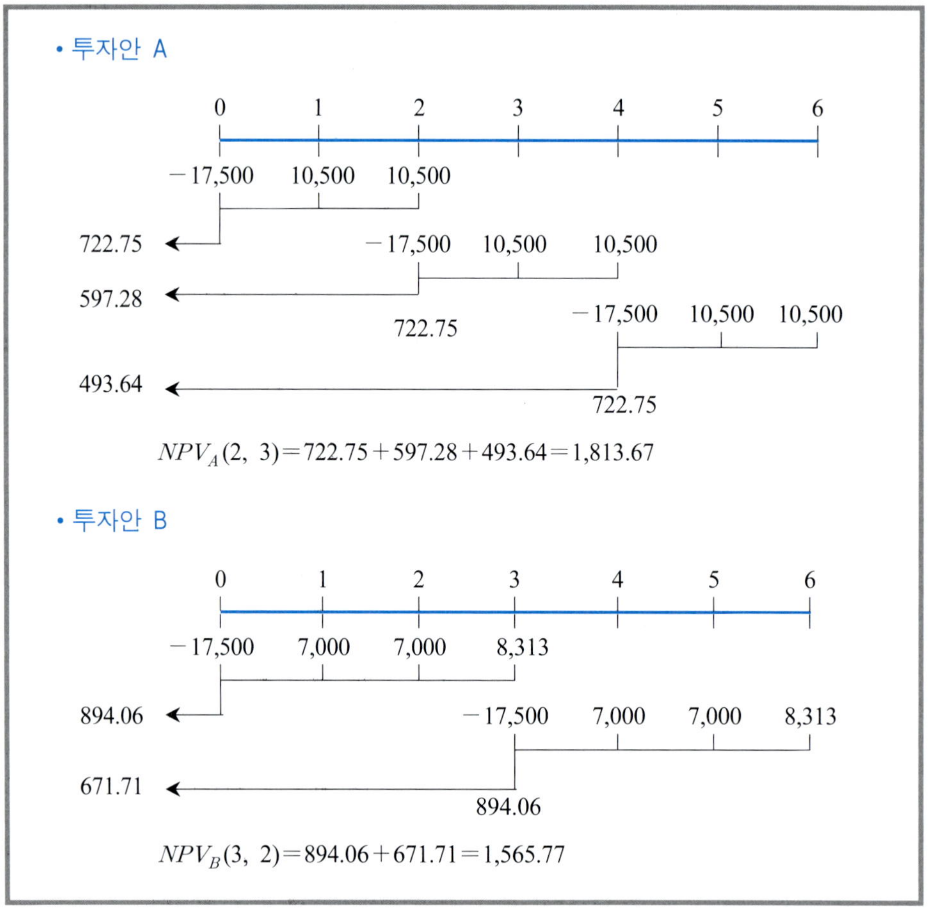

〈표 5-9〉와 같고, 기회자본비용이 10%라 할 때 두 투자안의 순현재가치를 구해보면 [그림 5-3]과 같다.

*NPV*법에 의하면 B안이 우월하므로 채택하게 된다. 그러나 A안과 B안의 투자수명이 다르기 때문에 두 투자안을 보다 정확히 비교하기 위해서는 최소공배수법을 이용한다. 최소공배수법은 동일한 투자가 계속 반복해서 이루어진다는 가정하에 내용연수가 다른 투자안의 내용연수를 동일한 비교 공통내용연수(최소공배수)로 일치시켜 비교하는 방법이다. 비교 공통내용연수는 각 내용연수의 최소공배수이다.

위의 예에서, A안은 내용연수 2년을 3번 반복투자하는 것이고, B안은 내용연수 3년을 2번 반복투자하는 것이므로 6년이란 최소공배수 기간 동안의 현금흐름을 대상으로 평가해서 비교해야 한다. 최소공배수법에 의한 *NPV*는 다음과 같이 구해진다. A안의 경우는 2년말, 4년말 시점에서 현재(0시점)의 *NPV*(722.75만원)에 대한 현가를 각각 구해서 합계한다. 마찬가지로 B안도 3년말 시점에서 현재(0시점)의 *NPV*(894.06만원)의 현가를 구해서 합계하여 구한다. 공통내용연수 동안 반복투자된 A, B안의 순현가는 다음과 같으며, 앞에서의 결과와는 반대로 A안이 우월함을 볼 수 있다.

$$NPV_A(2,\ 3) = 722.75 + \frac{722.75}{(1+0.1)^2} + \frac{722.75}{(1+0.1)^4} = 1{,}813.67(\text{만원})$$

$$NPV_B(3,\ 2) = 894.06 + \frac{894.06}{(1+0.1)^3} = 1{,}565.77(\text{만원})$$

위의 방법에서 A안의 경우는 순현가 722.75만원을 3기 동안 받는 연금현가(1,813.67만원)를 구하는 것이고, B안의 경우는 순현가 894.06만원을 2기 동안 받는 연금현가(1,565.77만원)를 구하는 것임을 알 수 있다. 따라서 A안이 선택된다. 이와 같이 투자수명이 서로 다른 상호배타적인 투자안의 평가시에는 내용연수를 일치시켜 평가한다.

최소공배수법과는 다른 방법으로 공통내용연수를 사용하지 않고 각 투자안의 연간균등순현가를 산출하여 비교하는 방법이 있다. 연간균등순현가(equivalent annual annuity value : *EAV*)는 각 투자안의 내용연수 동안 일정한 연간균등연금의 순현가를 연금현가계수로 나누어 구한다. 연간균등순현가법으로 비교하면 A안이 채택된다. 이는 최소공배수법의 결과와 동일함을 알 수 있다.

$$EAV = \frac{NPV(\text{연간균등연금의 순현가})}{PVIFA_{k,\,n}}$$

$$\text{A안} : EAV_A = \frac{722.75}{PVIFA_{(10\%,\,2)}} = \frac{722.75}{1.7355} = 416.45$$

$$\text{B안} : EAV_B = \frac{894.06}{PVIFA_{(10\%,\,3)}} = \frac{894.06}{2.4868} = 359.52$$

2. 자본제약하의 투자안 평가

(1) 수익성지수법의 이용

지금까지 살펴본 바에 의하면, 경제성 있는 투자안의 선택기준은 NPV가 양(+)의 값을 가지거나 $IRR > k$인 모든 투자안은 채택되는 것이다. 이는 자금조달에 제약이 없다는 조건하에서 가능한 일이다.

그러나 현실적으로 투자자본의 제약과 투자한도액의 설정으로 인해 경제성 있는 투자안이라고 모두 채택할 수는 없다는 투자결정문제가 제기된다. 결국 자본제약하의 투자결정문제는 예산범위 내에서 가장 큰 NPV를 얻을 수 있는 투자안에 투자자본을 배분하는 자본할당(capital allocation) 문제라 할 수 있다. 자본제약하의 투자결정방법으로는 PI법 또는 선형계획법(linear programming : LP)이 사용된다.

PI법은 투자규모가 다른 여러 투자안들 중에서 가장 유리한 투자안을 선택해야 할 때 유용하게 사용할 수 있다. 이 방법은 먼저 각 개별투자안의 수익성지수(PI)를 산출한 다음에, PI가 1보다 큰 투자안 중에서 PI가 높은 투자안 순서로 우선순위를 부여한다. 그런 다음에 투자자본의 한도 내에서

표 5-10
투자규모가 다른 투자안의 내용

투자수명 5년, 자본비용(할인율) $k = 10\%$ (단위 : 천원)

투자안	투자지출액	연간현금유입	유입액의 PV	NPV	IRR	PI	순위
A	400,000	121,347	460,000	60,000	15.7%	1.15	1
B	350,000	102,485	388,500	38,500	14.2%	1.11	3
C	250,000	74,523	282,500	32,500	14.9%	1.13	2
D	300,000	85,470	324,000	24,000	13.1%	1.08	4
E	100,000	23,742	90,000	−10,000	6.0%	0.90	5

가장 큰 NPV를 제공하는 투자안의 조합을 선택하는 방법이다.

예를 들어, 투자예산 한도액이 6억 5,000만원이고, 5개의 독립투자안이 제안되었다고 가정할 경우, 각 투자규모와 현금유입액의 현가(PV), 그리고 투자안의 순현가(NPV)와 수익성지수(PI)를 산출한 결과는 〈표 5-10〉과 같다.

투자예산 한도액 내에서 투자가능한 투자안의 조합은 A+C안, B+C안, B+D안, C+D안, C+D+E안이다. 이들 조합 중 가장 우월한 투자안 조합은 수익성지수(PI)에 의한 순위로 보면 A+C안이다. 이 조합은 NPV가 92,500천원으로 다른 조합들에 비해 가장 큰 NPV를 제공하는 투자안의 조합이다.

(2) 선형계획법의 이용

자본제약하의 투자결정문제는 선형계획법을 이용하여 그 해를 구할 수도 있다. 수익성지수법은 자본제약이 단일기간 동안에 이루어질 경우에 이용되는데 반해, 선형계획법(linear programming : LP)은 여러 투자안들의 현금흐름이 다기간에 걸쳐 각 시기마다 다양하게 나타나는 경우, 즉 다기간 자본제약하의 투자결정에 이용되고 있다. 자본제약하에서 이익극대화를 위한 선형계획함수의 일반식은 다음과 같으며, 〈표 5-10〉의 투자안이 다기간에 걸쳐 투자되는 것으로 보고 선형계획함수로 표시하면 다음과 같다.

$$\text{목적함수 : Max.} \sum_{j=1}^{n} NPV_j X_j = 60,000X_A + 38,500X_B + 32,500X_C + 24,000X_D - 10,000X_E \quad \text{(단위 : 천원)}$$

$$\text{제약조건 : } \sum_{j=1}^{n} CF_j X_j \le C_t \ : 40,000X_A + 35,000X_B + 25,000X_C + 30,000X_D + 10,000X_E \le 65,000 \quad \text{(단위 : 만원)}$$

$$0 \le X_j \le 1 : 0 \le \text{A, B, C, D, E} \le 1$$

단, CF_j : j투자안의 현금흐름
X_j : j투자안에 대한 투자비율
C_t : t기의 자본제약

3. 인플레이션하의 투자안 평가

인플레이션을 고려하지 않는 경우, 투자안의 순현재가치는 미래기대순현금흐름을 할인율로 할인하여 얻어지는 값으로 다음의 식과 같이 나타낸다. 여기서, 미래기대현금흐름과 할인율 k가 일정하다면, 투자안의 순현재가치에도 변화는 없다.

$$NPV = \sum_{t=1}^{n} \frac{NCF_t}{(1+k)^t}$$

그러나 현실적으로 인플레이션은 미래기대현금흐름과 할인율에 영향을 미치므로 투자안 평가에 인플레이션을 어떻게 반영할 것인가의 문제가 제기된다. 이는 자본예산편성에서 매우 중요한 사안이다. 인플레이션이 미래기대현름흐름과 할인율에 반영되는 경우는 명목가치(nominal value)와 명목이자율(nominal interest rate)을 이용하여 평가하며, 반영되지 않는 경우는 실질가치(real value)와 실질이자율(real interest rate)을 이용하여 평가한다.

명목이자율은 식 (5-4)의 피셔효과(Fisher effect)로 표시된다. 식 (5-4)를 정리한 식 (5-5)에서 보면 명목이자율에는 인플레이션율이 반영되어 있음을 볼 수 있다. 식 (5-5)에서 실질이자율(k_r)도 낮고 인플레이션율(ρ)도 낮으면 $k_r \cdot \rho$는 무시할 정도로 작은 값이어서, 통상 명목이자율은 실질이자율에 기대인플레이션율을 합한 값과 같은(비슷한) 것으로 표시한다. 인플레이션을 고려하여 투자결정을 할 때에는 명목이자율과 실질이자율을 할인율로 사용하기 때문에 이제부터 명목할인율 및 실질할인율로 부르기로 한다.

$$(1+k_n) = (1+k_r)(1+\rho) \tag{5-4}$$

$$k_n = k_r + \rho + k_r \cdot \rho \tag{5-5}$$

단, k_n : 명목이자율(할인율)
k_r : 실질이자율(할인율)
ρ : 인플레이션율

인플레이션하에서 명목이자율을 할인율(자본비용)로 이용한다면 할인율에는 인플레이션에 대한 기대가 반영된 것이다. 그런데 통상 인플레이션이 발생할 때 수익과 비용은 증가하는데, 기대현금흐름 추정에 인플레이션이 반영되지 않는다면 투자안의 정확한 가치평가에 오류가 발생해서 투자안 채택 여부에 영향을 미칠 수 있다. 따라서 투자안의 가치평가에서 오류가 발생하지 않게 하기 위해서 기대현금흐름과 할인율 추정에 인플레이션율이 일관성 있는 기준에 따라 반영되어야 한다. 구체적인 추정방법으로 인플레이션이 반영된 명목할인율로 할인하는 명목가치기준법과 인플레이션이 반영되지 않는 실질할인율로 할인하는 실질가치(불변가격)기준법이 있다. 명목가치기준이든 실질가치기준이든 간에 일관성만 유지한다면 두 방법의 결과는 동일하다.

(1) 명목가치기준법

명목가치기준 평가는 현금흐름과 할인율 공히 인플레이션을 반영하는 방법으로 실질가치기준법보다 보편적으로 더 많이 이용되는 방법이다. 이 방법에서는 영업이익의 증가분을 인플레이션이 반영된 명목가치로 환산하고, 할인율로 명목이자율(명목자본비용)을 사용한다.

$$NPV = \sum_{t=1}^{n} \frac{\left[(CF_i)_t (1+\rho_i)^t - (CF_o)_t (1+\rho_o)^t\right](1-t_c) + t_c \cdot \Delta D}{(1+k_n)^t} \qquad (5\text{-}6)$$

단, CF_i : 실질현금유입액
CF_o : 실질현금유출액
ρ_i : 실질현금유입액에 대한 인플레이션율
ρ_o : 실질현금유출액에 대한 인플레이션율
k_n : 명목이자율(자본비용)
t_c : 법인세율
ΔD : 감가상각비 승문

(2) 실질가치기준법

실질가치기준 평가는 인플레이션이 반영된 현금흐름을 인플레이션율로 할인하여 실질가치를 구하고, 이를 실질이자율로 다시 할인하여 NPV를 구한다. 식 (5-7)에서 보는 바와 같이, 기업의 현금흐름은 법인세납부후 순현금흐름과 감가상각비 증분의 감세효과를 합한 금액이다. 이 현금흐름을 인플레이션율로 할인하여 실질가치로 전환해야 한다. 이 점이 명목가치기준법과 다른 점이다. 순현재가치는 실질가치를 실질이자율(실질자본비용)로 할인하여 구하는 것이다.

$$NPV = \sum_{t=1}^{n} \frac{\left[\left\{(CF_i)_t(1+\rho_i)^t - (CF_o)_t(1+\rho_o)^t\right\}(1-t_c) + t_c \cdot \Delta D\right](1+\rho)^{-t}}{(1+k_r)^t} \tag{5-7}$$

단, CF_i : 현금유입액
CF_o : 현금유출액
ρ : 인플레이션율
k_r : 실질이자율(자본비용)

예제 5-12 인플레이션하의 투자안의 평가 : 명목가치기준 · 실질가치기준 계산

KA산업의 투자안 P는 새 설비취득을 위해 현재 8,000만원을 투자하는 것으로, 향후 4년간에 걸쳐 매년 5,000만원의 현금유입과 2,000만원의 현금유출이 예상된다. 그런데 현금유입과 현금유출은 인플레이션이 반영되어 2차년도부터 각각 매년 6%, 4%씩 증가한다고 가정한다. 법인세율 27%, 감가상각법은 정액법으로 하며, 4년 후 잔존가치는 없다고 가정한다.

예상 인플레이션율은 연 6%이고, 실질이자율(자본비용)은 8%이다. 이 투자안의 *NPV*를 명목가치기준과 실질가치기준으로 계산하시오.

풀이

• 명목가치기준법에 의한 순현가 계산 (단위 : 만원)

	0	1	2	3	4	*NPV*
최초투자액	−8,000					
연간현금유입(6% 증가)		5,000	5,300	5,618	5,955	
−연간현금유출(4% 증가)		2,000	2,080	2,163	2,250	
영업이익(*EBT*) ①		3,000	3,220	3,455	3,705	
× $1-t_c$		0.73	0.73	0.73	0.73	
세후이익(*EAT*) ②		2,190	2,351	2,522	2,705	
+ $t_c \cdot \Delta D$ ③		540	540	540	540	
순현금흐름 ②+③		2,730	2,891	3,062	3,245	
×명목이자율($k_r+\rho$) 14%의 현가계수		0.8772	0.7695	0.6750	0.5921	
NPV	−8,000	2,394.8	2,224.6	2,066.8	1,921.4	607.6

인플레이션이 반영된 명목이자율에서 $k_r \cdot \rho$는 0.48%로 매우 작아서 무시하고 14%를 사용한다.

명목이자율=실질이자율 8%+인플레이션율 6%=14%

$NPV = \sum PV - 8{,}000 = (2{,}394.8 + 2{,}224.6 + 2{,}066.8 + 1{,}921.4) - 8{,}000 = 607.6$(만원)

∴ $NPV > 0$이므로 이 투자안을 채택한다.

• 실질가치기준법에 의한 순현가 계산 (단위 : 만원)

	0	1	2	3	4	NPV
순현금흐름 ②+③		2,730	2,891	3,062	3,245	
×인플레이션율(ρ) 6%의 현가계수		0.9434	0.8900	0.8396	0.7921	
순현금흐름		2,575	2,573	2,571	2,570	
×실질이자율 7.547%의 현가계수		0.92983	0.86458	0.80390	0.74749	
NPV	−8,000	2,394.3	2,224.6	2,066.8	1,921.0	606.7

순현금흐름(②+③)은 명목가치기준법에 의해 구한 순현금흐름과 같다.

피셔효과에 의한 실질이자율은 $(1+0.14)=(1+k_r)(1+0.06)$, $\therefore\ k_r=7.547\%$

실질현금흐름에 의한 NPV는 실질이자율로 할인하여 인플레이션이 반영되지 않음을 볼 수 있다.

$$\frac{2,575}{1.07547}+\frac{2,573}{(1.07547)^2}+\frac{2,571}{(1.07547)^3}+\frac{2,570}{(1.07547)^4}-8,000=606.7$$

$\therefore\ NPV>0$이므로 이 투자안을 채택한다.

연습문제

01 다음의 용어들을 간단히 설명하시오.

(1) 현금할인법
(2) 순현재가치
(3) 내부수익률
(4) 회수기간
(5) 수익성지수
(6) 회계적이익률
(7) 연간균등현가
(8) 명목가치와 실질가치

02 순현재가치법과 내부수익률법을 비교 평가하시오.

03 설비투자의 경제성을 평가하는 주요 방법들을 열거하고 그 내용과 장·단점을 기술하시오.

04 투자규모와 현금흐름 형태가 서로 다른 배타적 투자안의 경우, 어떤 경제성 평가방법을 사용하는 것이 합리적이며 그 이유는 무엇인지, 각 평가기법들간의 장·단점은 무엇인지 설명하시오.

05 K사는 A투자안에 20,000만원을 투자하려고 한다. 투자 후 2년말에 10,000만원, 3년말에 8,000만원, 5년말에 6,000만원의 현금흐름이 예상된다. 적정할인율을 7%로 계산할 때, 이 투자안의 순현재가치를 계산하시오.

06 A, B 두 투자안은 현금흐름이 다음과 같다. 순현재가치(NPV)와 내부수익률(IRR)을 구하시오. 그리고 두 투자안이 상호배타적인 투자안일 경우 어느 투자안을 채택할지 평가하시오. 단, 할인율은 10%이다.

투자안	0	1	NPV	IRR
A	−1,000,000	1,200,000		
B	−100,000	140,000		

07 A, B 두 투자안의 현금흐름 양상은 시기적으로 다음과 같이 다르다. 두 투자안의 순현재가치(NPV)와 내부수익률(IRR)을 구하시오. 그리고 두 투자안이 상호배타적인 투자안일 경우 어느 투자안을 선택해야 하는지 투자결정을 하시오. 단, 할인율은 10%이다.

투자안	0	1	2	3	4	NPV	IRR
A	−1,000,000	1,250,000	0	0	0		
B	−1,000,000	0	0	0	1,750,000		

08 투자안 A와 투자안 B로부터 예상되는 현금흐름이 다음과 같이 측정되었다. 단, 자본비용은 10%이다. *NPV*법과 *IRR*법에 따라 투자안의 우선순위를 각각 평가하시오.

투자안	0	1	2	3	*NPV*	*IRR*
A	−10,000	5,000	5,000	5,000		
B	−10,000	0	0	17,280		

09 SD사는 A, B 두 투자안을 고려하고 있다. 투자안의 평가결과, 두 투자안의 *NPV*와 *IRR*은 다음과 같다. 이 기업의 자본비용은 8%이고, 피셔의 수익률은 10.5%이다. 이들 투자안이 상호배타적인 투자안이라 할 때, *NPV*법과 *IRR*법으로 어느 투자안을 채택할지 평가하시오.

투자안	*NPV*	*IRR*
A	30,000	16.4%
B	50,000	13.3%

10 S정유회사의 유전개발 투자안은 다음과 같이 2차년도에 추가로 시추용 장비구입을 위해 투자비가 투입될 예정이다. *IRR*을 구하고, *IRR*법에 두 개의 해가 나타나는 이유를 그림으로 나타내 설명하시오.

연 도	추정현금흐름
0	−1,600
1	10,000
2	−10,000

11 GK산업은 상호배타적인 투자안 C, D에 투자하려고 한다. 설비의 취득가액은 800만원으로 동일하지만 매년 현금유입액은 다음과 같이 상이하게 예상된다. 회수기간법과 할인회수기간법에 의해 두 투자안을 평가하시오. 단, 회수기간이 4.5년 이내인 투자안은 채택할 예정이며, 잔존가치는 없다고 가정하고, 자본비용(할인율)은 10%이다.

(단위 : 만원)

t	0	1	2	3	4	5
C	−800	200	200	200	200	200
D	−800	100	200	300	400	500

12 설비투자안 P는 취득원가 1억원, 내용연수 4년, 잔존가치 2,000만원이다. 이 투자안을 수락할 시 순이익은 4년간 매년 2,000만원씩 기대된다. 설비투자액의 감가상각은 정액법으로 처리한다면 회계적이익률(평균이익률)은 얼마인가?

13 투자안 K와 G의 현금흐름이 다음과 같이 예상되는 경우 회수기간과 할인회수기간은 얼마이며, 회수기간법과 할인회수기간법으로 투자안 선택을 판단한다면 어느 안이 더 우월한지 판단하시오. 단, 자본비용이 10%이고, 잔존가치는 없으며 감가상각은 정액법으로 한다.

(단위 : 만원)

연 도	0	1	2	3	4	5
K	−2,000	1,000	500	1,000	200	500
G	−4,000	1,000	1,500	2,000	1,000	1,500

14 KA사는 내용연수가 다른 A, B 두 기계의 구입이란 상호배타적인 투자안을 고려하고 있다. A기계는 내용연수 5년으로 5년간 매년 1,000만원의 현금유입이 예상되고, B기계는 내용연수 10년으로 매년 950만원의 현금유입이 예상된다. A기계의 구입비 및 설치비는 2,000만원이고 B기계의 구입 및 설치비는 1,800만원이다. 어느 기계 구입안을 채택해야 하는지 최소공배수법과 연간균등현가법으로 판단하시오. 단, 기회자본비용은 8%이고, 투자종료시 즉시 동일한 투자수익률이 제공되는 투자안에 다시 반복하여 재투자할 수 있다.

15 KB산업의 투자안 P는 현재 50,000만원을 투자해서 향후 5년간에 걸쳐 매년 90,000만원의 현금유입과 75,000만원의 현금유출이 예상된다. 그런데 현금유입과 현금유출은 인플레이션이 반영되어 2차년도부터 각각 매년 4%, 6%씩 증가한다고 가정한다. 법인세율 30%, 감가상각은 정액법으로 하며, 5년 후 잔존가치는 없다고 가정한다. 예상인플레이션율은 연 6%이고 자본비용(실질할인율)은 8%이다. 이 경우 실질이자율과 예상인플레이션율의 곱은 0으로 간주한다. 이 투자안의 NPV를 명목가치기준과 실질가치기준으로 계산하시오.

CHAPTER

6

포트폴리오이론

제 1 절 위험과 효용이론

제 2 절 개별자산의 수익률과 위험 측정

제 3 절 포트폴리오이론

제 4 절 최적포트폴리오의 선택

제 5 절 무위험자산의 도입과 자본시장선

학습목표

본장에서는 불확실성하에서의 투자의사결정이론인 포트폴리오이론을 살펴본다. 오늘날 경영자와 기업에 부각되는 이슈는 어떻게 주주 부와 기업가치를 극대화할 것인가에 모아지고 있다. 주주 부와 기업가치를 극대하하기 위해서 필수적인 의사결정은 투자자산의 최적조합과 위험관리 문제이다. 이 문제를 포트폴리오이론이 해결해 줄 수 있다는 데에서 의의와 유용성을 찾을 수 있다. 위험저감효과와 최적포트폴리오 선택을 통한 투자위험관리의 기초를 제공하는 포트폴리오이론이 불확실성하에서 투자결정문제를 해결할 수 있는 원리와 이유를 이해한다.

1. 개별자산의 위험과 기대수익률
2. 포트폴리오의 위험과 기대수익률
3. 포트폴리오의 분산투자효과가 발생하는 이유와 실제에의 응용
4. 효율적 포트폴리오와 최적포트폴리오의 선택
5. 위험자산 도입시 최적포트폴리오의 선택
6. 자본시장선과 위험의 시장가격

제1절 위험과 효용이론

1. 위험의 정의

의사결정론에서 위험하의 의사결정과 불확실성하의 의사결정은 다음과 같이 다른 개념으로 정의된다. 그러나 재무관리에서는 통상 불확실성과 위험을 같은 의미로 사용하므로 불확실성하의 투자결정은 위험하의 투자결정과 의미상 큰 차이를 두지 않고 혼용하고 있다.

- 확실성 : 미래에 발생할 상황에 대한 명확한 정보를 아는 상태
- 위험 : 미래에 발생가능한 상황과 발생확률을 아는 상태
- 불확실성 : 미래에 발생가능한 상황은 알지만 발생확률은 모르는 상태

보통 위험(risk)이란 현재의 의사결정이 미래에 발생가능한 결과나 상황을 알고 있으며 또한 발생확률을 아는 경우를 의미한다. 하지만 재무관리에서 위험은 투자안으로부터 얻게 될 미래 실제수익률이 기대수익률과 서로 다를 가능성, 즉 미래수익률의 변동성(variability)으로 정의된다. 위험이 크다는 것은 투자로부터 실현되는 미래수익률의 변동성이 크다는 의미로, 통계학적으로는 기대수익률로부터의 편차가 크다는 것을 말하며, 이는 수익률의 분산으로 측정된다.

기업재무에서 투자결정의 대상은 국·공채와 같은 무위험자산과 주식·회사채와 같은 위험자산으로 구성된다. 투자자 입장에서의 투자결정시에도 무위험자산과 위험자산의 선택·조합으로 이루어진다. 이렇게 위험자산이 포함되는 위험(불확실성)한 상황하에서 투자결정을 하는 경우 최적투자안의 선택은 가장 작은 위험과 가장 큰 기대수익률을 갖는 투자안의 선택·조합으로 이루어진다. 따라서 위험하의 투자결정의 기본원리는 개별자산의 기대수익률과 위험을 정확히 측정하는 것으로부터 출발한다.

불확실성하의 선택이론은 효용이론과 평균·분산기준 포트폴리오이론이란 두 이론을 기초로 해서 이루어진다. 먼저 효용이론에 대해 살펴보자.

2. 효용이론

(1) 효용과 효용함수

효용이론은 불확실성(위험)하에서 투자자가 합리적인 선택을 할 수 있는 이론적 근거를 정립하는 데 매우 유용한 수단이다. 효용이론(utility theory)은 기대효용이 가장 큰 투자안을 채택할 때 가장 합리적인 투자결정을 할 수 있다는 원리이다. 효용(utility)은 부를 소비할 때 느끼게 되는 투자자의 주관적인 만족도를 숫자나 지수로 나타낸 값이고, 기대효용(expected utility)은 투자안으로부터 각 상황이 발생할 때 얻게 되는 부의 효용에 대한 기댓값이다. 이 기댓값은 효용의 확률분포를 반영하여 구한 평균값이다.[1)]

불확실성하에서 기대수익만 극대화하는 투자결정을 한다는 것은 현실적으로 적절한 선택기준이 될 수 없다. 불확실성의 상황에서는 기대수익을 극대화한다고 해서 효용을 극대화할 수는 없다. 합리적인 투자자는 기대수익을 최대로 하려고 하지만 수익에 따르는 위험을 고려하지 않으면 안 된다. 즉 위험과 기대수익의 관계는 기대수익이 증가할수록 위험도 같이 동반해서 증가하는, 이른바 수익과 위험의 상반관계(trade-off)가 존재하기 때문이다. 따라서 기대효용에는 위험과 기대수익률 두 가지를 모두 포함하여 반영되기 때문에, 불확실성하의 투자결정에서 효용이론은 기대효용이 가장 큰 투자안의 선택을 가장 합리적인 투자결정으로 보는 것이다.

한편, 효용의 크기를 함수로 나타낸 것이 효용함수(utility function)이다. 효용함수는 투자자의 위험에 대한 태도에 따라 결정되나 일반적으로 다음과 같은 형태의 2차함수와 로그함수로 표시된다. [그림 6-1]에서 보는 바와 같이 2차함수는 위험선호형을, 로그함수는 위험회피형을 나타내는 함수이다.

$$U(W) = a + bW + cW^2 \quad : \text{2차효용함수 (단, } c > 0)$$
$$U(W) = \log W \quad : \text{로그함수 (단, } W\text{는 부의 크기)}$$

---

1) 효용의 기댓값을 구하는 식은 다음과 같다.

$$E[U(W)] = \sum P(W_i) \cdot U(W_i)$$

단, $E[U(W)]$: 효용의 기댓값
$P(W_i)$: 현금흐름 W_i(富)가 발생할 확률
$U(W_i)$: 현금흐름 W_i(富)의 효용

그림 6-1

부와 효용의 관계

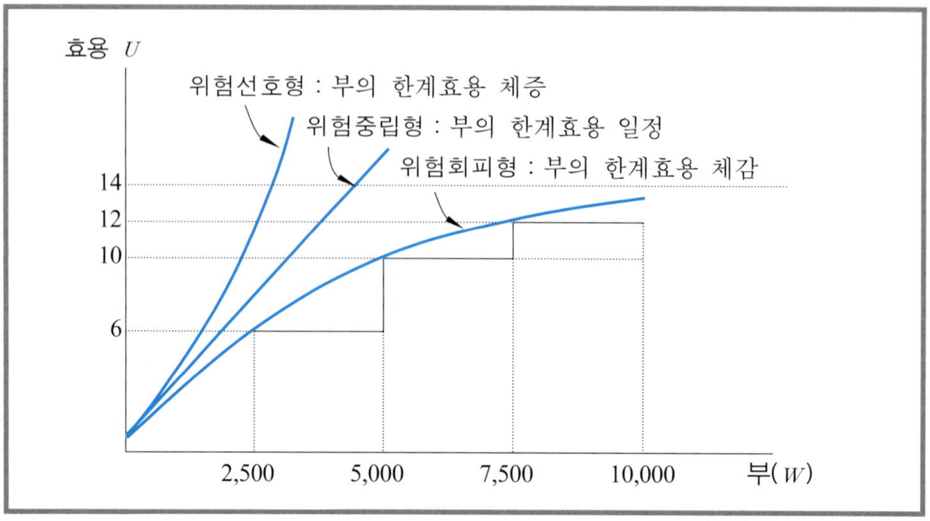

(2) 위험에 대한 태도와 투자자 유형

투자자의 기대효용은 기대수익이 높을수록, 위험은 낮을수록 커진다. 통상 투자자들은 위험이 증가할수록 기대수익이나 현금흐름의 분포가 넓게 분산되어 부담하고자 하는 위험에 비해 기대하는 투자수익을 얻을 수 없기 때문에 위험을 선호하지 않는다. 즉, 기대수익이 높다 해도 위험이 커지면 투자자가 느끼는 효용은 감소할 수 있다. 이는 위험정도에 대해서 느끼는 만족도가 투자자에 따라 다를 수 있음을 의미한다. 투자자는 위험에 대한 태도에 따라 위험회피형(risk averter), 위험선호형(risk lover), 위험중립형(risk neutral, risk indifferent)의 세 가지 유형으로 나누어 볼 수 있다. 위험회피형 투자자는 합리적이고 이성적인 투자자로서 위험을 가급적 회피하려 하는 성향을 가지며, 위험감수에 대한 기대수익률의 증가, 즉 위험보상(risk premium)을 요구한다. 위험선호형 투자자는 위험이 증가할수록 효용이 커지므로 기대수익률이 같다면 위험이 큰 투자대상에 기꺼이 투자하려는 투자자이고, 위험중립형 투자자는 위험과는 관계없이 오직 기대수익률의 크기에 따라 행동하는 투자자이다. 재무관리에서 가정하는 합리적인 투자자는 위험회피형 투자자로 간주한다.

이렇게 구분하는 기준은 부의 한계효용체감법칙(diminishing marginal utility for wealth)이 적용되기 때문이다. 즉 부(富)가 증가할 때 투자자의 태도는 한계효용(효용의 증가율)이 체감하는지, 체증하는지에 따라 결정되는데, 위험선호형은 부의 한계효용이 체증하고 위험회피형의 경우는 부의 한계효용이 체감한다.

결국 효용이론의 핵심은 부의 한계효용이 체감한다는 개념이라고 할 수 있다. [그림 6-1]에서 위험회피형 투자자의 경우에 2,500원이란 1단위의 부(富)가 증가하면 6의 기대효용(만족도의 크기)을 얻지만, 5,000원(2단위)으로 부가 1단위 더 증가할 때, 만약 일정비율로 기대효용이 증가한다면 기대효용도 12로 증가되어야 함에도 오히려 10으로 체감하고 있다. 마찬가지로 7,500원(3단위)으로 부의 1단위 추가 증가는 기대효용 12로 체감함을 볼 수 있다. [그림 6-1]에서 부가 1단위(2,500)에서 2단위(5,000)로 증가할 때의 기대한계효용은 4이고, 부가 2단위(5,000)에서 3단위(7,500)로 증가할 때의 기대한계효용은 2이다. 그림으로 나타내면 원점에 대해 오목한(concave) 곡선으로 나타나는데, 그 이유는 부에 대한 한계효용이 체감하기 때문이다.

제 2 절 개별자산의 수익률과 위험 측정

1. 위험하에서의 기대수익률과 위험 측정

(1) 기대수익률의 측정

위험하에서 기대수익률과 위험은 미래에 어떠한 상황이 발생하느냐에 따라 여러 가지 다른 값을 갖게 된다. 이렇게 여러 가지 다른 값을 갖는 변수를 확률변수(random variable)라고 한다. 확률변수의 특성은 확률분포에 의해 나타낸다. 확률분포(probability distribution)는 미래에 발생가능한 상황, 각 상황이 발생할 확률, 그리고 각 상황이 발생할 때 확률변수가 취하는 값으로 나타낸다.

위험하의 기대수익률(expected rate of return)은 확률분포가 고려된 평균수익률(average rate of return)로서 사전적(exante) 수익률의 의미를 가지고 있다. 기대수익률은 발생가능한 상황에 따른 예상수익률과 각 상황이 나타날 확률을 곱하여 산출하며, 계산식은 다음과 같다.

$$E(R_i) = \sum_{s=1}^{n} r_{is}\, p_s \tag{6-1}$$

단, $E(R_i)$: 자산 i의 기대수익률
r_{is} : 상황 s에서 자산 i의 예상수익률
p_s : 상황 s가 발생할 확률

예제 6-1 기대수익률의 계산

내년도 경제상황에 따라 주식 A, B, C의 확률분포가 다음과 같을 경우 각 주식의 기대수익률을 구하시오.

경제상황	확 률	예상수익률(%)		
		A주식	B주식	C주식
불황	0.25	5	−5	−20
정상	0.50	10	10	10
호황	0.25	15	25	30

풀이

A주식의 $E(R_A) = (5\%)(0.25) + (10\%)(0.5) + (15\%)(0.25) = 10\%$

B주식의 $E(R_B) = (-5\%)(0.25) + (10\%)(0.5) + (25\%)(0.25) = 10\%$

C주식의 $E(R_C) = (-20\%)(0.25) + (10\%)(0.5) + (30\%)(0.25) = 7.5\%$

A주식과 B주식의 기대수익률은 10%로 같지만, 예제 6-2 에서 보듯이 A주식의 위험이 작다.

(2) 위험의 측정

위험은 수익률의 변동가능성을 의미하며, 통계학의 분산(variance : σ^2) 또는 표준편차(standard deviation : σ)로 측정한다. 분산은 모든 상황에서의 예상수익률에서 기대수익률을 차감한 값을 제곱한 후 확률을 곱하여 구하며, 표준편차는 분산의 제곱근이다.

$$\text{분 산} : \sigma^2 = \sum_{s=1}^{n} [r_{is} - E(R_i)]^2 p_s$$

$$\text{표준편차} : \sigma = \sqrt{\sigma^2} = \sqrt{\sum_{s=1}^{n} [r_{is} - E(R_i)]^2 p_s} \tag{6-2}$$

예제 6-2 위험(분산, 표준편차)의 계산

예제 6-1 의 자료로 A, B, C 주식의 위험, 즉 표준편차를 구하시오.

풀이

A주식의 분산을 구하는 과정을 예시하면 다음과 같다.

$[r_{As}-E(R_A)]$	p_s	$[r_{As}-E(R_A)]^2 p_s$
5−10	0.25	$(5-10)^2 0.25=6.25$
10−10	0.50	$(10-10)^2 0.50=0$
15−10	0.25	$(15-10)^2 0.25=6.25$
		$\sum_{s=1}^{n}[r_A-E(R_A)]^2 p_s=12.5$

A주식의 분산 : $\sigma^2=12.5$, 표준편차 : $\sigma=\sqrt{12.5}=3.54(\%)$

B주식의 분산 : $\sigma^2=(-5-10)^2 0.25+(10-10)^2 0.50+(25-10)^2 0.25=112.5$

$\sigma=\sqrt{112.5}=10.60(\%)$

C주식의 분산 : $\sigma^2=(-20-7.5)^2 0.25+(10-7.5)^2 0.50+(30-7.5)^2 0.25=318.75$

$\sigma=\sqrt{318.75}=17.85(\%)$

위의 예제로부터 A주식과 B주식의 기대수익률은 10%로 같지만, 표준편차는 각각 3.54%, 10.6%로 서로 다르다. 이는 수익률 분포가 정규분포를 이룬다고 가정할 때, A주식의 실질수익률은 10%±3.54%의 범위에 속할 확률이 68.3%이고, B주식의 실질수익률은 10%±10.6% 범위에 속할 확률이 68.3%라는 것을 의미한다.[2] C주식은 주식 A와 B에 비해 기대수익률도 7.5%로 적고, 위험(표준편차)도 17.85%로 높은 것을 알 수 있다.

2) 확률분포가 정규분포를 이룬다고 가정할 때, 실질수익률이 기대수익률(평균값 : μ)로부터 $\mu\pm 1\sigma$ 범위 안에 들어갈 확률을 표준정규분포표에서 찾아보면 68.26%이다. 마찬가지로 $\mu\pm 2\sigma$ 범위 안에 들어갈 확률을 찾아보면 95.44%이다.

2. 개별자산의 평균수익률과 위험 측정

지금부터 개별자산의 평균수익률과 위험 측정에 대해 살펴보자. 기업이나 개인투자자가 실물자산이나 금융자산에의 투자를 통해 이익, 배당, 자본이득과 같은 성과를 얻게 되는데, 이러한 성과를 수익(return, payoff)이라 한다. 수익에 비교되는 개념으로 수익률은 투자에서 얻은 총수익을 투자금액으로 나누어 계산한, 즉 「총수익÷투자금액」인 단순한 개념이고, 순수익률은 「(총수익－투자금액)÷투자금액」의 비율로서 재무관리에서는 일반적으로 특별한 경우를 제외하고는 이 순수익률을 수익률의 개념으로 사용하고 있다. 이때 수익률은 통상 과거의 자료, 즉 역사적 자료를 이용하여 사후적으로 측정되기 때문에 사전적 기대수익률과는 다른 역사적 수익률, 사후적 수익률의 의미를 가지고 있다는 것을 유념해야 한다. 주식투자로부터 얻는 투자수익률은 주가의 상승으로 얻는 자본이득(capital gain)과 특정기간에 받는 배당의 합계액을 투자금액과 비교한 비율로서 식 (6-3)과 같이 측정된다.

$$r_{it} = \frac{P_{it} - P_{it-1} + D_{it}}{P_{it-1}} \tag{6-3}$$

단, r_{it} : i주식의 t기 기간수익률
P_{it} : i주식의 t기말 가격
P_{it-1} : i주식의 t기초 가격
D_{it} : i주식의 t기 동안의 배당

투자기간이 단일기간인 경우와 다기간인 경우의 투자수익률은 다르게 계산된다. 단일기간의 개별자산의 기간수익률은 식 (6-3)에서 1기간의 계산으로 측정이 끝난다. 그러나 다기간에 걸쳐 투자가 지속되는 경우, 투자 개별자산의 연평균투자수익률은 산술평균수익률, 기하평균수익률, 내부수익률을 이용하여 구할 수 있다.

내부수익률(internal rate of return : *IRR*)은 제5장에서 살펴본 것처럼 투자금액과 미래수익의 현재가치를 일치시키는 할인율을 구하는 방법이다. 기하연평균수익률(geometric annual mean rate of return : *GMR*)은 각 기간의 수익률을 계산하여 기하평균을 낸 것이다. 산술연평균수익률(arithmetic annual mean rate of return : *AMR*)은 일정기간 동안의 각 기간별 수익률을 구해서 단순히 산술평

균한 것이다.

i주식의 평균수익률은 역사적 수익률로서 일정기간 동안의 기간수익률의 평균으로 나타나는 산술연평균수익률로 구한다.

$$AMR = \overline{r_i} = \frac{1}{n}(r_{i1} + r_{i2} + \cdots + r_{in})$$

$$AMR = \overline{r_i} = \frac{1}{n}\sum_{t=1}^{n} r_{it} \quad (6\text{-}4)$$

단, $\overline{r_i}$: i주식의 평균수익률(역사적 수익률, 사후적 수익률)
r_{it} : t기의 기간수익률
n : 기간 수

예제 6-3 연간 투자수익률의 계산

C주식은 연초에 주가가 10,000원일 때 구입했는데, 연말의 주가는 12,000원이다. 그리고 이 기간 동안 1,000원의 배당을 받았다면, 이 주식의 연간 투자수익률은 얼마인가?

풀이

$$r_{Ct} = \frac{12{,}000 - 10{,}000 + 1{,}000}{10{,}000} = 30\%$$

예제 6-4 산술연평균수익률의 계산

C주식은 지난 5년간 기간별(연간) 수익률이 다음과 같다. 이 주식의 연평균수익률(역사적 수익률)은 얼마인가?

연도(t)	1	2	3	4	5
수익률(%)	7	−5	8	15	5

풀이

$$AMR = \overline{r_C} = \frac{1}{5}(7 - 5 + 8 + 15 + 5) = 6\%$$

개별자산에 대한 투자위험은 사후적으로 이용가능한 과거의 실제 수익률, 즉 역사적 수익률의 분산 또는 표준편차로 나타낸다.

$$\text{분 산}: \sigma^2 = \frac{1}{n-1}\sum_{t=1}^{n}(r_{it}-\overline{r_i})^2$$

$$\text{표준편차}: \sigma = \sqrt{\sigma^2} = \sqrt{\frac{1}{n-1}\sum_{t=1}^{n}(r_{it}-\overline{r_i})^2} \tag{6-5}$$

여기서 분모의 값인 자유도는 기대수익률 대신에 모집단의 평균수익률 ($\overline{r_{it}}$)을 사용하였기 때문에 $n-1$이 된다.

예제 6-5 위험(분산)의 계산

예제 6-4 로부터 이 주식의 분산과 표준편차는 얼마인가?

풀이

$$\sigma^2 = \frac{1}{5-1}[(7-6)^2+(-5-6)^2+(8-6)^2+(15-6)^2+(5-6)^2] = 52(\%^2)$$

$$\sigma = \sqrt{52}\,\% = 7.21(\%)$$

투자결정에서 기대수익률을 사용하려면 미래수익률에 대한 정확한 확률분포를 알고 있어야 한다. 그러나 현실적으로 미래수익률에 영향을 미치는 모든 요인을 분석하여 미래 상황을 정확히 예측하는 작업은 대단히 어렵고 가능해 보이지 않는다. 그리고 미래의 불확실성으로 인해 발생가능한 예상 상황에 대한 확률분포에는 주관성이 개입될 수밖에 없다. 그래서 과거의 역사적 자료로 구한 사후적 평균수익률과 표준편차는 현실적 유용성 때문에 사전적인 기대수익률과 위험을 구하는 데 문제가 있지만 대용치(proxy)로 널리 사용되고 있다.

제 3 절 포트폴리오이론

1. 포트폴리오이론과 분산투자효과

포트폴리오(portfolio)란 사전적 의미로 두 개 이상 여러 자산의 조합(combination of two or more assets)을 뜻한다. 일반적으로 분산투자를 위해서 주식, 채권, 부동산과 같은 금융자산이나 실물자산 가운데 다수를 선택·결합한 조합으로 통칭된다. 재무관리에서는 주로 증권에 적용되어 투자위험을 줄이기 위한 분산투자조합안의 의미로 사용되고 있다. 포트폴리오이론은 마코위츠(H. Markowitz)가 그의 논문[3]에서 처음 포트폴리오이론의 기초를 제공한 이후, 장족의 발전을 거듭하여 오늘날에는 투자결정론의 한 축을 이루고 있다. 마코위츠가 주장한 이론의 기본개념은 확률과 분산을 이용하여 포트폴리오의 기대수익률과 위험을 측정하는 기법을 처음 제시하면서 포트폴리오 구성을 통한 분산투자로 투자위험의 감소효과를 얻을 수 있다는 것이다.

이성적이고 합리적인 투자자라면 주식시장에서 한 개의 증권에 투자하지 않고 다수의 증권을 매입하여 포트폴리오를 구성하여 분산투자를 할 것이다. 그 이유는 기대수익률은 저감시키지 않으면서 총투자위험의 저감이 가능하기 때문이다. 이렇게 불확실성하에서 위험회피를 위해서 분산투자를 함으로써 위험의 저감효과를 얻는 것을 포트폴리오효과 또는 분산투자효과(분산효과)라고 한다. 이는 투자자산의 분산투자관리기법으로서 자본예산에도 적용되고 있다.

포트폴리오관리(portfolio management)란 다수의 자산에 투자하는 활동을 체계적으로 계획, 실행, 평가하는 관리활동을 말한다.

3) Markowitz, H., "Portfolio Selection," *Journal of Finance*, March 1952, pp.77～91.

2. 포트폴리오의 기대수익률 측정

포트폴리오의 기대수익률과 위험을 측정하는 기본원리는 평균과 분산에 있다. 즉 기대수익률은 포트폴리오를 구성하는 개별자산의 확률분포와 예상수익률로부터 구한 평균값(기대수익률)이고, 위험은 포트폴리오를 구성하는 개별자산의 예상수익률로부터 측정한 분산이다.[4] 포트폴리오의 기대수익률을 구하는 방법은 ① 포트폴리오를 구성하는 개별증권의 예상수익률과 확률분포로부터 구하는 방법과 ② 개별증권의 기대수익률을 개별증권에의 투자비율로 가중평균하여 구하는 방법이 있다.

1) 포트폴리오 수익률의 확률분포로부터 기댓값(평균값)을 구하는 방법

$$E(R_p) = \sum_{s=1}^{m} r_{ps} \cdot p_s \qquad (6\text{-}6)$$

단, $E(R_p)$: 포트폴리오(p)의 기대수익률
r_{ps} : s상황에서의 포트폴리오(p) 예상수익률
p_s : s상황이 일어날 확률(m개의 상황)

2) 포트폴리오의 수익률을 가중평균하는 방법

$$E(R_p) = \sum_{i=1}^{n} w_i E(R_i) \qquad (6\text{-}7)$$

단, $\Sigma w_i = 1$
w_i : 주식 i에 대한 투자비율

예제 6-6 기대수익률의 계산

개별증권 A, B의 예상수익률과 발생가능한 경기의 예상 상황은 다음과 같다. 두 증권에 각각 50%씩 투자한다면, A, B 두 증권으로 구성된 포트폴리오의 기대수익률은 얼마인가?

경제상황	확 률	예상수익률(%)	
		A주식	B주식
불황	0.2	−5	−10
정상	0.6	10	10
호황	0.2	15	30

4) 통계학에서 확률분포로부터 구하는 기댓값은 평균값이다. 따라서 기대수익률은 평균수익률의 개념이다.

풀이

A주식의 $E(R_A)=(-5\%)(0.2)+(10\%)(0.6)+(15\%)(0.2)=8\%$

B주식의 $E(R_B)=(-10\%)(0.2)+(10\%)(0.6)+(30\%)(0.2)=10\%$

$E(R_p)=w_A \cdot E(R_A)+w_B \cdot E(R_B)=(0.5)(8)+(0.5)(10)=9\%$

3. 포트폴리오의 위험 측정

포트폴리오의 위험은 포트폴리오의 수익률에 대한 분산 또는 표준편차로 측정된다. 포트폴리오의 분산은 ① 식 (6-8)과 같이 포트폴리오 수익률의 확률분포로부터 직접 구하는 방법과, ② 보다 간편한 방법으로 식 (6-9)와 같이 투자비율에 따라 가중한 가중분산과 가중공분산의 합계로 산출하는 방법이 있다.

$$Var(R_p)=\sigma_p^2=\sum_{s=1}^{m}[r_{ps}-E(R_p)]^2 p_s \tag{6-8}$$

단, $Var(R_p)$, σ_p^2 : 포트폴리오 수익률의 분산

$$\begin{aligned} Var(R_p)=\sigma_p^2 &= w_A^2\sigma_A^2+w_B^2\sigma_B^2+2w_A w_B Cov(r_A,\ r_B) \\ &= w_A^2\sigma_A^2+w_B^2\sigma_B^2+2w_A w_B \sigma_{AB} \\ &= w_A^2\sigma_A^2+w_B^2\sigma_B^2+2w_A w_B \rho_{AB}\sigma_A\sigma_B \end{aligned} \tag{6-9}$$

단, σ_A^2 : A주식 수익률의 분산

σ_B^2 : B주식 수익률의 분산

$Cov(r_A,\ r_B)$: A, B 주식 수익률간의 공분산($=\sigma_{AB}$)

ρ_{AB} : A, B 주식 수익률간의 상관계수

공분산은 일반적으로 식 (6-10)에서와 같이 $Cov(r_i,\ r_j)$ 또는 σ_{ij}로 표시한다. 공분산(covariance)은 두 주식 A, B의 수익률이 같은 방향 또는 다른 방향으로 움직이는 경향(tendency) 정도를 나타낸 값이다. 즉 공분산은 식 (6-10)처럼 각 증권의 수익률과 기대수익률의 편차들의 곱에 대한 기댓값(확률을 곱한 값)으로 측정된다.

그림 6-2

포트폴리오의 분산계산

	주식 A	주식 B
주식 A	$w_A w_A \sigma_{AA} = w_A^2 \sigma_A^2$	$w_A w_B \sigma_{AB}$
주식 B	$w_B w_A \sigma_{BA}$	$w_B w_B \sigma_{BB} = w_B^2 \sigma_B^2$

$$Cov(r_i,\ r_j) = \sigma_{ij} = \sum_{s=1}^{m} [r_{is} - E(R_i)]\ [r_{js} - E(R_j)] p_s \tag{6-10}$$

단, $Cov(r_i,\ r_j)$: i, j 주식 수익률간의 공분산(σ_{ij}로 표시)

r_{is} : s 상황에서 i 주식의 수익률

r_{js} : s 상황에서 j 주식의 수익률

p_s : s 상황이 발생할 확률

식 (6-9)에서 공분산이 2개인 것은 [그림 6-2]에서 보는 바와 같이 A, B 두 주식으로 포트폴리오를 구성할 때, 주식 A의 분산이 1개, 주식 B의 분산이 1개, 주식 A와 B의 공분산이 2개가 발생하는 것으로도 알 수 있다.

위에서 공분산의 크기는 개별증권의 분산에 따라 영향을 받으면서도, 상관관계, 즉 두 증권간의 수익률 움직임 방향과의 관계 정도, 그리고 투자비율에 따라서 달라진다는 것을 알 수 있다. 상관관계는 상관계수로 나타내고, 상관계수(correlation coefficient)는 두 변수간의 공분산을 각 변수의 표준편차의 곱으로 나누어 표준화한 값으로 ρ(rho)로 나타내며, 가장 작은 값인 -1부터 가장 큰 값인 $+1$까지의 범위를 가진다.

$$\sigma_{ij} = \rho_{ij} \sigma_i \sigma_j$$

$$\rho_{ij} = \frac{\sigma_{ij}}{\sigma_i \sigma_j} (-1 \le \rho_{ij} \le +1) \tag{6-11}$$

[그림 6-3]의 ①에서 보는 바와 같이, 두 증권의 수익률이 완전한 양(+)의 상관관계를 가진다면, 상관계수(ρ_{ij})는 $+1$이다. 만일 완전한 음(−)의 상관관계를 가진다면, ③과 같이 상관계수(ρ_{ij})는 -1이다. 無상관관계이면 ⑤와 같이 σ_{ij}이 0이므로 ρ_{ij}도 0이 된다.

이상에서 개별증권 하나에 대하여 개별적으로 평가하는 경우와 다수 자

그림 6-3

구성 증권간의 상관관계

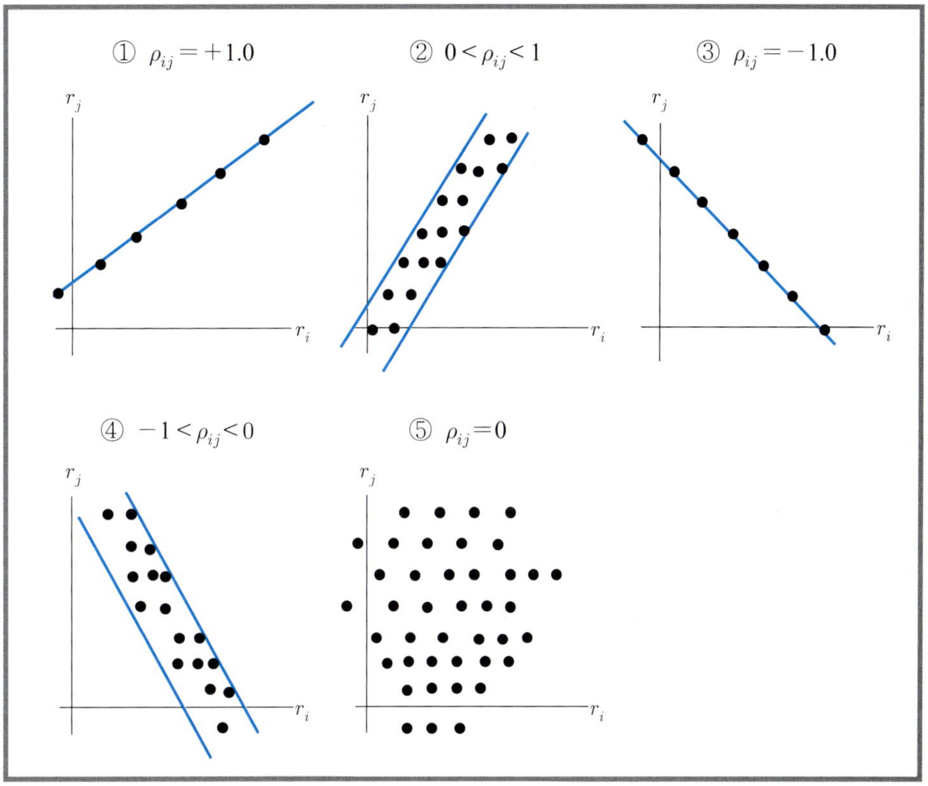

산의 조합인 포드폴리오의 관점에서 분석하는 경우에는 상당한 차이가 있다는 것을 알았다. 그 이유는 다수의 자산으로 구성된 포트폴리오에서 한 개별자산의 투자위험은 다른 개별자산과의 상관관계 및 투자비율에 따라 달라지므로, 개별자산이 포트폴리오의 기대수익률과 위험에 영향을 미치는 정도가 다르기 때문이다. 결국 포트폴리오의 위험은 ① 개별증권의 위험, ② 구성 증권간의 공분산 및 상관계수, ③ 각 증권에 대한 투자비율이라는 세 가지 요인에 의해서 결정된다는 것을 알 수 있다. 따라서 상관계수가 적거나 음의 상관관계를 갖는 증권들로 포트폴리오를 구성한다거나, 투자비율을 적절히 조정하면 위험을 감소시킬 수 있다. 그리고 이런 요인들을 고려하여 가장 높은 기대수익률과 가장 낮은 분산을 갖는 포트폴리오를 찾는다면 가장 효율적인 포트폴리오(자세한 내용은 제6장 제4절 참조)가 된다.

예제 6-7 위험(분산, 표준편차)의 계산

예제 6-6 의 경우 A, B 두 증권으로 이루어진 포트폴리오의 위험(분산, 표준편차, 공분산)은 얼마인가? 또한 A, B 두 증권의 상관계수는 얼마인가?

풀이

$$\sigma_A^2=(-5-8)^2(0.2)+(10-8)^2(0.6)+(15-8)^2(0.2)=46$$

$$\sigma_A=\sqrt{46}=6.78$$

$$\sigma_B^2=(-10-10)^2(0.2)+(10-10)^2(0.6)+(30-10)^2(0.2)=160$$

$$\sigma_B=\sqrt{160}=12.65$$

$$Cov(r_A,\ r_B)=\sigma_{AB}=\sum_{s=1}^{3}[r_{As}-E(R_A)]\,[r_{Bs}-E(R_B)]p_s\ =80$$

$[r_{As}-E(R_A)]$	$[r_{Bs}-E(R_B)]$	$[r_{As}-E(R_A)]\,[r_{Bs}-E(R_B)]p_s$
$-5-8$	$-10-10$	$(-5-8)(-10-10)0.2=52$
$10-8$	$10-10$	$(10-8)(10-10)\ \ 0.6=\ 0$
$15-8$	$30-10$	$(15-8)(30-10)\ \ 0.2=28$
		$\sum_{s=1}^{3}[r_{As}-E(R_A)]\,[r_{Bs}-E(R_B)]p_s\ =80$

$$\begin{aligned}Var(R_p)=\sigma_p^2&=w_A^2\sigma_A^2+w_B^2\sigma_B^2+2w_Aw_BCov(r_A,\ r_B)\\&=w_A^2\sigma_A^2+w_B^2\sigma_B^2+2w_Aw_B\sigma_{AB}\\&=(0.5)^2(46)+(0.5)^2(160)+2(0.5)(0.5)(80)=91.5\end{aligned}$$

$$\sigma_p=\sqrt{91.5}=9.57(\%)$$

$$\rho_{AB}=\frac{\sigma_{AB}}{\sigma_A\sigma_B}=\frac{80}{6.78\times 12.65}=0.933$$

4. 포트폴리오의 투자비율, 상관계수, 위험의 관계

앞에서 살펴본 것처럼 포트폴리오의 위험은 포트폴리오를 구성하는 개별증권의 위험, 구성 증권간의 공분산 및 상관계수, 각 증권에 대한 투자비율이라는 세 가지 요인에 의해서 결정된다는 것을 알았다. 상관관계와 투자비율의 조정에 따라서 포트폴리오의 위험이 얼마나 줄어드는지를 다음의 예로 살펴보자.

주식 A, B의 예상 기대수익률은 각각 10%, 40%이고, 표준편차가 각각 10%, 30%라고 가정한다. 두 주식에 대한 투자비율의 합은 1(100%)로 투자비율을 〈표 6-1〉과 같이 달리할 때, 두 증권의 상관계수가 $\rho_{AB}=+1$, $\rho_{AB}=-1$, $\rho_{AB}=0$인 경우에 이들 포트폴리오의 기대수익률과 표준편차를 산출해 보면 〈표 6-1〉과 같이 된다.

〈표 6-1〉에서 투자비율이 고려된 포트폴리오의 기대수익률 $E(R_p)$는 식 (6-7)을 이용하여 계산하고, 투자비율과 상관계수가 고려된 포트폴리오의 위험(표준편차 : σ_p)은 식 (6-9)를 이용하여 계산할 수 있다. 이렇게 계산된 포트

표 6-1 투자비율과 상관계수에 따른 포트폴리오의 기대수익률과 위험

투자비율		$\rho_{AB}=+1$		$\rho_{AB}=-1$		$\rho_{AB}=0$	
w_A	w_B	$E(R_p)$	σ_p	$E(R_p)$	σ_p	$E(R_p)$	σ_p
100%	0%	10	10.0	10	10.0	10	10.0
70	30	19	16.0	19	2.0	19	11.4
50	50	25	20.0	25	10.0	25	15.8
30	70	31	24.0	31	18.0	31	21.2
0	100	40	30.0	40	30.0	40	30.0

그림 6-4 투자비율과 상관계수에 따른 포트폴리오의 기대수익률과 위험

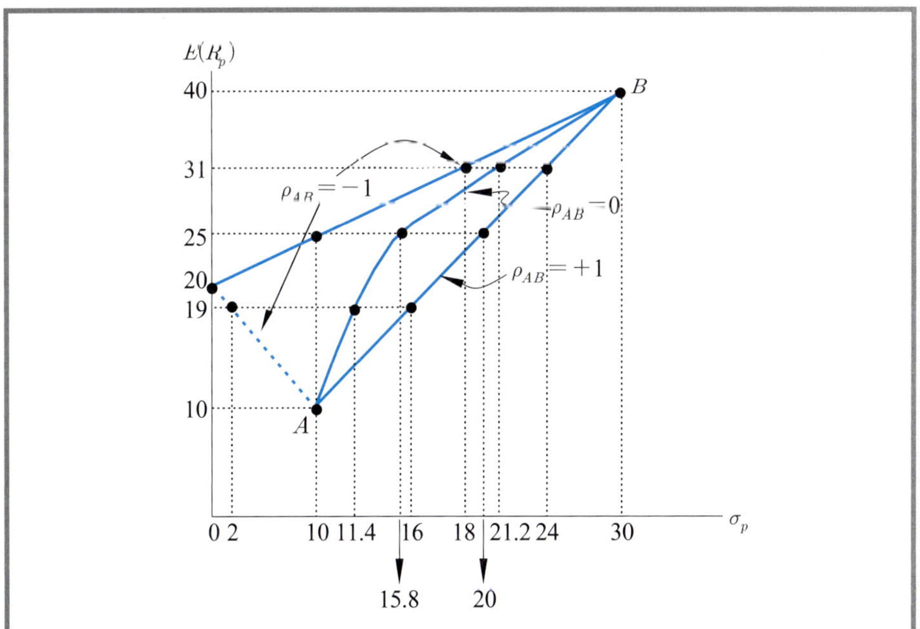

폴리오의 기대수익률과 위험을 나타내는 〈표 6-1〉을 좌표면에 선으로 표시한 것이 [그림 6-4]이다. 그림을 보면, $\rho_{AB}=+1$, $\rho_{AB}=-1$, $\rho_{AB}=0$인 경우의 포트폴리오의 기대수익률과 위험 사이에 어떤 관계가 있는지를 볼 수 있다.

상관계수가 +1인 경우, A, B 두 증권으로 구성된 포트폴리오의 기대수익률과 위험은 비례적으로 증가하는 선형관계를 보이고 있다. 이는 수익이 증가하면 위험도 같이 비례적으로 증가해서 분산투자에 의한 위험감소효과가 없음을 보여준다. 상관계수가 −1인 경우에는 투자비율의 조정에 따라 위험이 0인 포트폴리오 구성이 가능하다는 것을 볼 수 있다. 즉 기대수익률이 일정수준으로 주어진 경우에는 개별증권간의 상관계수가 작을수록 위험분산효과가 커지고, 완전 음(−)의 상관관계일 때 위험은 최소가 된다.

그러나 현실적으로 대부분의 주가는 경기변동과 밀접한 관계를 가지고 움직이므로 음의 상관관계보다는 양(+)의 상관관계를 갖는 것이 일반적이다. 따라서 통상 두 주식의 수익률의 상관계수는 0과 +1 사이의 값을 가지므로 포트폴리오의 기대수익률과 위험의 관계는 곡선형태를 나타낸다. 상관계수가 −1에 가까울수록 $\rho_{AB}=-1$의 꺾어진 직선에 근접하는 곡선을 이룬다. 반대로 상관계수가 +1에 가까울수록 $\rho_{AB}=+1$의 직선쪽으로 근접하게 된다. 상관계수가 0인 경우에도 위험분산효과가 있기 때문에 기대수익률과 위험의 관계는 곡선형태로 나타나는데, 이는 수익률 증가에 비해 위험이 상대적으로 적게 증가하기 때문이다.

제 4 절 최적포트폴리오의 선택

1. 효율적 포트폴리오와 효율적 프런티어

포트폴리오이론은 위험자산을 대상으로 한다는 전제로부터 출발한다. 일반적으로 투자결정에서 위험은 적고 기대수익률은 큰 투자안을 선택하려는 것은 기본상식이라고 할 수 있다. 투자대상이 되는 수많은 위험자산 중 기대수익률은 가장 높으면서 위험은 가장 낮은 자산들의 조합이 최적포트폴리오이다. 지금부터 최적포트폴리오의 선택과정을 살펴보기로 한다.

마코위츠(H. Markowitz, 1952)가 주장하는 포트폴리오 선택이론의 전제는 위험자산이며, 위험자산만으로 구성된 포트폴리오 선택에 주안점을 두고 이론을 전개한다. 선택의 출발점은 평균·분산기준의 선택원리로부터 시작한다. 포트폴리오의 기대수익률은 확률변수를 반영하여 구한 평균값이고, 위험은 분산(표준편차)이란 통계적 기법을 이용하여 구한 값이다.

평균·분산기준(mean-variance criterion : *MV*기준) 선택원리는 기대수익률(평균값), 위험(분산, 표준편차)이라는 기준 잣대를 사용하여 포트폴리오를 선택하는 원리이다. 즉 합리적인 투자자의 경우, 투자대상을 선택할 때 이 평균·분산기준을 적용하여 선택한다고 가정한다. 투자대상인 포트폴리오의 기대수익률과 위험을 구해서 기대수익률이 동일하다면 위험이 가장 낮은 포트폴리오를 선택하고, 동일한 위험이라면 기대수익률이 가장 높은 포트폴리오를 선택하게 된다. 이런 원리를 지배원리(dominant principle)라고 한다. 그리고 시장에는 수많은 자산들이 있어 무수히 많은 투자기회를 제공한다. [그림 6-5]에서 점들은 투자가능한 포트폴리오의 기대수익률과 위험의 조합으로 이루어진 집합으로 투자기회집합(investment opportunity set)이라고 한다.

[그림 6-5]의 투자기회집합 중에서 지배원리를 적용해 보면, 포트폴리오 *A*와 *B*는 동일한 기대수익률이지만 위험은 *A*가 *B*보다 낮다. *B*와 *C*는 동일한 위험이지만 기대수익률은 *C*가 *B*보다 더 높다. 이런 경우 *A*가 *B*보다 더 우월하여 *A*가 *B*를 지배한다고 한다. 미찬가지로 합리적인 투자자라면 동일한

그림 6-5

지배원리와 효율적 프런티어

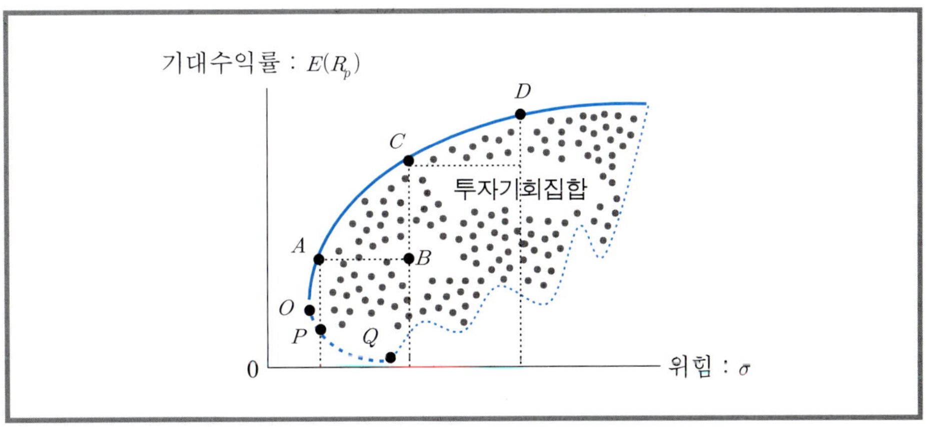

위험을 제공하면서 B보다 높은 기대수익률이 예상되는 C를 선택할 것이다. 포트폴리오 A와 P를 지배원리로 비교해 보면 동일한 위험에 대해 기대수익률이 A가 P보다 더 크므로 A를 선택하고 P는 기각된다.

위와 같이 투자기회집합에 지배원리를 적용할 때 지배원리를 가장 만족시키는 포트폴리오를 효율적 포트폴리오(efficient portfolio)라고 한다. [그림 6-5]에서 곡선 $OACD$이다. 즉 효율적 포트폴리오란 투자가능한 포트폴리오들 가운데 동일한 기대수익률을 갖는 포트폴리오들 중에서 최소의 위험을 갖거나, 동일한 위험을 갖는 포트폴리오들 중에서 최대의 기대수익률을 갖는 포트폴리오를 의미한다.

효율적 포트폴리오로 이루어진 집합을 효율적 프런티어(efficient frontier) 또는 효율적 투자기회선, 효율적 투자선, 효율적 포트폴리오선이라고 하며, [그림 6-5]에서 $OACD$선으로 나타난다. 참고로 $QPOACD$선은 투자기회집합 가운데 위험(분산)을 가장 최소화시키는 포트폴리오들로 이루어진 집합이다. 즉 최소분산투자기회들의 집합이어서 최소분산포트폴리오(minimum variance portfolio : MVP) 또는 최소분산투자기회선이라 한다.

2. 투자자의 효용함수와 최적포트폴리오의 선택

마코위츠의 평균·분산 포트폴리오이론은 무위험자산을 고려하지 않은 위험자산들만으로 구성된 포트폴리오 선택이론이다. 즉 위험자산들로 구성된 포트폴리오들 중에서 가장 위험이 낮으면서 가장 높은 기대수익률을 갖는 최적포트폴리오를 선택하는 이론이다. 그런데 이 이론은 몇 가지 가정을 전제로 해서 전개된다.

① 모든 투자자들의 투자기간은 1년이다.
② 투자자들은 위험회피적이고 자신의 효용을 극대화하려는 합리적 투자자(rational investor)이다.
③ 투자결정은 투자대상의 기대수익률과 위험(분산, 표준편차)에 의존하며, 평균·분산기준(지배원리)에 따라 투자대상을 선택한다.
④ 자본시장에는 마찰적 요인이 없어 거래비용과 세금이 없으며, 모든 투자자들은 무위험이자율로 대출과 차입을 무한정 할 수 있다.

위의 가정 중에서 투자자의 효용극대화 개념을 평균 · 분산 포트폴리오이론에 도입해 보자. 평균 · 분산 포트폴리오이론에서 가장 합리적이고 효율적인 투자선은 효율적 프런티어임을 볼 수 있었다. 투자자 개인의 효용을 효율적 프런티어와 결합하면 최적포트폴리오의 선택이 가능해진다.

제1절에서 효용(utility)은 재화나 투자안으로부터 개인이 느끼는 만족도의 크기라고 하였다. 효용은 주관적인 것이어서 개인마다 느끼는 정도가 다 다르게 나타나기 때문에 투자자가 위험과 수익에 대해 어떤 태도를 취하느냐에 따라 결정된다. 투자행태에 따라 일반적으로 위험회피형, 위험선호형, 위험중립형 세 가지 유형으로 구분되지만 합리적 투자자는 위험회피형의 투자자이다. 투자결정에서 효용은 투자자가 기대수익과 위험에 대해 느끼는 만족도에 의해 좌우되므로, 투자자의 효용은 기대수익과 위험이라는 두 변수의 함수관계로 나타난다.

$$E(U) = f\ [E(R), \sigma] \qquad (6\text{-}12)$$

식 (6-12)의 효용함수는 [그림 6-6]에서 보는 바와 같이 위험 · 기대수익률 좌표상의 효용무차별곡선으로 나타난다. 이 효용무차별곡선을 효율적 프런티어에 결합하면 접점 P_A, P_B에서 최적포트폴리오가 결정된다. 최적포트폴리오(optimal portfolio)는 효율적 프런티어 위의 수많은 효율적 포트폴리오들 가

그림 6-6

효율적 프런티어와 최적포트폴리오

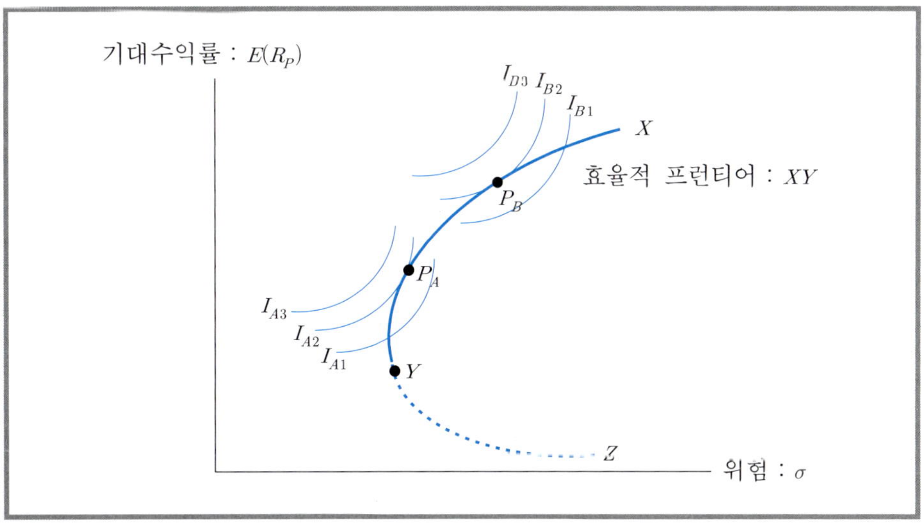

운데 개인투자자의 효용을 극대화시키는 포트폴리오로 위험자산에 이용할 수 있는 경우에 해당한다.

[그림 6-6]에서 무차별곡선 I_B는 위험회피성향이 작은 공격적 투자자의 무차별곡선이고, I_A는 위험회피성향이 큰 방어적 투자자의 무차별곡선이다. 따라서 무차별곡선 I_A를 가진 방어적 투자자는 효율적 프런티어 XY선과 접하는 접점 P_A에서 최적포트폴리오를 선택하고, 무차별곡선 I_B를 가진 공격적 투자자는 P_B에서 최적포트폴리오를 선택하게 된다.

제 5 절 무위험자산의 도입과 자본시장선

1. 무위험자산의 도입

마코위츠의 포트폴리오이론에서 투자기회집합은 단지 위험자산만을 대상으로 구성된다는 전제하에서 전개되었다. 이제 시장균형 문제와 함께 무위험자산을 고려한다면 위험과 수익률에 어떤 결과를 가져올 것인가에 대해 논의해 보도록 한다. 현실적으로 투자기회집합에 국·공채나 미국 단기재무성 증권과 같은 무위험자산을 포함시킬 수 있다. 실제로 시장에는 무수히 많은 종류의 자산들이 존재하며, 일반적으로 이들 자산은 모두 수요와 공급에 의해 가격이 결정된다.

이렇게 시장에서 수요·공급에 의해 증권가격이 형성되는 시장상태를 균형시장(equilibrium market)이라 하고, 균형시장에서 자산에 대한 수요와 공급이 일치되도록 형성되는 가격을 균형가격(equilibrium price)이라 한다. 논의에 앞서 시장은 균형시장이고, 시장에는 무수히 많은 시장참여자(투자자)가 존재하며, 이들 투자자들은 무위험이자율로 무한히 차입과 대출을 할 수 있다고 가정한다.

균형시장에서 1개의 무위험자산과 1개의 위험자산(또는 포트폴리오)으로 결합된 투자기회집합이 어떤 결과를 가져오는지를 살펴보자. w의 투자비율을 위험자산으로 구성된 포트폴리오 X에 투자하고, 나머지 $1-w$의 투자비율을 무위험자산에 투자하는 포트폴리오를 구성할 경우, 이 포트폴리오의 기대수익률과 위험은 다음과 같이 나타낸다.

$$E(R_P) = (1-w)R_f + wE(R_X) \tag{6-13}$$

$$\sigma(R_P) = w \cdot \sigma_X \tag{6-14}$$

단, w : 투자비율
$E(R_X)$: 포트폴리오 X의 기대수익률
σ_X : 포트폴리오 X의 표준편차

포트폴리오의 위험은 무위험자산의 위험이 0이므로 공분산과 상관계수가 0이 되기 때문에 식 (6-14)는 위험포트폴리오 X의 위험만 반영하고 있다.[5] 여기서, 무위험자산(riskless or risk-free asset)은 일정한 수익률이 확실하게 얻어질 것으로 예상되는 자산, 즉 표준편차가 0(무위험)인 자산이다. 무위험자산의 수익률을 무위험이자율이라 하며, 앞으로 R_f 또는 r_f라고 표시한다.

[그림 6-7]은 무위험자산과 위험자산으로 결합된 포트폴리오의 투자기회집합을 나타낸다. 물론 투자자는 평균·분산기준원리에 의해 포트폴리오의 기대수익률과 위험(표준편차)을 고려하여 선택한다고 가정한다.

X점은 富(투자자금)의 100% 전부를 위험자산에 투자한 경우($w=1$)로 σ_X만큼의 위험을 부담하면서 $E(R_X)$의 기대수익률을 얻는 경우이다. R_f점은 자금의 전부를 무위험자산에 투자해서 무위험이자율인 R_f만큼 투자수익을 얻는 점이다. 한편, XY는 무위험이자율(R_f)로 채권을 발행하거나 차입을 통해 조달된 추가자금과 현재 소유한 부를 함께 위험자산에 투자하는 경우이다($w>1$). XY선상에 위치한 포트폴리오는 차입자금을 사용하므로 차입포트폴리오(borrowing portfolio)라고 한다.

이와는 반대로, 부의 일부는 위험자산에 투자하고, 남는 일부는 무위험자산인 단기재정증권을 매입함으로써 투자자금을 대출하는 경우이다($0<w<1$). 즉, R_fX선상의 포트폴리오는 투자자금의 일부를 무위험이자율로 빌려주고 나머지는 위험자산에 투자하였다고 하여 대출포트폴리오(lending portfolio)라고

5) $\sigma(R_p) = [(1-w)^2\sigma_{R_f}^2 + w^2\sigma_X^2 + 2(1-w)\cdot w\cdot \rho_{R_fX}\cdot \sigma_{R_f}\cdot \sigma_X]^{1/2}$
$\sigma(R_p) = [(1-w)^2\,0 + w^2\sigma_X^2 + 2(1-w)\cdot w\cdot 0\cdot 0\cdot \sigma_X]^{1/2} = w\cdot \sigma_X$

그림 6-7

무위험자산과 위험자산의 투자기회집합

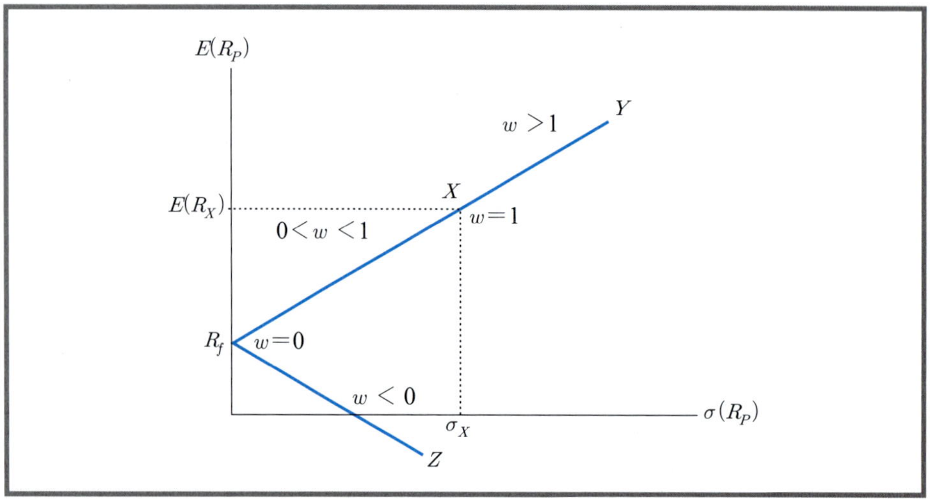

한다.

마지막으로 R_fZ는 부의 100% 이상을 무위험자산에 투자하기 위해서 부족액만큼 위험자산(주식)을 매각하는 경우이다($w<0$). 위험회피형 투자자라면 지배원리에 의해 R_fXY가 R_fZ를 지배하므로 R_fZ를 선택하지는 않을 것이다.

결국 위험회피형 합리적 투자자는 동일한 위험(표준편차)에 비해 높은 수익을 달성할 수 있는 R_fXY선상의 포트폴리오를 따라 투자하게 된다. 따라서 R_f와 X를 잇는 직선 R_fXY가 무위험자산이 존재하는 경우의 새로운 효율적 투자기회선임을 알 수 있다.

예제 6-8 위험의 시장가격 계산

무위험자산의 기대수익률 6%, 시장포트폴리오의 기대수익률 14%, 시장포트폴리오의 표준편차는 3%인 경우에 포트폴리오 A에 대한 투자결정을 하려고 한다. 만일 22%의 기대수익률을 얻고자 한다면, 무위험자산과 시장포트폴리오에 각각 몇 %씩 투자해야 하는가? 또한 위험의 크기는 얼마로 해야 하는가?

풀이

식 (6-13)으로부터 자본시장선을 따라 투자결정하는 포트폴리오의 기대수익률은 다음과 같다. w는 투자비율이다.

$$E(R_P)=(1-w)R_f+w\,E(R_M)$$
$$22\%=(1-w)6\%+w(14\%)$$
$$w=\frac{22\%-6\%}{8\%}=2,\ \text{그리고}\ 1-w=-1$$

위에서 A포트폴리오는 원래 소유한 투자자금의 100%만큼을 무위험이자율로 차입하여 총 200%를 시장포트폴리오에 투자하여 22%의 기대수익률을 달성하려는 것임을 알 수 있다. 따라서 자본시장선을 따르는 시장포트폴리오의 위험(표준편차)만 반영하면 된다.

$$\sigma(R_A)=w(\sigma_M)=2\cdot(3\%)=6\%$$

2. 시장포트폴리오와 자본시장선

(1) 다수의 위험자산과 무위험자산의 투자기회집합

무위험이자율로 차입과 대출이 가능하며 다수의 위험자산이 존재하는 경우를 확장하여 시장균형관계를 설명할 수 있다. [그림 6-8]은 1개의 무위험자산과 다수의 위험자산으로 구성되는 투자기회집합들을 그림으로 나타낸 것이다.

[그림 6-8]에서 보면, R_fX선, R_fY선, R_fM선 모두는 1개의 무위험자산(R_f)과 무수히 많은 위험자산(또는 포트폴리오)으로 결합된 투자기회집합들로 이루어진 투자기회선(또는 포트폴리오선)이다. 어느 것을 택하든 모두 투자결

그림 6-8

시장포트폴리오와 자본시장선

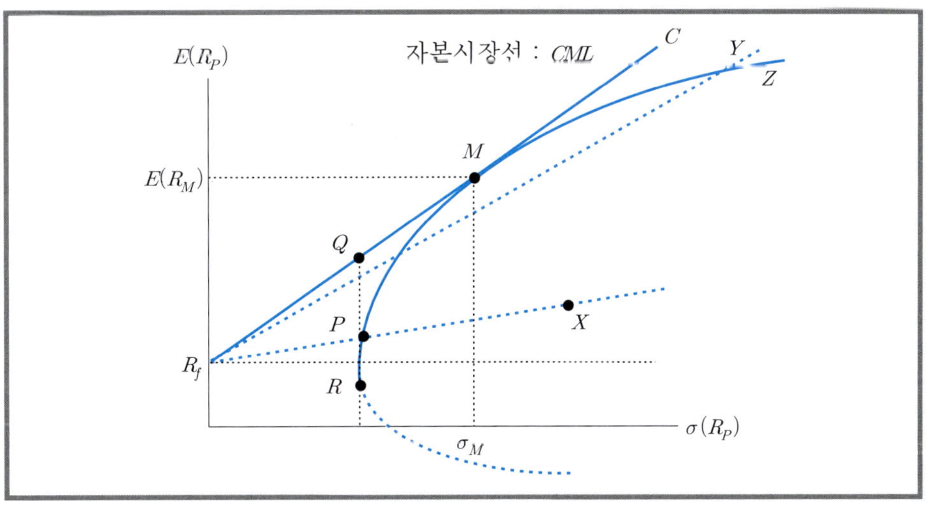

정에 이용이 가능하지만, R_fX선상의 포트폴리오에 비해 R_fY선상의 포트폴리오는 동일한 위험수준에서 보다 큰 기대수익률을 제공하는 투자대상이기 때문에 R_fY선상의 포트폴리오가 R_fX선상의 포트폴리오를 지배한다. 마찬가지로 R_fM선이 R_fX, R_fY, R_fM 세 투자기회선들 가운데 동일한 위험수준에서 가장 높은 기대수익률을 제공한다. 즉 무위험자산과 위험자산으로 구성된 투자기회선들 중에서 R_fM선이 다른 투자기회선을 지배한다.

이상에서 무위험이자율 R_f로 차입과 대출이 가능한 균형시장에서 위험회피형 투자자는 무위험자산 R_f와 위험자산(또는 포트폴리오) M을 결합한 R_fM선상에서 최적의 포트폴리오를 선택할 것이다.

(2) 시장포트폴리오

한편, 마코위츠의 효율적 프런티어($RPMZ$선)상의 R과 R_fM선상의 Q를 비교해도 포트폴리오 Q가 포트폴리오 R을 지배한다는 것을 알 수 있다. 여기서 효율적 프런티어(효율적 투자기회선 : $RPMZ$)와 R_fM선이 접하는 접점포트폴리오 M을 시장포트폴리오라 한다. 시장포트폴리오(market portfolio)는 위험자산으로만 구성된 효율적 프런티어선 위에서나 무위험자산과 포트폴리오 M으로 구성된 R_fM선상 모두에서 동일한 위험수준에서 가장 높은 기대수익률을 제공하는 최적포트폴리오이다.

그런데 포트폴리오이론은 균형시장에서 모든 투자자들은 무위험자산이나 위험자산에 대해 동일한 정보를 가지고 있다고 가정한다. 즉, 기대수익률과 위험(표준편차)에 대하여 동일하게 예상한다는 동질적 기대(homogeneous expectation)를 가정한다. 따라서 동질적 기대 가정하에서 모든 투자자들은 투자기회집합을 동일하게 인식하고, 효율적 프런티어(효율적 투자선)상에서의 최적포트폴리오인 시장포트폴리오 M만을 선택하여 투자하려고 할 것이다. 그

참고 시장포트폴리오는 균형상태에서 개별증권이 시장 전체 자산(주식)의 시가총액에서 차지하는 시가총액비율만큼씩 시장전체종목을 선택하여 구성된 이론적 포트폴리오이다. 따라서 개별주식 i가 시장포트폴리오에서 점하는 비율 w_i는 다음과 같이 구한다.

$$w_i = \frac{P_i Q_i}{\sum_{i=1}^{n} P_i Q_i}$$ (단, P_i : i주식의 시장가격, Q_i : i주식의 발행주식수)

러므로 시장포트폴리오는 시장에서 존재하는 모든 위험증권을 포함하는 포트폴리오를 의미하게 된다. 그러나 개인 투자자가 증권시장에서 거래되는 모든 주식을 포함하는 시장포트폴리오를 구성한다는 것은 불가능하다. 그 대안으로 현실에서는 시가총액식으로 산출한 종합주가지수(KOSPI, NYSE지수, Standard & Poor's 500지수 등)를 시장포트폴리오의 대용변수(proxy variable)로 사용한다.

위험자산으로 구성된 최적포트폴리오 M이 시장포트폴리오와 동일할 때 시장균형이 성립된 것으로 본다. 따라서 균형상태에서 시장포트폴리오는 접점포트폴리오 M의 구성과 동일해진다.

(3) 자본시장선과 최적포트폴리오의 선택

[그림 6-8]에서의 R_fM선과 [그림 6-9]에서의 R_fMC선상의 모든 포트폴리오들로 조합된 투자기회선을 자본시장선이라고 한다. 자본시장선(capital market line : CML)은 무위험이자율(R_f)과 마코위츠의 효율적 프런티어상의 시장포트폴리오 M과의 접선인 R_fMC선으로 나타나며, 시장균형에서 완전분산투자된 효율적 포트폴리오의 기대수익률 $E(R_p)$과 위험 $\sigma(R_p)$ 간에 선형적으로 비례하는 교환관계를 나타내는 직선식으로 표시된다.

$$E(R_p) = R_f + \left\{ \frac{E(R_M) \quad R_f}{\sigma_M} \right\} \sigma(R_p) \qquad (6\text{-}15)$$

지금부터는 무위험자산이 도입된 경우, 자본시장선에서의 최적포트폴리오 선택을 살펴본다. 앞의 제4절에서 위험자산만으로 구성된 경우, 최적포트폴리오는 마코위츠의 지배원리(평균 · 분산기준의 선택원리)에 의해 형성된 효율적 프런티어와 개인의 무차별효용곡선이 만나는 점이었다.

무위험자산이 도입되는 경우에는 투자자는 자신의 기대효용을 극대화하기 위해서 자신의 위험에 대한 기대효용이 반영된 무차별효용곡선에 따라 최적포트폴리오를 선택하게 된다. 이에 투자자는 자신의 무차별효용곡선을 자본시장선과 결합하여 무차별효용곡선과 자본시장선이 접하는 점에서 최적포트폴리오를 결정하게 된다.

[그림 6-9]는 [그림 6-8]의 자본시장선에 투자자의 무차별효용곡선을 결

그림 6-9
시장포트폴리오와 자본시장선

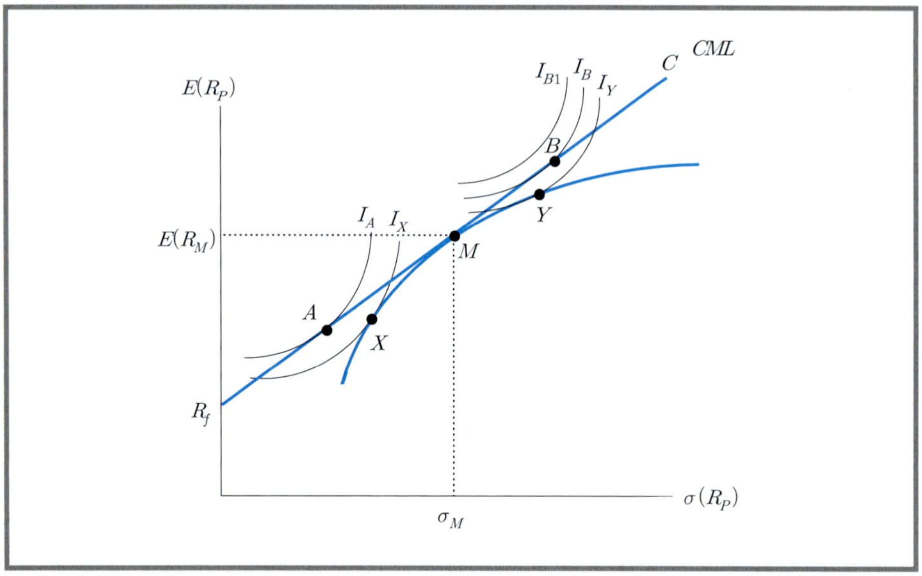

합한 그림이다. I_A와 I_X는 방어적 투자자의 무차별효용곡선을 나타내며, 최적포트폴리오는 자본시장선과 무차별효용곡선 I_A와 만나는 접점 A가 된다. 방어적 투자자는 투자자금의 일부는 무위험자산에 투자하고, 나머지는 접점포트폴리오인 M(시장포트폴리오)에 투자하는 대출포트폴리오(R_fM선)상의 A점을 선택한다.

공격적 투자자의 무차별효용곡선은 I_B, I_{B1}, I_Y로 나타난다. 최적포트폴리오는 자본시장선과 무차별효용곡선 I_B가 만나는 접점 B가 된다. 공격적 투자자는 투자자금의 일부를 R_f의 무위험이자율로 차입하여 자기의 부와 그 차입자금을 시장포트폴리오 M에 투자하는 차입포트폴리오(MC선)상의 B점을 선택한다.

최적포트폴리오는 투자자의 성격, 즉 위험회피성향에 따라 자본배분선의 각기 다른 점이 성립한다. 그러나 이처럼 투자자의 무차별곡선에 상관없이 위험자산에 관한 투자만은 접점포트폴리오 M에만 투자하게 된다. 즉 위험회피성향의 차이에 따라 접점포트폴리오와 무위험자산의 구성비율만 다를 뿐, 최적포트폴리오에서 위험자산들의 구성비율은 접점포트폴리오 M의 구성비율과 같다.

[그림 6-9]에서 투자자의 최적포트폴리오의 선택과정은 두 단계로 나누어진다. 첫째 단계는 투자자의 위험회피성향과 관계없이 먼저 시장포트폴리

오 M에 투자하는 것이고, 둘째 단계에서는 투자자의 위험회피성향을 고려하여 무위험자산과 시장포트폴리오에 대한 투자비율을 결합하여 최적포트폴리오를 결정하는 순서로 진행된다.

투자결정은 시장포트폴리오 M이 모든 투자자들에게 가장 효율적 포트폴리오이므로, 투자자 자신의 위험회피성향과 관계없이 M만을 구성하는 것으로 해결된다. 무위험자산과 시장포트폴리오에 대한 투자비율결정은 자본조달문제로 투자자의 위험회피성향에 따라 결정하면 된다. 이렇게 투자결정과 자본조달결정은 서로 분리되어 결정된다고 하여 이 분리선택원리를 토빈(J. Tobin)의 분리정리(Tobin's portfolio separation theorem)라고 한다.

3. 자본시장선의 위험균형가격

자본시장선은 불확실성하에서 투자결정시 모든 개인 투자자가 사용할 수 있는 위험의 시장가격을 산출할 수 있다는 데 그 유용성이 매우 크다 하겠다.

[그림 6-9]의 자본시장선에서 절편은 R_f이고 기울기는 $\dfrac{E(R_M)-R_f}{\sigma_M}$이므로 CML을 식으로 나타내면 다음과 같다.

$$E(R_P)=R_f+\left[\frac{E(R_M)-R_f}{\sigma_M}\right]\sigma(R_P) \tag{6-16}$$

단, $E(R_P)$: 포트폴리오의 기대수익률

R_f : 무위험 차입 · 대출 이자율

$E(R_M)$: 시장포트폴리오 M의 기대수익률

σ_M : 시장포트폴리오 M의 수익률의 위험(표준편차)

$\sigma(R_P)$: 포트폴리오의 위험(표준편차)

식 (6-16)에서 우변 [ ] 안의 $E(R_M)-R_f/\sigma_M$은 자본시장선(CML)의 기울기를 나타낸다. 이는 모든 투자자는 시장포트폴리오 M에서 위험(σ_M)을 감수하는 만큼 그 대가로 위험프리미엄 $E(R_M)-R_f$를 요구한다는 것이며, 따라서 자본시장선의 기울기는 시장에서 결정되는 위험의 시장가격(market price of risk)이 된다.

연습문제

01 다음의 용어들을 간단히 설명하시오.

(1) 위험과 분산
(2) 효용과 기대효용
(3) 기대수익률과 평균수익률
(4) 분산투자효과
(5) 포트폴리오의 위험
(6) 지배원리
(7) 효율적 포트폴리오
(8) 효율적 프런티어
(9) 평균 · 분산기준
(10) 최적포트폴리오
(11) 자본시장선
(12) 대출포트폴리오
(13) 차입포트폴리오
(14) 시장포트폴리오
(15) 토빈의 분리정리
(16) 위험의 시장가격

02 포트폴리오의 위험(분산)에 투자비율과 상관계수가 미치는 영향을 간략히 설명하시오.

03 자본시장선상의 접점포트폴리오가 시장포트폴리오가 되는 이유는 무엇인가?

04 위험회피형 투자자의 한계효용은 왜 체감하는가?

05 무위험이자율로 차입, 대출이 가능하다고 가정할 때, 모든 투자자가 위험자산의 선택에서만큼은 시장포트폴리오를 고집하는데 그 이유는 무엇인가 설명하시오.

06 향후 경제상황에 따라 A, B 주식의 확률분포가 다음과 같다고 할 때, 각 주식의 기대수익률과 위험(표준편차)을 구하시오. A, B 주식에의 투자비율을 각각 50%씩으로 하여 포트폴리오를 구성한다면, 포트폴리오의 기대수익률은 얼마인가?

경제상황	확 률	예상수익률(%)	
		A주식	B주식
불황	0.3	−5	−20
정상	0.5	10	10
호황	0.2	15	30

07 AK전자(주)의 연초 주가는 20,000원, 연말 주가는 30,000원이다. 이 기간 동안 2,000원의 배당을 받았다면, 이 주식의 연간 투자수익률은 얼마인가?

08 BK전자 주식의 지난 5년간 연간 수익률은 다음과 같다. 이 주식의 평균수익률(역사적 수익률)은 얼마인가? 또 분산과 표준편차는 얼마인지 구하시오.

연도(t)	1	2	3	4	5
수익률(%)	8	−4	11	−10	15

09 A, B 두 증권의 공분산은 0.012이고, A증권의 표준편차는 0.116이며 B증권의 표준편차는 0.310이라면 A, B 두 증권의 상관계수는 얼마인가?

10 A, B 두 개별증권은 경기변동과 금리에 따라 발생가능한 상황에서의 예상수익률과 발생확률이 다음과 같다. 두 증권 A, B에 각각 60%, 40%씩 투자한다면, A, B 두 증권으로 구성된 포트폴리오의 기대수익률과 위험(분산, 표준편차), 공분산, 상관계수를 구하시오.

상 황	확 률	예상수익률(%)	
		A주식	B주식
호황, 금리하락	0.2	20	40
호황, 금리상승	0.3	10	12
불황, 금리하락	0.3	−5	6
불황, 금리상승	0.2	−10	−14

11 S철강과 C건설 두 회사 주식은 경기상황에 따라 발생가능한 확률과 예상수익률이 아래와 같다. 두 증권에 각각 50%씩 투자하는 포트폴리오를 구성할 경우 S철강 주식과 C건설 주식의 공분산, 그리고 이 포트폴리오의 기대수익률과 위험(분산, 표준편차), 상관계수를 구하시오.

상 황	확 률	예상수익률(%)		포트폴리오의 평균예상 수익률(50% 투자시)
		S철강 주식	C건설 주식	
불황기	0.2	−5.5	35	14.75
침체기	0.2	0.5	23	11.75
보통	0.2	4.5	15	9.75
상승기	0.2	9.5	5	7.25
호황기	0.2	16.0	−8	4.00

12 무위험자산의 이자율이 10%, 시장포트폴리오의 기대수익률과 위험(표준편차)은 각각 20%, 0.2인 포트폴리오 J가 있다. 다음의 물음에 답하시오.

1) J포트폴리오의 위험 시장가격은 얼마인가? 2) J포트폴리오로부터 25%의 기대수익률을 얻고자 새로운 포트폴리오 K를 구성한다면, 현재 가지고 있는 전체자금을 무위험자산과 시장포트폴리오에 각각 몇 %씩 투자하면 좋은가? 3) 위의 포트폴리오 K의 표준편차는 얼마인가?

CHAPTER

7

자본자산가격결정모형($CAPM$)

학습목표

본장에서는 위험하에서 투자결정이론의 하나인 자본자산가격결정모형($CAPM$)을 살펴본다. $CAPM$의 핵심인 증권시장선(SML)의 도출과 특성을 설명하고, $CAPM$이 투자안에 대한 투자결정시 응용되는 것을 살펴본다. 본장에서 알아야 할 핵심내용은 다음과 같다.

1. 자본시장선과 총위험
2. 시장모형과 베타
3. 베타와 체계적 위험의 관계
4. 증권시장선의 개념과 특성
5. 증권시장선이 재무의사결정에 응용되는 사례

제1절 자본자산가격결정모형의 기초

1. 자본자산가격결정모형의 의의

자본자산가격결정모형(capital asset pricing model : *CAPM*)이란 균형자본시장에서 자본자산의 위험에 따라 기대수익률(가격)이 결정되는 관계를 설명해 주는 모형이다. 여기서 자본자산(capital asset)이란 미래의 수익에 대한 청구권을 가진 자산으로, 주로 주식, 회사채, 파생증권 등을 말한다. 균형자본시장 또는 균형시장이란 자본시장에서 거래되는 모든 자본자산의 수요와 공급이 일치되도록 가격이 형성된 상태의 시장을 뜻한다. 따라서 *CAPM*은 개별투자자들이 마코위츠의 평균·분산기준 선택원리에 따라 효율적 분산투자를 행한다는 전제하에서 시장 전체가 균형상태에 있을 때 주식과 같은 자본자산의 균형가격이 어떻게 결정되는가를 설명하는 모형이라고 할 수 있다. *CAPM*의 핵심은 개별자산의 균형가격 결정관계를 설명하는 증권시장선(*SML*)에 있다.

마코위츠의 포트폴리오이론[1] 이후, 샤프(W. Sharpe), 린트너(J. Lintner), 모신(J. Mossin) 등에 의해 자본시장에 대한 연구가 진행되어 *CAPM*으로 발전하였다.[2] 균형상태에서 자산의 가격결정을 규명하려는 이론에는 자본자산가격결정이론(*CAPM*), 차익거래가격결정이론(*APM*), 옵션가격결정이론(*OPM*), 선물가격결정이론(*FPM*) 등이 있다. *CAPM*은 균형가격의 결정과정을 규명하는 여러 가격결정모형 가운데 가장 널리 알려진 모형으로 재무의사결정에 광범위하게 사용되고 있기 때문에 그 중요성이 높다. *CAPM*은 증권의 내재가치평가, 자본예산편성, 투자성과평가, 위험투자안의 요구수익률 추정, 기업의 자기자본비용 추정, 주주의 기회투자수익률 추정 등에 널리 이용되고 있다.

---

1) Markowitz, Harry, "Portfolio Selection," *Journal of Finance*, 7(March 1952), pp.77~91 ; Markowitz, Harry, *Portfolio Selection : Efficient Diversification of Investments*, New York : Wiley, 1959.

2) Sharpe, William F., "Capital Asset Prices: A Theory of Market Equilibrium under Conditions of Risk," *Journal of Finance*, 19(September 1964), pp.425~442 ; Lintner, John, "Security Prices, Risk and Maximal Gains from Diversification," *Journal of Finance*, 20(December 1965), pp.587~616 ; Mossin, J., "Equilibrium in a Capital Asset Market," *Econometrica*, 34(October 1966), pp.768~783.

2. 자본자산가격결정모형의 가정

*CAPM*은 균형시장에서 자본자산의 가격이 어떻게 결정되는지를 설명해 주는 이론으로 재무의사결정에 지대한 공헌을 한 이론임에는 틀림이 없다. 그러나 비현실적인 가정들하에서 이루어진 모형이어서 이에 대한 비판이 있다. 그럼에도 불구하고 복잡한 현실문제를 아주 간단하게 그리고 강력하게 설명해 줄 수 있다는 데 의의가 있다. *CAPM*의 가정은 다음과 같다.

① 위험회피형 투자자 : 증권시장에는 무수히 많은 투자자가 있고, 이들 투자자들은 기대효용을 극대화하고자 하는 위험회피형 투자자이다.

② 평균 · 분산기준 투자 : 모든 투자자는 위험자산의 포트폴리오 선택에서 평균 · 분산기준원리에 따라 효율적 분산투자를 한다.

③ 무위험자산의 도입 : 무위험자산이 존재하며, 모든 투자자들은 제한 없이 무위험이자율로 대출하거나 차입할 수 있다.

④ 단일기간 : 투자기간은 단일 동일기간(one identical period)으로 하여 단일기간의 수익률을 구한다. 즉 다시 한번 사서 또 파는 복수기간은 고려하지 않는다.

⑤ 완전시장 : 완전시장이란 세금과 거래비용(차입, 대출, 증권의 매입 · 매각시)이 없으며, 거래에 대한 규제나 제한이 없는 시장이다. 또한 모든 참여자에게 균등하게 정보가 공개되어 있어서 정보 이용 및 획득에 비용이 들지 않는 시장이다. 시장참여자들 사이에 완전경쟁이 존재하고, 모든 참여자는 자본시장에서 가격순응자(price taker)들이다. 투자대상은 공개적으로 거래하는 모든 금융자산으로 투자대상에 대한 제한은 없으며, 금융자산은 무한히 분할가능하다. 자본시장을 완전시장으로 보는 가정은 비현실적이라는 비판에도 불구하고 이론 전개의 단순화를 위해 매우 중요한 개념이다.

⑥ 균형상태 : 자본시장에서 증권의 수요와 공급이 일치하는 균형상태이다.

⑦ 동질적 기대(homogeneous expectation) : 모든 투자자들은 경제상황과 개별자산의 위험과 기대수익률에 대해 동질적 기대를 갖는다. 즉 증권투자에서 발생하는 현금흐름의 확률분포에 대해 동일한 예측치(정규분포)를 가진다.

제 2 절 총위험과 자본시장선

1. 비효율적 포트폴리오의 총위험과 체계적 위험

자본시장선은 포트폴리오이론을 주 내용으로 해서 불확실성하에서 투자의사결정의 기초원리를 제공한 면에서 그 공헌도가 매우 크다. 그러나 자본시장선에 의하면, 모든 효율적 포트폴리오들은 자본시장선상에 위치하므로 이들 포트폴리오들 사이에는 직선의 완전상관관계가 존재하는데, 바로 이 점이 불행하게도 자본시장선의 유용성면에서 한계점으로 부각된다. [그림 7-1]에서 자본시장선상에 위치한 포트폴리오 E는 효율적 포트폴리오이므로 자본시장선, 즉 R_fMX선상에서 기대수익률과 위험을 측정할 수 있다. 그러나 점 F, G는 점 E와 기대수익률은 동일하지만, 위험은 각기 다르다.

그 이유는 점 E는 자본시장선상에 있고, 점 F와 G는 비효율적 포트폴리오이므로 시장포트폴리오 M처럼 위험이 완전히 분산되지 않았기 때문이다. 자본시장선(CML)상에 위치하지 않은, 즉 [그림 7-1]의 색깔로 표시된 포트폴리오 투자기회집합 내에 있는 점 A, B, C, D, F, G와 같은 포트폴리오

그림 7-1
자본시장선

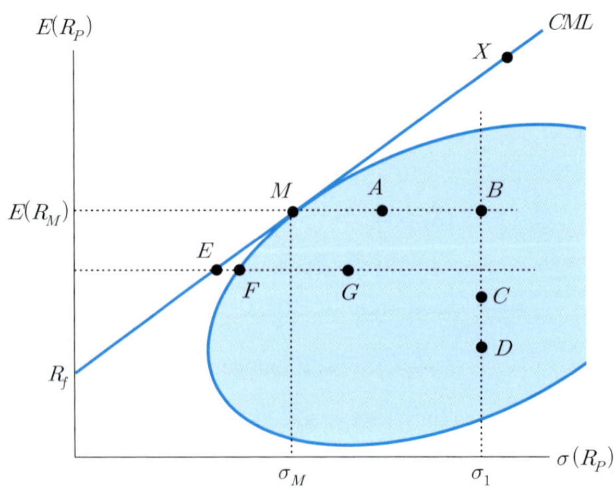

(또는 자산)를 비효율적 포트폴리오(inefficient portfolio) 또는 비효율적 자산(inefficient asset)이라 한다. 자본시장선은 이들의 기대수익률과 위험을 측정하는 데에는 사용될 수 없다. 이 점이 자본시장선의 한계점이다.

한편, 평균 · 분산기준 지배원리에 의해서 평가해 보면, [그림 7-1]에서 점 B, C, D는 모두 σ_1이란 동일한 총위험을 가지나 기대수익률은 각각 다르다. 또한 B가 C, D를 지배하지만, CML상의 시장포트폴리오 M이 A와 B를 지배하고, CML선상의 E는 기대수익률이 동일한 F, G를 지배한다. 따라서 비효율적인 개별 포트폴리오(또는 개별증권)의 기대수익률과 표준편차 사이에는 서로 특별한 관계가 없다는 것을 알 수 있다.

이상에서 알 수 있듯이 균형시장에서 비효율적 포트폴리오(또는 자산)의 가격결정을 위해서는 비효율적인 개별 포트폴리오의 총위험(분산, 표준편차)을 보다 잘 측정할 수 있는 방법이 필요하다. 그러면 개별 자산이나 포트폴리오의 위험을 다른 위험들과 구분하기 위해서 총위험이라는 개념에 대하여 살펴보기로 하자. 총위험(total risk)은 분산가능위험(diversifiable risk)과 분산불능위험(undiversifiable risk) 두 부분으로 나눌 수 있다.

총위험＝분산가능위험＋분산불능위험

여기서, 분산가능위험은 다수의 종목에 분산투자하면 추가비용 없이 결국 제거가 가능하다. 그 이유는 앞의 제6장에서 살펴보았듯이 개별증권 수익률 사이의 상관계수가 0과 ＋1 사이에 있는 2개의 증권을 결합하여 포트폴리오를 구성함으로써 위험이 감소되는, 즉 분산투자에 의한 위험저감효과 때문이다. 이 경우에 개별증권에 내재된 모든 위험을 완전히 제거시킬 수는 없다. 그러나 포트폴리오를 구성하는 증권수를 더 많이 증가시킬수록 위험은 점차 더 감소하게 된다는 점에 주목할 필요가 있다.

와그너와 라우(Wagner & Lau)의 실증연구[3]로 분산투자에 의한 위험저감효과에 대해 살펴보기로 한다. 그들은 뉴욕증권거래소에 상장된 주식들을 상대로 스탠더드 · 푸어스(Standard and Poor's : S&P)의 등급을 고려하여 임의로 표본추출해서 주식수가 1, 2, 3, 4, 5, 10, 15, 20 종목으로 구성된 8개 그룹의

3) Wagner, W. H., and S. C. Lau, "The Effect of Diversification on Risk," *Financial Analysts Journal*, 27 (November ~ December 1971), pp.48 ~ 53.

그림 7-2

분산투자에 의한 위험저감효과

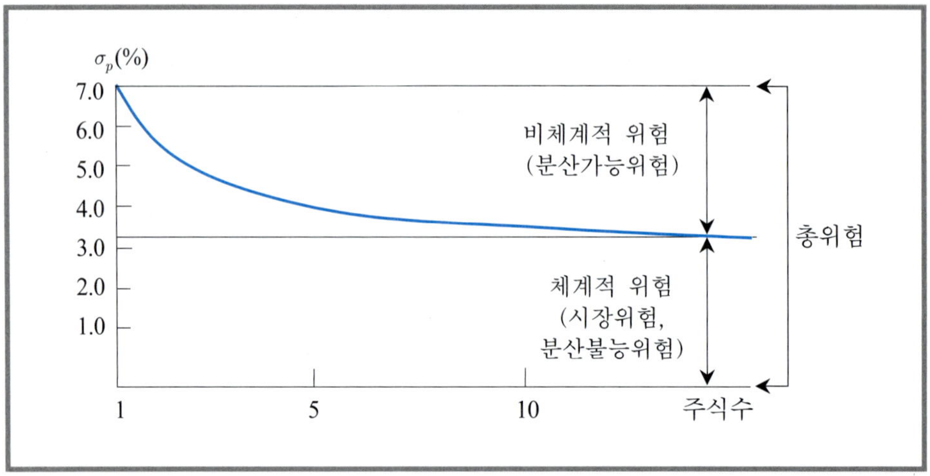

개별 포트폴리오들에 대한 위험을 분석하였다. 그 결과가 [그림 7-2]이다.

[그림 7-2]에서 포트폴리오를 구성하는 주식수가 10개 이상이 되면 분산가능위험은 거의 제거되는 것을 볼 수 있다. 우리나라에서도 조담 교수는 포트폴리오 구성 주식수가 10개에서 15개 정도 사이에서 위험이 완전 제거된다고 하였다. [그림 7-2]에서 포트폴리오의 총위험(σ_p)은 분산투자를 통해 위험이 감소 내지 제거되는 부분과 제거되지 않는 부분 둘로 나누어진다. 개별 포트폴리오(또는 개별증권)의 위험 중 다수의 주식으로 포트폴리오를 구성함으로써 제거되는 위험을 분산가능위험 또는 비체계적 위험(unsystematic risk)이라 하고, 제거될 수 없는 위험을 분산불능위험 또는 체계적 위험(systematic risk)이라고 한다.

체계적 위험은 유가, 경기, 금리 등과 같이 증권시장 전체에 체계적으로 영향을 미치는 위험요인으로 개별기업이 통제할 수 없는 위험이기 때문에 분산불가능한 위험인 동시에 시장으로부터 받는 위험이어서 시장위험(market risk)이라고도 한다. 비체계적 위험은 특정기업의 조업상태, 노사문제, 기술·

참고

• 위험에 대한 정리

① 개별 포트폴리오(개별증권)의 위험은 기대수익률에 대한 표준편차로 측정된다.
② 개별증권의 체계적 위험은 전체 시장위험(분산)에 대한 공분산으로 측정된다.
③ 개별증권의 총위험에는 비체계적 위험과 체계적 위험이 반영된다.

연구력, 마케팅력, 핵심인력의 유무 등과 같이 개별기업이 처한 여러 특수요인으로 인해 발생하는 위험이기 때문에 개별기업의 고유요인이 서로 다른 주식들을 다수결합하면 얼마든지 분산이 가능한 위험이어서 분산가능위험 또는 개별기업의 특수위험(firm specific risk, idiosyncratic risk)이라고도 한다.

2. 자본시장선

앞의 제6장에서 자본시장선에 대해 이미 살펴보았다. 자본시장선(capital market line : CML)이란 균형시장에서 위험자산과 무위험자산을 포함하여 포트폴리오를 구성할 때, 최적포트폴리오가 어떻게 선택되는가를 설명해 주는 모형이다. 자본시장선은 무위험자산과 시장포트폴리오를 결합하여 포트폴리오의 위험(총위험 : σ_p)에 따른 기대수익률을 결정하는 선형식으로 요약할 수 있다. 이를 식으로 나타내면 다음과 같다.

$$E(R_P) = R_f + \left[\frac{E(R_M) - R_f}{\sigma_M}\right]\sigma(R_P) \qquad (7\text{-}1)$$

예제 7-1 자본시장선에 의한 포트폴리오의 기대수익률 계산

시장포트폴리오의 기대수익률과 표준편차가 각각 12%, 20%이고, 무위험이자율이 6%라고 가정한다. 이 경우 A포트폴리오는 자본시장선상에 위치하고 표준편차가 30%라고 할 때, A포트폴리오의 기대수익률은 얼마인가?

풀이

$$E(R_A) = 6 + \frac{12-6}{20} \times 30 = 15(\%)$$

제6장과 본절로부터 자본시장선의 핵심내용을 정리하면 다음과 같다.

① 자본시장선은 투자자들이 시장포트폴리오(M)와 무위험자산(R_f)을 결합하여 얻게 될 위험과 기대수익률의 관계를 나타내는 선형모형이다.

② 모든 투자자들은 시장포트폴리오와 무위험자산을 결합한 새로운 효율적 포트폴리오로 자본시장선상의 시장포트폴리오를 선택하며, 다만 투자자의 위험성향에 따라 무위험자산과 시장포트폴리오에 대한 투자비율은 달라진다.

③ 자본시장선에 따른 투자는 시장포트폴리오와 무위험자산이란 두 자산에만 투자자금을 배분하는 두 자산의 분리(two-fund separation) 투자로 이루어지며, 투자자금은 위험-기대수익률의 조합이 주는 가치평가에 따라 배분하게 된다. 따라서 자본시장선은 자본배분선(capital allocation line : CAL)의 개념이다. 시장포트폴리오는 효율적 프런티어 위에 있고, 이 시장포트폴리오와 무위험자산을 잇는 자본배분선이 바로 자본시장선이다.

④ 자본시장선은 자본배분선 중 기울기, 즉 위험보상비율이 가장 큰 선이다.

⑤ 자본시장선은 포트폴리오의 총위험만을 고려하는 효율적 포트폴리오의 기대수익률 생성 선형모형, 즉 가격결정선이다.

⑥ 시장포트폴리오의 위험프리미엄은 시장포트폴리오의 위험의 단위당 가격으로 $\dfrac{E(R_M)-R_f}{\sigma_M}$로 나타낸다. 시장포트폴리오 자체가 최적포트폴리오이므로 시장포트폴리오의 분산은 시장 전체의 체계적 위험이다.

제 3 절 베타와 증권특성선

1. 체계적 위험과 베타

자본시장선에서 모든 투자자들은 균형시장과 동질적 기대라는 가정하에서 가장 효율적인 최적포트폴리오로 시장포트폴리오를 선택한다고 설명했다.

시장포트폴리오는 완전분산된 포트폴리오이어서 분산가능한 비체계적 위험은 더 이상 존재하지 않는 포트폴리오이다. 그리고 시장포트폴리오와 무위험자산으로 결합된 모든 개별 포트폴리오(또는 개별증권)는 자본시장선상에서 서로 완전상관이어서 위험이 완전분산(well-diversified)된 포트폴리오이다. 따라서 이러한 개별 포트폴리오의 유일한 위험은 오직 분산불가능한 체계적 위험, 즉 시장위험만 나타나게 된다.

개별증권의 체계적 위험은 그 증권이 시장에서 거래되는 모든 증권으로 구성된 포트폴리오인 시장포트폴리오의 위험에 기여하는 정도, 즉 시장포트폴리오에서 차지하는 비율로 측정할 수 있다. 체계적 위험은 개별증권의 수익률 변동이 시장 전체의 수익률(시장포트폴리오의 수익률) 변동에 대한 민감도(sensitivity)(통계학적으로는 상관계수, 상관도)를 의미하며, 이 체계적 위험의 민감도를 나타내는 척도로 베타계수(β)가 사용된다. 만약 베타가 1.0이라면 시장 전체의 평균수익률(종합주가지수)이 1% 증가할 때 개별증권의 수익률도 같은 비율인 1% 증가한다는 것을 의미한다. 베타가 2이면 종합주가지수가 1% 증가할 때 개별증권의 수익률이 2% 증가하고, 베타가 -1이면 종합주가지수가 1% 증가할 때 개별증권의 수익률이 1% 감소한다는 뜻이다.

이 베타가 앞의 제1절에서 비효율적 포트폴리오의 위험을 측정해 내기 어려운 문제점을 해결해 줄 수 있는 새로운 대안으로 우리가 찾고자 하는 보다 훌륭한 위험측정치가 된다. 이 새로운 위험측정치가 *CAPM*의 핵심인 베타이다. 베타(β)는 주식시장 전체를 나타내는 시장포트폴리오의 수익률 변동에 대해 개별증권의 수익률 변동이 반응하는 민감도(상관도, 상관계수)이므로 다음과 같이 표시할 수 있다.

$$\beta_i = \frac{Cov(R_i,\ R_M)}{Var(R_M)} = \frac{\sigma_{iM}}{\sigma_M^2} = \frac{\rho_{iM}\sigma_i\sigma_M}{\sigma_M^2} = \frac{\rho_{iM}\sigma_i}{\sigma_M} \qquad (7\text{-}2)$$

단, β_i : 개별증권 i의 베타위험

$Cov(R_i, R_M) = \sigma_{iM}$: 개별증권 i의 수익률과 시장포트폴리오 수익률 간의 공분산

$Var(R_M) = \sigma_M^2$: 시장포트폴리오 수익률의 분산

σ_M : 시장포트폴리오 수익률의 표준편차

σ_i : 개별증권 i의 표준편차

ρ_{iM} : 개별증권 i의 수익률과 시장포트폴리오 수익률 간의 상관계수

2. 베타와 증권특성선

개별증권 수익률과 시장포트폴리오 수익률 사이에 선형관계가 존재한다고 가정하면, β는 개별증권의 수익률을 종속변수로 하고 시장포트폴리오 수익률을 독립변수로 하는 회귀식의 기울기와 같다. 이를 식으로 나타내면 식 (7-3)과 같으며, 이를 시장모형(market model)이라고 한다.

$$R_i = \alpha_i + \beta_i R_M + \epsilon_i \tag{7-3}$$

단, R_i : 개별증권 i의 수익률
R_M : 시장포트폴리오의 수익률
α_i : 절편(비정상수익률 : abnormal return)
β_i : 기울기를 나타내는 회귀계수
ϵ_i : 잔차(개별기업 고유요인에 의한 잔차 수익률)

위 식 (7-3)의 시장모형은 개별증권의 수익률을 자본시장 전체(시장포트폴리오 M)의 수익률과의 선형결정관계에 의하여 설명하는 모형이라는 것을 알 수 있다. 여기서 시장포트폴리오는 이론적으로 투자가능한 모든 자산들로 구성되는 포트폴리오인데, 현실적으로 이런 시장포트폴리오를 찾는다는 것은 거의 불가능한 일이다. 시장모형은 바로 이런 문제점을 극복해 주는 장점이 있다. 앞에서 시장포트폴리오의 이론적 대용치(proxy)로 종합주가지수라는 단일지수를 사용할 수 있다고 하였다. 위의 식에 시장포트폴리오 대신에 종합주가지수를 대체한 모형이 시장모형이다. 따라서 시장모형은 시장포트폴리오 대신에 종합주가지수라는 단일지수를 단일요인으로 대체한 개별증권의 가격결정모형이다. 그래서 단일지수모형(single index model), 단일요인모형이라고도 한다.

위의 시장모형(단일지수모형)을 이용한 회귀분석에서 증권특성선이 도출된다. 증권특성선(security characteristic line : SCL)은 시장모형에 의해 추정한 단순회귀모형으로, 개별증권의 수익률과 시장수익률 간의 선형관계에 의해 결정되는 개별증권의 가격결정선(시장모형)이다.

한편, 위의 식 (7-3)에서 개별증권 i의 수익률의 위험, 즉 분산을 취하면 다음의 식 (7-4)가 된다.[4)]

$$
\begin{aligned}
Var(R_i) &= Var(\alpha_i + \beta_i R_M + \epsilon_i) \\
&= \beta_i^2 Var(R_M) + Var(\epsilon_i) \\
\sigma_i^2 &= \beta_i^2 \sigma_M^2 + \sigma^2(\epsilon_i)
\end{aligned}
\tag{7-4}
$$

식 (7-4)에서 개별증권의 총위험은 체계적 위험과 비체계적 위험의 합으로 이루어진다. 체계적 위험은 시장포트폴리오의 수익률 변동에 의해 발생하는 시장위험으로 분산불가능한 위험이며 β_i로 표시한다. 비체계적 위험은 시장포트폴리오의 수익률 변동과는 무관한 위험으로 분산가능한 기업고유의 특수위험이다.

총위험 = 체계적 위험 (분산불능위험, 시장위험) + 비체계적 위험 (분산가능위험, 기업특수위험)

위 식 (7-4)에서 잔차항의 잔차위험은 기업고유의 특수위험이므로 포트폴리오를 구성할 때 많은 주식으로 구성하면 분산투자효과에 의해 없어지는 위험, 즉 분산가능위험이다[$E(\epsilon_i) \simeq 0$]. 따라서 시장포트폴리오와 상관이 없는 위험이므로 시장포트폴리오와의 상관계수는 0이 되는 관계로 시장포트폴리오와 개별증권의 공분산은 0이 된다[$Cov(R_M, \epsilon_i) = 0$].

개별증권의 위험은 식 (7-3)에서 베타계수(β)를 구해서 식 (7-4)에 대입하면 구할 수 있다. 식 (7-3)의 회귀식으로부터 베타계수를 구하려면 시장포트폴리오 수익률의 확률분포를 알아야 하는데, 이를 구한다는 것은 불가능하다. 그래서 시장모형에서 설명한 바와 같이, 통상 시장포트폴리오의 수익률로 증권시장 전체를 대표하는 종합주가지수 수익률이 대용치로 사용된다. 그리고 편의상 수익률도 역사적(ex-post) 자료를 사용한 과거 일정기간 동안의 수익률이 사용된다. 이 경우 시장포트폴리오 수익률과 표본증권 수익률의 평균값이 각각 $\overline{R_i}$, $\overline{R_M}$라고 하면, 회귀식은 다음과 같다.

$$
\beta_i = \frac{\sigma_{iM}}{\sigma_M^2} = \frac{\sum (R_i - \overline{R_i})(R_M - \overline{R_M})}{\sum (R_M - \overline{R_M})^2} \tag{7-5}
$$

4) 분산의 특성에 의하여 $Var(\alpha) = 0$, $Var(\beta x) = \beta^2 Var(x)$
단, α는 상수이고, x는 확률변수이다.

한편, 포트폴리오의 베타(β_p)는 개별증권의 베타를 투자비율로 가중한 가중평균값으로 구한다. 이는 $CAPM$이 실무에서도 유용하게 사용되는 특성 중 하나이다.

$$\beta_p = \sum_{i=1}^{n} w_i \beta_i \tag{7-6}$$

단, β_p : 포트폴리오의 베타
w_i : 개별증권의 투자비율
β_i : 개별증권의 베타
n : 포트폴리오 구성에 포함된 개별증권의 수

식 (7-3)의 절편(α_i)은 식 (7-5)에서 도출한 β_i를 대입하여 다음과 같이 구한다.

$$\alpha_i = \overline{R_i} - \beta_i \overline{R_M}$$

단, $Cov(R_M, \epsilon_i) = 0$, $E(\epsilon_i) \simeq 0$

참고 초과수익률(excess return) $(R_i - R_f)$는 무위험자산수익률을 초과하는 수익률이고, 비정상수익률(abnormal return)은 식 (7-3)에서 $E(\epsilon_i) \simeq 0$이므로 $[R_i - E(R_i)]$이다.

예제 7-2 총위험, 체계적 위험, 비체계적 위험의 산출

시장포트폴리오의 기대수익률[$E(R_M)$]이 10%, 시장포트폴리오의 표준편차는 31.6%(분산 : $\sigma_M^2 = 10\%$), 무위험이자율(R_f)은 5%이다. 이런 시장상황에서 주식 A, B 자료가 다음과 같을 때, 주식 A, B의 체계적 위험과 비체계적 위험(잔차분산), 균형기대수익률을 구하시오.

	베타(β_i)	수익률의 표준편차(σ_i)	분산(σ_i^2)
주식 A	1.2	20%	0.04
주식 B	0.5	15%	0.0225

풀이

	총위험(σ_i^2)	체계적 위험($\beta_i^2\sigma_M^2$)	비체계적 위험[$\sigma^2(\epsilon_i)$]
주식 A	0.04	$(1.2)^2(0.1)=0.144$	$(0.04-0.144)$
주식 B	0.0225	$(0.5)^2(0.1)=0.025$	$(0.0225-0.025)$

※ 비체계적 위험=총위험−체계적 위험

- 총위험=체계적 위험+비체계적 위험

  $\sigma_A^2=\beta_A^2\sigma_M^2+\sigma^2(\epsilon_A)=(1.2)^2(0.1)+(0.04-0.144)=0.04$

  $\sigma_B^2=\beta_B^2\sigma_M^2+\sigma^2(\epsilon_B)=(0.5)^2(0.1)+(0.0225-0.025)=0.0225$

- 균형기대수익률

  $E(R_i)=R_f+[E(R_M)-R_f]\beta_i$

  $E(R_A)=5\%+(10-5)1.2=11\%$

  $E(R_B)=5\%+(10-5)0.5=7.5\%$

예제 7-3 포트폴리오의 베타

S철강회사는 총자산 1억원을 소유하고 있고, 이 회사의 증권 베타는 1.5이다. S철강회사는 5,000만원의 자산과 0.7의 베타를 가진 C건설회사를 합병하려고 한다. 단, 합병으로 인한 시너지효과는 없다고 할 때, 합병 후 베타를 구하시오.

풀이

$$\beta_p=w_s\beta_s+w_c\beta_c$$

$$=\frac{100}{150}(1.5)+\frac{50}{150}(0.7)=1.23$$

제 4 절 자본자산가격결정모형 : 증권시장선

1. 증권시장선의 도출

앞에서 살펴본 바와 같이, 자본시장선은 비효율적 포트폴리오(또는 개별증권)의 기대수익률과 위험의 관계는 설명하지 못하고 있다. 즉 시장에서 거래되는 모든 자산의 균형가격결정에 대한 해답을 제시하지는 못하고 있다.

[그림 7-3]의 자본시장선(CML)에서 보는 바와 같이, 비효율적 포트폴리오(B, C, D)에는 자본시장선이 적용될 수 없다. 자본시장선에 의하면, A, B, C, D의 기대수익률은 동일하지만, 위험은 각기 다르게 나타난다. 그 이유는 위험의 척도로 총위험을 사용했기 때문이다.

이에 비해 A, M과 같은 효율적 포트폴리오(또는 개별증권)뿐만 아니라, 비효율적 투자대상(포트폴리오, 개별증권)까지 포함한 모든 개별 투자자산의 체계적 위험(β)만을 고려하여 기대수익률과 위험의 관계를 설명해 주는 가격결정선이 증권시장선, 즉 $CAPM$이다.

[그림 7-3]의 증권시장선(SML)이 Sharpe, Treynor, Mossin, Lintner에 의해 개발된 $CAPM$이며, 다음의 식으로 나타낸다.

그림 7-3

자본시장선(CML)과 증권시장선(SML)의 비교

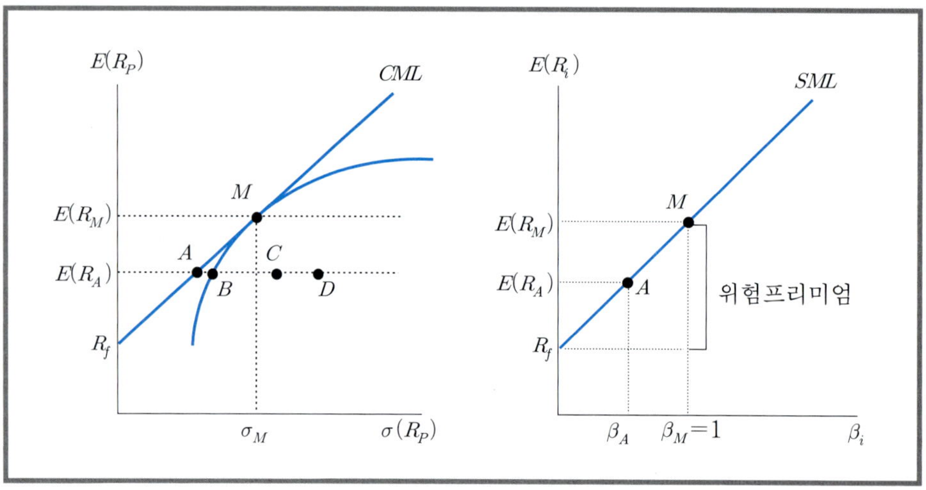

$$E(R_i) = R_f + [E(R_M) - R_f]\beta_i \quad (7\text{-}7)$$

단, $E(R_i)$: 증권 i의 기대수익률
R_f : 무위험이자율
$E(R_M)$: 시장포트폴리오의 기대수익률
β_i : i 증권의 베타계수

앞에서 설명한 시장모형(증권특성선)과 베타계수를 통해 균형상태의 자본시장에서 거래되는 모든 자산의 수익률은 단일지수인 시장포트폴리오의 수익률 변동에 의해서 결정되며, 개별증권의 위험은 체계적 위험을 나타내는 베타계수에 의해 측정되어야 한다는 것을 알았다.

단일지수모형에 의하면, 모든 주식의 위험은 두 부분, 즉 체계적 위험과 잔차위험으로 나누어진다. 여기서, 잔차위험($\sigma^2_{\epsilon i}$)은 포트폴리오 구성에 주식 종목수를 증가시키면 완전히 제거되기 때문에, 투자자는 개인 투자자 자신이 스스로 통제할 수 없는 분산불능위험(시장위험), 즉 베타계수로 측정되는 체계적 위험($\beta^2_i\sigma^2_M$)만을 고려해서 투자결정을 하게 된다. 이는 투자자가 자본자산의 가격(기대수익률)을 결정할 때, 오직 체계적 위험을 나타내는 베타계수만을 반영한다는 것을 의미한다. 따라서 균형자본시장에서 시장포트폴리오가 효율적이라면, 기대수익률과 베타계수 사이에는 완전상관의 선형관계가 성립하여 양자 사이에는 비례관계가 성립한다. 즉 체계적 위험이 높으면 위험을 부담하는 만큼 기대수익률도 높아지고, 체계적 위험이 낮으면 상대적으로 기대수익률도 낮아진다. 이러한 관계를 식으로 나타내면 위의 식 (7-7)과 같이 나타나며, 이를 증권시장선이라 한다. 기대수익률과 베타계수 사이의 선형관계를 좌표에 표시하면 [그림 7-3]과 같다.

증권시장선(security market line : SML)은 균형자본시장에서 개별증권 i의 체계적 위험인 베타(β_i)와 기대수익률 사이의 가격결정관계를 설명해 주는 선형모형, 즉 자본자산가격결정모형(capital asset pricing model : $CAPM$)이다.

2. 증권시장선의 특성

증권시장선(SML), 즉 $CAPM$의 특성을 요약하면, 다음과 같다.

① 증권시장선은 개별증권의 가격결정선으로 체계적 위험(β)만 고려한다.

② $CAPM$은 완전경쟁시장, 단일투자기간, 평균·분산기준 선택원리, 무위험자산의 도입, 수익률과 위험에 대한 동질적 기대를 가정으로 한다.

③ 투자자들은 증권시장선 도출시 효율적 분산투자를 행하여, 즉 충분히 많은 수의 주식에 분산투자한다면, 체계적 위험만을 부담하게 되므로 균형상태에서 투자자들이 요구하는 개별자산의 위험프리미엄은 베타계수에 비례한다.

④ $CAPM$은 비효율적 개별자산의 분산불능위험(체계적 위험)을 측정할 수 있어서 개별증권의 체계적 위험과 완전분산된 시장포트폴리오의 분산불능위험(체계적 위험)을 비교할 수 있다. 이 점이 바로 증권시장선의 우수성이며 공헌도라 할 수 있다.

⑤ 시장포트폴리오가 가장 효율적 포트폴리오이므로 기대수익률과 베타계수(체계적 위험) 사이에는 완전한 선형관계가 성립한다. 만약 선형관계가 성립하지 않으면 차익거래가 발생하여 추가적 위험부담 없이 초과수익을 얻을 수 있기 때문이다.

⑥ $CAPM$에서 개별증권 i에 대한 투자자들의 기대수익률 $E(R_i)$는 무위험이자율(R_f)에다 체계적 위험(β_i)으로 측정되는 위험프리미엄을 더한 값이다. 그래서 증권시장선을 수익률-베타 관계식이라 한다. 개별증권의 가격은 증권시장선에서 산출된 기대수익률을 할인율로 하여 기대수익을 자본화함으로써 결정된다. 따라서 주가와 주식수익률은 역관계에 있다. 즉, 주가가 높으면 주식수익률은 떨어지고, 주가가 낮으면 주식수익률은 높아진다.

⑦ SML의 기울기인 시장포트폴리오의 위험프리미엄(이하 시장위험프리미엄으로 약함) $E(R_M)-R_f$는 양(+)의 값을 갖는다. 그 이유는 모든 투자자는 위험회피형이므로 위험을 부담하는 만큼 그 대가로 위험프리미엄을 요구하기 때문이다. 시장위험이 클수록 그리고 투자자들의 평균적인 위험회피 정도가 클수록 위험프리미엄도 커져 SML의 기울기가 커지게 된다.

⑧ 개별증권의 위험프리미엄(초과수익률)은 시장위험프리미엄과 개별증권의 베타계수에 비례한다. 즉 베타계수(β)의 크기에 따라 위험프리미엄이 결정되며 식으로 표현하면, 다음과 같다.

$$E(R_i) - R_f = [E(R_M) - R_f]\beta_i$$

⑨ SML의 절편은 명목 위험이자율을 나타내므로, 그 크기는 무위험이자율과 예상 인플레이션율에 의해 결정된다. 명목이자율은 거시경제변수의 영향을 받으므로 이의 변화에 따라 상하로 이동하게 된다.

⑩ 일반적으로 시장베타는 1이다($\beta_M=1$). 따라서 β_i가 1보다 크면 시장위험프리미엄보다 큰 초과수익률을 얻게 되고, β_i가 1보다 작으면 시장프리미엄보다 작은 초과수익률을 얻게 된다. 전자를 공격적(aggressive) 주식이라 하고, 후자를 방어적(defensive) 주식으로 간주한다.

특정 개별증권 i의 베타(β_i)에 대응한 균형기대수익률 $E(R_i)$는 반드시 SML상에 위치한다. 이때의 주식가격은 적정가격으로서 기업의 내재가치를 반영한다. 만약 어느 주식의 기대수익률이 그에 상응하는 베타(β_i)에서 SML 상에 있지 않으면 주식가격은 균형상태에 있지 않은, 즉 잘못 책정된(mispriced) 상태이다. 위험수준에 비해 기대수익률이 SML 위쪽에 위치하면 저평가(underpriced)된 주식이고, SML 아래쪽에 위치하면 고평가(overpriced)된 주식이다. [그림 7-4]에서 SML 위쪽에 있는 주식 U는 과소평가된 주식이고, SML 아래쪽에 있는 주식 O는 과대평가된 주식이다.

따라서 투자자들은 과소평가된 주식 U는 매입하려 할 것이고, 이에 U의 주가는 상승함에 따라 기대수익률은 하락하여 SML상에 위치하게 될 것이다. 반대로 과대평가된 주식 O는 매도하려 할 것이고, 이에 O의 주가는 하락함에 따라 기대수익률은 상승하면서 두 증권은 증권시장선(SML)상에서

그림 7-4
증권시장선

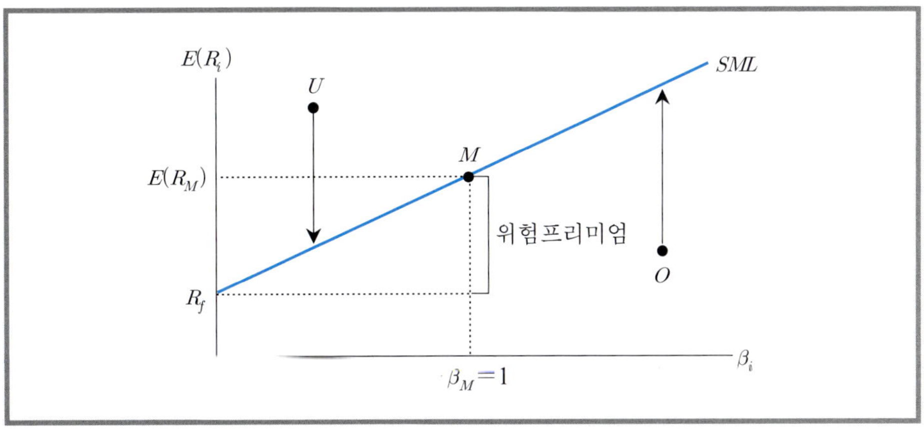

균형을 이루게 될 것이다. 자본시장이 균형상태이고 완전경쟁이라면, 이러한 반응은 매우 빠르게 일어나 균형가격을 증권시장선상에서 이루게 된다.

이와 같이 균형상태하에서 자본자산가격은 *SML*상에서 기대수익률과 위험이 균형을 이루도록 결정된다. 자본자산가격결정모형(*CAPM*)을 이용하여 산출된 기대수익률은 주식의 가치평가에 있어 필수적인 요구수익률, 즉 적정할인율 결정에 영향을 미친다.

예제 7-4 증권시장선의 이용 : 기대수익률 산출

무위험이자율이 6%이고, 시장포트폴리오의 수익률이 10%인 경우, β가 각각 0.5, 0.7, 1.0, 1.2인 증권 A, B, C, D의 기대수익률은 얼마인가?

풀이

$$E(R_i) = R_f + [E(R_M) - R_f]\beta_i$$
$$E(R_A) = 6\% + (10-6)0.5 = 8\%$$
$$E(R_B) = 6\% + (10-6)0.7 = 8.8\%$$
$$E(R_C) = 6\% + (10-6)1.0 = 10\%$$
$$E(R_D) = 6\% + (10-6)1.2 = 10.8\%$$

제 5 절 *CAPM*의 응용 : 위험투자안의 투자결정

1. 위험투자안의 요구수익률 산출

증권시장선(*SML*)은 위험투자안 평가에 적용되어야 할 요구수익률(required rate of return : *RRR*)을 추정할 때 이용할 수 있다. 증권시장선은 주주 입장에서는 투자한 개별증권의 요구수익률을, 기업 입장에서는 생산시설 투자안의 요구수익률을 평가할 때 이용할 수 있다. 어떤 개별증권의 체계적 위험을 나타내는 β는 시장포트폴리오 수익률의 변동에 따라 개별증권의 기대수익률이 어떻게 변동하는가를 보여준다. 만일 경제환경이 안정적이며, 산업특성이 변하지 않고, 경영정책도 계속 유지된다고 가정하면, 추정된 베타는 다른 기간 동안의 기대수익률 계산에도 그대로 사용될 수 있다. 이렇게 베타가 안정적으로 유지된다는 가정하에 위험투자안의 위험에 대한 적정한 평가가 이루어지면, SML을 이용하여 요구수익률을 구할 수 있다. 이때 투자안의 선택기준은 요구수익률이 위험투자안의 기대수익률보다 적으면 선택하고, 크면 기각한다.

위험투자안의 요구수익률 : $R_i = R_f + [E(R_M) - R_f]\beta_i$

요구수익률(R_i) $<$ 기대수익률[$E(R_i)$] $\Rightarrow$ 선택

요구수익률(R_i) $\geq$ 기대수익률[$E(R_i)$] $\Rightarrow$ 기각

예제 7-5 위험투자안의 요구수익률 산출

K씨는 A, B, C 3개의 주식에 분산투자하려고 한다. K씨가 어떤 판단을 해야 하는지 증권시장선을 이용하여 투자판단을 하시오. 단, 무위험이자율은 8%이고, 시장포트폴리오의 기대수익률은 12%이다.

	A	B	C
기대수익률 : $E(R_i)$	20%	15%	9%
베타계수	2.0	1.0	0.5

풀이

요구수익률 : $R_i = R_f + [E(R_M) - R_f]\beta_i$

요구수익률 : $R_A = 8\% + (12-8)2.0 = 16\% < 20\%$: 기대수익률

$R_B = 8\% + (12-8)1.0 = 12\% < 15\%$

$R_C = 8\% + (12-8)0.5 = 10\% > 9\%$

A, B 주식은 선택, C 주식은 기각

2. 인플레이션이 반영된 요구수익률 산출

증권시장선(SML)을 이용하여 인플레이션이 반영된 요구수익률을 추정할 수

그림 7-5

기대인플레이션과 증권시장선

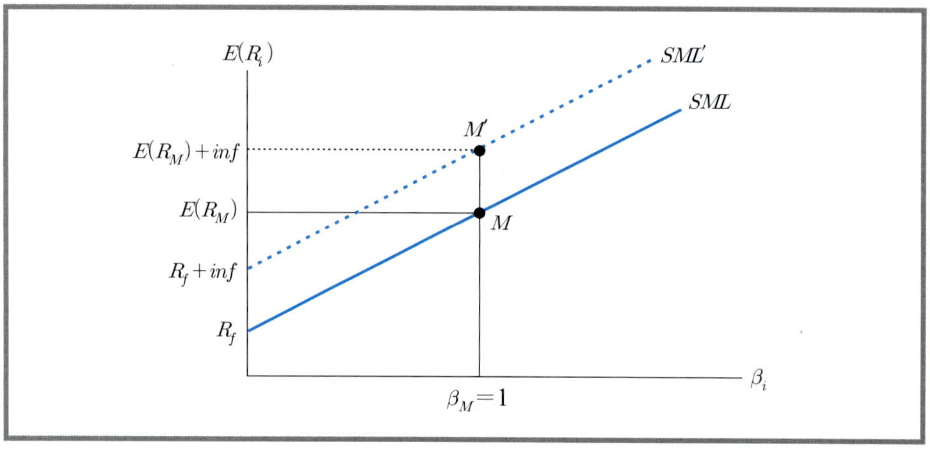

도 있다. 무위험이자율에 영향을 미치는 요인들로는 실질이자율, 기대인플레이션율, 유동성 등을 들 수 있다.

기대인플레이션율은 무위험이자율뿐만 아니라, 시장포트폴리오의 기대수익률에도 반영된다. 따라서 증권시장선에 기대인플레이션율 inf가 반영된다고 가정할 때, 이를 식으로 나타내면 식 (7-8)과 같다. 따라서 인플레이션율이 반영되면, 요구수익률은 [그림 7-5]와 같이 SML의 기울기에는 영향이 없이 절편만 상・하로 움직인다.

$$E(R_i) = (R_f + inf) + [E(R_M) + inf - (R_f + inf)]\beta_i$$
$$= R_f + inf + [E(R_M) - R_f]\beta_i \tag{7-8}$$

예제 7-6 인플레이션이 반영된 SML

A주식의 체계적 위험인 베타계수는 0.9이다. 시장포트폴리오의 기대수익률은 10%, 무위험이자율은 5%이다. 내년에는 인플레이션율이 4% 증가할 것으로 예상된다. 내년도 A주식에 대한 기대수익률은 얼마인가?

풀이

R_A = 5% + 4% + (10−5)0.9 = 13.5%

3. 과대 · 과소 평가된 증권의 평가

증권시장선은 증권가격의 과대 · 과소 평가에도 이용된다. [그림 7-4]에서 살펴본 바와 같이 증권시장선을 기준으로 해서 증권시장선(*SML*) 위쪽에 있으면 과소평가된 주식이고, 아래쪽에 있으면 과대평가된 주식이다. 식 (7-9)에서 표시된 것처럼, *SML*상의 적정균형수익률을 요구수익률(R_i)로 보고 기대수익률[$E(R_i)$]은 해당주식에 대한 증권분석이나 과거 시계열자료로부터 추정하여 양자의 차이(α)를 구하면 과소평가 또는 과대평가 여부를 판단할 수 있다. 이 α가 양(+)이면 과소평가, 음(−)이면 과대평가된 증권이다.

$$\alpha = E(R_i) - R_i \tag{7-9}$$

단, α : 과소평가(+) · 과대평가(−)의 크기
$E(R_i)$: 시계열분석으로 추정된 기대수익률
R_i : *SML*상에서 추정된 요구수익률(*RRR*)

예제 7-7 과대 · 과소 평가된 증권의 평가

A주식의 과거자료로부터 추정한 기대수익률은 15%, 베타계수는 0.8이다. 시장수익률이 10%, 무위험이자율이 6%라면, 이 주식의 과대 · 과소 평가를 평가하시오.

풀이

$R_A = 6 + (10 - 6)(0.8) = 9.2\%$

$E(R_A) - R_A = 15 - 9.2 = +5.8\%$

∴ 5.8% 과소평가된 주식이다(현재 주가가 낮다는 의미([그림 7-4] 참고)).

4. 위험부채의 시장균형이자율과 베타 추정

증권시장선은 지급불능이나 파산위험이 있는 기업들이 발행한 채권인 위험부채의 시장수익률 평가에 이용된다. 예를 들어, 만기가 3년, 매년말 100만원의 이자가 지급되는 액면가 1,000만원인 A사의 이표채는 현재 952만원에 시장가격이 형성되고 있다고 할 때, 이 채권의 약속이자율은 다음 식에서 12%

로 추정된다.

$$B_0 = \sum_{t=1}^{3} \frac{100}{(1+k)^t} + \frac{1,000}{(1+k)^3}$$

그런데 이 회사채는 파산위험으로 인해 파산시 액면가 1,000만원이 지급되지 않고 700만원만 지급될 예정이다. 그리고 A사의 채무불이행 가능성은 8%라고 한다. 그러면 A사 채권의 기대액면가는 만기에 정상적으로 지급될 경우(92% 확률)의 기댓값에다 파산될 경우(8% 확률)의 기댓값을 합한 다음의 금액이 된다.

$$\begin{aligned} E(\text{액면가}) &= 0.92(1,000\text{만원}) + 0.08(700\text{만원}) \\ &= 976\text{만원} \end{aligned}$$

이제 기대액면가와 현재 시장가격을 채권의 가치평가 공식에 대입하여 파산위험이 반영된 위험조정할인율(k_d)을 구할 수 있다. 이를 식으로 나타내면 다음과 같다.

$$B_0 = \sum_{t=1}^{n} \frac{E(\text{이자})}{(1+k_d)^t} + \frac{E(\text{액면가})}{(1+k_d)^N} \tag{7-10}$$

$$952 = \sum_{t=1}^{3} \frac{100}{(1+k_d)^t} + \frac{976}{(1+k_d)^3}$$

위 식에서 시행착오방법으로 위험부채의 위험조정할인율을 구하면, $k_d =$ 11%이다. 위험부채의 시장가격은 분산이 불가능한 위험이라는 것에 유의하자. 만일 지급불능위험(default risk)이 경제상황과는 무관한 기업만의 특수한 고유위험이라면, 그 위험은 시장포트폴리오와도 상관이 없을 것이다. 만일 투자자나 기관투자자들이 위험채권들로 구성된 완전분산된 채권포트폴리오를 가지고 있다고 하자. 무위험이자율을 얻고자 한다면, 시장과는 상관이 없는 지급불능위험채권이 포함된 채권포트폴리오는 당연히 포기할 것이다. 따라서 어떤 한 기업이 과도한 부채로 인해 지급불능(default) 상태가 될지라도 잘 분산된 채권포트폴리오만 가지고 있다면, 투자자는 전체에서 X%의 기업이 금년에 지급불능될 것이라는 걸 정확히 알고 있는 셈이다.

이제 채권의 경제상황과 위험이 반영된 위험조정할인율 11%를 기대수익률로 대체해서 위험부채의 베타를 구할 수 있다. 예를 들어, 시장포트폴리오에 대한 기대수익률이 17%, 무위험이자율이 10%라고 할 때, SML을 이용하여 위험부채의 베타를 계산해 보면 다음과 같다.

$$E(R_i) = R_f + [E(R_M) - R_f]\beta_i$$

$$11\% = 10\% + [17\% - 10\%]\beta_i$$

$$\beta_i = \frac{11\% - 10\%}{7\%} = 0.1428$$

여기서, 위험부채의 만기약속이자율(12%)은 시장균형이자율(11%)에 비해 위쪽으로 편의(偏倚, biased)되어 있다는 것을 알 수 있다. 그리고 위에서 살펴본 바와 같이, 시장균형이자율은 채권의 할인가치가 시장가격과 동일해질 때까지 채권의 기대현금흐름을 할인함으로써 계산된다.

이상에서 위험부채의 지급불능위험도 분산투자로 감소시킬 수 있다는 것을 알 수 있다. 통상 위험부채의 베타는 보통주의 베타보다는 상대적으로 낮은 것으로 인식되고 있다.

위험부채에 대한 시장요구수익률은 법인세 납부전 부채비용이다. 이 부채비용은 부채사용기업에게는 가중평균자본비용($WACC$)의 구성요소이다. 부채비용의 측정방법으로는 $CAPM$을 이용하여 위험부채의 베타를 계산하는 방법, 그리고 부채의 현재시장가치와 기대현금흐름을 이용하여 만기시장수익률을 계산하는 방법이 있다.

5. 자기자본비용의 추정

기업의 자기자본비용을 추정하기 위해 $CAPM$을 이용할 수 있다. 개별기업의 자기자본베타만 알면 자기자본비용을 쉽게 산출해 낼 수 있다. 증권시장에 상장된 기업들의 베타는 증권회사들이 봄, 가을로 발행하는 상장기업분석책자에 발표되고 있으나, 자기자본베타는 전문적으로 통계적 기법을 사용해서 구한 추정베타를 판매하는 전문회사들로부터 자료를 구하거나 기업 자체로 구할 수도 있다.

만약 A사의 자기자본베타 추정치 β_e가 1.4, 무위험이자율이 10%, 시장위험프리미엄$[E(R_M)-R_f]$이 6.1%이라면 $CAPM$을 이용하여 자기자본을 추정하면 다음과 같다.

$$\begin{aligned} E(R_i) = k_e &= R_f + [E(R_M) - R_f]\beta_e \\ &= 10\% + [16.1\% - 10\%]1.4 \\ &= 18.54\% \end{aligned}$$

A사의 자기자본비용 추정치는 약 18.5%이다. 이 자기자본비용 추정치는 기업의 영업위험(business risk) 및 재무위험(financial risk)과 같은 기업만의 특수위험 정보로서 사용될 수 있다. 그러나 기업의 재무위험이나 영업위험, 기대인플레이션이나 실질이자율과 같은 경제변수가 변하는 경우에는 자기자본비용도 변하게 된다. 만약 100% 자기자본에 의해 자본조달이 이루어지는 기업의 경우는 투자안의 할인율로 자기자본비용을 사용한다.

6. 가중평균자본비용의 추정

만약 100% 자기자본으로 자본조달이 되지 않고 부채를 사용하는 기업의 경우에는 가중평균자본비용을 구해야 한다. 가중평균자본비용(weighted average cost of capital : $WACC$)은 부채와 자기자본의 구성비율을 가중치로 해서 평균한 자본비용이다. 앞에서 증권시장선(SML)으로 구한 부채비용과 자기자본비용을 이용하여 가중평균자본비용을 추정할 수 있다. 시장요구수익률은 법인세 납부전 요구수익률이므로, 가중평균자본비용 추정시에 부채에 대한 이자지급액은 세금효과를 반영하여 차감해 준다. 법인세후 가중평균자본비용($WACC$)은 다음의 식 (7-11)로 나타낸다.

$$WACC = k_d(1-t)\frac{D}{D+E} + k_e\frac{E}{D+E} \tag{7-11}$$

단, $\frac{D}{D+E}$: 기업의 시장가치에 대한 부채의 목표시장가치

$\frac{E}{D+E}$: 기업의 시장가치에 대한 자기자본의 목표시장가치

식 (7-11)의 k_d, k_e는 앞서 $CAPM$으로 추정한 값이기 때문에, 식 (7-11)의 $WACC$는 부채와 자기자본의 분산불능위험(시장위험)을 고려한 위험조정할인율이라고 할 수 있다. $WACC$를 구할 때 자본구조($D+E$)는 통상 장부가치보다는 시장가치를 가중치로 해서 부채와 자기자본의 구성, 즉 목표자본구조를 설정한다.

위험조정 가중평균자본비용($WACC$)을 알고 있다면, 현금흐름을 이 위험조정 $WACC$로 할인하여 기업가치(V)를 구할 수 있다. 또한 $WACC$는 기업의 기회자본비용이므로 자본예산 투자안의 순현재가치 측정을 위해서 할인율로 이용된다.

7. $CAPM$을 이용한 위험자산의 가치평가

$CAPM$을 이용하여 새로운 투자안의 위험에 상응하는 적정 균형가격을 추정할 수 있다. 이에는 위험조정할인율법과 확실성등가법이 있다.

(1) 위험조정할인율법

위험조정할인율법(risk adjusted discounted rate method : $RADR$)은 두사안이 가지고 있는 위험수준을 할인율에 반영하여 구한 위험조정할인율을 투자안의 현금흐름에 포함된 불확실성을 조정해 주는 방법이다.

위험조정할인율(risk adjusted discounted rate)은 투자안의 위험수준이 반영된 적정할인율이다. 위험조정할인율은 $CAPM$에서 확실성하의 할인율인 무위험이자율에 위험에 대한 위험프리미엄(risk premium)을 합한 값이다. 투자안의 위험이 클수록 위험프리미엄이 커져서 위험조정할인율도 커지고, 위험이 작을수록 위험프리미엄도 작아져서 낮은 위험조정할인율이 적용된다는 것을 뜻한다.

위험조정할인율의 산출은 통상 $CAPM$을 이용하는데, 기업베타(β) 대신

에 투자안의 체계적 위험이 반영된 투자안의 β를 이용하여 투자안의 위험조정할인율(k_a)을 구한다.

$$k_a = R_f + \text{투자안}\beta(R_M - R_f) \qquad (7\text{-}12)$$

신규투자안에 대한 투자결정시 적용되는 할인율은 위험수준에 따라 달라진다. 일반적으로, ① 위험이 전혀 없는 투자안인 경우에는 무위험이자율을 적용하고, ② 기업 총위험과 같고 신규투자안의 자본조달이 기존 자본구조와 동일한 경우에는 가중평균자본비용을 적용하며, ③ 기업의 총위험과 다른 경우에는 $CAPM$을 이용하여 구한 위험조정할인율을 적용한다.

(2) 확실성등가법

확실성등가법(certainty equivalent method)은 불확실한 미래 기대현금흐름을 확실한 현금흐름인 확실성등가액(CEQ)으로 전환시킨 다음에 무위험이자율로 할인하는 방법이다. 확실성등가액은 불확실한 미래 기대현금흐름인 $E(CF_t)$에 확실성등가계수 cef_t를 곱한 금액이다. 확실성등가법을 이용하여 NPV를 구하는 식은 다음과 같다.

$$\begin{aligned} NPV &= \sum_{t=0}^{n} \frac{CEQ}{(1+R_f)^t} - I_0 \\ &= \sum_{t=0}^{n} \frac{cef_t \cdot E(CF_t)}{(1+R_f)^t} - I_0 \end{aligned} \qquad (7\text{-}13)$$

단, NPV : 순현재가치
cef_t : t연도의 확실성등가계수
$E(CF)_t$: t연도의 불확실한 기대현금흐름
I_0 : 최초투자액

확실성등가법에서 무위험이자율로 할인하는 것은 분자가 확실성등가액이기 때문이다. 그러나 확실성등가계수는 주관적이고 의사결정자의 성향에 따라 달라지므로 실무에 적용하기는 어렵다. 실무에서는 위험조정할인율이 더 일반적으로 많이 사용된다.

8. 자본예산에의 적용

기업이 여러 투자안에 대한 투자결정을 하는 경우, 투자안의 선택기준으로 가중평균자본비용(*WACC*)과 증권시장선(*SML*)을 사용한다. 가중평균자본비용이란 기업의 총자산(부채와 자기자본)에 대한 기회자본비용이다. 새로운 개별 투자안들은 서로 다른 위험을 갖는 것이 상례이어서 각기 다른 가중평균자본비용이 적용되어야 한다. 신규투자안에 가중평균자본비용을 적용하려면 다음의 세 가지가 고려되어야 한다. 첫째, 신규투자안이 자본조달면에서 기존의 자본구조를 유지한다면, 신규투자안에도 가중평균자본비용의 적용이 가능하다. 둘째, 신규투자안이 적어도 동일한 위험을 가진 기존 투자안의 시장요구수익률만큼의 이익획득이 가능하다고 평가될 때 투자안을 채택한다. 셋째, 신규투자안의 위험이 기존의 기업위험과 동일하다는 전제하에서는 적용이 가능하나, 그렇지 못한 경우에는 적용될 수 없다.

투자안의 선택기준으로 가중평균자본비용을 사용하는 경우, 가중평균자본비용이 투자안의 거부율(cut-off rate)로 사용된다. *WACC*를 평가기준으로 사용하는 경우에는 *WACC*보다 높은 투자안을 선택하고, *WACC*보다 낮은 투자안은 기각된다.

*SML*을 평가기준으로 사용하는 경우, 기대수익률이 *SML* 위에 있는 투자안은 선택하고, *SML* 아래에 있는 투자안은 기각한다. *WACC*와 *SML*을 같이 비교하는 경우에는 다음의 [그림 7-6]에서 보는 바와 같이 증권시장선(*SML*)에 의하면 투자안 A가 선택되고, 가중평균자본비용(*WACC*)을 기준으로

그림 7-6

*CAPM*과 *WACC*에 의한 투자안 평가

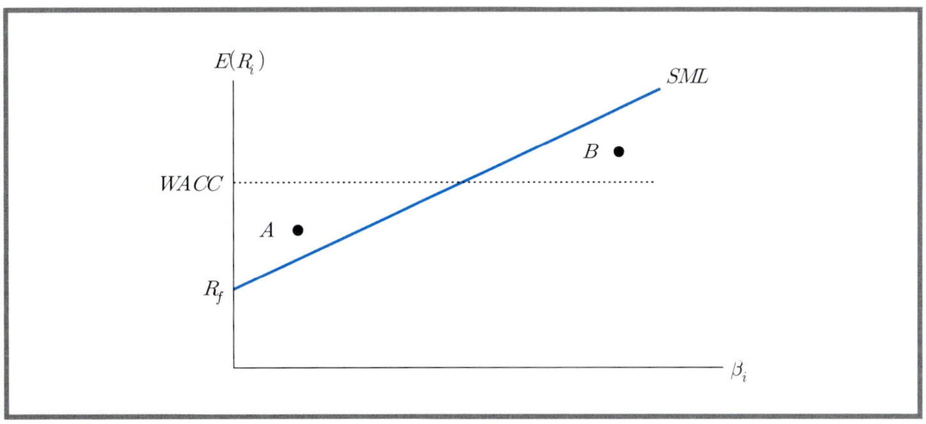

삼으면 $WACC$ 위에 있는 투자안 B가 선택된다.

새로운 투자안들의 $WACC$가 서로 다른 이유는 투자안의 위험들이 각각 다르기 때문이다. 위험이 다른 경우에는 동일한 위험을 적용할 수 없으므로 위험이 반영된 $WACC$를 산출해야 한다. 앞에서 위험부채와 자기자본비용을 SML로 추정하는 방법대로 위험을 반영한다면 보다 정확한 $WACC$가 측정될 수 있을 것이다.

예제 7-8 증권시장선 도출, 과대 · 과소 평가된 증권 선별, 자본예산 응용

MK사는 다음의 표와 같이 자본확대계획 범위 내에서 설비투자를 추진하기 위해 A, B, C, D 4개의 투자안에 대해 투자안의 경제성을 평가하고 있다. 경영진은 4개의 경제상황(불황, 침체, 회복, 호황)을 추정하여 시장에 대한 미래예측을 한 다음, 예측에 따른 시장수익률과 각 투자안의 예상수익률을 추정하였다. 무위험이자율이 5%, 가중평균자본비용이 10%이고, 이 회사의 베타는 1.0, 각 투자안에 대한 투자비율은 같게 하며, 투자자금은 충분히 조달이 가능하고, 각 투자안은 독립적 투자안이라면, 각 투자안의 베타와 증권시장선에 의한 기대수익률을 구하고, 어느 투자안을 선택해야 하는지 평가 · 판단하시오.

경제상황	확 률	시장수익률 (R_M)	투자안의 예상수익률			
			A	B	C	D
불황	0.1	−0.15	−0.30	−0.30	−0.09	−0.05
침체	0.3	0.05	0.10	−0.10	0.01	0.05
회복	0.4	0.15	0.30	0.30	0.05	0.10
호황	0.2	0.20	0.40	0.40	0.08	0.15

풀이

(1) 분산과 공분산 계산

s	P_s	R_M	$P_s R_M$	$(R_M - \overline{R_M})$	$(R_M - \overline{R_M})^2$	$P_s(R_M - \overline{R_M})^2$
불황 : 1	0.1	−0.15	−0.015	−0.25	0.0625	0.00625
침체 : 2	0.3	0.05	0.015	−0.05	0.0025	0.00075
회복 : 3	0.4	0.15	0.060	0.05	0.0025	0.00100
호황 : 4	0.2	0.20	0.040	0.10	0.0100	0.00200

$E(R_M) = \overline{R_M} = 0.10$ $\qquad Var(R_M) = 0.01$

$\sigma_{R_M} = 0.1$

(2) 각 투자안의 추정평균수익률과 공분산 계산

s	P_s	R_A	P_sR_A	$(R_A-\overline{R_A})(R_M-\overline{R_M})$	$P_s(R_A-\overline{R_A})(R_M-\overline{R_M})$
1	0.1	−0.30	−0.03	(−0.50)(−0.25)=0.125	0.0125
2	0.3	0.10	0.03	(−0.10)(−0.05)=0.005	0.0015
3	0.4	0.30	0.12	(+0.10)(+0.05)=0.005	0.0020
4	0.2	0.40	0.08	(+0.20)(+0.10)=0.020	0.0040

$E(R_A)=\overline{R_A}=0.20$　　　　$Cov(R_A, R_M)=0.0200$

s	P_s	R_B	P_sR_B	$(R_B-\overline{R_B})(R_M-\overline{R_M})$	$P_s(R_B-\overline{R_B})(R_M-\overline{R_M})$
1	0.1	−0.30	−0.03	(−0.44)(−0.25)=0.110	0.0110
2	0.3	−0.10	−0.03	(−0.24)(−0.05)=0.012	0.0036
3	0.4	0.30	0.12	(+0.16)(+0.05)=0.008	0.0032
4	0.2	0.40	0.08	(+0.26)(+0.10)=0.026	0.0052

$E(R_B)=\overline{R_B}=0.14$　　　　$Cov(R_B, R_M)=0.0230$

s	P_s	R_C	P_sR_C	$(R_C-\overline{R_C})(R_M-\overline{R_M})$	$P_s(R_C-\overline{R_C})(R_M-\overline{R_M})$
1	0.1	−0.09	−0.009	(−0.12)(−0.25)=0.030	0.0030
2	0.3	0.01	0.003	(−0.02)(−0.05)=0.001	0.0003
3	0.4	0.05	0.020	(+0.02)(+0.05)=0.001	0.0004
4	0.2	0.08	0.016	(+0.05)(+0.10)=0.005	0.0010

$E(R_C)=\overline{R_C}=0.030$　　　　$Cov(R_C, R_M)=0.0047$

s	P_s	R_D	P_sR_D	$(R_D-\overline{R_D})(R_M-\overline{R_M})$	$P_s(R_D-\overline{R_D})(R_M-\overline{R_M})$
1	0.1	−0.05	−0.005	(−0.13)(−0.25)=0.0325	0.00325
2	0.3	0.05	0.015	(−0.03)(−0.05)=0.0015	0.00045
3	0.4	0.10	0.040	(+0.02)(+0.05)=0.0010	0.00040
4	0.2	0.15	0.030	(+0.07)(+0.10)=0.0070	0.00140

$E(R_D)=\overline{R_D}=0.080$　　　　$Cov(R_D, R_M)=0.00550$

(3) 각 투자안의 베타 계산$\left(\beta_i=\dfrac{\sigma_{iM}}{\sigma_M^2}\right)$

$\beta_A = 0.0200/0.01 = 2.00$

$\beta_B = 0.0230/0.01 = 2.30$

$\beta_C = 0.0047/0.01 = 0.47$

$\beta_D = 0.0055/0.01 = 0.55$

(4) 투자안의 비정상수익률 계산

투자안	예상기대수익률(요구수익률)	추정기대수익률	비정상수익률(%)
P_A	$E(R_A)=0.05+0.05(2.0)=0.150$	0.200	5.00
P_B	$E(R_B)=0.05+0.05(2.3)=0.165$	0.140	−2.50
P_C	$E(R_C)=0.05+0.05(0.47)=0.0735$	0.030	−4.35
P_D	$E(R_D)=0.05+0.05(0.55)=0.0775$	0.080	0.25

※ 1) 비정상수익률$[\overline{R_i}-E(R_i)]$에 의한 판단 : A안이 5%로 가장 우수한 투자안이다.
B안은 14%의 추정수익률을 주지만, 비정상수익률이 −2.5%이므로 기각된다.
C안은 −4.35%로 음(−)의 비정상수익률을 가져와 가장 열위의 투자안이므로 기각된다.

2) 시장위험프리미엄 : $[E(R_M)-R_f]=10\%-5\%=5\%$

3) 가중자본비용($WACC=10\%$: 투자안의 절사율, 거부율)에 의한 평가 : 10%를 초과하는 투자안 A, B안은 각각 20%, 14%이므로 선택되고, C, D안은 각각 3%, 8%로 기각된다.
*SML*에 의한 판단 : *SML* 위에 있는 A, D안이 선택된다.

4) 베타에 의한 판단 : MK회사의 베타가 1.0인데, A, B안의 β는 각각 2.0, 2.3으로 위험한 투자안이고, C, D안은 상대적으로 낮은 위험의 투자안이다.

5) *CAPM*에 의한 투자기준으로 판단(증권시장선의 위, 아래 존재여부에 의한 판단) : D안이 증권시장선상에 가장 근접한다. B안은 증권시장선 아래에 위치하므로 만일 B안을 선택한다면 잘못된 선택결정이 된다. A안은 증권시장선 위에 위치하므로 선택되어야 하며, 만약 기각한다면 잘못된 기각결정이 된다.

그림 7-7

CAPM과 WACC 기준에 의한 투자안 평가

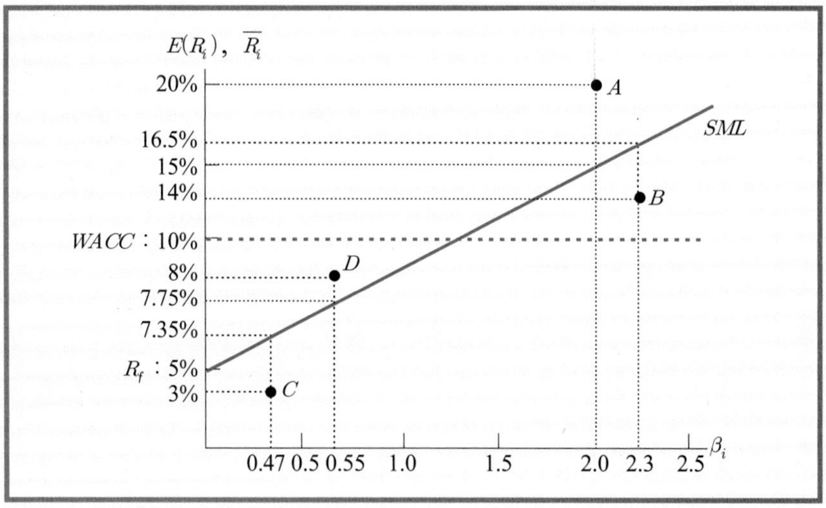

연습문제

01 다음의 용어들을 간단히 설명하시오.

(1) 시장포트폴리오 (2) 자본시장선
(3) 체계적 위험과 비체계적 위험 (4) 위험조정할인율
(5) 가중평균자본비용 (6) 확실성등가법

02 증권특성선(SCL)과 시장모형을 설명하시오.

03 증권시장선(SML)과 자본시장선(CML)의 차이를 설명하시오.

04 시장포트폴리오의 베타는 왜 1.0인지를 설명하시오.

05 SML이 위험투자안의 투자결정에 응용되는 경우를 설명하시오.

06 투자안을 평가할 때, $CAPM$과 $WACC$에 의한 평가의 차이점을 설명하시오.

07 인플레이션이 명목이자율과 시장수익률에 영향을 미치는 요인이라고 한다면, 인플레이션이 시장위험프리미엄에 어떤 영향을 미치는지에 대해 설명하시오.

08 무위험이자율이 4%, 시장위험프리미엄은 5%이다. 주식 A, B, C의 베타는 각각 0.8, 1.2, 2.0이라면 증권시장선에 의해 주식 A, B, C의 기대수익률을 구하시오.

09 N사의 주식수익률과 시장포트폴리오의 수익률은 연도별로 다음과 같이 예상된다고 할 때, 다음의 물음에 답하시오.

연 도	N사의 주식수익률(%)	시장수익률(%)
2003	2	−12
2004	13	18
2005	10	5
2006	5	15
2007	−8	10
2008	−2	12
2009	6	26

(1) N사의 주식수익률의 역사적 베타를 구하시오.

(2) 향후 7년간 무위험이자율은 10%, 시장포트폴리오의 기대수익률은 18%로 변함이 없다고 가정하고, N사의 기대수익률을 구하시오.

10 NB사는 2개의 투자안에 각각 1,000만원씩 투자하려고 한다. 자료는 다음과 같을 때 아래의 질문에 답하시오.

상 황	확 률	시장수익률	투자안 A의 수익률	투자안 B의 수익률
1	0.1	−0.3	−0.4	−0.4
2	0.2	−0.1	−0.2	−0.2
3	0.3	0.1	0	0.6
4	0.4	0.3	0.7	0

(1) 투자안 A의 분산, 표준편차, 시장과의 공분산, 투자안 B의 분산, 표준편차, 시장과의 공분산, ρ_{AM}, ρ_{BM} 그리고 투자안 A와 B의 상관계수(ρ_{AB})를 구하시오.

(2) 투자안 A와 B에 각각 40%, 60%의 투자비율로 포트폴리오를 구성한다면, 이 포트폴리오의 기대수익률과 표준편차는 얼마인가?

(3) 무위험이자율이 4%일 때, 투자안 A와 B의 기대수익률을 SML로 구하시오.

11 현재 시장포트폴리오의 기대수익률은 15%, 무위험이자율이 10%이다. 위험부채로 평가되는 A사의 회사채(이표채) 액면가 1,000만원짜리는 현재 채권시장에서 시가 942.14만원에 거래되고 있다. A사 채권의 액면이자율은 10%, 만기는 3년이다. 이 채권이 지급불능될 위험률을 10%로 상정하고, 만일 파산될 경우 700만원만 지급될 것으로 가정한다. SML을 이용하여 A사의 위험부채의 베타를 구하시오.

PART

Ⅲ 자본구조와 배당정책

제Ⅲ부는 재무관리에서 가장 중요한 의사결정인 투자결정과 자본조달결정 가운데 자본조달결정에 대해 살펴본다. 특히, 자본비용은 재무관리에서 투자결정과 자본조달결정의 기본이며 핵심이므로 확실히 이해해 둘 필요가 있다. 제Ⅲ부에서 다루는 핵심내용은 다음과 같다.

제8장은 자본조달결정 및 투자결정의 기초가 되는 자본비용에 대해 설명한다. 자본비용과 기업가치결정의 관계, 원천별 자본비용의 역할과 측정방법, 그리고 자본비용의 재무의사결정에의 이용과 실무에의 적용, 최적자본예산의 결정원리를 설명한다.

제9장은 자본구조와 기업가치 결정관계를 설명하는 자본구조이론들의 특성과 차이가 무엇인지 정리한다. 또한 최적자본구조가 과연 존재할 수 있는지 자본구조이론별로 살펴본다. 자본구조이론의 실제 적용도 살펴본다.

제10장은 배당과 기업가치의 관계를 규명하는 배당정책에 대해 설명한다. 배당이 기업가치에 영향을 미친다는 주장과 관련이 없다는 주장들을 살펴보고, 실제 적용사례들을 정리한다.

CHAPTER

8

자본비용

학습목표

앞의 장에서 투자결정이론의 핵심인 위험과 기대수익에 대한 기본이론을 살펴보았다. 본 장에서는 투자결정과 자본조달결정 및 최적자본구조이론의 출발점인 동시에 핵심인 자본비용의 기능과 측정방법에 대해 설명한다. 자본비용이 자본조달결정과 자본예산 투자안의 선택에서 왜 기준 역할을 하는지, 그리고 재무의사결정에서 왜 중요한지를 이해하도록 다음의 내용을 다룬다.

1. 자본비용의 기능과 중요성
2. 가중평균자본비용의 측정방법
3. 자본비용의 재무의사결정에의 이용과 실무에의 적용
4. 한계자본비용과 투자기회선, 최적자본예산의 결정원리

제1절 자본비용의 개념

1. 자본비용의 의의

자본비용(cost of capital)이란 기업이 자본사용의 대가로 자본제공자에게 지불해야 하는 비용이다. 기업은 계속기업으로서 생존·성장을 위해서 끊임없이 투자를 해야만 한다. 투자에 소요되는 투자자금은 자본조달을 통해 지속적으로 이루어지는데, 자본조달에는 자본비용이 발생하게 된다. 제5장 투자안의 경제성 평가에서 본 바와 같이, 새로운 투자안의 선택시 투자안의 기대수익률이 자본비용보다 크면 채택되고 작으면 기각된다. 따라서 자본비용은 기업재무 의사결정의 두 주류인 자본조달결정과 투자결정을 연계하여 최적의 의사결정을 내리는 데 판단기준으로서 중요한 역할을 한다.

자본비용은 기업의 입장에서는 새로운 투자안으로부터 벌어들여야 할 필수수익률이고, 투자자 입장에서는 자본제공의 대가로 요구하는 최저요구수익률이다. 기업의 자본조달이 계속적으로 이루어지려면, 자본제공자(주주, 채권자)가 다른 투자대상에 투자해서 얻을 수 있는 기회투자수익률보다는 많은 자본비용이 지급되어야만 한다. 만약 기업이 자본비용(투자자의 최저요구수익률)을 지급하지 못한다면, 기업가치는 하락하게 된다. 따라서 자본비용은 기업가치를 하락시키지 않기 위해서 신규투자로부터 얻어야 할 최소한의 수익률인 동시에 자본제공자에게 지급해야 할 최소한의 비용이다. 즉, 자본비용은 투자결정과 자본조달결정에서 기업과 자본제공자 양자간의 의사결정기준인 거부율(cut-off rate)로 작용한다.

기업의 자본비용은 자본조달액에 대해 지급되는 대가의 비율로 측정하며, 통상 해당기업의 가중평균자본비용을 자본비용으로 사용한다.

2. 자본비용의 기능과 중요성

자본비용은 기업재무의 주요 기능인 자본조달결정과 투자결정에서 기본원리를 제공하는 기본개념이다. 다음에서 자본비용의 기능을 살펴봄으로써 그 중요성을 알아보도록 한다.

첫째, 미래현금흐름의 현재가치를 측정할 때 기업의 자산이나 기업가치를 측정하는 데 사용되는 적정할인율이다.

둘째, 자본비용이 최소일 때 기업가치는 극대가 되므로 자본조달결정의 기준이 되며, 기업가치를 최대화하려는 투자결정과 기업의 가치평가에 이용된다. 기업가치가 최대화되는 점이 곧 자본비용이 최소화되는 점이다.

새로운 투자안에 필요한 자금을 주식이나 회사채로 조달하여 투자안에 투입한 이후 매기 기대현금흐름($\overline{CF_t}$)이 발생한다고 가정할 때, 기업가치는 자본예산 투자안의 경제성 평가에서 보았듯이 식 (8-1)로 결정되었다.

$$NPV = \sum_{t=1}^{n} \frac{\overline{CF_t}}{(1+k)^t} - I_0 \tag{8-1}$$

위 식에서 기대현금흐름($\overline{CF_t}$)이 일정($\overline{CF}$)하다고 가정하면, 할인율인 자본비용(k)이 작을수록 기업의 순현재가치(NPV)는 커진다. 여기서, 기업가치는 분자의 현금흐름을 통한 투자안 결정과, 분모의 자본비용을 바탕으로 한 자본조달결정을 통해 결정된다.

셋째, 위의 식 (8-1)은 새로운 투자안의 경제성 평가시 투자안의 현금흐름을 할인하여 현재가치를 계산하는 기본식이다. 새로운 투자안의 위험이 기업의 기존위험과 다른 경우에는 개별투자안의 위험이 반영된 자본비용, 즉 위험조정수익률로 투자안의 가치를 평가한다. 이 경우 위험이 반영된 관계로 위험조정수익률(risk adjusted rate of return)이라고 한다.

넷째, 기업가치극대화라는 기업목표를 실현하기 위해서는 자본조달비용을 최소화해야 하고, 자본비용이 최소일 때 기업가치는 극대화된다. 따라서 자본비용을 최소화하는 것이 자본구조결정의 기본원리가 된다. 즉, 자본비용은 최적자본구조이론의 기저를 이룬다.

다섯째, 자본비용은 다양한 의미를 가지고 있다. 자본비용(cost of capital : CC)은 투자를 위해 조달된 자본의 기회비용이며, 투자로부터 기대하는 확률적 수익률의 개념이므로 기대수익률(expected rate of return : ER)을 뜻한다. 한편, 기업 입장에서는 새로운 투자안으로부터 벌어들여야 할 필수수익률이고,

투자자 입장에서는 자본제공의 대가로 요구하는 요구수익률(required rate of return : RRR) 또는 최저요구수익률이다. 따라서 새로운 투자안의 기대수익률이 필수수익률보다 큰 경우에는 투자안이 채택되고, 작은 경우에는 기각된다. 이런 면에서 투자안의 기대수익률은 적어도 투자자의 요구수익률보다는 커야(요구수익률을 뛰어넘어야) 한다는 의미에서 장애수익률(hurdle rate)이라고도 한다. 동시에 기업은 예상하는 기대수익률 또는 필수수익률보다 높은 자본비용을 지불하면서 자본을 조달할 수는 없다. 기대수익률보다 높은 자본비용의 자본은 거부되고, 자본비용보다 낮은 기대수익률이 예상되는 투자안 역시 거부되므로 자본비용은 절사율 또는 거부율(cut-off rate)의 의미를 가진다.

여섯째, 미래현금흐름을 할인하여 현재가치로 환원하는 데 이용되므로 자본환원율(capitalization rate) 또는 할인율(discount rate)이라고 한다.

일곱째, 리스금융이나 운전자본관리, 배당결정 등에 있어서 의사결정기준이 된다. 배당은 기업가치에 영향을 미치고, 기업가치는 주가로 나타난다. 주식의 현재가치는 배당액을 할인함으로써 결정되는데, 통상 자기자본비용이 할인율로 사용된다. 리스금융의 이용 여부는 타인자본비용으로 결정되고, 운전자본도 자본비용을 기준으로 관리하는 것이 일반적이다.

이상과 같이, 자본비용은 투자결정, 자본조달결정, 배당결정 등 재무의사결정을 수행하는 데 유용한 기본지표로서의 역할을 하며, 재무관리의 중심이론이 되고 있다.

제 2 절 자본비용의 측정

1. 원천별 자본비용

(1) 부채의 자본비용

부채의 자본비용, 즉 부채비용(cost of debt) 또는 타인자본비용은 기업이 부채를 사용할 때 지급해야 하는 대가이다. 부채로 자본(타인자본)을 조달할 때에는 매년 이자를 지급하고 만기에 원금을 상환한다. 일반적으로 이자는 부채(타인자본) 조달시 특별한 조건을 제시하지 않은 이상, 만기까지 일정한 금액을 지급하는 것이 상례이다. 따라서 부채의 자본비용은 부채총액(타인자본 조달액)에 대해 매년 지급하는 이자지급액의 비율로 간단히 계산될 수 있다. 즉, 타인자본 사용액에 대한 이자지급액의 비율이다. 법인세를 고려하지 않은 경우의 차입금의 자본비용은 식 (8-2)와 같다.

채권자에게 지급되는 이자지급액은 영업외비용에 속하여 과세대상에서 제외되므로 법인세 계산의 기준이 되는 과세소득을 줄여주는 감세효과(tax shield effect)를 고려해야 한다. 법인세를 고려하면, 식 (8-3)과 같아진다.

회사채를 발행해서 타인자본을 조달하는 경우, 인쇄비, 법적 수수료, 인수주선기관(증권사)의 수수료, 보증기관(은행)의 수수료 등과 같은 발행비용(flotation cost)이 발생한다. 부채조달액 중 발행비용이 차지하는 비율(f)만큼을 차감하여 계산하면, 식 (8-4)와 같아진다.

$$k_d = i = \frac{I}{B} \tag{8-2}$$

$$k_d = i(1 - t_c) = \frac{I}{B}(1 - t_c) \tag{8-3}$$

$$k_d = \frac{I}{B(1 - f)}(1 - t_c) \tag{8-4}$$

단, k_d : 부채의 자본비용
i : 이자율
I : 이자지급액
B : 부채(회사채 : Bond) 조달액
f : 발행비용(%)
t_c : 법인세율

$CAPM$을 이용하여 부채의 자본비용을 구할 수도 있다. 이 경우에는 부채의 체계적 위험이 반영된 베타를 이용하여 구한다.

$$k_d = R_f + \beta_d[E(R_m) - R_f] \tag{8-5}$$

단, R_f : 액면이자율
β_d : 부채의 체계적 위험

예제 8-1 **부채비용의 산출(Ⅰ)**

HD사는 1,000억원의 부채(회사채)를 사용하면서 매년 35억원의 이자를 지급하고 있다. 법인세율은 25%이며, 발행비용은 부채조달총액의 5%인 것으로 예상된다. 이 기업의 부채에 대한 자본비용은 얼마인가?

풀이

$$k_d = \frac{I}{B(1-f)}(1-t_c) = \frac{35}{1{,}000(1-0.05)}(1-0.25) = 2.76(\%)$$

예제 8-2 **부채비용의 산출(Ⅱ)**

K사는 회사채를 발행하여 5,000억원의 타인자본을 조달하려고 계획하고 있다. 현재 이 회사 주식은 증권시장에서의 베타는 0.8인데, 회사채 발행으로 위험이 높아져 베타가 1.3으로 높아질 것으로 예상된다. 무위험이자율이 3%, 시장포트폴리오의 수익률이 8%라면, *CAPM*으로 계산할 때 이 회사채의 자본비용은 얼마인가?

풀이

$$k_d = 3 + (8-3)1.3 = 9.5(\%)$$

(2) 우선주의 자본비용

우선주의 자본비용, 즉 우선주비용(cost of preferred stock)은 우선주로 조달한 자본의 사용 대가로 주당배당금을 순발행가격으로 나누어 구한다. 우선주의 배당은 통상 보통주의 배당보다 좀더 높고 우선하여 지급하는 확정배당의 특성을 가지고 있기 때문에, 우선주는 만기가 없는 영구사채의 성격을 갖는다. 우선주 배당은 확정되어 있어서 이자와 성격이 유사하다. 따라서 영구연금의 공식을 이용하면 우선주 배당금의 현재가치는 식 (8-6)과 같다. 식 (8-6)으로부터 식 (8-7)이 도출되는데, 이 식이 우선주의 자본비용을 구하는 기본식이다. 발행비용이 감안된 경우에는 식 (8-8)이 된다.

$$P_p = \sum_{t=1}^{\infty} \frac{D_p}{(1+k_p)^t} = \frac{D_p}{k_p} \qquad (8\text{-}6)$$

$$k_p = \frac{D_p}{P_p} \tag{8-7}$$

$$k_p = \frac{D_p}{P_p(1-f_p)} \tag{8-8}$$

단, P_p : 우선주의 현재가치
D_p : 우선주의 배당금
k_p : 우선주의 자본비용
f_P : 우선주의 발행비용

예제 8-3 우선주의 자본비용 산출

H사는 주당 배당금 5,640원을 지급하는 우선주를 100,000원에 발행하려고 한다. 주당 발행비용이 6%라면 우선주의 자본비용은 얼마인가?

풀이

$$k_p = \frac{5,640}{100,000(1-0.06)} = 6(\%)$$

(3) 자기자본의 자본비용

자기자본의 자본비용, 즉 자기자본비용(cost of equity)은 보통주를 발행하여 자본조달을 하는 대가로 지급하는 자본비용이므로 보통주의 자본비용이라고도 한다. 보통주 발행으로 인한 자본비용은 미리 성해시는 것이 아니라 배당과 자본이득에 의해 결정되기 때문에, 통상 배당평가모형과 자본자산가격결정모형(*CAPM*)을 이용하여 산출한다.

1) *CAPM*을 이용한 자기자본비용의 산출

자기자본비용(k_e)은 *CAPM*에서의 투자자의 기대수익률인 $E(R_i)$를 의미하므로 보통주의 체계적 위험이 반영되어 다음과 같이 나타낸다.

$$k_e = R_f + (R_M - R_f)\beta_i \tag{8-9}$$

부채사용기업(levered firm), 특히 비상장기업의 경우 자기자본비용을 측정

할 때, 식 (8-10)의 하마다(Hamada) 공식을 이용한다.[1]

$$\beta_L = \beta_U \left[1 + (1 - t_c) \frac{D}{E} \right] \tag{8-10}$$

$$k_e = R_f + (R_M - R_f)\beta_L \tag{8-11}$$

단, β_L : 부채사용기업의 자기자본 베타계수
β_U : 무부채기업의 자기자본 베타계수
D : 부채의 시장가치
E : 자기자본의 시장가치
t_c : 법인세율

하마다 모형은 무부채기업의 자기자본 베타계수와 부채사용기업의 자기자본 베타계수 사이의 관계를 설명하는 모형이다. 하마다 공식은 실무에서 자본예산투자안의 자기자본비용 측정과 부채사용기업의 자기자본비용 측정에 이용되는데, 통상 상장기업 가운데 업종·규모가 유사한 무부채기업(unlevered firm)의 베타계수를 대용치로 사용한다. 위 식 (8-10)에서 부채사용기업의 베타(β_L)를 구해서 식 (8-11)에 대입하면, 부채사용기업의 자기자본비용을 산출할 수 있다.

예제 8-4 하마다 모형과 $CAPM$을 이용한 자기자본비용의 산출

무위험이자율이 연 3%이고 시장포트폴리오의 기대수익률은 10%이다. 무부채기업의 추정베타가 0.8이고 부채비율이 0.5인 부채사용기업의 자기자본비용은 얼마인가? 단, 법인세는 25%이다.

풀이

$\beta_L = 0.8[(1 + (1 - 0.25) \times 0.5] = 1.1$ $k_e = 3 + (10 - 3)1.1 = 10.7(\%)$

2) 배당평가모형을 이용한 자기자본비용의 산출

고든(M. Gordon)의 항상성장모형(constant growth model)을 이용하여 자기자본비용을 구할 수 있다. 앞의 제3장 식 (3-9)에서 보았듯이 고든 모형은 매년

1) Hamada, Robert S., "Portfolio Analysis, Market Equilibrium, and Corporation Finance," *Journal of Finance*, 24(March 1969), pp.13~31.

배당금이 일정한 성장률(g)로 지속적으로 증가 지급되며, 자기자본비용이 성장률보다는 크다는 가정하에 성립되는 가치평가모형이다. 이 식을 자기자본비용으로 변환시키면, 식 (8-12)가 된다. 여기서, 자기자본비용은 배당수익률과 배당금의 기대성장률(g)의 합으로 나타낸 것임을 볼 수 있다. 이 식은 이해하기 쉽고 현실적이어서 이용하기에 편리하지만, 배당이 지속적으로 동일하게 증가한다는 비현실적 가정을 전제로 한다는 면에서 한계가 있다.

신주를 발행해서 자본을 조달하는 경우, 신주발행에 따른 발행비용이 발생한다. 이 경우 신주의 자기자본비용은 발행비(f_c)를 반영하면, 식 (8-13)과 같이 된다.

$$k_e = \frac{d_1}{P_0} + g \tag{8-12}$$

$$k_e = \frac{d_1}{P_0(1-f_c)} + g \tag{8-13}$$

단, d_1 : 기말의 기대배당금
P_0 : 보통주의 시장가치
k_e : 보통주의 자본비용
g : 배당성장률

만약, 성장이 전무해서 배당금(D)이 매년 영원히 동일할 것으로 기대되는 제로성장기업의 자기자본비용은 제로성장모형을 이용하여 식 (8-14)와 같이 구할 수 있다. 배당을 전혀 하지 않거나 극히 적은 배당을 하는 기업의 자기자본비용은 이익평가모형을 이용하여 식 (8-15)와 같이 구할 수 있다.

$$k_e = \frac{D}{P_0} \tag{8-14}$$

$$k_e = \frac{E}{P_0} \tag{8-15}$$

단, D : 주당배당금(DPS)
E : 주당순이익(EPS)
P_0 : 보통주의 시장가치
k_e : 보통주의 자본비용

예제 8-5 배당평가모형을 이용한 자기자본비용의 산출

H사는 보통주 신주를 발행하여 자본을 조달하려고 한다. 이 신주는 매년 5%씩 배당을 일정하게 증가시켜 지급될 예정이고, 기말 주당배당금은 950원, 주당 발행비용은 5%로 예상된다. H사의 보통주 주가는 현재 시장에서 10,000원에 거래되고 있다면, 이 보통주의 자기자본비용은 얼마인가? 한편, H사의 보통주 구주가 만일 배당성장률이 0인 제로성장주식이어서 영구히 매년 500원의 배당금을 지급할 예정이라면, 이 구주의 자기자본비용은 얼마인가?

풀이

신주의 자본비용 : $k_e = \frac{950}{10,000(1-0.05)} + 0.05 = 15(\%)$

구주(제로성장주식)의 자본비용 : $k_e = \frac{500}{10,000} = 5(\%)$

3) 유보이익의 자본비용

유보이익(retained earning)은 순이익 중에서 배당으로 지급하고 남는 부분으로, 기업 운영자금이나 투자자금으로 사용된다. 유보이익은 외관상으로는 지급비용이 발생하지 않는 자기자본이다. 그래서 일반적으로 유보이익은 자본비용이 없다고 인식하기 쉬운데, 유보이익도 자본비용이 발생함을 유념해야 한다.

유보이익은 외부에 투자를 해서 얻는 이익과 마찬가지로 내부에 투자된 자기자본을 의미한다. 유보이익을 재투자해서 얻어야 할 투자수익률은 적어도 투자자의 요구수익률 이상이어야 한다. 만일 보통주 주주가 기대하는 수익을 올리지 못한다면 주주는 요구수익률과 동일하거나 그 이상의 투자기회를 찾고자 보통주를 매각하기 때문에 주가는 하락하게 된다. 유보이익의 자본비용은 보통주의 자본비용과 동일하므로, 유보이익의 자본비용을 구하는 방법도 자기자본비용을 구하는 방법과 같다. 투자자금을 유보이익으로 조달하는 것이나 유보이익을 배당으로 지급한 후 투자자금을 신주발행으로 조달하는 것이나 보통주의 자본비용이 적용된다는 점에서 동일하다고 볼 수 있다.

유보이익의 자본비용 측정을 전통적 접근법인 배당성장모형을 이용하여 나타내면 다음과 같다.

$$k_r = \frac{d_1}{P_0} + g = \frac{D_1}{V_0} + g \qquad (8\text{-}16)$$

단, k_r : 유보이익의 자본비용
d_1 : 1기말 주당배당금
P_0 : 주당 현재시가
D_1 : 1기말 기업 전체의 배당금
V_0 : 현재 총기업가치
g : 주당배당액 또는 배당총액의 증가율

4) 외부자기자본과 유보이익의 자본비용

내부자기자본(유보이익)의 자본비용과 외부자기자본(보통주, 우선주)의 자본비용에 대한 측정과 이의 재무의사결정에의 응용을 설명한다.

전통적 접근법은 식 (8-16)의 성장률 g가 주가 및 기업가치와는 독립적이라고 가정하지만, 실제는 주가가 성장률에 의해 좌우되는 약점을 가지고 있다. 또한, 조달비용(예 : 발행비)이 기업가치의 감소를 가져오는 것을 도외시하고 있다. 그래서 외부에서 자기자본을 조달하는 경우는 발행비를 고려하여 다음과 같이 결정된다.

$$k_e = \frac{d_1}{P_0(1-f)} + g = \frac{D_1}{V_0(1-f)} + g \qquad (8\text{-}17)$$

단, f : 자기자본 발행비(발행가격에서 차지하는 비율)

예제 8-6 외부자기사본비용의 산출

1기말 배당금이 1,000원, 현재 주가는 10,000원이고, 발행비는 주가의 10%, 배당의 기대성장률이 5%라면, 외부자기자본인 보통주의 자본비용은 얼마인가?

풀이

$$k_e = \frac{1{,}000}{10{,}000(1-0.1)} + 5\% = 16.11\%$$

위의 예제 8-6 에서 발행비가 없다면 외부자기자본의 요구수익률은 15%이다. 발행비가 있기 때문에 외부자기자본의 요구수익률, 즉 자기자본비

그림 8-1

내부금융(유보이익)과 외부금융(보통주)의 자본비용

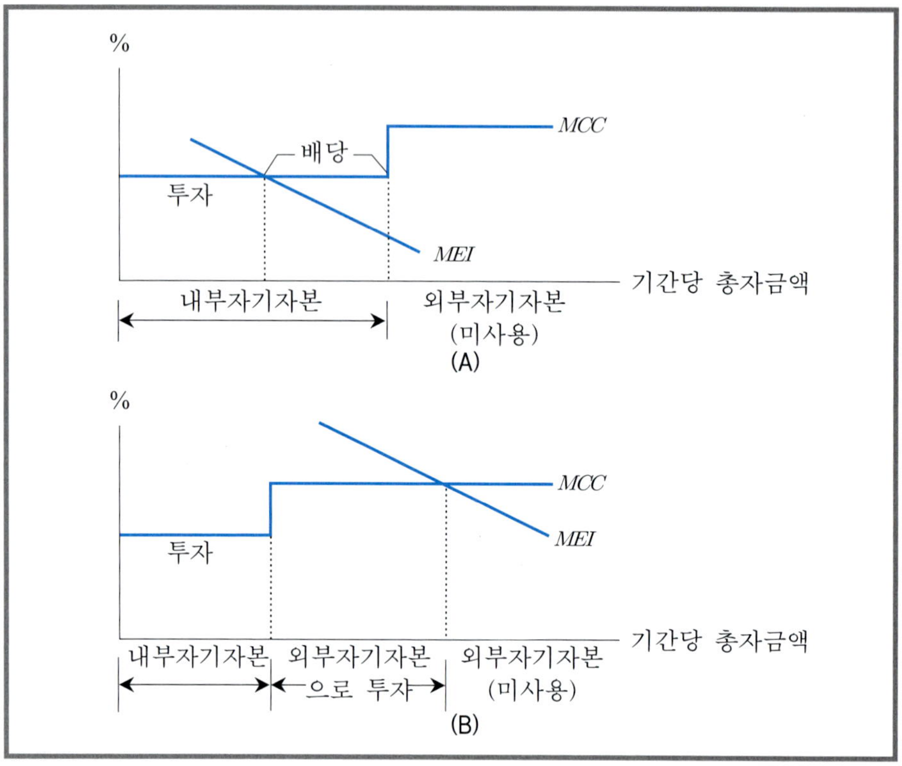

용은 16.11%로 상승한다. 내부자기자본(유보이익)과 외부자기자본은 실무에서 배당결정과 투자결정에 이용되는데, [그림 8-1]로 살펴본다.

식 (8-17)에서 발행비는 외부자기자본 조달비용에서 내부자기자본(유보이익) 조달비용을 차감한 것과 같다는 것을 알 수 있다. 따라서 [그림 8-1]에서 외부조달 자기자본비용은 발행비가 첨가되므로 내부자기자본보다 높게 나타난다.

[그림 8-1(A)]는 내부자기자본(유보이익)으로부터 배당지급이 결정되는 근거를 제공한다. 기업이 어떤 투자사업에 투자를 하는 경우, 그 투자안의 한계투자효율(marginal efficiency of investment : *MEI*)과 한계자본비용(marginal cost of capital : *MCC*)이 일치하는 점에서 결정된다. 한계투자효율선(*MEI*)은 제3절에서 설명할 투자기회선(*IOS*)과 같은 개념이다. [그림 8-1(A)]에서 이미 확보된 내부자기자본(유보이익) 전체 자금이 일부만 사용되는 점에서 *MEI*선과 *MCC*선이 교차하고 있다. 따라서 사용가능한 내부자기자본 중 일부는 투자하고 남은 일부는 배당으로 지급하게 된다. 여기서 배당은 내부자기자본 총

액 범위 내에서 투자액을 제외한 잔액으로 이루어진다는 이론적 근거를 제공함을 볼 수 있다.

[그림 8-1(B)]는 유보이익이 [그림 8-1(A)]의 경우보다는 적은 경우로 투자안의 한계투자효율선(*MEI*)이 사용가능한 내부자기자본 총액을 초과한 점에서 한계자본비용선(*MCC*)과 접하고 있다. 따라서 배당은 할 수 없고, 투자자금을 외부자기자본으로 조달해야 한다.

한편, 발행비의 개념은 투자안의 순현재가치를 구하는 데에도 이용이 가능하다. 새로운 투자안에 필요한 추가자금을 조달하기 위해서 주식이나 회사채를 발행할 때 발생하는 발행비용을 고려한 투자안의 순현재가치는 다음 식과 같이 결정된다.

$$NPV = \sum_{t=1}^{n} \frac{CF_t}{(1+k)^t} - \frac{\Delta I}{(1-f)} \qquad (8\text{-}18)$$

단, k : 자본비용(할인율)
f : 발행비용(발행가격에서 차지하는 비율)

위 식 (8-18)에서 추가투자자금은 $\Delta I = I(1-f)$ 이므로, 이를 식 (8-18)에 대입하면 자본예산에서 NPV를 구하는 표준식이 된다. 이 식에 발행비용 f를 고려하고, 발행비용에 대한 감세효과를 반영하면, 식 (8-18)은 다음과 같이 표현된다.

$$NPV = \sum_{t=1}^{n} \frac{CF_t}{(1+k)^t} - \frac{\Delta I}{[1-f(1-t_c)]} \qquad (8\text{-}19)$$

단, t_c : 법인세율

예제 8-7 발행비용과 법인세를 고려한 순현재가치

M사는 매년 15억원의 현금흐름이 기대되는 투자안에 필요한 추가 신투자자금 40억원을 보통주로 발행하여 조달하려고 한다. M사의 자본비용이 15%, 발행비용은 발행가격의 10%이고, 법인세율이 25%라면, 이 투자안의 순현재가치는 얼마인가?

풀이

$$NPV = \frac{15}{0.15} - \frac{40}{1-0.1(1-0.25)} = 56\text{억 } 7{,}568\text{만원}$$

2. 가중평균자본비용

가중평균자본비용(weighted average cost of capital : $WACC$)은 원천별 자본비용을 전체 총자본에서 각 조달자본이 차지하는 구성비율을 가중치로 해서 산출한 평균자본비용으로 정의된다. 자본조달의 원천이 부채(D), 우선주(P), 보통주(E), 유보이익(R)으로 구성되었다고 할 때의 가중평균자본비용은 다음과 같이 각 조달원천의 자본비용에 그 구성비율인 가중치를 곱하여 구한다.

$$k_w = w_d k_d (1-t) + w_p k_p + w_e k_e + w_r k_r \qquad (8\text{-}20)$$

단, $w_d = \frac{D}{D+P+E+R}$: 부채의 구성비율

$w_p = \frac{P}{D+P+E+R}$: 우선주의 구성비율

$w_e = \frac{E}{D+P+E+R}$: 자기자본의 구성비율

$w_r = \frac{R}{D+P+E+R}$: 유보이익의 구성비율

가중평균자본비용은 조달되는 각 자본별 단위당 가격을 합한 비용을 의미한다. 가중평균자본비용의 경제적 의미는 여러 형태로 조달된 자금(자본)들에 대한 평균적 대가로 전체 총자본을 $WACC$라는 단일 자본비용으로 조달한 것으로 생각할 수 있다. 따라서 투자결정이나 기업가치 산출, 자본조달결정을 할 때 $WACC$를 단일의 자본비용으로 간주해서 이용하므로 총자본비용의 의미를 가진다.

가중평균자본비용을 산출할 때, 각 원천의 가중치를 계산하는 방법에는 장부가치기준, 시장가치기준, 목표가중치기준의 세 가지가 있는데 시장가치기준이 가장 타당한 기준으로 평가받고 있다. 그 이유는 시장가치가 장부가치보다 실질가치를 잘 반영할 뿐만 아니라, 증권시장에서 객관적으로 평가되어 시가에 반영되기 때문이다. 그리고 목표자본구조 결정시 목표가중치를 산출하는 데에도 시장가치 가중치를 사용하는 것이 더 합리적이라 할 수 있다.

예제 8-8 가중평균자본비용의 계산

다음의 표와 같이 자본구조를 이룰 때, 장부가치기준, 시장가치기준, 목표가중치기준에 의한 가중평균자본비용은 각각 얼마인가? 단, 단기부채의 시장이자율 12%, 장기부채(회사채)의 액면이자율 10%(시장요구수익률 13.5%), 우선주비용 13%, 보통주비용은 17%이고, 자본별 목표가중치는 각각 10%, 20%, 5%, 65%로 구성하고자 한다. 법인세율은 40%이며, 우선주의 시가는 장부가의 70%, 보통주의 시가는 장부가의 120%를 적용한다.

	자본비용	장부가치 (만원)	시장가격 가중치	시장가치 (만원)	시장가치 가중치 (구성비율)	시장가치 가중비용	목표 가중치
단기부채	12%	400	100%	400	0.105	1.260%	0.10
장기부채	13.5%	1,000	88%	880	0.230	3.105%	0.20
우 선 주	13%	200	70%	140	0.037	0.481%	0.05
보 통 주	17%	2,000	120%	2,400	0.628	10.676%	0.65
		3,600		3,820	1.000	15.522%	1.00

풀이

장부가치기준 $WACC$: $k_w = \frac{4}{36} \times 12\,(1-0.4) + \frac{10}{36} \times 13.5(1-0.4) + \frac{2}{36} \times 13 + \frac{20}{36} \times 17$

$= 13.22(\%)$

시장가치기준 $WACC$: k_w

$k_w = \Sigma$[원천별 시장가치 가중치×원천별 자본비용(감세효과 고려)]

$= 0.105 \times 12(1-0.4) + 0.230 \times 13.5(1-0.4) + 0.037 \times 13 + 0.628 \times 17 = 13.78(\%)$

목표가중치기준 $WACC$: $k_w = 14.04(\%)$

	세전비용	세후비용	목표가중치	목표가중비용
단기차입금	12%	7.2%	0.10	0.72%
장 기 부 채	13.5%	8.1%	0.20	1.62%
우 선 주	13%	13.0%	0.05	0.65%
보 통 주	17%	17.0%	0.65	11.05%
			1.00	14.04%

예제의 표에서 시장가격 가중치에 대해 설명하면, 단기부채는 만기가 1년 미만의 단기이어서 시장이자율에 변동이 없으므로 가중치를 100% 반영한

것이다. 장기부채는 10%의 액면이자율에 위험이 반영되어 현재 시장에서의 요구수익률은 13.5%로 평가된 것이므로 액면가 1,000만원인 회사채는 위험요인이 반영되어, 즉 요구수익률 13.5%로 할인되어 현재시가를 881만원(≒880만원)으로 평가한 것이다. 실무에서는 통상 액면가를 위험요인이 반영된 요구수익률로 할인해서 시장가격 가중치를 추정한다.

예제 8-8 에서 목표가중치로 가중평균자본비용을 구하는 과정을 설명해 보자. 목표가중치를 구하는 첫째 단계는 시장가치에 따른 자본조달별 구성비율, 즉 시장가치 가중치를 구한다. 목표자본구조의 가중치를 구하기 위해 시장가치를 가중치로 사용하는데, 그 이유는 장부가치는 미래 자금조달의 구성비율로 사용하기에는 부적절하고 실질가치를 반영하지 못하기 때문이다. 그리고 시장가치 가중치가 장부가치 가중치보다 목표자본조달 구성면에서 보다 합리적인 측정치를 제공하기 때문이다. 그래서 시장가치 가중치는 기업의 가중자본비용 계산에 가장 적절한 최적지표로 사용된다.

둘째 단계에서 목표가중치, 즉 자본조달별 목표구성비율을 현재의 시장가치 가중치(구성비율)와 가장 근사한 값으로 조정하여 설정한다. 위 표에서는 보통주에 의한 자본조달의 목표가중치를 보통주 주가가 미래에 더 상승할 것으로 예상하고 약간 증가시켜 결정한 것이다.

마지막 단계는 부채에 대해서 감세효과를 반영하여 세후자본비용을 구한 다음에 이 세후자본비용에 목표가중치를 곱하여 목표가중비용을 계산한다. 이 목표가중비용은 다음 제3절에서 설명하는 한계자본비용의 개념이다.

제 3 절 한계자본비용과 투자기회선 : 최적자본예산

기업 실무에서 자본비용은 기업가치 평가분석과 투자결정의 척도와 기준치로 중요한 역할을 하므로 자본비용에 대한 정확한 측정은 매우 중요하다. 특히, 기업가치 평가는 적용될 자본비용이 무엇이냐에 따라 매우 민감하게 반응하기 때문에 자본비용 측정에는 상당한 주의를 요한다.

자본비용의 궁극적 목표는 가치분석과 투자결정에 사용될 한계자본비용을 얻는 것이다. 한계자본비용은 조달원천별 가중평균기회비용이다. 실무에서 적용할 가중평균자본비용($WACC$)의 계산은 원칙적으로 세후기준으로 계산해야 하며, 동시에 위험을 고려해야 한다. 현금흐름 역시 세후 현금흐름으로 계산한다. 세후기준으로 계산해야만 예산편성에서 이용된 세후기준이 일관되게 유지될 수 있기 때문이다. 개별 투자안의 위험은 기업의 포트폴리오 구성자산들의 현재 위험과 유사하다고 가정한다.

1. 한계자본비용

한계자본비용(marginal cost of capital : MCC)이란 기업이 필요로 하는 소요자본 한 단위를 추가적으로 조달할 때 발생하는 자본비용이다. 투자액에 대한 원천별 한계자본비용을 가중평균한 것을 가중한계자본비용이라 한다. 새로이 추가조달하는 자금규모가 증가할수록 위험증가로 원천별 한계자본비용도 점차 증가하게 된다. 한계자본비용의 계산과정은 다음과 같다.

① 원천별로 조달할 자금비율을 결정한다.
② 원천별로 자본비용의 증가가 발생되는 분기점(break-even point)을 계산한다.
③ 분기점 중심으로 각 구간별로 원천별 자본비용을 계산한다.
④ 각 구간별로 자본조달 규모의 증가에 따라 달라지는 가중평균 한계자본비용(MCC)을 계산한다.

이 분기점을 기준으로 해서 원천별로 한계자본비용이 가장 낮은 순서의 자본을 먼저 조달한다. 통상 자본비용이 낮은 부채를 먼저 조달하고, 유보이익, 보통주 순서로 조달한다. 보통주 발행을 통해 외부로부터 자본을 조달하는 경우 보통주는 발행비가 발생한다. 이에 비해 유보이익은 발행비가 없으므로 보통주보다 자본비용이 낮다.

예제 8-9 한계자본비용

K사는 현재 기초의 재무상태표상 회사채와 보통주가 각각 6,000만원, 4,000만원이고, 금년도 내부유보액이 2,500만원으로 예상된다. 이 회사는 자기자본 40%, 부채가 60%인 자본구조를 유지하고 있는데, 이를 목표자본구조로 생각하고 있다. 기대성장률은 8%이고 당기말 주당배당금은 250원으로 예상된다. 법인세는 30%이고, 현재의 주가는 주당 5,000원이다.

K사가 추가로 자본을 조달할 경우, 회사채의 세전자본비용은 2,500만원까지는 6%이고, 추가로 2,500만원을 더 조달할 경우는 8%, 또 추가로 2,500만원을 조달하면 자본비용은 2%가 추가된다. 한편, 보통주의 발행비는 10%이고, 2,500만원을 초과할 때마다 2%씩 감소한다. 추가 자본조달에 따른 가중한계자본비용은 얼마인가?

풀이

부채의 자본비용 : $k_d = i(1-t_c)$

2,500만원까지 6% : $k_d = 6(1-0.3) = 4.2(\%)$

5,000만원까지 8% : $k_d = 8(1-0.3) = 5.6(\%)$

7,500만원까지 10% : $k_d = 10(1-0.3) = 7(\%)$

유보이익의 자본비용 : $k_r = \dfrac{d_1}{P_0} + g$

$$k_r = \frac{250}{5{,}000} + 0.08 = 0.130(13\%)$$

보통주의 자본비용 : $k_e = \dfrac{d_1}{P_0(1-f_c)} + g$

2,500만원까지 : $k_e = \dfrac{250}{5{,}000(1-0.1)} + 0.08 = 0.136$

5,000만원까지 : $k_e = \dfrac{250}{5{,}000(1-0.08)} + 0.08 = 0.134$

7,500만원까지 : $k_e = \dfrac{250}{5{,}000(1-0.06)} + 0.08 = 0.133$

	가중치	2,500만원까지	2,500만원~5,000만원	5,000만원 초과
부 채	0.6	0.6×0.042=0.025	0.6×0.056=0.034	0.6×0.07=0.042
자기자본	0.4	0.4×0.136=0.054	0.4×0.134=0.054	0.4×0.133=0.053
가중한계 자본비용		0.079	0.088	0.095

그림 8-2

가중한계자본비용

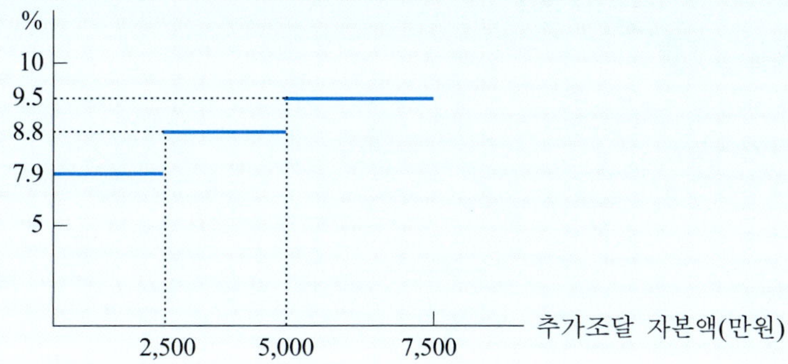

2. 한계자본비용선과 투자기회선 : 최적자본예산

투자기회선(investment opportunity schedule : *IOS*)이란 고려중인 투자안으로부터 기대되는 투자수익률, 즉 내부수익률의 크기순서대로 나타낸 선이다. 투자기회선(*IOS*)은 수확체감원리에 따라 감소하는 모양을 나타내므로 투자안의 선택은 내부수익률이 큰 순서대로 수행된다.

최적자본예산(optimal capital budgeting)이란 기업가치 극대화를 위해 수행되는 최적 자본조달의 원천 및 규모의 결정과 이에 따른 최적 투자안의 선택과 투자규모의 결정이라 할 수 있다. 최적자본예산은 증가하는 한계자본비용선(*MCC*)과 감소하는 투자기회선(*IOS*)이 만나는 수준에서 결정된다.

예제 8-10 한계자본비용과 투자기회선 : 최적자본예산

K사는 예제 8-9 로부터 얻은 한계자본비용을 고려하여 다음 표와 같은 네 개의 투자안에 대한 투자를 고려하고 있다. 내부수익률과 투자액이 다음과 같을 때, 투자기회선과 한계자본비용선을 고려하여 최적자본예산이 결정되는 관계를 그림으로 설명하시오.

투자안	A	B	C	D
투자액(만원)	1,500	1,500	1,500	1,500
내부수익률(%)	12.0	10.0	8.0	6.0

풀이

그림 8-3

한계자본비용선과 투자기회선 : 최적자본예산

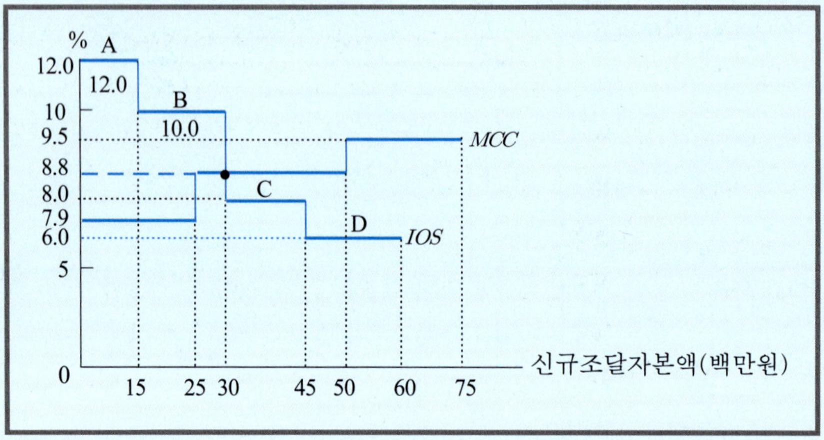

[그림 8-3]에서 최적자본예산은 한계자본비용선(*MCC*)과 투자기회선(*IOS*)이 교차하는 점에서 결정된다. 따라서 *IOS*가 *MCC*보다 큰 A, B 투자안은 선택되고, C, D 투자안은 기각된다. 최적 투자규모는 3,000만원이고 기업의 한계자본비용은 8.8%이다.

연습문제

01 다음의 용어들을 간단히 설명하시오.

(1) 자본비용　　(2) 기대수익률
(3) 필수수익률　　(4) 요구수익률
(5) 거부율　　(6) 부채비용
(7) 자기자본비용　　(8) 가중평균자본비용
(9) 한계자본비용　　(10) 투자기회선

02 자본비용의 기능은 무엇이며, 재무관리에서 중요한 이유는 무엇인가?

03 가중평균자본비용의 계산방법을 설명하시오.

04 내부유보이익의 자본비용이 외부에서 조달하는 보통주의 자본비용보다 낮은 이유는 무엇인가?

05 H사는 200억원의 부채를 사용하면서 매년 18억원이 이자로 지급되고 있다. 이 기업의 부채비용은 얼마인가? 단, 법인세율은 30%이며, 발행비용은 부채조달총액의 10%인 것으로 예상된다.

06 K사는 회사채를 발행하여 500억원의 타인자본을 조달하려고 한다. 과도한 부채조달로 인해 K사의 부채베타는 0.6에서 1.2로 높아질 것으로 예측된다. 무위험이자율이 5%, 시장포트폴리오의 기대수익률이 13%라 할 때 이 회사채의 자본비용을 SML로 구하면 얼마인가?

07 H사는 주당 배당금 500원을 지급하는 우선주를 5,000원에 발행하려고 한다. 주당 발행비용이 10%라면 우선주의 자본비용은 얼마인가?

08 K사는 부채를 사용하는 기업으로 동일 업종내 유사한 규모를 가진 비교 기업의 베타를 자사의 대용베타로 사용하기로 하고 추정베타를 추정한 결과, 베타계수는 0.9로 측정되었다. 무위험이자율이 연 8%, 시장포트폴리오의 기대수익률이 12%라면, 이 회사의 자기자본비용은 얼마로 추정되는가?

09 D사의 2004년 12월 31일 현재 재무상태표는 다음과 같다. D사의 회사채는 액면가 10,000원이며, 현재 시장에서 9,000원에 거래되고 있다. 우선주와 보통주는 모두 1주당 액면가는 5,000원이며, 시장에서 우선주는 7,000원, 보통주는 10,000원에 형성되고 있다. 세전부채비용이 8%이고, 우선주와 보통주의 요

구수익률이 15%로 동일한 경우, D사의 가중평균자본비용을 장부가치와 시장가치로 구하시오. 단, 법인세율은 30%이다.

재무상태표 (단위 : 만원)

유동자산	2,000	회 사 채	2,000
비유동자산	4,000	우 선 주	1,000
		보 통 주	3,000
	6,000		6,000

10 K사의 작년도말 재무상태표는 다음과 같으며, 금년도말에 내부유보액은 2,000만원이 될 것으로 예상된다. 자본구조는 자기자본 50%, 부채 50%의 목표자본구조를 계획하고 있다. 기대성장률은 10%이고, 당기말 주당배당금은 500원으로 예상된다. 법인세율은 30%이고, 주가는 주당 5,000원이다. 은행차입을 통해 부채를 조달할 경우, 5,000만원 이하는 8%의 이자율을, 5,000만원 이상은 10% 조건으로 차입할 수 있다. 한편, 보통주의 발행비는 10%이고, 5,000만원을 초과할 때마다 2%씩 감소한다. 추가 자본조달에 따른 가중한계자본비용은 얼마인가? 그리고 K사는 다음과 같은 투자안에 대한 투자를 고려하고 있는데, 한계자본비용과 투자기회비용을 감안하여 최적자본규모를 결정하시오.

재무상태표 (단위 : 만원)

유동자산	4,000	회 사 채	5,000
비유동자산	6,000	우 선 주	1,000
		보 통 주	4,000
	10,000		10,000

투자안	A	B	C	D
투자액(만원)	2,000	2,000	2,000	2,000
내부수익률(%)	22.0	20.0	12.0	8.0

11 RC사의 금년말 현재 총자본은 200억원이며, 내년말 안으로 50억원의 기계설비를 설치할 투자계획을 세우고 있다. 회사채로 자금조달하는 경우 부채비용은 11%, 우선주로 조달하는 경우 우선주 배당금으로 지출되는 우선주비용은 11.5%이며, 우선주의 시가는 주당 10,000원이다. RC사는 우선주를 3년 후 상환하는 조건으로 발행하며, 이 회사는 재무정책상 이 우선주를 사채와 같은 것으로 취급하고 있다. 현재 보통주의 시가는 주당 5,000원이고, 발행비를 차감하면 4,500원이다. 유보이익으로 조달가능한 내부유보액은 10억원이다. 과거 수년간 배당수익률은 6%, 기업성장률 8%, 법인세율 40%라고 가정한다. 현재 RC사의 자본구조는 다음과 같으며 최적이라고 판단하고 있다. 이러한 경우 다음의 물음에 답하시오. 원천별 자본비용 및 가중평균자본비용은 세후기준으로 계산한다.

부　　채		
4% 액면채	40억원	
7% 액면채	40억원	80억원
우선주(주당가격 10,000원)		20억원
보통주(주당가격 5,000원)	40억원	
유 보 이 익	60억원	
자 기 자 본		120억원
총　자　본		200억원

(1) 현재의 자본구조를 유지하려면, 기계설비 투자액 50억원 가운데 자기자본으로 조달가능한 금액은 얼마인가?

(2) 자기자본조달금액 중 신규 보통주 발행으로 조달가능한 금액은 얼마인가?

(3) ① 신규 부채의 자본비용은? ② 신규 우선주의 자본비용은? ③ 유보이익의 자본비용은? ④ 신규 보통주의 자본비용은?

(4) 내년도 이 회사의 가중평균자본비용은 얼마인가?

CHAPTER

9

자본구조이론

학습목표

본장에서는 자본비용을 기초로 하여 최적자본구조에 관한 이론들을 설명한다. 최적자본구조란 기업가치의 최대화가 달성되는 자본구조로 자본비용이 최소가 되는 점이다. 이런 개념을 일관되게 유지하면서 자본구조와 기업가치의 관계를 이해해야 한다.

자본구조이론은 모딜리아니 · 밀러(MM)의 이론을 기점으로 MM 이전의 전통적 이론과 MM 이후의 이론으로 구분할 수 있다. 완전자본시장을 가정한 MM의 초기이론과 법인세를 감안한 MM의 수정이론 그리고 시장의 불완전성 요인들인 개인소득세, 파산비용, 대리비용, 정보신호효과 등을 고려한 자본구조이론들이 있다. 이들 자본구조이론의 가정상 차이가 자본구조와 기업가치에 미치는 영향관계를 이해하도록 한다. 본장에서 익혀야 할 핵심내용은 다음과 같다.

1. 재무레버리지효과와 기업가치
2. 전통적 자본구조이론들의 가정, 최적자본구조의 성립여부
3. MM의 초기이론의 특징과 한계점
4. MM의 수정이론과 최적자본구조
5. 파산비용과 최적자본구조
6. 대리비용과 최적자본구조
7. 신호효과와 최적자본구조
8. 자본조달에서 자본비용이 적은 순서로 조달하는 이유
9. 밀러의 균형부채이론과 MM이론의 동일한 특성 이해
10. *EBIT-EPS*분석과 자본조달분기점, 부채부담능력과 현금흐름분석

제 1 절 최적자본구조이론의 기본개념

1. 자본구조와 최적자본구조의 의의

자본구조(capital structure)란 넓은 의미에서 재무상태표 대변항목의 장기자본조달원천(보통주, 우선주, 장기부채, 유보이익 등)간의 구성상태 및 결합관계를 의미한다. 좁은 의미에서는 자본조달원천을 자기자본과 타인자본 둘로 나누어 이들간의 구성상태 및 결합관계를 지칭한다.[1)]

기업의 총가치는 타인자본가치와 자기자본가치의 합으로 나타나므로, 자본구조는 총자본에 대한 타인자본과 자기자본의 구성비율을 의미한다. 이로 인해 자기자본에 대한 타인자본의 비율을 타인자본의존도(D/E) 또는 레버리지(leverage)라고 한다. 따라서 자본구조결정은 타인자본 대 자기자본의 구성을 적절히 결정하는 것이다.

최적자본구조(optimal structure of capital)는 기업가치를 극대화시키는 타인자본과 자기자본의 최적구성비(optimal mix of debt and equity)를 말한다. 즉, 타인자본의존도 또는 레버리지를 최적으로 구성했을 때, 기업가치를 극대화시키는 자본구조를 말한다.

최적자본구조이론(optimal capital structure theory)은 기업가치가 극대화되는 타인자본과 자기자본 간의 최적자본조달구성(optimal financing mix)을 규명하는 이론이다. 식 (9-1)에서 보는 바와 같이, 매기 나타나는 기대현금흐름($\overline{CF_t}$)이 $\overline{CF}$로 일정하다면 기업가치가 최대가 되는 점은 자본비용(k), 즉 가중평균자본비용($WACC$)이 최소가 될 때이다.

$$V = \sum_{t=1}^{\infty} \frac{\overline{CF}}{(1+k)^t} = \frac{\overline{CF}}{k} \qquad (9\text{-}1)$$

할인율 k는 투자자의 요구수익률인 동시에 기업의 자본조달비용과 재무

1) 자본구조와 유사한 개념의 재무구조는 재무상태표 대변에 나타나는 모든 자본조달원천(단기차입금, 외상매입금, 사채, 장기차입금, 보통주, 우선주, 유보이익)의 구성상태를 지칭한다는 면에서 자본구조와 구별된다.

그림 9-1

재무의사결정과 기업가치

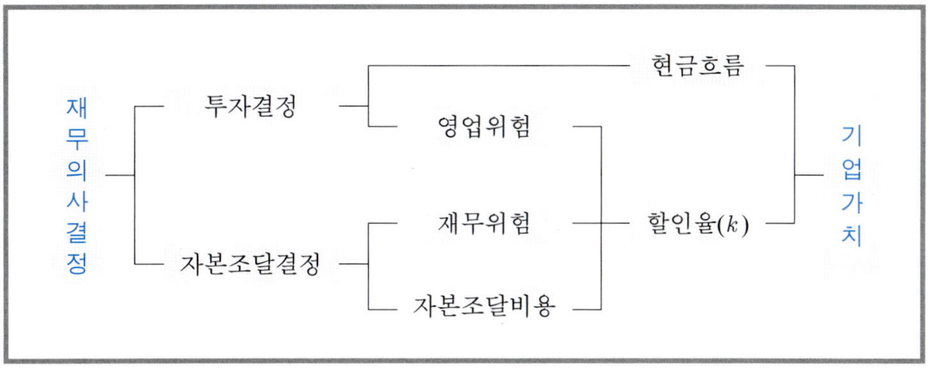

위험이 반영된 가중평균자본비용으로서 시장자본환원율의 의미이다. 만약 투자자의 요구수익률이 기업이 예상하는 가중평균자본비용보다 높다면 그 자본조달안은 거부될 것이다.

자본비용 k(이하 $WACC$를 의미)는 타인자본과 자기자본의 구성과 각 원천별 조달비용에 따라 달라진다. 이에서 기업의 목표인 기업가치의 극대화는 자본비용의 최소화로 달성되기 때문에, 최적자본구조이론은 가중평균자본비용($k = WACC$)이 최소화되는 타인자본과 자기자본의 최적구성비를 찾는 데 집중된다. 따라서 최적자본구조이론은 타인자본과 자기자본의 구성비, 즉 타인자본의존도 또는 레버리지가 기업가치에 미치는 영향관계를 규명하는 이론이다.

2. 부채사용과 재무레버리지효과

위에서 자본구조이론의 핵심은 기업가치극대화를 가져오는 타인자본의존도(레버리지)를 찾는 것에 집중된다는 것을 보았다. 일반적으로 부채사용을 증가시킬수록 부채비용이 자기자본비용보다 저렴한 이점, 그리고 지급이자의 회계상 비용처리로 발생하는 감세효과의 이점을 얻을 수 있다.

그러나 부채가 증가함에 따라 지급이자라는 고정재무비(fixed financial cost)가 증가하게 된다. 고정재무비는 영업이익($EBIT$)이 변동함에 따라 주당순이익(EPS)을 더욱 확대시키는 손익의 확대효과를 가져온다. 이를 재무레버리지효과(financial leverage effect)라 한다. 또한 과도한 부채사용은 원리금 상환을 불가능하게 하여 파산위험을 증가시킬 우려가 있다.

기업이 부채를 사용할 경우 주주이익에도 레버리지효과를 가져오기 때문에 자본구조이론은 자본비용과 레버리지, 기업가치와 레버리지의 관계를 규명하는 것이라고 할 수 있다. 즉, 기업가치와 관련한 자본구조 문제는 서로 다른 자본구조에 수반하는 재무레버리지의 차이가 기업의 $WACC$에 미치는 영향을 분석함으로써 가능해진다. 그 이유는 동일한 기대현금흐름하에서 기업가치는 $WACC$의 크기에 반비례하므로 $WACC$를 최소화하는 점이 곧 그 기업가치를 최대화하는 자본구조이기 때문이다.

3. 자본구조와 기업가치평가

자본구조이론은 자본구조와 기업가치의 관계를 규명하는 이론이다. 따라서 자본구조이론을 설명하기에 앞서 기업가치가 어떻게 결정되는지를 살펴볼 필요가 있다. 다음에서 기대현금흐름과 부채사용이 기업가치에 어떤 영향을 미치며, 이들 사이에 어떤 관계가 있는지를 설명한다.

(1) 기대현금흐름과 기업가치

제3장에서 설명한 바와 같이, 기업가치는 영업활동의 결과로 채권자와 주주에게 귀속되는 세후기대현금흐름을 적정할인율(k)로 할인한 값과 같다. 미래기대현금흐름은 미래에 예상되는 현금흐름이므로 상황별 확률변수로부터 구한다.

$$V = \sum_{t=1}^{\infty} \frac{\overline{CF_t}}{(1+k)^t} \qquad (9\text{-}2)$$

단, $\overline{CF_t} = \sum_{t=1}^{n} P_i \cdot CF_{it}$, P_i : i상황하의 발생확률

$$\begin{aligned} CF_t &= EBIT(1-t_c) + D - WC \\ &= NOI + \text{감가상각비} - \text{운전자본증가액} \end{aligned} \qquad (9\text{-}3)$$

단, $EBIT$: 영업이익

그런데 자본구조이론은 ① 법인세가 존재하지 않으며, ② 기대현금흐름

은 일정하고, ③ 기대현금흐름은 전액 주주들에게 배당으로, 채권자에게 이자로 매년 지급되며, ④ 매년 감가상각비만큼만 투자하는 제로성장기업이라는 가정하에 전개된다.

따라서 앞으로 기업가치와 자본구조를 설명하는 데 있어 기대현금흐름은 일정한 것으로 가정하여 $\overline{CF}$로 표시하고, 법인세도 없다는 가정하에 설명한다.

(2) 무부채기업의 기업가치

부채를 전혀 사용하지 않는 무부채기업(unlevered firm)은 소요자금 전체를 자기자본으로 조달하기 때문에 이자비용이 발생하지 않는다. 따라서 무부채기업의 기대현금흐름은 순영업이익(net operating income : NOI) 및 순이익(net income : NI)과 같고, 무부채기업의 기업가치(V_U)는 자기자본비용(k_e)으로 할인하면 결국 자기자본(E)과 같아진다.

$$\overline{CF} = \text{순영업이익}(NOI) = \text{순이익}(NI) \tag{9-4}$$

$$V_U = \sum_{t=1}^{\infty} \frac{\overline{CF}}{(1+k_w)^t} = \sum_{t=1}^{\infty} \frac{NI}{(1+k_e)^t} = \frac{NI}{k_e} = E \tag{9-5}$$

(3) 부채기업의 기업가치

부채를 사용하는 부채기업(levered firm)은 이자를 지급하므로, 현금흐름은 주주의 몫인 순이익(NI)과 채권자의 몫인 이자(I)의 합계로 이루어진다. 따라서 부채기업의 기업가치(V_L)는 자기자본가치와 부채가치의 합계로 이루어진다.

$$\overline{CF} = NI + I \tag{9-6}$$

$$\begin{aligned} V_L &= \sum_{t=1}^{\infty} \frac{\overline{CF}}{(1+k_w)^t} \\ &= \sum_{t=1}^{\infty} \frac{NI}{(1+k_e)^t} + \sum_{t=1}^{\infty} \frac{I}{(1+k_d)^t} \\ &= \frac{NI}{k_e} + \frac{I}{k_d} = E + D \end{aligned} \tag{9-7}$$

단, $NI = EBIT - I$

부채사용기업으로부터 자기자본가치, 부채가치, 부채비용, 자기자본비용, 가중평균자본비용, 기업가치를 정리하면, 다음과 같이 나타낼 수 있다.

① 이자 $I=k_d \cdot D$이므로 부채시장가치 $D=\frac{I}{k_d}$이고, 부채비용 $k_d=\frac{I}{D}$

② 자기자본 $E=\frac{EBIT-I}{k_e}=\frac{NI}{k_e}$ 이므로 자기자본비용 $k_e=\frac{EBIT-I}{E}$

③ 기업가치 $V=E+D=\frac{NI}{k_e}+\frac{I}{k_d}$ (9-8)

④ 기업가치 $V=\frac{\overline{CF}}{k_w}$이므로

가중평균자본비용 $k_w=\frac{\overline{CF}}{V}$, $k_w=\frac{D}{V}k_d+\frac{E}{V}k_e$ (9-9)

예제 9-1 자본구조와 기업가치평가

K사는 매년 50억원의 영업이익을 얻고 있으며, 이자로 5억원을 지급하고 있다. K사에 대한 주주의 요구수익률이 15%, 이자율은 5%라면 이 기업의 자기자본가치, 부채가치, 총가치는 얼마인가?

풀이

자기자본가치 : $E=\frac{EBIT-I}{k_e}=\frac{50-5}{0.15}=300$(억원)

부채가치 : $D=\frac{I}{k_d}=\frac{5}{0.05}=100$(억원)

총가치 : $V=E+D=300+100=400$(억원)

제 2 절 최적자본구조이론

자본구조이론은 모딜리아니와 밀러(F. Modigliani & M. Miller : 이후 MM이라 함)가 발표한 논문(1958)[2]을 중심으로 전·후의 이론으로 대별된다.

2) Modigliani, Franco, and Merton H. Miller, “The Cost of Capital, Corporation Finance and the Theory of

① MM 이전의 자본구조이론은 자본구조가 기업가치에 영향을 미친다는 순이익접근법(NI법)과 전통적 접근법이 있으며, 자본구조와 기업가치는 무관하다는 순영업이익접근법(NOI법)이 있다.

② MM의 자본구조이론은 완전자본시장하에서 자본구조와 기업가치는 상관이 없다는 초기이론(1958)과 이후에 법인세효과를 고려해 수정한 수정이론(1963)이 있다.

③ MM 이후의 자본구조이론은 불완전시장이란 조건하의 자본구조이론으로서 파산비용이론, 대리인비용이론, 균형부채이론이 주류를 이루며, 이들 이론이 현대 자본구조이론의 핵심을 이루고 있다.

1. 전통적 자본구조이론 : MM 이전의 자본구조이론

전통적 자본구조이론에는 순이익접근법, 순영업이익접근법, 전통적 접근법이 있고, 이들 견해는 모두 다음과 같은 가정을 전제로 하고 있다.

① 법인세와 투자자의 개인소득세는 고려하지 않는다. 거래비용과 파산비용도 없다.

② 파산위험이 존재하지 않으므로 부채비용(k_d)은 무위험이자율(R_f)과 같다.

③ 모든 이익은 이자와 배당으로 지급된다.

④ 자본조달수단은 부채(debt)와 자기자본(equity)만으로 이루어지고, 기업의 자본은 일정하며 오직 자본조달수단의 변화에 따라 자본구조만을 변경시킨다.

⑤ 기업의 성장은 없고(zero growth), 영업위험(business risk)은 동일하다. 따라서 미래 순영업이익(NOI)은 항상 일정(constant)하다.

이 가정은 자본구조를 달리할 경우, 재무레버리지의 차이가 단독으로 기업가치에 미치는 효과를 알기 위해 동일한 영업위험을 가정한 것이다. 기업의 수익흐름에 대한 투자자의 기대확률분포는 동질적이라고 가정하기 때문에 투자자의 필수요구수익률과 기업의 자본비용은 동일해진다. 따라서 모든 기업의 기대수익률은 일정하며, 영원히 동일한 규모로 지속한다는 의미이다.

Investment," *American Economic Review*, 48(June 1958), pp.261～297.

(1) 순이익접근법

순이익접근법(net income approach : NI법)은 부채비용과 자기자본비용은 변치 않는다는 가정하에 부채비율이 증가함에 따라 자기자본비용보다 상대적으로 저렴한 부채비용이 가중평균자본비용을 감소시켜 기업가치는 증가한다는 견해이다.[3] 이러한 관계를 그림으로 나타내면 [그림 9-2]와 같다.

그림에서 자기자본비용(k_e)과 부채비용(k_d)이 일정하며 $k_e > k_d$ 이므로, 부채비율(타인자본의존도, 레버리지) D/E가 증가할수록 가중평균자본비용(k_w)은 작아지므로 기업가치(V)는 증가하게 된다.

그러나 자기자본비용(k_e)이 부채비율의 증가와 무관하다는 주장은 증가하는 재무위험에 대해 주주들이 추가적인 보상을 요구하지 않는다는 것을 의미하는데, 이는 비현실적인 견해이다. 그리고 부채가 무한히 증가함에 따라서 부채사용기업의 가치(V_L)는 무한히 증가한다는 주장도 비현실적이고 설득력이 없다. 왜냐하면 자본구조를 전부 부채로 구성할 때(D=100%, E=0%), 기업가치가 극대가 된다는 논리는 타당성이 없다. 이런 점들이 순이익접근법의 한계점이다.

그림 9-2

순이익접근법

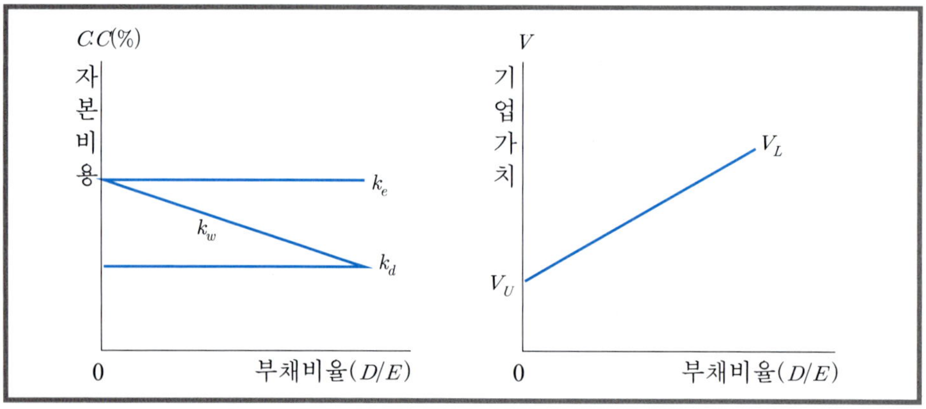

3) 이를 수식으로 증명해도 결과는 마찬가지이다.

$$V = E + D = \frac{EBIT - I}{k_e} + \frac{I}{k_d} = \frac{EBIT}{k_e} - \frac{D \cdot k_d}{k_e} + \frac{I}{k_d}$$

$\frac{I}{k_d} = D$이므로, $V = \frac{EBIT}{k_e} + \left(1 - \frac{k_d}{k_e}\right) D$이다.

$EBIT$, k_e, k_d는 일정하고 $k_e > k_d$ 라고 가정하므로 부채(D)의 증가에 따라 $\left(1 - \frac{k_d}{k_e}\right) D$가 커지므로 V도 증가한다.

(2) 순영업이익접근법

순영업이익접근법(net operating income approach : *NOI*법)은 부채비용(k_d)은 일정하다는 가정하에 부채비율이 증가할수록 자기자본비용(k_e)은 증가하지만 가중평균자본비용(k_w)은 부채비율의 증감에 관계없이 항상 일정하므로 자본구조가 기업가치에 영향을 미치지 못하는 무관련 관계임을 주장하는 견해이다.

순영업이익접근법에서 기업가치는 순영업이익(*NOI*)을 가중평균자본비용(k_w)으로 자본환원화하여 구하는데, 앞서 가정에서 k_w가 일정하고 *NOI*(=*EBIT*)도 일정하다고 하였으므로 기업가치(*V*)는 불변으로 일정하게 된다.[4] 이를 수식으로 나타내면 식 (9-10)과 같다.

$$V = \frac{NOI}{k_w} = \frac{EBIT}{k_w} \tag{9-10}$$

이러한 관계를 그림으로 나타낸 것이 [그림 9-3]이다.

그림 9-3
순영업이익접근법

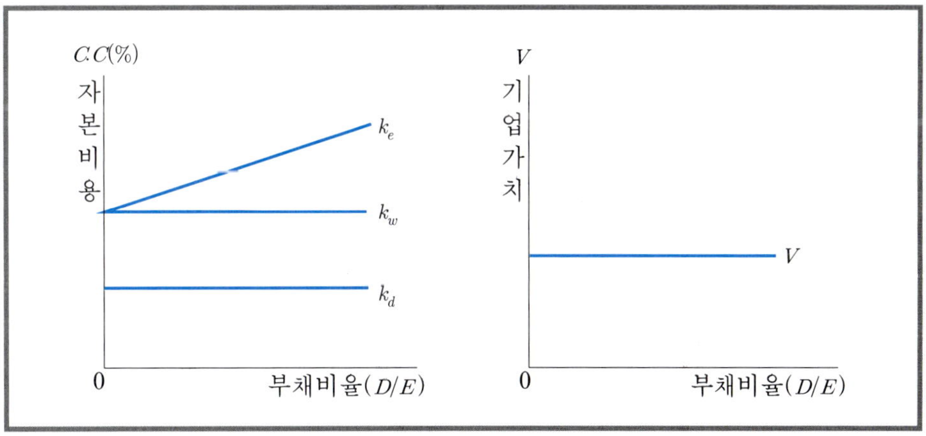

4) 이를 수식으로 증명하면 다음과 같다.

$NI = EBIT - I$이므로

$$k_w = \frac{D}{V}k_d + \frac{E}{V}k_e = \frac{I + NI}{V} = \frac{I + (EBIT - I)}{V}$$

$$V = \frac{EBIT}{k_w} = \frac{NOI}{k_w}$$

위의 식에서 k_w와 *NOI*가 일정하므로 *V*는 항상 일정하다.

여기서, *NOI*는 현금흐름의 개념으로 실제 현금유출이 아닌 감가상각비를 비용으로 공제하지 않은 금액으로 *EBIT*와 같은 의미이다.

[그림 9-3]에서 보면, k_e는 부채비율에 대해 증가함수이다. 그 이유는 $V = E + D$이므로 부채가치 D가 증가하는 만큼 자기자본가치 E는 하락하게 되고, $k_e = (EBIT - I)/E$이므로 E가 감소하면 k_e는 증가하기 때문이다. k_d는 일정하다고 가정하였으므로 k_e는 부채비율 증가에 따라서 위험프리미엄만큼 상승하게 된다.[5)]

그리고 순영업이익접근법에 의하면, 부채비율 D/E의 증가에 관계없이 가중평균자본비용(k_w)과 기업가치(V)는 항상 일정하다. 이러한 결과는 부채비율이 증가함에 따라서 재무위험도 증가하므로 가중평균자본비용도 증가해야 하지만, 부채비용이 자기자본비용보다 상대적으로 저렴하므로($k_d < k_e$), 부채비율이 증가하는 만큼 가중평균자본비용(k_w)도 하락하여 두 효과가 정확히 상쇄됨으로써 k_w가 일정해지기 때문이다. 그러므로 자본구조에 있어 부채비율의 변동, 즉 자본구조는 기업가치 또는 가중평균자본비용과는 무관하다는 주장이다.

(3) 전통적 접근법

전통적 접근법(traditional approach)은 일정수준의 부채비율에서 최저 가중평균자본비용이 존재하므로 이 수준에서 기업가치극대화가 이루어지는 최적자본구조가 존재한다는 견해이다. 즉, 일정수준(X)의 부채비율까지는 저렴한 부채비용의 효과로 가중평균자본비용은 감소하여 최저가 되는 최적자본구조가 존재하게 된다는 것이다. 그러나 부채비율이 증가하여 일정수준보다 높아지면 재무위험이 증가하게 되고, 이에 따라 자기자본제공자는 보다 높은 수익률을 요구하므로 자기자본비용(k_e)은 증가하게 된다. 또한 타인자본제공자도 부채비율이 일정수준을 넘어서면 지급불능이나 파산가능성에 대한 우려로 재무위험에 대한 위험프리미엄을 요구하게 되므로 부채비용(k_d)은 급상승하게 된다. 따라서 부채비율이 일정수준을 초과하면서부터 가중평균자본비용은

---

5) $k_e = \dfrac{\overline{CF} - I}{E} = \dfrac{\overline{CF} - k_d D}{E}$. 여기서 $\overline{CF} = k_w(E+D)$이므로

$k_e = \dfrac{1}{E}(k_w E + k_w D - k_d D) = \dfrac{1}{E}[k_w E + (k_w - k_d)D] = k_w + (k_w - k_d)\dfrac{D}{E}$

한편, $WACC = k_w = \dfrac{D}{V}k_d + \dfrac{E}{V}k_e$를 k_e로 변환하면 $k_e = k_w + (k_w - k_d)\dfrac{D}{E}$

따라서 k_e의 위험프리미엄은 $(k_w - k_d)\dfrac{D}{E}$이다.

그림 9-4
전통적 접근법

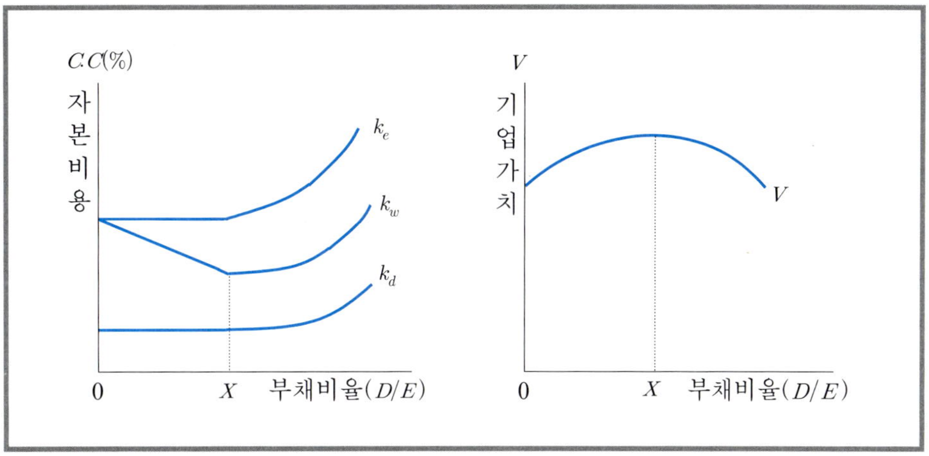

급상승하여 기업가치(V)는 급락하게 된다. 이러한 관계를 그림으로 나타내면 [그림 9-4]와 같다.

[그림 9-4]에서 투자자들이 느끼는 상대적으로 상당한 위험수준(X) 전까지는 가중평균자본비용(k_w)이 하락하여 X점에서 가중평균자본비용이 최저가 되므로 기업가치(V)는 X점에서 최대가 된다. 전통적 접근법에 의하면, X점에서의 부채비율만큼 타인자본을 적절히 사용함으로써 최적자본구조를 달성할 수 있다는 것이다. 그러나 시장의 불완전성으로 적정 부채비율(X)을 찾는다는 것이 현실적으로 어렵다. 즉, 이론적으로는 타당성이 있으나 개인이 기업의 재무정보 접근 및 획득이 어렵다는 한계성으로 인해 기업의 재무위험 측정은 어려움에 봉착하게 된다. MM의 완전시장 조건에서 보면 불완전시장에 논리적 근거를 둔 이론이라고 할 수 있다.

참고

• 최적자본구조의 존재 여부

① *NI*법 : 부채 100%인 점에서 기업가치(V)가 극대가 되는 최적자본구조가 존재한다. 비현실적이란 한계가 있다.

② *NOI*법 : 자본구조(D와 E의 구성비)와 기업가치(V)는 무관하므로 최적자본구조는 존재하지 않는다.

③ 전통적 접근법 : 적정한 부채비율(D/E^*) 수준에서 기업가치(V)가 극대가 되는 최적자본구조가 존재한다. 적정 부채비율을 찾기 어렵다는 한계가 있다.

2. MM의 자본구조이론 : 법인세를 고려하지 않은 초기이론

(1) MM이론의 가정과 명제

모딜리아니와 밀러(F. Modigliani & M. Miller : MM, 1958)는 기존의 전통적 자본구조이론이 가업가치와 자본구조 간에 관련이 있다는 주장에 대해 기업가치와 가중평균자본비용은 자본구조와 관련이 없다는 무관련설을 발표하였다. MM의 초기이론은 *NOI*접근법을 토대로 그 타당성을 수학적으로 증명하고, 차익거래를 통해 부채의존도 차이가 기업가치에 영향을 주지 못한다는 증거를 제시하였다.

MM은 자본구조이론 전개를 위해 MM 이전의 전통적 자본구조이론에서 제시한 가정에 다음의 가정을 추가하였다.

가정	① 완전자본시장(perfect capital market)이 존재한다. ② 기업들을 동질적 위험집단(homogeneous risk class)으로 나눌 수 있다. 이 가정에서 동질적 위험집단이란 현금흐름은 동일한데 자본구조만 다른 집단으로, 동일한 자본환원율(k)을 적용하는 근거가 된다.

명제	Ⅰ. 기업의 총시장가치(V)는 기대영업이익을 가중평균자본비용($WACC$)으로 할인하여 구해지며 이들은 자본구조와 무관하다. Ⅱ. 자기자본비용(k_e)은 부채비율이 증가함에 따라 위험프리미엄이 증가하나 저렴한 부채사용으로 얻는 자본비용의 감소효과만큼 완전히 상쇄된다. Ⅲ. 새로운 투자안의 거부율(cut-off rate)인 최저요구수익률은 투자안의 영업위험에 따라 결정되며 자본조달방법과는 관계없다.

[명제 Ⅰ]은 기업가치는 해당기업의 기대영업이익을 그와 동질적인 위험등급에 상응하는 가중평균자본비용으로 자본화함으로써 결정되므로 기업가치와 자본구조는 무관하다는 것이다. 식 (9-11)에서 보는 바와 같이, 기업가치는 해당기업의 미래 기대영업이익을 적정할인율로 할인하여 구한 값이다. 적정할인율인 가중평균자본비용은 *NOI*법에서 일정하다고 가정하였으므로, 기업가치(V)는 분자의 영업이익의 크기에 좌우된다. 이는 기업가치는 영업이익, 즉 기업의 수익능력(earning power)에 의해 결정되는 것이지 자본구조와는 무관하다는 것을 뜻한다. MM은 자본구조는 동일한 파이를 나누는 기술적 문제에 불과하다고 주장한다.

참고 • 완전자본시장 가정

완전자본시장은 현실의 자본시장을 단순화시켜 가정한 비현실적 시장을 말하며, 다음의 조건을 만족시키는 시장이다.

1. 법인세와 개인소득세 같은 세금이 없다.
2. 완전경쟁시장이다. 시장참여자는 이성적 · 합리적 투자자이며 가격순응자이어서 이자율에 영향을 미치지 못한다.
3. 부채비율, 거래에 대한 규제나 제한이 없고 진입장벽이 없다.
4. 정보공개가 완전해서 정보획득비용이 없다.
5. 금융자산은 무한히 분할가능한 완전가분성이 있고 시장성이 있다.
6. 차입 · 대출에 따른 거래비용이 존재하지 않는다. 동시에 동일한 이자율로 무제한으로 차입 · 대출이 가능하다.
7. 파산비용이 존재하지 않는다.

$$V = \frac{EBIT}{k_w} = \frac{NOI}{k_w} \tag{9-11}$$

단, 영업이익($EBIT$)=현금흐름=이자비용+배당
k_w : 가중평균자본비용

[명제 II]는 부채가 증가할수록 위험프리미엄의 증가로 자기자본비용이 증가하지만, 부채사용으로 인한 자본비용 감소효과로 가중평균자본비용은 일정하다는 것이 성립될 수 있음을 설명하고 있다.

$$k_e - k_w + \text{위험프리미엄}$$

$$k_e = k_w + (k_w - k_d)\frac{D}{E} \tag{9-12}$$

$$k_w = \frac{D}{V}k_d + \frac{E}{V}k_e \ (k_w \text{는 일정}) \tag{9-13}$$

식 (9-12)는 NOI법에서 도출된 수식으로 자기자본비용은 가중평균자본비용과 위험프리미엄의 합으로 나타난다(수식 도출과정은 주 5)를 참조 바람). 식 (9-12)에서 자기자본비용은 가중평균자본비용, 부채비용, 부채비율(D/E)에 따라 좌우된다는 것을 볼 수 있다. 자본구조상 부채비율이 증가할수록 증가하는 재무위험은 자기자본제공자(주주)가 부담해야 하기 때문에 주주가 요구하는 위험프리미엄도 증가하고, 따라서 자기자본비용(k_e)도 증가하게 된다. 위

그림 9-5

MM의 제2명제

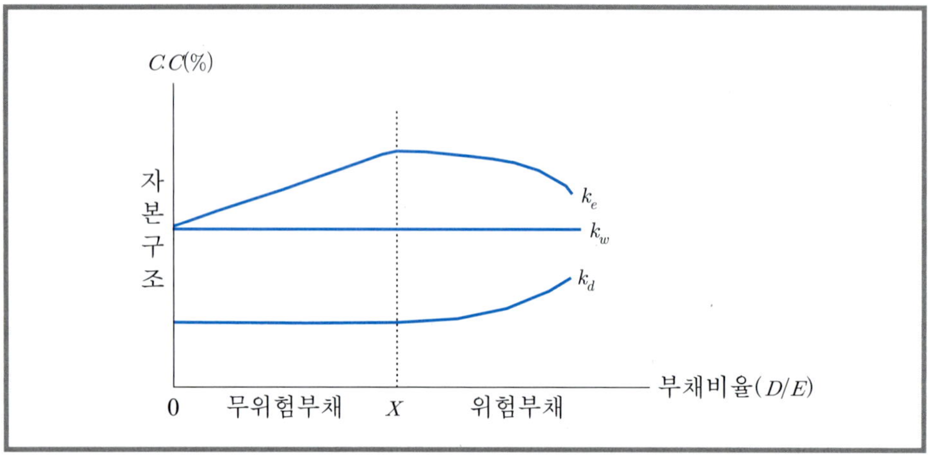

험프리미엄의 크기는 $(k_w - k_d)D/E$로 나타난다.

[그림 9-5]에서 보는 바와 같이 부채비율이 낮은 수준(X 이하)에서는 부채는 무위험부채이고, 따라서 부채비용(채권자 기대수익률) k_d도 무위험이자율로 일정하다. 한편, 부채비율(레버리지)이 증가함에 따라 자기자본비용(k_e)은 X수준까지 $(k_w - k_d)D/E$의 비율로 1차식으로 증가한다.

부채비율이 증가함에 따라 재무위험이 자기자본제공자(주주)의 요구수익률에 반영되어 자기자본비용이 증가하나 저렴한 부채비용의 이점에 의해 정확히 상쇄되어 가중평균자본비용은 일정해진다.

그러나 기업의 부채비율(타인자본의존도)이 과도하여 채무불능위험이 있기 시작하면 해당기업의 부채는 위험부채(risky debt)가 되며, 타인자본제공자들은 보다 높은 위험보상을 원하므로 더 높은 이자율을 요구하고, 따라서 부채비용(k_d)도 이 수준(X)부터 점차 상승하게 된다. k_d가 상승하면 k_w도 상승할 것이나 MM의 제1명제와는 달리 k_e가 선형적으로 비례 상승하지 않고 체감하여 k_w는 부채비율의 증가와 관계없이 일정하게 유지된다는 것이다.

기업의 부채가치가 자기자본가치를 초과하는 경우 그 초과분에 대한 위험부담은 타인자본제공자의 몫으로 경영위험의 일부는 실질적으로 주주로부터 타인자본제공자들에게 전가된다. 따라서 레버리지가 채무불이행 상태에 있을 정도로 높아지는 경우 주주의 요구수익률은 오히려 레버리지 증가에 따른 위험에 대하여 상대적으로 둔감해지기 때문에 체감한다. 반면, 부채비용은 체증함으로써 양자의 가중평균자본비용은 계속 일정하게 되어 자본구조와 무관해진다.

결론적으로 자본구조에서 부채비율이 변동해도 자기자본비용의 상승에 의해 정확히 상쇄되어 가중평균자본비용(k_w)은 항상 일정하다는 것이다.

[명제 Ⅲ]은 투자결정과 자본조달결정은 서로 무관하므로 분리해서 독립적으로 결정할 문제라는 것을 나타낸다. [명제 Ⅲ]에 의하면, 새로운 투자안의 최저요구수익률은 그 투자안의 영업위험에 의해 결정된다. 이는 투자결정 문제로서 재무위험과는 상관이 없으므로 자본조달방법과는 관계가 없다는 의미이다. 투자안의 선택문제를 식 (9-11)에서 보면, k_w가 일정하다고 가정하였으므로 기업가치(V)는 기대순영업이익 $E(NOI)$, 즉 현금흐름의 크기를 k_w로 할인하여 결정된다. 따라서 투자결정은 가중평균자본비용과 무관하며, 이는 자본조달(자본구조)과 무관하다는 것을 의미한다.

(2) 완전자본시장에서의 차익거래

MM은 자본구조와 기업가치는 관련이 없다는 주장을 차익거래과정(arbitrage process)으로 증명하고 있다. 차익거래(arbitrage transaction)는 자본시장에서 동일한 위험을 가진 두 증권의 가격이 동일하게 될 때까지 초과수익을 얻기 위해 과대평가된 주식은 매도하고 과소평가된 주식은 매수하는 증권의 매매거래를 뜻한다.

투자대상인 두 기업의 자본구조에 차이가 있는 경우 차익거래과정을 보면, 우선 투자자는 기업의 부채비율(corporate leverage)과 같도록 자신의 개인 부채비율을 구성하는데, 이를 homemade leverage라고 한다. 즉, 상이한 자본구조로 인해 두 기업의 가치에 차이가 있을 때, 과대평가된 주식은 팔고 과대평가된 기업과 똑같은 부채비율을 유지할 수 있도록 개인이 추가적으로 부채차입(homemade leverage)을 하여 과소평가된 주식을 구입함으로써 차익거래 이익을 얻는다. 차익거래는 두 기업의 가치가 같아질 때까지, 즉 균형시장가격이 형성되어 차익거래이익이 0이 될 때까지 계속 이어진다.

이러한 차익거래는 균형시장에서 매우 신속하게 일시적으로 이루어지는 현상이기 때문에 MM의 가정하에서는 기대영업이익이 동일한 두 기업의 가치는 부채사용 여부와 상관없이 항상 동일하게 된다. 따라서 무부채기업과 부채사용기업의 가치는 항상 동일하다. 이를 식으로 나타내면 다음과 같다.

$$V_U = V_L = E_L + D \tag{9-14}$$

단, V_U : 무부채기업의 시장가치
V_L : 부채사용기업의 시장가치
E_L : 부채사용기업의 자기자본가치
D : 부채의 시장가치

MM의 가정은 개인의 레버리지와 기업의 레버리지는 동일하고, 부채는 동일한 이자율로 무한히 차입·대출이 가능하다고 하였다. 그러나 현실적으로 개인부채는 무한책임이어서 기업부채보다 위험이 높은데도 불구하고 기업의 레버리지를 개인 레버리지로 대체할 수 있다는 가정은 비현실적이다. 이런 한계점과 가정의 비현실성으로 인해 MM의 이론이 현실적 타당성을 인정받기는 어렵다. 그러나 자본구조이론에 대한 논의의 출발점을 제시했다는 면에서 의미를 찾을 수 있겠다. 다음에서는 차익거래과정을 예제를 통해 살펴본다.

예제 9-2 차익거래과정

동질적인 위험등급에 속하는 U사와 L사가 있다. U사는 무부채기업이고, L사는 부채사용기업으로 두 기업의 기대순영업이익은 50억원으로 동일하고, 단지 자본구조만 다르다. U사의 기업가치는 500억원이고, L사의 기업가치는 600억원으로 평가되며, L사의 부채비율은 총기업가치의 50%로 유지되고 있다. K씨는 현재 보유중인 L사 주식(고평가)을 매각한 금액 전부를 저평가된 U사 주식 매입에 투입하려고 한다. K씨가 L사 주식에 투자한 금액은 L사 자기자본의 30%이다. 부채의 이자율이 6%일 때 K씨가 차익거래를 이용하여 두 기업의 가치가 같아지는 과정을 설명하시오.

풀이

표 9-1

MM이론에서의 차익거래 : 기업가치와 자본비용

항 목 \ 기업 구분	차익거래전 (시장의 불균형상태)		차익거래후 (시장의 균형상태)	
	U	L	U	L
부채비율($D/D+E$)	0%	50%	0%	54.5%
총기업가치(V)	500	600	550	550
부채가치(D)	0	300	0	300
자기자본가치(E)	500	300	550	250
기대순영업이익 : $E(NOI)$	50	50	50	50
부채이자 : $k_d=6\%$	0	18	0	18
순이익 : $NI=E(NOI)-k_dD$	50	32	50	32
자기자본비용 : $k_e=NI/E$	10.0%	10.67%	9.09%	12.8%
부채/총자본 : D/V	0	0.5	0	0.545
자기자본/총자본 : E/V	1	0.5	1	0.455
가중평균자본비용 $k_w=k_d \cdot D/V+k_e \cdot E/V$	10.0%	8.34%	9.09%	9.09%

$V_L(=600)>V_U(=500)$의 상황에서

① L사에 자기자본액의 30%를 투자한 경우(투자액$=300\times0.3=90$)의 소득(Y_L)

$$Y_L=0.3(NI)=0.3\times32=9.6$$

② L사의 투자액 90, 시장에서 90을 $k_d=6\%$에 차입하여 합계 180을 U사에 투자한다. 이에 따라 개인레버리지는 L사의 레버리지와 같아진다. 이 경우의 소득(Y_U)

$$Y_U=\frac{180}{500}\times50-0.06\times90=12.6$$

③ 위의 ①과 ②를 비교해 보면 똑같은 자기자본(90)을 투자하였음에도 투자수익은 U사의 투자수익($Y_U=12.6$)이 L사의 투자수익($Y_L=9.6$)보다 크다.

그러므로 투자자들은 $V_L>V_U$인 한, U사에 투자하려 할 것이고, 이러한 투자자들의 차익거래는 V_L의 주가를 하락시키고 V_U의 주가를 상승시켜 궁극적으로 가중평균자본비용은 9.09%로 같게 되어 $V_L=V_U=550$에서 균형가격을 이룰 때 차익거래기회는 없어진다.

제 3 절 불완전자본시장과 자본구조이론

1. MM의 수정이론 : 법인세감세효과와 최적자본구조

MM의 초기이론(1958)은 완전자본시장이란 가정하에서 자본구조와 기업가치는 무관하다는 자본구조 무관련이론이다. 지금부터 자본시장 불완전성을 고려할 경우 자본구조가 기업가치에 미치는 영향을 살펴본다. 자본시장 불완전성의 중요한 요인으로는 세금, 파산비용, 대리비용, 정보비대칭과 신호효과 등이 거론된다. MM이 초기이론을 수정하여 법인세의 감세효과를 고려한 자본구조이론부터 설명한다. MM(1963)은 초기이론(1958)에서의 완전자본시장 가정을 완화하여 현실적으로 존재하는 법인세를 고려하는 경우 부채가 많을수록 기업가치가 증가한다고 주장한다.[6] 부채비율이 증가하면 부채에 대한 지급이자는 비용으로 처리되기 때문에 법인세감세효과(tax shield)가 발생하여 기업가치는 증가하게 된다. 감세효과에 의한 현금흐름의 증가는 기업가치 증가를 가져오는 동시에 주주와 채권자의 현금흐름의 증가를 의미한다. 영업이익(현금흐름)은 이자, 세금, 배당으로 배분되는데, 세금을 제하고 나면 배당은 주주에게, 이자는 채권자에게 귀속되는 현금흐름이기 때문이다.

[명제 Ⅰ]

부채사용기업의 가치 V_L은 무부채기업의 가치 V_U에 법인세절약액의 현재가치인 $t_c \cdot D$를 더한 것과 같다. 따라서 부채가 증가할수록 기업의 가치는 증가한다.

$$V_L = V_U + t_c \cdot D \tag{9-15}$$

단, V_L : 부채사용기업의 시장가치

V_U : 무부채기업의 시장가치

t_c : 법인세율

D : 부채의 시장가치

6) Modigliani, Franco, and Merton H. Miller, "The Corporate Taxes and Cost of Capital : A correction," *American Economic Review*, 53(June 1963), pp.433～443.

[명제 Ⅰ] 증명

무부채기업(unlevered firm)과 부채사용기업(levered firm)이 각 자본제공자에 대해 배분이 가능한 현금흐름을 각각 CF_U, CF_L이라고 하면,

$$CF_U = \text{보통주 주주에게 귀속되는 현금흐름}$$

$$CF_U = EBIT(1-t_c)$$

$$\begin{aligned} CF_L &= \text{보통주주의 현금흐름} + \text{채권자의 현금흐름} \\ &= (EBIT - k_d D)(1-t_c) + k_d D \\ &= EBIT(1-t_c) + t_c \cdot k_d \cdot D \\ &= CF_U + t_c \cdot k_d \cdot D \end{aligned}$$

여기서, 기업가치는 현금흐름을 자본비용으로 할인하여 구할 수 있으므로 무부채기업과 부채사용기업의 가치는 다음과 같이 결정된다.

$$V_U = \frac{EBIT(1-t_c)}{k_e^U} \qquad \text{(i)}$$

$$V_L = \frac{EBIT(1-t_c)}{k_e^U} + \frac{t_c \cdot k_d \cdot D}{k_d} = V_U + t_c \cdot D$$

$$\therefore \; V_L = V_U + t_c \cdot D \qquad \text{(ii)}$$

여기서, $t_c \cdot D$는 법인세감세액의 현재가치(PV)로 연금현가공식에 의해 다음과 같이 구해진다.

$$PV = \sum_{t=1}^{\infty} \frac{t_c \cdot D \cdot k_d}{(1+k_d)^t} = \frac{t_c \cdot D \cdot k_d}{k_d} - t_c \cdot D$$

[명제 Ⅱ]

i) 법인세가 존재할 때 자기자본비용은 부채비율 증가에 따라 증가한다.

ii) 부채기업의 가중평균자본비용은 무부채기업의 가중평균자본비용보다 낮다.

$$k_w^L = k_w^U \left(1 - t_c \frac{D}{V_L}\right) \qquad (9\text{-}16)$$

$$k_w^L = k_d(1-t_c)\frac{D}{V_L} + k_e^L \frac{E}{V_L} \qquad (9\text{-}17)$$

$$k_e^L = k_w^U + (k_w^U - k_d)(1-t_c)\frac{D}{E} \qquad (9\text{-}18)$$

단, k_w^L : 부채사용기업의 가중평균자본비용
k_w^U : 무부채기업의 가중평균자본비용($=k_e^U$)
k_e^L : 부채사용기업의 자기자본비용

[명제 Ⅱ]에서 무부채기업의 자본비용은 $k_w^U = k_e^U$이다. 식 (9-16)에서 부채사용기업의 가중평균자본비용은 부채비율(D/V_L)이 증가함에 따라 감소한다. 식 (9-16)을 무부채기업의 자본비용으로 변환하면 다음과 같다.

$$k_e^U = k_w^U = \frac{k_w^L}{1 - t_c \dfrac{D}{V_L}} \tag{9-19}$$

식 (9-19)에서 무부채기업의 자본비용은 부채사용기업의 부채비율 증가에 따라 분모의 값이 작아지므로 오히려 높아짐을 볼 수 있다.

식 (9-18)에서 부채사용기업의 자기자본비용(k_e^L)은 부채비율(D/E) 증가에 따라 증가하지만, 부채사용으로 발생하는 법인세감세효과를 완전히 상쇄할 만큼 증가하지 않기 때문에 k_e^L은 감소하게 되므로 기업가치는 증가한다는 것을 의미한다.

[명제 Ⅲ]

새로운 투자안에 대한 거부율(cut-off rate)은 부채사용기업의 가중평균자본비용(k_w^L)으로 한다. 투자안의 납세후 총자본영업이익률이 투자안의 거부율(k_w^L)보다 크면 투자안을 채택한다.

$$\frac{\Delta EBIT(1 - t_c)}{\Delta V_L} > k_w^U\left(1 - t_c \frac{\Delta D}{\Delta V_L}\right) \tag{9-20}$$

MM의 수정이론 [명제 Ⅰ]은 자본구조를 100% 부채로 구성할 때 최적자본구조가 된다는 주장이다. 이는 이 이론 전개에 앞서 제시한 비현실적인 가정들, 즉 법인세 이외의 시장불완전요인들을 고려하지 않기 때문에 생긴 결과로서, 이 이론의 한계점이기도 하다. 즉, 부채비용(k_d)은 일정하다고 가정하여 파산위험을 배제한 점을 들 수 있다. 그리고 현실적으로 부채비율(D/E)이 증가하면 파산위험이 커지는 동시에 신용도가 하락하므로 이자율도 상승한다.

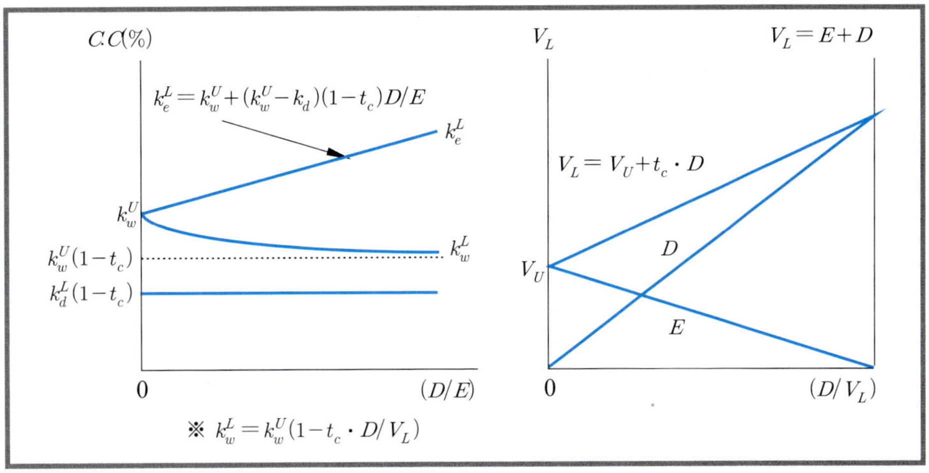

그림 9-6 MM의 수정이론 : 법인세 고려시 자본비용과 기업가치

그리고 완전시장이 존재한다는 가정도 비현실적이고, 기업들의 영업위험을 동질적 위험집단(homogeneous risk class)으로 분류하는 것도 어렵다. MM의 수정이론을 그림으로 나타내면 [그림 9-6]과 같다.

참고로 부채비율을 D/V_L로 나타내면, 아래의 그림과 같이 나타난다.

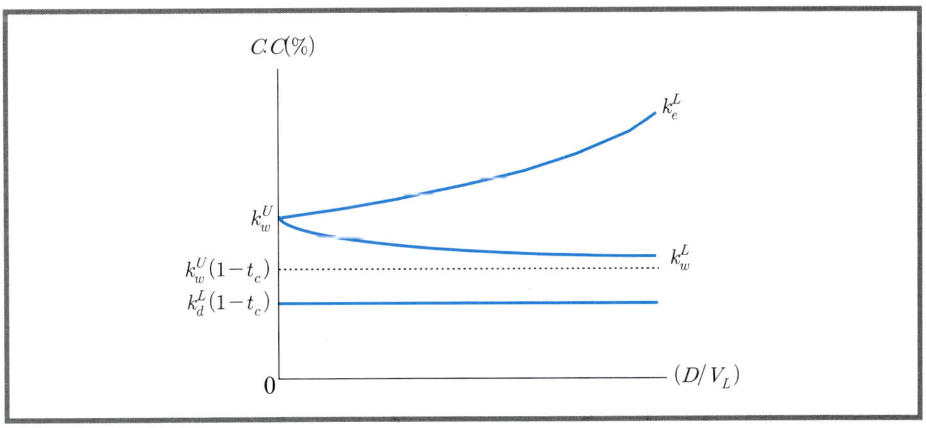

예제 9-3 **법인세효과와 기업가치**

MM의 가정에 따라 법인세효과를 고려하는 경우, 다음의 자료에 의해 무부채기업 U와 부채사용기업 L의 기업가치를 구하시오.

항 목 \ 기업 구분	무부채기업(U)	부채사용기업(L)
순영업이익($NOI=EBIT$)	10,000	10,000
이자비용(이자율=8%)	0	1,000
세전이익(EBT)	10,000	9,000
법인세(30%)	3,000	2,700
순이익(NI)	7,000	6,300
자기자본비용	10%	14%

풀이

$$E=\frac{NI}{k_e},\ D=\frac{I}{k_d}$$

$$V_L=\frac{6{,}300}{0.14}+\frac{1{,}000}{0.08}=57{,}500\ (\text{법인세효과를 고려하지 않은 경우})$$

$$V_U=\frac{7{,}000}{0.1}=70{,}000$$

$$D=\frac{1{,}000}{0.08}=12{,}500$$

$$V_L=V_U+D\cdot t_c=70{,}000+12{,}500\times0.3=73{,}750\ (\text{법인세효과를 고려한 경우})$$

2. 파산비용과 최적자본구조

MM의 수정이론은 완전자본시장 가정하에서 법인세를 고려할 경우 부채가 100%일 때 기업가치는 극대가 되어 최적자본구조를 이룬다는 주장이다. 그러나 현실적으로 시장에는 파산비용, 거래비용, 정보획득비용 등의 시장불완전 요인이 상존하는데도 완전자본시장의 가정은 실증의 단순화를 위해서 이들 요인을 배제한 한계점을 가지고 있다. 그래서 완전자본시장의 가정을 완화하여 파산비용을 고려한 자본구조이론이 제시되었다.

크라우스와 리젠버거(Kraus & Litzenberger, 1973)의 주장에 의하면, 부채사용이 증가하면 파산위험 증가로 인한 파산비용도 증가함으로써 이자지급으로 인한 법인세감세효과가 상쇄되는 부채비율에서 최적자본구조가 존재한다는 것이다.[7]

타인자본은 자기자본보다 자본비용이 저렴하기 때문에 부채에 의한 자본조달은 적정한 수준을 유지하는 한 감세효과의 이익을 향유할 수 있다. 그러나 부채가 증대하면 재무위험의 증가를 초래하여 채권자로부터 더 높은 이자지급 압박을 받게 되고, 종국에는 차입불능 상태에 직면할 수도 있다. 과다한 부채조달은 경영상황을 악화시켜 비용이 수익보다 많은 상태가 되고, 이런 상태가 지속될 경우 이자지급과 원금상환을 할 수 없는 지급불능(default) 상태, 즉 재무적 부실(financial failure) 상태에 처하게 된다. 지급불능 상태를 해결하기 위해서 법적·재무적 비용이 발생되며, 이런 상태가 지속될 경우 최종적으로 법적 청산·정리절차를 거치는 법적 파산에 이르게 된다. 통상 기업의 총자산가치가 부채가치보다 적게 되어 지급불능 상태에 처하는 경우 파산(bankruptcy) 상태에 이르렀다고 정의한다.

기업이 파산상태가 되어 법적 청산·정리 절차를 거치면서 비용이 발생하는데, 이를 파산비용(bankruptcy cost)이라 한다. 파산비용에는 기업이 파산함으로써 발생하는 기업가치의 감소분, 파산의 법적 처리과정에서 발생되는 변호사비용 등 제반 법률비용, 공인회계사 비용, 기업 재조직을 위한 재조직비용, 매출액 감소로 발생하는 기회비용 등과 같은 직접파산비용과, 기업이미지의 실추, 종업원 및 거래처의 이탈로 인한 소유 자산가치의 감소비용 등과 같은 간접파산비용이 있다.

파산비용 효과를 고려한 자본구조이론에 의하면, 부채사용이 증가할수록 파산확률이 급격히 증가하여 기대파산비용이 급격히 증가한다. 따라서 부채사용의 순효과인 법인세절감효과와 부채사용의 역효과인 기대파산비용의 두 효과가 서로 상쇄되는 점에서 가중평균자본비용($WACC$)은 최소가 된다는 것이다. 즉, 가중평균자본비용($WACC$)이 최소가 되는 점에서 기업가치가 극대화되므로 적절한 부채사용으로 최적자본구조를 이룰 수 있다고 주장한다.

[그림 9-7]의 $(D/V_L)^*$에서 가중평균자본비용이 최소가 되어 기업가치는 최대가 된다. 이때의 자본구조가 최적자본구조이다. 그림에서 $(D/V_L)^*$의 수준까지는 부채비율이 증가해도 법인세감세액이 파산비용을 상쇄시키고도 남게 되어 자본비용은 감소하고 기업가치는 증가한다. 그러나 $(D/V_L)^*$ 수준을 넘어서면 파산비용이 급격히 증가하여 파산비용의 증가가 법인세절감효과를

7) Kraus, Alan, and Robert Litzenberger, "A State-Preference Model of Optimal Financial Leverage," *Journal of Finance*, 28(September 1973), pp.911～922.

그림 9-7

파산비용과 최적자본구조

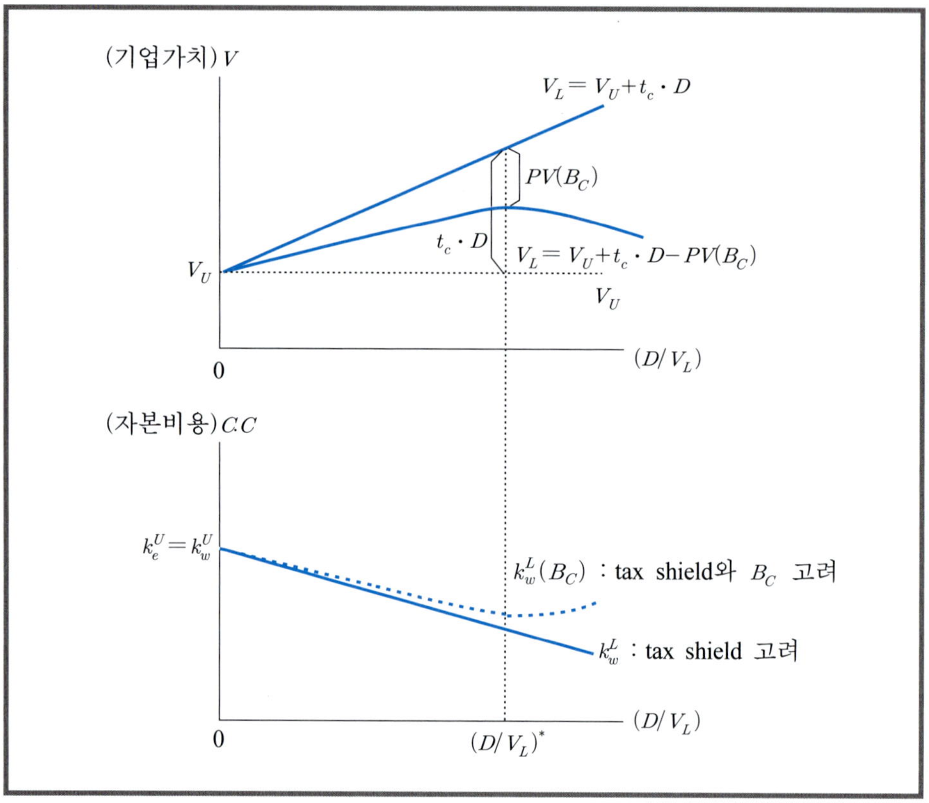

능가하게 된다. 이 두 효과가 정확히 상쇄될 때, 가중평균자본비용은 최소가 되어 기업가치는 최대가 된다. 이를 수식으로 나타내면, 식 (9-21)과 같아진다.

$$V_L = V_U + t_c \cdot D - PV(B_C) \tag{9-21}$$

단, $PV(B_C)$: 파산비용의 현재가치

파산비용을 고려한 자본구조이론은 현실적으로 존재하는 파산비용을 고려하고 있다는 점에서 의의가 크다. 그러나 실증연구들에 의하면, 기대파산비용의 크기는 지급이자에 의한 감세효과의 크기에 비해 상당히 적은 것으로 나타나고 있는데, 이 점이 이 이론의 한계점이라고 할 수 있다.[8)]

---

8) Warner, J., "Bankruptcy Costs: Some Evidence," *Journal of Finance*, 32(May 1977), pp.337～348 ; Altman, Edward I., "A Further Empirical Investigation of the Bankruptcy Cost Question," *Journal of Finance*, 39(September 1984), pp.1067～1089.

3. 대리비용과 최적자본구조

(1) 대리비용

위임자가 의사결정권한을 대리인에게 위임하여 대신 수행하도록 하는 묵시적인 계약관계를 대리인관계 또는 대리관계(agency relationship)라 한다. 주주, 채권자, 경영자 사이에는 이런 대리관계가 성립한다. 즉, 주주는 권한을 위임하는 주체 또는 위임자(principal)이고, 경영자는 위임자로부터 권한을 위임받아 경영에 참여하는 대리인(agent) 입장이다. 채권자 역시 자본조달 대가로 이자지급과 원금상환을 보장받는다는 계약하에 경영자에게 권한을 위임한 대리관계가 성립한다. 그러나 대리인 입장의 경영자가 추구하는 목표와 위임자인 주주 및 채권자가 추구하는 목표가 다를 수 있기 때문에, 이들 사이에는 이해상충의 문제가 여러 가지로 나타나고 있다. 그래서 주주나 채권자는 자신들의 권익보호를 위해 대리인을 감시하거나 이해상충으로 인해 추가적인 비용이 발생하게 되는데, 이를 대리인비용 또는 대리비용(agency cost)이라고 한다.

예를 들어, 대리인이 주주 부의 극대화를 위한 노력을 하지 않거나 과도한 부채조달로 파산위험이 증가하여 채권자 이익을 침해할 우려가 있는 경우를 생각할 수 있다. 이 경우 위임자는 자신의 이익을 위해 대리인(경영자)이 항상 최선의 의사결정을 하도록 유인(incentive)을 제공하거나 대리인의 행동을 감시함으로써 위임자의 이익에 반하는 행동을 하지 않도록 제약을 가하게 된다. 반면에, 대리인은 경영자로서 재임기간중에 금전상의 개인적인 특별한 사적이익 또는 특권, 즉 특별사익(特別私益, pecuniary perquisite)을 누리거나 경영자의 지위를 계속 유지하고자 위험성이 높은 투자안을 선택하기도 한다. 이렇게 상호간 이해상충에서 발생하는 대리문제(agency problem)를 보완하기 위해서 발생하는 비용이 대리비용이며, 대리비용은 감시비용, 확증비용, 잔여손실로 구분된다.

감시비용(monitoring cost)은 대리인의 의사결정이 위임자의 이익을 위해 계약대로 이행되고 있는지 감시하기 위하여 지출되는 비용으로 외부감사(audit)비용, 약속이행 여부를 확인하기 위한 법률자문비용, 경영자에 대한 보상성 인건비 등을 들 수 있다.

확증비용(bonding cost)은 대리인의 의사결정이 위임자의 이익을 위해 본래의 계약대로 이행되고 있는지를 자발적으로 확인하는 데 발생되는 비용으로, 추가적인 사채발행 금지 및 제한, 배당 제한, 재무제표 보고 횟수의 증가 등 까다로운 제약조건(covenant)을 추가시키는 경우에 발생하는 비용이다.

잔여손실(residual cost)은 감시비용과 확증비용 외에 대리인과 위임자 사이의 대리문제로 최선의 대안보다는 차선의 대안을 택함으로써 발생하는 기업가치의 감소분이다.

(2) 대리비용과 최적자본구조

젠센・메클링(Jensen & Meckling, 1976)은 경영자, 주주, 채권자 사이의 대리관계에서의 이해상충으로 발생되는 추가적인 비용을 대리비용이라고 하고, 이들 간의 이해상충관계와 대리비용의 효과를 고려하여 최적자본구조가 존재함을 주장하였다.[9] 대리비용은 기업이 부채와 자기자본을 조달할 때 여러 가지 형태로 나타난다.

① 부채의 대리비용(agency cost of debt)은 부채로 자금을 조달할 때 위임자인 채권자와 주주 사이에 이해관계가 상충하여 발생하는 대리비용이다. 부채의 대리비용은 경영자가 위험투자안을 채택함으로써 증대되는 위험을 채권자에게 전가시키는 위험전가(risk shifting)에 따른 대리비용을 들 수 있다. 부채로 조달한 자금을 위험투자안에 투입하여 얻는 이익은 주주의 이득인 반면, 부채증가로 발생하는 채무불이행 위험과 손실은 채권자의 손실로 남는다. 따라서 부채증가로 채무불이행 위험이 높아질수록 채권자는 높은 이자율을 요구하므로 부채의 대리비용은 높아지게 된다.

② 자기자본의 대리비용(agency cost of equity)은 자기자본으로 자본조달을 할 때, 경영에 참가하지 않는 외부주주(outside equity holder)와 경영에 참여하는 내부주주(inside equity holder) 사이에 이해관계가 상충하여 발생하는 대리비용이다.

자기자본의 대리비용으로는 내부주주(경영자)의 과도한 특별사익(고급승용차, 호화사무실, 과도한 판공비 등) 추구 및 경영능력 부족・직

9) Jensen, Michael C., and William E. Meckling, "Theory of the Firm: Managerial Behavior, Agency Costs and Ownership Structure," *Journal of Financial Economics*, 3(October 1976), pp.305～360.

그림 9-8

대리비용과 최적자본구조

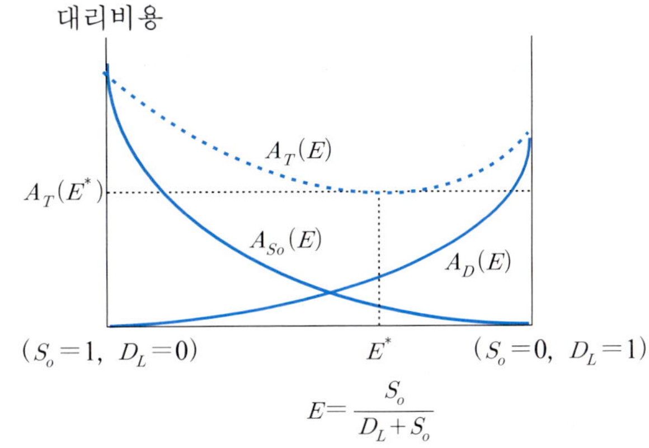

무태만 등으로 인한 기업가치의 감소와 외부주주가 경영자의 부당행위 감시를 위해 요구하는 감시비용(회계감사 등)의 증가로 발생하는 대리비용을 들 수 있다. 이 외에도 내부주주가 투자사업의 확대보다는 과소투자 성향을 유지함으로써 투자기회 상실로 인해 기업가치를 감소시키는 대리비용이 발생한다. 내부주주가 과소투자 경향을 유지하는 이유는 투자를 확대하게 되면 외부자본조달의 증가가 불가피해지고, 이에 따라 내부주주의 소유지분의 감소를 초래하여 경영지배권의 상실가능성이 높아지기 때문이다. 지기지본의 대리비용은 자기자본비율이 높을수록 증가한다.

③ 대리비용과 최적사본구조의 관계는 [그림 9-8]로 나다난다.

대리비용은 총자본조달액 중 자기자본 또는 부채비율과 일정한 관계를 가지고 있다. [그림 9-8]에서 외부주주들의 자기자본(지분)을 S_o, 부채를 D_L이라고 하면, 총외부자본조달액(D_L+S_o) 중 외부주주지분(S_o)의 비율은 $E=S_o/(D_L+S_o)$이다.

i) 외부주주의 지분 S_o가 증가할수록 E도 증가하는데, 이는 내부주주와 외부주주의 이해상충이 커질 가능성으로 대리비용이 발생하기 때문이다. 따라서 자기자본의 대리비용(A_E)은 외부주주의 지분비율과는 증가함수의 관계이다.

$$A_E = A_{So}(E)$$

ii) 부채의 대리비용(A_D)은 외부주주지분 S_o가 커질수록 부채(D_L)는 상대적으로 작아지므로 감소하게 된다. 외부주주의 지분이 커질수록 내부주주와 채권자 사이의 이해상충가능성은 작아지기 때문에 부채의 대리비용은 외부주주의 지분비율과는 감소함수의 관계에 있다.

$$A_D = A_D(E)$$

따라서 $A_{So}(E)$와 $A_D(E)$의 합계인 총대리비용 $A_T(E)$를 최소로 하는 E^*가 최적자본구조가 되고, 이 점에서 기업가치가 극대가 된다.

$$A_T(E) = A_{So}(E) + A_D(E)$$

이상에서 대리비용을 고려하는 경우, 최적자본구조는 총대리비용을 최소화하는 점에서 결정되며, 총대리비용이 최저가 되도록 자기자본비율을 수정

그림 9-9

법인세 · 파산비용 · 대리비용을 고려한 최적자본구조

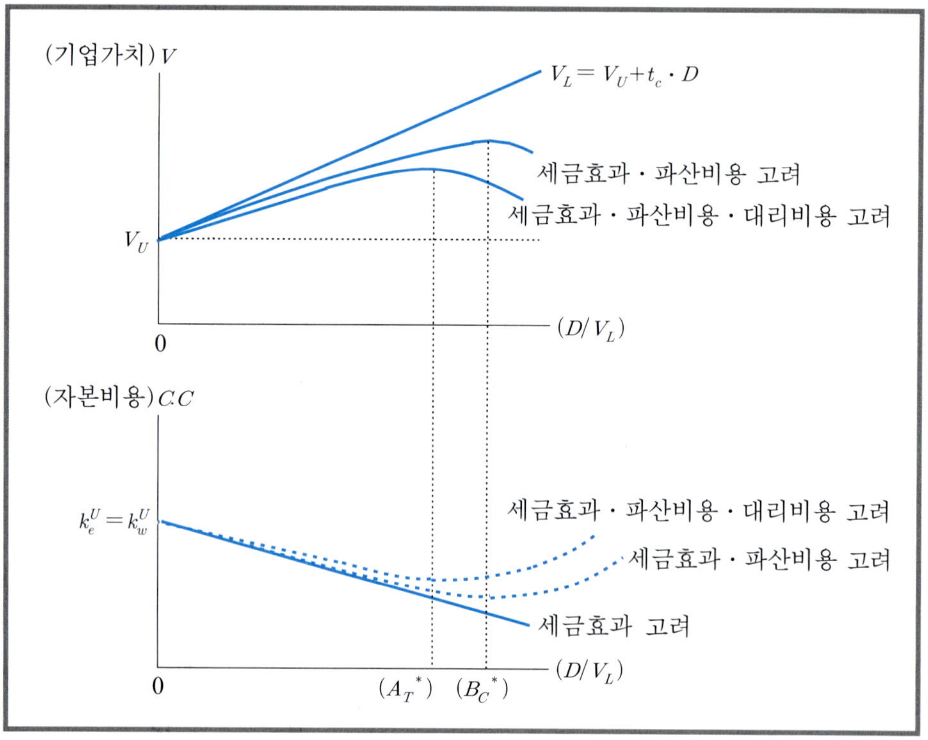

함으로써 기업가치를 극대화할 수 있다. 대리비용을 고려한 경우 기업가치는 다음과 같이 나타난다.

$$V_L = V_U + t_c \cdot D - PV(B_C) - A_T(E) \tag{9-22}$$

단, $A_T(E)$: 총대리비용

4. 비대칭정보의 신호효과와 최적자본구조

자본구조이론은 완전자본시장이란 가정하에서 전개되고 있는데, 정보는 완전공개되어 누구나 정보획득에 비용이 들지 않고 정보의 양이나 질도 동일하다고 가정하였다. 그러나 현실적인 불완전시장에서는 기업의 투자자인 외부자(outsider)는 기업의 경영자인 내부자(insider)에 비해 획득하는 정보의 질과 접근성에 있어서 열위에 있을 수밖에 없다. 이렇게 내부자와 외부자들이 갖고 있는 정보의 양과 질이 서로 다른 상황을 정보비대칭성(information asymmetry)이라 한다. 내부정보(inside information), 즉 기업내부의 특정집단이 독점 소유하고 있는 정보를 비대칭정보(asymmetric information)라 한다. 이러한 비대칭정보가 전달하는 신호효과(signalling effect)를 이용하여 최적자본구조를 이룰 수 있다는 것이 신호이론(signalling theory)이다. 신호이론에는 로스(Ross, 1977)의 유인신호이론(incentive signalling approach theory) 및 로스의 이론을 확장한 마이어스와 마즈루프(Myers & Majluf, 1984)의 순위이론(pecking order theory)이 있다.

(1) 유인신호이론

로스(Ross, 1977)는 미래의 현금흐름(cash flow)에 대한 내부정보가 존재하는 불완전시장하에서 신호효과를 이용하여 기업가치극대화를 이룰 수 있다는 유인신호접근방법(incentive signalling approach)에 의한 최적자본구조이론을 발표하였다.[10] 즉, 내부경영자(inside manager : insider)는 외부자보다 상대적으로 중요한 정보를 보유하고 있는데, 특히 내부정보(inside information)를 유인수단(incentive)으로 신호전달(signalling)을 함으로써 자본조달시 외부자보다 내부경

10) Ross, S. A., "The Determination of Financial Structure: The Incentive Signalling Approach," *Bell Journal of Economics*, 8(Spring 1977), pp.23～40.

영자에게 유리한 자본조달방법을 선택하여 기업가치를 극대화하거나 주가상승에 따른 내부자의 보상을 극대화한다는 이론이다. 여기서 내부경영자가 취하는 자본조달방법이 외부투자자에게는 곧 경영자의 정보전달 및 신호효과가 된다. 신호이론에 의한 최적자본구조는 신호효과의 이득과 손실이 상쇄되는 수준에서 기업가치가 극대가 된다. 이때 신호균형이 이루어졌다고 한다. 내부자가 부채 및 자기자본을 증가시키는 행위가 암시하는 신호로부터 나타날 수 있는 정보전달효과를 살펴보면, 다음과 같다.

ⅰ) 부채를 증가시켜 보통주를 재매입하는 경우, 이러한 상황은 미래현금흐름의 증가라는 기업내용에 대한 긍정적 정보를 전달하는 신호효과로 나타나 주가는 상승하게 되고, 주가상승은 내부경영자의 보상의 증가를 가져온다. 그러나 ⅱ) 부채증가가 과도하게 높아지면 파산가능성이 높아져 파산비용이 증가하게 되며, 채권자는 보다 높은 이자를 요구하므로 이자율 증가로 이어진다. 이는 파산위험이란 부정적 정보의 신호효과로 나타나 주가는 하락하고, 내부자의 보상(이익)과 기업가치도 감소한다.

ⅲ) 내부경영자의 부채증가 행위는 외부투자자에게는 파산위험이 없는 기업가치의 증가라는 긍정적 신호로 인식될 것이다. 만약 현금흐름의 상승이 기대되는 투자사업에 필요한 투자자금조달을 위해 부채를 증가시킨다면, 투자자에게는 긍정적 신호로 작용한다. 특히, 내부주주의 지분이 많은 경우 위험투자안에 대한 투자는 긍정적 신호로 작용할 것이다. 반대로 내부주주의 지분이 작은 경우 위험투자안에 투자한다거나 주식발행에 의한 추가자금의 조달은 부정적 신호로 작용할 것이다.

한편, ⅳ) 신주발행을 통한 증자로 자기자본비율을 상승시키는 경우, 자기자본비용은 증가하고, 내부자에 대한 보상 감소로 이어지므로 기업 전망에 대한 부정적 신호로 작용한다.

이상과 같이, 기업이 직접공시보다는 자본구조결정 및 배당정책의 변화를 시도할 때 나타나는 정보비대칭의 긍정적·부정적 두 신호효과로 인한 기업가치의 증가 및 손실이 균형을 이루는, 즉 가중평균자본비용이 최소가 되는 점에서 최적자본구조가 성립하게 된다.

실증연구 결과에 의하면, 미래현금흐름(future cash inflow)의 증가가능성이 큰 기업은 부채의존도가 크며, 미래현금흐름의 증가가능성이 작은 기업은 부채의존도가 상대적으로 낮다.

(2) 순위이론

순위이론(pecking order theory)은 마이어스와 마즈루프(Myers & Majluf, 1984)가 Ross의 신호이론을 확장한 것으로 기업은 자본조달시 자본조달비용이 가장 저렴한 순서로 자본조달의 수단을 결정한다는 이론이다.[11] 자본조달비용이 저렴한 순서에 따라 조달하는 것이 기업가치 증대에 유리하므로, 자본조달은 내부유보이익, 부채, 전환사채(CB), 주식의 순서로 한다. 이 이론에 의하면, 기업이 유리한 투자기회가 있는 경우 기존주주들의 부를 지키기 위하여 투자자금을 신주발행에 의하여 조달하지 않고 내부유보이익이나 부채로 조달하려 한다는 것이다. 즉, 부채조달이 어렵거나 주가가 과대평가된 경우 외에는 신주발행을 통한 자본조달은 가급적 억제할 것이다. 유상증자는 발행비용이 발생하고, 외부자에게 기업이 재무적 곤경(financial distress)에 처했다는 신호효과를 줄 수 있으며, 무엇보다도 내부경영자는 자신의 지분에 가급적 변동이 없기를 원한다.

자본조달수단의 상대적 중요성에 대해 다소의 논란이 있지만, 부득이 외부자금을 조달해야 하는 경우에는 자본구조상 지분의 성격이 적은 순서대로 조달하는 것이 논리적이다.[12] 따라서 상대적으로 조달비용이 적은 부채에 의한 자금조달이 우선순위가 될 수밖에 없다. 이러한 자본조달순서이론은 부채가 증가할수록 기업가치는 커진다는 MM의 수정이론과 부합하는 결론에 도달한다.

(3) 정보비대칭성에 의한 신호이론의 문제점

비대칭정보에 의한 신호이론의 문제점으로는 역선택과 도덕적 해이의 문제가 발생할 수 있다는 것이다. 역선택(adverse selection)은 보험금 지급사유 발생확률이 높은 사람이 보험금을 목적으로 자진하여 보험에 가입하거나 보험기간을 연장하려고 하는 성향을 말하는데, 실물시장에서는 구매자들이 상품의 품질에 대하여 충분한 정보를 갖고 있지 못한 경우 좋은 상품과 나쁜 상품(참 · 거짓정보)을 구분할 수 없기 때문에, 결과적으로 품질이 나쁜 상품만이

11) Myers, S. C., and N. S. Majluf, "Corporate Financing and Investment Decisions When Firms Have Information That Investors Do Not Have," *Journal of Financial Economics*, 13(June 1984), pp.187～222.

12) Frank, Murray, and V. K. Goyal, "Testing the Pecking Order Theory of Capital Structure," *Journal of Financial Economics*, 67(February 2003), pp.217～248.

시장에서 거래되는 문제점으로 레몬(lemon)문제라고도 한다. 흔히 시장에는 경영자가 자신의 보상을 위해 투자결정에 관한 참·거짓정보를 의도적으로 생성하여 정보비대칭성의 신호효과를 이용하는 사례가 많은데, 이 경우 거짓 정보에 의한 역선택이 발생하게 된다.

도덕적 해이(moral hazard)는 거래 또는 계약 후에 어떤 거래당사자가 다른 거래당사자의 행동을 충분히 감시할 수 없는 경우, 거래 또는 계약의 내용이 충실히 이행되지 못하게 되는 문제점이다.

정보비대칭성의 해결방법은 내부자가 비대칭정보를 이용하여 신호효과에 의한 보상을 얻지 못하도록 해야 한다. 공시제도의 강화 및 투자설명회 활성화 등을 통해 다양한 정보를 생산하여 외부자가 정보에 쉽게 접근할 수 있도록 한다. 신호전달상의 문제를 제거할 수 있는 방안도 강구한다. 예를 들어, 홈페이지·이메일 등을 이용하는 방법을 들 수 있다. 이 외에도 내부자가 부적절한 투자결정을 못하도록 심사제도 및 감시장치 등을 강화해야 한다.

5. 밀러의 균형부채이론(참고)

밀러(Miller, 1977)는 법인세효과뿐만 아니라 개인소득세의 세금효과까지 고려하여 기업부채에 대한 수요곡선과 공급곡선을 도출한 다음에, 부채사용과 자본구조의 관계를 전개하였다. 밀러는 개별기업의 자본구조는 기업가치에 아무런 영향을 미치지 않고, 경제 전체적으로 보아 최적균형부채량이 존재하며, 이의 결정이 가능하다고 주장하였다.[13)]

그에 의하면, 자본조달자인 기업은 부채의 법인세감세효과 때문에 부채사용을 선호한다. 그러나 자본제공자인 개인투자자는 주식투자의 자본이득에 대한 소득세율이 이자소득세율에 비해 낮기 때문에 납세후 투자수익률 기준으로 부채보다는 주식을 선호한다. 부채사용으로 인한 법인세감세효과의 이점은 기업가치를 증가시키지만, 개별투자자들의 개인소득세는 소득에 따라 누진세율이 적용되기 때문에 고누진세율이 적용되는 고소득층의 자금이 유입되면서 세후투자소득이 감소되므로 두 효과가 정확히 상쇄되어 균형점에

13) Miller, Merton H., "Debt and Taxes," *Journal of Finance*, 32(May 1977), pp.261～275.

이른다. 따라서 기업이 어떤 자본구조를 갖든 기업가치에는 영향을 미치지 않는다. 다만, 경제 전체적으로 볼 때에 최적부채량이 존재하므로 균형부채액의 결정은 가능하다는 것이다.

이를 식으로 나타내면, 다음과 같다.

i) $t_c > 0$, 개인소득세가 없는 경우($t_{pd} = t_{ps} = 0$)

$$V_L = V_U + \frac{t_c \cdot t_{pd} \cdot D}{t_{pd}} = V_U + t_c \cdot D \tag{9-23}$$

ii) $t_c > 0$, $t_{pd} > 0$, $t_{ps} > 0$, $t_c > t_{pd}$ 인 경우

$$V_L = V_U + \left[1 - \frac{(1-t_c)(1-t_{ps})}{(1-t_{pd})}\right] D \tag{9-24}$$

단, t_c : 법인세율

t_{ps} : 주주의 자본이득에 대한 소득세율

t_{pd} : 타인자본의 이자소득세율

식 (9-24)에서 주주의 자본이득(capital gain)에 대한 소득세는 $t_{ps} \approx 0$으로 볼 수 있고, $t_c > t_{pd}$인 경우에는 $V_L > V_U$가 된다. 따라서 $t_c > t_{pd}$인 한, 기업은 부채비율을 높여서 기업가치의 증가를 시도할 것이다. 이러한 부채차입은 개인누진소득세율이 높은 고소득층의 자금을 추가적으로 유치하게 되고, 이에 따라 개인소득세율은 점차 상승하여 법인세율과 같아진다($t_c = t_{pd}$). 이때 부채(회사채)시장은 균형상태를 이루게 된다. 부채시장이 균형시장일 때 법인세와 채권자들이 요구하는 세후수익률은 일치되므로 $t_{pd} = t_c$가 되고, $t_{pd} = t_c$에서 식 (9-24)의 우변 두 번째 항의 부채차입 증가에 따라 얻는 이득은 0이 된다. 이때 $V_L = V_U$가 성립하여 기업가치는 자본구조와 무관하게 된다. 다만, 경제 전체적인 균형부채량(D^*)은 $t_{pd} = t_c$ 수준에서 결정된다.

식 (9-24)에서 우변의 두 번째 항은 부채차입이득(gain from leverage : G)을 의미하는데, $t_{pd} = t_c$이므로 괄호 안의 항은 법인세를 고려한 MM의 수정이론모형과 같아진다. 그리고 만약 $t_{pd} = t_c = t_{ps} = 0$이면 괄호 안의 항이 0이 되며, 따라서 법인세를 고려하지 않은 MM의 초기이론모형과 같아진다.

한편, 경제 전체적으로 균형부채량이 존재하는 것을 [그림 9-10]의 기업부채에 대한 수요곡선과 공급곡선을 통해 살펴보기로 한다.

그림 9-10

부채시장의 균형

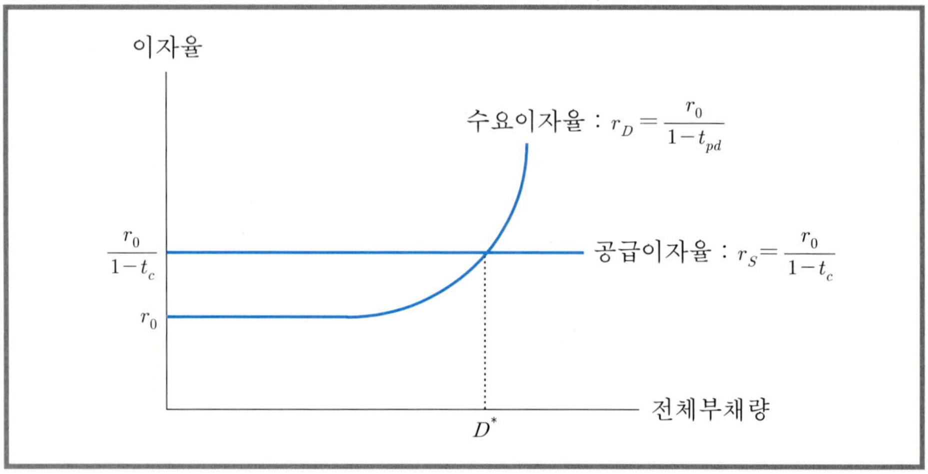

기업부채의 수요곡선에서 살펴보면, 일정량까지는 저소득층의 면세채권 이자율 r_0로 부채조달이 가능하지만, 점차 누진소득세율이 적용되는 높은 소득세율의 자금을 조달하게 된다. 부채량이 많아질수록 t_{pd}는 높은 소득세율의 투자자들의 자금 증가로 상승한다. 따라서 기업부채에 대한 수요곡선은 부채량이 증가함에 따라 우상향으로 상승하는데, 개인투자자는 t_{pd}의 세금을 납부해야 하므로 투자자의 세전수익률 r_D는 다음과 같아야 한다.

$$r_D = \frac{r_0}{1-t_{pd}} \tag{9-25}$$

기업부채의 공급곡선에서 살펴보면, 기업이 부채증권(회사채)을 발행하려면 기업이 부담할 수 있는 공급이자율, 즉 최대한의 세전이자율 r_S가 면세채권 이자율 r_0를 법인세로 할인한 값[세후이자율 : $r_S(1-t_c)$]보다는 작거나 최소한 같아야만 발행이 가능하다. 즉 $r_0 = r_S(1-t_c)$이므로 다음과 같이 나타낼 수 있다.

$$r_S = \frac{r_0}{1-t_c} \tag{9-26}$$

[그림 9-10]과 식 (9-26)으로부터 법인세율 t_c가 일정하다면 면세채권 이자율도 r_0에서 일정한 값이므로 부채공급곡선은 부채조달량과 관계없이 일

정한 값을 유지하게 되어 수평선을 이룬다. 따라서 기업의 부채증권에 대한 수요와 공급이 일치하는 시장균형조건은 다음과 같아야 한다.

$$r_D = \frac{r_0}{1-t_{pd}} = \frac{r_0}{1-t_c} = r_S \qquad (9\text{-}27)$$

여기서, $t_{pd}=t_c$일 때 경제 전체의 부채량은 균형을 이루며, 이때 최적균형부채량은 D^*가 된다. 그러나 $t_{pd}=t_c$이면, 식 (9-24)에서 $V_L=V_U$가 되어 자본구조와 기업가치는 관계가 없다.

이상에서 법인세효과는 시장균형하에서는 개인소득세의 누진적 세율구조로 인해 완전 상쇄되므로 자본구조는 기업가치에 영향이 없다. 따라서 밀러의 균형부채이론은 기업은 개인소득세 납부후 개인의 최종적 가처분소득을 극대화할 의무를 중요시해야 하고, 세전이득이 동일하다면 세금이 최소화되도록 할 필요가 있다는 주장이다.

한편, 디안젤로와 마수리스(DeAngelo & Masulis, 1980)는 절충형균형부채이론을 발표했는데, 법인세 이외에 감가상각비, 이연상각비, 투자세액공제제도로도 법인세 절감이 가능하므로, 균형시장하에서도 개별기업들이 최적자본구조 선택이 가능하다고 주장하였다.[14]

부채증가에 따라 법인세절감효과는 증가하지만 이자부담 상승으로 손실가능성이 커지게 되고, 이에 따라 법인세효과도 감소하므로 수익능력(earning power)이 불확실한 기업은 부채를 감소시키고 투자세액공제제도나 가속상각제도를 이용하여 법인세절감을 시도하는 것이 기업가치 증대에 유리하다. 또한 부채증가는 경제내 기업 전체의 한계법인세 절감액을 감소시키므로 채권자의 소득세부담액을 증가시키게 된다. 따라서 한계법인세 절감액과 한계이자소득세액이 일치하는 수준에서 균형부채액이 결정될 수 있다고 주장한다.

14) DeAngelo, Harry, and Ronald W. Masulis, "Optimal Capital Structure under Corporate and Personal Taxation," *Journal of Financial Economics*, 8(March 1980), pp.3～29.

제 4 절 자본구조이론의 실제 적용

1. 자본조달분기점분석 : *EBIT* - *EPS*분석

재무관리자들이 자본조달계획을 수립할 때 고려하는 대전제조건은 무엇보다도 기업의 목표인 기업가치극대화의 달성일 것이다. 따라서 기업가치극대화, 즉 주주의 부를 극대화시키는 자본조달결정을 위해 노력하게 된다. 주주의 부는 주가로 나타나므로 주가를 극대화시키는 자본구조를 찾아야 하는데, 적합한 부채비율을 정확히 입증한다는 것은 매우 어렵다. 또한 기업가치에 영향을 미치는 결정요인들이 매우 많은데, 이들 요인들이 기업가치에 미치는 영향을 정확히 측정할 방법도 거의 없다.

그래서 자본조달계획안 수립 및 실행시 재무관리자들은 매출액 변화가 주당이익에 미치는 영향을 고려하는 자본조달분기점분석 방법을 많이 이용한다. 자본조달분기점분석(financial break-even point analysis)은 영업이익($EBIT$)이 주당순이익(EPS)에 미치는 효과를 분석하여 레버리지효과와 자본조달계획의 적정여부를 평가하는 기법으로 $EBIT$-EPS분석이라 한다.

이 기법은 자본구조가 최종적으로 주주의 부에 미치는 영향을 추정하는 실용적인 기법으로 완전한 정보를 제공하지는 않지만, 합리적인 의사결정을 하는 데에는 충분한 정보를 주고 있다.

(1) EPS의 계산

주당이익 또는 주당순이익(earning per share : EPS)은 영업이익(earnings before interest and taxes : $EBIT$)에서 이자와 법인세를 차감한 순이익에서 우선주 배당금을 차감한 값을 발행주식수로 나눈 값이다.

$$EPS = \frac{(EBIT - I)(1 - t_c) - P}{N} \qquad (9\text{-}28)$$

단, EPS : 보통주 주당순이익

$EBIT$: 영업이익

I : 이자지급액

P : 우선주 배당금
t_c : 법인세율
N : 보통주 발행주식수

예제 9-4 주당순이익 계산

보통주 2억원과 연이자율 5%인 회사채 3억원으로 자본을 조달한 기업이 있다. 이 기업의 영업이익($EBIT$)은 1억원, 우선주 배당금은 연 1,100만원이라 할 때, 이 기업의 주당순이익(EPS)은 얼마인가? 단, 주당 발행가격은 5,000원이고, 법인세율은 40%이다.

풀이

발행주식수=2억원÷5,000원=40,000주
연 이자지급액=3억원×0.05=1,500만원

$$EPS = \frac{\{(10{,}000-1{,}500)(1-0.4)-1{,}100\}\text{만원}}{40{,}000} = 1{,}000\text{원}$$

(2) 자본조달분기점

자본조달분기점 또는 무차별점(indifference point)은 자본구조와 관계없이 주당이익(EPS)과 영업이익($EBIT$)이 동일해지는 점으로, 이 점에서 동일한 주당이익을 가져다주는 영업이익의 수준이 결정된다. 다음에서는 영업이익은 동일하다는 가정하에 자본조달방법만 달리할 경우의 예를 통해 $EBIT$–EPS의 상호관계와 자본조달분기점을 설명한다.

예를 들어, C사는 현재 자본금 10억원(발행주식수 20만주) 전액을 보통주로 조달하고 있는 기업으로, 시설확장을 위해 추가자금 5억원 조달에 대한 세 가지 자본조달대안을 계획하고 있다. 소요 추가자금 5억원을 ① 보통주로 조달하는 대안(주당 5,000원, 발행주식수 10만주), ② 연 12%의 회사채로 조달하는 대안, ③ 배당률 11%의 우선주로 조달하는 대안이다. 이 기업의 연간 영업이익($EBIT$)은 현재 2억원이나 추가로 조달된 자본으로 시설확장을 하면 영업이익이 2.4억원으로 증가할 것으로 추정되며, 법인세율은 40%로 가정한다. 이 경우 세 가지 대안 중 영업이익분기점(무차별점)을 산출하기 위해 먼저 2.4억원의 영업이익 수준에 대한 각 대안별 주당이익(EPS)을 산출해 보면, 〈표 9-2〉와 같다.

〈표 9-2〉로부터 동일한 영업이익 2.4억원에 대한 각 자본조달 대안별, 즉

표 9-2

자본조달방법에 따른 *EPS*

	보통주	부 채	우선주
영업이익(*EBIT*)	24,000만원	24,000만원	24,000만원
이자비용(이자율=12%)	–	6,000	–
세전이익(*EBT*)	24,000	18,000	24,000
법인세(40%)	9,600	7,200	9,600
세후이익(*EAT*)	14,400	10,800	14,400
우선주 배당금(*P*)	–	–	5,500
보통주 순이익(*NI*)	14,400만원	10,800만원	8,900만원
보통주 발행주식수	300,000주	200,000주	200,000주
주당이익(*EPS*)	480원	540원	445원

그림 9-11

***EBIT*-*EPS*분석 도표 : 자본조달분기점**

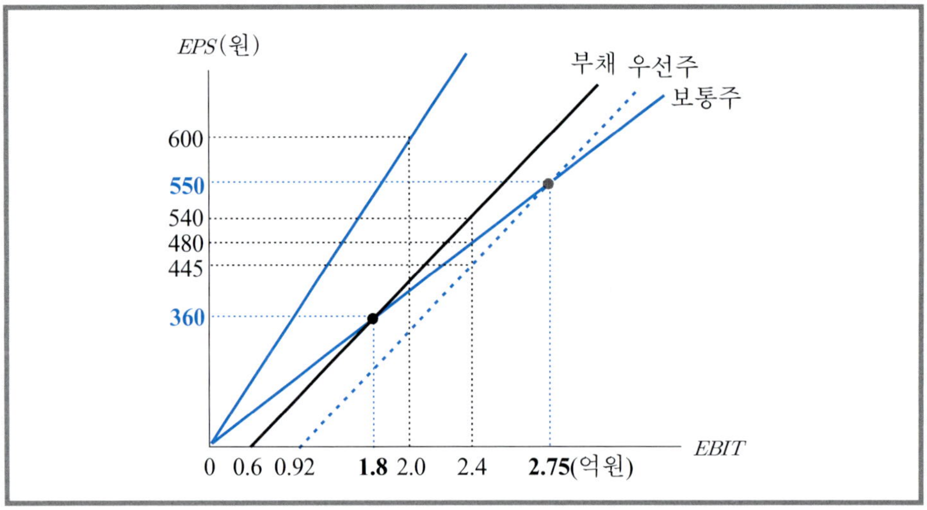

보통주, 부채, 우선주의 주당이익은 각각 480원, 540원, 445원이 된다. 이 주당이익을 도표에 표시하면 [그림 9-11]의 수직축에 나타나는 바와 같이 차이가 있음을 볼 수 있다. 이에서 각 대안이 영업이익은 같아도 주당이익은 자본조달방법(원천)에 따라 각각 다르다는 것을 알 수 있다.

한편, [그림 9-11]에서 수평축과 만나는 점들은 *EPS*=0 수준에서의 각 자본조달 대안별 *EBIT* 수준을 나타낸다. 이 *EBIT*는 *EPS*=0일 때, 자본조달 대안별로 발생되는 고정금융비용은 적어도 부담해 줄 수 있어야 하므로 고정금융비와 같아야 한다. 그러므로 ⅰ) 부채조달의 경우는 *EPS*가 0일 때 *EBIT*

는 고정금융비용에 해당하는 이자비용 0.6억원이고, ii) 보통주로 조달하는 경우는 이자비용이 없으므로 *EPS*=0일 때 *EBIT* 수준도 0이다. 그러나 iii) 우선주의 경우에는 우선주 배당이 세후이익에서 지급되므로 우선주 배당금 0.55억원을 지급하기 위한 세전영업이익은 약 0.92억원[0.92≒0.917=0.55억원/(1−0.4)]이 된다. iv) 현재 무부채인 자본구조하에서 세전영업이익이 2억원이므로, {20,000(*EBIT*)−8,000(법인세)}/20만주=600원에서 *EPS*는 600원이 된다.

각 자금조달 대안별 *EPS*와 *EBIT*의 관계는 [그림 9-11]에서의 직선으로 나타난다.

부채 및 보통주의 *EBIT*-*EPS*선이 교차하는 점이 보통주와 부채의 *EPS*가 같아지는 무차별점, 즉 자본조달분기점이다. 이 점에서의 *EBIT*는 1.8억원, *EPS*는 360원이다. *EPS* 360원은 부채와 보통주의 *EBIT*가 1.8억원으로 동일한 때의 주당이익으로 〈표 9-2〉의 자료를 식 (9-28)에 대입하여 구한 것이다.

자본조달분기점에서의 $EBIT^*$는 다음의 식 (9-29)로 결정된다. 이 식에 대입해서 자본조달분기점에서의 $EBIT^*$=1.8억원이 구해진 것이다.

$$\frac{(EBIT^* - I_1)(1-t_c) - P_1}{N_1} = \frac{(EBIT^* - I_2)(1-t_c) - P_2}{N_2} \qquad (9\text{-}29)$$

단, $EBIT^*$: 자본조달분기점에서의 영업이익
I_1, I_2 : 자본조달계획 1, 2의 이자지급액
P_1, P_2 : 자본조달계획 1, 2의 우선주 배당액
N_1, N_2 : 자본조달계획 1, 2의 보통주 발행주식수

$$\frac{(EBIT^* - 0.6)(1-0.4) - 0}{200,000} = \frac{(EBIT^* - 0)(1-0.4) - 0}{300,000}$$

$EBIT^*$=1.8억원

부채와 보통주의 *EPS*를 동일하게 해주는 자본조달분기점에서의 영업이익($EBIT^*$)은 1.8억원이 된다. 마찬가지 방법으로 보통주와 우선주의 *EPS*를 같게 해주는 자본조달분기점에서의 영업이익($EBIT^*$)을 구하면, 다음과 같이 2.75억원이 된다.

$$\frac{(EBIT^* - 0)(1 - 0.4) - 0}{300{,}000} = \frac{(EBIT^* - 0)(1 - 0.4) - 0.55}{200{,}000}$$

$EBIT^* = 2.75$억원

한편, 우선주와 부채의 *EPS* 사이에는 자본조달분기점(무차별점)이 존재하지 않는 것을 볼 수 있다. 이는 모든 *EBIT* 수준에서 부채의 *EPS*가 우선주의 *EPS*보다 95원(=540−445)만큼 일정하게 많기 때문이다.

이상에서 *EBIT-EPS* 도표는 자본조달방법에 따라 *EPS*에 다른 영향을 미치는 *EBIT*를 나타낸다. 세 가지 자본조달계획안은 경영위험과 영업이익의 변동가능성이 동일하다는 전제하에 *EBIT*과 *EPS*을 구한 결과로, 다음과 같이 요약할 수 있다.

첫째, 어떠한 수준의 *EBIT*에서도 부채에 의한 자본조달이 우선주에 의한 자본조달의 경우보다 높은 *EPS*를 제공한다.

둘째, 보통주와 우선주를 비교해 보면, *EBIT*가 2.75억원을 초과하는 경우에는 우선주가 보통주에 비해 더 우월한 자본조달수단이다.

셋째, 부채와 보통주를 비교해 보면, 재무레버리지에 대해 차이가 없는 무차별점에서의 *EBIT*가 1.8억원을 초과하는 경우에는 부채가 보통주에 비해 더 나은 자본조달수단이다. 그러나 1.8억원에 미달하는 경우에는 보통주가 더 나은 자본조달수단이 된다. *EBIT*가 1.8억원 이하로 하락할 확률(위험)이 낮다면 부채조달안은 지지되지만, 현재의 무차별점이 더 상승하는 데 비해 영업이익의 하락 위험(확률)은 현재보다 더 높아진다면 부채는 위험한 조달안이 된다.

이상에서 *EBIT*가 증가할수록, *EBIT*의 하락가능 위험이 작을수록, 부채사용 가능성이 높을수록 *EPS*는 높아진다는 것을 알 수 있다. 따라서 자본조달분기점 분석의 주목적은 가능한 영업이익 범위 내에서 가장 높은 주당이익을 실현해 주는 자본구조를 결정하는 것이다.

*EBIT-EPS*분석을 실무에 적용하는 데 있어 고려해야 할 점은 *EBIT*의 확률분포이다. 재무관리자들은 *EPS*가 무차별점 이하로 하락하는 *EBIT*의 확률분포분석을 통해 이미 발행된 증권들의 내재비용에 대한 통찰력을 얻을 수 있고, 재무위험을 감소시키는 바람직한 자본구조안을 선택할 수 있다.

2. 부채부담능력과 현금흐름분석

기업이 적정자본구조를 결정할 때 현실적으로 고려해야 하는 여러 요인들 중 중요한 하나는 부채부담능력(debt capacity) 및 이자지급능력이다. 기업이 타인자본을 조달하는 데에는 이자지급이란 고정금융비용과 원금상환의 의무가 따르고, 이 의무수행을 위해서는 충분한 현금흐름 창출능력이 수반되어야 한다. 기발행증권 금액이 많을수록, 만기가 짧을수록 고정금융비용은 증가한다. 고정금융비용(fixed financial charges)으로는 부채의 원금과 이자, 우선주의 배당금, 리스료 등을 들 수 있다. 이러한 고정금융비용에 비해 안정적인 미래기대현금흐름이 클수록 기업의 부채조달능력은 더욱 커진다. 그러나 타인자본비용이 많을수록 고정금융비용 증가로 인해 유동성은 하락하게 된다. 따라서 유동성을 좌우하는 현금흐름분석이 자본구조 결정에 매우 중요하므로, 기업은 부채조달에 앞서 추가적으로 예상되는 고정금융비용과 이에 대응할 기대현금흐름 창출능력을 분석해야 한다.

부채부담능력을 가장 잘 측정하는 척도로는 이자보상비율(interest coverage ratio 또는 times interest earned : *TIE*), 고정금융비용보상비율(fixed charge coverage ratio)과 부채부담능력비율(debt service coverage)을 이용할 수 있다.

$$\text{이자보상비율}(TIE)=\frac{\text{이자 및 세진이익}(EBIT)}{\text{지급이자}} \tag{9-30}$$

$$\text{고정금융비용보상비율}=\frac{EBIT+\text{기타 금융비용}}{\text{지급이자}+\text{기타 금융비용}} \tag{9-31}$$

$$\text{부채부담능력비율}=\frac{EBIT+\text{기타 금융비용}}{\text{지급이자}+\text{기타 금융비용}+\dfrac{\text{원금상환액}}{1-t_c}} \tag{9-32}$$

위 식에서 기타 금융비용은 이자 이외에 고정적으로 지급해야 하는 비용으로 임차료, 리스료 등이 해당된다. 한편, 이자 이외에 원금의 상환능력을 함께 고려한 부채부담능력은 식 (9-32)와 같이 측정할 수 있다.

위의 식 (9-30)의 이자보상비율(*TIE*)은 영업활동으로부터 얻는 현금흐름을 지급이자에 충당할 때 몇 배의 여유가 있는지 그 안전도를 나타내 주는 비율로 1배를 기준으로 평가한다. 예를 들어, *EBIT*가 8억원이고 지급이자가

그림 9-12

고정금융비용과 *EBIT*

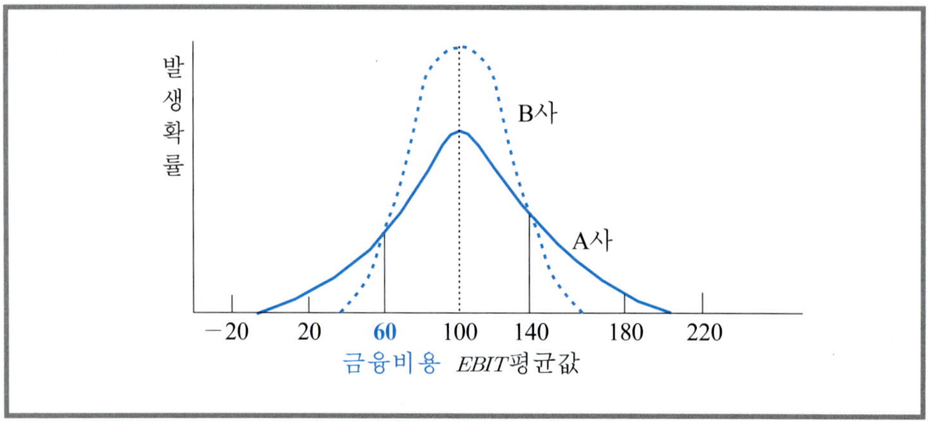

2억원이라면, 이자보상비율(*TIE*)은 4배이다. 이 경우 *EBIT*는 이자를 지급하고 나면 75%로 하락하게 된다. 이는 기업이 아직도 영업이익의 75% 수준까지 더 이자지급능력이 있다는 것을 의미한다.

이자보상비율은 해당기업의 경영위험, 기업환경, 산업특성에 따라 달라지므로 적정한 기준은 없다. 일반적으로 1배보다 크면 양호하다고 보며, 안정적인 산업의 경우는 상대적으로 낮고, 경기순환에 민감한 산업은 상대적으로 높다.

[그림 9-12]에서 A, B 두 기업은 *EBIT*에 대한 확률분포와 평균값, 고정금융비용이 같으므로, 부채부담능력도 영업이익(100)÷고정금융비용(60)=1.67배로 동일하다. 그러나 경영위험은 분산값이 큰 A사가 높고, B사는 상대적으로 낮으므로, 이자보상비율 1.67배는 B사에게는 적절한 수준이 되지만 A사에게는 적절한 수준이 되지 않는다. 이에서 고정금융비용이 많더라도 안정적이고 충분한 현금흐름이 있는 기업(예 : 전력회사)들이 통상 낮은 보상비율을 유지하는 이유를 알 수 있다.

한편, 적정한 이자보상비율은 과거자료를 참고로 하여 추세분석을 통해 미래기대흐름을 추정해서 동일 산업내 유사한 기업들과 비교한다. *EBIT*가 부채부담능력 이하로 하락하면(*TIE*<1), 기업은 유동성 저하로 급속히 위험에 처할 수 있다. 따라서 기업의 입장에서는 현금흐름의 여러 상황 중 이자비용도 지불하지 못하여 유동성 상실이 발생할 가능성이 있는 최악의 상황을 기준으로 현금흐름을 예측하여 자본구조를 결정해야 한다.

3. 자본구조에 영향을 미치는 기타 요인들

자본구조에 영향을 미치는 기타 요인들로는 ① 미래 매출액의 증가율, ② 미래 매출액의 안정성, ③ 산업특성, ④ 기업의 자산구성, ⑤ 소유자와 경영진의 위험에 대한 태도와 지배위치, ⑥ 산업과 기업에 대한 채권자의 태도이다.[15] 실제로 기업경영자들은 자본조달결정에 이들 요인들을 중요시하고 있다.

(1) 매출액증가율

매출액증가율과 수익성이 상당한 수준으로 크게 성장하는 기업의 보통주는 높은 주가를 시현하게 된다. 이런 경우는 자기자본으로 조달을 선호하게 된다. 그러나 보통주 주가가 높다고 자기자본조달을 확대할 경우에는 부채 증가로 인한 레버리지의 이점을 상쇄하기 때문에 주가상승에 따른 이점과 상실된 레버리지효과의 이점을 가중평균해서 고려해 보아야 한다. 미래 매출액증가율이 커지면 주당이익도 커지지만 자칫 주당이익 증가가 타인자본의존도를 고려하지 않으면 과장되기 쉬운 측면이 있다.

매출액과 주당이익이 연 8~10% 증가하더라도 고정비를 수반하는 부채조달의 증가는 자칫 주주의 이익을 과대계상할 수 있다.

(2) 매출액의 안징성

매출액의 안정성은 현금흐름의 안정성을 뜻하며 부채비율과 직접적인 관련이 있다. 매출액과 수익성이 크게 안정적이면 지급불능위험이 감소되기 때문에 적정위험 정도 내에서 부채비율을 높이려 한다. 그러나 매출액과 수익성이 지속적으로 하락할 경우에는 수익성이 낮은 기업은 고정부채이자 지급으로 어려움을 겪게 될 수 있으므로 유의해야 한다.

(3) 산업의 특성

부채조달능력은 수익성과 매출액에 의해 크게 좌우된다. 매출액 안정성만큼 한계이익의 안정성은 중요한 요인이다. 새로운 진입기업의 한계이익은 기업이 속한 산업이 가지고 있는 특성, 즉 진입의 용이도, 사업내용, 경쟁강도, 경

15) Weston, Fred J., and Thomas E. Copeland, *Managerial Finance*, 8th ed., 1986, Dryden Press, pp.569~571.

쟁기업의 시설능력, 산업 전체의 시설확장 정도 등에 따라 크게 영향을 받는다. 또한 성장산업은 높은 한계이익을 기대할 수 있지만 진입이 용이해지면 한계이익은 낮아지게 된다. 따라서 부채수준은 산업의 특성에 따라 결정되는 성향이 있다.

(4) 자산의 구성

장기수명 고정자산을 많이 가진 기업(철강, 정유, 공공재 생산업체)과 자사의 생산물에 대한 수요가 상대적으로 확보된 기업들은 장기주택자금이나 장기부채를 크게 확대해서 조달하는 경향이 있다. 도소매업체와 같이 지속적으로 반복되는 수익성에 의존하는 기업들은 장기부채보다는 단기부채나 매출채권이나 재고자산과 자산들을 많이 가지는 경향이 있다.

(5) 경영진의 태도

경영진의 태도는 기업의 위험이나 기업지배권과 관련하여 자본조달수단의 선택에 직접 영향을 미친다. 주식이 고도로 분산된 대기업의 경영진은 주식수가 다소 증가하더라도 자신의 지배권에는 영향이 적기 때문에 주식발행을 통한 자본조달을 선호하는 경향이 있다. 그러나 주식소유가 집중된 중소기업의 경영자는 지속적인 경영권의 지배·확보를 위해서 부채로 조달하는 것을 선호하는 경향이 있다. 그리고 일반적으로 사업전망에 대한 확신을 갖는다거나 부채증가로 인한 잠재적 이득을 얻기 위해서 높은 부채비율을 의도적으로 발생시키기도 한다.

(6) 채권자의 태도

경영진의 태도와는 상관없이 채권자(금융기관)의 태도가 재무구조를 결정하기도 한다. 통상 기업은 채권자와 재무구조에 대해 상의하면서 채권자의 충고를 받아들인다. 만약 경영진이 산업평균보다 높은 부채비율로 부채를 조달하려고 하면, 채권자는 부채증가를 더 이상 용인하지 않을 뿐만 아니라 부채감소를 강조하며 압박을 가할 것이다. 이미 발행된 채권의 신용비율 및 차입자의 신용도에 대한 문제를 지적하게 된다. 이렇게 채권자의 견해는 차입자의 부채비율 유지 및 부채량 결정정책에 영향을 미친다.

연습문제

01 다음의 용어들을 간단히 설명하시오.

(1) 자본구조
(2) 타인자본의존도
(3) 재무레버리지효과
(4) 최적자본구조
(5) 완전자본시장
(6) 불완전자본시장
(7) 대리비용
(8) 감시비용
(9) 확증비용
(10) 잔여손실
(11) 정보의 비대칭성
(12) 신호효과
(13) 자본조달분기점
(14) *EBIT*-*EPS*분석
(15) 이자보상비율
(16) 부채부담능력

02 전통적 자본구조이론의 *NI*법, *NOI*법, 전통적 접근법에 의해 최적자본구조의 존재여부를 설명하시오.

03 MM의 자본구조이론의 초기이론과 수정이론의 차이점을 설명하시오.

04 법인세, 파산비용, 대리비용을 고려할 때, 이들 효과가 자본비용 및 자본구조에 미치는 영향을 설명하고 최적자본구조가 어느 점에서 성립되는지를 그림으로 설명하시오.

05 비대칭정보의 신호효과와 최적자본구조의 관계를 설명하시오.

06 정보비대칭성하에서 내부경영자는 자본조달수단의 순서를 어떻게 결정하는가? 또 왜 그렇게 정하는지 설명하시오.

07 기업이 자본조달수단으로 부채증가를 선택하는 이유는 무엇인지 자본구조이론을 모두 동원하여 설명해 보시오.

08 무부채기업 U와 부채사용기업 L이 있다. L사는 연 5%의 이자를 지급하는 채권 10억원을 발행하여 부채를 사용하고 있는 것만 U사와 다르고 다른 조건은 모두 동일하다고 가정한다. MM의 가정을 모두 인정하고, 법인세율 40%, 영업이익(*EBIT*) 2억원, U사의 자본환원율이 10%라 할 때, 법인세효과를 고려한 MM의 이론으로 평가하는 경우 두 기업의 기업가치는 얼마인가?

09 08에서 현재 시장에서 U사의 가치 V_U는 8억원, L사의 가치 V_L은 18억원으로 평가되고 있다고 가정할 때, MM의 이론을 이용하여 차익거래가 일어나는 과정을 설명하시오. 단, 계산은 필요하지 않다.

10 부채사용기업 L의 기대순영업이익은 600만원이다. 이 금액은 무부채기업의 기업가치(V_U)로는 2,000만원에 해당한다고 한다. 법인세율이 40%, 부채비용은 10%, 자기자본 대 부채 비율은 1.0이라고 가정할 때, MM의 명제를 이용하여 다음 물음에 답하시오.

(1) 무부채기업과 부채사용기업의 세후자기자본비용을 계산하시오.

(2) 두 기업의 세후가중평균자본비용을 계산하시오.

(3) 부채사용기업의 자기자본비용은 높아지고, 가중평균자본비용은 낮아지는 이유는 무엇인가?

11 P사는 연리 12%의 3억원의 부채를 가지고 있다. 4억원의 추가자금조달을 위해서 세 가지 자금조달안을 계획하고 있는데, 소요자금 4억원 전부를 ① 14%의 부채로 조달하는 방안, ② 12% 배당률의 우선주 발행으로 조달하는 방안, ③ 주당 16,000원의 보통주를 발행하여 조달하는 대안이다. 이 기업은 현재 80,000주의 보통주를 발행하고 있고, 법인세율은 40%이다.

(1) 영업이익(*EBIT*)은 현재 1.5억원이며 추가자금조달 후에도 더 이상 수익성 증가는 없다고 가정할 때, 세 가지 자금조달수단별로 *EPS*를 구하시오.

(2) 자본조달분기점을 도표로 나타내고, 분기점에서의 *EBIT*를 구하시오.

CHAPTER

10

배당정책

학습목표

본장에서는 기업의 이익을 사내유보금과 배당금으로 나누는 결정인 배당정책이 기업가치에 미치는 영향을 살펴본다. 본장에서는 배당정책이 완전시장하에서는 기업가치에 영향이 없다는 배당무관련설과 시장의 불완전성을 고려할 때에는 관련이 있다는 관련설에 대해 설명하고 실무에서의 적용을 설명한다.

1. 완전자본시장하에서의 배당이론 : MM의 배당무관련설의 내용과 근거
2. 불완전자본시장하에서의 배당이론 : 세금효과, 정보효과, 대리비용효과
3. 배당정책 결정시 고려되는 현실적 요인들
4. 특수배당정책 : 주식배당, 주식분할, 자사주매입의 특징과 효과

제1절 배당정책의 의의

기업은 경영활동을 통해 얻어진 이익을 이해관계자들에게 배분하게 된다. 영업이익 중에서 채권자에게는 이자를 지급하고, 정부에는 세금을 납부한다. 이러한 후에 순이익의 일부는 재투자를 위해서 기업 내부에 유보하고, 일부는 자기자본 제공자인 주주에게 배당으로 지급하게 된다. 배당(dividend)은 주주에게 지급되는 기업의 순이익 중 일부분으로 자기자본 제공에 대한 대가이다. 배당정책(dividend policy)은 순이익을 사내유보이익과 배당금으로 나누는 의사결정으로 정의된다. 즉, 순이익 중 배당금이 차지하는 비율인 배당성향(dividend-payout ratio)[1)]을 결정하는 의사결정이다.

기업은 이익을 출자자본에 대한 대가인 배당으로 지급해야 하는 의무를 지고 있으나, 배당은 유보이익(retained earning)에서 지급되므로 내부자본조달액의 감소를 초래하기 때문에 자금의 사외유출을 억제하고 가능한 한 많은 이익을 사내에 유보하여 자기자본을 축적하기 위한 내부유보도 중요하다. 기업의 배당성향, 즉 배당지급률의 결정은 높은 성장률의 실현이 가능한 투자기회가 존재하느냐의 여부에 의해 좌우된다. 즉 유보이익으로 재투자해서 높은 수익률을 실현할 수 있으면 배당을 억제하고 내부유보를 강화하게 된다. 유보이익은 수익의 증대를 가져오고, 이는 주가에 반영되어 주가의 상승을 가져와 주주의 미래 자본이득(capital gain)을 증대시킨다.

따라서 기업은 높은 투자수익률이 기대되는 투자기회가 존재하는 한, 배당은 억제하고 내부유보자금을 크게 하려 할 것이며, 더 나아가 부채와 신주발행으로 외부자금조달까지 고려할 것이다. 그러나 외부자금이 증가할수록 이자와 배당압력이란 부담은 증대되어 주가는 하락하고 기업가치 역시 하락하는 문제가 발생한다.

배당정책은 기업의 목표인 기업가치극대화에 배당이 어떤 영향을 미칠 것인가 하는 측면에서 결정되므로, 기업가치평가와 관련된 중요한 의사결정이다. 그래서 배당정책은 투자결정, 자본조달결정과 함께 3대 중요 재무의사

1) $\text{배당성향} = \dfrac{\text{배당금}}{\text{순이익}}$, $\text{배당률} = \dfrac{\text{주당배당금}}{\text{주식 액면가}}$, $\text{배당수익률} = \dfrac{\text{주당배당금}}{\text{주식의 시가}}$

결정으로 인정받고 있다. 결론적으로 배당정책은 현재의 현금배당과 사내유보를 통한 재투자 중 하나를 선택하는 의사결정으로, 어떤 선택이 기업가치를 높이는가의 여부를 결정하는 것이다.

배당정책이 기업가치에 미치는 영향이 있는지, 또는 없는지에 대해서는 많은 논쟁이 있어 왔다. 이에 따라 배당정책에 관한 논쟁은 다음의 세 가지로 구분되고 있다. 즉, ① 완전시장 가정하에서의 주장으로 배당정책은 기업가치와 무관하다는 배당무관련설, ② 불완전시장을 전제로 하여 배당수준은 기업가치에 영향을 미친다는 배당선호론, ③ 투자자는 배당보다 자본이득을 선호한다는 배당불선호론이 있다.

제 2 절 완전자본시장과 배당이론

1. MM의 배당무관련설

밀러와 모딜리아니(Miller & Modigliani : MM, 1961)는 완전자본시장에서 배당은 기업가치와 관련이 없다는 무관련설을 주장하였다.[2] MM은 기업의 투자결정이 정해졌다는 가정하에서 기업가치는 기업이 소유한 자산의 수익능력과 투자정책에 의해 결정되는 것이지, 배당성향 결정은 이익흐름을 배당과 유보이익으로 나누는 단순한 기술적 배분으로 주주의 부에 아무런 영향을 미치지 못한다고 주장한다.

(1) 가 정

그들의 주장은 다음과 같은 가정을 전제로 하고 있다.

2) Miller, Merton H. and Franco Modigliani, "Dividend Policy, Growth, and the Valuation of Shares," *Journal of Business*, 34(October 1961), pp.411～433.

① 완전자본시장의 존재

i) 투자자는 모두 합리적 투자자이다.

ii) 모든 정보의 이용이 가능하며 정보획득비용은 없다.

iii) 거래비용이 없다.

iv) 거래되는 증권은 무한히 분할이 가능하다.

v) 투자자는 증권시장을 좌우할 만큼 영향이 없다.

② 발행비가 없다.

③ 각종 세금은 없고, 배당소득세율과 자본이득세율은 같다.

④ 투자자들은 현금배당 1원과 자본이득 1원을 동일하게 평가한다.

⑤ 투자정책은 이미 정해져 있고 변하지 않는다. 따라서 기업의 수익은 일정하다.

⑥ 외부금융이 가능하다.

⑦ 모든 투자자는 기업의 미래의 투자와 이익, 배당에 대해 동일한 믿음을 가지고 있다. 자본구조에서 언급한 동질적 기대 예측과 동일한 개념이다(후에 취소함).

(2) 수학적 증명

MM은 배당무관련 주장을 다음과 같이 수식으로 증명하고 있다. 영업기간의 기초(현재)주가는 기말배당금과 기말주가의 합계를 적정할인율로 할인한 현재가치와 같다. 따라서 다음과 같은 식이 성립한다.

$$P_0 = \frac{1}{1+\rho}(D_1 + P_1) \qquad (10\text{-}1)$$

단, P_0 : 기초주가

ρ : 자본화율(시장요구수익률, 모든 기간중 일정하다고 가정)

D_1 : 기말주당배당금

P_1 : 기말주가(배당락 주가)

현재 시점에서 구주 주식수가 n이고, 1기간중에 신주 주식수를 m만큼 P_1의 가격으로 발행하면, 기업의 현재 총가치는 다음과 같이 된다.

$$nP_0 = \frac{1}{1+\rho}[nD_1 + (n+m)P_1 - mP_1] \qquad (10\text{-}2)$$

단, nP_0 : 현재 기업의 총가치
n : 구주 발행주식수
m : 신주 발행주식수
mP_1 : 신주 발행총액

한편, 신주발행의 총가치(mP_1)는 1기간 동안에 전체 투자소요액(I)에서 유보이익($X-nD_1$)으로 충당하고 부족한 금액이므로 다음과 같이 계산된다.

$$mP_1 = I - (X - nD_1) \tag{10-3}$$

단, I : 1기간 동안 신투자액
X : 1기간 동안 순이익(배당지급 전)
nD_1 : 1기간 동안 구주의 배당금총액

식 (10-3)을 식 (10-2)에 대입하여 정리하면, 배당항은 없어지고 다음의 식 (10-4)가 된다.

$$nP_0 = \frac{1}{1+\rho}[(n+m)P_1 - I + X] \tag{10-4}$$

식 (10-4)에 의하면, 기업가치는 배당과는 무관하며, 순이익, 주식발행총액, 투자액, 자본화율에 의해 결정됨을 볼 수 있다. 주가는 기업의 미래 기대이익현금흐름, 즉 수익능력에 의해 결정되는 것이지 미래의 유보이익이나 배당금과는 무관하다는 것을 수학적으로 증명하고 있다.

(3) 불확실성하의 무관련설 : 자가배당조정

MM은 완전자본시장과 세금이 없다는 가정하에서의 배당지급은 불확실성하에서도 무관련설이 설명될 수 있다고 주장한다. MM이 자본구조이론과 자산투자결정에서 주장한 기업가치와의 무관련설의 가정 및 논의와 동일한 이유를 포함하여 설명되는 것으로, 투자자는 기업의 배당흐름정책과 정반대로 복제할 수 있다는 자가배당조정으로 배당무관련 논리를 주장한다.

자가배당조정(homemade dividend) 또는 홈메이드 배당이란 기업이 어떠한 수준의 배당을 하든 기업의 배당흐름과 반대로 복제함으로써 투자자 자신의 요구현금흐름분포를 얻을 수 있다는 것이다. 개인투자자는 기대수준보다 배

그림 10-1

자가배당조정 : 0시점 · 1기말 배당금 사이의 상반관계

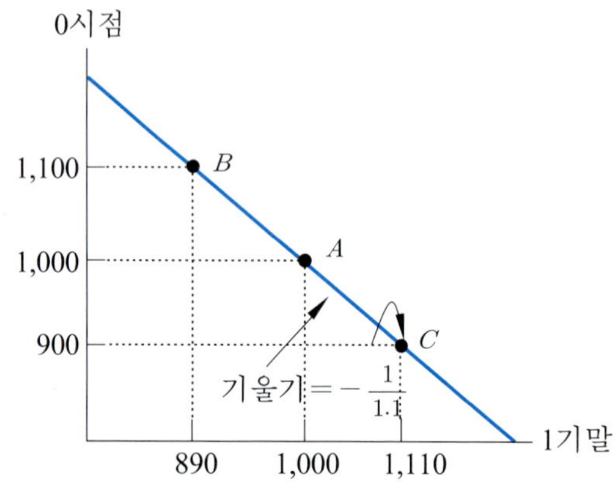

당금이 많은 경우는 그 초과배당금의 일부를 해당기업의 주식 매입에 재투자하고, 기대수준보다 적은 경우는 주식의 일부를 매각하는 방법으로 자신의 자가배당조정이 가능해진다. 즉 투자자는 MM의 자본구조이론에서 홈메이드 레버리지를 만드는 방법과 동일한 방법으로 홈메이드 배당을 만들 수 있다.

예를 들어, [그림 10-1]은 개인투자자가 기업의 배당정책과 정반대로 홈메이드 배당을 복제함으로써 배당의 영향과 무관할 수 있음을 보여주고 있다. 기업의 경영자는 세 가지 배당정책을 실행할 수 있는데, 그림에서 A는 모든 현금흐름을 즉시 배당금으로 지급하는 방안, B는 초과배당을 위해 주식을 발행하는 방안, C는 현금보유액의 일부로 구주를 재매입하는 방안을 나타낸다. 이러한 기업의 배당정책에 대응해 개인투자자가 택할 수 있는 방법을 살펴보면 다음과 같다.

기업이 B점의 배당정책을 택한다면, 현재시점에 1,100원을, 그리고 1기말에는 890원의 배당금을 주는 배당정책의 선택을 의미한다. 현재 이자율이 10%라고 할 경우 1기말 배당금이 890원이 되는 이유는 현재 배당금 1,000원에서 100원을 차감한 900원을 1기말에 배당해야 하지만 실제는 110원(= 100×1.1)을 차감한 890원의 배당이 가능하기 때문이다. 이런 기업의 배당정책 B에 대해 개인투자자가 1기말에도 1,000원(A)을 얻고자 한다면, 현재 배당금 1,100원 중 100원을 연리 10%로 재투자함으로써 1기말에 1,000원을 얻게 되어 A점에 이를 수 있다(890+100×1.1=1,000). 마찬가지로 C를 원하는 개인투자자는 재투자를 통해 C점에 이를 수 있다.

기업이 A점의 배당정책을 선택하는 데에 대해 개인투자자가 B를 원한다면, 현재시점에서 보유주식 100원을 매각하여 B점으로 이동시킬 수 있다. 또한 기업이 C점의 배당정책을 선택하는 경우에 대해 개인투자자가 A를 원한다면, 역시 보유 구주의 일부를 매각하여 A점으로 이동시킬 수 있다. 이와 같이 기업이 어떤 배당정책을 사용하든 배당금에 대해 잠재적으로 불만족인 투자자는 재투자와 구주매각을 통해 기업의 배당정책에 무관해질 수 있다.

그래프에서 기업의 배당정책이 A점에서 최초배당지급액을 결정하고, 신주발행으로 현재 1,100원, 그리고 1기말에는 890원의 배당이 가능하다면 배당정책 B를 택한다. 구주 재매입으로 현재 900원, 그리고 1기말에는 1,110원의 배당이 가능하다면 배당정책 C를 택할 수 있다. 이렇게 신주발행이나 구주매입 방법에 의해 대각선상의 모든 점에서 배당지급액을 결정할 수 있다. 동시에 이 대각선은 개인투자자인 주주가 이용할 수 있는 선택조합선이 될 수 있다. 개인투자자는 배당의 일부를 재투자함으로써 우하향($B \rightarrow A$ 또는 $A \rightarrow C$)으로 이동시킬 수 있고, 주식의 일부를 매각함으로써 우상향($C \rightarrow A$ 또는 $A \rightarrow B$)으로의 이동이 가능하다.

2. MM의 고객이론

MM은 배당정책이 주가에 영향이 없다는 것을 고객효과로도 설명할 수 있다고 주장한다. 고객효과(clientele effect)란 투자자들이 자신의 선호도를 만족시킬 수 있는 배당성향을 가진 주식에 투자하는 것을 말한다. 그들에 의하면, 시장에는 배당성향이 다른 무수히 많은 주식들이 거래되고 있기 때문에, 투자자(고객)의 소득과 배당선호성향에 따라 맞춤식 선택이 얼마든지 가능하다는 것이다. 일반적으로 저소득층이나 노령층 투자자는 일정한 수준의 배당성향을 유지하는 주식을 선호하고, 한계세율이 높은 고소득층 투자자는 배당소득세가 자본이득세보다 높기 때문에 배당성향이 낮은 주식을 택함으로써 내부자금이 보다 높은 기대투자수익률의 투자안에 더 많이 투입되어 후에 주가상승으로 인한 매매차익, 즉 자본이득(capital gain)을 더 기대한다.

따라서 투자자는 개인적 투자성향과 선호도에 따라 주식을 선택하는 것이지 배당성향의 높고 낮음이 주가와는 아무런 상관이 없다는 주장이다. 이

것이 MM의 고객이론(clientele theory)이다. 만일 투자자들이 원하는 배당성향 크기의 주식들이 양적으로 충분히 공급이 이루어지지 않으면 기업은 자금조달이 어려워지므로 배당성향을 조정하게 된다. 그러므로 배당성향 크기의 수준 및 범위의 주식이 수요와 공급 측면에서 일치하지 않을 때에는 그 특정범위 수준의 배당성향을 유지하지 못하는 기업들은 배당성향을 조정함으로써 고객의 성향에 맞춰 수요와 공급이 매우 빠르게 균형을 이룬다고 주장하였다. 고객이론은 기업의 실질 배당정책이 쉽게 변경되지 않고 일정수준의 배당을 유지하려고 노력하는 현실적 상황을 설명해 주는 이론적 타당성을 제공하고 있다.

제 3 절 시장의 불완전성과 배당이론

앞에서 논의된 배당무관련설은 완전자본시장과 기타 몇 가지의 가정을 전제로 해서 전개되었기 때문에 현실적으로 문제점을 가지고 있다. 현실적으로 자본시장에서는 자본조달과 주식매매시에 거래비용이 발생하고, 증권발행비용이 존재하며, 외부금융 조달에는 제약이 따르고, 배당소득세율과 자본이득세율에는 분명한 차이가 있으며, 이해관계자들간의 이해상충으로 인한 대리비용이 발생한다. 그리고 정보 획득면에서도 기관투자자와 개인투자자, 배당결정의 주체인 기업 사이에는 정보의 비대칭성이 항상 존재한다. 이와 같이 시장의 불완전성이 존재하므로, 시장불완전성 요인들과 배당정책이론, 그리고 기업가치 사이에 어떤 관계가 있는지를 현실적 측면과 연계하여 살펴본다.

1. 배당선호론 : 현실적 측면

현실적으로 많은 투자자들은 배당을 선호하는데, 그 이론적 근거를 현실적 측면에서 살펴보면 다음과 같다.

(1) 현재수입의 선호

투자자들은 미래의 불확실한 자본이득보다는 현재의 확실한 현금배당을 더 선호한다고 보는 견해이다. 투자자가 원하는 시점에 일정수준의 배당수입이 미래의 불확실성과 주가 변동으로 인한 자본이득 실현보다는 더 안정성이 높기 때문이다. 또한 투자자가 원하는 이익 실현을 위해서는 주식을 매각해야 하는데, 이에는 거래비용이 발생하며 주식매각에 따른 심적 부담이 수반되므로 일정액의 현금배당을 더 선호한다는 것이다.

(2) 정액소득원의 선호

일부 투자자들은 배당소득을 생활비의 정액소득원으로 기대하고 주식투자에 임하고, 연·기금같은 기관투자자들은 정기적이고 안정적인 소득원을 확보하기 위해서 정액의 현금흐름배당을 선호한다. 이렇게 일부 투자자는 배당을 정액소득원으로 인식하여 일정한 크기의 현금배당을 선호한다는 주장이다.

(3) 미래의 불확실성 제거

현금배당은 자본이득보다도 그 소득이 확실하다. 기업의 가치를 나타내는 주가는 기업환경의 변화와 기업 내·외적인 불확실한 요소로 인하여 항상 변동하기 때문에 자본이득의 실현은 배당보다는 상대적으로 위험이 매우 높다. 따라서 투자자는 확실한 현재의 배당수입(one bird in hand)을 미래의 불확실한 시세차익(two birds in bush)보다 더 높이 평가하므로 배당이 더 가치가 있다는 논리이다.

(4) 거래비용의 절감

MM은 홈메이드 배당을 설명하면서 투자수입이 필요한 경우 배당 대신 주식의 일부를 매각하면 된다고 하지만, 이러한 행위는 거래비용을 수반한다. 반면에 배당수입은 거래비용이 발생하지 않는다.

(5) 배당의 정보효과

실제로 많은 기업들이 일정수준의 배당을 지급하려고 노력하는 경향이 있는데, 그 이유 중 하나가 배당의 정보효과 때문이다. 수익성이 높은 투자기회가 존재하고 이에 소요될 자본조달의 필요성에도 불구하고, 기업이 일정한 배당을 지속하는 의사결정을 하는 것은 외부투자자에게 그 기업의 미래수익성이 안정적이라는 긍정적 신호효과(signalling effect)로 작용하여 주가에도 양(+)의 영향을 미쳐 주가를 상승시키기 때문이다. 이는 내부경영자가 외부투자자보다 정보우위에 있는 정보의 비대칭성(asymmetric information)을 이용하여 의도적으로 외부투자자가 그 기업의 미래현금흐름에 대한 예측을 긍정적으로 인식하도록 정보의 신호효과로 작용할 수 있음을 의미한다. 만약 배당성향이 감소한다면 배당 감소라는 정보는 해당기업의 미래수익성의 감소로 평가되어 주가에 부정적 효과로 작용하게 된다.

반대로 예상외로 배당이 증가하면 미래수익성의 증가로 평가되어 주가에 긍정적 효과로 작용하여 주가를 상승시킨다. 이는 정보의 비대칭성으로 인해 기업의 실질수익능력과는 관계없이 배당만의 정보효과를 반영하기 때문이다.

(6) 기타 요인

앞의 이유 이외에도 기업이 배당지급을 관행적으로 행하는 이유는 다음과 같다. ① 현금배당이 오래된 하나의 관행이 되어 왔으며, ② 무배당이 경영자의 무능력으로 작용할 우려, ③ 안정적 배당이 외부자금조달시 유리하게 작용한다는 점, ④ 통상 주주들이 더 많은 배당을 요구하는 행위, ⑤ 배당과 주가 관련에 대한 확실한 이론적 근거가 없는데도 불구하고 배당이 주가를 높여준다고 인식하는 점, ⑥ 안정적 배당지급은 기업의 건전성을 암시한다고 믿는 점 등을 들 수 있다. 이러한 요인들을 복합적으로 고려하여 배당을 결정하게 된다.

2. 자본이득선호론 : 현실적 측면

한편 배당소득보다는 사내유보자금을 수익성 높은 투자안에 투입하여 실현되는 자본이득을 더 선호한다는 현실적 측면도 있다. 자본이득선호론은 배당불선호론을 의미한다.

(1) 재투자기회 감소

기업은 수익률이 높은 재투자기회의 사업이 있는 경우 자본조달원천으로서 사내유보이익이나 부채 또는 보통주 발행으로 필요한 자금을 조달하게 된다. 이 가운데 유보이익은 발행비용 없이 즉시 조달이 가능한 매우 유용한 자본조달수단이다. 현실적으로 자본시장은 시장 자체의 불완전성으로 인해 투자소요자금을 무제한적으로 적기에 조달한다는 것은 용이하지 않은데, 만약 유보이익을 배당으로 지출한다면 그만큼 투자기회를 상실하게 된다. 결국 배당지급은 기업가치를 증가시킬 재투자기회를 감소시키는 결과를 초래한다 하겠다.

(2) 낮은 자본소득세율의 선호

대부분의 나라들이 세법상 자본이득에 대한 소득세는 없거나 있다 해도 배당소득세율보다는 낮은 것이 일반적이다. 우리나라의 경우, 주식 매도에 따른 자본이득에 대한 소득세가 2023년부터 부과될 예정이지만, 현재 주식은 증권거래세법에 의해 양도가액의 일정세율로 거래세만 부과되고 자본소득세는 없다. 또한 세법상 배당소득세는 이자소득세와 같은 성격으로 처리되어 세금공제가 인정되지 않기 때문에 현실적으로 배당소득보다는 자본소득 선호로 나타난다. 따라서 납세후 기준으로 보면 투자자에게 자본이득 1원의 소득이 배당소득 1원보다 더 유리하다. 소득이 높아짐에 따라 누진세율이 적용되는 현행 소득세법하에서는 높은 소득세율이 적용되는 고소득층은 고배당주식을 기피하고 저배당주식을 선호하며, 반대로 낮은 소득세율이 적용되는 저소득층은 고배당주식을 선호한다는, 이른바 고객효과가 나타날 수 있다.

따라서 기업의 배당정책은 개인소득세와 법인세의 상대적 수준을 비교하여 개인소득세율이 법인세율보다도 높으면 배당지급을 줄이는 방안을 고려해야 할 것이다.

(3) 발행비용에 따른 주가하락 가능성의 회피

기업이 투자정책과 관련하여 사업을 계속 추진하면서 배당을 예정대로 지급하기 위해서는 외부자금조달이 불가피해진다. 외부자금조달시에는 발행비가 발생하고, 발행비용은 유보이익의 감소를 초래하여 주가하락의 요인으로 작용한다. 배당은 외부조달자금 중에서 발행비용을 공제한 금액에서 지급되는

데, 발행규모가 작을수록 조달자금총액에 비해 발행비용이 차지하는 비율은 커진다. 보통주 발행으로 자금조달을 하는 경우, 특히 소규모 발행의 경우에는 조달금액 규모에 비해 높은 발행비가 발생할 뿐만 아니라 매각의 어려움도 따르는 이중고를 겪게 된다. 따라서 발행비용이 높은 경우에는 배당을 적게 하고 유보이익에 의한 자본조달이 유리하다.

3. 배당정책과 세금

세법상 법인세는 기업의 이익에 부과되는 것이므로, 이익을 배당과 유보이익으로 배분하는 배당정책과는 상관이 없다. 그러나 투자자 측에서는 세금효과를 평가하여 배당소득을 더 선호한다는 주장과 자본이득을 더 선호한다는 주장이 있으며, 이러한 두 가지 견해에서 다음과 같이 평가할 수 있다.

그 하나는 배당소득보다 자본이득이 더 선호된다는 주장이다. 현실적으로 개인투자자들에게 부과되는 배당소득세율은 자본이득에 부과되는 세율보다 더 높기 때문에, 납세후 소득면에서 자본이득이 훨씬 유리하다. 또한, 자본이득세는 주식매각시에 과세되므로 배당소득세에 비해 세금납부의 연기라는 기간적 이점이 있다. 이런 면에서만 평가한다면, 높은 배당을 지급하는 주식이 높은 자본이득을 제공하는 주식보다 낮게 평가될 수도 있다.

우리나라에서는 배당소득은 대주주의 경우 다른 소득 및 이자소득과 합산하여 종합과세되는 반면에 개인소액주주의 경우에는 이자소득의 성격으로 원천징수된다. 자본이득은 아직 비과세대상이며, 단지 증권거래세법상 양도가액에 따라 거래세만이 부과되고 있다. 그러나 2023년부터 투자소득세제가 실행되면, 이 이론은 많이 달라질 것으로 예상된다.

다른 하나는 세금효과면에서 배당을 더 선호한다는 견해이다. 미국의 경우, 1986년 세제개혁법(Tax Reform Act) 발효 전까지 법인주주(corporate shareholder)에게 2배의 세율이 적용되던 배당소득세율이 자본이득세율과 동일한 수준으로 낮아짐에 따라 실제로는 배당소득세율이 자본이득세율보다 낮은 세율의 세금효과를 가져왔다. 따라서 법인주주는 세금면에서 자본이득보다 배당소득을 더 선호한 것이다. 또한, 이 세법은 기업이 소유한 타사 주식에서 발생한 배당금 중 일부를 법인세에서 공제해 주는 제도를 도입하고 있는데, 이 제도가 기업투자자들로 하여금 현재의 배당을 더 선호하게 하는 이유를 제공한다. 예를 들어, A회사가 B회사의 주식 100주를 소유한 경우, 주당 1원씩 총배당금 100원을 받는다면 배당소득 100원의 80%인 80원은 과세대상에서 제외되고 20원에 대해서만 법인세 과세대상이 된다. 한편, 퇴직연기금은 배당이나 자본이득에 대한 세금이 없으므로 세금효과만 고려한다면 배당이나 자본이득에 대한 선호성은 무차별적이라고 할 수 있다.

이와 같이 배당소득세에 대한 예외적인 경우가 있지만, 많은 투자자들에게는 세금 차이로 인해 배당 1원과 유보이익 1원의 현재가치 사이에 분명한 차이가 존재하고, 자본이득세는 주식매각시까지는 발생하지 않는 기간적 차이까지 존재한다. 따라서 배당과 자본이득에 대한 세금의 차이는 수익률의 차이를 가져오게 되고, 이에 배당의 세금효과를 상쇄시키려는 투자자는 배당지급주식에 대해 동일한 위험의 비배당주식보다 더 높은 세전기대배당을 요구할 것이다. 다른 조건들이 동일하다면, 주식의 배당수익률이 클수록 배당의 세전기대이익이 높아지게 되고, 결국 주식시장은 체계적 위험, 배당수익, 그리고 기타 요인들에 대해서 균형을 이루게 된다는 것이다.[3)]

한편, 밀러와 숄즈(Miller & Scholes)는 세금차익거래(tax arbitrage)를 통해 배당소득세를 제거할 수 있다고 주장한다.[4)] 이 방법은 첫째 단계에서 고배당주식을 매입하는 동시에 배당금과 동일한 이자를 지급하는 부채를 차입한다. 이에 따라 배당소득만큼 차입부채의 이자지급으로 소득이 상쇄되므로 무세금효과를 얻을 수 있다. 문제점은 레버리지 증가로 위험이 매우 커진다는 점이다. 둘째 단계는 첫 단계에서 증가된 레버리지를 상쇄시키기 위해 이미 차입된 부채와 동일한 금액만큼을 법인세이연계정 내에 투자하는 것이다. 법인세이연계정 내의 소득은 비과세대상이므로 두 단계가 동시에 행해질 때 무법인세 상태가 된다. 만일 자금이 충분한 투자자가 세금차익거래의 이점을 얻을 수 있다면, 경영자는 투자자의 세금효과를 고려할 필요 없이 배당정책을 수립하면 된다. 따라서 경영자가 불확실성과 투자자의 현재소득만을 고려하

3) Litzenberger, Robert H., and Kirishina Ramaswamy, "The Effect of Personal Taxes and Dividends on Capital Asset Prices," *Journal of Financial Economics*, 7(June 1979), pp.163～195 ; Litzenberger and Ramaswamy, "The Effects of Dividends on Common Stock Prices: Tax Effects or Information Effects?" *Journal of Finance*, 37(May 1982), pp.429～444.

4) Miller, Merton H., and Myron S. Scholes, "Dividends and Taxes," *Journal of Financial Economics*, 6(December 1978), pp.333～364.

여 배당정책을 계획한다면 당연히 높은 배당지급을 고려해야 할 것이다.

이상에서 투자자의 세금효과를 고려할 때 배당소득선호론과 자본이득선호론이 있으나, 아직도 배당의 세금효과는 명확하지 않다고 볼 수 있다.

4. 배당의 정보효과

실제 많은 기업들이 일정수준의 배당을 지급하려고 노력하는 경향이 있는데, 그 이유 중 하나가 배당의 정보효과 때문이다. 수익성이 높은 투자기회가 존재하고 이에 소요될 자본조달의 필요성에도 불구하고, 기업이 일정한 배당을 지속하는 의사결정을 하는 것은 외부투자자에게 그 기업의 미래수익성이 안정적으로 증대될 수 있다는 긍정적 신호효과(signalling effect)를 주게 되어 주가를 상승시키는 요인으로 작용하기 때문이다. 이는 내부경영자가 시장참여자에게 배당을 신호전달수단으로 이용할 수 있다는 것을 의미한다. 즉, 경영자는 외부투자자가 그 기업의 미래현금흐름에 대한 예측을 긍정적으로 인식하도록 내부정보(insider information) 전달수단으로 배당을 사용한다는 것이다. 이러한 가정하에서 예상외 배당증가는 미래수익력의 기대치 증가로 평가되어 주가에 양(+)의 영향을 미치고, 예상외 배당감소는 미래수익력 기대치 감소로 해석되어 주가에 음(−)의 영향을 미친다고 평가할 수 있다. 이러한 해석은 내부경영자가 외부투자자보다 정보우위에 있다는 정보의 비대칭성으로 인해 배당의 정보효과라든가 기업의 미래전망 등에 대해 정보를 더 많이 가지며 이용할 줄 안다는 가정하에서 전개된다.

이상에서 배당변동이 주는 정보효과가 주가에 영향을 미치는 것으로 해석할 수 있다. 실제로 배당공시가 주는 정보효과에 관한 많은 실증연구들도 이를 뒷받침하고 있다. 배당증가는 의미 있는 양의 초과이익을 선도하고, 배당감소는 음의 초과수익을 가져오는 것으로, 그리고 배당은 투자자들에게 다른 원천에서 얻는 정보보다 더 가치 있는 정보를 전달한다는 실증 결과가 있다.[5] 그리고 배당증가는 세금효과보다 오히려 미래이익에 관한 신호효과를 제공한다는 것이다.[6] 한편, 재무제약이 많은 기업일수록 정보비대칭으로 외

5) Asquith, Paul, and David W. Mullins, Jr., "The Impact of Initiating Dividend Payments on Shareholders' Wealth," *Journal of Business*, 56(January 1983), pp.83～96.

부자금조달이 어렵기 때문에 저배당하는 경향이 높으며, 이에 해당하는 기업은 소규모기업, 저배당기업, 고부채비율기업, 유동성 및 안정성이 낮은 기업이라고 주장한다.[7] 일반적으로 배당이 자본구조보다도 신호효과가 더 크다고 인정되고 있다.

그러나 배당정책 변화에 의해 전달되는 구체적인 기업 관련 정보가 과연 무엇이며, 이러한 정보를 전달하는 보다 나은 수단의 존재여부에 대해서는 아직 명확히 규명되지 않고 있다.

5. 배당정책과 대리비용

배당정책이 기업가치에 미치는 영향을 설명하는 요인들은 매우 많은데, 이들 요인들을 다 검증하는 것이 어렵기 때문에 주로 배당의 세금효과와 재무신호효과에 집중되어 실증이 이루어져 왔다. 이들 두 효과에 대한 검증의 집중은 발행비, 거래비, 규제 등의 효과들을 상대적으로 경시하는 경향을 가져왔다. 다음에서 배당정책과 대리비용의 관계를 살펴보기로 한다.

경영자, 주주, 채권자 사이에는 자신들의 이익추구를 위해 잠재적 이해상충의 대리관계가 존재하므로 대리비용(agency cost)이 발생한다.

채권자는 기업이 재무곤경에 처하지 않고 자신들의 몫인 이자지급과 원금상환이 원활히 보장되도록 가능한 한 주주가 적은 현금배당을 받기를 원하고, 반대로 주주는 초과배당의 지급을 원한다. 한편, 경영자는 배당과 관련하여 주주의 입장을 대신하므로 채권자의 몫이 될 수 있는 현금을 주주에게 주는 결정을 하게 된다. 즉, 배당이란 채권자로부터 주주에게 부를 전가하는 행위로 볼 수 있다. 디안젤로(DeAngelo)는 이런 평가에 대한 실증적 근거로 재무곤경(financial distress)에 처한 기업일수록 배당지급을 거부하지 못한다고 제시하였다.[8]

---

6) Richardson, Gordon R., and Stephan E. Sefcik, "A Test of Dividend Irrelevance Using Volume Reactions to a Change in Dividend Policy," *Journal of Financial Economics*, 17(December 1986), pp.313~333.

7) Fazzari, Steven M., Glen R. Hubbard, and Bruce C. Peterson, "Financing Constraints and Corporate Investment," *Brookings Papers on Economic Activity*, 1988, pp.141~195.

8) DeAngelo, H., and L. DeAngelo, "Dividend Policy and Financial Distress: An Empirical Investigation of Troubled NYSE Firms," *Journal of Finance*, 45(1990).

채권자들 역시 배당으로 현금유출을 원하는 주주들의 성향을 잘 알기 때문에, 자신들의 이익보호를 위해서 부채 제공시 채권협약을 체결하여 대응하게 된다. 즉 배당지급은 예상이익, 현금흐름, 운전자본을 일정수준 이상으로 보유할 때에만 가능하다는 제약조건(covenant)을 약정에 삽입하게 된다.

경영자들은 다른 한편으로 자신의 사적이익 추구를 위해서 주주의 이익을 비용으로 사용하기도 한다. 예를 들어, 비용계정을 과대계상하거나, 음(−)의 NPV가 예상되는 위험투자안에 투자하거나, 더 열심히 일하지 않는 행위를 하기도 한다. 경영자들은 기업이 충분한 현금흐름을 가지는 경우 더욱 용이하게 자신의 사적이익을 추구하고, 자금이 없어서 이용할 수 없을 경우에 이르러서야 자금의 낭비행위를 멈추게 된다. 이런 경영자의 행위는 기업의 자금원천의 낭비로 이어져 결국 경영자의 능력 감소로 나타난다. 따라서 지속적인 배당지급은 경영자들이 임의로 사용할 수 있는 현금흐름의 범위를 축소시키는 동시에 재투자위험을 감소시켜 기업가치 증대로 이어지게 할 수 있다.

위와 같이 경영자, 주주, 채권자 사이의 대리관계는 여러 가지 형태로 다양한 대리비용을 발생시키지만, 지속적인 배당지급은 대리비용을 감소시키는 하나의 방법으로서의 역할을 제공한다.[9]

제 4 절 배당정책관리

1. 배당정책에 영향을 미치는 현실적 요인들

기업의 배당정책에 영향을 미치는 요인으로는 배당 또는 자본이득에 대한 투자자의 선호도와 배당의 정보내용 등이 있다. 이들 외에도 다음과 같은 요인들이 구체적인 실제 배당정책에서 고려된다.

9) Hansen, Robert S., Raman Kumar, and Dilip K. Shome, "Dividend Policy and Corporate Monitoring: Evidence from the Regulated Electric Utility Industry," *Financial Management*, Spring 1994.

(1) 유동성과 차입능력

배당은 현금배당이 주를 이루므로 유동성(지급능력)에 여유가 있을 때에 비로소 가능해진다. 유동성이 낮은 기업일수록 배당보다는 사내유보를 강화하여 유동성을 유지하려고 할 것이다. 유동성 부족은 배당지급능력에 제한요인으로 작용하지만, 자본시장의 제약을 적게 받아 자금조달이나 차입능력이 우월한 기업의 경우에는 배당지급에 여력이 생긴다. 기업규모가 크고 연륜이 긴 기업일수록 자본시장에의 접근성이 용이해서 차입능력이 높으며, 현금배당능력이 큰 기업일수록 차입능력이 크다고 할 수 있다. 그러나 차입능력이나 수익능력이 우수한 기업일지라도 투자사업 규모가 과도하게 커지면 일시적으로 현금부족현상이 일어나 유동성이 악화될 수 있다.

실증연구에 의하면, 투자규모가 상대적으로 큰 재벌기업의 경우 유동성 제약이 높았고, 비재벌기업이 오히려 유동성 제약이 낮은 것으로 나타났다. 또한 자산규모가 작은 기업이 대규모 자산 보유 기업보다 유동성이 더 큰 것으로 나타나는데, 그 이유는 재벌기업이나 대기업일수록 담보가치가 크므로 차입규모도 크게 함으로써 재무제약이 커짐에 따라 유동성 제약이 더 커진다는 것이다.

(2) 순이익과 투자기회

배당정책은 기본적으로 순이익을 배당과 유보이익으로 나누는 의사결정이다. 따라서 순이익이 충분히 발생해야만 배당이 가능하므로 순이익은 배당결정에서 중요한 요인이다. 한편, 순이익 증가를 위해서는 지속적인 수익창출이 가능한 새로운 투자기회에 투자해야 한다. 만약 투자수익률이 주주의 요구수익률보다 높은 새로운 투자기회가 존재하는 경우, 기업은 장래의 자금수요에 대비하여 배당보다는 사내유보이익을 확대할 것이다. 따라서 수익성이 높은 투자기회가 존재하는 경우 배당지급이 억제되고 사내유보를 강화하여 재투자를 통해 기업가치를 증대시키려고 할 것이다.

(3) 경영지배권

기업이 배당지급을 지속적으로 유지하는 경우, 수익성이 높은 투자기회사업에 필요한 자금을 신주발행을 통해 조달해야 하는 지경에 이를 수 있다. 이런 환경하에서 기존 지배대주주가 경영지배권을 확보하기 위해서는 추가발행되는 신주의 일정비율을 구입해야 하는데, 만약 실권하면 기존 대주주의 지배권이 희석된다. 따라서 경영지배권이 주 고려대상이 되는 경우에 지배대주주는 배당지급을 적게 하고 투자자금 조달수단으로 유보이익을 더 선호하게 된다.

배당은 경영지배권과 관련하여 양면성을 가지고 있다. 만약 어떤 기업이 낮은 배당을 하는 경우, 저배당은 그 기업에 대해 지배권 확보를 모색하는 외부자(타회사나 개인)에게 이점으로 작용하게 된다. 즉, 외부자는 내부경영자가 주주 부의 극대화를 위해 노력하지 않으며, 외부자의 경영능력이 더 우월하다는 것을 구주주들에게 확신시킬 수 있다. 이런 상황은 인수위험에 처한 기업이 구주주의 만족을 위해 높은 배당을 계획하도록 한다.

(4) 법적 규제 및 제약조건

주주는 법적으로 배당청구권을 부여받는 반면에 채권자는 이자와 원금상환이라는 자신의 권익을 보호하기 위해서 현금유출이 가급적 적게 이루어지기를 바란다. 이렇게 이익배분면에서 주주와 채권자는 서로 상충관계로 대립하게 된다. 채권자의 이익보호를 위해서는 자본유지정책이 필요하고, 주주의 이익보호를 위해서는 배당확보정책이 필요하다. 따라서 이에 대한 법적 규제의 범위 내에서 배당정책이 이루어진다.

한편, 부채가 과다한 기업은 과다한 금융비용과 원금상환 압박으로 인해 자금여력에의 제한과 유동성 부족을 초래하여 배당지급에 제약조건으로 작용하므로 배당을 억제할 수밖에 없게 된다. 또한 기업이 회사채 발행으로 부채를 조달하는 경우, 채권자는 기업이 부채레버리지를 일정수준 이하로 유지하겠다는 약정을 사채협약조항에 삽입하여 구속적 제약조건을 보장받게 된다. 특히, 재무구조가 취약한 기업에는 더 엄격한 자본충실화를 위한 제약조건이 부가될 것이다. 기업은 이 제약조건을 이행하기 위해서 배당보다는 사내유보를 증가시킴으로써 자본충실화 제약조건을 이행할 수 있다.

(5) 영업상 성격

기업이 영위하는 업종의 성격에 따라 배당이 달라진다. 예를 들어, 안정적인 미래현금흐름이 예상되는 업종의 기업은 비교적 높은 배당을 할 수 있다. 이에 비해 이익의 변동성이 큰 기업은 미래의 불확실성에 대비하여 사내유보를 많이 하므로 배당을 적게 하거나 무배당의 경향을 나타낸다. 또한 유동성과 안정성비율 · 자본이익률이 큰 기업일수록, 그리고 신생기업이나 중소기업보다는 업력이 오래된 기업 및 대기업일수록 배당이 안정적이고 높은 경향이 있다. 신생기업이나 연륜이 짧은 기업은 초창기 성장을 위해 부채에 의한 자금조달을 많이 하기 때문에 부채상환능력이 있게 된 후에 배당을 지급하게 되므로 초창기에는 저배당이나 무배당을 유지하게 된다.

(6) 기타 요인

① 앞 절의 세금효과에서 논의된 바와 같이, 우리나라 세법상 배당소득은 과세대상이나 자본이득은 낮은 세율이므로 주주 입장에서는 배당보다는 자본이득이 유리하므로 사내유보가 선호되는 면이 있다.

② 기업은 통상 주주들의 실질소득을 보장해 주기 위해서 인플레이션을 고려하여 배당수준을 결정한다.

③ 경쟁기업의 배당수준, 동종산업의 평균배당수준도 고려의 대상이 된다.

④ 기업은 유보이익이 충분히 축적된 경우, 일반적으로 i) 추가적인 투자기회 선택, ii) 다른 기업의 인수 · 취득, iii) 금융자산 구매 등을 고려한 다음에, 남는 이익부분을 배당으로 지급하는 경향이 있다.

2. 배당의 안정성과 잔여배당정책

(1) 배당의 안정성 : 고배당정책

기업은 이익에 관계없이 가급적 배당지급을 안정적으로 유지하려고 노력한다. 기업이 실제 배당정책을 결정할 때, 앞에서 살펴본 바와 같이 여러 가지 요인들이 고려되지만, 실제 기업의 배당형태는 다음과 같은 공통된 특성을 나타내고 있다.

① 기업은 배당지급을 시작하면 가급적 지속적으로 유지하려고 노력하며, 배당수준도 초기 배당보다 낮지 않은 수준으로 일정하게 유지하려는 경향이 있다.

② 기업이 일정수준의 배당을 유지하다가 주당배당을 높이는 일은 과거 일정기간 동안 지속적인 수익증가로 상당한 이익유보액이 축적되었

거나 미래 일정기간 동안 기대수익의 증가가 확실하다고 판단될 때 이루어진다.

③ 배당은 하방경직의 성향이 있다. 즉 기업은 배당률의 하락지급을 가급적 회피하는 경향이 있는데, 배당의 하락은 정보의 비대칭성으로 인해 주가의 하락을 가져올 우려가 있기 때문이다.

④ 이익의 변동성이 큰 기업, 신생기업, 중소기업, 연륜이 짧은 기업은 초창기 안정과 미래의 불확실성 대비를 위해 무배당의 경향이 있으며, 배당지급도 충분히 성숙되었다고 판단될 때 비로소 시작하는 경향이 있다. 유동성 · 안정성 · 자기자본이익률(*ROE*)이 높은 기업일수록, 기업규모가 크고 연륜이 긴 기업일수록 배당률이 안정적이고 높은 경향이 있다.

이러한 특성에서 나타나는 바와 같이, 기업이 일반적으로 주당이익의 변동에 관계없이 가급적 안정적 주당배당을 유지하려는 정책을 안정배당정책(stable dividend policy)이라고 한다. 기업은 통상 이익수준의 변동이 크지 않은 경우에는 전년도 배당수준을 유지하고, 미래기대이익이 상당기간 증가될 것으로 예상되는 경우에 한하여 배당수준을 상향조정함으로써 배당의 안정화 정책을 추구한다. 이와 같이 기업이 안정배당정책을 선호하는 이유는 다음과 같다.

① 안정적 배당은 주가에 양(+)의 효과로 작용하여 주가를 상승시킨다.

② 안정적 배당은 투자자의 미래수익에 대한 불확실성을 감소시킨다.

③ 배당수입으로 생활을 영위하는 투자자 또는 소득원의 일부를 정기적인 배당에 의존하는 투자자는 안정적 배당을 선호한다.

④ 안정적 배당은 투자자에게 기업의 신뢰도를 높게 하는 정보효과로 작용할 수 있다.

⑤ 기관투자자들의 주식 매입은 법적 · 제도적 규제하에서 이루어지므로 일반적으로 안정배당을 선호한다.

(2) 잔여배당정책

기업의 배당결정은 현금배당과 주식의 현재 시장가격, 이 두 요소를 같이 평가해서 자사에 유리한 정책을 선택 · 결정한다는 개념에서 출발한다. 기업은 배당보다는 수익성 높은 투자안에 투자하여 주가를 상승시키는 배당정책을 더 우선으로 한다는 배당정책이 잔여배당정책의 기본개념이다. 그리고 배당정책은 기본적으로 투자안의 경영위험은 일정하고, 어떤 투자안의 채택도 경영위험에 영향이 없다고 가정한다. 따라서 자금을 최우선적으로 새로운 투자안에 투입하는 의사결정을 하게 된다.

결국 잔여배당정책(residual dividend policy)이란 유보이익에서 일차적으로 투자에 사용되고 남는 잔여액이 있는 경우에 한하여 배당을 지급하는 배당정책이라고 정의할 수 있다. 주주의 요구수익률보다 높은 신규투자안이 있는 한, 필요한 소요자금을 유보이익에서 우선 조달하고 잔여이익이 있는 경우에 비로소 배당을 지급한다는 것이다. 잔여이익이 없으면 배당은 당연히 지급되지 못한다. 잔여배당정책은 유보이익의 재투자수익률이 동일한 위험의 대체 가능한 투자기회의 수익률과 비교해서 더 높을 때 주주들은 배당소득보다 유보이익에 의한 재투자를 선호한다는 가정에 기초한다. 이 이론의 한계점은 배당정책을 잔여이익의 단순한 분배에 너무 국한시킨 점이라 할 수 있다.

잔여배당이론(residual dividend theory)은 현금흐름이 자유롭다 해도 전체 투자기회에 투자한 후에 유보이익에 잔여액이 있어야 배당을 한다는 견해이다. 잔여배당이론에 의한 배당액은 투자액, 자기자본조달액, 유보이익액의 순서로 결정한 다음, 마지막으로 유보이익 가운데 잔여액 범위내에서 배당액을 결정하는 순시로 이루어진다. 잔여배당이론에 의하면, 배당은 투자액의 크기와 유보이익의 크기에 따라 결정되므로 배당액이 불안정해진다는 문제점이 제기된다.

따라서 배당잔여이론은 투자액의 변동에 따라 기간별 배당액을 균형 있게 일치시킬 것을 요구하고 있다. 즉 배당부족 연도를 예상해서 잉여 연도에 자금을 축적하여 연도별 실제 배당을 평활하게 할 수 있다. 이런 예상이 상대적으로 정확히 예측된다면, 기간별 누적분포가 동일 기간의 누적잔여기금과 일치하는 수준에서 배당지급계획이 수립될 수 있다.

참고 • 배당성향 높은 한국 기업 : 한 · 미 10대 기업 배당성향

삼성전자는 2021년 1월 13조1,243억원을 주주들에게 현금배당했다. "2021년부터 2023년까지 3년간 정규 현금배당을 연간 9조8,000억원으로 상향하고, 여력이 있으면 추가 특별배당을 적극 검토하겠다"는 파격적인 배당정책을 발표했다.

그러나 이미 삼성전자의 배당성향은 2019년 44.7%로 미국 애플(24.5%)의 2배 수준이다. 세계 최고 IT(정보기술) 기업인 애플도 2012년부터 2019년까지 배당성향이 30%를 넘긴 적은 한 번도 없다. 재계에선 "배당을 늘리면 주가상승에 도움이 되겠지만, 과도한 배당이 투자에 장애물이 될 수 있다"는 우려가 나온다. 미국 기업의 배당성향을 추월한 국내 10대 기업의 배당성향은 앞으로 늘어날 가능성이 크다. 금융정보업체 F&Guide에 따르면, 현재까지 2020년도 배당을 발표한 124사의 현금배당 총액은 30조2,434억원으로 전년 대비 58.9% 증가했다. 배당 확대의 배경에는 주요 대기업 오너 경영인들의 지배권이 취약해 외국인 투자자들의 공격에 취약하다는 점이 있다. 삼성전자는 '삼성전자를 분할해 나스닥에 상장하거나 배당을 파격적으로 높이라'는 요구를 외국 투자자로부터 집요하게 받고 있다. 실제 미국계 헤지펀드 엘리엇은 2016년 삼성전자를 지주회사와 사업회사로 분리하라고 요구하면서 정기배당과는 별도로 30조원 규모의 특별배당을 요구했다. 2012년 5.2%였던 삼성전자의 배당성향도 엘리엇 파동을 거치면서 2016년엔 17.8%로 증가했다. 현대자동차도 엘리엇이 2018년 4월 경영 개입을 선언하자, 경영권을 방어하기 위해 2019년 주총에서 당기순이익의 70.7%를 현금배당하기로 결정했다. 현대차의 2018년도 당기순이익은 전년 대비 62%나 감소했는데도 배당성향은 43.9%포인트 증가했다. 재계 관계자는 "페이스북이나 구글이 시행하고 있는 차등의결권제 같은 경영권 방어의 수단이 없는 상황에서 결국 배당 확대로 나설 수밖에 없다"고 말했다.

(매일경제, 2021. 2. 28)

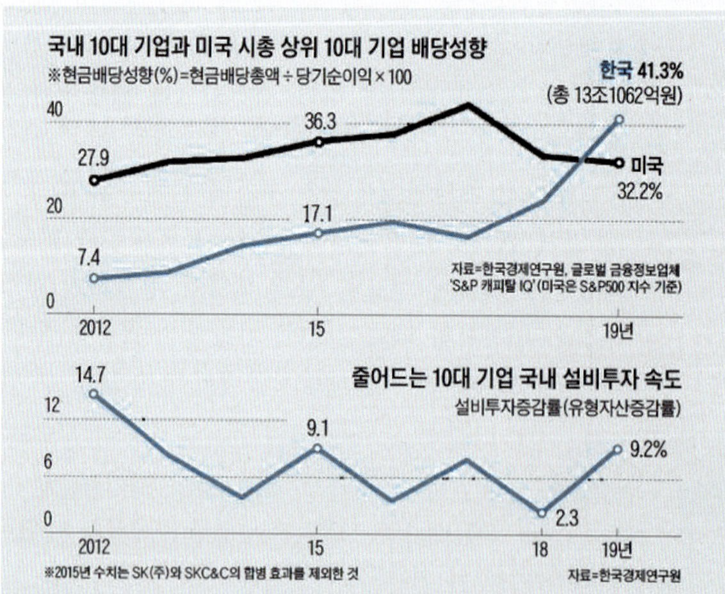

제 5 절 특수배당정책

1. 주식배당

주식배당(stock dividend)은 현금배당 대신 신주를 발행하여 주식으로 배당하는 일종의 무상증자이다. 즉 이익잉여금을 현금배당하지 않고 자본금으로 전입함으로써 신주를 발행하여 지분비율에 따라 무상으로 배분하는 제도이다. 주식배당으로 인한 긍정적 효과와 부정적 효과는 다음과 같다.

[긍정적 효과]

① 유보이익을 주식발행으로 영구히 자본화한다.
② 주식배당은 주식시장에서 실적 호조라는 긍정적 신호효과로 작용하여 주가상승으로 나타난다.
③ 현금의 사외유출을 막고 유동성을 높일 수 있다.

[부정적 효과]

① 주식배당은 현금배당에 비해 비용이 증대되고, 주식수 증가는 향후 배당압력을 증가시킨다.
② 신주발행에 따른 발행비용만큼 기업가치는 하락하게 된다.
③ 투자자금 부족분을 유보이익으로 조달하기 위해 주식배당을 실시하는 경우 부정적 신호효과로 작용하여 주가하락으로 나타날 수 있다.
④ 발행주식수 증가에 따라 주당순이익 하락으로 주가는 하락한다.
⑤ 수익력 기반도 없이 주식배당제도를 악용하는 경우 주가조작 위험도 있다.

주식배당은 현금배당과 달리 기업의 성과를 직접 주주에게 배분하는 것은 아니다. 그러나 주식배당은 현금배당과 마찬가지로 유보이익에서 지급된다는 점에서 같으며, 회계적으로는 유보이익이 자본금(보통주)계정으로만 대체되는 것이므로 기업의 총가치에는 변화가 없다.

주식배당은 이익배당의 전부 또는 일부를 주식으로 배당하는 것을 말한다. 이는 주주에게 배당금 명목으로 주식을 분배하여 이익잉여금이 자본전입에 의해 자본화되는 것을 뜻한다. 주주는 지분비율에 따라 비례적으로 주식을 분배받으므로 주식배당이 이루어진 이후에도 주주의 비례적 소유지분에는 변동이 없다.

기업측에서 보면, 배당가능이익을 자본으로 전입함으로써 생기는 효과는 회사자금의 확실한 사내유보이다. 특히, 신주를 공개시장에서 매출하기 곤란한 경우에는 더욱 효과적이다. 이익을 낸 회사라도 대개 배당할 현금을 마련하기 위해 많은 고충을 겪게 된다. 이에 대하여 주식배당은 직접적으로 신주가 분배되므로 확실하고 간편한 현금의 사내유보책이 된다.

주식배당의 단점으로는 현재의 자금유출은 없지만 주식수의 증가로 인해 장래 더 큰 배당압력을 받게 될 뿐 아니라 기업이 이 제도를 악용하여 순이익이 적은데도 주주의 배당압력을 충족시키기 위하여 주식배당을 함으로써 과도한 자본잠식으로 이끌 여지가 있다는 점이다. 또한 주식배당비율과 영업성장에 따라 주가가 상승 또는 하락할 수 있으므로 회사의 지배자가 주식배당제도를 교묘하게 이용하여 투기의 목적에 악용할 소지도 있다.

개정상법은 위법한 이익배당제도의 역기능을 방지하기 위해 이익배당총액의 2분의 1을 초과하지 않는 범위 내에서 주주총회의 결의에 의하여 이익의 배당을 새로이 발행하는 주식으로써 할 수 있다고 정하고 있으나, 자본시장육성법에서는 상장기업의 재무구조를 개선한다는 취지에서 이익배당의 100%를 주식배당할 수 있도록 규정하고 있다.

2. 주식분할과 주식병합

주식분할(stock split)은 1주의 주식을 다수의 주식으로 분할하여 세분화하는 것으로 주식분할과 액면분할을 포함하는 개념이다. 액면분할은 주식의 액면금액을 현재보다 줄이는 형태이고, 주식분할이란 주식을 분할하여 주식수를 늘리는 것을 말한다.

액면분할은 주식 액면가를 세분화하여 발행주식총수를 증가시키는 것을 말한다. 주식분할은 주식 1주를 2주 혹은 3주로 분할하거나 교환하는 것으로, 액면가가 정해져 있는 경우보다는 무액면주나 최저액면 규정이 없는 경우에

참고

- 주식분할은 예컨대 주식 1주를 2주로 분할하거나 1주를 1.25주로 교환하는 것을 말한다. 현실적으로 주권을 반드시 교환할 필요는 없고 명의개서가 인정되고 있다. 어느 쪽이든 간에 개인 주주 자신의 지분의 크기는 전혀 변하지 않고 보다 많은 주식으로 세분화될 뿐이다. 주식분할로 주당순이익, 주당배당, 주당순자산이 적어지므로 통상 고주가인 주식의 주가를 낮추고 시장에서 거래가 활발하게 되는 효과가 있다. 주식분할의 경우 시장유통성 증대효과가 반영되어 주가는 $1/n$로 하락하지 않고 약간 높게 형성되는 것이 일반적이다. 주식분할은 액면가가 정해져 있는 경우보다는 무액면주의 경우나 최저액면의 규정이 없는 경우에 주로 행해진다.
- 액면분할이란 자본이나 자산은 변경되지 않고 주식을 세분화하여 발행주식총수를 증가시키는 절차로, 예컨대 5,000원인 주식 액면가를 1,000원이나 500원으로 낮추어 주식수를 증가시키는 것을 말한다. 즉 한 장의 주권을 복수 또는 보다 소액의 주권과 교환하는 것을 말하는데, 주권의 경우에 주권분할, 채권의 경우는 권면분할에 의한 경우가 많다. 이와 같은 액면분할은 증권시장에서의 유통성을 확보하고 신주발행을 용이하게 하기 위하여 이루어진다.

  액면분할에 의하여 발행되는 주식은 주주가 소유한 주식수에 따라 배분되므로 주주의 실질적인 지위에는 아무런 변동이 생기지 않는다. 주식의 분할은 주가가 지나치게 높아져서 그 유통성이 둔화되는 경우에 유통주식수를 증가시킴으로써 주식의 시장유통성을 증가하려는 경우와 이익배당액의 조정 및 신주의 발행이나 합병의 준비를 위하여 주식을 분할하는 경우가 많다. 주식분할은 주가가 오른 시점에서 실시하면 주가가 싸지고 투자자가 사기 쉬워져서 유통성이 높아지고, 또한 분할 후에도 유통성 증대로 주가가 내려가지 않는 한 실질적인 주가상승으로 주주로서는 커다란 플러스가 된다. 즉, 주식의 투자매력 증대나 주주·개인투자자의 증가와 이어져 상당한 효과를 올릴 수 있다. 한편, 기업가치의 근본적인 변화가 없다는 섬에서 호재가 될 수 없다고 지적하는 전문기들도 있다. 그러나 증시 투자자들은 주식유통성 증가를 내세워 액면분할을 호재로 보는 경향이 있다.
- 주식병합은 기발행된 수개의 주식을 합쳐 그보다 적은 소수의 주식으로 합치는 것이다. 주식분할의 반대로 주주의 종래 지분이 보다 적은 주수로 표시될 뿐이므로 손실은 없다. 그러나 병합으로 인해 1주 미만의 주식(단주)이 발생할 경우에는 단주(端株)분만큼의 권리를 잃게 되는 경우도 있다. 주식의 병합은 주주평등의 원칙에 따라 행해져야 하지만, 병합에 적당하지 못한 단주가 생긴 경우에는 그 단주 전부에 상당하는 병합신주를, 거래소에서 거래가 가능한 경우에는 거래소를 통하여 매각하고, 거래소에서 거래되지 않는 경우에는 법원의 허가를 얻어 경매하여 각 주수에 따라 그 대금을 종전의 주주에게 배분하도록 해야 한다.

주로 행해진다. 액면분할이나 주식분할 모두 자본금, 자산가치에는 변동 없이 단순히 주식수만 늘어나게 변동시키는 것이다. 따라서 주식의 거래단위가 작아져서 증권시장에서 거래가 활성화되고 시장유통성이 촉진되어 주가에 긍정적 효과로 작용한다. 또한 기업의 성과를 주주에게 배분하는 것이 아니므로 기업의 시장가치에는 영향을 미치지 않는다. 따라서 엄격한 의미에서 배당정책과 무관하나, 주식분할은 기업의 배당정책에 영향을 미치게 되며 주식배당과도 유사한 면이 많으므로 특수배당정책으로 간주하기도 한다. 고주가의 액면분할은 미래 배당수입 증가에 대한 기대와 시장성 제고로 통상 유리한 정보효과로 작용하는 경향이 있다.

주식병합(stock consolidation)은 기존의 발행주식 수개의 주식을 합쳐 주당 액면가를 높이는 것을 말하며 주식분할과 정반대의 경우이다. 예를 들어, 2 : 1의 주식병합이 이루어진다면, 액면 5,000원인 주식 2주를 보유하고 있는 기존주주는 새로 발행된 액면 10,000원인 주식 1주를 갖게 된다. 일반적으로 기업은 주가가 낮게 형성되는 것을 회피하므로 주가가 아주 낮은 경우 주가를 적정수준까지 올리기 위해 주식병합을 실시한다.

3. 자사주 매입 : 주식 재매입

자사주 매입 또는 주식 재매입(stock repurchase)이란 자사가 발행한 보통주를 시장가격에 재매입하여 금고주 형태로 보유하거나 소각함으로써 발행주식수를 줄이는 것을 말한다. 사내에 일정기간 동안 보유하고자 매입한 자사주를 금고주(treasury stock)라고 한다. 자사주를 재매입하는 방법으로는 공개시장재매입과 공개매수가 있다.

공개매수 또는 공개매입제도(tender offer, 또는 take over bid : TOB)는 경영지배권 획득 또는 강화를 목적으로 매수기간, 가격, 주식수를 공개적으로 제시하고 증권거래소시장 밖에서 불특정 다수의 주주로부터 청약을 받아 주식을 매입하는 것을 말한다. 이 매수방법은 공개시장에서의 매입보다 빠르게 시장거래의 교란 없이 행해질 수 있고, 극히 소수의 주식을 가진 소액주주들로 구성된 주식을 매입해버림으로써 주주관리비용을 절감하는 장점이 있다.

공개시장재매입(open market repurchase)은 기업이 증권시장에서 일반투자자

참고

- 자사주 : 자기주라고도 하는데, 회사 자신이 발행한 주식을 말한다. 자사주 매입은 발행주식의 5% 이내로 이익배당 한도 내에서 당해연도 배당분과 금융위가 정하는 적립금(기업합리화적립금, 재무구조개선적립금)을 차감한 가처분이익잉여금을 재원으로 매입할 수 있다. 자사주 매입을 하는 경우는 일반적으로 해당기업의 주가가 시장에서 저평가되어 있을 때, 유통되는 주식수를 줄여 내부자가 이를 시장에 알려 해당기업의 주식가치 하락을 방지하거나, 지분율을 높여 타인이 매입할 여지를 좁힘으로써 기업을 매수대상에서 벗어나게 하려는 목적이 있다. 또한, 배당금 지급 대신에 자사주를 매입함으로써 배당에 대한 주주의 소득세를 회피하거나 외부투자자의 투자기회를 감소시켜 기업을 비공개기업화하기 위한 목적 등 다양한 이유로 추진될 수 있다.
- 자사주 취득제도 : 현행 상법은 기업이 회사 자금으로 자기회사 주식을 사는 행위를 주식소각, 합병 또는 영업양수, 채권회수 등 극히 제한적인 경우에만 허용하고 있다. 2009년 2월 폐지된 증권거래법상 1994년 4월 자사주취득제도가 도입된 이후 일반투자자들이 발행주식총수의 10% 이상을 소유하지 못하도록 규정한 주식의 다량소유제한조치(구 증권거래법 제200조)가 1997년 1월부터 폐지됨에 따라 외국기업의 적대적 기업매수합병 위험이 증가하게 되었고, 이에 임직원에 대한 성과급 형태의 공로주 지급, 2002년 우리사주제도가 도입된 후 우리사주조합에 자사주 우선 배정, 상장법인들의 지속적인 자사주 매입 등에 힘입어 자사주의 보유가 꾸준히 증가해 현재는 상당히 높은 수준을 유지하고 있다. 현행 「자본시장과 금융투자업 에 관한 법률」상 취득한도는 발행주식총수의 5% 이내이며, 취득재원은 배당가능이익에서 당해연도 배당금과 재무구조개선적립금 및 기업합리화적립금을 차감한 금액으로 제한하고 있다.
- 공개매수 : 어떤 회사의 지배권을 행사할 목적으로 미리 매수기간, 매수주식수, 매수가격 등을 매수조건으로 공시하여 증권시장 외에서 불특정 다수인으로부터 주식, 신주인수권증서, 전환사채, 신주인수권부사채, 교환사채 등을 매수하는 것으로 흔히 경영권 인수를 위해 활용된다. 현재 자본시장과 금융투자업에 관한 법률은 기존 최대주주 이외의 자가 발행주식총수의 100분의 5 이상의 지분을 확보하려 할 경우에는 공개매수해야 한다고 규정하고 있다. 공개매수는 기본적으로 회사의 기존 경영권을 보호하기 위한 제도적 절차로 도입된 것이나, 외국법과는 달리 주식의 대량 소유를 제한하는 제도를 두고 있는 우리나라에서는 공개매수를 주식의 대량소유제한의 예외 규정으로 인정하고 있다. 즉 "불특정 다수인을 상대로 일정한 유가증권을 유가증권시장 외에서 매수의 청약을 하거나 매도의 청약을 권유하여 유가증권을 매수하는 것"으로 정의하고 있다. 또한 공개매수에 관련하여 제반 내용을 공시하도록 하는 공개매수신고 및 결과보고제도를 채택하여 그 내용에 대한 공시를 의무화하고, 매수대상 유가증권의 발행인에게 공개매수에 대한 의견을 제시할 수 있도록 하는 등 투자자 보호조치를 규정하고 있다.

와 마찬가지로 자사주를 재매입하는 방법으로 공개시장매수라고도 한다. 이 방법은 발생주식수를 감소하려는 회사가 공개시장에서 주식을 매입하거나, 사채약정서상의 감채기금조항을 이행하기 위해 사채발행자가 투자자에게 원리금을 수의상환하거나 공개시장에서 매수를 하는 데 이용된다.

상장사가 배당을 지급할 자금으로 자사주 매입에 나서면 그만큼 매수세가 커지는 동시에 주식수를 감소시키므로 주당이익이 증가하고 결과적으로 주가가 상승하게 되어 주주들은 추가로 자본이득을 얻게 된다. 그러므로 주식의 재매입은 주주들에게 배당지급과 같은 효과를 제공한다. 그러나 총자기자본가치는 불변이므로 현금배당이 자본이득으로 대체되는 결과를 얻는다. 한편, 금고주의 매입가격이 너무 높을 경우에는 재매입에 참가하는 주주는 배당의 경우보다 큰 자본이득을 얻는다. 반면에 재매입에 응하지 않는 주주는 배당의 경우보다 자본손실을 보게 되는 위험이 있다.

연습문제

01 다음의 용어들을 간단히 설명하시오.

(1) 배당과 배당성향 (2) 유보이익
(3) 자본이득 (4) 자가배당조정
(5) MM의 고객효과 (6) 금고주
(7) 주식 분할과 병합 (8) 자사주 매입
(9) 공개매수 (10) 세금차익거래
(11) 배당의 세금효과 (12) 배당의 정보효과
(13) 고배당정책 (14) 잔여배당정책

02 MM의 배당무관련설과 고객이론을 설명하시오.

03 대리비용이 배당에 미치는 영향을 설명하시오.

04 배당선호론의 현실적 측면을 설명하시오.

05 자본이득선호론의 현실적 측면을 설명하시오.

06 배당정책결정에 영향을 미치는 현실적 요인들을 설명하시오.

07 주식배당의 긍정적 효과와 부정적 효과를 설명하시오.

08 다음과 같은 상황에 있는 회사들이 배당정책 결정시, 고배당률 · 중간배당률 · 저배당률 중에서 어떤 결정을 하는 것이 합리적인지 제시하고, 그 이유는 무엇인지 설명하시오.

(1) 내부주주들의 소유지분비율이 높고, 내부주주들 모두 개인적으로 고소득자들인 기업
(2) 수익성 높은 투자기회가 많은 성장기업
(3) 유동성이 풍부하며 미사용한 차입능력이 있는 보통수준의 성장을 하는 기업
(4) 배당을 계속해 오던 기업으로 예상치 못한 이익의 하락추세를 겪고 있는 기업
(5) 불안정한 이익과 높은 경영위험을 가진 기업

PART

Ⅳ 장 · 단기자본의 조달과 운전자본관리

제Ⅳ부에서는 재무관리의 양대 축인 투자결정과 자본조달결정 가운데 자본조달과 관련하여 장 · 단기자본의 구체적인 조달방법 · 특성과 관리에 대해 살펴본다.

제11장은 금융시장의 구조와 기능에 따라 조달가능한 장기자본의 조달원천, 즉 보통주, 우선주, 유보이익, 사채, 장기차입금과 혼합증권(EB, CB, BW) 등의 종류 · 특성 · 조달방법 · 장단점에 대해서 살펴본다. 그리고 리스금융의 종류, 장 · 단점과 경제성 평가에 대해서도 살펴본다.

제12장은 단기자본의 조달원천인 단기금융수단의 종류 · 특성 · 조달방법과 운전자본관리에 대해 살펴본다. 그리고 운전자본관리의 구체적인 내용인 현금관리, 시장성유가증권관리, 매출채권관리, 재고자산관리, 유동부채관리에 대해 설명한다.

CHAPTER 11

장기자본조달

학습목표

본장에서는 기업이 실제 자본조달에서 사용하는 장기금융수단의 종류와 특성, 조달방법, 그리고 이들 금융수단과 조달방법이 기업가치평가에 미치는 영향을 이해하고 실무에 적용할 수 있는 능력을 배양한다. 그리고 혼합증권과 리스금융의 특성과 장 · 단점을 이해하고, 리스금융의 경제성을 평가할 줄 알아야 한다. 본장에서 이해해야 할 핵심내용은 다음과 같다.

1. 금융시장의 기능과 구조에 따른 자본의 구분과 조달방법
2. 장기자본조달방법으로서 보통주, 우선주, 자기금융, 회사채, 장기차입금의 특징과 장 · 단점
3. 혼합증권(교환사채, 전환사채, 신주인수권부사채, 신종자본증권)의 특성과 장 · 단점
4. 리스금융의 의의와 장 · 단점, 리스금융의 경제성 평가
5. 금융리스와 차입의 경제성 비교, 운영리스와 직접구매의 경제성 비교

제1절 기업의 자본조달방법과 금융시장

1. 자본조달방법

오늘날 기업이 계속기업(going concern)으로서 유지·존속하기 위해서는 기술혁신·국제화·정보화 등 다양한 기업환경들의 가속적인 변화에 적절히 대응하여 지속적인 성장전략을 추구해야만 한다. 이를 위해서는 끊임없이 연구·개발에의 투자를 통해 신제품 개발과 기술혁신을 해야 하며, 기계·설비 등 유형자산에 대한 투자를 증대시켜야 한다. 이러한 기업의 투자는 필수적으로 대규모 장기자본의 안정적인 조달이 가능해야만 달성될 수 있다. 장기자본의 조달은 투자와 관련된 의사결정뿐만 아니라, 장기자본 중 주식에 의한 자본조달은 경영지배권과 관계되는 중요한 의사결정문제를 야기한다. 즉, 주식에 의한 자본조달은 자본비용과 기업가치평가면에서 장기자본 성격의 부채(회사채, 장기차입금 등) 조달과의 관계에서 발생하는 복잡한 문제들을 고려하여 결정해야 할 것이다.

한편, 기업경영에는 장기자본만 필요한 것이 아니라, 운전자본과 관련하여 단기성 자본도 필요하다. 〈표 11-1〉에서 보는 바와 같이 자본조달의 원천은 만기에 따라 장·단기자본으로 구분되며, 투자대상의 특성에 따라 비유동자산에 필요한 자금은 장기자본으로 조달하고, 유동자산(운전자본)에 필요한 자금은 단기자본으로 조달한다. 또한 자본조달방식에 따라 기업내부의 자기금융에 의해 조달되는 자기자본과 기업외부의 타인금융에 의해 조달되는 타인자본으로 구분된다.

표 11-1 자본의 구분과 조달방법

구 분		자본조달방법
장기자본	자기자본	주식(창설자본, 증자 : 보통주, 우선주), 자기금융(유보이익 및 충당금)
	타인자본	장기차입금(회사채, 금융기관 장기차입금, 차관), 신주인수권부사채(BW), 전환사채(CB)
단기자본	타인자본	기업어음(CP), 거래처 신용, 매출채권 신용(팩토링), 단기차입금(어음할인, 은행차입, 당좌차월), 환매채(RP)

이들 자본조달의 결정은 기본적으로 투자결정과 연계하여 기업가치극대화와 자본비용최소화라는 두 가지를 조화시키는 관점에서 이루어진다. 동시에 자본조달자의 입장인 기업은 자본제공자인 투자자의 입장을 고려하여 투자자의 수익성 추구 욕구를 만족시켜야 하는 의무와 부담을 지니게 된다.

본장에서는 이러한 면들을 고려하여 장·단기자본의 조달수단과 방법, 자본조달과 관련된 금융시장의 특성, 새로운 자본조달수단인 혼합증권(hybrid security)에 대해서 살펴본다. 그리고 부채 성격의 리스에 대해 설명한다.

2. 금융시장

제1장 제3절에서 금융시장의 기능을 금융시스템과 관련하여 설명하였다. 본 절에서는 금융시장이 자본조달의 방법, 장·단기에 따라 어떻게 구분되는지에 대해 설명한다. 이를 정리하면 [그림 11-1]과 같다.

금융시장(financial market)은 자금의 수요자와 공급자 간의 금융거래가 행해지는 시장으로 정의되며, 금리에 따라서 일정액의 자금이 거래되고 가격이 결정되는 신용시장이다. 여기서 금융시장이란 자금거래가 행해지는 특정장소를 지칭하는 것이 아니고, 통상 관념적·추상적인 시장을 말한다. 금융시장은 금융의 종류에 따라서 단기금융시장과 장기금융시장, 국내금융시장과 국제금융시장으로 구분된다.

화폐시장(money market)은 만기가 1년 미만의 자금이 거래되는 단기금융시장이고, 자본시장(capital market)은 1년 이상의 자금이 거래되는 장기금융시

그림 11-1
금융시장의 구조

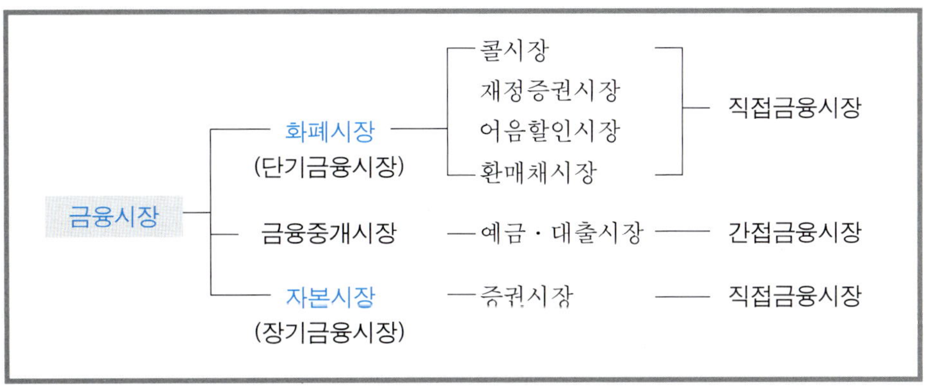

장을 말한다. 화폐시장은 콜시장, 재정증권시장, 어음할인시장, 환매채시장 등으로 분류되며, 자본시장은 증권시장(주식시장·채권시장)이다. 자본시장은 기업의 설비자금, 정부 및 지방자치단체의 사업자금 등 장기자금을 조달하기 위해 주식·사채, 국·공채와 같은 직접증권을 자금수요 주체가 발행하여 자금공급 주체에게 유통시키는 장기금융시장이다.

금융중개시장인 예금·대출시장은 간접금융방식이 행해지는 금융시장으로서 금융기관이 예금자로부터 조달한 자금을 자금수요자에게 대출하는 시장을 말한다.

증권시장은 장기자금조달을 위해 주식·사채, 국·공채 등의 직접증권을 발행하고 유통시켜 자금의 수급이 이루어지는 직접금융시장을 말한다. 증권시장은 다시 거래대상이 되는 증권들이 신규로 발행되는 발행시장 또는 제1차시장(primary market)과 이미 발행된 기존 증권이 유통되는 유통시장 또는 제2차시장(secondary market)으로 구분된다. 자금수요자인 발행자는 증권을 새로이 발행하여 발행시장을 통해 자본제공자인 투자자에게 제공함으로써 투자자금을 조달하고, 이미 발행된 증권들은 유통시장을 통해 투자자들 사이에 거래됨으로써 투자자의 수익실현과 투자자본의 회수가 이루어진다.

증권시장의 정의는 광의로는 증권이 발행주체로부터 투자자에게 공급되고 다시 그 증권이 많은 투자자들 사이에서 매매되고 유통되는 관계 및 과정을 총칭하는 포괄적·추상적 시장이다. 협의로는 일정한 시간 및 장소에서 다수의 매매쌍방이 집합하여 증권의 매매거래를 하는 구체적이고 조직적인 시장을 말하며, 일반적으로는 증권거래소시장을 일컫는다.

증권시장의 기능은 자본수요자에게는 장기성 투자자금의 조달을, 투자자에게는 투자수단 및 자본소득의 제공을, 정부에게는 재정금융정책의 조정수단을 제공하는 것을 들 수 있다.

한편, 기업은 수익능력(earning power) 증대와 기술혁신을 위해서 지속적인 투자를 해야 하는데, 투자는 장기자본조달로 가능해진다. 투자자본의 조달을 사내에 유보되어 있는 충당금, 준비금, 적립금 등의 사내유보이익으로 충당하는 것을 자기금융(self financing) 또는 내부금융(internal financing)이라 하고, 외부로부터 조달하는 것을 외부금융(external financing)이라 한다. 외부금융은 다시 직접금융과 간접금융으로 구분되는데, 직접금융(direct financing)은 자금의 수요자와 공급자 사이에 제3의 금융기관을 개입시키지 않고 주식 또는 사채를 발행하여 투자자로부터 직접 자금을 조달하는 방법이다. 이에 비해 간접금융(indirect financing)은 은행 등의 금융기관이 일반투자자로부터 예금을 받아 이를 자신의 명의로 자금수요자에게 대출해 주는 방식으로 자금을 중개하는 방법이다. 즉, 시중의 자금이 예금이라는 형태를 통하여 금융기관에 집중되면 금융기관이 그 자금을 산업자금으로서 기업에 대출하는 것을 말한다. 간접금융은 금융중개기관(은행, 투자회사, 보험회사 등)에 의해 저축이나 금융상품으로 조달된 자금이 기업에 대출 형태로만 이전되는 것은 아니고, 주식이나 사채 구입으로 투자자의 자금이 기업에 간접적으로 투자되는 방법까지 포함한다.

이상에서 증권시장이 바로 직접금융의 조달창구이며, 은행은 간접금융의 대표적인 매개체라는 것을 알 수 있다. 일반적으로 직접금융방법은 기업의 자본금 증액 또는 장기채 발행에 의한 자금조달이므로 차입금 형식의 간접금융보다 기업 입장에서 유리하다고 볼 수 있으며, 그 비중도 커지고 있는 추세이다.

제 2 절 장기자본의 조달원천

1. 주 식

(1) 주식의 일반적 성격

주식은 통상 보통주를 말한다. 보통주(common stock)는 사채와 함께 가장 중요한 자금조달의 수단이며, 기업의 자기자본 원천으로서 직접금융방식으로 조달된다. 보통주 발행은 주식회사 설립시 납입자본조달을 위해 또는 설립 후 추가로 필요한 자본을 조달하기 위해 증자형태로 이루어진다. 보통주 소유자인 주주(stockholder)는 기업의 소유주로서 기본적으로 이익배당청구권, 잔여재산분배청구권, 경영지배권 등의 제반 권리를 가진다. 동시에 자신이 소유한 지분에 비례해서 기업의 위험을 부담해야 한다.

주주의 기업지배권은 주식 1주에 대해 1표의 의결권이 주어지므로 소유주식수에 비례하여 커진다. 그러나 현대 주식회사는 주식의 고도분산의 가속화로 소유와 경영의 분리현상이 일반화됨에 따라 일반 소액주주는 배당이나 시세차익을 목적으로 투자하는 경우가 많기 때문에 통상 의결권에 의한 지배권을 행사하지 않는 특성이 있다.

(2) 주식의 종류

주식은 발행목적, 투자자의 욕구충족, 권리부여 등에 따라 다양한 형태로 발행된다. 이익배당과 잔여재산분배에 있어서 우선순위 여부에 따라 보통주와 우선주로 구분된다. 보통주(common stock)는 우선주보다 이익 및 잔여재산 분배에서 후순위의 지위가 부여되며, 기업의 소유권과 지배권을 가진다. 우선주(preferred stock)는 보통주보다 이익 및 잔여재산 분배에서 우선적 지위가 부여되는 주식으로 통상 의결권이 없다.

주권에의 기명여부에 따라 기명주식과 무기명주식으로 구분되며, 액면가격 표시여부에 따라 액면주(par value stock)와 무액면주로 구분된다. 액면주는 주권에 액면금액이 기재된 주식으로, 우리나라의 경우 액면주식의 금액은 100원, 200원, 500원, 1,000원, 2,500원, 5,000원으로 균일하게 발행되고 있다. 무액면주는 주권에 액면금액은 기재되어 있지 않고 주식수만 기재되어 있는 주식으로, 우리나라에서는 인정하지 않고 있다. 의결권의 부여여부에 따라 의결권주와 무의결권주로, 발행시점에 따라 구주와 신주로, 증자시 주금납입 여부에 따라 유상주와 무상주로 구분된다.

(3) 주식의 발행형태

기업의 주식발행은 회사 설립시 발행과 유상 · 무상증자시 발행으로 대별된다. 우리나라는 수권자본제도에 의해 회사 창설시 발행예정총액의 1/4 이상의 보통주를 발행하는 것으로 회사가 설립된다. 설립 후에는 증자가 필요할 때마다 유상증자와 무상증자를 실시하면서 주식을 발행하게 된다.

유상증자는 기업이 추가자금의 조달이 필요할 때 이사회의 결의를 얻어 총발행예정주식 중 잔여분을 신주로 발행하여 유상으로 주금의 납입을 통하여 증자를 실시하는 것이다. 무상증자는 영업활동으로부터 얻은 순이익 중 유보 · 적립된 자본잉여금 및 이익잉여금을 자기자본으로 전입하면서 증자하는 것으로 새로 발행된 신주는 무상으로 기존 주주에게 교부된다.

유·무상증자를 하는 경우 신주인수권(preemptive right)이 통상 기존 주주의 주식수에 비례하여 부여되는데, 신주인수권의 가격은 식 (11-1)과 같이 결정된다. 그리고 구주에 부여되었던 신주인수권 또는 유·무상 교부를 받을 권리가 없어진 상태를 권리락(exrights, rights off)이라 하고, 권리락이 된 주가를 이론권리락주가라 하며 식 (11-2)와 같다. 이론권리락주가는 상장기업이 유·무상증자시 권리락 후에 발생하는 주가의 차이를 줄이기 위해 이동평균치로 구한 수정주가이다.

$$R_0 = \frac{P_0 - S}{N+1} \qquad (11\text{-}1)$$

단, R_0 : 신주인수권의 가격
P_0 : 신주인수권부 구주 1주의 시가(기준주가)
S : 신주 1주의 인수가격(발행가격)
N : 신주 1주 인수에 필요한 구주 주식수(유상증자비율)

$$P_X = \frac{P_0 + (S \times N)}{N+1} \qquad (11\text{-}2)$$

단, P_X : 권리락주가
P_0 : 신주인수권부 구주 1주의 시가(기준주가)
S : 신주 1주의 인수가격(발행가격)
N : 신주 1주 인수에 필요한 구주 주식수(유상증자비율)

예제 11-1 권리락주가의 계산

A사는 증자를 고려하고 있다. 현재 구주의 신주인수권부 시가인 20,000원을 기준주가로 하고, 신주의 납입금액(1주당 인수가격, 발행가격)은 5,000원으로 계획하고 있다. (1) 구주 2주에 대해 신주 1주를 배정하는 방식으로 유상증자를 하는 경우, 신주인수권의 가격은 얼마인가? 유상증자 후 이 주식의 이론권리락주가는 얼마인가? (2) 만약 유상증자를 하지 않고, 전부 무상증자를 하여 주금납입이 없는 경우, 이론권리락주가는 얼마인가? (3) 만약 유상증자비율은 구주 2주에 대해 신주 1주로 하고, 무상증자비율은 구주 10주에 대해 신주 1주로 하여 유상증자와 무상증자를 병행하는 경우, 이 주식의 이론권리락주가는 얼마인가?

풀이

(1) $R_0 = \dfrac{P_0 - S}{N+1} = \dfrac{20,000 - 5,000}{2+1} = 5,000$(원)

$P_X = \dfrac{P_0 + (S \times N)}{N+1} = \dfrac{20,000 + (5,000 \times 2)}{2+1} = 10,000$(원)

(2) 무상증자시 이론권리락주가＝권리부(기준)주가/1＋유상증자비율

＝20,000 / 1＋2＝6,666(원)

(3) 유·무상증자 병행시 이론권리락주가

＝(권리부주가＋1주당 발행가×유상증자비율)/(1＋유상증자비율＋무상증자비율)

＝(20,000＋5,000×2) / (1＋2＋10)＝2,307(원)

여기서, $S \times N$＝1주당 발행가×유상증자비율＝주당 납입금

(4) 주식발행의 장·단점

주식, 즉 보통주 발행으로 자본조달을 하는 경우의 장점으로는, 기업 측에는 보통주에 대한 배당은 법적 의무가 아니므로 고정비용이 발생하지 않는다는 점, 보통주는 만기가 없으므로 상환의무가 없다는 점을 들 수 있다. 투자자에게는 보통주는 채권보다 높은 기대수익률을 기대할 수 있다. 반면에, 단점으로는 대주주 입장에서는 보통주의 추가 발행은 지분비율의 축소를 초래하여 경영지배권을 상실할 위험이 높아지며, 보통주의 자본비용과 발행비용은 사채나 우선주의 자본비용 및 발행비용보다 높고, 보통주에 대한 배당은 법인세법상 비용으로 처리되지 않는다는 점을 들 수 있다.

(5) 기업공개

기업공개(public offering)란 형식적으로는 개인이나 소수 주주로 구성되어 폐쇄성을 띠고 있던 기업이 그 주식을 법적 절차와 방법에 따라 일반대중에게 분산시킴으로써 기업공개 요건을 갖추는 것을 의미한다. 그러나 실질적으로는 소수의 대주주가 소유한 주식을 일반투자자들에게 분산시켜 증권시장을 통해 자유롭게 거래되도록 함으로써 기업의 대외신용도를 높이고, 대규모 자기자본조달의 원활화를 기하며, 자본과 경영을 분리하여 경영합리화를 도모하는 등 기업의 장기적인 발전을 기약하는 것이다.

오늘날 기업은 경제성장과 더불어 기업규모의 확대에 따라 소수의 자본이나 차입에 의한 간접금융만으로는 그 자금수요를 충족할 수 없게 되었다.

따라서 기업은 투자자 대중으로부터 소규모자금을 규합하여 거액의 소요자금을 일시에 직접 조달하는 방법을 취하게 되는데, 이를 위해서는 이해관계인의 이해와 신뢰를 얻어야 한다. 그 방법의 하나가 공정한 재무공시를 포함하는 기업공개로서 필히 업무개선과 경영합리화가 수반되어야 한다.

기업공개에서 나타나는 문제점으로는, 공개 전에 실시된 유·무상증자로 주식가치가 희석(dilution)되었음에도 불구하고 공개시 발행가격을 높게 책정하는 경우 일반투자자들은 피해를 입을 수 있다. 이 외에도 기업공개를 하기 전에 유상증자를 실시하면서 대주주 자신은 의도적으로 실권하고 그 실권주를 제3자에게 배정함으로써 증여세를 회피할 가능성이 있다. 이는 윤리적 측면에서 많은 논란이 되고 있는 문제이기도 하다.

2. 유보이익

유보이익(retained earning)은 당기이익 중에서 각종 적립금과 잉여금 형태로 기업내부에 유보된 이익으로 내부금융에 의한 자본조달 원천이다.

〈표 11-2〉에서 보는 바와 같이 유보이익을 늘리면 배당금이 줄고, 배당금을 높이면 유보이익이 줄어드는 상반관계에 있다. 유보이익은 자본비용 면에서 보통주보다 낮고, 발행비용도 없으며, 조달이 용이하고, 기한에 구애 없이 조달이 가능하다는 장점이 있다. 반면에, 기업은 수익성 있는 투자기회가 존재하는 한, 이익의 전부를 유보해서 재투자하는 정책을 선택하겠지만, 이익 전부를 자본으로 조달한다는 것은 현실적으로 한계가 있다. 그래서 이익의 일부를 배당으로 지급함으로써 유보이익을 줄이고 증자나 부채차입으로 소요자금을 조달하는 것이다. 또한 유보이익 및 충당금을 포함한 자기금융이 과도해지면 과잉투자를 유발할 우려도 있고, 유보이익에 의한 자본조달은 규

표 11-2
유보이익의 성격

총수익(매출액)			
총비용		이 익	
지출이 있는 비용	지출이 없는 비용 충당금(상각비)	유보이익 (적립금, 잉여금)	법인세, 배당금
지출액	자기금융(내부금융)		지출액

모 면에서 제약이 있으며, 이익은 기말에나 확실하게 알 수 있으므로 자본수요 시기와 일치하지 않는다는 한계점을 가지고 있다.

3. 우선주

(1) 우선주의 의의

우선주(preferred stock)는 보통주보다 우선하여 일정한 확정배당금의 지급을 약속한 주식으로 통상 의결권이 없다. 약속된 일정 배당금은 이자와 성격이 비슷하므로 사채의 성격을 갖는다. 우선주는 자기자본으로서 이익청구권과 잔여재산분배청구권에서 보통주 주주보다는 우선하나 사채보다는 후순위이다. 투자자 입장에서 보면 우선주는 확정배당금을 지급받는 대신, 경영참가권과 추가이익참가권이 없는 사채의 단점과 무배당이 가능하다는 보통주의 단점을 가지고 있기 때문에 우선주의 원활한 인수를 위해 옵션을 첨가한 우선주들이 발행되고 있다.

(2) 우선주의 종류

우선주의 종류는, ① 추가적인 이익분배에의 참여여부에 따라 참가적 우선주와 비참가적 우선주로 구분되고, ② 경영성과가 불량한 기업이 예정된 배당금을 전혀 지급하지 못하거나 예정 수준 이하의 배당금을 지급하는 경우 지급하지 못한 배당금을 다음 결산기의 배당액에 누적하여 지급하느냐에 따라 누적적 우선주와 비누적적 우선주로 구분된다. 비누적적 우선주는 어떤 연도에 배당금이 지급되지 못하여도 미지급된 배당금이 다음 결산기로 이월 · 누적되지 않는 우선주이며, 대부분의 우선주는 누적적 우선주이다. ③ 한편, 일정기간이 지나면 보통주로 전환할 수 있는 권리가 부여된 전환우선주(convertible preferred stock)와 만기가 되면 사채처럼 상환되는 상환우선주로 구분된다. 전환우선주는 누적적 우선주 · 비참가적 우선주가 많으며, 전환의 목적물, 전환비율, 전환기간 등 전환에 관한 사항은 모두 전환사채에 준하여 정해진다.

참고

- 전환주(convertible stock)는 회사가 여러 종류의 주식을 발행하는 경우, 일정한 요건 하에 정해진 전환율로 다른 종류의 주식으로 전환할 것을 청구할 수 있는 권리가 인정되는 주식을 말한다. 전환권은 우선주에 주어지는 경우가 많으며, 보통주로 전환되는 것이 보통이다. 예컨대, 회사의 영업상태가 그다지 좋지 않을 때에는 우선주로 일정한 우선배당의 지급을 받는 비교적 안전한 지위를 유지하다가, 회사의 영업상태가 좋아지면 보통주로 전환함으로써 의결권도 가질 수 있다. 따라서 전환주식은 주식투자에 있어서 안전성과 수익성의 양면을 내포하고 있어 주주의 모집을 쉽게 하고 금융의 원활화를 기할 수 있는 장점이 있다.
- 상환주(redeemable stock)는 주식을 발행 초부터 장래의 이익에 의한 소각이 예정되어 있는 특수한 주식이다. 상환이 예정된다는 점에서 사채와 유사한 성격을 가지나 이익이 있는 경우에만 상환이 가능하므로 그 상환이 확실한 사채와 성격이 다르다. 우리나라 상법 제345조 제1항에 의하면, 이익배당에 관하여 우선적 지급내용이 있는 주식, 즉 우선주에 대해서만 상환주로 발행할 수 있다. 그러나 영국이나 일본의 경우에는 보통주도 상환주로 발행할 수 있다. 상환가격, 상환기간, 상환방법은 정관에 규정되어야 하며, 회사가 일방적으로 상환하는 강제상환, 주주의 청구에 의한 의무상환, 회사와 주주의 합의에 의한 임의상환 등이 가능하다.

(3) 우선주 발행의 장 · 단점

우선주에 의한 자본조달의 장점으로는, 배당은 법적 의무사항이 아니므로 경영성과가 좋지 않은 경우 배당을 하지 않거나 연기시킬 수 있다. 또한 전환우선주의 경우 보통주로 전환함으로써 자기자본이 되어 재무구조를 개선시킬 수 있다. 투자자 측에서 보면 보통주보다 배당, 잔여재산처분권에서 순위가 우선적이고 수익률이 높다는 장점이 있다.

반면에 사채의 이자와는 달리 감세효과를 얻을 수 없기 때문에 사채보다 자본비용이 높으며, 보통주에 우선해서 배당을 지급해야 하는 단점이 있다. 투자자 측에서 보면 의결권이 없는 점, 그리고 확정배당을 받지 못하는 경우도 있다는 단점을 갖고 있다.

4. 사 채

(1) 사채의 의의

사채(社債, bond)는 주식회사가 장기자금을 조달할 목적으로 일정한 이자와 만기에 원금상환의 의무를 약속한 확정채무를 표시하고 발행되는 유가증권이다. 사채와 주식은 직접금융방식으로 장기성자금을 조달하는 수단이라는 점에서 성격이 같으나, 사채는 타인자본으로 경영참가권이 없는 데 비해 주식은 자기자본으로 경영참가권이 있다는 점에서 차이가 있다. 한편, 사채는 잔여재산처분권에서 주식보다 우선순위가 주어진다.

(2) 사채의 종류

사채의 종류는, ① 이자지급방법에 따라 이표채(쿠폰부사채), 할인채, 복리채로 구분되며, ② 담보여부에 따라 담보부사채와 무담보사채(debenture)로 구분된다. 담보부사채는 다시 담보물에 따라 부동산담보부사채와 유가증권담보부사채로 구분된다. ③ 은행, 신용보증기금 등 금융기관의 보증여부에 따라 보증사채와 무보증사채로 구분되며, ④ 상환방법에 따라 수의상환사채(callable bond), 감채기금부사채(sinking fund bond), 정기분할상환사채로 구분되고, ⑤ 이자지급형태에 따라 확정이자부사채와 금리변동부사채로 구분된다. ⑥ 사채권자에게 주어진 선택권의 내용에 따라 전환사채(convertible bond or conversion bond : CB), 교환사채(exchangeable bond : EB), 신주인수권부사채(bond with warrants : BW)로 구분되는데, 이들은 사채와 주식의 성격이 결합된 절충적 증권(compromise security)이다.

(3) 사채발행의 장 · 단점

사채발행의 장점은 경영지배권의 침해 없이 낮은 비용으로 장기자금을 일시에 용이하게 조달할 수 있고, 상환기일이 확정되어 있어 장기간 이용할 수 있으며, 확정이자만 지급하므로 안정된 자금계획을 수립할 수 있다. 이 외에도 이자는 세법상 비용으로 처리되므로 이자의 법인세절감효과가 발생한다. 단점으로는 사채는 일정기간 후 원금을 상환해야 하며, 발행절차가 복잡하고 시간이 많이 소요된다. 부채조달액이 커질 경우 채무불이행위험이 커지고, 원리금 지급이 불가능할 때 도산의 위험도 커진다. 주식의 경우에는 이익이 없거나 적은 경우 배당을 하지 않거나 적게 할 수 있으나, 사채이자는 이익에 관계없이 지급해야 한다. 또한 주식은 기업의 이익에 대해 추가적인 이익분배 요구가 가능하지만, 사채는 불가능하다.

5. 장기차입금

기업의 장기자본 조달수단 중 간접금융의 전형적인 형태가 금융기관으로부터의 장기차입금이다. 장기차입금은 부채로서 타인자본의 성격을 가지므로 기업의 현 경영지배구조에는 하등의 영향을 주지 않는다. 따라서 기업이 주기적으로 운전자금의 수요가 많을 때 차입하였다가 자금사정이 호전될 때 즉시 상환하는 등 자금수급에 융통성이 있으며, 지급이자 등 금융비용에 대해서는 세법상 비용으로 처리가 되므로 자금조달 수단으로 선호되는 장점도 있다. 반면에, 단점으로는 간접금융은 일반적으로 물적담보의 부담이 수반되며, 부채비용의 증가는 기업의 수지를 악화시키고, 부채가 과도해지면 기업이 부실화되어 도산할 우려가 있다. 또한 대출자인 금융기관의 경우도 간접금융에 의한 대출증가로 채권회수불능 위험이 증가될 뿐만 아니라, 더 나아가 대출기업이 도산시에는 채권이 부실화될 위험이 발생된다. 이러한 위험을 분산시키기 위해 간접금융방식을 증권을 통한 직접금융방식으로 전환시켜 나가는 경향이 있다.

6. 혼합증권 : 옵션금융

오늘날 기업은 자본조달 수단으로 혼합증권을 발행하기도 한다. 혼합증권(hybrid security)은 수식과 사채, 또는 우선주가 부분적으로 결합된 증권으로 절충적 증권(compromise security)이라고도 한다. 혼합증권은 옵션의 특성이 첨가된 증권이기 때문에 혼합증권에 의한 자금조달 형태를 옵션금융(option financing)이라 하며, 가장 많이 이용되는 대표적인 증권으로는 교환사채, 전환사채, 신주인수권부사채의 세 가지가 있다.

(1) 교환사채

교환사채(exchangeable bond : EB)는 발행기업이 보유하고 있는 자회사 또는 다른 회사의 주식을 특정가격에 교환해 주기로 하고 발행하는 회사채로 EB로 약칭된다. 교환사채의 교환권이 행사될 때, 교환사채와 발행회사가 보유한 제3의 기업의 주식과 교환되므로 발행회사의 자산과 부채가 동시에 감소하는 특징이 있다.

발행회사가 보유하는 교환대상 유가증권은 상장유가증권으로 제한하고 있으며 증권예탁원에 예탁을 의무화하고 있다. 교환권이 행사되면 증권예탁원은 교환사채권을 발행회사에 제출하고 교환주식을 계좌대체 방식으로 교환사채권자에게 교부한다. 만약 교환대상 주식의 발행회사가 주식을 추가로 발행하는 경우에는 교환가격을 조정해 주어야 한다.

교환사채의 장점으로 발행기업 측에서는 보유주식의 현재가보다 비싼 가격으로 교환권 행사가격을 결정하여 자금조달 규모를 확대할 수 있으며, 낮은 이자율로 사채를 발행하는 경우 이자지급 부담을 덜 수 있는 동시에 자금조달을 촉진시킬 수 있다. 또한 전환사채 · 신주인수권부사채와 달리 권리행사시 발행회사의 주식이 발행되는 것이 아니므로 자본금에 변동이 발생하지는 않는다. 한편, 교환사채 투자자 측에서는 주식시장에서 매입하기 어려운 특정종목을 매수할 수 있는 기회를 얻게 되며, 교환사채 발행시 특정주식의 가격이 상승할 경우 시세차익을 얻을 수 있다. 또한, 전환사채와 마찬가지로 투자의 안정성과 투기성을 겸비하고 있어 유리한 투자대상이 된다는 것이다.

그러나 교환시 급격한 자산감소가 나타난다거나, 교환청구에 대비하여 보유한 유가증권을 현금화하여 운용할 수 없으며, 증권예탁원에 일정기간 예치해야 하므로 보유유가증권의 담보화 또는 비유동자산화될 우려가 있다는 단점이 있다.

(2) 전환사채

전환사채(convertible bond : CB)는 일정한 조건에 따라 발행회사의 보통주로 바꿀 수 있는 전환권(conversion right)이 부여된 회사채를 말한다. 회사채와 동일하게 확정이자를 보장하면서 주식으로서 주가상승에 따른 투자수익까지 누릴 수 있는 장점을 보유하고 있어 일반적으로 회사채보다 낮은 이자율로 발행된다.

전환사채 발행시 정관 또는 주주총회의 특별결의로 전환조건, 전환으로 인하여 발행될 주식 내용, 전환청구기간을 정하도록 되어 있다. 그러나 전환사채의 인수권을 주주에게 부여하는 경우에는 원칙적으로 이사회가 전환사채의 발행을 결정하고 구체적인 발행사항을 정하도록 되어 있다.

전환사채 발행은 전환사채 투자자 입장에서는 주식시세가 전환가격을 상회하는 경우 주식으로 전환하여 수익을 올릴 수 있고, 전환 의사가 없을 경우에는 사채를 계속 보유함으로써 원금상환을 받을 수 있는 등 사채의 확실성과 주식전환에 따른 이익가능성이라는 두 가지 요소를 모두 갖는 장점이 있다. 발행자의 입장에서도 전환사채의 액면이자율이 사채보다 낮고, 보통주로 전환될 경우에는 상환부담이 경감되므로 유리하다. 주식전환청구기간은 전환사채 발행일 기준 3개월 후부터 상환만기일 1개월 전까지이다. 주식전환청구금지기간이 3개월로 단축되면서 주식전환 실적도 늘어 전환규모가 점차 증가하는 추세이다. 전환사채가 주식으로 전환될 경우, 공급물량이 증가하게 되고 발행주식수의 증가로 주당가치의 희석이 뒤따를 수 있으므로 기발행주식 대비 전환가능 주식수의 비중이 큰 경우에는 주의가 요구된다.

전환사채의 가치는 일반사채의 가치와 전환가치의 합계로 나타난다. 여기서, 전환가치는 보통주의 시가에 전환비율을 곱한 값이고, 전환비율은 전환사채의 액면가액과 전환가격의 비율로서 사채의 액면가/전환가격으로 나타낸다. 즉 전환사채 단위당 전환이 약정되는 보통주식의 수를 말한다. 예를 들어, 1만원의 액면가치를 갖고 있는 전환사채를 전환가격이 5천원인 보통주로 전환할 경우 전환비율은 2주가 된다. 실제 시장에서의 전환사채의 가치(시장가격)는 전환사채 가치의 하한선(일반사채가격+전환가치)에 전환권(옵션)의 프리미엄이 합해져서 결정된다. 이를 그림으로 나타내면, [그림 11-2]와 같다.

그림 11-2
전환사채의 가치

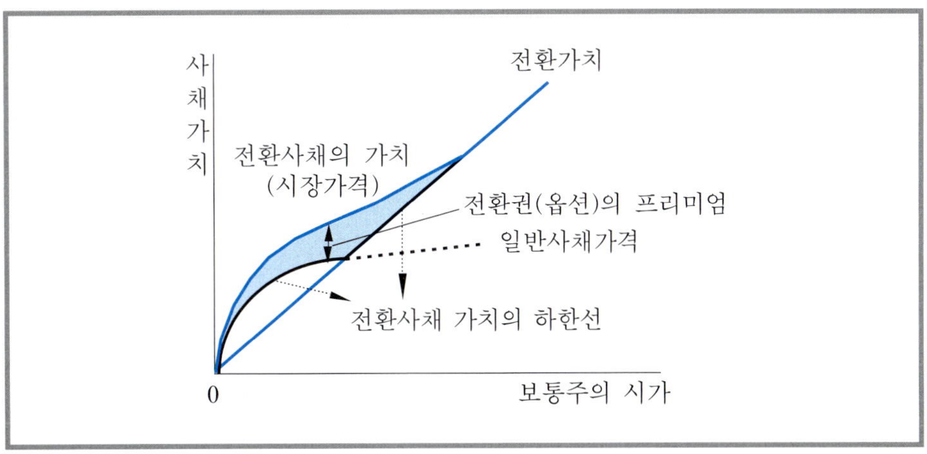

(3) 신주인수권부사채

신주인수권부사채(bond with warrants : BW)는 발행 후 일정기간 내에 미리 약정된 가격(행사가격)으로 일정한 양 또는 그 금액에 해당하는 신주의 교부를 청구할 수 있는 권리(신주인수권 : warrant)가 부여된 사채이다.

신주인수권부사채의 종류는 사채권과 신주인수권의 분리와 유통성 여부에 따라 분리형과 비분리형으로 구분되는데, 분리형은 신주인수권만 분리해서 양도할 수 있으나, 비분리형은 이를 양도할 수 없다. 또한 신주인수권의 행사청구방법, 즉 신주에 대한 발행가액을 납입하는 방식에 따라 현금납입형과 대용납입형으로 구분된다. 현금납입형은 사채는 그대로 존속하고 신주 발행가액은 별도로 납입하는 사채이며, 대용납입형은 사채의 원금을 발행가액으로 대용, 납입할 수 있는 사채이다.

신주인수권부사채의 장점으로는, 발행기업 측면에서 볼 때, 투자자들이 신주인수권 행사로 자본이득을 기대할 수 있으므로 낮은 표면이자율로 발행이 가능하며, 자본조달이 용이하다는 점이다. 또한, 투자자 측면에서는 주가가 행사가격보다 높게 상승하면 인수권을 발동하여 행사가격으로 주식을 싸게 산 뒤 비싸게 팔아 시세차익을 얻을 수 있다. 주가가 행사가격보다 낮은 경우에는 신주인수권을 포기하고 사채금리를 챙기면 된다. 그 외에도 발행회사의 주식 시세나 재무구조의 우량도에 따라서 사채의 발행금리를 조정할 수 있는 장점도 있다.

전환사채와 비교해 보면, 〈표 11-3〉에서 보는 바와 같이 전환사채는 전환권을 행사하면 사채권자로서의 지위가 소멸되나, 분리형 신주인수권부사채(BW)는 신주인수권을 행사해도 사채권 자체는 소멸되지 않고 잔존한다. 신주인수권부사채는 전환사채와는 달리 사채와 신주인수권을 일체로(비분리형) 혹은 별개로 나누어서(분리형) 발행할 수도 있다.

표 11-3

전환사채와 신주인수권부사채의 비교

구 분	전환사채(CB)	신주인수권부사채(BW)
발행방식	공모 · 사모	공모 · 사모
권리행사	주식전환시 채권 소멸	분리형BW는 신주인수권을 행사해도 채권은 잔존
권리행사 후	표면금리가 일반회사채보다 낮음	표면금리가 CB보다 다소 높음
발행규모	제한 없음	제한 없음

참고

- BW · CB : 회사채 발행시 인수자에게 추가적인 이점을 주어 기업의 자금조달을 용이하게 하는 수단이다. BW는 해당 회사채가 상환되기 전에 발행사가 신주를 발행하면 신주인수권의 일정부분에 대해 다른 주주와 함께 증자에 참여할 수 있는 권리를 붙여준 사채이다. 신주인수가격은 미리 정해지는 경우가 많고 주가가 변하는 것에 맞춰 조정되기도 한다. CB는 사채로 발행되지만 이런 기간이 지나 사채권자가 청구하면 미리 결정된 조건대로 발행회사의 주식으로 전환할 수 있는 특약이 맺어진 사채이다. CB를 발행할 때에는 정관에 전환조건, 전환으로 인해 발행할 주식의 내용, 전환을 청구할 수 있는 기간 등을 정해야 한다. CB의 문제는 현행 법규상 CB 발행한도만 정관 · 주주총회의 결의에 따르고 구체적인 사항은 이사회에 위임해 일반주주의 권익이 침해될 가능성이 적지 않다는 점이다. 특히, 특정 소수투자자를 대상으로 모집하는 사모방식의 CB는 일반투자자들의 정보접근이 쉽지 않다. 사모CB가 주식으로 바뀔 때 일반주주가 증자로 인한 주가하락 등 불이익을 떠안게 된다. 분리형BW도 문제다. 일부 대주주들이 분리형BW를 장외에서 헐값에 매입하는 형식으로 지분율을 확대하기도 하고 싸게 매입한 BW를 고가에 팔아 시세차익을 보는 경우도 있다.
- BW와 CB가 편법증여 · 상속의 주된 수단으로 변질되고 있다는 지적이 불거지면서 재벌을 긴장시키고 있다. 참여연대가 이와 관련한 기업으로 삼성SDS, 두산(이상 BW), 삼성에버랜드(CB) 등을 지목했다. 이들 기업이 BW · CB를 발행하는 과정에서 시세차익을 노리는 등 불공정거래 의혹이 있다는 것이다. (중앙일보, 2003. 2. 26)
- 신종자본증권 : 하이브리드 채권(hybrid bond)으로 불리며, 혼합증권의 일종으로 주식과 채권(회사채)의 중간적 · 혼합적 성격을 가지는 채권이다. 대표적인 신종자본증권으로는 일정기간이 지나면 보통주로 전환할 수 있는 전환채권과 전환우선주, 일정기간 동안 약정된 이자를 배당금 형태로 지급하는 신형우선주, 기업파산시 다른 채권보다 변제순위가 후순위인 후순위채권 등이 있다. 신종자본증권은 금융감독당국이 은행이 일정수준 이상의 자본안정성 요건을 충족할 수 있도록 금융정책의 일환으로 발행을 인정한 후순위영구채로, 특징은 확정금리가 보장되고 높은 대신 사실상 만기가 없어 은행에 상환부담이 없다는 것이다. 우리나라의 경우, 만기가 30년 이상의 영구채로 발행자가 발행 5년 후 조기상환권(콜옵션)을 가지며, 이자율은 정기예금의 2배 수준으로 높은 편이다. 신종자본증권의 장점은 발행금이 자기자본금으로 처리되기 때문에 은행들이 국제결제은행(BIS) 기준 자기자본비율, 즉 BIS비율(자기자본 인정 범위를 15%에서 30%로 확대)을 높일 수 있다는 것이다. 은행의 자기자본 구조는 자본금, 자본준비금, 이익잉여금을 포함한 기본자본과 후순위영구채나 대손충당금 등 부채 형태로 조달한 자금을 지칭하는 보완자본으로 구분되는데, 신종자본증권은 기본자본으로 간주되어 은행들이 자본구조 강화를 위해 발행을 추진하고 있다. 발행방식은 은행이 직접 우선주 등을 발행하는 직접발행방식과, 은행이 자회사를 세워 우선주 등을 발행하고 자회사는 이 발행자금으로 모(母)은행이

발행한 채권을 매입하는 간접발행방식으로 나뉜다. 간접발행을 하면 은행은 자회사에 지급되는 차입이자에 대해 손비로 인정을 받게 돼 조세절감효과도 누릴 수 있고 예금보험료도 발생하지 않는다. 현재 유럽과 미국에서 신종자본증권의 발행을 하고 있다. 일본, 태국 등 아시아 국가들도 다국적 대형은행들과의 경쟁에 대응해 신종자본증권 발행을 하고 있다. 우리나라는 2002년 11월 금융감독위원회에서 발행을 허용한 이후, 2003년 하나은행이 2억달러, 외환은행이 2천5백억원, 국민은행이 1조3천억원을 발행하였고, 이후 다른 은행들도 발행을 추진하여 2009년 9월말 현재 기존 발행액을 감안한 잔여한도는 국민은행 3조1천4백억원, 신한은행 1조7천억원, 우리은행 2조9천억원, 하나은행 1조7천억원, 기업은행 1조4천3백억원, 외환은행 1조5천억원, 한국씨티은행 1조1천2백억원이 되었다. 발행규모는 2013년 영구채를 회계상 자본으로 인정한 데다가 2015년까지 저금리 기조에 따른 투자수요 등으로 증가해왔지만, 2016년부터 금리상승 국면에 들어서면서 발행 건수도 감소하였다. 2012~2017년 동안 발행규모는 총 52건으로 12조164억원이었다. 2021년에는 IBK기업은행이 5천억원의 ESG신종자본증권을, KB금융지주가 6천억원의 신종자본증권을 발행하고, 신한은행이 2천9백억원, 기타 금융그룹도 발행을 추진중이다.

제 3 절 리스금융

1. 리스의 의의

기업은 경쟁력 강화와 기술혁신, 생산성 증대를 위해서 새로운 기계 · 설비의 구입이 필요한데, 설비자금을 조달하는 금융수단으로 리스금융이 이용되고 있다. 리스(lease)는 기업이 필요로 하는 기계 · 설비를 리스회사가 대신 구입하여 장기간 약정한 바에 따라 리스료(임차료)를 받는 조건으로 그 기계 · 설비를 빌려주는 제도이다. 기업이 기계 · 설비의 종류, 규격, 가격들을 결정하면, 리스회사는 기계 · 설비 제조회사에 대금을 지급하는 형식으로 금융을 해준다. 리스는 형식적인 의미에서 물건의 임대차이다. 그러나 실질적으로는 시설자금의 자기융자이므로, 이를 물적금융(시설대여)이라고도 한다. 리스계약상 기업은 리스계약이 정한 일정액의 임차료(리스료)를 지급하고 리스대상 설비를 이용하는 임차인(lessee)이고, 리스회사는 리스대상 설비의 소유권을 가지면서 임차인에게 리스료를 받고 사용권을 대여하는 임대인(lessor)이다.

기업이 통상 리스를 이용하는 경우는, ① 최신 기계·설비를 구입하고 싶지만 구입자금이 부족한 경우, ② 예산에 반영되지 않은 기계·설비가 급히 필요한 경우, ③ 기술혁신에 의한 기계·설비의 진부화를 막고 싶은 경우, ④ 구입에 따르는 사무처리상의 번잡을 피하고 싶은 경우, ⑤ 자기보유자금을 최대한 활용하여 많은 이익을 내고 싶은 경우에 많이 이용된다. ⑥ 또한 리스료는 세법상 전액 손비처리가 되어 비용절감을 가져오고, ⑦ 설비의 임대차 방식이기 때문에 부채비율을 악화시키지 않고도 설비를 조달할 수 있어 중소기업은 물론 대기업까지도 널리 이용하고 있다.

리스는 1952년 미국에서 철도회사가 운전기계 등의 설비 구입을 위해 처음 도입한 금융수단이나, 오늘날은 부동산·동산을 포함한 모든 자산이 리스금융의 대상이 될 정도로 장족의 발전을 하였고, 대부분의 나라에서 광범위하게 이용되고 있다. 우리나라에서는 1972년 한국산업리스주식회사가 설립된 이래, 2020년 12월말 현재 25개 리스금융사가 리스업을 전업으로 하고, 신용카드사(7개사), 할부금융사(20개사), 신기술금융사(7개사) 등 34개사가 리스업무를 겸업으로 하고 있다(www.crefia.or.kr).

2. 리스의 종류

리스는 임차인 입장에서 자본리스(capital lease) 또는 금융리스(financing lease)와 운용리스(operating lease)로 대별되며, 임차인의 운용리스는 자본리스 이외의 모든 리스들을 포함한다. 임대인 입장에서는 판매형리스(sales-type lease), 직접리스(direct financing lease), 부채리스(leveraged lease), 운용리스(operating lease)의 네 가지로 구분되는데, 운용리스는 앞의 세 가지 리스 이외의 모든 리스들을 포함한다. 한편, 기업회계기준 및 세법에 의한 분류는 금융리스와 운용리스로 대별되며, 이들이 리스의 가장 대표적인 형태이다. 이 외에도 리스는 리스기간의 장·단기, 리스의 품목, 원금회수 여부, 물건설치장소, 리스회사의 수 등에 의해 다양하게 분류되고 있다.

(1) 금융리스(자본리스)

금융리스(financing lease)는 기계 · 설비구입에 필요한 자본을 조달하므로 자본리스(capital lease)라고도 한다. 금융리스는 임대자의 서비스는 기계 · 설비구입에 필요한 금융제공에 한정되고, 임차인이 계약기간중 임차자산의 운용 · 유지 · 보수 등에 관한 모든 관리의 책임을 지는 리스이다. 금융리스는 중도해약이 원칙적으로 불가능하고, 임차기간은 거의 해당자산의 내용연수와 일치하는 장기이다.

금융리스의 임대인은 자기책임하에 자산 구입에 소요되는 자본을 출자하고, 이를 임대료의 형식으로 분할 회수한다. 기업이 금융리스를 이용할 경우, 임차인인 해당기업이 해당자산에 대한 성능 · 용량 · 제품의 질 등을 직접 선정하고, 가격 및 구매조건 등에 대하여 해당자산의 제조회사와 직접 협의한다. 협의가 끝나면 임차인은 임대인(리스회사)과 리스계약을 맺고 임대인이 해당자산을 구입하여 임차인에게 대여하는 방식을 취한다. 법인세법상 리스료에 포함되어 있는 지급이자 및 감가상각비에 대해서 임차인이 손비처리하도록 하고 있어 감세효과가 발생한다.

표 11-4 리스의 분류기준 및 종류

분류기준	구 분
리스회계처리준칙	금융리스와 운용리스
기간의 장 · 단	장기리스와 단기리스
리스의 품목	선박리스, 항공기리스, 자동차리스, 컴퓨터리스 등
원금회수 여부	완전회수리스, 부분회수리스
물건설치장소	국내리스와 국제간리스
리스회사의 수	단독리스와 공동리스
금융리스	직접리스, 알선리스, 매각후 재리스, 재리스 등
운용리스	유지관리리스, 서비스리스, 설비리스, 총리스 등

표 11-5 금융리스로 분류되는 예

구 분	금융리스로 분류되는 예
소유권 이전	리스기간 종료시 또는 그 이전에 리스자산의 소유권을 무상 또는 일정한 가액으로 리스이용자에게 이전하기로 약정한 경우
염가구매선택권	리스자산의 염가구매선택권이 이용자에게 주어진 경우
리스기간	리스기간이 리스자산의 내용연수의 100분의 75 이상인 경우
기본리스료의 현재가치	리스실행일 현재 기본리스료를 내재이자율로 할인한 현재가치가 리스자산의 공정가액의 100분의 90 이상인 경우

(2) 운용리스(서비스리스)

운용리스(operating lease)는 임차인이 임차자산을 필요한 기간 동안만 이용하고 리스회사에 반환하는 비교적 단기간의 리스로 서비스리스 또는 유지리스(maintenance lease)라고도 한다. 운용리스는 금융리스와는 달리 계약기간 만료 이전이라도 임차인의 희망에 따라 언제라도 중도에 해약할 수 있다. 운용리스의 대상자산은 컴퓨터, 사무용기계, 의료기기, 자동차, 항공기 등과 같이 통상 진부화의 위험이 큰 자산이고, 금융리스와는 달리 임대인이 유지·수선 등 관리책임과 사후서비스를 제공하며, 보험료·조세공과 등의 비용도 부담한다. 운용리스를 이용하는 이유는 이용의 편리함, 소유에 따른 위험의 전가, 감세효과 등을 들 수 있다.

참고

- 금융리스와 운용리스의 구분

리스에서 가장 많이 이용되는 것은 금융리스와 운용리스인데, 이들의 구분이 쉽지 않기 때문에 리스회계처리준칙은 이들의 구분을 위한 분류기준을 제시하고 있다. 리스회계처리준칙에 의하면, 리스자산의 소유에 따른 위험과 효익이 실질적으로 리스이용자에게 이전되는 경우에는 금융리스로 분류하고, 그 외의 경우에는 운용리스로 분류한다. 금융리스로 분류되기 위해서는 리스기간 동안 실질적인 계약해지금지조건이 부과되어 있어야 하며, 이러한 전제조건하에 금융리스로 분류되는 예는 〈표 11-5〉와 같다. 리스계약상 리스기간 종료시점에서 해지금지조건이 부과된 재리스의 약정이 있는 경우에는 그 재리스를 포함하여 〈표 11-5〉의 분류 예가 적용된다.

- 리스의 종류

① 직접리스(direct lease) : 임대인이 리스대상자산을 직접 제조 또는 구입하여 보유하다가 리스계약이 성립하면 임차인에게 사용권만 제공하고 임대인은 자산의 소유자로 남는 전형적인 금융리스 형태이다. 주로 해외의 리스수요자에게 할부판매 또는 조건부판매 방식으로 직접 제공하는 리스 형태를 말한다.

② 간접리스(indirect lease) : 직접리스와 성격은 같은 금융리스이나, 해외의 리스수요자에게 신탁은행을 통해 간접적으로 제공하는 리스 형태이다.

③ 알선리스(차입리스, leveraged lease) : 금융리스의 특수한 형태로서 임대자인 리스회사가 임차자가 신청한 자산의 구입시 자기자금이 부족하여 자산구입 대금의 일부를 제3자(주로 금융기관)로부터 차입하여 자산을 구입한 후 이를 대여해 주는 형태이다.

④ 매각후 재리스(sales and lease-back) : 금융리스의 한 형태로 기업이 이미 소유하

고 있는 자산이나 또는 일단 필요에 따라 취득한 자산을 보험회사나 금융회사, 리스회사 등에 매각한 다음, 이들 쌍방이 그 자산에 대한 리스계약을 체결하는 방법이다. 즉, 원래 소유자가 임차인이 되고 새 소유자가 임대인이 되는 것이다. 따라서 새로운 소유자(리스회사 등)는 그 자산의 소유권뿐만 아니라 세금혜택이나 감가상각 등과 같은 소유에 따른 모든 혜택을 받게 된다. 반면 원래의 소유자인 리스이용자는 그 자산의 이용권과 함께 현재의 공정시장가치로 평가된 매각대금을 이용할 수 있게 된다. 또한 매각되는 자산가치는 리스에 의해 임차료를 지급하므로 소득세법상 세금공제 혜택을 받게 된다. 직접금융에 의한 지급이자가 리스임차료보다 높은 경우나 부외금융(off-balance sheet financing)의 방법으로 이용된다.

⑤ 재리스(lease back)： 재리스는 매각후 재리스를 줄인 말이다. 기업이 보유한 자산을 다른 기업에 매각하고, 이를 다시 임차하여 이용하는 금융리스의 특수한 형태이다. 즉 기업이 소유하고 있는 토지, 기계, 건물 등을 금융기관·보험회사·리스회사에 매각하여 조달한 자금을 기업의 운영자금이나 타용도의 시설자금으로 이용하면서 매각한 자산을 리스계약을 통해 임차하여 계속 이용하는 방법이다.

⑥ 프로젝트리스(project lease)： 리스회사가 기업으로부터 특정설비 및 시설 공사 등을 의뢰받아 자체적으로 시공하고, 이를 임차기업에 대여하는 방법으로서 금융리스의 특수한 형태의 하나이다.

⑦ 순리스(net lease)： 리스물건에 대한 유지책임과 보험료 및 재산세 지급의무를 임차자가 부담하는 리스를 말한다. 우리나라의 시설대여산업육성법은 금융리스를 구제대상으로 하여 리스물건에 대한 유지·관리책임을 리스회사가 부담하지 않는다고 규정하고 있어 순리스만을 허용하고 있다. 미국에서도 금융리스는 순리스이다.

⑧ 설비리스(equipment lease)： 컴퓨터, 철도차량 및 항공기와 같은 설비를 구입하여 임차기업에 리스료를 받고 빌려주는 운용리스를 말한다.

⑨ 서비스리스(service lease)： 리스물건에 각종 서비스를 부가하여 행하는 운용리스를 말한다. 특히 물건의 보수·수리·관리서비스를 리스회사가 담당하는 것을 유지관리리스(maintenance lease)라고 하는데, 대표적인 것으로 자동차리스가 있다.

⑩ 공동리스(syndicated lease)： 여러 리스회사가 물건을 공동으로 소유하여 리스하는 것을 말한다. 선박이나 항공기와 같이 금액이 큰 경우에 이용된다.

⑪ 총리스(gross lease)： 임대인이 특정자산의 소유권에 관련된 정상적인 비용인 보험료, 세금, 수리비 등을 부담하는 것을 조건으로 한 리스계약을 말한다. 총리스가 가장 일반적인 리스계약 형태이며 단기차용의 전형적인 계약이다. 리스기간의 조정이나 계약갱신에 관한 조항이 총리스에는 포함되지 않는다.

⑫ 역외리스(offshore lease) : 해외에서 물건을 취득하여 해외에 있는 자에게 제공하는 리스를 말한다. 이는 선박을 리스하는 경우에 주로 이용된다.

⑬ 수출리스(export lease) : 국내에서 생산된 물건이나 플랜트를 해외에 수출하면서도 일반수출과 달리 소유권은 계속 수출업체가 갖고 시설대여(리스)만 해주는 것이다. 수출리스는 통상 국내리스회사가 국내제조업체로부터 물건을 매입, 해외에 있는 자회사나 현지법인에 수출한 뒤 이러한 자회사가 해외기업에 시설대여하는 형식으로 이루어진다. 수출국 입장에서는 리스대상이 되는 기계설비나 플랜트 수출을 촉진시키고 국내의 노후설비를 해외로 이전시키는 효과를 얻을 수 있다. 수입국에서도 일반 수입은 수입대금을 한꺼번에 지급해야 되는 부담이 있는 반면 리스방식을 이용하면 대금의 분할납부가 가능해 크게 유리하다.

⑭ 더블 딥 리스(double dip lease) : 국제리스설비에 대한 국가간 설비소유권 성격에 대한 기준이 서로 상이할 경우에 계약국간에 이에 대한 조세이익을 향유하기 위한 조세지향적 리스를 가리킨다.

⑮ 완전회수리스(full payout lease) : 리스기간중에 리스물건 구입가액의 전액을 리스로 회수하는 것을 말하며, 리스료의 일부만을 회수하는 것을 부분회수리스(partial payout lease)라고 한다. 완전회수리스에서는 리스료의 현재가치가 리스자산의 총비용과 같게 된다.

⑯ 오픈 엔드 리스(open end lease) : 리스기간 종료후 임대자에게 리스물건이 상환될 때 그 리스물건의 가치변동을 고려하여 추가적인 리스료 지급을 약정한 리스계약을 말한다.

⑰ 전대(轉貸)리스(relending lease) : 특정 리스회사가 자기의 물건을 리스하는 것이 아니라, 타리스회사로부터 물건을 리스받아 최종 실수요자인 자기의 고객에게 리스를 해 주는 것이다. 전대리스는 전대차관과 마찬가지로 주요 해외거래에서 많이 활용된다. 예를 들면 비행기 등 고가물건의 경우 국내리스회사가 미국이나 일본 등의 대형리스회사로부터 리스하는 형식으로 도입하여 다시 국내항공사에 리스해 주는 것이다. 국내금융기관 사이에서도 전대리스가 이루어지고 있는데, 자금난을 겪고 있는 국내의 전업리스회사들이 주로 종합금융회사로부터 물건을 리스받아 자기 고객에게 다시 리스해 주는 사례가 최근 들어 크게 늘고 있다.

⑱ 조건부판매리스(conditional sales lease) : 리스수요자가 리스채무를 완전히 지급하기까지 기계·설비에 대한 소유권을 리스회사가 보유하면서 제공하는 리스를 말한다. 소유권을 취득하면 저당권에 비해 회수가 용이하므로 리스수요자의 신용이 양호하지 않은 경우에 이용된다.

⑲ 할부판매리스(installment sales lease) : 리스회사가 기계·설비를 구입하여 리스수요자에게 할부판매하는 방식으로 제공하는 리스를 가리킨다. 리스회사는 리스수요자가 대금을 완전히 지급하기 전까지 기계·설비에 대하여 저당권을 설정한다.

3. 리스의 장 · 단점[1)]

(1) 리스의 장점

1) 소요자금의 100% 융자효과

리스는 물건의 구입자금 외에 기계 · 설비 구입 및 설치에 따른 부대비용 일체의 소요자금 전액을 리스회사가 부담하므로 소요자금 100%를 융자받는 효과가 있다. 특히, 수입물건의 경우 도입부대비용(관세, 하역, 보관, 운반비) 일체까지도 이용자의 자기자금 부담 없이 구입할 수 있으며, 외화차입이 어려운 중소기업이나 개인업체도 손쉽게 저렴한 외화자금 이용이 가능하다. 따라서 거액의 자금이 없어도 필요한 기계 · 설비를 구입할 수 있어 설비투자를 원활하게 할 수 있다.

2) 낮은 담보비율

리스는 원칙적으로 신용위주의 설비금융이어서 담보능력보다는 신용도와 성장성을 중시하므로 담보력이 부족할지라도 설비투자를 할 수 있다. 담보를 요구하는 경우에도 리스회사 소유인 리스물건 자체의 담보능력을 인정하므로 여타 금융수단보다 담보비율이 낮다. 특히 담보 및 자금조달능력이 취약한 중소기업이 손쉽게 이용할 수 있다는 장점이 있다.

3) 자금운용상의 융통성 효과

차입금에 의한 자금조달로 기계 · 설비를 구입하는 대신 리스를 이용하면 자기자금에 여유가 생기므로 운전자금으로 활용하거나 보다 수익성 높은 투자에 전용함으로써 효율적이고 안정적인 자금관리가 용이해진다. 또한 주거래 금융기관에 대한 차입한도에도 여유가 있게 되므로 자금조달능력이 그만큼 커지는 이점이 있다.

4) 사무처리의 간소화와 신속 간편한 절차

기계 · 설비를 직접 구입하는 데 필수적으로 따르는 제반절차, 예컨대 매매계약, 발주, 구입, 자본조달, 보험료 계산, 취득원가 계산, 감가상각, 원리금

---

1) Brigham, F. Eugene, and Joel F. Houston, *Essentials of Financial Management*, 4th ed., Cengage, 2017, pp.746～753.

상환 등을 리스회사가 대행해 주므로 사무처리가 간소화된다. 또한 취득원가・감가상각비 계산, 원리금 상환 등 복잡한 회계사무도 리스료라는 비용처리 업무로 단순화되는 이점이 있다. 리스는 담보물의 필요가 없기 때문에 융자절차도 여타금융보다 신속하고 간편하게 이루어지는 장점이 있다.

5) 수익과 비용 대응의 합리화

리스기간을 경제적 내용연수로 설정할 경우 수익과 비용 대응의 합리화가 가능하다.

6) 감세효과

리스료는 세법상 전액 비용으로 처리되므로 기계설비를 직접 구입할 때와 마찬가지로 부가가치세의 환급, 관세의 분할 및 감면 등 세제상의 혜택을 볼 수 있다. 또한 리스료(원금상환과 지급이자로 구성)가 전액 비용으로 처리됨으로써 얻는 세금효과와 차입금으로 기계설비를 구입할 경우의 지급이자와 감가상각비가 비용처리되어 얻는 세금효과를 비교해 보면, 통상 리스료가 세무면에서 더 유리하다. 그러나 적자로 법인세를 납부하지 못하는 경우에는 리스료에 의한 감세효과도 없어지는 점에 유의해야 한다.

7) 소유에 따른 위험회피

리스를 이용하는 목적 중 하나는 기술혁신에 따라 기계・설비가 진부화될 위험과 직접 구입시 잔존가치가 감소될 위험을 회피하는 데 있다. 리스를 이용하면 바로 이런 위험을 회피할 수 있다.

(2) 리스의 단점

1) 높은 리스료

리스료는 취득원가, 구입자금에 대한 이자, 보험료, 운송료, 세금, 리스회사의 적정이윤 등으로 구성되므로 일반적으로 시설자금을 차입하는 경우에 비해 비용이 다소 높다.

2) 잔존가치의 상실

리스계약기간 종료시 자산의 잔존가치는 상실되면서 리스회사에 귀속된다. 따라서 임차자산을 재리스하거나 구입해야 하는 경우 리스이용자에게는 불리하다.

3) 소유권의 부재

리스는 임차자산의 사용권만이 이전되므로 소유욕을 만족시키지 못한다.

4) 자금지출 통제력의 약화

리스료는 설비를 직접 구입한 경우보다 소액단위로 발생하기 때문에 자금지출 면에서 통제력을 잃기 쉽다.

5) 리스자산 관리의 불편

리스자산은 원칙적으로 리스회사의 동의 없이 지정된 설치장소로부터 이전, 다른 설비나 부동산과의 부착, 기능이나 성능의 개선 및 변경 등을 할 수 없으므로 리스자산의 관리가 불편하고 자산의 효율적 관리도 곤란하다.

4. 리스금융의 경제성 평가

리스금융의 경제성 평가를 금융리스와 운용리스로 나누어 살펴본다.

(1) 금융리스의 경제성 평가

금융리스의 경제성 평가는 부채로 자산을 직접 구입하는 것과 리스금융을 이용하는 것을 비교하여 이득과 손실을 비교해야 한다. 즉 설비구입을 위한 자본예산편성시 리스와 차입 중 더 수익성이 높은 원천의 선택문제(borrowing versus leasing)가 중심이 된다. 기업(임차자)은 일차적으로 자본예산 관점에서 투자장애율을 초과하는 투자안을 선택한 다음, 이차적으로 리스와 차입 중 비용이 최소인 자본조달수단을 선택하는 결정을 하게 된다. 한편, 리스회사(임대자)도 리스료와 자본조달비용을 비교하여 리스금융의 여부를 결정하게 된다. 금융리스의 경제성은 리스대여자(리스회사)와 리스사용자(임차기업)로 나누어 볼 수 있다.

리스대여자의 입장에서 보면, 부채사용리스회사의 세후가중평균자본비용

(k_L)은 무부채리스회사의 가중평균자본비용(k_{UL})에 부채사용에 따른 감세효과를 반영한 것과 같다. 이를 식으로 나타내면 식 (11-3)이 된다. 여기서, 람다(lambda : λ)는 부채사용리스회사의 부채비율이다. 식 (11-3)은 MM의 세금효과를 고려한 자본비용을 구하는 식이라는 것을 상기할 필요가 있다.

$$k_L = k_{UL}(1 - \lambda \cdot t_c) \qquad (11\text{-}3)$$

예를 들어, 무부채리스회사의 자본비용(k_{UL})이 8.57%이고, 총자본 대 부채비율이 0.75이며 법인세가 40%라면, 부채사용리스회사의 세후가중평균자본비용(k_L)은 6%가 된다. 이는 리스회사가 적어도 리스금융을 통해 양(+)의 순현재가치를 얻기 위한 세후수익률이 6%가 되어야 한다는 것을 의미한다.

$$\begin{aligned} k_L &= k_{UL}(1 - \lambda \cdot t_c) \\ &= 8.57\%(1 - 0.75 \cdot 0.4) = 6\% \end{aligned}$$

이제 세후수익률(k_L)로부터 세전수익률(k_d)을 구하면 10%가 된다. 이 세전수익률이 바로 리스금융회사의 대여율(리스율)이 된다.

$$k_d = \frac{k_L}{1 - t_c} = \frac{6\%}{1 - 0.4} = 10\%$$

리스회사의 리스료수입의 순현재가치는 리스사산(리스회사 소유)의 구입가격에서 세후리스료수입의 현재가치와 감가상각비 세금효과의 현재가치를 합한 금액을 차감한 값이 된다.

$$NPV_{LOR} = -I_0 + \sum_{t=1}^{n} \frac{L_t(1 - t_c) + t_c \cdot Dep_t}{(1 + k_L)^t} \qquad (11\text{-}4)$$

단, NPV_{LOR} : 리스회사(lessor)의 리스료 수입의 순현재가치
I_0 : 리스자산 구입가격
L_t : t 연도 리스료
$t_c \cdot Dep_t$: t 연도 감가상각비의 감세효과
k_L : 리스회사의 세후가중평균자본비용
t_c : 리스회사의 법인세율
n : 리스자산의 계약기간

리스회사는 순현재가치가 양(+)의 값을 가지면 리스료 수입이 크므로 리스금융을 대여하는 의사결정을 선택한다.

한편, 리스이용자의 입장에서는 특정자산을 차입금으로 직접 구입할 것인지 아니면 리스로 임차할 것인지를 선택하는 의사결정을 해야 한다. 리스의 순이득(net advantage of leasing : *NAL*)은 특정자산 구입가격에서 세후리스료 및 감가상각비 감세효과의 현재가치를 차감한 값과 같다.

$$NAL = P_0 - \sum_{t=1}^{n} \frac{L_t(1-t_c) + t_c \cdot Dep_t}{[1+(1-t_c)k_d]^t} \quad (11\text{-}5)$$

단, P_0 : 특정자산 구입가격
k_d : 부채비용

식 (11-5)에서 NAL이 양(+)의 값을 가질 경우, 직접구입가격이 리스금융보다 더 지출비용이 큰 것을 의미하므로 리스금융이 차입금에 의한 직접구입보다 유리하다. 그러나 NAL이 음(−)의 값을 가질 경우에는 차입금융에 의한 직접구입을 선택한다.

예제 11-2 금융리스의 경제성 평가

D사는 설비교체를 위해 기계설비를 금융리스로 리스하는 계획과 차입금에 의한 직접구입이란 두 가지 계획 중에서 더 유리한 조달원천을 선택하려고 한다. 현재 기계설비의 직접구입가격은 5억원이고, 내용연수(리스계약기간)는 5년, 감가상각은 정액법으로 하며, 이 설비의 리스료는 연간 2억원이다. 부채조달시 연간 부채비용은 15%이고, 법인세율이 40%라 할 때 금융리스와 차입을 비교해서 어느 안을 선택해야 하는지 결정하시오.

풀이

$$NAL = P_0 - \sum_{t=1}^{5} \frac{L_t(1-t_c) + t_c \cdot Dep_t}{[1+(1-t_c)k_d]^t}$$

$$= 5 - \sum_{t=1}^{5} \frac{2(1-0.4) + 0.4 \times 1}{[1+(1-0.4)0.15]^5}$$

$= 5$억 $-$ 1억 6,000만$\times PVIFA_{9\%,\ 5년} = -1$억 2,235만(원)

따라서 직접구입을 선택한다.

(2) 운용리스의 경제성 평가

운용리스는 통상 가격이 낮으면서 수명기간이 짧은 자산이 주대상이고, 또한 중도해약이 가능한 것이 특징이므로, 운용리스의 경제성 평가는 대상자산의 직접구입과 리스 중 선택문제(buying versus leasing)로서 유리한 대안의 선택이 중심을 이룬다. 운용리스 이용자 입장에서 리스의 순이득(NAL)은 특정자산 구입가격에서 세후리스료 및 감가상각비 감세효과의 현재가치를 차감하고, 여기에 특정자산을 구입한 경우 이 자산이 수명 만료로 매각시 기대시장가격(잔존가치)의 현재가치를 더한 다음에 운용리스를 중도해약시에 리스회사가 부가하는 높은 추가리스료(penalty)를 차감해 구한다.

$$NAL = P_0 - \sum_{t=1}^{n} \frac{L_t(1-t_c) + t_c \cdot Dep_t}{[1+(1-t_c)k_d]^t} + \frac{E(MV)}{(1+k_w)^n} - p \qquad (11\text{-}6)$$

단, $E(MV)$: 기대시장가격(잔존가치)

k_w : 가중평균자본비용

p : 중도해약시의 추가리스료

금융리스에서와 마찬가지로 위 식에서 NAL이 양(+)의 값을 가질 경우, 리스이용이 차입금에 의한 직접구입보다 유리하므로 리스금융을 선택한다.

예제 11-3 운용리스의 경제성 평가

C사는 컴퓨터 200대를 신형으로 교체하려는 계획을 세우고 있는데, 직접구입과 운용리스 중 유리한 대안을 선택하려고 한다. 현재 컴퓨터의 직접구입가격은 1억원으로 견적이 들어온 상태이다. 내용연수(리스계약기간)는 2년, 감가상각은 정액법으로 하며, 2년 후 시장에 중고로 팔면 1,000만원을 받을 것으로 예상하고 있다. 이 서비스리스의 리스료는 연간 5,000만원이고, 만약 중도에 리스계약을 해지하는 경우에는 2,000만원의 리스료가 추가된다고 한다. C사의 부채비용은 10%, 가중평균자본비용은 15%, 법인세율이 40%라면 리스와 직접구입을 비교해서 어느 대안이 더 유리한지 선택하시오.

풀이

$$NAL = P_0 - \sum_{t=1}^{2} \frac{L_t(1-t_c) + t_c \cdot Dep_t}{[1+(1-t_c)k_d]^t} + \frac{E(MV)}{(1+k_w)^n} - p$$

$$= 1\text{억} - 5{,}000\text{만} \times PVIFA_{6\%,\ 2\text{년}} + 1{,}000\text{만} \times PVIF_{15\%,\ 2\text{년}} - 2{,}000\text{만}$$

$$= -410.9\text{만(원)}$$

따라서 직접구입을 선택한다.

연습문제

01 다음의 용어들을 간단히 설명하시오.

(1) 보통주
(2) 유보이익
(3) 우선주
(4) 사채
(5) 전환주와 상환주
(6) 기업공개
(7) 직접금융과 간접금융
(8) 내부금융과 외부금융
(9) 혼합증권과 옵션금융
(10) 리스

02 자본조달방법에 따른 금융시장의 구조를 간단히 설명하시오.

03 화폐시장과 자본시장의 특성과 차이를 설명하시오.

04 보통주, 우선주, 사채의 특성을 비교 설명하고, 각각의 종류를 분류해 보시오.

05 교환사채, 전환사채, 신주인수권부사채, 하이브리드채권의 특성과 차이를 설명하시오.

06 금융리스와 운용리스의 특성, 차이점을 비교 설명하시오.

07 전환사채와 신주인수권부사채의 가격이 일반사채보다 통상 높게 형성되는데, 그 이유는 무엇인가?

08 K사는 수명이 5년인 산업용 X기계를 주력제품으로 생산하는 기업이다. 현재 이 회사는 X기계를 3억원에 직접 매각할 것인지, 아니면 동일 기계를 생산하는 타사와의 경쟁에 대처하기 위해 임대(리스)할 것인지를 결정해야 한다. 이 회사의 자본비용은 세후수익률로 계산하면 6%이고, 법인세율 40%, 감가상각은 정액법으로 하고, 잔존가치는 없다고 할 때, 이 기계의 임대료(리스료)는 얼마로 정하면 좋은가?

09 A사는 위의 K사가 생산한 X기계를 직접 구입할 것인지, 아니면 K사로부터 임차(리스)할 것인지를 고려중이다. 이 기계는 연간 1억원의 수익을 가져다주고, 기계를 직접 구입하면 3억원의 가격에 살 수 있다. 임차료(리스료)를 위의 08에서 결정된 대로 지급한다면, 직접구입과 리스 중 어떤 대안이 좋은지 선택하시오. 단, A사의 자본비용은 12%, 부채비용 5%, 법인세율 40%로 가정한다.

CHAPTER

12

단기자본조달과 운전자본관리

제 1 절 단기자본조달방법

제 2 절 운전자본관리

제 3 절 현금관리 및 시장성유가증권관리

제 4 절 매출채권관리 : 신용관리

제 5 절 재고자산관리

제 6 절 단기자본관리 : 유동부채관리

학습목표

본장에서는 기업의 단기자본조달방법과 운전자본관리에 대해 살펴본다. 단기자본은 유동부채이고, 유동부채는 운전자본(유동자산)의 주 조달수단이다. 즉, 기업의 단기자본조달은 현금, 시장성유가증권, 매출채권, 재고자산 등 유동자산에 필요한 자금의 조달을 의미한다. 운전자본은 기업의 정상적 생산 · 판매 · 관리 등 영업활동에 사용되는 단기자본으로, 부족하면 유동성 확보에 문제가 발생하고, 과다하면 수익성이 저하된다.

운전자본관리의 목표는 최적수준의 운전자본조달과 개별유동자산에의 최적배분문제를 해결함으로써 유동성 확보와 기업가치극대화를 달성하는 데 있다.

본장에서 이해해야 할 핵심내용은 단기자본조달의 구체적 금융수단의 종류 · 특성 · 조달방법과 운전자본관리의 중요성 및 운전자본조달정책, 그리고 운전자본의 주요 원천인 현금, 시장성유가증권, 매출채권, 재고자산, 유동부채의 최적수준 결정과 효율적 관리기법으로 구체적 내용은 다음과 같다.

1. 단기자본의 조달원천인 단기금융수단의 종류 · 특성 · 조달방법
2. 운전자본의 특성과 관리의 중요성, 운전자본조달정책
3. 현금흐름의 순환과정과 현금관리기법 및 현금관리정책
4. 시장성유가증권 관리
5. 매출채권관리와 회수정책
6. 재고자산관리와 재고자산관리모형
7. 유동부채관리의 중요성과 고려사항

제1절 단기자본조달방법

기업은 운전자본으로 사용될 단기자금(단기자본)이 필요한 경우, 통상 단기금융시장인 화폐시장에서 조달하게 된다. 화폐시장(money market)은 단기자금의 수요자와 공급자 간의 자금수급의 불균형을 조절하기 위하여 통상 1년 미만의 단기금융자산이 거래되는 시장을 말한다. 현재 단기금융시장에는 콜시장, 기업어음시장, 양도성예금증서(CD)시장, 환매조건부채권(RP)매매시장, 통화안정채권시장, 무역어음시장 등이 있다. 기업은 이 단기금융시장에서 기업어음(CP)이나 환매채(RP)를 발행하거나 지급어음 · 무역어음을 할인받아 단기자금을 조달한다.

한편, 기업은 구체적인 중개기관을 통해 단기자본을 조달하는데, 중개기관은 은행과 제2금융권으로 대별된다. 기업은 은행으로부터 단기차입금을 융자받거나 당좌차월, 어음대출, 어음할인, 지급보증 등을 이용해서, 제2금융권(은행을 제외한 종합금융회사, 신용카드회사, 증권회사, 보험회사, 투자신탁 등)으로부터 기업어음 할인, 매출채권을 이용한 팩토링 대출, 어음보증 등을 이용하여 단기자본을 조달한다. 이 외에 기업 스스로 외상매입을 통한 거래처 신용을 이용하는 방법을 통해 단기자본을 조달할 수 있다.

1. 기업어음

기업어음이라면 통상 상업어음을 의미하는데, 상업어음(commercial paper : CP)은 일반적으로 미국에서 신용도가 높은 대기업이 공개시장에서 운전자금을 조달하기 위해 발행하는 단기 · 무담보 약속어음을 말한다. 우리나라에서는 1981년 6월부터 도입되었는데, 기업체나 금융기관이 자사의 신용도를 바탕으로 단기성의 운전자본을 조달하기 위하여 발행하는 무담보약속어음을 말하며, 신종기업어음(corporate paper : CP)이라 불리고 있다. 중소기업은 금융기관의 보증을 받은 후 CP를 발행할 수 있으나, 원칙적으로 CP는 무담보를 조건으로 발행되므로 발행기업이 부도가 나는 경우 원금을 상환받기가 어렵다는 특성이 있다.

상업어음은 발행 원인에 따라 상업어음과 융통어음으로 나눌 수 있다. 상업어음은 상품이나 용역 거래대금의 지급을 위해 발행되는 어음이며, 융통어음은 실질적인 거래의 매매대금 지급이 아니라, 단순히 자금을 융통할 목적으로 발행되는 어음이다.

기업어음은 신용평가등급이 C급 이상인 적격기업이 자금조달을 위해 발행하는 융통어음으로, 투자금융회사는 이것을 할인 매입하여 고객들에게 판매한다. 기업어음은 개별기업이 발행하는 어음이고 보통 무담보로 팔지만, 개인투자자가 매입한 경우 발행기업이 부도가 나더라도 투자금융회사에서 대납하여 위험부담이 없다. 또한 기업어음은 단기자금이어서 장기자금에 비해 만기가 짧기 때문에 채무상환위험이 장기에 비해 상대적으로 적으므로 일반적으로 금리가 낮다는 장점이 있다. 이 때문에 기업의 입장에서는 단기간의 자금 과부족을 해결할 때에는 단기간 이용하고 갚을 수 있는 자금에 의존하는데, 이런 목적으로 주로 사용하는 것이 기업어음이다.

2. 은행인수어음

은행인수어음(banker's acceptance : BA)은 은행이 단기무역신용을 제공하는 방법 중의 하나로, 수출입 대금결제를 위해 발행된 환어음을 은행이 인수한 것을 말한다. 인수방법은 의뢰인의 요구에 응하여 의뢰인이나 또는 제3자로 하여금 은행 앞으로 어음을 발행하게 하여 이를 인수하든가, 또는 타인 앞으로 되어 있는 어음에 대해 그 지급을 인수하는 방법을 택한다.

은행의 어음인수 행위는 만일 지급인이 어음대금을 지급하지 못하는 경우에 은행이 어음상의 지급의무를 책임지는 것이므로 은행으로서는 일종의 여신업무라고 볼 수 있다. 은행이나 다른 금융업자에 의해 인수된 은행인수어음은 신용도가 매우 높아져 인수의뢰인은 비록 약간의 인수료를 지급한다고 해도 그 인수어음을 할인시장에서 낮은 이자율로 할인할 수 있으므로 자본조달에 유리하다.

한편, 은행의 입장에서 보면 어음대금은 지급기일이 오기 전에 미리 불입하게 되므로 자기자금을 대출하는 것이 아니라, 단지 은행의 신용을 이용하게 하고 인수료를 받는 유리한 점이 있다. 은행의 어음인수는 상업어음에 대하여 행해지는 것이 가장 바람직한데, 그 가운데서도 특히 외국무역에 수반되는 무역어음이 가장 주요한 대상이다. 어음의 기간은 보통 30일에서 180일 사이이다. 따라서 은행인수어음(BA)은 신종기업어음(CP) 및 양도성예금증서(CD) 등과 함께 높은 신용도와 유동성을 갖춘 단기금융상품으로 인식되고 있다.

3. 무역어음

무역어음(trade bill : TB)은 정책금융의 하나인 수출금융이 대폭 축소된 이후 수출업체의 자금조달을 원활히 지원하기 위하여 도입된 제도이다. 무역어음은 수출업체가 신용장(letter of credit : L/C)을 근거로 하여 발행하며, 단자회사나 종합금융회사가 이를 할인하여 인수하는 방식으로 자금이 조달된다. 할인율은 CP 금리와 비슷한 수준이고, 발행기간은 180일 이내이며, 수출신용장 만기일에 10일을 더한 기간을 초과할 수 없다. 이러한 무역어음이 거래되는 단기금융시장을 무역어음시장이라고 한다. 무역어음 외에도 신용장, 수출계약서 또는 내국신용장을 근거로 수출에 직접적으로 소요되는 자금을 은행으로부터 융자받을 수 있다.

4. 환매채

환매채(repurchase agreement : RP)는 채권을 일정기간 후에 일정가격으로 다시 환매수 · 매도한다는 조건, 즉 환매조건부청구권이 붙은 채권을 말한다. 이 제도로 발행자는 보유한 채권을 일시에 유동화시켜 자금을 조달할 수 있고, 매수자는 단기여유자금으로 채권을 보유함으로써 단기자금의 운용효율성을 제고할 수 있다. 따라서 형식적으로는 채권매매라는 형태를 띠고 있지만 단기금융거래의 성격이 강하다.

환매채의 매매대상은 국채, 지방채, 특수채, 상장법인 및 등록법인이 발행하는 채권에 한한다. 매매업무를 영위할 수 있는 기관으로는 매도는 일반법인 및 개인도 거래상대방이 될 수 있으나, 매수는 거래상대방이 당초의 약정을 위반할 위험이 있어 증권회사와 은행법에 의한 금융기관 중 자기매매업무와 발행시장업무를 허가받은 금융기관, 즉 증권회사·은행·보험회사 등으로 제한하고 있다.

한편, 이런 일반 환매채와는 달리 법인 또는 개인에 대한 조건부 매도만이 허용되는 환매채를 신종환매채(거액 RP)라고 한다. 신종환매채는 증권회사, 은행 등이 법인을 대상으로 일정기간이 경과한 뒤 되사는 조건으로 채권을 매각하여 단기자금을 조달하는 단기금융수단을 말한다. 거래조건은 금액이 5천만원 이상, 거래기간은 91일 이상, 대상 채권은 인수채권으로 한정되어 있었으나, 1991년 12월부터 거래조건을 완전 자유화하였다.

5. 양도성예금증서

양도성예금증서(certificates of deposit : CD)는 은행의 정기예금 중에서 해당증서의 양도를 가능하게 하는 무기명 상품으로 은행에서 발행되고 증권사와 종금사를 통해 유통된다. 한편, CD는 은행들이 기업에 대출해 줄 때 대출금의 일부를 정기예금으로 강제시키는 「꺾기」의 수단으로도 사용되고 있다. 최저발행금액은 5백만원(1천만원, 3개월짜리 상품이 주를 이룸), 만기는 30~270일이며, 연간수이률은 CP와 비슷한 수준이다. CD는 기업의 자금조달 수단이라기보다는 단기성 투자대상으로 많이 이용된다.

6. 은행차입금

은행차입금은 은행으로부터의 단기차입금으로 가장 일반화된 단기자본의 원천이다. 통상 차입자의 신용에 근거하여 대출한도액인 신용한도 내에서 대출해 준다. 은행차입금 외에 당좌차월도 단기자본의 원천으로 많이 이용된다. 당좌차월(bank overdrafts)은 은행과 미리 당좌차월계약(은행 입장에서는 당좌대월계약)을 체결하여 미리 일정한 한도액을 정하고, 한도액 내에서 예금잔액을 초과하여 수표를 발행해도 은행이 지불할 수 있도록 한 은행내부의 일종이다. 당좌차월은 은행에 대한 회사의 부채로서 지급이자가 발생한다.

7. 거래처 신용

거래처 신용은 정상적인 영업활동과정에서 거래처와의 원재료 및 부품 구매 등 외상거래에서 발생하는 단기부채로서 매입채무, 미지급금 등을 말한다. 통상 기업간 거래를 통하여 이루어지므로 거래신용(trade credit)이라고도 한다. 거래신용은 정상적인 영업활동과정에서 일어난다는 점에서 자생적 자금조달 원천으로 대금을 지불하지 않고 일정기간 동안 지불을 유예하므로 매도자로부터 융자받는 것과 같은 효과가 있다. 거래신용이 자생적 자금조달원천인데 비해 단기차입금은 비자생적 자금조달원천이다.

8. 매출채권에 의한 자본조달

매출채권(receivables)은 일반적 상거래에서 발생하는 외상대금의 미회수분으로 외상매출채권을 말하며, 회계상으로는 외상매출금이라 한다. 외상매출금이 많아지면 운전자본에의 압박을 받게 된다. 따라서 매출채권을 조기에 현금화하는 방법의 하나가 외상매출채권을 이용한 자본조달방법으로서 많이 이용되는 수단인 팩토링, 할부금융이다. 팩토링(factoring)은 팩토링회사가 기업의 매출채권을 할인 매입하여 단기성자금을 대출해 주는 제도이고, 할부금융은 할부금융회사가 매출제품을 담보로 소비자에게 직접 대출해 주는 제도이다.

참고

- 팩토링(factoring) : 전문금융기관인 팩토링회사 또는 팩터(factoring company, factor)가 제품 판매회사로부터 매출채권을 할인하여 매입함으로써 기업에 금융을 제공하는 방법이다. 팩토링은 매출채권 담보대출과는 달리 원칙적으로 차입자에 대한 청구권이 없이 매출채권을 매입하는 것이므로 팩터(팩토링회사)는 회수불능위험을 부담한다. 이에 따라 상품매매계약과 채권회수계약은 별개의 계약으로 분리된다. 현재 우리나라 금융기관은 팩터로서의 위험을 부담하지 않고, 단기 매출채권에 대한 선급금융의 형식으로 매출채권 담보대출만을 취급하고 있다. 팩토링은 상환청구권의 존재여부에 따라 상환청구가능팩토링과 상환청구불능팩토링으로 구분된다.
- 상환청구가능팩토링(factoring with recourse) : 외상으로 매입한 고객이 대금을 채권 매수자인 금융기관에 지급하지 않을 경우, 금융기관이 외상매출채권을 이전한 기업에 대해 매입고객을 대신하여 상환할 것을 청구할 수 있는 권리가 부여된 외상매출

채권이전계약이다. 외상매출채권이 부도가 나는 경우 외상매출채권을 이전한 기업은 대금을 대신 지급해야 하므로 대금회수에 따른 위험을 부담하게 된다.

- 상환청구불능팩토링(factoring without recourse) : 채권매수자인 금융기관에 상환청구권이 없는 팩토링으로, 금융기관은 상환청구권이 없으므로 대손의 위험, 회수의 노력, 회수까지의 이자비용을 모두 부담한다.
- 할부금융(hire purchase) : 할부금융회사(hire purchase company)가 고가의 내구재를 구입하고자 하는 소비자에게 필요한 자금을 대여해 주고 이를 분할하여 상환하도록 하는 금융을 말한다. 융자대상이 되는 할부구입상품의 소유권은 신용판매의 경우와 같이 처음부터 구매자에게 이전되는 것이 아니라 최종납입금과 수수료 등을 완납해야만 이전된다. 할부금융은 소비자에게 자금을 대여해 준다는 점에서 소비자금융의 성격을 지니지만, 제품판매기업으로서는 물품대금을 일시에 지급받는 것이므로 실질적인 수혜자로서 할부금융을 자금조달수단으로 많이 이용하고 있다.

  할부금융회사는 제1차 세계대전 이후 영국에서 자동차 월부판매 금융을 행한 데에서 비롯되었으며, 이후 각종 내구소비재, 산업설비와 기계 등으로 그 대상품목이 확대되었다. 우리나라도 할부금융회사 설립의 필요성 증대에 따라 1995년 4월에 할부금융회사 인가기준을 구체적으로 마련하였다.

9. 재고금융

재고금융(inventory finance)은 재고유지에 필요한 운전자금의 조달을 말한다. 기업은 생산·판매활동을 원만하게 영위하기 위해서 재고품(원·재료, 재공품, 완제품)이 일정수준으로 유지될 필요가 있으며, 이에 소요되는 운전자금의 조달이 원활히 이루어져야 한다. 재고금융은 통상 재고품을 담보로 한 단기대출금 형태로 조달되는데, 재고품의 판매로 인해 자금이 회수되며, 새로운 재고금융에 의해 감소한 재고품을 보충하게 된다. 그러나 재고수준이 과대하여 단기간에 재고품을 처분할 수 없게 된 경우에는 장기의 재고금융이 필요하게 된다.

화폐시장에 대한 설명 가운데 빠진 통화안정채권(통화채)시장과 콜시장에 대해 간단히 다음의 참고란에 기술한다.

참고

- 통화안정채권시장은 통화안정채권이 발행 · 유통되는 시장이다. 통화안정채권은 중앙은행이 시중 통화량을 조절할 목적으로 발행하는 유가증권으로서 매매조작을 통하여 통화공급을 조정하게 된다. 통화안정채권의 발행은 시중에 풀린 화폐의 환수를 말하고, 금융기관에 거의 강제적으로 인수시키는 방식을 취하고 있어서 증시에는 매수자금의 감소를 의미한다.
- 콜시장(call market)은 금융기관 상호간에 초단기자금의 대차거래가 이루어지는 시장을 말하며, 대출자 측에서는 콜론(call loan), 차입자 측에서는 콜머니(call money)라고 한다. 증권거래소나 상품거래소와 같이 거래가 특정한 장소에서 이루어지는 것이 아니므로 추상적인 시장을 말하며, 금융기관의 지급준비금 포지션을 조정하는 데 중요한 기능을 한다. 따라서 콜시장에서 성립되는 금리인 콜금리(call rate)는 재정자금의 동향이나 개인, 기업의 현금수요 등을 배경으로 한 금융시장의 수급사정에 의해 변동하는데, 중앙은행의 의향이 크게 반영되며, 최단기자금의 대차라는 점에서 금융시장의 수급을 가장 민감하게 반영한다.

제 2 절 운전자본관리

재무관리의 중심축은 투자결정과 자본조달결정의 두 가지 재무의사결정이다. 지금까지 자본조달결정과 투자결정에서 살펴본 바를 정리하면, 전통적으로 유동자산은 단기금융수단으로, 비유동자산은 장기금융수단으로 조달한다. 그리고 비유동(유형)자산관리는 자본예산편성(capital budgeting), 즉 투자결정의 영역으로, 장기자본조달관리는 자본구조(capital structure)의 영역으로 간주한다. 이러한 구분은 기업의 가치평가에 미치는 여타 결정요인들의 효과를 가볍게 보는 경향을 가져올 수 있다. 현실적으로 대부분 기업의 재무관리자들은 통상 연중 내내 그리고 일일업무의 대부분을 유동자산(운전자본)관리와 유동부채 조달에 반복적으로 집중하고 있는 형편이다. 이에서 운전자본관리가 얼마나 중요한가를 알 수 있다. 그런데 운전자본관리업무가 일상적 · 반복적으로 이루어지는 관계로 유동자산(운전자본)의 최적화문제를 근시안적으로 접근할 우려가 있으며, 유동자산은 기업의 전반적 가치평가와 분리된 별개의 개념으로 평가하기 쉽다는 문제가 제기된다.

이상에서 유동자산(운전자본)관리는 기업의 전반적·기본적 재무결정인 투자 및 자본조달 결정과 균형을 이루는 동시에 기업 전체 측면에서 부분적 균형을 이룰 수 있도록 최적화될 필요가 있다. 특히, 현금, 매출채권, 재고자산의 경우는 정교한 관리모형들이 이미 개발되어 기업의 효율적 재무의사결정에 하나의 법칙을 제공하고 있기 때문에 운전자본관리는 기업의 가치평가 측면에서 기본적 사항으로 인식하고 고려해야 한다.

1. 운전자본관리의 의의

운전자본(working capital)은 기업의 효율적 운영과 수익 획득을 위해 단기적(1년 이내)으로 소요되는 운전자금으로 유동자산의 크기를 말한다. 운전자본관리(working capital management)란 운전자본, 즉 재무상태표 차변의 유동자산(현금, 시장성유가증권, 매출채권, 재고자산)의 최적화를 위하여 효율적으로 운영·관리하는 것을 의미하며, 유동부채의 관리까지를 포함하는 개념이다. 운전자본은 총운전자본과 순운전자본의 두 가지 개념으로 구분된다. 총운전자본과 순운전자본의 관계를 재무상태표 양식으로 나타내 보면 [그림 12-1]과 같다.

총운전자본(gross working capital)은 단기간(1년 이내)에 현금화가 가능한 유동자산(현금, 시장성유가증권, 매출채권, 재고자산)에 투하되는 단기성자본을 의미한다. 순운진자본(net working capital)은 유동자산에서 유동부채를 차감한 차액 부분으로 나타난다. 순운전자본은 유동자산으로 유동부채를 변제하고도

그림 12-1

총운전자본과 순운전자본

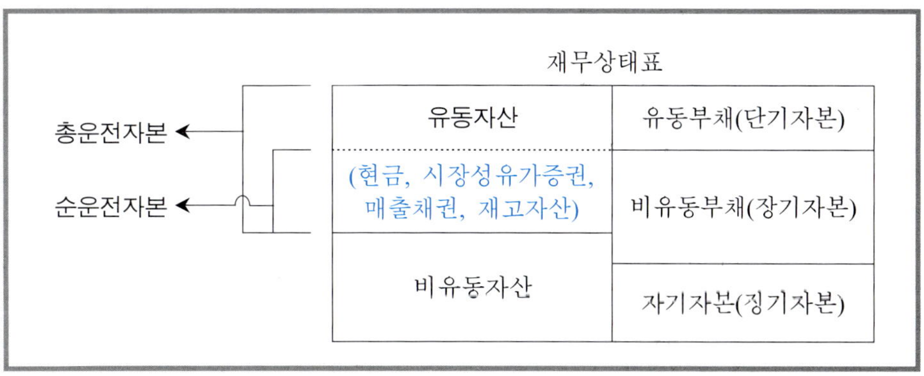

남는 부분이다. 즉, 유동자산 중 장기자본으로 조달된 부분으로서 기업의 유동성, 즉 지급능력(solvency)을 나타내는 개념이다.

이상에서 운전자본관리는 유동부채까지 포함하는 순운전자본관리를 주 대상으로 하며, 운전자본의 총체적 조달과 운용에 관한 관리라고 결론을 내릴 수 있다. 이는 재무상태표상에서 나타나는 순운전자본의 성격으로도 알 수 있다.

- 순운전자본＝유동자산－유동부채
- 순운전자본＝현금＋현금외 유동자산－유동부채
- 순운전자본＝비유동부채＋자기자본－비유동자산
- 현금＋현금외 유동자산－유동부채＝비유동부채＋자기자본－비유동자산
- 현금＝비유동부채＋자기자본－현금외 순운전자본－비유동자산

운전자본관리의 기본과제는 기업의 유동성 확보의 문제이다. 이는 최적 수준의 운전자본조달과 개별 유동자산에의 최적배분의 문제로 직결된다. 예컨대, 현금은 가장 유동성이 높은 자산이어서 유동성에 문제가 없지만, 현금 이외의 개별 유동자산(시장성유가증권, 매출채권, 재고자산)의 경우는 현금화 기간, 현금화가 실현되는 전환비율, 가격의 확실성 정도, 그리고 기업의 전반적 유동성에 영향을 주는 유동자산관리, 재고자산의 관리와 통제, 기업의 신용정책과 절차 등에 따라 유동성과 깊은 연관성이 있다. 따라서 운전자본관리는 개별 유동자산의 회전기간과 최적보유수준, 예상판매량, 계절적 변동 등 경영상황을 고려하여 적정한 크기의 운전자본을 조달하고 운용하는 데 그 의의가 있다.

결국 운전자본관리의 목표는 최적 유동성의 확보와 수익성의 조화로 귀결된다. 기업이 유동성 확보를 위해 유동자산을 과다하게 보유하면 유동성은 상승하지만 상대적으로 수익성을 하락시킬 우려가 있다. 반대로 수익성의 추구로 유동성이 악화되면 유동부채에 대한 지급능력 상실로 기술적 파산 위험에 빠질 가능성이 커진다. 이와 같이 유동성은 수익성과 교환관계(trade-off)에 있다.

한편, 현금의 유출 · 입은 일반적으로 금액과 발생시기가 일치하지 않으므로 운전자본의 조달과 운용에서 그 금액과 시기를 일치시킨다는 것은 불가능하다. 따라서 계절적 자금수요나 예기치 못한 자금수요에 대비해 충분한

유동성을 유지해야 한다.

운전자본관리의 구체적 목표는, ① 개별유동자산(현금, 시장성유가증권, 매출채권, 재고자산)별로 적정 보유수준을 결정하는 것, ② 유동자산에의 투자와 이에 필요한 소요자금 조달의 최적화 관리를 통해 적정수준의 유동성을 유지하는 것, ③ 유동자산 투자로부터 얻는 한계수익률이 자본비용보다 크도록 유동자산을 관리함으로써 기업가치극대화에 공헌하는 것을 들 수 있다.

2. 운전자본관리와 현금흐름순환과정

유동자산(current assets)은 현금과 1년 내에 현금으로 전환이 가능한 자산들이다. 유동자산은 재무상태표상에 유동성이 우월한 순서, 즉 현금, 시장성유가증권, 매출채권, 재고자산의 순서로 나타낸다. 유동성(liquidity)이란 적정한 가격, 적절한 시기에 맞춰 현금으로 전환되는 용이도를 말한다.

유동자산에의 투자는 영업순환과정과 일치한다. 영업순환과정(operating cycle)은 재고자산(원재료)의 구입・인수로부터 시작해서 제품을 생산하여 재고자산(완제품)의 판매로 대금이 현금으로 회수되어 완료될 때까지의 일련의 과정이다. 기업의 영업활동은 이러한 영업순환과정을 거쳐서 현금으로 전환된다. 즉 유동자산에의 투자과정은 영업순환과정 및 현금흐름순환과정(cash flow cycle)과 일치한다.

그림 12-2
현금흐름 순환기간선

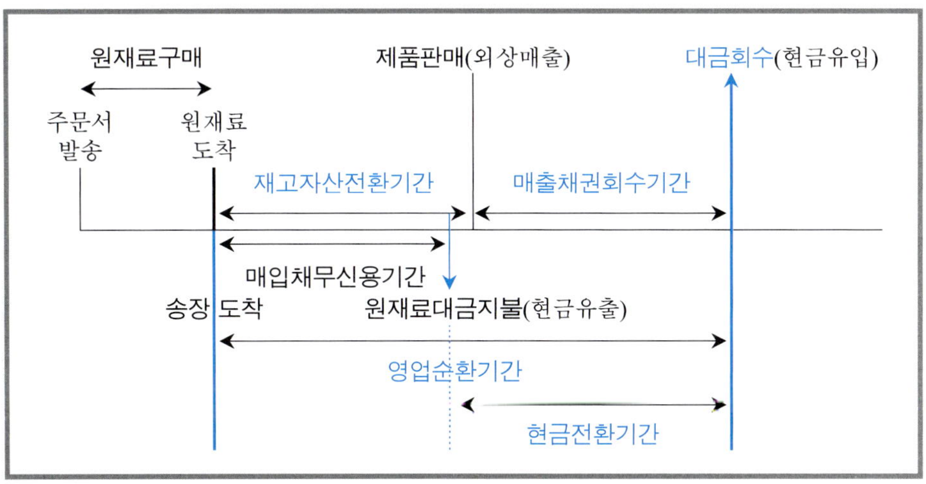

따라서 운전자본관리에서 중요한 사안은 현금흐름순환의 적절한 관리라 할 수 있다. 기업의 단기영업활동과 현금흐름은 [그림 12-2]와 같이 현금흐름순환기간선(cash flow time line)을 따라 이루어진다.

원재료 도착에서 시작하여 매출채권의 회수로 현금화되는 기간을 영업순환기간(operating cycle period)이라 하고, 영업순환기간은 재고자산전환기간(inventory conversion period)과 매출채권회수기간(receivables collection period)으로 이루어진다. 현금전환기간(cash conversion period)은 영업순환기간에서 매입채무의 신용기간을 차감한 기간이다. 매입채무신용기간은 원재료의 구매송장 도착에서 원재료대금 납부까지 걸리는 평균기간이다.

- 영업순환기간＝재고자산전환기간＋매출채권회수기간
- 현금전환기간＝영업순환기간－매입채무신용기간
- 현금전환기간＝재고자산전환기간＋매출채권회수기간－매입채무신용기간
- 재고자산전환기간＝평균재고액 / 1일평균매출액
- 매출채권회수기간＝평균매출채권 / 1일평균매출액

따라서 운전자본관리의 핵심은 현금흐름순환관리이고, 현금흐름순환관리의 요체는 유동성 확보이다. 유동성 확보는 매입채무신용기간의 연장, 또는 매출채권회수기간의 단축을 통한 영업순환기간의 단축으로 현금전환기간을 단축시킴으로써 가능해진다. 한편, 유동성의 차이는 현금유입액과 현금유출액의 발생시기 및 금액 면에서의 차이로 발생하는데, 이 역시 위와 같이 영업순환기간과 매출채권회수기간을 조정하거나, 시장성유가증권의 보유 확대, 또는 재고자산과 매출채권의 축소를 통해 줄일 수 있다.

운전자본관리를 통한 유동성 유지는 유동자산과 유동부채의 균형 유지를 통해 달성된다. 통상 유동자산에의 투자자금은 1년 내에 변제의무가 있는 유동부채(단기부채)로 조달하는 것이 상례이므로, 운전자본관리는 단기부채의 조달과 유동자산에의 운용이라는 단기재무의사결정이라고 할 수 있다.

3. 운전자본조달정책 : 단기자본조달정책

유동자산에 소요되는 운전자본은 단기자본이므로, 운전자본의 조달정책은 단기

자본의 조달정책 면에서 결정되어야 한다. 단기자본조달정책(short-term financing policy)은 유동자산에 대한 투자규모와 유동자산 투자에 소요되는 유동부채 조달규모의 두 가지 측면을 고려하여 결정된다.

(1) 유동자산 투자규모에 의한 운전자본조달정책

유동자산에의 투자규모는 통상 총영업수익(total operating revenue), 즉 매출액규모를 측정하여 결정되는 것이 일반적이다. 이에 따라 단기자본의 조달정책은 유연정책과 제한정책으로 구별되는데, 유연정책(flexible or accommodative policy)은 매출액이 높으면서 매출액 가운데 유동자산이 차지하는 비율이 높은 경우 적용되는 정책이다. 이에 반해 제한정책(restrictive policy)은 매출액 중 유동자산의 비율이 낮은 경우 적용되는 정책이다.

유동자산에의 투자규모 면에서, 유연정책은 높은 수준의 현금 및 시장성 유가증권을 확보하고, 재고자산에의 투자규모도 높게 유지하며, 동시에 자유로운 신용거래를 허용하여 결과적으로 높은 수준의 매출채권을 갖는 공격적 정책이다. 제한정책은 낮은 수준의 현금 보유, 시장성유가증권은 하나도 없는 상태로, 재고자산에의 투자는 적게 하고, 매출채권이나 신용판매는 허용하지 않는 보수적 정책이다.

따라서 유동자산의 보유수준은 유연정책에서 가장 높아지고, 제한정책에서 가장 낮아지게 된다. 유연정책은 많은 유동자산의 보유를 위해 현금흐름을 높게 유지하는 대신에 비용도 높아지는 적극적 정책이다. 이는 자유로운 신용거래정책으로 인해 미래현금흐름 및 매출액이 증가하며, 고객에게 자금조달의 편의를 제공하는 장점이 있다. 반면에 매출증가는 재고자산의 부족을 야기하므로 고객은 더 빠른 배송서비스의 제공을 요구하게 되고 더 나아가서 생산중단을 가져올 수도 있다. 이러한 자유로운 신용정책과 퀵배송서비스는 결국 기업에 가격상승이란 부담으로 작용하는 단점이 있다.

제한정책은 유동자산을 가급적 적게 보유함으로써 유동자산에 필요한 자금도 장기자본으로만 조달하는 안정지향적 정책으로 채무에 대한 부담이 없다는 장점이 있다. 반면에 수익성 추구 면에서는 제약이 따르는 단점이 있다.

한편, 유동자산에의 최적투자 규모는 제한정책에 의해 발생되는 비용과 유연정책에 의해 발생되는 비용이 상쇄되는 점에서 결정된다. 즉, 유동자산에 대한 투자규모가 증가함에 따라 비례해서 늘어나는 유지비용과 투자규모 증

그림 12-3

최적운전자본조달액 : 유지비용과 부족비용

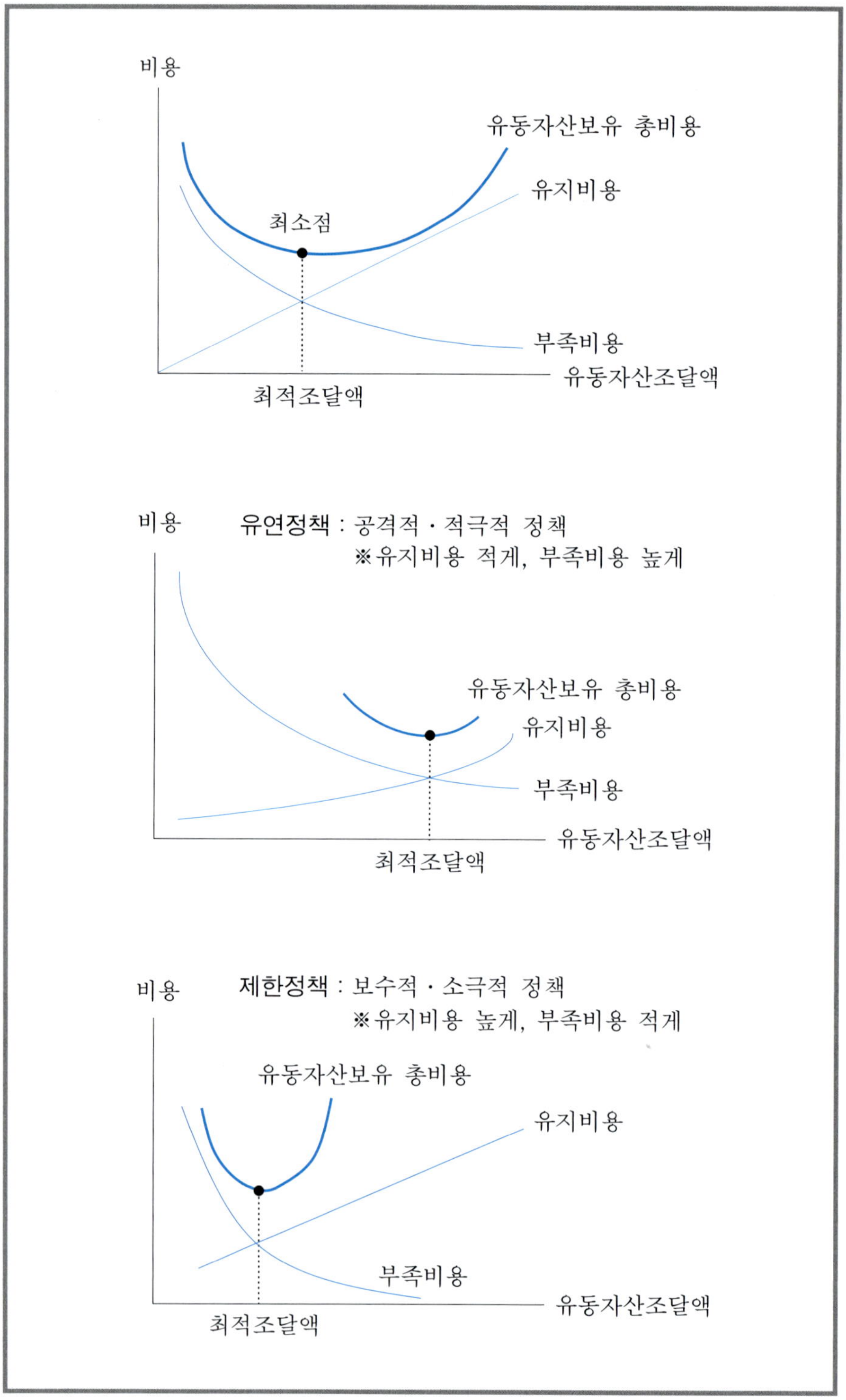

가에 비해 오히려 줄어드는 부족비용 사이의 교환관계(trade-off)에서 결정된다.

유지비용(carrying costs)은 유동자산의 수익률이 여타 자산의 수익률에 비해 낮기 때문에 발생하는 기회비용과 경제적 가치의 유지 · 보존을 위해서 드는 비용(예 : 창고비, 보관료, 보험료 등)을 말한다. 부족비용(shortage costs)은 거래비용 또는 주문비용(order cost)과 안전준비비용(cost related to safety reserves)으로 구분되는데, 안전준비비용은 낮은 유동자산 보유로 인한 기회비용의 상실, 현금부족으로 인한 시장성유가증권의 매각 및 차입, 현금고갈(cash out)로 인한 채무에 대한 지급불능(default), 재고부족이나 재고고갈(stock out)로 인한 고객신용의 상실 등으로 발생하는 비용이다.

[그림 12-3]은 유동자산 투자규모에 따른 운전자본조달액의 결정관계를 나타내는 그림이다. 그림에서 유지비용과 부족비용이 만나는 점에서 유동자산보유에 따른 총비용이 최소가 되는 최적운전자본조달액이 결정된다. 본질적으로 총비용선은 평평한 모양을 이루며, 유지비용과 부족비용의 교차점이 최적점이므로 최적자본조달액은 최적점이나 최적점 근방에서 결정된다.

[그림 12-3]에서는 유동자산에의 투자규모가 증가함에 따라 기회비용 및 자산유지비와 같은 유지비용은 증가하고, 주문비나 유동자산(현금, 재고자산 등) 부족으로 발생하는 부족비용은 오히려 감소하고 있음을 볼 수 있다.

결론적으로 유연정책은 유지비용은 낮고 부족비용은 높은 경우에 적용되는 정책으로 최적운전자본의 조달은 유동자산의 규모를 크게 확보하는 적극적 정책이고, 제한정책은 유지비용은 높고 부족비용은 낮은 경우에 적용되는 정책으로 최적운전자본의 조달은 유동자산의 규모를 가급적 적게 제한하는 소극적 정책이다.

(2) 유동부채 조달규모에 의한 운전자본조달정책

운전자본조달액은 유동자산에 대한 투자규모가 최적이라고 가정할 때, 유동부채의 조달규모에 의해 결정된다. 운전자본을 단기자본과 장기자본 가운데 어떤 자본으로 조달하느냐에 따라 이상모형, 총자산조달소요액모형의 두 가지로 구분된다. 이상모형은 단기자본만으로, 총자산조달소요액모형은 단기부채 및 장기자본으로 조달하는 모형이다. 총자산조달소요액모형에는 기업 실무에서 활용되는 운전자본조달정책인 방어적 정책과 만기대응정책이 있다. 다음에서 이에 대해 살펴본다.

1) 이상모형

이상모형(ideal model)은 이상경제(ideal economy)라는 조건하에서 단기자산은 단기부채로, 장기자산은 장기부채와 자기자본으로 조달될 수 있으며, 기간에 따라 순운전자본은 항상 영(零)이 된다는 이상적 모형이다. 예컨대, 대형 곡물가공회사의 경우 수확기인 현재시점에 대량의 재고자산(곡물)이 유입되었다가 다음 수확기인 1기말까지 모두 매각되어 재고자산이 0 수준으로 하락한다. 이런 과정을 반복하는 기업의 경우, 유동자산은 단기자본으로, 장기자본은 장기부채로 조달할 수 있다. 이런 경우 순운전자본은 항상 0의 수준을 유지할 수 있으므로 운전자본을 단기부채로 조달하면 된다.

2) 총자산조달소요액모형

기업은 구매 · 생산 · 판매 과정의 영업활동을 영위하는 데 있어 장기적 · 자연발생적으로 유형자산과 영구적 유동자산이 증가하게 된다. 영구적 유동자산(permanent current assets)은 계절적 · 순환적 변동과 무관한 유동자산 부분으로 현금, 매출채권, 재고자산의 최소보유분이 해당한다.

그리고 유동자산은 생산 및 판매 과정에서 계절적 · 순환적 변동으로 인해 일시적으로 증가 또는 감소하게 마련이다. 이런 유동자산을 일시적 유동자산(temporary current assets)이라고 한다. 이와 같은 계절적 · 순환적 변동요인에 의한 일시적 유동자산의 변동은 일시적으로 운전자본소요액의 변동을 발생시키는데, 이 일시적 소요운전자본을 일시적 자금소요액(temporary funds requirement)이라 한다. 영구적 자금소요액(permanent funds requirement)은 장기적 · 자연발생적으로 증가되는 유형자산(secular growth in fixed assets)과 영구적 유동자산의 합계액으로 장기자본(비유동부채와 자기자본)으로 조달하는 것이 원칙이다.

운전자본조달정책의 핵심은 일시적 자금소요액을 단기자본 또는 장기자본 중 어떤 자본으로 얼마나 조달할 것인가를 결정하는 문제가 된다.

[그림 12-4]에서 보는 바와 같이, 기업의 영업활동에 필요한 총자산조달소요액(total asset requirement)은 비유동자산과 유동자산의 합계액으로 나타나며, 영구적 자금소요액과 일시적 자금소요액의 합계액과 같아진다. 총자산(총자본)조달소요액은 기간별 균형과 자연발생적 성장 추세, 그리고 계절적 변동, 예상치 못한 순환적 변동까지 반영된 금액이다.

그림 12-4

운전자본조달정책 : 총자산조달소요액 모형

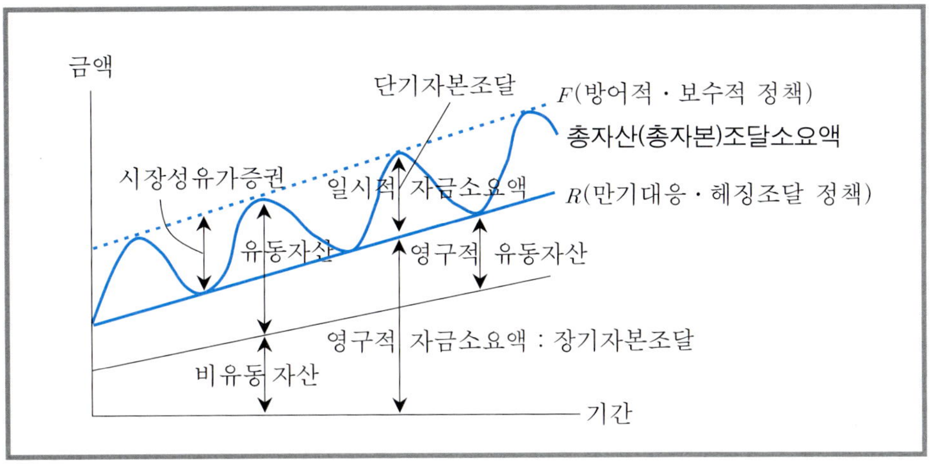

[그림 12-4]의 총자산조달소요액선상의 최고점으로 연결된 상한선 F는 일시적 자금소요액이 최대화되는 시기들이고, 최저점으로 연결된 하한선 R은 일시적 자금소요액이 최소화되는 시기들이다.

F선상의 조달정책은 총자산조달소요액에 필요한 모든 자금을 장기자본으로 조달하는 정책으로서, 계절적 · 순환적 변동에 대처할 일시적 자금소요액까지 전부를 장기자본(비유동부채+자기자본)으로 조달하여 대비하는 정책이다. 이러한 정책을 방어적 정책(protective policy) 또는 보수적 정책이라 한다. 방어적 정책을 사용하는 기업의 경우, 만약 총자산조달소요액이 R선으로 떨어지면 이미 충분히 확보된 장기자본 가운데 일부 자금은 고정적 현금준비금으로 보유하고, 남는 부분은 시장성유가증권에 대규모로 투자하는 전략을 구사할 수 있다. 즉, 총자산조달소요액이 최고점에서 하락할 때에 이용가능한 초과현금보유분을 시장성유가증권에 투자함으로써 만성적 현금잉여분을 줄일 수 있다. 다시 말하면 방어적 정책을 사용하는 기업은 순운전자본 투자를 늘리는 유연정책을 사용함으로써 운전자본조달정책의 경직성과 보수성을 완화할 수 있다.

R선상의 조달정책은 총자산조달소요액을 장기자본으로 조달하지 못할 때, 그 부족분만큼을 단기부채로 차입하는 정책이다. 즉, 비유동자산과 영구적 유동자산은 장기부채(비유동부채)와 자기자본으로 조달하고, 일시적 유동자산으로 인한 일시적 자금소요액은 단기부채(유동부채)로 조달하는 방법이다. 이러한 정책을 만기대응정책(maturity matching policy) 또는 헤징조달정책

(hedging financing policy)이라고 한다.

만기대응정책은 일시적 자금소요액 중 순현금흐름의 부족분을 단기부채로 조달하는 방법으로, 이상모형에서와 같이 자금의 이용기간과 조달자금의 만기를 대응시켜 순운전자본을 영(zero) 수준으로 유지하는 정책이다. 즉, 유동자산의 일시적 자금소요액을 계절적 · 순환적 변동에 대응시켜 단기부채로 조달 또는 변제함으로써 순운전자본을 영(0) 수준으로 관리하는 정책으로 운전자본의 운용과 조달의 동시화를 추구하는 정책이다.

만기대응정책을 채택하는 기업의 경우는 제한정책을 사용하여 운전자본 조달정책의 과도한 유연성과 방만성을 제한할 필요가 있다. 그러나 이 정책은 현실적으로 일시적 자금소요액의 정확한 예측과 조달이 어렵다는 단점이 있다. 그럼에도 만기대응정책은 운전자본조달정책으로 가장 많이 이용되는 기본정책으로서 다른 정책과의 비교 기준이 된다.

결국, 가장 이상적인 단기부채 규모와 조달방법을 제시해 주는 최적의 운전자본조달정책은 아직 존재하지 않는다. 다만, 운전자본조달 분석시 일반적으로 유의해야 할 사항으로 다음의 세 가지를 들 수 있다.

① 현금준비금 : 현금준비금은 적어도 단기채무에 대한 지급의무의 우려가 없는 정도는 확보해야 한다. 운전자본조달에서 가장 공격적인 유연정책의 경우에도 현금잉여준비금을 확보하고 단기차입금을 적게 유지함으로써 재무곤경에 처할 위험확률을 감소시키고 있다. 그러나 현금준비금을 과도하게 보유하는 경우 시장성유가증권에의 투자는 할 수 없는 단점이 있다.

② 만기헤징 : 대부분 기업은 재고자산은 단기은행차입금으로, 유형자산은 장기자본으로 조달하며, 단기차입금으로 장기자산에의 투자를 피하는 경향이 있다. 그래서 단기자금 수요에 대응하여 만기를 일치시키는 만기대응헤징전략을 사용한다. 그러나 이 전략도 현실적으로 만기를 일치시키는 것이 쉽지 않고, 잦은 자본조달로 비용이 증가하며, 단기이자율은 장기이자율보다 변동이 심하기 때문에 근본적으로 위험이 크다는 단점이 있다.

③ 기간구조 : 통상 단기이자율은 장기이자율보다 만기가 짧기 때문에 이자율이 낮다. 이자율이 낮다고 해서 소요운전자본을 단기부채로 과

도하게 조달하면 재무곤경 위험이 커진다. 또한 운전자본의 안정성 유지를 위해 장기차입금에의 의존도를 높이면 이자비용이 커지는 단점이 있다.

이상에서 최적운전자본조달정책의 선택은 기업의 경영여건·미래전망·대금융기관 관계·담보능력, 정부의 재정 및 금융정책, 금융시장의 활용 용이성, 장기부채와 단기부채의 장·단점 등을 고려하여 결정해야 할 것이다. 일반적으로 고성장기회 및 고위험투자기회를 가지며 신용도가 낮은 중소기업의 경우는 유동자산을 많이 보유하는 경향이 있으며, 저성장기회 및 저위험투자기회를 가지며 신용도가 높은 대기업의 경우는 유동자산을 적게 보유하는 경향이 있다고 한다.[1)]

제3절 현금관리 및 시장성유가증권관리

1. 현금관리의 중요성과 목적

현금은 즉시적인 지불수단으로 시재현금과 요구불예금을 말하며, 재무관리자들은 통상 시장성유가증권까지 포함하는 개념으로 사용한다. 현금의 특성은 유동사산 중에서 가장 유동성이 큰 자산으로 영업순환과정에서 원재료 대금 지불수단이며, 매입채무 및 부채의 변제를 위한 최종 지불수단이다. 기업이 현금부족 상태에 빠지는 경우, 원재료 조달에 지장을 초래하여 원활한 영업활동을 영위할 수 없게 되고, 유동성 저하는 단기채무에 대한 지급능력 저하나 지급불능상태를 초래함으로써 흑자도산에 이르게 할 수도 있다. 따라서 기업은 운전자본으로 지불에 대응할 수 있도록 충분한 현금의 보유가 중요하다.

현금관리의 목표는 현금보유 수준을 최적으로 유지함으로써 유동성 확보

1) Opler, T., L. Pinkowitz, R. Stultz, and R. Williamson, "The Determinants and Implication of Corporate Cash Holdings," *Journal of Financial Economics*, 62(1999).

와 수익성 증대를 기하는 데 있다. 이러한 목표 달성을 위해서 기업의 현금관리는 최적 현금보유량의 결정, 현금 조달시기와 금액에 대한 계획 수립, 현금유출입의 통제를 주 내용으로 한다. 현금관리의 목표는 기업활동이 효율적으로 유지되는 한, 가능하면 현금보유를 적게 유지하는 것이다. 그러나 초과보유현금이 있는 경우에는 시장성유가증권에의 투자를 통해 수익성을 증대시키는 동시에 유동성 조절로 운전자본조달액의 수급에 대응하는 것도 현금관리의 중요한 역할이다.

기업의 현금보유 동기는 일반적으로 거래동기, 예비동기, 투기동기의 세 가지를 들 수 있다.

거래동기(transaction motive)는 영업활동에서 발생하는 거래가 원활히 이루어지도록 현금을 충분히 보유하려는 동기를 말한다. 원재료비, 인건비, 외상매입금 대금, 이자 등의 지급을 위해서 현금보유를 하는 경우가 이에 해당한다. 또한 현금의 유입과 유출 사이의 시차조정을 위한 완충역할을 위해서도 현금보유는 필수적이다.

예비동기(precautionary motive)는 예상치 못한 현금이 일정수준 이상으로 필요하게 되는 비상상태나 돌발적 상황에 대처하기 위하여 현금을 보유하려는 동기이다. 예비동기에 대처하기 위해서는 현금흐름의 정확한 예측이 필요하다.

투기동기(speculative motive)는 장래에 보다 큰 이익을 얻기 위하여 현금을 보유하려는 동기이다. 투기목적보다는 통상 시장성유가증권 투자를 통한 수익성증대를 위해 필요한 현금을 뜻한다.

이상의 세 가지 외에 거래은행의 평균적 예금잔액(평잔) 유지를 위해서도 현금보유가 필요하다.

2. 현금수준결정모형

현금관리의 목표 중 중요한 과제의 하나는 기업의 현금보유수준을 최적으로 유지하는 것이다. 현금의 최적수준 결정관계를 설명하는 이론으로는 보몰(Baumal)과 밀러-오어(Miller-Orr), 그리고 베라넥(Beranek)의 모형이 있다. 앞의 두 모형은 현금과 시장성유가증권의 거래비용 및 기회비용의 교환관계를 통해 현금의 최적수준이 결정되는 관계를 설명하는 데 비해, 베라넥의 모형은 현금보유수준과 시장성유가증권 투자 사이의 최적배분관계를 설명하고 있다.

(1) 보몰의 EOQ모형

보몰(Baumal)은 경제적 주문량(economic ordering quantity : EOQ)을 이용하여 현금관리모형을 처음 제시하였는데, 이를 보몰의 EOQ모형이라 한다.[2] 보몰의 모형은 미래현금흐름을 확실히 알 수 있고 현금소요액을 확률적으로 예측가능하다는 가정하에서 현금관리비용을 최소화하는 최적현금조달액을 결정하는 모형이다. 현금관리의 총비용은 유지비용과 거래비용으로 구성된다.

거래비용(transaction cost)은 현금조달을 위해 은행으로부터 차입을 하거나 시장성유가증권의 매각시 발생하는 고정비 성격의 총거래비용이다.

유지비용(carrying cost)은 현금보유로 인해 다른 투자기회의 포기로 발생하는 기회비용으로, 예컨대 다른 유가증권 투자시 얻는 이자비용 등이다. 기업이 일정기간 동안 현금조달에 드는 총비용은 다음과 같다.

$$\text{총비용}(TC) = \text{유지비용} + \text{거래비용} = K \cdot \frac{C}{2} + F \cdot \frac{T}{C} \qquad (12\text{-}1)$$

단, K : 기회비용(차입이자율 또는 시장유가증권수익률)
C : 현금보유수준
F : 고정거래비용(현금조달시)
T : 일정기간 소요현금총액
$C/2$: 현금보유의 평균수준
T/C : 거래횟수

식 (12-1)에서 총비용(TC)을 최소로 하는 C가 1회 최적현금조달액이 된다. 총비용을 최소로 하는 C를 구하기 위해 C에 대해 미분하여 도함수를 0으로 하는 C를 구하면, 1회 최적현금조달액 C^*는 식 (12-2)와 같다.[3]

$$C^* = \sqrt{\frac{2TF}{K}} \qquad (12\text{-}2)$$

---

2) Baumal, William J., "The Transactions Demand for Cash: An Inventory Theoretic Approach," *Quaterly Journal of Economics*, 65(November 1952), pp.545～556.

3) $\frac{dTC}{dC} = \frac{K}{2} - \frac{TF}{C^2} = 0 \rightarrow \frac{K}{2} = \frac{TF}{C^2}$. C에 대해서 풀면, $C^* = \sqrt{\frac{2TF}{K}}$

그림 12-5

현금수준결정모형

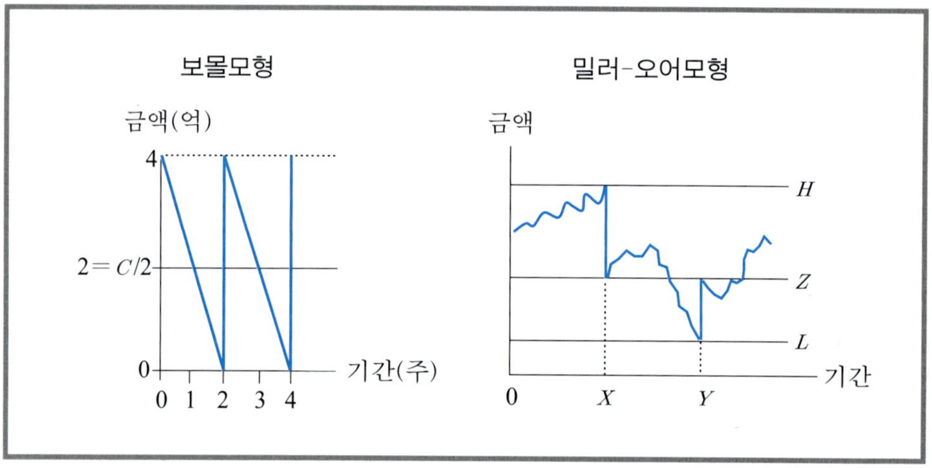

[그림 12-5]의 보몰모형에서 최적현금조달액의 결정을 설명한다. 예를 들어, 어떤 기업이 4주 동안 필요한 총소요현금액은 8억원이고, 현재 보유현금은 4억원이라고 하자. 현재의 현금보유액 4억원은 2주 및 4주 말에 0수준으로 유출되고, 2주, 4주 말에 다시 4억원의 현금을 조달한다. 따라서 평균현금보유수준은 4/2=2억원이 되고, 4주 동안 8억원의 총소요현금의 조달횟수는 2회이다. 이자율이 10%, 1회 거래비용이 2,000만원이라 가정할 때, 총비용과 1회 최적현금조달액은 다음과 같다.

$$\text{총비용}(TC) = \text{유지비용} + \text{거래비용}$$

$$= K \cdot \frac{C}{2} + F \cdot \frac{T}{C} = 10\% \cdot 2\text{억원} + 0.2\text{억원} \cdot 2\text{회} = 0.6\text{억원}$$

$$\text{1회 최적현금조달액} : C^* = \sqrt{\frac{2TF}{K}}$$

$$= \sqrt{\frac{2 \times 8\text{억원} \times 0.2\text{억원}}{0.1}} = 5.66\text{억원}$$

이 모형의 한계점은, ① 현금의 유출입액이 일정하고 정확한 예측이 가능해야 하며, ② 특정기간중에는 현금유입이 없고, 기말에만 현금유입 조달이 있으며, ③ 안전재고는 없다고 가정하는 점이다. 따라서 현실적으로 기업에 적용하는 데에는 한계가 있다.

(2) 밀러-오어모형

밀러-오어모형(Miller-Orr model)은 보몰모형의 가정을 완화하여 미래 현금유출입액을 확실하게 예측할 수 없는 경우를 가정한 모형이다.4) 이 모형은 현금보유 상한선과 하한선, 최적목표수준을 설정해 놓고 목표수준을 항상 유지하도록 하는 모형이다.

[그림 12-5]에서 보는 바와 같이, X점에서 현금보유수준이 상한선 H보다 높아질 것 같으면 시장성유가증권을 $H-Z$만큼 매입하여 현금보유수준을 Z선으로 낮추고, 하한선 L보다 낮은 수준으로 하락할 우려가 있으면 $Z-L$만큼의 시장성유가증권을 매각하여 최적목표수준 Z를 항상 유지하는 방법이다.

이 모형에서 현금수준 결정에 영향을 미치는 요인으로는 1일 순현금흐름의 분산(σ^2), 유가증권 구입·매각에 따른 고정거래비용(F), 시장성유가증권의 1일 이자율(K) 등이 있다. 거래비용은 고정되었다고 가정하고, 보몰모형과는 달리 기간중 거래횟수와 현금흐름은 확률변수로 간주한다. 이 모형에 의한 최적현금보유수준은 다음과 같다.

$$
\begin{aligned}
Z^* &= \sqrt[3]{3F\sigma^2 / 4K} + L \\
H^* &= 3Z^* - 2L \\
\text{평균현금보유수준} &= \frac{4Z-L}{3} \qquad (12\text{-}3)
\end{aligned}
$$

밀러-오어모형을 현실적으로 적용하기 위해서는, ① 최소 안전재고인 현금수준의 하한선을 설정하고, ② 1일 순현금흐름의 표준편차를 예측하며, ③ 이자율을 결정하고, ④ 시장성유가증권의 매입·매각에 따른 거래비용을 측정해야 한다. 통상 최적현금보유수준과 평균현금보유수준은 현금흐름의 변동성과 정(+)의 관계가 있음을 보여준다. 이러한 조건들이 현실적으로 적용하는데 한계점으로 작용한다.

---

4) Miller, Merton H., and Daniel Orr, "The Demand for Money by Firms: Extension of analytic Results," *Journal of Finance*, 23(December 1968), pp.735~759.

예제 12-1 밀러-오어모형에 의한 최적현금수준의 결정

고정거래비용(F)이 1,000만원, 이자율은 연리 10%, 1일 순현금흐름의 표준편차가 2,000만원일 때, 1일 기회비용, 1일 순현금흐름의 분산, 현금흐름의 상한선(H), 최적현금수준, 평균현금수준은 얼마인가?

풀이

1일 기회비용 K는 다음과 같다.

$$(1+K)^{365}-1.0=0.10$$

$$1+K=\sqrt[365]{1.10}=1.000261$$

$$K=0.000261$$

1일 순현금흐름의 분산

$$\sigma^2=(2{,}000)^2=4{,}000{,}000$$

$L=0$이라고 가정하면,

$$Z^*=\sqrt[3]{(3\times 1{,}000\times 4{,}000{,}000)/(4\times 0.000261)}+0$$

$$=\sqrt[3]{11{,}493{,}900{,}000{,}000}=22{,}568$$

$$H^*=3\times 22{,}568=67{,}704$$

$$\text{평균현금흐름}=\frac{4\times 22{,}568}{3}=30{,}091$$

(3) 베라넥의 모형

베라넥 모형은 베라넥(Beranek)이 그의 저서 「재무의사결정」에서 제시한 모형이다. 이 모형은 보몰의 접근과는 다르게 정기적으로 발생하는 특정항목의 현금유출액과 기대현금흐름의 확률분포를 정확히 예측할 수 있다는 가정하에 현금조달수준과 시장성유가증권 투자 사이의 최적배분관계를 설명하는 이론모형이다.[5)]

베라넥 모형은 재무관리자가 현금유출액에 대한 직접 통제와 정확한 예측이 가능한 현금의 관리문제를 분석하는 데 유용한 모형이다. 현금유출 중에는 임금, 급료, 세금, 배당 등과 같이 정기적 · 순환적 · 연속적으로 주로 기간말에 집중해서 발생하는 지불항목들이 있는데, 이런 현금유출액은 주로 일정액으로서 금액과 시기에 대한 정확한 예측이 가능하다. 이런 현금유출의 경우는 자금소요가 집중되는 각 기말에만 소요현금을 조달하면 되므로, 현재

---

5) Beranek, William, *Analysis for Financial Decisions*, Homewood, Illinois : Irwins, 1963, pp.345~387.

그림 12-6

현금수준결정모형 : 베라넥의 모형

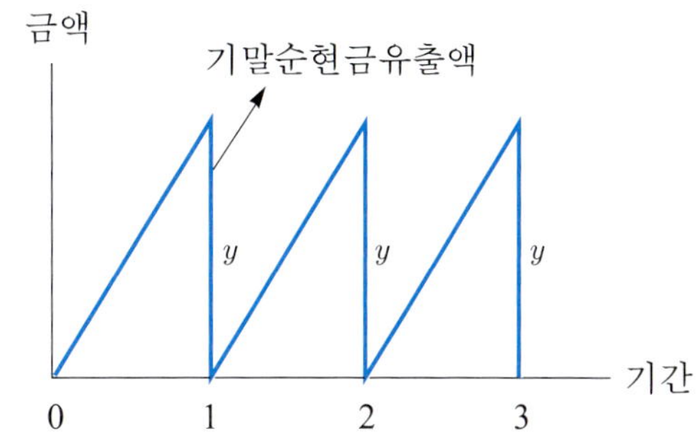

보유한 여유현금은 일정기간 동안 시장성유가증권 투자에 이용할 수 있다. 이와 같이 현금유출의 예측이 가능한 확실성하에서의 현금수준은 [그림 12-6]과 같이 보몰모형의 톱니모양과는 반대의 모양이 된다.

이 모형은 기초에 이용가능한 현금총액(k)과 기말에 필요한 순현금유출액(y), 그리고 순현금유출액의 확률분포[$g(y)$]를 예측할 수 있다는 가정하에서 전개된다. 여기서, 순현금유출액은 기말에 발생할 현금유출액에서 시장성유가증권 매각으로 인한 현금유입액을 차감한 금액으로 양(+) 또는 음(−)으로 나타난다.

한편, 베라넥은 보유현금을 유가증권에 투자함으로써 유가증권 포트폴리오로부터 이익을 얻을 수 있지만, 반면에 유가증권 투자는 거래비용과 부족비용을 발생시킨다고 주장한다. 여기서, 부족비용(shortage cost)은 기말에 지불을 위해 필요한 소요현금이 부족함으로써 지급불능 상태가 되어 발생하는 신용등급 하락과 기초에 현금할인의 신용판매 손실로 발생하는 기회비용이다. 만일 기업이 기말에 필요한 소요현금유출액을 정상적으로 조달하지 못한다면, 순현금유출액은 음이 되어, 즉 현금부족으로 인해 신용선(credit line)에 막대한 지장을 초래하므로 현실적으로 단기차입을 선택해야 할 것이다.

이 모형은 순현금흐름의 확률분포, 부족비용, 현금수준 유지를 위한 기회비용을 알 수 있다는 확실성 가정하에서 비용함수의 개발과 최적현금수준의 발견을 위해서 차별화된 방법을 사용하고 있다. 소요현금의 수준은 부족현금의 누적확률과 같도록 설정된 d/a비율과 기업이 현금보유의 목표수준으로 미리 설정해 놓은 임계수준을 비교해서 결정할 수 있다는 것이다. 여기서,

d는 투자포트폴리오 단위당 순이익의 증분이고, a는 현금부족액 단위당 부족비용의 증분이다. d와 a는 반비례의 관계로 d가 증가하면 a는 하락하고, 반대로 a가 증가하면 d는 하락한다. 따라서 재무관리자는 기말현금수준이 기업이 목표로 설정한 최소임계수준 이하로 하락할 기대치와 d/a비율을 비교하여 양자가 같아질 때까지 현금과 유가증권에 대한 배분을 계속 변동시킴으로써 현금수준을 결정해야 한다는 것을 의미한다. 이 모형의 한계점은 가정에서 찾을 수 있는데, 순현금흐름의 확률분포와 부족비용의 정확한 예측은 현실적으로 쉽지 않다.

이상에서 현금관리모형은 현금과 시장성유가증권을 어떻게 적절히 분산하여 보유할 것인가를 결정하는 모형으로, 현금수준은 시장성유가증권의 수준과 연계하여 거래비용과 기회비용 사이의 교환관계에 의해 결정된다고 정리할 수 있다. 최적현금보유수준의 결정요인은 거래비용과 기회비용의 직접요인만으로 결정되는 것은 아니다. 현실적으로 기업이 현금관리에서 고려하는 요인들은 매우 많은데, 현금관리정책, 유동성 상태, 경영자의 현금보유 욕구와 유동성 위험선호 정도, 차입능력과 욕구, 차입이자율, 부채상환계획, 장·단기 현금흐름의 예측, 현금흐름의 변동가능성, 거래은행계좌의 평균잔액 유지, 유가증권 포트폴리오의 수익성 등을 들 수 있다.

이 가운데 차입이자율은 통상 시장성유가증권의 수익률보다 높기 때문에 높은 비용이 발생하므로 차입 욕구는 경영진의 현금보유 욕구수준에 따라 달라진다. 일반적으로 기업은 현금흐름의 변동성이 클수록, 시장성유가증권에의 투자가 낮을수록 예상치 못한 현금유출에 대비하기 위해 차입욕구가 커진다. 한편, 은행평잔 유지를 위해서 현금보유를 하는 경향이 있는데, 대기업의 경우 많은 은행에 계좌를 갖고 있기 때문에 1일 기준으로 계좌별 평잔관리보다는 은행별 평잔관리를 하는 경향이 있다.

결론적으로 현금관리모형은 경영자의 현명한 의사결정에 대한 가이드로서 이용되어야겠지만, 성공여부는 경영자 자신의 훌륭한 판단에 의해서 완화되고 조정될 수 있는 것이다.

3. 현금관리정책 : 현금회수 · 지출관리

현금관리정책의 핵심은 현금회수는 가급적 신속히 하고 현금지출은 낭비가 없도록 통제하는 데 있다.

(1) 현금유입관리

현금유입관리는 고객이 지급한 현금이 회사에 유입되는 과정에서 누출이 없도록 방지하고, 현금회수를 신속히 하는 데 있다. 현금누출을 방지하는 일반적 방법으로는 내부견제제도가 이용된다. 내부견제제도(internal checking system)는 현금입금절차를 몇 단계로 구분하여 다른 부서의 직원들이 서로 점검하면서 견제하는 제도이다.

한편, 현금회수를 신속히 하기 위해서 많이 이용되는 방법으로는 사서함제도(lockbox system)와 집중은행제도(concentration bank)가 있다. 이들 방법은 최근에는 인터넷뱅킹시스템의 발달과 온라인입금제도의 활성화로 점차 활용도가 떨어지고 있으나 현금회수기법으로서 그 유용성은 높은 것으로 인정받고 있다.

(2) 현금유출관리

현금유출관리는 현금이 거래처에 도착하는 과정에서 발생하는 누출을 방지하고, 현금지출시기는 가급적 연기하여 현금지출을 지연시키는 것이다.

현금누출 방지를 위한 방법으로는 내부견제제도, 어음이나 수표, 신용카드의 사용 등의 방법이 많이 사용된다. 현금지출의 연기를 위한 방법으로는 드래프트제도, 현금할인제도, 신용카드사용 등이 활용된다. 드래프트(draft)란 물품대금의 지급약속수단으로 발행되는 일종의 환어음 및 무역어음을 말한다. 드래프트제도는 수령자의 드래프트 제시에 대해 거래은행은 발행자의 지급의사를 확인한 후 현금을 지급하는 제도로 수표발행이나 현금지급보다 현금지출 시점을 지연시키는 효과가 있다. 현금할인(cash discount)제도는 판매회사에서 물품구매에 있어 할인을 받지 않는 대신 현금지급일의 지연을 채택하는 방법이다.

4. 시장성유가증권관리

시장성유가증권이란 현금에 가장 가까운 비현금자산으로서 현금 필요시에는 매각하여 쉽게 현금화할 수 있는 자산이다. 기업은 영업활동과정에서 계절적 · 순환적 요인에 의해 생긴 단기적 유휴자금이 목표현금수준보다 많을 때, 단기수익 획득 목적으로 시장성유가증권에 투자를 하거나 장기적으로 자금축적 목적으로 시장성유가증권을 보유한다. 시장성유가증권에는 만기 1년 미만의 국공채, 회사채, 기업어음(CP), 양도성예금증서(CD), 수익증권 등이 있다.

시장성유가증권관리는 투자수익 목적으로 일시적인 유휴현금을 시장성유가증권에 투자하는 것으로, 화폐시장의 금융상품을 구입 · 매각하는 것이다. 일시적 · 단기적 여유현금을 시장성유가증권에 투자하는 이유는 유동성 조절과 수익성 증대의 두 가지 이유이다. 시장성유가증권은 현금화가 용이한 자산이므로 현금 필요시 현금화하여 유동성을 조절할 수 있고, 동시에 수익실현이 가능하기 때문이다.

시장성유가증권에의 투자시에는 만기, 지급불능위험, 시장성, 세금 등의 요인을 고려하여 투자를 결정해야 한다. 만기(maturity)는 원금 회수에 걸리는 기간으로, 기업은 현금소요시기에 대응하여 투자해야만 유동성에 문제가 발생하지 않는다. 또한 만기가 길수록 이자율의 변동위험이 높은 데 비해 유휴자금의 운용가능기간은 통상 단기이므로 가급적 만기가 단기인 유가증권을 선택해야 한다.

한편, 지급불능위험(default risk)이 높은 증권일수록 높은 수익률을 제시하지만, 일시적인 여유자금일수록 지급불능위험이 낮은 증권에 투자해야 한다. 시장성(marketability)이란 원금의 손실 없이 필요시 현금화할 수 있는 가능성을 뜻한다. 유가증권은 시장성이 높아야만 현금이 필요할 때 언제든지 현금화가 가능하므로 증권의 발행량, 분포, 거래빈도 등을 고려하여 시장성이 높은 증권에 투자해야 한다. 그리고 세금이 가급적 적은 증권을 구입해야 한다. 국공채는 통상 이자가 낮으나 면세채도 있으므로, 이에 대한 고려도 필요하다.

제 4 절 매출채권관리 : 신용관리

1. 매출채권관리의 의의와 중요성

매출채권관리는 신용판매로 인해 발생하는 매출채권의 관리를 의미하며 신용관리라고도 한다. 매출채권(receivables)은 재화와 용역을 신용판매함으로써 발생되는 채권으로서, 대표적인 매출채권으로는 외상매출금과 받을어음이 있다.

매출채권관리가 중요한 이유는, 매출액 증대를 위한 판매촉진수단으로 많이 이용하는 신용판매는 매출액의 증가를 가져오지만 동시에 매출채권 증가로 인해 대손(bad debt)의 위험이 커지는 단점이 있기 때문이다. 또한 매출채권에 투자된 투자자금은 회수기간 동안 기회비용이 발생되는 동시에 기업의 유동성을 약화시킨다. 따라서 매출채권관리의 목표는 신용판매에 의한 매출액 증가에 따라 발생하는 수익성과 대손위험, 그리고 기업의 유동성을 균형되게 하는 데 있다.

2. 신용정책과 회수정책

기업의 매출채권 수준에 영향을 미치는 요인으로는 경제조건과 신용정책을 들 수 있다. 경제조건은 재무관리자가 통제할 수 없는 조건으로 기업의 신용정책에 광범위하게 간접적으로 영향을 미치는 요인이다. 이에 비해 신용정책은 매출채권의 수준을 결정하는 직접적인 요인으로 기업의 수익성과 대손위험 사이의 상충관계를 고려하여 결정되는 것으로 회수정책을 포함하는 개념이다. 신용정책은 자사의 회수정책과 깊은 관련이 있는 동시에 다른 기업의 신용정책 및 회수정책과도 깊은 관련을 갖는데, 만약 생산시장과 자본시장이 합리적이고 경쟁적이라면, 한 기업의 회수정책과 신용정책은 타기업에 영향을 미칠 것이다.

한편, 신용정책과 회수정책은 내부적으로는 제품 및 용역의 가격결정과 깊은 관계를 가지므로 기업의 전반적 경쟁과정의 일부분으로서 평가해야 하며, 동시에 고객의 대손위험 정도와 자사의 신용기준과 비교하여 결정해야 한다. 신용정책은 매출채권 증가에 따른 수익성과 비용 간의 교환관계를 비교하여 결정되는데, 신용정책 결정변수로는 신용기준, 신용기간 · 현금할인 등의 신용조건, 그리고 회수정책 등을 들 수 있다.

(1) 신용기준

신용기준(credit standards)은 신용거래를 하는 주고객의 신용도, 즉 신용의 질(credit quality)을 평가하기 위해서 제시되는 목표신용기준을 말한다. 신용기준은 통상 신용분석을 통해 마련되는데, 신용분석(credit analysis)은 대금 지불의사가 강한 고객과 지불의사가 희박한 고객을 분류하기 위한 분석으로 신용정보와 신용평정을 바탕으로 이루어진다.

신용정보(credit information)로는 통상 고객의 재무제표, 신용평가기관의 신용등급과 보고서, 금융기관의 거래실적과 평가 정보, 자사가 보유한 고객의 과거 대금납부실적이 주로 이용된다. 한편, 신용평정(credit scoring)을 위해서 전통적 · 주관적으로 주로 많이 이용되는 요인으로 5C가 있다. 즉, 성격(character), 능력(capacity), 자본(capital), 담보력(collateral) 그리고 경제환경(condition)의 5C가 사용된다. 여기서, 성격은 신용의무에 대한 고객의 의지정도를 뜻하고, 능력은 영업흐름에서 신용의무에 대해 변제할 수 있는 능력을, 자본은 고객의 재무준비금을 나타내며, 담보력은 지급불능에 대비해 저당된 담보자산을 의미한다.

신용정책은 이와 같은 신용분석에 의해 거래처별로 신용도를 평가하여 점수화한 신용점수와 자사가 설정한 신용기준점수를 비교하여 신용기준의 완화정책과 강화정책 중 자사에 유리한 정책을 선택하는 것이다. 신용기준을 완화하는 경우에는 수요를 자극하여 매출액과 매출채권의 증가로 나타나 이익이 증가하며, 한편 매출채권의 추가발행으로 인해 비용도 증가한다. 비용으로는, 예컨대 관리비용, 대손비용, 자본비용, 수급비용 등을 들 수 있다. 따라서 최적매출채권의 수준은 추가적 매출채권의 수익성(이익)과 비용의 교환관계(trade-off)에서 결정된다. 반면에, 신용기준을 강화하는 경우에는 거래처 감소로 매출액이 감소하는 동시에 비용도 감소한다. 그러므로 신용기준 완화의 한계점은 신용기준 완화로 인한 이익과 비용, 즉 양자의 교환점이 된다.

(2) 신용조건

1) 신용기간

신용기간(credit period)은 제품송장 도착으로부터 대금지불까지의 기간으로 매출채권의 상환기간을 의미한다. 일반적으로 신용기간 결정에서 고려되는 사항으로는 대손확률, 거래규모, 제품의 내구성, 영업순환주기, 경쟁정도, 자사의 자금사정 등이 있다. 즉, 대손확률이 큰 고객일수록 신용기간을 제한하고, 거래규모가 작은 고객은 상대적으로 덜 중요한 고객이므로 신용기간을 단축시키며, 상품의 담보가치가 낮거나 내구기간이 짧을수록 신용기간을 짧게 하는 경향이 있다. 영업순환주기가 짧을수록 신용기간이 짧아지고, 경쟁이 심한 제품일수록 고객확보를 위해 신용기간이 길어지는 경향이 있다. 그리고 기업의 자금사정이 좋으면 신용기간에 여유가 있을 수 있다.

2) 현금할인

현금할인(cash discount)은 신용기간의 일부 개념으로, 매출채권의 회수를 가속시키기 위한 방법 중 하나이다. 신용구매자가 매입대금의 신용기간을 단축하여 지불하는 경우, 할인이득을 제공함으로써 구매자에게 신용기간 단축 의욕과 저렴한 가격이란 인식을 주게 되어 고객창출의 효과를 가져온다. 한편, 판매자에게는 매출채권 회수기간의 단축효과를 가져온다.

예를 들어, R사의 CFO인 K씨는 대규모 거래에 대해서 현금할인을 고려중이다. 현재 1억원 구매시 무할인에 30일 신용기간의 신용조건, 즉「net 30」을, 20일 내 대금지급하는 경우 3%를 할인해 주는 신용조건, 즉「3/20, net 30」의 현금할인과 신용기간의 조건으로 판매하려고 한다. 이 경우 구매기업은 20일 내 지급으로 3%의 현금할인을 받는 대안과 30일 후 무할인의 대금지급이란 대안 두 가지 가운데 자사에 유리한 대안을 선택하는 의사결정을 해야 한다. 단, 시중금리는 연리 10%이다.

구매기업의 현금할인에 대한 선택 결정은 통상 무할인의 현재신용기간과 조정신용기간의 현재가치를 비교하여 두 대안 중 유리한 대안을 선택하는 것이다. 판매기업의 현금할인 선택도 마찬가지로 두 기간 사이의 현재가치를 비교하여 현금할인 여부를 결정한다.

$$\text{현재 신용기간(net 30)}:PV=\frac{10,000}{1+(0.1\times 30/365)}=9,918.48$$

$$\text{조정 신용기간(3/20, net 30)}:PV=\frac{9,700}{1+(0.1\times 20/365)}=9,647.14$$

위에서 현금할인에 의한 신용정책은 판매기업에는 현재가치로 271.34만원의 비용증가를 가져오므로 불리하고, 구매기업에는 271.34만원의 이익증가를 가져오므로 구입자 입장에서는 현금할인을 받는 것이 유리하다.

(3) 회수정책

회수정책(collection policy)은 신용기간이 지나버린 매출채권에 대한 종합적 회수절차와 프로그램을 의미한다. 매출채권의 회수를 위해서 신용관리자는 고객별로 대금납부경험을 기록할 필요가 있으며, 기일을 경과한 고객에 대해서는 회수노력의 일환으로 체납경고장 우송, 전화, 방문, 회수대리인의 고용, 법적 대응, 대금 완납시까지 추가신용의 거절 등의 절차를 밟게 된다. 회수과정에서 발생하는 이러한 회수비용은 회수정책의 기본변수로 이용되는데, 통상 대손손실액과 비교하는 방법이 사용된다.

일반적으로 회수비용이 증가할수록 대손손실액이 감소하는 동시에 평균회수기간도 짧아진다. 그러나 회수비용을 아무리 증가시켜도 대손손실액이 더 이상 감소하지 않는 동시에 평균회수기간도 더 이상 단축되지 않는 수준에 이르게 되는데, 이를 회수비용의 포화점(saturation point)이라 한다. 따라서 회수정책은 회수비용과 대손손실의 상충관계를 고려하여 결정되어야 한다고 볼 수 있다. 그러나 이 두 요인만으로 회수정책을 강행할 수는 없다. 예를 들

그림 12-7

대손손실액과 회수비용의 관계

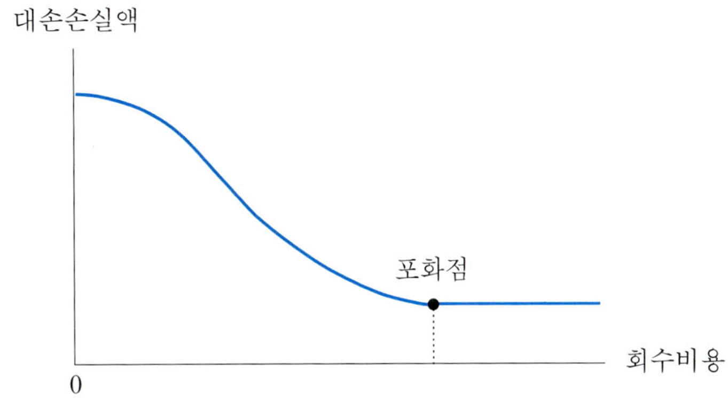

어, 대금 완납시까지 추가신용을 거절하거나, 회수정책을 강력하게 추진하는 경우 우량거래처를 적으로 만들 수도 있고, 회수부서와 판매부서 간의 이익에 대한 잠재적 갈등을 일으킬 우려가 발생하기도 한다. 따라서 자사의 이익 창출에 대한 고객의 공헌도, 기타 요인들을 종합적으로 고려하여 수립되어야 할 것이다.

한편, 매출채권 회수정책의 비교기준으로 많이 이용되는 방법으로는 매출채권의 평균회수기간(average collection period : ACP)과 매출채권의 회수기간일정표(aging schedule)를 들 수 있다. 매출채권 평균회수기간은 매출채권을 1일 평균매출액으로 나누어 산출하며, 1일 평균매출액(average daily sales : ADS)은 연간 매출액을 365일로 나누어 산출한다.

매출채권 평균회수기간＝매출채권액/1일 평균매출액

예를 들어, A콤팩트디스크 제조회사는 연간 10만개의 디스크를 개당 300원으로 판매하고 있는데, 이들 제품은 모두 신용조건(신용기간, 현금할인) 「2/20, net 60」, 즉 20일 내 지급시 2% 현금할인, 60일 지급시 무할인 조건으로 판매되며, 고객의 80%가 이 신용조건으로 현금할인 신용구입을 한다고 가정한다. 오늘 현재 매출채권총액은 2,301,736원이라면 A사의 평균회수기간(ACP)은 28일이 되는데, 두 가지 방법으로 산출해 보면, 다음과 같다.

① 0.8×20일+0.2×60일=28일

② 1일 평균매출액(ADS)=(300원×100,000개) / 365일=82,192원

평균회수기간(ACP)=매출채권액 / 1일 평균매출액

=2,301,736 / 82,192=28(일)

실제로 기업은 매일 일별 매출액과 매출채권을 점검하고 있으므로 평균회수기간을 산출 · 비교하여 회수정책을 판단할 수 있다. 만일 계절적 변동으로 몇 주일 동안 평균회수기간(ACP)이 40일로 변동되는 경우, 앞의 예에서 제시된「2/20, net 60」신용조건으로 할인받은 고객은 회수일이 28일이지만, 나머지 고객의 신용기간은 28일보다 상당히 길다는 것을 의미한다. 따라서 계절적 변동이나 기타 요인으로 평균회수기간이 일시적으로 변동하는 경우에는 과거의 변동추세와 요인들을 고려하여 평균회수기간을 산출해야 한다. 이런 경우에 보충 수단으로 전년도의 매출채권 회수일 자료와 기타 요인을 고려하여 작성된 매출채권의 회수기간일정표를 사용한다.

매출채권 회수기간일정표란 매출채권을 회수기간별로 구분해서 표로 나타낸 것이다. 〈표 12-1〉에서 매출채권의 75%는 무할인의 목표신용기간인 60일 이내에 회수되고 있음을 보여준다. 목표신용기간이 60일로 정해졌다면 정상적인 회수일은 60일이고, 60일 이상의 회수기간은 연체로 분류된다.

그러므로 재무관리자는 매출채권의 회수기간일정표를 작성하여 회수동향을 살펴서, 만일 회수기간이 길어지거나 신용기간이 경과한 매출채권액의 구성비율이 늘어나면 기업의 신용정책을 강화할 필요가 있다.

매출채권의 회수정책으로 사용되는 방법으로는 위의 방법 이외에 금융수단을 이용하여 매출채권을 간접적으로 또는 사전적으로 회수하기도 한다. 이에는 제1절에서 설명된 것들로 팩토링(factoring), 매출채권을 담보로 발행되

표 12-1
매출채권 회수기간일정표

회수기간	매출채권액의 구성비율
0~20일	50%
21~60일	25
61~80일	20
80일 이상	5
합 계	100%

는 은행인수어음(BA), 신용장을 근거로 발행되는 무역어음(TB)과 같은 금융수단이 있으며, 대손위험이 높은 매출채권에 대비해 사전에 신용보험(credit insurance)을 드는 방법을 이용하기도 한다.

(4) 컴퓨터정보시스템 지원에 의한 신용정책

오늘날은 컴퓨터정보시스템(computer-based information system : CIS)의 발달로 매출채권 발생규모, 청구서 작성, 매출채권 회수관련 자료, 할인율, 할인금액, 신용기간, 신용빈도, 평균회수기간 등의 과거 및 최신 정보를 컴퓨터에 입력하여 신속히 분석함으로써 신용정책 및 회수정책을 보다 효율적으로 수립하고 실행할 수 있게 되었다. 다시 말하면, 고객에 관한 대금납부정보 · 신용추세선 · 과거 납부신속성 정도 · 신용평가기관의 신용등급과 많은 특별보고서 등의 다양한 자료가 컴퓨터에 저장되어 필요할 때 추출하여 사용할 수 있다. 뿐만 아니라, 고객의 신용도를 비교분석까지 해 줌으로써 특정기간에 대금납부를 하는 기업들의 분류도 가능하고, 고객의 지불행위의 변화를 예측할 수 있어서 대손이 심각해지기 전에 기업의 신용정책과 회수정책을 수립할 수 있게 되었다.

그리고 기업의 재무관리자와 신용관리자는 매출채권액의 예측, 특별산업 및 타기업과의 신용기준 비교에 대한 보다 정확한 정보를 적시에 제공받을 수 있어서 신용관리문제를 보다 효과적으로 신속히 분석할 수 있게 되었다.

이렇게 컴퓨터정보시스템은 자료의 저장 · 추출에만 이용되는 것이 아니라, 특정 신용정책의 결정을 할 수 있도록 프로그램화되고 있다. 그래서 우량거래처의 소규모 주문도 신용분석 절차 없이 컴퓨터에 의해 승인될 수 있게 되었다. 이러한 컴퓨터정보시스템은 광범위하고 상세한 정보의 제공과 이용을 가능하게 함으로써 신용관리부문에 대단한 공헌을 하고 있는데, 이는 비단 신용관리뿐만 아니라 경영 전반에 걸쳐 확장되어 이용되고 있는 현실이다.

제 5 절 재고자산관리

1. 재고자산관리의 의의와 중요성

재고자산(inventory)은 생산으로부터 판매까지의 과정상에 투입되는 운전자본 성격의 실물자산으로, 이에는 원재료(raw materials), 재공품(work in process or transit), 완제품(finished goods)의 세 가지가 해당된다. 재고자산관리(inventory management)는 원재료, 재공품, 제품이란 재고자산의 최적보유수준을 유지하기 위해서 계획하고 통제하는 것이다.

재고자산관리의 목표는 적정한 재고의 종류를 결정하고 재고량의 최적수준을 확보 · 유지함으로써 좁게는 재고관리비용을 최소화시키고, 넓게는 기업의 원활한 생산 · 판매활동이 이루어지게 하여 기업가치를 증대시키는 데 있다. 따라서 재고자산관리가 중요시되는 이유는 다음과 같이 정리할 수 있다.

첫째, 재고자산관리는 생산 · 판매활동의 원활한 수행을 위해 필수적이며 중심적 역할을 하기 때문이다. 원재료와 재공품이 부족하면 조업중단을 초래하며, 생산 재개를 위해서는 추가적으로 비용이 발생되므로 완제품의 비용증대를 야기한다.

둘째, 재고자산의 과다보유는 기업의 유동성과 수익성을 하락시킬 수 있기 때문이다. 재고자산 투자액은 통상 다른 유동자산에 비해 투자규모가 크고 현금화 속도도 상대적으로 늦는 편이다. 따라서 예상수요보다 실제수요가 적은 경우에 과다재고(over-stocking)를 보유하면 불필요한 재고비용을 증가시킬 뿐만 아니라, 잔존재고(remaining inventory)의 가치와 재고자산의 회전율이 떨어지게 되어 결국 기업의 유동성과 수익성이 낮아질 위험을 초래한다. 반면에, 실제수요가 있는데도 재고자산의 과소보유는 재고부족이나 재고고갈을 발생시켜 매출기회의 상실이나 이월주문(back orders)을 초래한다. 이는 결국 추가비용의 발생으로 이어져 기업의 수익성은 떨어지게 된다. 그래서 대부분의 기업은 재고부족의 위험을 방지하기 위해서 일정수준의 안전재고(safety stock)를 유지하는 정책을 실행하고 있다.

셋째, 재고자산관리비용의 최소화가 이루어져야만 재고자산관리 및 운전자본관리의 목표가 달성될 수 있다. 재고자산의 보유수준이 낮을수록 재고관리비용이 절약되고, 재고자산에의 투자규모를 낮출 수 있으며, 재고자산의 진부화를 방지할 수 있으나 재고부족비용 등의 기회비용이 발생하게 된다.

따라서 재고자산의 과다보유와 재고부족이 가져오는 두 가지 효과를 고려하여 적정한 재고보유 수준을 결정하는 재고자산관리는 기업활동의 중요한 영역으로 중요시되고 있다.

2. 경제적 주문량의 결정 : *EOQ* 모형

재고자산과 관련된 비용에는 재고유지비용, 주문비용, 재고부족 및 고갈로 인한 기회비용이 있다. 재고유지비용(carrying cost)은 재고자산 투자에 따른 자본비용, 보관비, 보험료, 감가상각비, 재산세, 진부화에 따른 손실 등이 포함된다. 주문비용(ordering cost)은 발주비용, 선적 및 운송비용, 대량구입 불능으로 인한 기회비용의 상실 등 주문과 관련되어 발생하는 각종 비용이다. 그리고 재고부족 및 고갈로 인한 기회비용(opportunity cost of running short)은 판매기회의 상실, 고객불신감으로 인한 고객신용의 상실, 생산계획의 차질, 주문추가를 위한 특별비용 등이 포함된다.

경제적 주문량(economic order quantity : *EOQ*)이란 재고자산관리에 드는 총비용이 최소가 되는 1회 주문량을 말한다. 경제적 주문량은 재고수요를 정확

그림 12-8
경제적 주문량

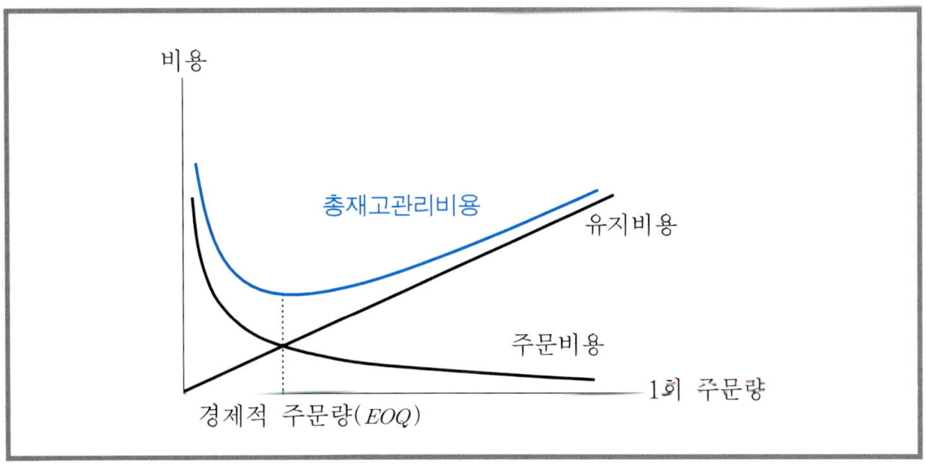

히 예측할 수 있다는 확실성 가정과 재고부족비용은 발생되지 않는다는 가정을 전제로 하고 있다.

일반적으로 1회 주문량(Q)이 많을수록 평균재고수준이 증가하면서 재고유지비용은 증가하나 주문비용은 감소한다. 이런 주문량과 비용 사이의 관계를 그림으로 나타내면 [그림 12-8]과 같다.

재고 1단위당 유지비용을 C라 하면 총재고유지비용 CC는 식 (12-4)와 같이 나타낼 수 있고, 연간 총소요량을 D, 1회 주문비용을 O라 하면 총주문비용 OC는 다음의 식 (12-5)와 같다.

• 총유지비용 : $$CC = \frac{QC}{2} \qquad (12\text{-}4)$$

단, $\frac{Q}{2}$: 평균재고량

• 총주문비용 : $$OC = \frac{DO}{Q} \qquad (12\text{-}5)$$

단, $\frac{D}{Q}$: 연간 주문횟수

총재고관리비용(total inventory cost)을 T라 하면, 재고관리의 총비용은 재고자산의 유지비용과 주문비용의 합계액이므로 다음과 같다.

$$T = \frac{QC}{2} + \frac{DO}{Q} \qquad (12\text{-}6)$$

식 (12-6)에서 주문량이 증가할수록 유지비용은 증가하고, 주문비용은 감소한다. 따라서 총재고관리비용(T)이 최소가 될 때의 최적주문량이 경제적 주문량(EOQ)이다. 위의 식 (12-6)을 Q에 대해 미분하여 도함수를 0으로 하는 Q를 구하면, 식 (12-7)의 경제적 주문량(Q^*)을 구할 수 있다. 그리고 경제적 주문량에서의 총비용(T)은 식 (12-7)을 식 (12-6)에 대입하면 식 (12-8)이 된다.

$$Q^* = \sqrt{\frac{2DO}{C}} \qquad (12\text{-}7)$$

$$T = \sqrt{2DOC} \qquad (12\text{-}8)$$

*EOQ*모형의 한계점은 확실성의 가정들을 전제로 하는 점이다. *EOQ*모형의 가정은 다음과 같다.

① 수요량과 1일 재고사용량은 일정하며 정확히 예측할 수 있다.
② 재고유지비용은 재고량의 증가에 비례한다.
③ 단위당 판매가격은 일정하며, 할인이 없다.
④ 단위당 재고유지비용과 1회 주문비용은 일정하다.
⑤ 재고부족비용은 발생하지 않는다.
⑥ 조달기간(lead time)이 일정하다.

이들 가정은 *EOQ*모형의 모든 변수들을 확정변수로 보는 것이기 때문에 최적주문량 결정 자체가 한계점에 이르게 된다. 이런 비현실적인 가정들로 인해 *EOQ*모형을 실무에 적용하기에는 제약이 따른다. 그러나 *EOQ*모형이 가장 기본적인 재고관리모형이라는 점, 그리고 이 모형의 기본적 개념을 재고자산관리에 원용할 수 있다는 점에서 의의를 찾을 수 있겠다.

예제 12-2 경제적 주문량

F기업이 100일 1주기 동안 필요한 원재료의 소요량은 2,000단위이고, 1회 주문비용은 100원, 단위(100일 기준)당 재고유지비용은 10원이다. 이런 조건하에서 경제적 주문량과 총재고관리비용은 얼마인가?

풀이

$$Q^* = \sqrt{\frac{2DO}{C}} = \sqrt{\frac{2(2{,}000)(100)}{10}} = 200(\text{단위})$$

$$T = \sqrt{2DOC} = \sqrt{2 \times 2{,}000 \times 100 \times 10} = 2{,}000(\text{원})$$

제 6 절 단기자본관리 : 유동부채관리

운전자본관리의 최종 논점은 단기자본의 조달이다. 운전자본에 필요한 투자자금은 통상 단기자본으로 조달되는데, 단기자본은 1년 내에 변제할 의무가 있는 단기부채, 즉 매입채무, 미지급금, 단기차입금과 같은 유동부채를 말한다. 재무관리자는 운전자본관리를 원활히 수행하기 위해서는 운전자본의 조달원천인 유동부채와 그 조달방법 및 관리를 알아야 한다. 즉, 기업이 이용할 수 있는 단기금융수단의 종류와 각 수단의 장·단점을 알아야 한다.

단기자본의 조달수단으로는 당좌차월을 포함한 은행의 단기차입금, 무역어음·은행인수어음·환매채·기업어음 등에 의한 어음대출, 매출채권에 의한 팩토링, 재고금융, 거래신용에 의한 매입채무 등이 있다. 이들 수단들의 특성과 장·단점은 제1절에서 살펴보았으므로 여기서는 생략한다.

단기부채(=유동부채=단기자본)의 관리가 중요한 이유는 운전자본에 필요한 자금을 단기부채로 조달하는 경우에 발생하는 유동성과 비용에서 찾을 수 있다. 재무관리자는 이런 점에 주안점을 두고 단기부채 조달시 고려해야 할 사항들을 간략히 소개하면, 다음과 같다.

① 단기부채의 증가로 제기되는 가장 중요한 문제는 기업의 유동성(지급능력)에 제약을 초래한다는 것이다. 단기부채는 소요운전자금의 규모·기간·용도 등을 판단하여 불요불급한 자금이라는 판단이 서는 경우에만 조달하는 것이 합리적이다.

② 단기부채는 장기부채에 비해 이자율이 낮기 때문에 수익성에 유리한 면도 있으나, 과도해지면 기업의 신용하락과 유동성에 위험을 초래할 수 있으므로 판단에 신중을 기해야 한다.

③ 매입채무는 가장 손쉬운 방법으로 대금을 지불하지 아니하고 일정기간 동안 지불을 유예함으로써 매입채무만큼 일정기간 동안 융자받는 효과가 있다. 매입채무는 거래신용(trade credit)이라고도 하며, 구체적으로 외상매입금과 지급어음을 의미한다. 거래신용을 이용하는 경우에는 신용기간에 영향을 미치는 요인들을 고려해야 한다. 신용기간의 결정요인들로는 제품의 내구성, 판매자와 구매자의 환경조건, 현금할

인 등을 들 수 있다. 이런 요인들의 예를 들면, 다음과 같다.

식품, 일상잡화와 같은 제품은 내구성이 짧고 매출회전기간도 단기이어서 신용기간이 짧은 경향이 있다. 판매자의 재무구조가 취약한 환경에 처해 있는 경우에는 신용기간이 짧거나 현금지급을 선호하는 경향이 있다. 초과생산능력을 가지고 있거나 대규모 판매업자는 신용기간을 짧게 하는 데 비해, 판매업자가 경쟁적 산업구조인 경우는 신용기간이 상대적으로 장기인 경향이 있다. 한편, 일정기간 내에 대금납부시 현금할인을 해 주는 경우에는 신용기간의 단축효과가 있으므로 현금할인신용을 이용하는 것도 고려한다.

④ 어음에 의한 단기차입시에는, 만기, 발행어음의 종류, 거래은행의 보상예금잔액 유지수준, 은행의 정책, 은행차입금의 조달비용, 할인이자율, 담보율 등을 고려해야 한다. 여기서, 보상예금잔액 유지수준이란 은행이 단기차입금을 대출해 주는 대신, 일정수준의 예금잔액을 평균적으로 유지할 것을 요구하는데, 이를 평잔수준이라고도 한다. 평잔수준이 높으면 그만큼 차입조달액은 적어지게 된다. 또한 어음에 대한 할인이자율, 조달비용, 담보율이 높으면 그만큼 비용도 커진다.

연습문제

01 다음의 용어들을 간단히 설명하시오.

(1) 은행인수어음 (2) 신종기업어음
(3) 재고금융 (4) 팩토링
(5) 할부금융 (6) 환매채
(7) 운전자본 (8) 유동자산
(9) 영업순환기간 (10) 현금전환기간
(11) 유연정책 (12) 제한정책
(13) 유지비용 (14) 부족비용
(15) 영구적 유동자산 (16) 일시적 유동자산
(17) 영구적 자금소요액 (18) 매출채권 회수기간일정표
(19) 신용기간 (20) 평균회수기간
(21) 현금할인 (22) 경제적 주문량

02 단기자본조달방법을 그 금융수단별로 간단히 설명하시오.

03 현금흐름의 순환과정을 설명하시오.

04 운전자본조달정책에서 방어적 정책과 만기대응정책을 비교하여 설명하시오.

05 매출채권의 회수정책에 대해 설명하시오.

06 최적신용정책은 어떻게 결정될 수 있는지 설명하시오.

07 고객의 신용도를 평가하기 위해서 통상 이용되는 정보들로는 어떤 것들이 있는지 제시해 보시오.

08 단기자본조달시 고려해야 할 점들을 제시해 보시오.

09 N사는 현재 1억원 구입시 무할인에 30일 신용기간의 신용조건, 즉 「net 30」을 20일 내 대금지불하는 경우 3%를 할인해 주는 신용조건, 즉 「3/20, net 30」의 현금할인과 신용기간의 조건으로 판매하고 있다. 그런데 매출액 1원당 0.5의 변동비가 발생하며, 3%의 현금할인을 채택하는 경우 주문규모는 10%

로 증가할 것으로 예상된다. 할인율이 10%인 경우 현금할인의 채택여부를 결정하시오.

10 K사의 연간 재고소요량은 20,000개이고, 1회 주문비용은 2,000원이다. 연간 단위당 재고유지비용이 10,000원일 경우 경제적 주문량과 주문횟수는 얼마인가?

PART

Ⅴ 재무관리의 특수 주제

제Ⅴ부에서는 재무관리의 특수 주제(special topics)로 옵션과 선물거래, M&A, 국제재무관리를 다룬다. 옵션과 선물은 파생금융상품으로 기업재무에서 위험헤징과 투자결정의 대상으로 그 중요성이 매우 커지고 있다. 그리고 국제화 추세에 따라 환율과 금리의 위험관리, 해외직접투자, 해외자본조달 등의 국제재무관리 영역에서 전문성이 요구되고 있다.

제13장에서는 옵션의 기본개념을 살펴보고, 옵션의 가격결정요인과 가격결정모형을 소개하며, 선물거래의 개념과 종류, 그리고 가격결정원리에 대해 살펴본다.

제14장에서는 기업의 성장전략과 구조조정의 일환으로 이루어지는 기업의 인수 · 합병(M&A)에 대하여 공부한다.

제15장에서는 기업재무의 국제적 영역으로 외환시장과 환위험관리, 국제투자관리에 대해 공부한다.

제13장 옵션과 선물거래
제14장 M&A
제15장 국제재무관리

CHAPTER

13

옵션과 선물거래

학습목표

근래 금융자산의 가격변동성, 환율, 금리 등의 변동위험이 커지면서 파생증권의 중요성이 부각되고 있다. 특히 옵션과 선물은 기업의 투자위험관리와 다양한 투자결정전략 면에서 위험 헤징과 투자수익의 수단으로 그 중요성과 활용도가 매우 증대되고 있나. 본상에서는 옵션과 선물의 개념과 옵션과 선물의 가격결정원리에 대해 설명한다. 본장에서 익혀야 할 핵심내용은 다음과 같다.

1. 옵션의 의의와 기능
2. 옵션의 가격범위와 가격결정요인
3. 풋 · 콜 패리티
4. 블랙-숄즈의 옵션가격결정모형과 투자에의 활용
5. 선물거래의 개념과 선도거래와의 차이점
6. 선물거래의 종류와 우리나라의 선물상품
7. 베이시스와 선물가격의 관계
8. 현물 · 선물 등가이론

제1절 옵션의 의의와 기능

1. 옵션의 의의

옵션(option)은 투자결정 및 위험헤징의 수단으로 사용되는 파생금융상품의 일종으로, 거래대상이 되는 기초자산을 약정된 행사가격으로 약정된 기간 내에 사거나 팔 수 있는 권리가 첨부된 증권을 말한다. 살 수 있는 권리를 콜옵션이라 하고, 팔 수 있는 권리를 풋옵션이라 한다. 옵션의 특징은 기초증권을 사거나 팔 수 있는 상황조건부청구권(state contingent claims)을 계약 상대로부터 매입한 것이므로 옵션은 반드시 행사할 의무는 없고, 옵션의 시장가격 상황에 따라 매입자의 판단에 따라 행사하면 된다는 점이다. 옵션에 관한 기본용어를 먼저 정리해 보면 다음과 같다.

① 기초자산(underlying assets) 또는 기초증권(underlying securities) : 옵션은 현재 거래되고 있는 주가지수(KOSPI 200 지수), 주식, 달러 등에 대한 조건부 청구권으로서 옵션거래에서 매입 또는 매도의 대상이 되는 특정증권을 말한다.

② 행사가격(exercise price 또는 striking price) : 옵션계약에서 약정된 증권의 매입 또는 매도 가격을 말한다.

③ 만기(maturity) : 옵션계약에서 정해진 증권을 거래할 수 있는 기간을 말한다. 만기일에만 권리행사가 가능한 옵션을 유럽형 옵션(European option)이라 하며, 만기일 이전에 권리행사가 가능한 옵션을 미국형 옵션(American option)이라 한다. 옵션가격결정모형에서 옵션은 주로 유럽형 옵션을 가리킨다. 실제로 거의 모든 옵션은 옵션 자체를 전매할 수 있기 때문에 미국형 옵션의 특징인 만기일 이전의 조기권리행사가 옵션의 가치에 별다른 영향을 주지 못한다. 그러므로 유럽형 모형을 적용해도 가격결정에 큰 오차가 발생하지 않게 된다. 참고로 우리나라 주가지수옵션은 유럽형이다.

④ 콜옵션(call option) : 지정된 기간 내에 약정가격에 일정수량의 기초자

산(특정주식)을 살 수 있는 권리가 부여된 옵션이다.

⑤ 풋옵션(put option) : 지정된 기간 내에 약정가격에 일정수량의 기초자산(특정주식)을 팔 수 있는 권리가 부여된 옵션이다.

한편, 옵션의 종류에는, ① 특정주식을 약정된 조건으로 사거나 팔 수 있는 주식옵션(stock option), ② 주가지수를 기초자산으로 하여 약정된 조건으로 사거나 팔 수 있는 주가지수옵션(stock index option), ③ 채권을 기초자산으로 약정된 금리 조건으로 사거나 팔 수 있는 금리옵션(interest rate option), ④ 특정 외국통화를 약정된 조건하에서 자국통화로 사거나 팔 수 있는 권리가 부여된 외화옵션(foreign currency option), ⑤ 약정된 조건으로 특정 선물계약을 사거나 팔 수 있는 권리가 부여된 선물옵션(future option)이 있다. 우리나라의 경우, 개별주식옵션, 선물옵션으로는 주가지수옵션이, 외화옵션으로는 달러/원, 엔/원, 유로/원, 위안/원 옵션이 거래되고 있다.

2. 옵션의 기능

옵션의 기능은, ① 가격변동위험과 투자위험에 대한 헤징수단의 제공, ② 다양한 투자수단의 제공과 다양한 포트폴리오 구성의 가능, ③ 적은 투자비용으로 높은 투자수익률의 획득으로 요약할 수 있다. 이는 파생금융상품이 갖는 경제적 기능에서 찾아볼 수 있다. 이에 대해서는 아래의 참고에서 추가적으로 설명한다. 한편, 옵션의 가격결정모형은 주식 · 채권의 가치평가에 원용됨으로써 기업의 투자결정기법으로서 기능을 제공한다. 따라서 기업의 재무관리자는 옵션가격결정모형을 사용하여 기업의 가치평가와 재무정책을 평가할 수 있다.

참고 파생금융상품(financial derivatives)은 주식 · 채권 · 예금 · 외환 등 기초 금융상품을 토대로 투자효과를 높이고 위험을 헤지(회피)하기 위해서 금융공학에 의해 만들어진 신금융상품을 말하며, 파생상품 또는 파생증권으로도 불린다. 파생금융상품의 중요성이 증가하게 된 이유는 경제의 국제화 · 자율화 · 증권화 등이 급속히 진전됨에 따라 환율 · 이자율 · 기초자산(주식, 채권, 금속 · 에너지 · 농축산물 등의 상품)의 변동성이 커지게 되면서 위험헤징(risk hedging)과 새로운 수익원으로 부각되었기 때문이다. 대표적 파생상품으로는 옵션(option) · 선물(future) · 스왑(swap) · 선도(forward)가 있고, 이들 파생상품을 대상으로 하는 선물옵션, 스왑선물, 스왑옵션 등 2차 파생상품과 이 외에도 약 1,200여 종의 파생상품이 있다.

1972년 시카고상업거래소(Chicago Mercantile Exchange : CME) 개설로 통화선물거래가, 1973년 4월에 미국 시카고옵션거래소(Chicago Board of Option Exchange : CBOE) 창설로 주식옵션거래가 처음 개시된 이후, 일본 및 유럽의 다수의 나라들이 파생상품을 거래하는 선물제도와 옵션제도를 도입하여 시행하고 있다. 우리나라에서는 KOSPI 200 주가지수를 대상으로 1996년 5월 3일 주가지수선물(KOSPI 200 Futures)시장이, 1997년 7월 7일 주가지수옵션(KOSPI 200 Options)시장이, 2002년 1월 28일 7개 우량주에 대한 개별주식옵션시장이 한국증권거래소(KSE)에 개설되었다. 한편, 1999년 4월 23일 부산에 한국선물거래소(KOFEX)가 개설되면서, 이 선물거래소에 금 · CD금리 · 통안증권금리 · 국고채 · 미국달러 · 코스닥 50 지수의 선물들이 상장되었고, 미국달러선물옵션과 국채선물옵션(2002. 5. 10), 통안증권금리옵션(2002. 12. 6), 코스닥 50 지수옵션(2002. 12. 14)이 상장되어 거래되고 있다.

파생금융상품은 1980년대 중반부터 전 세계적으로 급속히 확대된 이후, 근래에는 국제금융시장의 불안정, 인터넷 등 통신수단의 발달, 대형은행 및 증권사간의 경쟁 격화, 금융산업에 대한 각국 정부의 규제완화 등의 요인으로 상품의 종류와 시장규모면에서 급신장하고 있는 추세이다.

파생금융상품은 위험헤징 및 다양한 투자결정에 유용한 수단으로 활용됨으로써 기업재무 및 투자 면에서 새로운 이슈로 부각되고 있다. 즉, 파생상품은 경제여건 변화에 민감한 금리 · 환율 · 주가 등의 장래 가격을 예상하여 위험을 사전에 헤징하거나 최소화할 수 있는 수단이다. 그리고 자금조달 목적만으로 발행되는 전통적 금융상품과는 달리 계약 당시 거래당사자 사이에 계약 또는 계약금(margin, premium)만으로 거래가 이루어지기 때문에, 거래금액에 비해 적은 금액으로 거래가 가능한 레버리지(leverage)효과가 큰 거래이어서 높은 수익률을 얻을 수 있다는 장점이 있다. 그러나 파생상품의 종류가 다양화되고 거래규모도 커지면서 투자에 따른 위험 또한 매우 큰 것이 특징이며, 실제로 위험이 높아지고 있는 추세이다. 이런 이유 때문에 기업의 재무관리자는 파생상품에 대한 정확한 이해가 더욱 필요하며, 기업의 투자전략에 활용할 수 있는 실력을 갖추어야 한다. 예컨대, 2002년 SK증권이 JP모건에서 사들였던 토털 리턴 스왑(total return swap : TRS)은 환율 · 채권 등을 복잡하게 결합한 파생상품으로 투자자가 엄청난 손실을 볼 수도 있는 상품임에도 SK증권 관계자들은 이를 모르고 투자했다가 많은 손실을 입기도 했다. 또 2008년에 많은 수출기업들이 환위험 헤지를 위해 '풋옵션 1단위 매입과 콜옵션 2단위 매도'를 비대칭적으로 결합한 합성옵션인 KIKO(Knock In Knock Out)에 투자했다가 많은 손실들을 입음으로써 업계에 큰 충격을 준 바가 있다.

제 2 절 옵션가격의 결정원리

1. 옵션가격의 특성과 범위

옵션은 현재시점에서 거래, 즉 계약을 하고, 거래의 실제는 만기일 시점에서 옵션 소유자의 상황과 판단에 따라 유리하면 행사되고, 불리하면 행사되지 않는다는 특성이 있다. 따라서 옵션가격은 옵션 만기일 시점에서 형성되는 기초자산의 시장가격과 행사가격에 의해 결정된다. 즉, 시장가격과 행사가격의 차이가 클수록 옵션가치는 커진다. 여기서, 시장가격과 행사가격의 차이를 옵션 프리미엄이라 한다. 따라서 옵션가격(option price)은 특정 기초자산을 약정된 조건으로 사거나 팔 수 있는 옵션의 권리에 대한 프리미엄 가격으로 결정된다. 옵션가격의 범위는 행사가격과 시장가격으로 나타나는데, 이를 콜옵션과 풋옵션의 경우를 통해 살펴보자.

콜옵션과 풋옵션의 가격범위는 매입자의 입장에서 보면, 다음과 같이 결정된다는 것을 알 수 있다. 콜옵션의 경우, 콜옵션 소유자는 [그림 13-1]에서 보는 바와 같이, 시장가격(S)이 행사가격(X)보다 큰 경우($S > X$) 콜옵션을 행사하고, 그 반대의 경우($S < X$) 콜옵션의 권리를 포기할 것이다.

풋옵션의 경우는 시장가격(S)이 행사가격(X)보다 낮은 경우($S < X$) 풋옵션을 행사하고, 그 반대의 경우($S > X$) 풋옵션의 권리를 포기할 것이다. 이로

그림 13-1 만기일의 옵션가격

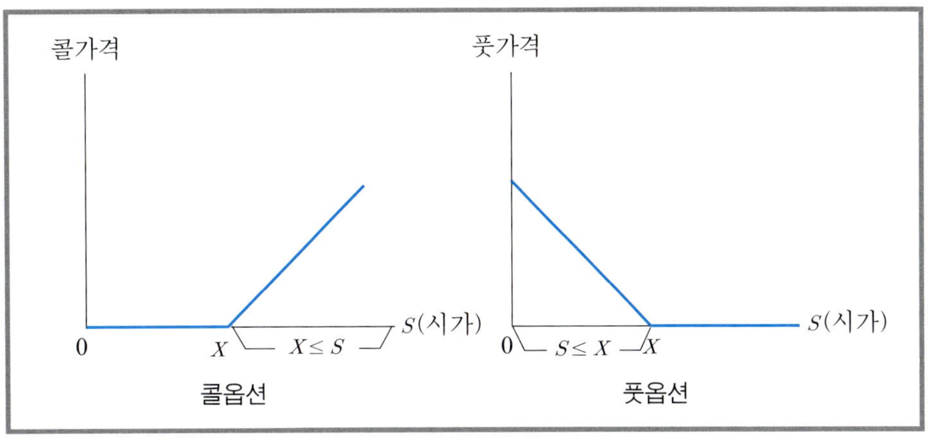

부터 옵션가격의 특성과 범위를 정리하면, 다음과 같다.

(1) 옵션가격은 항상 현재의 시장가격에서 행사가격을 뺀 내재가치보다 크거나 같다. 여기서 옵션가격의 하한선이 도출되는데, 이를 수식으로 나타내면 식 (13-1), (13-2)와 같다.

$$C = \text{Max}\,(0,\ S - X) \geq 0 \tag{13-1}$$

$$P = \text{Max}\,(0,\ X - S) \geq 0 \tag{13-2}$$

단, C : 콜옵션의 가격
P : 풋옵션의 가격
S : 현재의 시장가격
X : 옵션의 행사가격

식 (13-1)에서 행사가격은 만기일에 행사하는 것이므로, 현재 시점에서의 옵션가격은 만기일의 행사가격을 현재가치로 환원해서 결정된다. 따라서 콜옵션가격의 범위는 다음의 식 (13-3)과 같이 된다.

$$C = \text{Max}\,[0,\ S - PV(X)] \geq 0 \tag{13-3}$$

단, $PV(X)$: 콜옵션 행사가격의 현재가치

따라서 콜옵션의 상한선은 $C = S$가 되고, 하한선은 만기일에 0 아니면 양(+)의 값을 가지므로 다음과 같이 표현된다. 이런 관계를 그림으로 나타낸 것이 [그림 13-2]이다.

그림 13-2
콜옵션가격의 범위

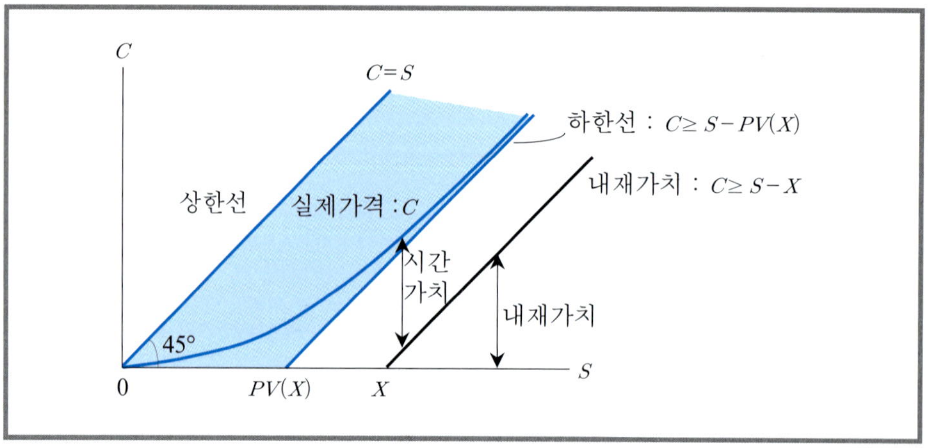

$$\text{콜옵션가격의 하한선} : C \geq S - PV(X) \ = S - X(1+R_f)^{-T}$$

한편, [그림 13-2]에서 보는 바와 같이 옵션가격(옵션가치)은 내재가치와 시간가치로 구성되는데, 옵션의 내재가치(intrinsic value)는 단순히 시장가격과 행사가격의 차이를 의미하며, 옵션의 시간가치(time value)는 현재의 옵션가격 중 내재가치를 초과하는 부분이다. 따라서 콜옵션과 풋옵션의 시간가치는 실제가격(프리미엄)에서 내재가치를 뺀 금액으로 다음과 같다.

- 콜옵션의 시간가치＝실제가격(프리미엄)－(시장가격－행사가격)
- 풋옵션의 시간가치＝실제가격(프리미엄)－(행사가격－시장가격)

예를 들어, K주식의 현재가격이 55,500원, 행사가격이 50,000원인데, 이 주식의 콜옵션가격은 9,000원에 거래되고 있다고 하자. 이때 K주식의 옵션의 시간가치는 3,500원이고, 내재가치는 5,500원이 된다.

시간가치 : 9,000－(55,500－50,000)＝3,500(원)
내재가치 : 55,500－50,000＝5,500(원)

옵션의 시간가치는 만기일까지의 화폐의 시간가치와 만기일까지의 잔존기간에 발생가능한 가격변동성위험(σ)에 대한 기대가치이다. 만기일에 가까워질수록 시간가치는 감소하여 옵션가격은 하한선에 접근하고 만기일에는 내재가치만 남게 된다.

(2) 콜옵션의 상한선은 $C = S$이고, 풋옵션의 상한선은 $P = X$이다. 그리고 콜옵션가격은 기초자산의 시장가격보다 높을 수 없으므로 $C \leq S$이고, 풋옵션가격은 기초자산의 행사가격보다 높을 수 없으므로 $P \leq X$이다.

이유는 콜옵션 소유자는 옵션을 행사하기 전까지는 주주가 아니므로 주식에 대한 권리가 주주보다는 적으며, 또한 기본적으로 기초자산을 매수할 수 있는 권리인 옵션가격이 기초자산 자체의 시장가격보다 높을 수는 없기 때문이다. 만약, 옵션가격이 실물자산의 가격보다 높게 형성된다면, 투자자는 주식을 매입하는 동시에 매입 주식을 기초자산으로 하는 콜옵션을 매식하는 차익거래를 행할 것이다.

(3) 옵션가격은 0보다 크거나 같으며, 음의 값을 가질 수 없다. 옵션의 가치는 시장가격과 행사가격의 차이를 기초로 해서 결정되는데, 이 차이가 0이거나 음(−)의 값을 가지는 경우에는 행사되지 않으므로 0의 가치를 지니게 된다.

만기일 이전의 옵션가격은 옵션의 내재가치와 시간가치로 구성된다. 콜옵션의 내재가치는 기초자산의 현재 시장가격에서 행사가격을 차감한 금액이고($S-X$), 풋옵션의 내재가치는 행사가격과 시장가격의 차이이다($X-S$). 행사가격은 고정되어 있으므로 현재의 시장가격 수준에 따라서 내재가치와 옵션가격이 결정된다. 옵션의 내재가치를 가지고 옵션의 권리행사 여부를 표현하는 용어가 사용되는데, 내재가치가 양(+)이어서 권리행사로 이득이 발생하는 상황에 있는 옵션을 내가격(in the money)옵션이라 한다. 현재가격과 행사가격이 같을 때에는 등가격(at the money)옵션이라 하고, 내재가치가 음(−)이어서 권리행사로 이득이 발생하지 않는 상황에 있는 옵션을 외가격(out of the money)옵션이라 한다. 콜옵션의 경우, 내가격은 $S>X$일 때이고, 외가격은 $S<X$일 때, 등가격은 $S=X$일 때를 말한다. 풋옵션의 경우는 콜옵션과는 반대로 내가격은 $S<X$일 때이고, 외가격은 $S>X$일 때, 등가격은 $S=X$일 때이다.

이상에서 내가격옵션에서만 내재가치가 존재하므로 권리행사가 가능하고, 등가격과 외가격 옵션은 내재가치가 존재하지 않으므로 권리행사를 해도 이득이 없다는 것을 알 수 있다. 예를 들어, 행사가격이 90.00인 주가지수 콜옵션의 현재 주가지수가 90.70이라면 내재가치는 0.70이 된다. 만약 주가지수가 하락하여 행사가격과 같아지거나 더 낮아지면 내재가치는 0이 된다. 따라서 옵션의 내재가치는 음의 값이 될 수는 없다. 풋옵션의 경우는 콜옵션과 정반대로 주가지수가 90.00보다 낮을 때 내재가치가 존재한다.

그러나 등가격옵션이나 외가격옵션의 경우 내재가치가 없음에도 현실적으로 거래되는 이유는 무엇인가? 그 이유는 만기일까지의 잔존기간중에 이익변동성으로 인한 시간가치가 존재하기 때문이다. 따라서 등가격옵션이나 외가격옵션의 현재가격이 바로 시간가치로 볼 수 있다.

(4) 옵션가격(프리미엄)은 옵션 매도자가 감수해야 할 불이익에 대한 보상성의 대가라는 특성을 가지고 있다. 콜옵션의 경우, 매입자(purchaser)는 $S>X$인 상황하에서 옵션을 행사할 것이고, 이로 인해 매도자 또는 발행자(seller or

writer)는 주식을 시장가격보다 싼 가격(행사가격)으로 인도해야 하므로 손실이 발생하게 된다. 풋옵션의 경우, $S < X$인 상황하에서 매입자가 시가보다 높은 행사가격(X)으로 매각하는 데 대해 매도자는 시가보다 높은 행사가격(X)으로 매입해야 할 의무를 이행함으로써 손실을 입게 된다.

일반적으로 옵션가격(프리미엄)은 보험료와 비유되는데, 보험계약의 경우 보험료를 지불하는 대신 계약상의 상황이 발생하면 보험금을 지급받고, 상황이 발생하지 않으면 보험료는 손실이 된다. 이와 마찬가지로 옵션 매입자는 옵션에 약정된 권리행사의 대가로 옵션 매도자에게 옵션프리미엄을 반드시 지불해야 하는 이유가 존재한다. 그렇지 않을 경우에는 차익거래기회(arbitrage opportunity)가 발생하여 무위험수익을 얻을 수 있기 때문이다.

2. 옵션가격결정요인

옵션은 현재 시점에서 거래계약을 하고 실제 거래는 만기일에 이루어지므로, 옵션가격은 만기일 이전의 가격을 의미한다. 옵션가격(옵션가치)에 영향을 미치는 요인들의 영향을 분석하고 옵션가치를 결정하는 것을 옵션가치평가(option valuation)라 하는데, 일반적으로 콜옵션의 가치평가를 중심으로 전개되므로, 여기서도 콜옵션을 중심으로 설명한다.

옵션가격(프리미엄)에 영향을 미치는 중요한 요인으로는 여섯 가지를 들 수 있다. 즉, 기초자산의 시장가격(S, 예 : 개별주식, KOSPI 200 지수), 행사가격(X), 기초자산의 가격변동성을 나타내는 위험(σ), 만기(T), 무위험이자율(R_f) 그리고 배당성향(d)이다. 이 가운데 시장가격과 행사가격은 옵션의 내재가치를 결정하고, 나머지는 시간가치를 결정하는 요인들이다. 각 변수들이 옵션가격에 미치는 영향은 다음과 같다.

① 기초자산(S) : 기초자산의 시장가격이 높을수록 콜옵션가격은 증가하고, 반대로 가격이 낮을수록 콜옵션가격은 감소한다. 왜냐하면 콜옵션의 내재가치는 $S-X$이기 때문이고, 행사가격이 일정한 상태에서 기초자산의 현재가격이 높으면 만기일에도 시장가격이 행사가격보다 높아질 가능성이 커지기 때문이다. 이와 반대로, 풋옵션은 현재의 시가가 낮을수록 풋옵션가격이 높아진다.

② 행사가격(X) : 콜옵션의 가치는 행사가격이 낮을수록 증가하고, 높을수록 감소한다. 콜옵션의 행사가격이 높을수록 기초자산을 더 높은 가격에 매입해야 하므로 내재가치가 감소하기 때문이다. 이와 반대로 풋옵션은 행사가격이 높아지면 내재가치가 증가하므로 풋옵션가격도 증가한다.

③ 기초자산의 가격변동성(σ) : 콜옵션이나 풋옵션 모두 기초자산의 가격변동성, 즉 수익률의 위험(σ)이 클수록 만기일에 기초자산의 가격이 행사가격보다 높아지거나 낮아질 확률이 증가하므로 옵션가치도 증가하게 된다. 반대로 기초자산의 가격변동성이 작을수록 옵션가치는 감소한다. 예를 들어, 콜옵션에서 $S<X$인 경우 권리행사 포기로 손실은 0이 되는 데 비해, $S>X$인 경우에는 이익의 상한선은 무한히 커질 수 있기 때문이다.

④ 만기(T) : 콜옵션가격은 만기(만기의 잔존기간)가 길수록 옵션가치는 커지고, 만기가 짧을수록 옵션가치는 감소한다. 왜냐하면 만기가 길수록 미래에 주식가격이 상승할 가능성이 높아지고, 동시에 행사가격(X)의 현재가치, 즉 $PV(X)=\dfrac{X}{(1+R_f)^T}$는 작아지기 때문이다.

풋옵션가격도 만기가 길수록 옵션가치가 커지는데, 그 이유는 미래의 주가가 하락할 가능성이 높아지기 때문이다. 풋옵션 행사가격의 현재가치는 만기일에 행사가격보다 작아지므로 풋옵션가격은 감소한다. 한편, 만기가 길면 옵션가치에 유리한가 하는 의문이 제기된다. 유럽형 옵션의 경우, 만기에만 행사가 가능하고 만기일의 주가가 원하는 대로 형성되지 않으므로 만기가 긴 것이 오히려 불리할 수도 있다. 그러나 유럽형 옵션도 만기 이전에 전매가 가능하므로 만기면에서 미국형 옵션과 차이가 없다고 볼 수 있다.

⑤ 무위험이자율(R_f) : 무위험이자율이 상승하면 콜옵션가치는 증가하고, 풋옵션가치는 감소한다. 왜냐하면 무위험이자율의 상승은 콜옵션의 경우 콜옵션 행사시 지불해야 하는 행사가격의 현재가치[$PV(X)$]를 낮추는 효과를 가져오기 때문이다. 마찬가지로 풋옵션의 경우는 행사시 받는 행사가격의 현재가치가 낮아지기 때문에 풋옵션가치는 감소한다.

⑥ 배당성향(d) : 콜옵션가격은 배당성향이 높을수록 낮아지고, 반대로 배당성향이 낮을수록 높아진다. 왜냐하면 일반적으로 배당수익률이

높으면 상대적으로 시세차익수익률이 낮아지는 경향이 있는데, 이는 주가의 상승보다는 하락을 뜻하기 때문이다.

이상의 가격결정요인변수가 콜옵션·풋옵션의 가격에 미치는 영향관계를 정(+), 부(−)로 나타내 표로 정리하면, 다음과 같다.

결정요인	옵션가치와의 상관관계	
	콜옵션가격	풋옵션가격
시장가격(S)	+	−
행사가격(X)	−	+
수익률 위험(σ)	+	+
만기(T)	+	+ 또는 −
무위험이자율(R_f)	+	−
배당성향(d)	−	+

3. 풋·콜 패리티

풋·콜 패리티(put-call parity)는 기초주식·콜옵션·풋옵션의 적절한 결합에 의해 무위험(헤지)포트폴리오를 구성하는 과정에서 형성되는 풋옵션·콜옵션 가격의 등가균형관계를 말한다. 옵션의 기능 가운데 특히 중요한 기능은 위험헤징이다. 풋·콜 패리티를 이용하여 주가변동위험을 완전히 제거한 무위험포트폴리오를 구성하면, 미래 주가의 변동과 상관없이 언제나 일정한 투자수익을 얻을 수 있다.

균형시장과 유럽형 옵션이란 가정하에 무위험포트폴리오를 구성해 보자. 1주의 주식(S)을 매입하고, 이 주식에 대한 풋옵션(P) 1계약을 매입하며, 풋옵션과 동일한 만기와 행사가격을 갖는 주식에 대한 콜옵션(C) 1계약을 매도(발행)하는 방법으로 포트폴리오를 구성한다. 이 포트폴리오의 현재시점에서의 투자액과 만기시점의 현금흐름은 다음과 같다. 이렇게 구성한 포트폴리오는 만기시점의 주가와 관계없이 항상 행사가격(X)만큼의 수익을 갖는 무위험포트폴리오이며, 현재의 현금흐름, 즉 투자액은 $(S+P-C)$가 된다.

포트폴리오의 구성	현재의 현금흐름	만기의 현금흐름	
		$S_T > X$	$S_T < X$
주식 매입	S	S_T	S_T
풋옵션 매입	P	0	$X - S_T$
콜옵션 매도	C	$-(S_T - X)$	0
	$S+P-C$	X	X

이상의 결과로부터 풋·콜 패리티 관계식을 도출해 보자. 현재의 투자액($S+P-C$)은 만기시점에서 무위험포트폴리오의 투자수익인 행사가격(X)의 현재가치와 같아지므로 X를 만기일(T)과 무위험이자율(R_f)을 감안하여 현재가치로 환산하면, 식 (13-4)와 같다.

$$S+P-C = \frac{X}{(1+R_f)^T} \tag{13-4}$$

앞의 식은 동일한 만기와 동일한 행사가격을 갖는 풋과 콜의 옵션가격 사이에 성립하는 관계를 나타내는데, 이를 P에 관한 식 (13-5)로 표시하면 풋·콜 패리티 관계식이 도출된다. 이 식은 옵션가격결정에서 매우 중요한 역할을 하는 식이다.

기초주식의 현재가격 S, 행사가격 X, 무위험이자율 R_f는 주어진 변수값이므로, 풋옵션가격 P만 알면 콜옵션가격 C를 구할 수 있다. 반대로 콜옵션가격 C를 알면 풋옵션가격 P를 구할 수 있다.

이와 같이 콜옵션과 풋옵션은 동전의 양면같이 뗄 수 없는 관계로 어느 하나만 알면, 풋·콜 패리티 등가관계식에 의해 나머지 옵션가격은 쉽게 결정된다.

$$P = C - S + \frac{X}{(1+R_f)^T} \tag{13-5}$$

식 (13-5)에서 무위험이자율을 연속복리할인율로 나타내면, 식 (13-6)으로 표시된다. 한편, 식 (13-6)을 변형하여 식 (13-7)과 같이 나타낼 수 있다.

$$P = C - S + X \cdot e^{-R_f \cdot T} \tag{13-6}$$

$$S + P = C + X \cdot e^{-R_f \cdot T} \tag{13-7}$$

단, $e^{-R_f \cdot T}$: 연속복리로 계산한 T기간 동안의 할인율

$X \cdot e^{-R_f \cdot T}$: 만기일에 행사가격만큼 지급받는 채권의 현재가치

식 (13-7)의 좌변은 기초주식을 매입하는 동시에 풋옵션을 매입하는 포트폴리오로 방어풋(protective put)이라 한다. 우변은 콜옵션을 매입하는 동시에 무위험채권을 매입하는 포트폴리오이다. 좌변과 우변의 포트폴리오 전략은 균형상태에서 등가관계가 성립한다. 만약 등가관계가 성립하지 않는다면 초과수익을 얻기 위해 차익거래가 발생할 것이고, 차익거래는 초과수익이 사라질 때까지 계속될 것이므로, 결국 초과수익이 발생하지 않는 균형상태에서 식 (13-7)은 등가관계가 성립하게 된다.

4. 옵션가격결정모형 : 블랙-숄즈 모형

(1) 블랙-숄즈 모형의 가정과 가격결정식

1973년 블랙(F. Black)과 숄즈(M. Scholes)는 몇 가지 가정하에 앞의 가격결정요인들을 고려한 유럽형 옵션의 가격결정모형을 발표하였다.[1] 블랙-숄즈 옵션가격결정모형(option pricing model : OPM)은 다음의 가정하에 도출된 모형으로 식 (13-8)과 같다.

① 기초자산(주식)은 연속적으로 거래가 이루어지며, 가격은 위너의 연속확률과정(Wiener's process)을 따른다.
② 만기일에만 권리를 행사할 수 있는 유럽형 옵션이다.
③ 만기일까지 무위험이자율과 기초자산가격의 변동성은 변하지 않는다.
④ 기초자산인 주식의 배당금 지급은 없다.
⑤ 거래비용, 세금 및 공매에 대한 제약이 없는 완전시장이다.

위의 가정들에 대해 좀더 자세히 설명해 보면, 다음과 같다.

---

1) Black, Fisher and Myron Scholes, "The Pricing of Options and Corporate Liabilities," *Journal of Political Economy*, 81(May-June 1973), pp.637～659.

①의 가정은 기초자산의 가격이 로그정규분포(log normal distribution)를 따른다는 것을 의미한다. 정규분포의 값은 $-\infty$에서 $+\infty$까지의 값을 갖지만, 옵션가치는 음의 가격을 가질 수 없기 때문에 로그정규분포를 가정한다. 로그정규분포는 정규분포에 자연로그를 취한 값으로 0부터 양(+)의 무한대(∞) 값을 갖는다.

②의 가정에서 유럽형 옵션을 대상으로 한 모형이지만, 실제로 거의 모든 옵션은 전매가 가능하기 때문에 미국형 옵션의 특징인 만기일 이전의 조기 권리행사가 옵션가치에 별다른 영향을 주지 못한다. 그러므로 유럽형 모형을 적용해도 가격결정에 큰 오차가 발생하지 않게 된다. 우리나라 주가지수옵션은 유럽형이므로 블랙-숄즈 모형의 가정과 일치한다.

③의 가정인 단기이자율과 기초자산가격의 변동성이 고정되어 있다는 가정은 어느 특정시점을 의미한다. 블랙-숄즈 모형은 특정시점의 옵션가격을 나타내는 것이므로 시간경과에 따라 연속적으로 새로운 가격을 결정할 필요가 있다. 이 가정은 현실성이 없는 가정으로 생각되지만, 현실적으로 블랙-숄즈 모형의 활용성은 매우 높기 때문에, 이 가정이 모형의 효용성까지 하락시키지는 않는다고 본다.

④와 ⑤의 가정에서 제시된 무배당과 완전시장은 비현실적 가정이지만, 많은 실증연구에 의하면, 이들 가정을 모형에 반영하여 검증한 결과, 옵션가격에 큰 영향을 미치지 않는 것으로 나타났다.

$$C = S_0 N(d_1) - X \cdot e^{-R_f \cdot T} N(d_2)$$
$$d_1 = \frac{\ln(S_0/X) + (R_f + 0.5\sigma^2) \cdot T}{\sigma\sqrt{T}}$$
$$d_2 = \frac{\ln(S_0/X) + (R_f - 0.5\sigma^2) \cdot T}{\sigma\sqrt{T}} = d_1 - \sigma\sqrt{T} \tag{13-8}$$

단, C : 콜옵션의 현재가격

S_0 : 주식의 현재 시장가격

$N(d)$: d에서 누적(표준)정규분포의 값보다 작을 확률

X : 옵션의 행사가격

e : 자연로그(natural log)의 밑수=2.7183

R_f : 무위험이자율(연속복리할인 이자율)

T : 만기

ln : 자연로그

σ : 연간수익률의 표준편차

식 (13-8)의 블랙-숄즈의 가격결정식은 미래에 발생할 현금흐름을 확률에 따라 가중평균하여 기댓값을 구한 후, 이를 현재가치로 할인한 것이다.

즉, 첫째 항 $S_0N(d_1)$은 예상되는 주가의 분포를 그 확률로 가중평균한 값을 현재가치로 할인한 것이고, 둘째 항 $X \cdot e^{-R_f \cdot T}N(d_2)$는 만기일에 지급할 행사가격($X$)의 기댓값의 현재가치이다.

결국 블랙-숄즈 모형에 의한 콜옵션가격은 만기일의 주가 기댓값의 현재가치에서 권리행사시 지급할 금액의 기댓값의 현재가치를 차감한 금액이다. 블랙-숄즈 모형에서 핵심이 되는 $N(d)$의 성격을 중심으로 설명하면 다음과 같다.

(1) $N(d)$는 옵션이 만기까지 내가격(in the money)옵션이 될 위험조정확률을 의미한다. 만약 옵션행사의 가능성이 매우 높아서 $N(d)$의 값이 1에 접근하면 이는 옵션이 행사될 가능성이 매우 높은 상황이다. 이 경우 콜옵션가치는 $C = S_0 - X \cdot e^{-R_f \cdot T} = S_0 - PV(X)$, 즉 현가로 표시한 내재가치에 근접한다.

(2) 반면에 $N(d)$가 0에 근접하면($N(d) \approx 0$), 옵션이 행사될 가능성은 거의 없어서 옵션가치(C)는 영의 값에 근접한다.

(3) $N(d)$는 0과 1 사이의 값으로 옵션가치는 내가격옵션일수록 커진다. 즉, 내가격옵션이 될 위험조정확률 $N(d)$의 값은 내재가치($S-X$)의 크기에 따라 결정되지만, 이 공식에서는 $\ln(S_0/X)$의 크기로 측정할 수 있는데, 이는 옵션가치가 존재할 확률을 나다낸다. 예컨대, $\ln(S_0/X) = 0.30$이라면 콜옵션의 내가격(in the money) 확률이 30%라는 의미이고, -0.20이라면 외가격 확률이 20%라는 의미이다.

(4) 이 모형은 기초주식의 가격변동성(σ^2)이 클수록, 만기까지의 잔존기간(T)이 길수록 옵션가치가 커지는 관계식이다.

(5) 기간배당률(d)을 고려할 경우, 블랙-숄즈 모형에서 S를 $S(1-d)$로 대체하여 옵션가격을 구하면, 다음의 식과 같이 된다.

$$C = S(1-d)N(d_1) - X \cdot e^{-R_fT}N(d_2) \qquad (13\text{-}9)$$

이상에서 블랙-숄즈 모형에 의한 콜옵션의 가격결정에 대해 설명하였다. 그러면 풋옵션가격은 어떻게 결정되는가? 풋옵션가격의 결정은 블랙-숄즈 모형의 식 (13-8)과 앞서 설명한 풋·콜 패리티를 이용하여 구할 수 있는데, 다음의 식 (13-10)과 같다.

$$P = X \cdot e^{-R_f \cdot T} \cdot N(-d_2) - S \cdot N(-d_1)$$
$$N(-d_1) = 1 - N(d_1)$$
$$N(-d_2) = 1 - N(d_2) \quad (13\text{-}10)$$

예제 13-1 블랙-숄즈 모형에 의한 콜옵션가격의 추정

KOSPI 200 주가지수옵션의 오늘 종가는 50.00이고 행사가격은 49.00이다. 오늘 매입하여 만기일까지 보유시 잔존일수는 199일, 무위험이자율이 7%, 수익률의 분산이 0.09라면 콜옵션가격은 얼마인가?

풀이

- 제1단계 : d_1, d_2 산출

$$d_1 = \left[\ln\left(\frac{S}{X}\right) + (R_f + 1/2 \times \sigma^2)\, T\right] / \sqrt{\sigma^2 \cdot T}$$
$$= \left[\ln\left(\frac{50.00}{49.00}\right) + (0.07 + 1/2 \times 0.09) \times \frac{199}{365}\right] / \sqrt{0.09 \times \frac{199}{365}}$$
$$= [0.0202 + 0.0627] / 0.2215 = 0.3742$$
$$d_2 = d_1 - \sqrt{\sigma^2 T} = 0.1527$$

※ $\frac{50.00}{49.00} = 1.0204$의 ln값을 부록의 자연로그표에서 보간법으로 구하면,

$$X = 0.0198026 + (0.0295588 - 0.0198026) \times \frac{1.0204 - 1.02}{1.03 - 1.02} = 0.02019 \fallingdotseq 0.0202$$

1.02	1.0204	1.03
0.0198026	$X(?)$	0.0295588

- 제2단계 : $N(d_1)$과 $N(d_2)$ 산출

표준정규분포표를 이용하여 구한다. 단, 표준정규분포의 값은 $-\infty$부터 $+\infty$까지의 값이지만, 우리가 구하는 누적확률은 0에서 +1 사이의 값이고 $N(0) = 50\%$이므로 실제 $N(d_1)$의 값은 정규분포표에서 보간법으로 찾은 값(0.1459)에 0.5(50%)를 더해준 값이 된다.

$$N(d_1) = N(0.3742) = 0.6459$$
$$N(d_2) = N(0.1527) = 0.5607$$

※ 0.3742로 부록의 표준정규분포표에서 0.37과 0.38 사이의 값이다. 이를 보간법으로 구하면,

$$X = 0.1443 + (0.1480 - 0.1443) \times \frac{0.3742 - 0.37}{0.38 - 0.37} = 0.145854 \fallingdotseq 0.1459$$

0.37	0.3742	0.38
0.1443	$X(?)$	0.1480

• 제3단계 : 콜옵션가격 C 산출

$$C = S_0 N(d_1) - X \cdot e^{-R_f \cdot T} N(d_2)$$
$$= 50 \times [N(d_1)] - 49 \times [e^{-0.07 \times (199/365)}] \times N(d_2)$$
$$= (50 \times 0.6459) - (49 \times 0.9626 \times 0.5607) = 5.85$$

∴ 주가지수옵션의 거래단위가 10만원이므로 콜옵션 1계약 금액은 585,000원이다.

(2) 블랙-숄즈 모형의 장 · 단점

블랙-숄즈 모형의 가정에서 필요로 하는 변수들의 자료는 현실적으로 거의 충족시킬 수 있기 때문에, 이 모형에 의해 도출된 이론가격은 비교적 정확하다고 볼 수 있다. 그러나 옵션의 실제가격은 효율적 시장에서 결정되는 시장가격이기 때문에 블랙-숄즈 모형이 옵션의 실질가격(true price)을 제공하지는 못한다. 블랙-숄즈 모형은 그 특성상 다음과 같은 장점과 한계점을 가지고 있다.

[장점]

① 블랙-숄즈 모형을 통하여 옵션가격(프리미엄) 결정에 각 결정변수들이 어떤 작용을 하는지 알 수 있다.

② 미래 특정시점의 옵션가격을 예측할 수는 없지만, 각 결정변수들의 미래값을 예측하면 블랙-숄즈 모형을 이용하여 향후 옵션가격의 움직임이 어떤 방향으로 움직일 것인가를 예측할 수 있다는 점에서 블랙-숄즈 모형은 매우 유용한 옵션가치평가 수단이다.

[한계점]

① 블랙-숄즈 모형에 의해 옵션가치를 평가하기 위해서는 모형의 변수들에 대한 자료가 필요하다. 이들 변수 가운데 연속복리주가수익률의 표준편차를 제외한 변수들의 자료는 정확하고, 또한 대부분 쉽게 얻을 수 있는 것들이다. 다만, 연속복리주가수익률의 표준편차는 추정이 매우 어렵다는 것이 문제이다. 그래서 통상 주가수익률에 대한 역사적 자료를 이용하여 과거 일정기간 동안의 역사적 변동성(historical volatility)을 계산한 주식수익률의 분산값을 대용치로 사용한다. 이로 인해 실제옵션가격과 블랙-숄스 모형에 의한 이론가격 간에 차이가 나는데, 이런 점이 한계점으로 대두되고 있다.

② 블랙-숄즈 모형은 특정시점의 가격만을 제시할 수 있다. 따라서 가격결정변수 중 어느 하나의 값만 변해도 모형의 가격은 달라진다. 그런데 가격결정변수의 하나인 잔존만기는 시간이 흐름에 따라 줄어들 수밖에 없기 때문에 일정기간 동안 옵션가격을 알기 위해서는 블랙-숄즈 모형을 매 순간마다 적용해야 하는 문제점이 생긴다.

(3) 블랙-숄즈 모형의 투자결정에의 활용

1) 옵션델타와 헤지비율

블랙-숄즈 모형에서 옵션가격을 결정하는 변수들 중에서 기초자산의 시장가격, 만기, 가격변동성, 이자율의 변동은 옵션가격의 변화에 매우 중요한 의미를 가지고 있다. 이들 변수 중 기초자산가격은 옵션가격 결정에 가장 민감도가 큰 변수이다. 따라서 기초자산의 가격변화가 옵션가격의 변화에 미치는 민감도를 측정할 필요가 있는데, 그 지표로 옵션델타(Δ)가 사용된다. 옵션델타는 기초자산가격의 변동폭에 대한 옵션가격의 변동폭의 비율로서, 다음과 같이 나타낼 수 있다.

$$\text{옵션델타} : \Delta = \frac{\Delta C}{\Delta S} = m \ : \text{헤지비율} \qquad (13\text{-}11)$$

옵션가격은 [그림 13-3]과 같이 기초자산가격의 함수로 나타나며, 이 두 변수의 기울기를 헤지비율이라고 한다. 헤지비율(hedge ratio)은 옵션델타로서 기초자산 가격변동폭에 대한 옵션가격 변동폭의 비율로 측정된다. 이는 옵션

그림 13-3

콜옵션가격과 헤지비율

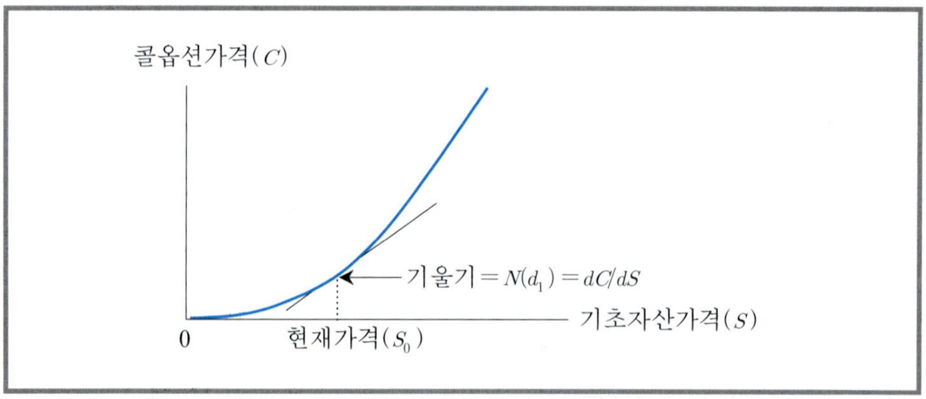

가격의 변동위험을 헤지하기 위해서 보유해야 할 주식수, 즉 매도(발행)할 콜옵션 계약수에 대해 보유할 주식수를 의미한다.

예를 들어, KOSPI 200 지수 콜옵션의 현재가격이 80.00일 때 콜옵션가격은 0.50으로 형성되고 있는데, 만약 주가지수가 80.10으로 상승할 때 콜옵션가격은 0.55로 상승한다면, 이 경우 옵션델타는 0.05/0.10=0.5가 된다. 이는 주가지수가 1단위 변동할 때 옵션가격은 0.5단위 변동한다는 것을 의미하는 헤지비율이다.

$$\text{헤지비율} : m = \frac{0.55-0.50}{80.10-80.00} = \frac{0.05}{0.10} = \frac{1}{2}$$

앞에서 헤지비율은 주가지수를 1단위 매입하고, 콜옵션을 2계약 매도하는 것을 의미한다. 이때 전체 포지션의 델타는 0이 된다. 이와 같이 헤지비율을 이용하면 기초자산(주식 혹은 주가지수)의 가격이 변해도 포지션 전체의 가치는 불변인 상태, 즉 완전헤지를 만들 수 있다.

옵션을 이용한 헤징전략으로는「기초자산 매입+풋옵션 매입」으로 포트폴리오를 구성하는 방어풋(protective put)전략과「콜옵션 매도(발행)+기초자산 매입」으로 포트폴리오를 구성하는 커버드 콜(covered call)전략 두 가지가 있는데, 헤지비율은 바로 위험이 헤지된 콜옵션포지션을 만들 수 있다는 것을 보여주고 있다.

다음에서 옵션델타(헤지비율)의 특성과 옵션투자에의 활용을 요약한다.

(1) 델타값은 기초자산의 가격수준에 따라서 변하는데, 옵션의 종류(콜, 풋), 매수·매도 포지션, 그리고 기초자산의 가격에 따라 달라진다.

옵션의 종류	매수포지션 델타(Δ)	매도포지션 델타(Δ)
콜옵션	0 ~+1	−1 ~ 0
풋옵션	−1 ~ 0	0 ~+1

외가격옵션의 경우, 옵션가치가 0이므로 델타값도 0이 되고, 내가격옵션의 경우는 기초자산의 가격이 1단위 증가하면 옵션가격도 1단위 증가하기 때문에 델타는 1이 된다. 반면에 만기일 이전에는 권리행사의 유무가 확실하지

않기 때문에, 0에서 1 사이의 값을 나타낸다. 다만, 내가격옵션의 정도가 클수록 옵션가격곡선의 기울기는 1에 근접하고, 외가격옵션에 가까울수록 0에 접근한다. 그러므로 등가격옵션의 기울기는 항상 0.5가 된다.

(2) 옵션델타(헤지비율)는 기초자산가격 변동폭에 대한 옵션가격의 변동폭을 나타내므로 옵션가격의 추정에 활용된다.

예제 13-2 옵션델타를 이용한 콜옵션가격의 추정

KOSPI 200 주가지수는 현재 90.00, 옵션델타는 0.5이고, 등가격옵션의 가격이 1.00으로 형성되고 있다. 만기까지 주가지수가 88.90으로 하락한다면, 콜옵션가격은 얼마인가? 반대로 콜옵션가격이 91.50으로 상승하는 경우에 콜옵션가격은 얼마인가?

풀이

하락시 콜옵션가격 :

1.10×0.5=0.55만큼 하락하므로 1.00−0.55=0.45가 된다.

상승시 콜옵션가격 :

1.50×0.5=0.75만큼 상승하므로 1.00+0.75=1.75가 된다.

(3) 블랙-숄즈모형에서 $N(d_1)$은 내가격이 될 위험조정확률이었는데, 이것이 바로 헤지비율이며, 콜옵션가격선의 접선의 기울기이다. 기초자산가격이 높아질수록 [그림 13-3]에서 헤지비율(기울기)이 1에 접근하게 되는데, 1에 접근한다는 것은 위험헤지를 위해 매입할 주식수의 증가를 의미한다. 마찬가지로 옵션델타는 만기일에 내가격옵션이 될 확률로 사용될 수 있다. 앞에서 등가격옵션의 델타는 0.5라고 하였는데, 이는 만기일에 내가격옵션이 될 확률이 0.5가 된다는 의미이다. 이로부터 만기일에 내가격옵션을 그대로 유지할 확률은 0.5 이상이 되고, 반면에 외가격옵션이 만기일에 내가격옵션이 될 확률은 0.5 미만이 된다는 것을 알 수 있다.

한편, 만기의 잔존기간에 따라 기초자산가격은 변동하고, 이에 따라서 델타도 변동한다. 즉, 시간흐름에 따라 등가격옵션의 델타는 증가하고, 내·외가격옵션의 델타는 감소하는데, 변동의 크기는 내·외가격옵션이 등가격옵션보다 상대적으로 크다.

(4) 헤지비율을 이용하여 무위험헤지포트폴리오(riskless hedge portfolio)를 구성할 수 있다. 즉, 포트폴리오의 델타가 0이 될 때, 기초자산의 가격변동에

대해 완전헤지가 되는 무위험헤지포트폴리오가 이루어진다. 이와 같이 옵션을 이용하여 포트폴리오의 델타를 0으로 만드는 것을 델타헤지(delta hedge)라고 하며, 이를 위해 필요한 옵션계약수는 헤지비율로 구한다. 즉, 기초자산의 시장가격이 상승할 것으로 예상되면 델타를 양수로 증가시키고, 반대로 시장가격이 하락할 것으로 예상되면 델타를 음수로 낮춤으로써 포트폴리오의 델타를 0으로 조정할 수 있다. 델타헤지를 이용하면 기초자산의 가격변동에 영향을 받지 않을 수 있기 때문에, 헤지비율은 포트폴리오의 위험관리에 유용한 수단으로 이용된다.

그러나 헤지비율을 이용하는 데 있어 실질적 문제점은 헤지비율, 즉 델타값이 근본적으로 특정시점의 값이라는 점이다. 옵션델타는 시장상황의 가변성과 시간흐름에 따라 연속적으로 변하기 때문에, 헤지비율을 계속 조정하면서 옵션수도 연속적으로 조정해 주어야만 한다. 이론적 헤지비율은 블랙-숄즈 모형으로부터 도출할 수 있지만, 델타헤지의 실행을 위해서는 현실적으로 옵션의 연속적 매매를 해야 하는 어려움과 이에 따른 거래비용의 제약이 따른다.

예제 13-3 옵션델타를 이용한 무위험헤지포트폴리오의 구성

주가지수 콜옵션의 행사가격이 80.00이며 델타가 0.60인 콜옵션과 행사가격이 85.00이며 델타가 0.30인 콜옵션을 각각 1계약씩 보유하고 있다고 가정한다. 이때 이 옵션들을 이용하여 기초자산가격의 변동에 전혀 영향을 받지 않는 무위험헤지포트폴리오를 구성하려면 어떻게 해야 하는가?

풀이

80.00옵션 1계약 매도와 85.00옵션 2계약 매수한다.
이 경우 포트폴리오의 델타는 $-0.60+0.30\times 2=0$이 되어 완전헤지가 이루어진다.

2) 옵션모형을 이용한 주식 · 채권의 평가

주식이나 채권은 일종의 조건부청구권으로서, 이들 주식과 채권의 가치평가에 옵션가격결정모형이 적용될 수 있다. 옵션모형을 이용한 주식과 채권의 가치평가를 그림으로 나타내면, [그림 13-4]와 같다. 주식은 기업의 총자산에 대한 콜옵션이고, 부채총액은 행사가격으로 볼 수 있다. 따라서 부채상환

그림 13-4

옵션모형을 이용한 주식과 채권의 가치평가

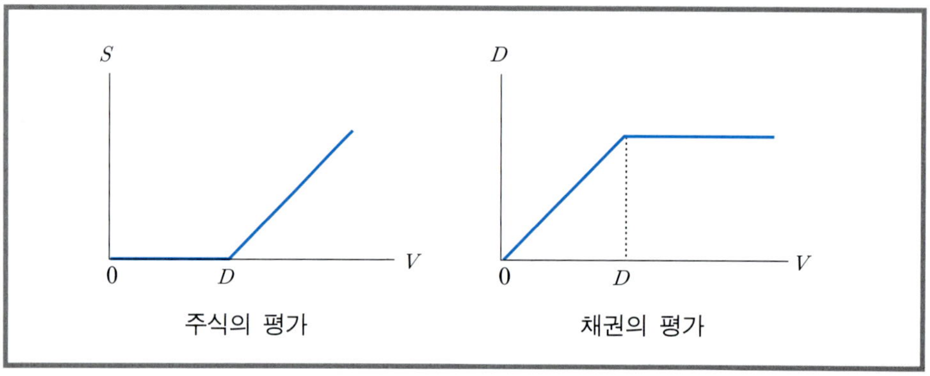

시 $V>D$인 경우에 주주의 가치는 총자산가치(V)에서 채권자의 몫인 부채총액(D)을 차감한 $V-D$가 되고, 반대로 $V<D$인 경우에는 주주의 가치는 0이 되므로 모든 자산은 채권자들의 몫이 된다. 이로부터 주식가격(S)은 식 (13-12)와 같이 표시할 수 있으며, 주가변동은 콜옵션을 적용하여 설명할 수 있다.

$$S = \mathrm{Max}(0,\ V - D) \tag{13-12}$$

기업의 부채 역시 조건부청구권으로 부채가치 평가에 콜옵션이 적용될 수 있다. 채권의 상환시점에서 기업의 총자산이 $V>D$인 경우에는 D를 받을 수 있지만, $V<D$인 경우에는 V만 받게 된다. 이를 콜옵션으로 표시하면 식 (13-13)과 같다.

$$D = \mathrm{Min}(V,\ D) \tag{13-13}$$

3) 신주인수권부사채(BW)의 평가

신주인수권부사채(bond with warrants : BW)는 일정기간 내에 일정 인수가격으로 일정수량의 신주를 살 수 있는 신주인수권(warrants)이 부여된 사채로 일반사채와 신주인수권이 결합된 혼합증권이다. 신주인수권부사채에 대한 특성은 제11장에서 설명했으므로 생략하고, 신주인수권부사채의 가치평가에 대해서만 설명한다. 신주인수권부사채(BW)에서 약정된 인수가격은 콜옵션의 행사가격의 성격을 가지고 있다. 따라서 BW의 가치는 일반사채의 가치와 신주인수권(행사가격) 가치의 합계이다. 여기서, 신주인수권의 가치(W)는 인수권 행사시 형성되는 주가수준과 인수가격(행사가격), 그리고 신주인수권 행사로 늘어나는 주식수에 따라 결정되는데, 이를 식으로 나타내면 다음과 같다.

$$W = N_s(S_T - X) \qquad (13\text{-}14)$$

단, W : 신주인수권의 가치
N_s : 1개의 신주인수권으로 인수할 수 있는 주식수
S_T : 신주인수권 행사시 보통주의 시장가격
X : 1개의 신주인수가격(행사가격)

4) 전환사채(CB)의 평가

전환사채(convertible bond : CB)는 주식으로 전환할 수 있는 전환권이 부여된 사채로 전환권과 일반사채가 결합된 혼합증권이다. 전환권은 일정기간 내에 사채권을 포기하고 일정 전환가격(행사가격)에 주식으로 전환할 수 있으므로 미국형 옵션의 성격을 지닌다. 전환사채가격은 기본적으로 일반사채의 가치와 주식으로의 전환가치의 합계액으로 이루어진다. 전환사채가 주식으로 전환되지 않는 경우의 일반사채 가치(B)와 주식으로 전환되는 경우의 전환가치(CV)가 전환가치의 하한선이 된다. 여기에 전환사채의 옵션가치(O)를 합하면 전환사채가격이 된다.

$$CB = \mathrm{Max}(B,\ CV) + O \qquad (13\text{-}15)$$

단, CB : 전환사채의 가치
B : 사채의 가치
CV : 전환가치
O : 전환사채의 옵션가치

그림에 의한 설명은 제11장에서 하였으므로 여기서는 생략한다. 전환사채 단위당 전환되는 주식수를 나타내는 전환비율과 보통주로의 전환권 행사시 1주당 매수가격인 전환가격은 전환사채를 발행할 때 미리 정해지며, 통상 아래의 공식으로 구해진다. 한편, 전환가치는 전환권 행사로 보통주로 전환시의 가치로서 보통주의 시장가격에 전환비율을 곱한 금액이 된다.

전환사채의 옵션가치는 전환권에 대한 프리미엄으로 전환사채의 실제가격에서 전환가치를 차감한 금액인 동시에, 전환권 행사는 사채권을 포기함으로써 가능하므로 실제가격에서 전환권 행사시의 일반사채가격(행사가격)을 차

감한 금액이다.

- 전환비율＝사채의 액면가 / 전환가격(행사가격)
- 전환가격＝사채의 액면가 / 전환비율
- 전환가치＝보통주의 시가×전환비율
- 전환사채의 옵션가치＝전환사채의 실제가격－전환가치
- 전환사채의 옵션가격＝전환사채의 실제가격－사채가격

제 3 절 선물거래의 개념과 종류

1. 선물거래의 의의와 선도거래

(1) 선물거래의 의의

선물거래(futures transaction)란 미래의 특정시점에 일정량의 특정상품을 약정가격으로 구입하거나 매각하기로 선물계약(futures contract)을 맺고, 매매쌍방은 상품인도 및 대금지불의 의무를 이행한다는 전제조건하에 이루어지는 계약거래이다. 매매쌍방은 만기일에 약정대금을 수수하고, 현물을 인수·인도한다. 그러나 계약만기일 이전에 언제라도 반대매매를 통하여 가격차액을 결제함으로써 인도·인수 의무를 해소할 수 있다. 실제로 계약만기일에 현물을 인도·인수하고 대금결제가 이루어지는 경우는 극히 일부에 지나지 않고, 통상 반대매매 형태가 주를 이루고 있다. 이런 면에서 선물거래는 2일 내 계약과 당일 거래가격으로 상품의 인도·인수와 대금결제가 이루어지는 현물거래(spot trade)에 대응하는 거래개념이다.

선물거래는 사전에 매매가격을 계약에 의해 확정시킴으로써 미래의 가격변동에 따른 손실위험을 헤징하기 위한 수단으로 주로 이용되며, 다른 한편으로는 미래의 가격변동위험을 적극적으로 이용하여 시세차익을 얻기 위한 투기수단으로 이용되기도 한다. 이상에서 선물거래의 경제적 기능은 미래 현물가격의 예시기능, 미래의 위험관리기능, 현물시장의 활성화기능, 다양한 거래수단의 제공, 신금융상품의 개발기능 등으로 요약될 수 있다.

(2) 선물거래와 선도거래

선물거래와 유사한 거래형태로 선도거래가 있는데, 선도거래(forward transaction)는 매매쌍방이 특정상품에 대한 인도조건(시기, 가격, 수량, 등급, 장소 등)을 협약 또는 수락하고 결제와 상품인도가 이루어지는 거래형태이다. 선도거래는 통신판매에 의한 상품주문과 배달, 농산물의 계약재배와 거래 등의 예를 들 수 있는데, 소액인 경우는 구두계약만으로도 충분하지만 규모가 큰 경우에는 문서계약이 필요하다. 선도거래의 특징은 매매쌍방의 직접거래로 약정된 거래조건을 반드시 이행해야 할 의무가 있다는 것이다. 매매쌍방 중 어느 한쪽이 의무불이행시에는 사전에 정해진 분쟁조정절차에 따라 문제를 해결하게 된다.

선물거래와 선도거래의 공통점으로는 미래의 매매거래를 현재시점에서 약정한다는 점, 매매쌍방이 존재한다는 점, 미래의 가격변동 위험을 헤징하기 위한 헤징거래와 투기적 이익을 추구하기 위한 투기거래에 이용된다는 점을 들 수 있다. 양자의 차이점은 다음과 같이 요약할 수 있다.

① 선물거래는 표준화된 거래조건(거래단위, 인도가능조건, 등급, 품질, 수량, 할인 · 할증가격, 범위, 거래시간, 결제월 · 일)과 방식에 의해 거래되는 반면에, 선도거래는 매매쌍방간의 직접거래이므로 거래조건에 제한이 없으므로 다양한 조건과 방법으로 거래된다.

② 선물거래는 공인거래소인 선물거래소에서 거래되는 장내거래인 데 비해, 선도거래는 거래소 이외의 점두거래(over-the-counter market) 방식의 장외거래이다.

③ 선물거래의 가격은 공개호가방식의 공개경쟁으로 매일 형성되는 시장가격으로 결정되는 데 비해, 선도거래의 가격은 거래당사자간의 신용과 거래조건을 고려하여 한 번의 사적합의의 직접계약에 의한 계약가격으로 결정된다.

④ 선물거래는 계약기간중이라도 반대매매를 통해 제3자에게 양도가 가능해서 가격변동의 위험을 전가할 수 있는 신축성이 있으며, 만기일에는 실질적인 상품의 인도가 거의 이루어지지 않는 경향이 있다. 반면에, 선도거래는 계약기간중에 제3자에게 양도가 불가능하며, 만기

일에는 반드시 상품의 인도와 대금결제가 실행되어야 한다.

⑤ 선물거래는 국가공인 청산소를 통해 일일정산과 결제로 이루어지므로 유동성이 높아지는 장점이 있다. 이에 비해 선도거래는 시장의 자율규제에 의존하고 있어서 매매상대방의 계약불이행에 따른 손실위험이 따른다. 선물거래는 청산소에 일정 증거금을 납부해야 하는 데 비해 선도거래는 원칙적으로 증거금이 없다.

(3) 선물과 옵션의 유사점과 차이점

옵션과 선물은 대표적인 파생금융상품으로서 기능상 서로 유사한 점이 많은데, 유사점과 차이점을 요약하면 다음과 같다.

① 선물은 인수·인도 계약의 기초자산인 상품이 거래대상이고, 옵션은 기초자산을 매도·매수할 수 있는 권리가 거래대상이다. 옵션 매수·매도자는 기초자산을 만기일 내에 행사가격에 매수·매도할 수 있는 권리를 가지며, 옵션매수자가 권리를 행사할 때에만 옵션계약을 이행할 의무가 발생한다. 이에 비해 선물은 만기일에는 반드시 상품인도와 대금결제가 발생한다.

② 옵션은 매도자가 매수자에게 권리를 주는 대가로 옵션프리미엄을 받는다. 반면에, 선물은 거래에 따른 프리미엄 지불이 없다. 증거금의 이자비용과 수수료를 제외하면 선물은 현금이 수반되지 않는 100% 신용거래의 성격이다.

③ 옵션매수자의 최대손실은 옵션프리미엄으로 한정되지만, 선물매수자의 손실은 기초자산의 가격변동에 따라 그 규모가 무한대로 커질 수 있다. 옵션매도자의 손실은 프리미엄을 받는 대신에 계약이행의무가 있기 때문에 규모가 커질 수 있는 데 비해, 선물매도자의 손실은 규모가 한정되어 있다.

④ 옵션은 만기일 내에 권리행사를 할 필요가 없는 경우 옵션을 행사하지 않으므로 만기일이 지나면 옵션가치는 자동적으로 소멸되지만, 선물은 만기일에 반드시 상품의 인수·인도와 현금결제가 이루어진다. 그러나 주가지수옵션은 선물과 마찬가지로 만기일에 권리행사의 유무와 관계없이 현금결제가 의무적으로 일어나게 되어 있다.

2. 선물거래의 종류

선물거래는 선물계약의 대상 상품에 따라 상품선물과 금융선물로 구분된다. 상품선물(commodity futures)은 농산물 · 금속 · 에너지 등의 실물자산을 대상으로 하며, 금융선물(financial futures)은 금리 · 통화 · 주가지수의 금융자산을 대상으로 한다. 상품선물은 가장 전통적 · 전형적 선물로서 선물거래의 주를 이루면서 위험헤징수단으로 사용되고 있으나, 오늘날은 금융선물이 세계 선물거래량의 80%를 차지할 정도로 거래규모가 대폭 급증되어 왔다.

1970년대 들어 국제금융시장이 금리 · 환율의 변동성이 커짐에 따라 상품선물거래방식이 원용된 옵션이 1973년 4월 시카고옵션거래소(CBOE) 개설시 상장되었고, 파생금융상품(옵션 · 금융선물 · 주가지수 등)이 1980년대 중반부터 전 세계로 확대되면서 다양한 파생금융상품의 개발로 현재는 세계 선물거래량에서 금융선물거래는 상품선물거래보다 훨씬 큰 비중을 차지할 뿐만 아니라, 금융시장의 변혁까지 초래하였다. 금융선물은 현재 시점에서 자산가치를 확정함으로써 미래의 가격 · 이자율 · 환율 등의 변동에 따른 금융자산의 가치변동위험을 헤징할 목적으로, 그리고 높은 위험을 감수하는 대신 높은

표 13-1 선물거래 대상품목

선물 구분	선물 종류	대상품목
상품선물	농산물	옥수수, 쌀, 밀, 콩, 콩기름, 솜, 설탕, 코코아, 감자, 고무, 오렌지주스, 팜유
	축산물	생돈(한국), 생우, 냉동삼겹살, 돈육(한국)
	임산물	목재, 합판
	비철금속	구리, 알루미늄, 플라티늄, 아연, 니켈, 주석, 납
	귀금속	금, 은, 백금, 금선물(한국)
	에너지	원유, 벙커시유, 가솔린, 천연가스, 프로판가스, 난방유, 전기
금융선물	통화선물	미국달러, 유럽유로, 영국파운드, 호주달러, 캐나다달러, 독일마르크, 일본엔, 스위스프랑, 미국달러 · 엔 · 유로 · 위안화선물(한국)
	금리선물	미국재무성증권(T-Bill, T-Note, T-Bond), 일본국채, 영국국채, 독일국채, CD, LIBOR, Euro달러, 유로엔, 국채(3년채 · 5년채 · 10년채) · 통안증권금리선물(한국)
	주가지수선물	S&P 500, NYSE 지수, 다우존스지수, MMI(Major Market Index)지수, Value Line 지수, 일본Nikkei 225 지수, 독일 DAX, 스페인 IBEX, KOSPI 200 지수 · KOSDAQ STAR지수(한국)

시세차익을 얻으려는 투기 목적으로 활발히 이용되고 있다.

〈표 13-1〉의 선물들을 취급하는 국제적으로 대표적인 거래소로는 비철금속의 런던금속거래소(LME), 곡물의 시카고상품거래소(CBOT), 귀금속과 원유의 뉴욕상품거래소(NYME), 축산물의 시카고상업거래소(CME)가 유명하며, 뉴욕선물거래소(NYFE)의 CRB지수는 농축산물·금속·에너지의 종합지수로 유명하다.

참고

- 시카고상품거래소(Chicago Board of Trade : CBOT) : 1948년 세계 최초로 설립된 세계 최대의 종합선물거래소이다. 초창기에는 곡물이 주거래 대상이었으나, 1970년대 후반부터는 곡물 중심에서 종합상품거래소로 변모했다. 1975년 최초로 금리선물을 개시하였고, 1984년 아메리칸증권거래소(AMEX)의 MMI 지수 금리옵션을, 2000년부터는 전자상거래를 도입하였다. 현재 48개 종목의 상품선물과 다양한 금융선물이 거래되고 있으며, 금융선물의 비중이 상품선물을 포함한 전체 거래의 80%대 이상을 차지하고 있다.
- 시카고상업거래소(Chicago Mercantile Exchange : CME) : 1972년 설립된 세계 제2위의 선물거래소이다. 1972년 최초의 금융선물(통화선물)을, 1982년 4월 최초로 S&P 500 주가지수선물을 상장하였다. 닛케이 225 지수선물도 취급하고 있으며, 금융선물의 비중이 전체거래의 95%대를 차지하고 있다. 정규 개장시장 외에도 컴퓨터 매매를 가능하게 하기 위해 GLOBEX 시스템을 개발하여 1992년부터 가동하고 있다.
- 시카고옵션거래소(Chicago Board Option Exchange : CBOE) : 1973년 4월 CBOT 회원들에 의해 설립되어 최초로 옵션거래를 개시한 옵션만 거래하는 증권거래소이다. 이전에는 옵션거래가 점두시장에서 이루어졌는데, 시카고상품거래소에서 1960년대 후반의 상품선물거래의 부진을 타개하고자 상품다양화를 모색하던 중 옵션거래를 도입하였다. 개설시에는 16개 종목의 주식에 대한 콜옵션의 거래로 시작하였으나, 선물거래의 특색을 도입하여 결제월·만기·행사가격 등을 표준화함으로써 거래가 크게 활성화되어, 1975년에는 풋옵션도 상장되었다. 1983년 3월에는 S&P 100 주가지수옵션을, 동년 7월에는 S&P 500 주가지수옵션을 추가로 상장하였고, 1990년 10월에는 장기주식예상증권(LEAPS)이라는 장기옵션을 상장하여 성공을 거두었으며, 1991년 1월 FTSE 100 지수에 기초한 Put Warrants를 상장하였다. 현재 주식거래량면에서 뉴욕증권거래소(NYSE)에 이어 제2의 거래소로서, 거래되는 주요 상품은 주식옵션, 금리옵션, 지수옵션이며, 이 중 금리옵션의 경우 미국 내 97%의 시장점유율을 차지하고 있다.

3. 우리나라의 선물거래

현재 우리나라에서 거래되는 선물로는 금선물 · 미국달러와 엔 · 유로 · 위안화선물 · 통화안정채권(통안증권)선물 · 국채선물(3년채 · 5년채 · 10년채) · KOSPI 200 주가지수선물 · 코스닥(KOSDAQ) STAR지수선물 · 주식선물 · 돈육선물 등이 있다. 이들 선물상품이 상장된 시기는 〈표 13-2〉와 같다.

표 13-2 우리나라의 선물거래

선물구분	선물종류	대상품목과 선물명칭		상장시기
상품선물	귀금속 · 석유 · 배출권	금선물		1999. 4. 23
		석유시장선물		2012. 3. 26
		배출권시장선물		2015. 1. 12
금융선물	통화	미국달러선물		1999. 4. 23
		엔 · 유로화선물		2006. 6. 26
		위안화선물		2015. 10. 5
	금리	통안증권금리선물(364일물)		2002. 12. 6
		국채선물	3년채	1999. 9. 29
			5년채	2003. 8. 22
			10년채	2008. 2. 25
	주가지수	KOSDAQ STAR지수선물		2005. 11. 7
		KOSPI 200 주가지수선물		1996. 5. 3
	주식	15개 주식		2008. 5. 6

* 2005. 1. 27자로 한국증권거래소, 한국선물거래소(주), 코스닥위원회, 코스닥증권(주)이 한국증권선물거래소(주)로 통합되었고, 2009. 2 한국거래소(KRX)로 이름이 바뀌었다.

(1) 우리니라 선물거래상품의 종류

우리나라에서 선물거래가 처음 시자된 것은 1996년 5월 3일 한국증권거래소(KSE)에 KOSPI 200 주가지수선물이 상장되면서부터이다. 이후 1999년 4월 23일 부산에 한국선물거래소(Korea Futures Exchange : KOFEX)의 개설로 금선물, 미국달러선물, CD금리선물, 미국달러선물옵션 등 4종목이 상장되면서 본격적 선물거래가 개시되었다. 동년 9월 29일에 국고채금리선물이, 2001년 1월 30일에 KOSDAQ 50 주가지수선물이, 2002년 12월 6일에 통안증권금리선물이 상장되었으며, 국채선물옵션(2002. 5. 10)과 KOSDAQ 50 주가지수옵션(2001. 12. 13, 2005년 11월 7일 STAR지수로 변경)도 상장되었고, 2008년 5월 6일에는 개별주식 15종목에 대한 주식선물이 상장되어 거래되고 있다. 현재 우리나라에서 거래되는 주요 선물거래상품들의 종류와 내용을 소개하면, 〈표 13-3〉과 같다.

표 13-3 우리나라 선물거래상품의 종류와 내용

구 분	금선물	미국달러 선물	3년국채선물	통안증권 금리선물	코스피200 지수선물	STAR 지수선물
기초자산	순도 99.99% 금괴	미국달러화	표면금리 0.875%, 3개월 이자지급 방식 3년만기 국고채	364일물 통안증권	KOSPI 200지수	STAR지수 50
거래단위	1Kg	USD10,000	액면가 1억원	액면가 2억원	코스피200지수 ×500,000원	STAR지수 ×10,000원
가격표시	g당 원	원/USD	액면 100원당 원화 (소수점 둘째자리까지)	100-R*	코스피200지수 (소수점 둘째자리까지)	STAR지수 (소수점 둘째자리까지)
최소가격 변동폭 : 호가단위	10원	0.10원	0.01p	0.01p	0.05p	0.5p
최소가격 변동금액 : tick가격	10,000원 (1,000g×10원)	USD10,000 ×0.10원	10,000원 (1억원×0.01 ×1/100)	20,000원 (2억원×0.01 ×1/100)	25,000원 (500,000×0.05)	5,000원 (10,000×0.5)
최종거래일	최종결제일 직전 2거래일	결제월 셋째 월요일	결제월 셋째 화요일	최종결제일 직전 거래일	결제월 둘째 목요일	결제월 둘째 목요일
최종결제일	결제월 마지막 거래일	최종거래일로부터 세 번째 거래일	최종거래일 다음 거래일	결제월 셋째 수요일	최종거래일 다음 거래일	최종거래일 다음 거래일
최종결제방법	인수도결제	인수도결제	현금결제	현금결제	현금결제	현금결제
최종결제가격 (인수도가격)	최종거래일 일일정산가격	최종거래일 일일정산가격	최종거래일 유통수익률	최종거래일 유통수익률	최종거래일 일일정산가격	최종거래일 최종지수

* 100-R : IMM index 방식, R은 유통수익률×100
** 2006. 6부터 상장되는 엔과 유로선물의 거래단위는 각각 500만엔, 5만 유로이다.

한편, 2004년 1월 1일부터 선물시장 일원화를 계기로 주가지수선물·옵션 및 개별주식옵션을 상장함으로써 유동성면에서 세계 유수시장으로 급부상할 정도로 장족의 발전을 하였다.

선물거래는 선물거래소, 선물중개회사, 고객으로 구성된 선물시장을 통해 이루어진다. 고객이 선물거래소의 회원사인 선물중개회사를 통해 주문을 내면 선물거래소는 주문에 따라 거래를 체결시키고 대금을 결제·청산해 준다. 선물거래소는 거래중개·이행보증기관의 기능과 결제기관 또는 청산소로서의 역할을 수행한다. 선물거래회원인 선물중개회사는 자기거래 이외에 고객주문에 의한 위탁거래를 거래소에 중개하며, 출고·출금업무와 일일결산으로 증거금의 관리를 수행하기도 한다. 준회원사가 아닌 정회원사의 경우는 선물계약의 청산도 대행할 수 있다.

(2) 증거금제도

선물거래는 일정기간 후에 대금의 수수가 이루어지는 관계로 결제시점에 예상과 달리 투자자의 포지션이 손실인 경우 계약을 포기할 위험이 커진다. 이런 위험을 방지하고 거래의 이행보증을 확실히 하기 위해서 일정액의 증거금을 납부하도록 하는 증거금제도를 시행하고 있다. 즉, 투자자는 선물거래에 의한 미래의 채무이행을 위하여 증거금을 예탁하고 모든 채무를 이행한 후에 해당 증거금을 찾아가는 제도이다. 증거금은 예탁을 받는 주체에 따라 거래소 회원인 선물회사가 거래소에 예탁하는 거래증거금과 고객이 선물회사에 예탁하는 위탁증거금으로 구분된다. 위탁증거금은 고객이 보유한 미결제약정에 대해 선물회사에 예탁해야 하는 증거금 산출시 적용되는 비율인 위탁증거금률에 의해 산출된다. 위탁증거금은 주문증거금, 개시증거금, 유지증거금, 추가증거금 등으로 세분할 수 있다.

① 주문증거금 : 고객이 선물회사(또는 증권회사)에 계좌개설 후 선물거래시 주문을 입력하기 이전에 주문품목별 · 계약당 일정금액을 사전 예탁금으로 납입하는 증거금이다.

② 개시증거금 : 최초로 선물거래 주문시 납부하는 증거금으로서 위탁증거금이라 한다. 즉, 거래체결시 포지션에 대해 부과되는 증거금으로 유지증거금 수준의 1.2~1.5배 수준이고 개시증거금의 1/3인 5%를 반드시 현금으로 납부해야 하며, 나머지 10%를 현물(유가증권)로 대납할 수 있다. 이는 고객이 유지증거금 이상으로 미리 충분한 자금을 예탁하여 빈번하게 증거금을 예탁하는 불편을 해소하기 위한 성격도 있다.

③ 유지증거금 : 거래체결 이후 항시 최소한 유지해야 하는 담보수준인 증거금으로 회원사가 거래소에 납부하는 거래증거금과 같은 수준이다. 거래증거금률은 선물중개사(회원)가 거래소에 예탁하는 거래증거금을 산정할 때 적용되는 증거금률이고, 유지증거금률은 고객의 예탁금이 미결제약정의 결제이행보증에 필요한 최소수준의 위탁증거금(유지증거금)을 산정할 경우에 적용되는 비율이다. 고객은 예탁금액이 유

지증거금을 하회할 경우 위탁증거금을 추가로 회원사에게 예탁하여 약정금액의 10% 이상을 증거금으로 항상 유지해야 한다.

④ 추가증거금 : 고객의 예탁(현금, 대용증권) 평가액이 유지증거금 수준보다 적은 경우, 선물회사는 해당고객의 예탁재산이 개시증거금 수준이 되도록 부족한 자금을 추가 예탁하도록 통보(margin call)하는데, 이 부족한 자금을 추가증거금(variation margin)이라고 한다.

우리나라 선물상품별 거래단위, 증거금과 증거금률은 〈표 13-4〉와 같다.

선물의 주문증거금은 주문수량×계약당 주문증거금으로 산출된다. 예를 들어, A씨는 국채선물 12월물 3계약과 스타지수선물 6월물 5계약을 신규 매수하려고 하는데, 전일 최종 스타지수가 90.00이라면 주문증거금은 얼마인가?

국채선물 주문증거금 510만원과 스타지수선물 주문증거금 1,500만원을 합해서 2,010만원을 선물회사에 납입해야 한다.

⇒ 국채선물 : 주문량(3계약)×계약당 주문증거금(170만원)=510만원

스타지수선물 : 주문량(5계약)×계약당 주문증거금(300만원)=1,500만원

표 13-4 우리나라의 선물상품별 증거금

구 분	거래단위	계약당 주문증거금	개시증거금	유지증거금	거래증거금률	위탁증거금	
						개시증거금률	유지증거금률
미국달러선물 미국달러옵션	1만달러	200만원	유지증거금의 1.2～1.5배	거래증거금	2.0%	4.5%	3.0%
통안증권금리선물	2억원	100만원			0.3%	차등적용 (최저 0.3%)	0.2%
금선물	1Kg	100만원			5.0%	차등적용 (최저 9.0%)	6.0%
국채선물 국채선물옵션	1억원	170만원			1.0%	1.0%	1.5%
KOSPI 200 선물 KOSPI 200 옵션	50만원 10만원	500만원* 100만원			10.0% 10.0%	15.0% 15.0%	10.0% 12.0%
스타지수선물	5만원	300만원**			10.0%	15.0%	10.0%

* 기본예탁금은 1,500만원, 신규주문위탁증거금=매수(매도)수량×50만원×15%(현금 5%)

** 95.00p 기준 증거금이고, 지수의 상승·하락에 비례하여 증거금도 증가·감소하며 상한은 없다.

※ 위탁증거금률이 개시증거금률이다.

옵션거래의 경우 주문증거금은 다음 산식으로 산출한다.

- 지정가 매수시 : 주문수량×옵션대금승수×주문가격
- 시장가 매수시 : 주문수량×계약당 옵션기준증거금
- 옵션 매도시 : 주문수량×옵션대금승수×(최대이론가격－매도이론가격)

예를 들어, 행사가격이 1,130원인 미국달러콜옵션 12월물을 주문가격(옵션프리미엄) 18원에 5계약 매수하는 경우, 선물회사에 납입할 주문증거금은 90만원이다.

⇒ 주문수량(5)×10,000×주문가격(18)＝90만원

제 4 절 선물가격의 결정원리

1. 선물거래의 이익

선물가격을 결정하는 특별한 모형은 없고, 선물시장에서 수요와 공급에 의해 결정된다. 선물의 수요는 주로 미래의 가격상승 위험을 회피하려는 헤지수요와 미래의 가격상승을 예상하여 시세차익을 얻으려는 투기수요로 나눌 수 있다. 마찬가지로 선물의 공급은 미래의 가격하락에 대한 헤지와 투기 목적으로 거래가 형성된다.

한편, 선물계약은 기본적으로 만기일에 대상현물을 인수·인도하는 약정이므로, 만기일이 되면 선물은 현물이 된다. 따라서 만기일의 선물가격은 현물가격과 동일하다고 볼 수 있다. 그러나 현재시점에서의 현물가격은 미래가격인 선물가격과 같을 수가 없다.

현재($t=0$)	t	만기(T)
F_0	F_t	F_T
S_0	S_t	S_T
$F_0 \geq S_0$, $F_0 \leq S_0$	$F_t \geq S_t$, $F_t \leq S_t$	$F_T = S_T$

즉, 현재시점에서 만기시점의 현재가격을 정확히 예측할 수 없고, 만기시점에서의 현물가격은 수급요인에 의해 결정되기 때문에 현재의 선물가격이 현물가격과 반드시 같을 수는 없다. 이러한 관계를 위의 그림에서 볼 수 있다. 따라서 현물가격이 변동하면 장래의 기대현물가격도 같이 변동하게 되며, 그 결과 선물가격도 영향을 받아 변동하게 된다. 여기서, 선물거래의 투자자는 매입포지션(long position)과 매도포지션(short position)의 두 포지션을 취하게 되는데, 선물거래로부터 얻는 이익은 다음과 같다.

$$\text{선물계약 매입이익} = S_T - F_0$$
$$\text{선물계약 매도이익} = F_0 - S_T$$

2. 베이시스와 선물가격의 관계

베이시스(basis)는 일정시점에서의 선물가격과 현물가격의 차이를 말한다. 여기서, 가격은 동일한 기초자산을 대상으로, 동일한 만기, 동일 장소에서 거래되는 선물가격과 현물가격을 말한다. 통상 정상적 시장에서는 선물가격이 현물가격보다 높은 것이 일반적이어서 베이시스가 양(+)이다. 왜냐하면, 선물거래의 경우 기초자산의 인수·인도가 현물거래보다 늦게 이루어지므로, 그 기간 동안의 보관료·보험료·이자 등이 반영되기 때문이다. 따라서 t 시점에서 베이시스는 다음과 같이 정의된다.

$$\text{베이시스}(b_t) = \text{선물가격}(F_t) - \text{현물가격}(S_t)$$

베이시스는 선물거래가 시작되어 만기시점까지 거래되는 동안 계속해서 변화하는데, 이로 인한 가격변동위험을 베이시스 위험(basis risk)이라고 한다. 선물거래는 이와 같이 변동성이 큰 가격위험을 제거하고, 변동성이 더 작은 베이시스 위험만을 부담하는 데 그 목적이 있다.

현재시점에서의 베이시스($F_0 - S_0$)가 미래시점에서의 베이시스($F_t - S_t$)와 동일할 때 완전헤징(perfect hedging)이 된다고 한다. 그러나 현실적으로 선물거래에서 두 시점에서의 베이시스가 동일하지 않기 때문에 베이시스 위험이 상존하게 되는데, 이를 불완전헤징(imperfect hedging)이라고 한다. 즉, 불완전헤징일 때 선물거래나 현물거래 중 어느 한쪽에서 이익이나 손실이 발생하게 된다. 베이시스를 식으로 나타내면 다음과 같다.

$$b_0 = F_0 - S_0 \qquad b_t = F_t - S_t$$

앞에서 정상적 시장은 베이시스가 양(+)이라고 하였다. 즉 정상적 시장서는 현재 시점부터 만기일 전까지는 $F_0 > S_0$의 상태를 유지하다가 만기일에는 선물가격과 현물가격이 동일해지는데($F_T = S_0$), [그림 13-5]에서 보는 바와 같이 우하향곡선으로 나타난다. 이를 콘탱고(contango)라고 한다. 이와는 반대로, 베이시스가 음(−)인 역조시장에서는 현재시점부터 만기일 전까지는 $F_0 < S_0$의 상태를 유지하다가 만기일이 되면 선물가격과 현물가격이 동일해지는데($F_0 = S_0$), [그림 13-5]에서 보는 바와 같이 우상향곡선으로 나타난다. 이를 백워데이션(backwardation)이라고 부른다. 이렇게 만기일(인도 시점)에 가까워질수록 선물가격이 현물가격에 접근함을 알 수가 있는데, 이를 베이시스의 수렴현상(convergence of basis)이라고 한다.

한편, 선물가격(F_0)은 미래 특정시점(F_t)이나 만기일(F_T)에서나 언제나 기대현물가격 $E(S_t)$와 동일한 관계에 있다고 가정하면, 어느 포지션이든 기대이익은 영(0)이 된다. 이런 주장을 기대가설(expectation hypothesis)이라고 한다. 이들 관계를 그림으로 나타내면 [그림 13-5]와 같다.

그림 13-5
베이시스와 선물가격의 관계

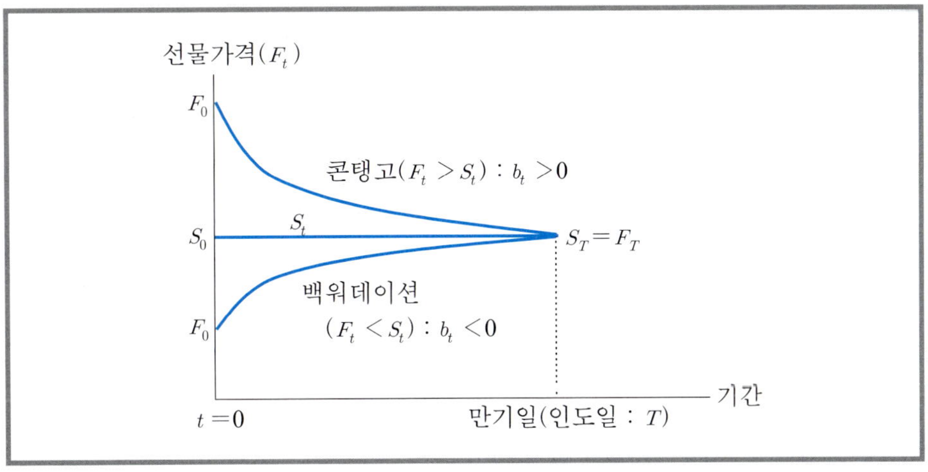

참고로 베이시스와 비슷한 것 같아서 혼동하기 쉬운 스프레드에 대해서 설명한다. 베이시스가 현물과 선물 간의 가격차이라면, 스프레드는 두 선물 간의 가격차이를 말한다. 스프레드(spread)란 서로 연관성이 있는 두 선물간의 가격차이로 정의되며, 선물투기전략의 한 방법으로 많이 이용된다. 통상 다른 조건은 모두 동일하고 계약만기만 다른 두 선물간의 가격차이를 나타내는 기간스프레드(time spread)가 대표적이다. 이를 시장내 스프레드(intra-market spread)라고도 한다. 예를 들면, 근월물과 원월물 간의 가격차이로서 KOSPI 200 주가지수선물 3월물의 가격이 75.50이고, 6월물의 가격은 80.55이라면 기간스프레드는 +5.05가 된다. 이에 비해 만기는 같지만 연관성이 있는 두 현물간에 나타나는 가격차이를 시장간 스프레드(inter-market spread) 또는 상품간 스프레드(inter-commodity spread)라고 한다. 즉, 서로 다른 거래소에서 거래되는 동일한 선물간에 가격차이가 나는 경우, 예컨대 CBOT와 NYFE에서 거래되는 12월물 콩선물의 가격이 각각 다른 경우에 시장간 스프레드를 이용하여 시세차익을 얻을 수 있다.

3. 선물가격결정원리 : 현물 · 선물 패리티이론

현물 · 선물 패리티이론(spot-futures parity theorem)은 선물 보유에 따라 발생하는 보유비용을 고려할 때, 현물가격과 선물가격은 이론적으로 서로 다음의 등가관계가 성립한다는 주장이다.

$$F_0 = S_0 + I - D = S_0(1 + R_f) - D = S_0(1 + R_f - d) \tag{13-16}$$

단, F_0 : 현재 선물가격(이론가격)
S_0 : 현재 현물가격
I : 차입이자
R_f : 무위험이자율
D : 배당금
d : 배당수익률

앞에서 현물 · 선물의 실제가격 차이를 베이시스(basis)라 하였다. 그런데 이 베이시스의 크기는 선물계약의 만기일까지 현물 보유에 따라 발생되는 비용에 의해 결정되는데, 이 비용을 보유비용(cost of carry)이라 한다. 즉, 보유비용은 선물매입에 따른 투자비용으로서 선물매입자금에 대한 이자비용과 그 자산을 만기까지 보유함에 따라 발생되는 창고료·보험료와 같은 보관비용으로 구성된다. 다만, 금융선물의 경우에는 보관비용은 발생하지 않으므로, 투자비용은 금융선물 매입을 위해 차입한 자금에 대한 이자비용만 고려하면 된다. 자금을 차입하지 않은 경우에는 자산보유에 대한 기회비용만 고려하면 되는데, 기회비용으로는 투자자금으로 금융선물을 매입하지 않고 무위험이자율로 저축시 받는 이자수익으로 본다. 또한 선물매입자금으로 주식이나 채권을 매입한 경우에는 배당수익이나 이자수익이 발생하게 된다. 따라서 선물가격은 현물(주식)을 사지 못함으로써 받지 못하는 배당수익을 현물가격에서 차감한 다음에 선물보유로 인해 발생하는 차입이자비용(보유비용)을 가산한 값과 같아진다. 이를 식으로 표시하면 식 (13-16)으로 나타낼 수 있다. 단, 이자비용은 무위험이자율로 차입한 것으로 가정한다. 이 식은 보유기간 t만큼을 반영하면, 다음과 같이 나타낼 수 있다.

$$F_0 = S_0 + I - D = S_0 - (D - I) = S_0 - S_0(d - R_f)\frac{t}{365} \qquad (13\text{-}17)$$

선물과 현물의 투자는 대상자산의 인수·인도와 대금지불시점만 다를 뿐 실질적으로 투자대상자산이 동일하고 선물의 최종결제일에는 선물과 현물의 구별이 없어지게 된다. 따라서 선물의 만기 동안 선물과 현물에 투자할 경우, 이론적으로 양 투자방법의 투자수익 및 손실은 동일해야 한다. 만약 현물·선물 패리티(등가)관계가 성립하지 않는다면, 선물가격과 현물가격이 일치하지 않기 때문에 차익거래기회(arbitrage opportunity)가 발생하여 차익거래이익(arbitrage profit)이 발생할 것이다. 그러나 차익거래기회의 정보는 빠르게 확산되어 많은 투자자들이 경쟁적으로 고가격의 자산을 팔고 저가격의 자산을 사들임으로써 현물과 선물의 가격은 균형상태로 되돌아가 양 자산간의 투자수익률은 동일하게 될 것이다. 이러한 선물과 현물의 균등관계로부터 현물매입시 선물이론가격을 도출해 보면 다음 식과 같다. 이 식을 보유비용모형(cost-of-carry model)이라고도 한다.

$$\text{선물이론가격} = \text{현물가격} + (\text{현물가격} \times \text{차입이자율}) + \text{보관비용}$$

위 식과 식 (13-17)로부터 현물가격이 상승할수록, 이자율이 높을수록, 그리고 잔존만기일수가 길수록 선물이론가격은 커지며, 배당률이 높을수록 식 (13-17)의 순보유비용($D-I$) 크기가 커지므로 선물이론가격은 낮아진다는 것을 알 수 있다.

예제 13-4 현물 · 선물 패리티이론에 의한 선물가격 산출

현재 KOSPI 200 지수는 90.50이고, 91일물 CD의 수익률이 10%, 배당수익률이 5%일 때, KOSPI 200 12월물 주가지수선물의 선물이론가격은 얼마인가? (단, 만기일까지의 잔존기간은 90일이다)

풀이

식 (13-17)로 구한다.

$F_0 = 90.50 - 90.50(0.05 - 0.10) \times 90/365 = 91.62$

연습문제

01 다음의 용어들을 간단히 설명하시오.

(1) 옵션
(2) 콜옵션
(3) 풋옵션
(4) 미국형 옵션
(5) 유럽형 옵션
(6) 풋·콜 패리티
(7) 행사가격
(8) 헤지비율
(9) 방어풋
(10) 커버드 콜
(11) 선물거래
(12) 선물거래의 종류
(13) 거래증거금
(14) 위탁증거금
(15) 마진콜
(16) 완전헤징과 불완전헤징
(17) 보유비용
(18) 스프레드

02 옵션의 내재가치란 무엇이며 특성은 무엇인가 설명하시오.

03 콜옵션가격의 상한선과 하한선은 어떻게 결정되는가를 그림으로 설명하시오.

04 옵션가격결정요인들을 제시하고 이들 요인이 콜옵션과 풋옵션에 미치는 영향관계를 설명하시오.

05 블랙-숄즈 모형의 결정변수는 무엇이며, 한계점은 무엇인가?

06 선물거래와 선도거래의 차이점을 비교 설명하시오.

07 선물과 옵션의 차이점과 유사점을 설명하시오.

08 우리나라에서 거래되는 선물거래상품에는 무엇이 있는지 간단히 설명하시오.

09 베이시스와 스프레드의 근본적 차이는 무엇인가?

10 콘탱고와 백워데이션의 차이점을 설명하시오.

11 현물·선물 패리티이론, 즉 보유모형에 대해 약술하시오.

12 만기일이 12월 12일이고 행사가격이 80.00인 주가지수 콜옵션을 오늘 10월 1일 매입한다고 가정한다(만기일까지 잔존기간은 72일). 10월 1일 현재 KOSPI 200 종가지수는 82.00이고, 과거 1년간 KOSPI 200 지수의 일별수익률의 변동성은 연 30%이며, 무위험이자율의 기준이 되는 3개월물 CD금리는 19.50%로 가정할 때 콜옵션의 가격은 얼마인가? 단, 배당수익률은 무시한다.

13 A사의 현재 주가는 50,000원이고, 이 주식의 콜옵션 프리미엄은 5,000원에 거래되고 있다. 만약 주가가 60,000원으로 상승할 경우 콜옵션가치는 6,000원으로 상승한다면, 이 경우 옵션델타(기울기)는 얼마이며, 헤지비율은 어떻게 되는가? 헤지비율에 의해 커버드 콜의 포트폴리오를 구성한다면 어떻게 해야 하는가?

14 KOSPI 200 주가지수는 현재 80.00, 옵션델타는 0.4이고, 등가격옵션의 가격이 1.00으로 형성되고 있다. 향후 주가지수가 79.00으로 하락한다면 콜옵션가격은 얼마인가? 반대로 시장가격이 81.5로 상승하는 경우에 콜옵션가격은 얼마인가?

15 주가지수 콜옵션의 행사가격이 90.00이고 델타가 0.17인 콜옵션과 행사가격이 87.50이며 델타가 0.34인 콜옵션을 각각 1계약씩 보유하고 있다고 가정한다. 이때 이 옵션들을 이용하여 기초자산가격의 변동에 전혀 영향을 받지 않는 무위험헤지포트폴리오를 구성하려면 어떻게 해야 하는가?

16 현재 KOSPI 200 지수는 80.50이고, 통화안정채권의 수익률이 8%, 지수대상 주식들의 평균 배당수익률이 5%라고 할 때, KOSPI 200 주가지수선물의 이론가격은 얼마인가?

CHAPTER

14

M&A

학습목표

M&A는 기업의 성장전략 차원에서 수행되는 중요한 수단으로서 기업재무에서는 투자결정 분야이다. M&A는 그 방법과 조건이 매우 다양하며, 이에 따라 시너지효과도 다르게 나타나므로 기업의 위험과 가치평가 그리고 주주의 부에 미치는 영향 또한 크게 달라진다. 본장에서 이해해야 할 핵심내용은 다음과 같다.

1. M&A의 방법과 유형
2. M&A의 동기와 시너지효과
3. M&A의 절차와 가치평가
4. 주식교환비율의 결정방법
5. 적대적 M&A에 대한 방어전략

제1절 M&A의 의의와 유형

1. M&A의 의의

기업의 인수 · 합병(merger and acquisition : M&A, 이하 M&A로 사용)은 특정기업이 다른 기업의 경영지배권을 획득할 목적으로 소유지분의 전부 또는 일부를 확보하는 제반과정을 말한다.

M&A는 통상 기업합병과 기업인수를 합한 개념이다. 기업합병(Merger)은 지배권 획득 목적으로 두 개 또는 둘 이상의 기업이 법률상 하나의 기업으로 합하는 것이고, 기업인수(Acquisition)는 기업이 다른 기업의 주식 또는 자산을 매수하여 경영권을 획득하는 것을 뜻한다. M&A라는 용어는 미국 등 선진국에서 실무에서 널리 통용되는 용어로 법률적으로 정확하게 개념화된 용어는 아니고, 일반적으로 기업의 인수 · 합병, 기업매수 · 합병, 인수 · 합병, M&A 등의 용어가 혼용되고 있다. 우리나라에서도 통일된 용어가 없고 통상 기업의 인수 · 합병이라 한다.

기업합병은 흡수합병과 신설합병의 두 가지로 구분된다. 흡수합병(merger)은 인수기업(acquiring firm)이 피인수기업(acquired firm)을 완전히 흡수하는(100%) 방법으로 피인수기업은 소멸하고 인수기업은 존속하는 방법이다. 신설합병(consolidation)은 두 기업이 하나로 합쳐져 새로운 회사를 신설하는 방법이다.

흡수합병이나 신설합병 모두 인수기업과 피인수기업의 자산과 부채를 결합하는 결과를 가져온다는 면에서는 같다. 그러나 주주의 입장에서는 차이가 있다. 예컨대, A사가 B사를 흡수합병하는 경우, A사의 주주는 직접 영향이 없으나 B사의 주주는 B사 주식과 A사 주식의 교환비율에 의해 A사 주식을 받게 되므로 영향을 받는다. A사와 B사를 합쳐 신설합병 방법으로 C사를 신설하는 경우, A사와 B사는 없어지고 C사가 신설되므로 A · B사의 구주는 C사의 신주로 교환된다는 면에서 차이가 있다.

기업인수는 인수(매수)기업이 인수(매수)대상기업의 주식 또는 자산을 매수 · 취득하여 경영권을 획득하는 것으로, 꼭 100%가 아니더라도 일정지분을 사들여 피인수기업에 대한 지배권을 확보하는 것이다. 기업인수의 경우, 피인수기업은 법률적으로 독립성을 유지하면서 계속 존속한다는 점이 합병과 다르다. 기업인수의 방법은 자산매수와 주식매수로 구분되는데, 자산매수는 자산의 일부 또는 전부를 매수하여 영업권을 양수하는 것이다. 주식매수는 대주주로부터 직접 지분을 사들이거나 공개시장에서 구주를 매집 또는 공개매수로 취득하는 것으로서, 경영권 취득에 따른 복잡한 절차를 줄이는 이점이 있다. 반면에, 장부외부채나 우발채무까지 인수할 위험도 있다.

주식회사의 경우, 회사의 소유권을 표시하는 주식을 100% 매수한 후 회사를 합칠 수도 있지만(합병), 회사를 완전히 합치는 비용이 생각보다 많이 든다면 지배권만 확보(인수)할 수도 있다. 예를 들어, A회사가 50%를 초과(50%+1주 이상)해서 B회사 주식을 확보한다면, A회사는 B회사 주식을 100% 사들이지 않고도 최대주주 자리에 오르기 때문에 더 적은 비용으로 같은 효과를 낼 수 있다. 회사의 주식이 많은 주주들에게 분산되어 있다면, 꼭 50%를 초과할 필요 없이 더 적은 지분으로도 최대주주 자리에 오를 수 있다. 예컨대, 2003년 4월 영국계 소버린 자산운용회사가 SK(주) 주식 중 14.99%의 지분만 확보했는데도 최대주주 자리에 오른 예를 들 수 있다. 하지만, SK그룹과 관련된 특수관계인들의 지분을 모두 합치면 소버린보다 많기 때문에 SK에 대한 실제적인 지배권을 행사할 수 없었다.

2. M&A의 기능

M&A의 기능은 외적성장이란 실질적·직접적 측면과 기업통제시장이란 간접적 측면에서의 기능을 가지고 있다. M&A는 통상 기업의 외적성장을 위한 경영전략의 하나로 기술진보에의 대응, 새로운 사업에의 진출, 기업확장, 기업지배권 확보, 기업구조조정과 기업재조직(reorganization),[1] 경영자에 대한 통제, 재테크 등의 목적과 수단으로 이용된다. 동시에 수익제고, 비용감소, 세금절감, 저자본비용 등의 시너지효과를 얻을 수 있는 이점 때문에 업계에서 실

1) 재조직(reorganization)은 경영의 비효율성 제거와 전문성 제고를 위해 이루어지는 기업축소를 뜻하며, 대표적 축소방법은 영업양도에 의한 부분매각(sell off)이다. 부분매각은 신규법인을 분리 설립하는 기업분할(spin off)과 제3자에게 기업의 일부를 매각하는 자산매각(divestitures)의 방법이 있다.

참고 • LG의 M&A를 통한 성장전략과 투자전문인력 확보 사례

IB업계에서는 (주)LG가 투자전문지주회사로 변모를 본격화했다는 분석이다. (주)LG는 투자전문지주회사로 도약하기 위해 시동을 걸었다. 투자은행(IB), 프라이빗에쿼티(PE) 등 투자업계의 시니어 전문가들 외에도 투자전문가 풀을 확충하기 위해 각 IB, PE, VC에서 우수한 주니어 실무자들도 확충해 LG그룹의 인수·합병(M&A)의 선장 역할을 맡기겠다는 포부다. SK(주)에 이어 (주)LG까지 나서면서 신성장동력 발굴을 위한 대기업들의 M&A 경쟁이 보다 격해질 것으로 전망된다. (주)LG는 2018년 6월 구광모 회장 취임 이후 투자전문기업으로 발돋움하려는 행보를 지속해 왔다. 구 회장이 취임한 다음 처음 실시한 그룹 인사에서 홍범식 베인앤드컴퍼니코리아 대표를 사장급인 (주)LG 경영전략팀장으로 발탁한 것이 대표적이다. 실제로 LG그룹 구 회장은 해외 유망기업을 잇달아 흡수해 왔다. 2018년 8월 LG전자가 오스트리아 차량용 헤드램프 기업 ZKW를 인수했으며, 같은 해 산업용 로봇기업 로보스타를 사들였다. 2020년 LG생활건강이 피지오겔의 아시아·북미 사업권, LG화학이 미국 자동차 접착제 기업인 유니실에 투자했다. 다만, 그룹 전체의 M&A 비전을 수립하고, 이에 따른 세부전략을 조정할 전문가 조직에 대한 갈증이 항상 있었던 것으로 전해졌다. 전략적 투자자(SI)뿐만 아니라 재무적 투자자(FI)로서 자본차익을 겨냥할 수 있는 투자전문 지주사의 필요성이 제기된 이유다.

이 과정에서 그룹 안팎에서 빈번히 언급된 롤모델이 SK(주)다. SK(주)는 2017년 투자전문지주사 모델을 도입하겠다고 천명한 이후 공격적인 투자를 이어왔다. 2017년 미국 에너지 기업 유레카, 2018년 말레이시아 차량공유기업 그랩, 2019년 중국 동박 제조업체 왓슨에 투자를 단행했다. 2017년부터 4,900억원을 들여 지분 11%를 사들인 중국 물류회사 ESR은 지난해 보유 지분 중 4.6%를 팔아 4,800억원을 회수하면서 대박을 터뜨렸다. IB업계 관계자는 “보수적인 대기업 보고체계에서는 나올 수 없는 빠른 의사결정으로 SK(주)가 마치 경영참여형사모펀드(PEF)처럼 투자한다는 평가가 나왔다”며 “SK그룹이 각종 투자를 진행하면서 PEF 등 FI와 적극 협업할 수 있었던 것도 투자전문기업 SK(주)가 중심을 잡아줬기 때문”이라고 풀이했다. SK(주)에서 투자1센터장을 맡으며 차세대 에너지 산업 발굴을 주도한 추형욱 씨는 최근 인사에서 SK E&S 사장으로 영전하면서도 SK수소사업추진단장을 겸임하며 그룹의 신재생에너지 분야 확장을 이끌게 됐다.

이에 홍사장 등 LG 고위 경영진은 국내외 M&A 성공 사례를 적극 연구해서 핵심전략을 (주)LG에 이식하는 방안을 검토해 왔다. LG는 특히 M&A에 필요한 자금조달뿐만 아니라 사후 피인수기업의 문화적 융합과 관련해 참고했다고 한다. 이 가운데에는 SK의 SK하이닉스 인수도 참고한 것으로 알려졌다. 구 회장 스스로도 M&A를 통한 신사업 성장을 강조하고 있다. LG는 투자기획부서를 (주)LG와 LG전자 등 핵심계열사에 신설하는 방안을 검토하기도 했다. 재계 관계자는 “LG 경영진은 지난해부터 전략적 투자를 전담할 조직을 만드는 방안을 검토했으나 최근 방향을 틀어 투자전문인력을 전방위로 확보하는 방안에 초점을 맞췄다”고 말했다. (매일경제, 2021. 3. 22)

제로 많이 활용되고 있다.

한편, 기업이 이러한 목적과 이점을 누리기 위해서, M&A 대상기업을 경쟁적 시장에서 항상 탐색하는 것은 상례적인 일이 되었다. 이렇게 M&A 대상기업을 찾거나 M&A를 당하는 경쟁적 시장구조는, ① 경영자가 주주의 이익을 위해서 더 효율적 경영을 하도록 훈련시키는 동시에, ② 경영자의 성과를 평가하는 CEO시장을 제공함으로써 기업통제수단으로서의 기능을 하고 있다. 또한, ③ 경영자가 연구개발, 비용지출, 광고, 인적개발 면에서 근시안적 접근을 못하도록 하는 기능을 하며, ④ M&A를 실행하는 데에 있어 발생하는 법률비용, 투자은행의 이자비용, 중개기관의 수수료, 광고료 등의 인수관련비용에 대한 고려를 하도록 하는 기능을 가지고 있다. 이상에서 M&A에 의한 기업통제시장은 새로운 진입경영자와 퇴출경영자를 구별해 내는 기능을 하고 있다.

M&A는 기업재조직, 자본예산과 비유동자산에의 필수적 투자로부터 초과 현금흐름이 발생한다. 따라서 M&A는 기업성과와 가치평가, 그리고 시장위험관리를 평가·분석하는 기업재무의 평가 측면에서 개념적 틀을 제공하는 기능을 하는 동시에 중요한 과제가 된다.

3. M&A의 방법과 유형

M&A 방법으로 가장 많이 이용되는 기본적 방법으로는 합병(흡수합병, 신설합병), 주식매수, 자산매수의 세 가지 법적 절차가 있으며, 기타 방법으로 위임장 투쟁(proxy contest)과 사모(going private)가 있다.[2] 이들 방법의 체계는 [그림 14-1]과 같다. M&A 방법은 위의 세 가지 기본방법을 근간으로 해서 점차 고도화·다양화되고 있는데, 인수방법, 관련기업간 교섭관계, 주식매수방법, 자산매수, 결합형태, 인수수단 등에 따라 다양하게 분류할 수 있으며, 이를 정리하면 〈표 14-1〉과 같다.

2) Ross, Stephan A., Randolph W. Westerfield and Jeffrey Jaffe, *Corporate Finance*, 6th ed., McGraw-Hill Co. Inc., 2002, pp.817~819. M&A 방법을 매수방법(takeovers)으로 보고 분류하고 있다. 매수방법은 기업인수(acquisition)·위임장 투쟁·사모의 세 가지로 대별하고, 다시 기업인수의 대표적 방법으로 합병(흡수합병 또는 신설합병)·자산매수·주식매수로 세분하고 있다.

그림 14-1

M&A의 방법

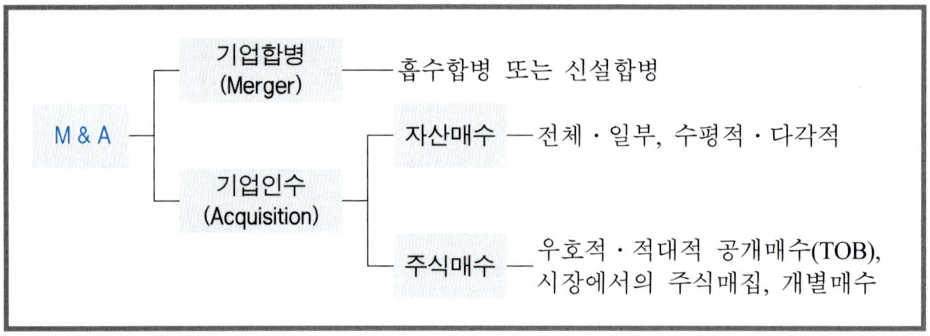

표 14-1

기업의 M&A 방법과 유형

분류방법	유 형		
인수방법	• 기업합병	• 주식매수	• 자산매수
교섭관계	• 우호적 M&A	• 적대적 M&A	
주식매수방법	• 공개매수(tender offer, takeover bid : TOB)		• 개별직접매수
기업합병	• 흡수합병	• 신설합병	
자산매수	• 수평적 M&A	• 수직적 M&A	• 다각적 M&A
기업결합형태	• 수평적 M&A	• 수직적 M&A	• 다각적 M&A
인수수단	• 현금매수	• 주식교환 · 매수	• LBO

M&A 방법은 크게 기업합병과 기업인수로 대별된다. 기업합병(merger)은 피합병기업이 합병기업에 흡수되어 소멸하는 방식의 흡수합병(merger)과, 두 개의 합병대상기업이 소멸하고 제3의 신설기업으로 창설되는 신설합병(consolidation)으로 구분된다.

기업인수(acquisition) 또는 기업매수는 인수기업과 피인수기업 모두 인수 후에도 서로 법률적으로 독립성을 유지한다는 것이 합병과 크게 다른 점이다. 기업인수는 피인수기업의 자산의 일부 또는 전부를 매수함으로써 영업권을 양수하는 형태의 자산매수(asset acquisition)와 피인수기업의 주식의 일부 또는 전부를 매수함으로써 경영권을 인수하는 주식매수(stock acquisition)의 방법으로 구분된다.

주식매수에 의한 기업인수는 피인수기업이 공개기업일 경우 주식시장에서 주식의 공개매수를 제의하는 방법인 공개매수(takeover bid : TOB 영국식 표현 또는 tender offer 미국식 표현)와 피매수기업의 대주주와의 직접적 교섭에 의해 대주주 지분의 주식을 매수하거나 신주 배정 참여를 통한 개별직접매수

(direct tender offer)가 있다. 이들 방법 외의 주식매수방법으로는 주식시장에서 직접 주식매집을 하거나, 신주인수권부사채(BW)나 전환사채(CB)의 매수 등의 방법이 활용되기도 한다.

공개매수는 관련기업간의 교섭관계에 따라, 즉 매수대상기업의 경영진과의 사전 합의하에 이루어지는 우호적 매수(friendly TOB or tender offer)와, 피매수기업의 경영진 의사와는 관계없이 일방적 · 적대적으로 이루어지는 비우호적 매수 또는 적대적 매수(hostile TOB)로 구분된다.

한편, 자산매수에 의한 기업인수는 형식적으로는 자산매각기업의 지배구조나 주주들의 소유권에는 영향을 미치지 않는다. 통상 자산매수기업은 자사의 제품시장과의 관련성을 고려하여 자산의 매수 · 취득을 결정하는데, 동종제품인 경우의 인수형태를 수평적 M&A, 생산 및 유통상 수직적 단계에 있는 제품인 경우의 인수형태를 수직적 M&A, 자사 제품과 전혀 관계가 없는 이종제품인 경우의 인수형태를 다각적 M&A라 부른다. 이러한 분류는 경영학원론에서 배운 기업결합형태에 의한 구분과도 동일한 개념이다.

인수수단으로는 현금매수, 주식교환 및 매수, 차입인수(leveraged buyout : LBO) 등의 방법이 사용된다. LBO에 대해서는 뒤에서 별도로 설명하기로 한다. 주식교환 M&A는 특정기업을 인수하려는 기업이 주식을 새로 발행해 매수대상기업의 주식과 교환함으로써 해당회사를 자회사로 편입시키는 방법이다. 이 경우 매수하려는 기업은 매수대상기업을 인수할 때 새로 자금을 조달할 필요가 없다. 전 세계적으로 M&A의 50% 이상이 주식교환방식으로 이루어지고 있다.

M&A 방법으로 기업합병과 기업인수라는 기본적 방법 이외에 인수대상기업의 경영권 장악을 위해서 사모(私募)나 위임장 투쟁을 사용하기도 한다.

사모(going private)란 기업공개시 모집주식을 교부대상에서 제외시켜 주식시장에 상장시키지 않고, 내부 경영진과 일부 외부투자자의 소수 투자자들만이 공개주식 지분 전부를 사적으로 구매하는 방법을 말한다. 한편, 이 방법은 공개기업(public firm)이 M&A를 당할 위험이 있는 경우에 합병방어수단으로 사용되기도 한다. 즉, 소수의 투자자가 발행주식 전부를 인수하여 상장을 폐지시키고, 사기업화(going private)하여 사기업(私企業)으로 전환하는 것이다.

위임장투쟁(proxy contest)은 인수대상기업의 경영지배권 획득을 시도하는 일부 모반그룹의 대주주가 소액주주 또는 여타 잔여주주들로부터 백지위임장을 받아 주주총회에서 신경영진으로 취임하는 방식의 인수방법을 말한다. 통상 백지위임장 투쟁은 대주주가 자신의 의사를 관철시키거나 또는 경영권의 획득 및 방어를 위해서 기업경영권에 관심이 없는 소액주주나 여타 일반주주에게 프리미엄을 지불하고 일정량 이상의 투표권을 위임받아 주주총회에서의 자신의 발언권을 확보하는 것으로 대주주간에 일어나는 경쟁을 뜻한다. 주주의 위임장은 의결권 소유자가 주주총회에서 특정안건에 대해 특정한 투표를 하도록 위임하는 사실상 대리권 수여의 증거로 사용된다.

참고

• 우호적 M&A와 적대적 M&A

우호적 M&A는 인수회사와 피인수회사 사이의 합의에 따라 이루어진다. 같은 업종의 두 회사가 서로 기술과 판매망 등을 공유하면서 치열한 경쟁으로 인한 불필요한 소모전을 없앤다면 더 큰 기업으로 성장하는 것은 물론 불황을 이겨낼 수도 있어 자발적으로 M&A에 합의할 수 있다. 반면에, 적대적 M&A는 인수회사가 일방적으로 피인수회사를 매수하는 것이다. 주식시장에서 통상적으로 거래되는 주식을 사들이거나 주식시장 밖에서 '공개매수'를 선언한 뒤 일정가격에 주식을 사들이기도 한다. 우호적 M&A는 서로의 이해관계가 맞기 때문에 큰 무리없이 진행되지만, 적대적 M&A는 다른 사람의 회사를 빼앗는다는 부정적 인식이 강해 피인수회사의 강력한 저항과 함께 사회적 파문을 일으킬 수 있다.

우리나라에서 기업지배수단 및 재벌의 문어발식 확장수단으로 가장 많이 이용되어 온 방법은 상호보유주(cross ownership)이었다. 그래서 우리나라 상법·독점규제법·구 은행법·구 증권거래법은 법인간 상호보유주를 규제해 왔는데, 1997년 1월 1일부로 구 증권거래법 제200조(대량주식매수제한조항)의 개정 시행으로 시장의 자율성이 높아지면서 그동안 사실상 불가능했던 적대적 M&A가 가능해졌고, 관심 또한 높아졌다. 구 증권거래법 제200조는 개정 전까지 기업주가 소유권 침해에 대한 걱정 없이 경영에 전념하게 한 긍정적인 측면도 있었으나, 일반투자자의 주식매매 자유를 제한하고, 대주주의 방만한 기업운영과 소액주주의 권익침해를 유발하는 등 자본시장 발전에 좋지 않은 영향을 미친 것도 사실이다. 구 증권거래법 제200조의 개정으로 2000년대 초반에 적대적 M&A가 활성화되었는데, 적대적 M&A는 우호적 M&A에 비해서 대상기업의 범위가 넓고, 특히 인수가액에 경영권 프리미엄이 포함되지 않아 인수가액이 낮아진다는 매력이 있었기 때문이다. 그 대상으로는 ① 대그룹계열이 아니며 자본금 규모가 작고 대주주지분율이 낮은 기업, ② 비유동자산의 가치가 저평가되고 자금조달능력이 뛰어나며, 유동성이 높고 현금흐름이 우수한 기업, ③ 사양산업에 속하는 기업 중 생산기지의 해외 이전 등으로 경쟁력 회복과 흑자가 가능한 기업, ④ 전환사채 등 장내주식을 다량 발행해서 향후 주식전환이 일어나서 제1대 주주의 소유비율이 현저하게 낮아질 수 있는 기업 등이었으며, 이런 대상은 현재에도 적용되는 기준이다.

- 사모M&A펀드

사모M&A펀드는 사모투자전문회사로 법률상 정식 명칭은 기업인수증권투자회사이다. 이는 흔히 뮤추얼펀드(Mutual Fund)라고 불리는 증권투자회사의 일종이다. 기업인수증권투자회사는 기업인수라는 목적을 위해서 소수의 투자자들로부터만 투자자금을 모은 소위 사모증권투자회사 중 하나다. 다수의 투자자를 상대로 한 통상의 증권투자회사와는 달리 사모증권투자회사에는 동일 종목 또는 동일 회사에 대한 투자제한규정이 적용되지 않는다. 이는 동일 회사에 대해 경영지배권을 행사할 수 있을 정도의 지분비율까지 주식매수를 할 수 있는 가능성을 제공한다. 또한 기업인수증권투자회사에는 의결권 제한에 관한 규정이 적용되지 않는다. 증권투자회사의 경우, 특정사안에 대해서는 의결내용에 영향을 미치지 않도록 의결권을 행사하거나(소위 shadow voting), 의결권 행사내용을 공시해야 한다. 그런데 기업인수증권투자회사의 경우에는 경영권 참여의 길을 더 넓게 열어주기 위해 예외적으로 위의 제한을 적용하지 않은 것이다.

기업인수증권투자회사가 투자한 회사는 증권시장에서 M&A 대상기업으로 인식되어 그 주식가격이 상승할 가능성이 크다. 따라서 기업인수증권투자회사가 M&A보다는 주식 시세차익만을 목적으로 이 제도를 이용할 수도 있다. 이러한 현상을 방지하기 위해서 자본시장과 금융투자업에 관한 법률(일명 자통법)은 기업인수증권투자회사가 다른 회사를 계열회사로 편입할 목적으로 주식을 취득하는 경우에는 당해주식을 매수한 날로부터 6개월 내에 이를 처분하지 못하도록 규정을 두고 있다. 기업인수증권두사회사가 M&A에 활용될 경우, 인수대상회사 주식의 시가가 상승하거나 간접적으로 영향을 받을 것으로 기대된다. 그러나 기업인수증권투자회사의 투자대상이 되었다고 해서 그 기업의 가치가 상승하는 것은 아니다. 이 제도의 목적은 어디까지나 저평가된 기업가치의 공정한 평가 촉진과 경영부실이 기업가치의 상승에 걸림돌이 되는 기업의 경영합리화를 촉진하는 데에 있다.

- 기업인수목적회사

기업인수목적회사(Special Purpose Acquisition Company : SPAC)는 공신력 있는 M&A 전문가 · 금융회사 등이 다른 기업에 대한 M&A를 목적으로 설립하여 특별상장되는 paper company로 정의된다. 즉, SPAC는 실체가 없는 서류상의 회사로 목표는 오로지 기업인수다. SPAC는 설립단계에서 일정기간 내에 우량업체를 인수하는 것을 조건으로 다수의 개인 및 기관투자가들로부터 공개적으로 투자자금을 모은다. 투자자금이 마련되면 SPAC는 거래소에 상장되고, SPAC의 경영진들은 상장 후 36개월 이내에 대상기업을 찾아내 인수를 성사시켜야 한다. 인수대상기업은 원칙적으로 상장 · 비상장기업 모두가 가능하나, 일반적으로 증시에 상상돼 있지 않은 비상장 우량기업이 인수대상이 된다.

SPAC가 유망한 비상장기업을 발굴하여 인수한 후 해당기업의 가치가 증대되어 주가가 상승하면 투자자들은 주식을 팔아 투자수익을 얻을 수 있다. 인수대상이 된 비상장기업 입장에서는 SPAC에 인수됨으로 인해 복잡한 절차가 뒤따르는 신규상장과 부작용이 많은 우회상장을 하지 않고도 상장기업으로 등록이 되고, 자금을 보다 손쉽게 조달할 수 있다. SPAC에 인수되더라도 해당기업의 경영권은 보장이 되는 것이 일반적이다. SPAC의 본고장은 미국이다. 1993년 GKN증권(GKN Securities Corp.)의 회장인 데이빗 누스바움(David Nussbaum)이 SPAC를 통한 기업인수에 최초로 성공하였고, 2000년대에 들어 활성화가 되면서 많은 기업들이 SPAC를 통해 미국 증시에 상장되었다. 우리나라에서는 지난 2009년 12월 15일에 자본시장법 시행령 개정안이 통과되면서 SPAC의 설립이 허용되었고, 금융위원회의 승인을 거쳐 2009년 12월 21일부터 시행에 들어갔다. 대우증권이 설립한 '그린코리아SPAC'가 2010년 3월 3일에 상장되면서 우리나라 제1호 SPAC로 기록되었다.

(시사경제용어사전, 2017. 11., 기획재정부)

4. 차입인수(LBO)

(1) LBO의 의의와 방법

차입인수(leveraged buyout : LBO)는 기업인수가 성공하리란 기대하에 인수대상기업의 자산이나 미래현금흐름을 담보로 매수자금(채무)을 조달하여 인수하는 방법으로서, 인수 후에 피인수기업의 수익성이 향상되면 그 이익이나 자산의 매각대금으로 이들 채무를 상환해 나가는 기업인수방법이다. LBO는 성장잠재능력은 있는데도 시장에서 저평가된 기업을 대상으로 많이 이루어지며, 주식매입보다는 현금매입 방식이 주를 이룬다. LBO는 명목회사(paper company)를 설립하고, 이를 통해 매수가 이루어지는 것이 상례인데, 우리나라에서는 법률상 명목회사를 인정하지 않기 때문에 LBO에 의한 기업인수는 현실적으로 어려운 상황이다.

LBO의 방법, 즉 LBO에 의한 기업매수과정은 세 단계로 이루어진다.

첫째 단계는 합병매수를 위한 명목회사(paper or shell company)를 신설한 다음, 정크본드를 발행하여 차입금(LBO loan)이나 차입펀드(LBO fund), 그리고 명목회사의 자기자본으로 합병을 위한 인수자금을 조달한다.

둘째 단계는 신설기업인 명목회사와 피인수기업을 결합하여 제3의 기업을 발족시킨다. 이 신설기업은 비공개 사모(going private) 방식으로 설립하는 것이 일반적이다.

셋째 단계는 피인수기업의 현금흐름, 일부 사업부문의 매각, 기업공개 등의 방식으로 자금을 조달하여 기 조달된 부채를 상환하며, 이 과정에서 자본이득이 발생한다. 그러나 과도한 외부차입금을 조달하여 인수에 나서는 경우에는 부실화의 위험이 발생하며, 피인수기업의 자산이나 일부 사업부문의 매각이 여의치 않을 때에는 채무상환이 어려워지고, 합병 후 현금흐름이 악화되거나 금리가 상승하면 원리금 상환의 부담이 가중되고 더 나아가서 도산의 위험이 따르게 된다.

(2) LBO자금의 원천

LBO자금은 주로 중·장기자금으로서, 정크본드·LBO차입·LBO펀드를 주요 원천으로 인수자금을 조달한다.

정크본드(junk bond)는 채무불이행위험 정도가 높아서 저등급 판정을 받은 고위험·고수익 채권으로, ① 최초 발행시에는 신용평가기관으로부터 투자적격 등급 판정을 받았으나 나중에 투자부적격(투기적) 등급으로 하락한 채권(fallen angels), ② 성장기업이기는 하나 규모가 작아 채권발행 자격이 미달되는 중소기업이 발행한 채권, ③ LBO를 위해 인수대상기업의 자산을 담보로 발행되는 채권 등을 말한다.

LBO차입(LBO loan)은 대형은행들로 구성된 공동인수단에게 피인수기업의 자산을 담보로 제공하고, 공동인수단으로부터 인수자금을 장기로 융자받는 방식의 차입형태이다. 이 방법이 M&A의 상당부분을 차지한다.

LBO펀드(LBO fund)는 대형은행, 생명보험회사, 연금기금 등의 기관투자자가 명목회사나 인수회사의 주식, 우선주, CB 등을 사들이기 위해 조성된 인수기금으로서, 이들로부터 인수자금을 조달한다.

(3) LBO의 장·단점

[장점]

① LBO는 인수자금이 주로 부채조달로 이루어지며, 부채조달 인수자금에 대한 이자는 손금으로 인정되어 감세효과가 발생한다. 인수 후의

담보능력을 고려해서 자본집약적 기업을 주로 매수대상으로 하는데, 인수 후에는 취득자산에 대한 재평가를 통해 감가상각비가 증가됨으로써 감세효과가 발생한다.

② 인수자금이 없어도 차입을 통해 저평가된 회사를 인수할 수 있고, 인수 후 정상화시켜 부채상환 및 매각으로 막대한 이익을 얻을 수 있다.

③ 특정기업의 인수를 경영전략 측면에서 시도한다면, 적은 자금부담으로 목적을 달성할 수 있다.

[단점]

① 인수자금을 과도한 외부차입금으로 조달하거나, 인수대상기업이 인수 후에 예상한 것보다 영업실적이 저조할 때 부실화 위험이 커진다.

② 피인수기업의 자산이나 일부 사업부문의 매각이 여의치 않을 때에는 채무상환이 어려워진다.

③ 합병 후 현금흐름이 악화되거나 금융시장의 조건 악화로 금리가 상승하면, 원리금 상환 부담이 가중된다.

이상의 단점이 복합적으로 나타나는 경우에는 도산위험이 매우 커진다.

(4) 경영진 차입인수(MBO)

경영진 차입인수(management buyout : MBO)는 기업내부의 현 경영진이 LBO 형태로 기업 전체 또는 일부 사업부를 인수하는 것을 말한다. LBO의 특수한 형태로서 외부자금을 이용한다는 면에서는 LBO와 동일하나, LBO가 외부자에 의한 인수인 데 비해 MBO는 현재 경영진이 외부자금을 이용하여 인수한다는 것이 LBO와 크게 다른 점이다.

부실 등 위기상황에 처한 기업을 구제하기 위해서 은행 등 채권자가 기업 내 경영능력이 탁월한 경영자에게 인수자금을 제공하여 기업을 인수하도록 지원하는 방법에서 시작되었다. 최근에는 외부자의 악의적 매수제의에 대응하는 방어적 차원에서 이루어지는 경우가 많다.

MBO는 내부 경영진이 인수함으로써 경영의 계속성을 유지할 수 있고, 자사에 대한 경영정보를 충분히 가지고 있기 때문에 구조조정과 효율적 경영을 할 수 있다는 장점이 있다. 반면에 내부정보를 이용하여 인수경쟁에서 저렴한 가격으로 기업을 인수할 경우 주주의 이익이 희생될 수 있다는 단점이 있다. MBO는 벤처기업의 창업자가 기존의 동업자나 주요 경영자에게 자신의 지분을 매각함으로써 창업자 또는 초기 투자자들의 투자자금을 회수하는 방법으로 많이 이용되며, 이는 유럽에서 중소기업·벤처기업 붐이 한창인 1980년대에 벤처투자자금 회수방법으로 유행한 방법이기도 하다.

MBO와 유사한 방법으로 MBI(management buy-in)가 있다. MBI는 외부투자자에 의해 행해지는 주식인수 형태를 말한다. 주로 벤처기업이 투자자금의 회수방법의 하나로 사용하는 기법이다. 벤처기업이 지분을 매각할 때 현 임원만으로 지분인수가 어려운 경우, 외부투자자인 벤처캐피털(venture capital)회사나 투자회사에 지분을 매각하는 방법을 택하는데, 투자자는 경영권의 인수보다는 자본이득을 얻는 것이 투자목적이라는 점이 특징이다. 외부투자자는 인수기업이 발전하면 배당소득 이외에 주식을 상장시켜 매각함으로써 자본이득을 얻는 방법으로 투자액을 회수한다.

참고

• 미국의 합병 붐과 LBO

미국에서의 1차 합병 붐은 1890년부터 약 10년간 수평적 합병이 주를 이루었다. 2차 합병 붐은 1차 세계대전 후 1919년부터 1929년 세계공황 전까지 기간 동안 생산 전·후 단계의 기업간 수직적 합병이 붐을 이루었다. 그 이유는 수평적 합병을 금지하는 독점금지법과 1차 세계대전 후의 호황이 원인이었다. 3차 합병 붐은 1960년대에 경기침체를 극복하기 위한 경영전략 차원에서 경영다각화 수단으로 이종(異種)업종간의 복합적 합병(conglomerate merger)이 일반화된 붐을 이루었다. 4차 합병 붐은 1980년대 들어 금융기법의 발달과 규제 완화로 정크본드 발행과 LBO에 의한 합병이 활발히 진행되었고, LBO는 EU국가로 확산된 이후 전 세계적 현상으로 진행되어 왔다.

제 2 절 M&A의 동기와 시너지효과

1. M&A의 동기

기업의 M&A는 다양한 원인과 동기 및 목적에서 이루어지는데, 어느 한 가지 이유에서만이 아니라 몇 가지 목적이 결합되어 이루어지는 것이 상례이다. 일반적으로 강조되는 견해들을 요약해 보면, 다음과 같다.[3]

(1) 경영효율성 증대

합병을 통해 두 기업간에 영업시너지효과와 재무시너지효과가 기대되는 경우 경영합리화 제고, 위험분산, 자본비용의 절감, 차입능력의 증가 등의 효과를 얻을 수 있어서 경영효율성이 증대되는데, 이런 목적을 달성하기 위해서 M&A의 유인이 존재한다는 주장이다. 통상 유사업종의 기업간에 이루어지는 것이 일반적이다. 영업시너지효과(operating synergy effect)는 두 기업이 합병함으로써 중복시설 및 인력의 절감으로 고정비 절감, 제품다각화와 위험분산효과 등의 시너지효과를 기대할 수 있는 것을 뜻한다. 재무시너지효과(financial synergy effect)는 자금여력이 있는 기업이 자금부족기업과 합병하는 경우 부채차입 및 자기자본조달능력의 향상과 자본비용의 절감을 가져오는 이점 등을 의미한다.

(2) 시장지배력 확대

M&A는 시장점유율의 증대나 독점적 이윤 확보를 위한 동기에서 이루어진다는 주장이다. 이는 규모의 경제 효과라는 이점이 기대되는 반면, 산업 전체면에서 산업의 집중이란 폐해로 나타날 수도 있다.

(3) 세금효과

세법상 정상적 소득(ordinary income)은 자본이득(capital gain)에 비해 세율이 높

---

3) Brigham, F. Eugene, and Joel F. Houston, *Essentials of Financial Management*, 4th ed., Cengage, 2017, pp. 778~781.

은 편이다. 수익성이 높은데도 저배당 또는 무배당을 유지해 온 기업을 인수한 다음 그 기업을 매각하여 자본이득을 실현하는 경우 고율의 정상적 소득세가 저율의 자본이득세로 대체된다. 한편, 우리나라 세법에서는 결손기업 인수에 따른 이월결손금의 승계를 인정하지 않고 있지만, 만약 세법상 인정되는 경우에는 결손기업의 합병으로 과잉수익에 대한 세금을 절감할 수 있다.

(4) 정보효과

정보효과는 정보신호가설과 정보비대칭가설의 두 가지 측면에서 생각해 볼 수 있다. 정보신호가설(information signalling hypothesis)은 합병이나 주식의 공개매수(tender offer)과정에서 과소평가된 피인수기업(target firm)에 대한 새로운 정보나 M&A 정보가 주가에 반영되어 기업가치가 증가된다는 주장이다. 정보비대칭가설(asymmetric information hypothesis)은 정보의 불균형으로 인해 수익성 높은 투자기회를 갖고 있음에도 자금부족으로 투자를 충분히 못하는 기업을 자금여력이 있는 기업이 결합함으로써 기업가치를 증대시킨다는 주장이다.

(5) 저평가기업의 합병효과

기존사업의 확장이나 신업종에의 진입을 시도하는 기업이 기존의 저평가된 기업(undervaluation firm)을 흡수합병하는 것이 비용이 적게 들며, 합병 후에 재평가로 기업가치의 증대가 이루어진다는 측면에서 합병유인이 발생한다는 주장이다. 합병여부를 판단하는 기준으로 통상 토빈(J. Tobin)의 q비율이 이용된다.

$$q\text{비율} = \frac{\text{목표대상기업의 시장가격}}{\text{대체원가(신설비용)}} \qquad (14\text{-}1)$$

q비율이 낮을수록 합병유인이 커진다. 이 비율이 1보다 작으면 작을수록 M&A 방법이 더 경제성이 있다는 것을 의미한다. 즉, 회사 신설에 소요되는 대체원가(replacement cost)가 동 규모의 인수대상기업을 주식시장에서 매수하는 데 소요되는 인수비용(target firm의 시장가격)보다 클수록, 인수비용(시장가격)이 작을수록 합병효과가 커지므로 합병유인도 커진다.

주식시장에는 내재가치보다 주가가 낮게 형성된 기업이 존재하며, 실제 낮은 q비율을 가진 기업을 인수・합병한다면, 보다 저렴한 비용으로 기업확장전략을 수행하는 효과를 얻을 수 있다.

(6) 대리인 문제 감소

경쟁적 시장구조하에서 상존하는 M&A는 항상 경영자에 대한 교체가능성과 통제를 용이하게 해주고 있다. 따라서 M&A는 경영자의 도덕적 해이(moral hazard)를 저감시키고, 합병으로 소유경영자의 지분이 확대될 경우에도 경영자와 주주의 양보로 이해의 수렴현상이 발생하여 대리인 문제를 감소시킬 수 있기 때문에 M&A의 유인이 존재한다는 주장이다.

(7) 경영자의 이익추구

합병은 주주이익을 위해서 행해지는 것이 아니라, 경영자가 자신의 이익을 위해서 기업규모 확대라는 동기에서 M&A가 추구된다는 주장이다.

(8) 기타 동기

세계화 추구로 해외거점 확보가 필요한 경우, 외국기업을 인수함으로써 시간과 비용 면에서 이점을 얻을 수 있다. 또한, 첨단기술의 개발이 절실하지만 기술개발에는 막대한 비용과 시간이 소요되므로 M&A를 통해 연구개발 비용과 시간을 절약할 수 있는 이점이 있다.

2. M&A의 시너지효과

M&A가 이루어지게 되는 주 이유는 시너지효과를 얻을 수 있기 때문이다. M&A로 얻을 수 있는 시너지효과를 정리하면, 다음과 같다.[4]

시너지효과(synergy effect)는 개별기업으로 존재할 때의 기업가치(V_A, V_B)보다 두 기업이 결합된 이후의 기업가치(V_{AB})가 크게 나타나는 것을 말한다. 이를 식으로 나타내면, 다음과 같다.

---

4) Ross, Stephan A., Randolph W. Westerfield and Jeffrey Jaffe, *Corporate Finance*, 6th ed., McGraw-Hill Co. Inc., 2002, pp.823～835.

$$\text{시너지} = V_{AB} - (V_A + V_B) \tag{14-2}$$

인수기업은 일반적으로 피인수기업에 대해 프리미엄을 지불해야 한다. 예를 들어, 인수대상기업의 주식이 주식시장에서 5,000원에 형성되고 있다면, 1,000원 또는 20%의 프리미엄을 더해서 6,000원을 지불할 필요가 있다. 인수기업 A는 피인수기업 B와 프리미엄에 대한 교섭에 들어가기 전에 시너지를 결정할 것이다. 이때 인수 후 현금흐름의 증분(ΔCF)이 있다면 시너지의 가치(V)는 현금할인모형의 기업가치평가모형에 의해 다음의 식 (14-3)과 같이 결정된다.

$$V = \sum_{t=1}^{T} \frac{\Delta CF_t}{(1+k)^t} \tag{14-3}$$

여기서, ΔCF_t는 결합기업의 현금흐름에서 분리된 상태하의 두 개별기업의 현금흐름 합계액을 차감한 차이로서, 합병 후 t기간 동안의 현금흐름증분이다. k는 증분현금흐름에 대한 적정한 위험조정할인율로서, 통상 인수대상기업의 주주요구수익률로 고려된다. M&A로부터 얻게 되는 증분현금흐름은 자본예산에서 설명된 바와 같이, 다음의 네 부분으로 구성된다.

$$\Delta CF = \Delta\text{영업수익} - \Delta\text{영업비용} - \Delta\text{세금} - \Delta\text{투자자본소요액} \tag{14-4}$$

여기서, 증분투자자본소요액은 비유동(유형)자산과 운전자본에 필요한 새로운 투자자금의 소요액을 뜻한다. 식 (14-4)에 미치는 시너지효과를 중심으로 설명하면, 다음과 같다.

(1) 매출수익의 증대 시너지효과

M&A를 할 경우, 매출수익의 증분은 마케팅 이득(marketing gains), 전략적 이득(strategic gains), 시장지배력(market or monopoly power)으로부터 발생한다.

① 마케팅 이득은 합병 전에 비해 마케팅 활동이 개선되어 증가하게 된다. 그 이유는 합병 전 비효율적 광고매체 및 광고계획, 취약한 유통네트워크, 불균형한 제품믹스 등이 개선되기 때문이다.

② 전략적 이득은 경영전략 관점에서 경쟁우위를 얻는 것이다. 통상 기업내부의 안정적 성장전략보다는 가속적・외부적 성장전략을 추구하기 위해서 사용되는 방법으로 M&A를 택하게 된다. 합병을 통해 제품계열의 다양화・시장다변화・사업영역 확대를 추구할 수 있어서 매출수익은 증대되는 효과를 가져온다.

③ 동종 기업간에 M&A가 이루어지면, 경쟁이 감소되며 더 나아가서 시장에 대한 독점지배력을 가지는 경우 독점적 이윤을 얻을 수 있다.

(2) 비용감소 시너지효과

합병의 가장 기본적 이유의 하나는 합병시 효율적 운영이 가능해짐으로써 효율성이 증대된다는 데 있다.

① 합병시 생산・마케팅 시설의 활용과 인력자원의 감축・적정배치로 인한 규모의 경제(economies of scale) 실현으로 효율성이 증대된다.

② 합병이 수직적 M&A인 경우 생산・유통상 영업효율성이 증대된다. 즉, 생산거점의 확보와 원자재의 확보가 용이해지고, 정보비용・판매비용이 절감될 수 있다. 때로는 기술이전효과도 누릴 수 있다.

③ 합병으로 자원의 보완적 이용이 가능해지는데, 예컨대 스키제조회사와 테니스용구제조회사가 결합하는 경우 겨울과 여름의 제품계열의 보완이 이루어지고, 생산기술력은 약하지만 마케팅력은 우수한 기업과 반대 경우의 기업이 결합한다면 상호 시너지효과가 크게 나타날 수 있다.

④ 합병은 비효율적 경영진의 제거를 가능하게 한다. 즉, 불필요한 인적자원의 낭비 제거, 비효율적 경영진의 교체, 새로운 관리인력의 획득 등으로 관리능력을 제고할 수 있다.

(3) 세금절감 시너지효과

세금이득(tax gains)은 M&A에 대한 강력한 유인으로 작용하는데, 세금이득은 순영업손실로 발생한 세금손실의 이용, 미사용된 부채차입능력의 이용, 잉여자금의 이용으로부터 발생한다.

① 순영업손실(net operating losses : NOL)이 발생한 기업을 합병하는 경우,

인수기업의 영업이익은 피인수기업의 순영업손실을 차감하므로 세금이 절감되는 효과를 누릴 수 있다.

② 부채차입의 증가는 지급이자에 대한 세금절감효과를 가져오는 동시에 부채비율의 증가로 이어져 재무곤경비(financial distress)를 증가시킨다. 부채비율이 높은 기업을 인수하는 경우, 인수기업의 충실한 재무건전도가 재무곤경비를 저감시켜 기업가치는 커지며, 동시에 낮은 부채비율로 인해 미사용된 부채차입능력을 증대시킬 수 있어서 세금이득의 증대와 기업가치의 증대를 창출할 수 있게 된다.

③ 순현재가치가 정(+)인 투자안과 모든 세금을 집행하고도 잉여현금흐름이 있는 경우, 그 잉여현금흐름을 배당 지급, 자사주 매입, 다른 기업의 주식매수 등에 사용할 수 있다.

배당금에 대해 주주는 세금을 납부해야 하지만, 미국 법인세법의 경우 피인수기업이 지급하는 배당소득의 70%는 법인세에서 공제해 주는 제도가 있는데, 이를 이용하여 감세효과를 얻을 수 있다. 단, 세금회피를 위해서 타회사 주식을 의도적으로 인수하는 법인에 대해서는 감세혜택이 적용되지 않는다. 그러나 합병시에는 피인수기업이 지급하는 배당금에 대해 세금이 없기 때문에 잉여자금이 있는 기업은 잉여자금을 기업인수에 투입하는 유인이 있게 된다.

(4) 투자소요액 절감 시너지효과

M&A가 이루어지면 마케팅 · 구매 · 생산 · 기타 영업활동에서 시설 및 자원의 통합과 공동이용이 가능해지므로 효율성이 증대된다. 이에 따라 고정설비투자액과 운전자본 투자소요액의 절감이 가능해진다. 때로는 기업결합으로 발생하는 잉여 설비나 자산을 매각함으로써 현금유입이 발생하기도 한다.

(5) 위험과 자본비용 감소 시너지효과

합병으로 기업규모가 커지면 자본조달능력이 증대되어 파산위험이 감소되는 재무적 효과(financial effect)를 가져온다. 이런 효과를 기업합병에 의한 위험공동부담효과(co-insurance effect)라 하며, 합병하는 두 회사의 이익흐름의 상관관계가 적은 다각적 합병의 경우에 더욱 크게 나타난다

파산위험의 감소는 부채차입능력을 증대시키는데, 이는 결국 자본비용

감소와 감세효과를 가져오므로 기업가치의 증가로 나타난다. 또한, 합병으로 기업규모가 대형화되면 재무적 규모의 경제(financial economies of scale)가 실현되는데, 예컨대 주식이나 회사채 발행으로 자금조달시 발행규모가 커짐에 따라 발행비용이 낮아지는 재무시너지효과가 발생한다.

제 3 절 M&A의 절차와 가치평가

1. M&A의 절차

M&A의 정형화된 절차와 과정이 있는 것은 아니다. 단지 기업이 처한 환경과 제반 여건에 따라 달라지므로 치밀한 사전계획과 체계적 분석·평가가 필요하다. 일반적으로 M&A는 ① 전략 및 계획수립, ② 대상기업의 선정과 가치평가, ③ 실사, ④ 매수교섭과 계약체결, ⑤ 이사회의 합병 결의, ⑥ 주주총회 승인, ⑦ 대금지불과 합병등기, ⑧ 사후관리라는 단계를 거쳐 이루어진다.

첫째, 전략 및 계획수립 과정은 인수대상기업(target firm)을 선정하기 전에 기업의 목표와 제품·시장전략의 관점에서 인수기준을 정하는 과정이다. 이 과정에서 SWOT분석기법을 이용하여, 어떤 기업을 인수대상으로 하는 것이 자사의 경영전략상 적합한지를 분석한다. 그리고 산업특성과 기업특성을 고려하여 인수기준에 관한 계획을 수립한다. 산업특성으로는 동종 산업의 성장률·정부규제·진입의 용이성·자본 및 노동집약도 등을, 기업특성으로는 현 경영진의 구성·시장점유율·수익성·기업규모·자본구조·주식분포 및 경영지배 가능성 등을 고려한다.

둘째, 대상기업의 선정과 평가 과정은 앞의 단계에서 정한 선정기준에 적합한 기업을 물색하고, 정보를 입수하며, 기업가치평가를 통해 적합성 여부를 평가하는 과정으로, M&A 절차 중 가장 어려운 과정이다. 기업가치평가를 위해서 고려되는 주요 요소로는 시너지효과·잠재적 성장력·상대적 규모·

자산가치 · 부채차입능력 · 영업위험 · 유동성 · 자본비용 · *EPS* · 시장가치 · 장부가치 · 배당 등을 들 수 있다. 이 단계에서 추가적 정보와 판단이 필요한 경우에는 전문가집단의 지도 및 조언을 받아 체계적 분석을 해야 한다.

셋째, 실사단계에서는 인수대상기업에 대한 정확한 정보의 수집이 필요하다. 부외자산이나 부외부채의 존재 여부, 노사문화와 조직문화의 특성, 설비 및 부동산의 자산가치에 대한 적정한 평가, 인적자원의 가치 등 정보의 질과 양에서 부족함이 없어야 한다. 실사 결과는 교섭 및 계약체결 과정에서 결정적 역할을 하므로 세심한 평가가 이루어지도록 노력해야 하며, 실제 많은 시간이 소요된다.

넷째, 실사가 끝나면 매수교섭과 계약체결이 이루어진다. 매수교섭은 매수가격, 매수형태, 매수방법, 매수 후 임직원의 처우 등에 대한 협상이 주를 이룬다. 주식공개매수 M&A의 경우, 공개매수방법은 전량매수제의와 부분매수제의로 구분된다. 전량매수제의(any or all offer)는 피인수기업의 지배에 필요한 최소한의 매수량 주식 전부를 매수하는 것이고, 부분매수제의(partial offer)는 지배권의 확보 요건상 최소량인 일부 주식만 매수하는 것이다.

매수제의(offer)는 통상 2단계 매수제의(two-tier offer)로 이루어지는데, 1차 단계(first tier)에서는 피인수기업의 지배권 확보를 목표로 높은 가격을 제의하는 것이 보통이다. 그 이유는 경쟁적 매수제의나 내부경영자의 방해를 의식해서이다. 2차 단계(second tier)는 합병단계로 주식교환이나 현금제시로 가격이 1차보다 낮은 가격을 제시하는 것이 상례이다. 이런 교섭과정이 끝나면 양 회사간에 M&A 계약을 체결한다.

다섯째, 이사회에서 합병에 대한 결의를 거친다. 합병 안건이 이사회를 통과하면, 인수기업은 피인수기업의 채권자들에게 이의가 있는 경우 이의서 제출을 하도록 최고를 한다. 통상 이의기간은 2개월 이상으로 한다.

여섯째, 주주총회에서 합병안을 승인받는 단계로, 이 과정에서 합병기업의 정관과 자본금의 변동이 확정된다.

일곱째, 대금지불이 완료되고 합병등기를 하면, M&A의 실제 거래절차는 끝나게 된다. 대금지불방법으로는 현금지급 · 채무증서에 의한 지급 · 주식교환이 있다. 매도자 입장에서는 거래대금을 현금으로 결제할 것을 요구하는 것이 상례이다. 그러나 기업매수에는 거액의 자금이 소요되므로 일부 대금은 어음이나 회사채 등의 채무증서로 지급하게 된다.

현금지급에 의한 주식매수는 취득시 과세가 되지 않지만, 주식매각시에는 세금이 과세되므로 주식매각시까지 세금의 연기효과가 있다. 주식교환은 매수회사의 주식이나 신주발행주식으로 대금의 일부를 지급하는 방식으로 매도자는 현금 필요시 현금화가 가능한 이점이 있고, 매수자 입장에서는 현금부담을 덜 수 있다는 장점이 있다. 반면에, 교환된 주식의 주가상승・하락에 따라 자본손실・이득이 발생한다.

한편, 합병에 따른 회계처리방법에는 지분풀링법과 매수법이 있다. 지분풀링법(pooling of interests accounting)은 합병 후에 인수기업과 피인수기업의 지분에 변동이 없다고 가정하여 회계처리하는 방법으로, 취득한 자산・부채를 장부가액으로 기록한다. 통상 피인수기업 주식의 90% 이상 매수시 이 방법이 적용된다. 매수법(purchasing method)은 합병 후 소유지분의 변동이 있다고 가정하여 회계처리하는 방법으로 취득한 자산・부채를 공정가격(fair price)으로 평가한다. 통상 피인수기업 주식의 50~90% 미만 매수시 적용되며, 취득한 순자산의 공정가격(시장가격)이 매수가액보다 작으면 그 차액을 영업권으로 기록한다. 한편, 피인수기업 주식의 20% 이하 매수시에는 투자자산계정으로 처리한다.

여덟째, M&A거래가 완료된 후의 단계로 사후관리이다. M&A가 사실상 끝나면, 인수기업은 인수준비팀을 구성하여 사후관리에 들어가게 된다. 사전실사과정에서 조사된 설비・자산・자원 등의 존재 및 감소 여부와 이들 자산의 재배치 및 활용계획, 인적자원의 전보・배치, 구조조정에 따른 종업원의 불안감 해소와 생산성 하락 대비책, 계약체결시점 이후 부외자산・부외부채의 추가 발생여부, 노사문화와 조직문화의 파악 등을 신속히 확인하고 관리해야 한다. 피인수기업 구성원들의 거부감과 저항 또한 만만치 않은 것이 상례이므로 경험과 전문지식이 많은 전문가들로 인수팀을 구성하여 신속하고도 적응적인 대응을 할 필요가 있다.

2. M&A의 가치평가

(1) 기업가치평가

M&A로부터 얻는 순이득 또는 순손실은 인수대상기업을 매수함으로써 얻게

될 기대이익과 인수를 위해 지불된 인수가격의 크기에 의해 결정된다. 인수가격이 높을수록 M&A의 순이득은 적어지게 되므로 적정한 인수가격의 산정이 무엇보다 중요하다. 적정한 인수가격의 산정은 M&A 대상기업의 가치평가를 정확히 함으로써 가능해진다.

M&A 대상기업의 가치평가방법은 제3장에서 설명된 주식의 가치평가방법을 그대로 적용할 수 있다. 기업가치(주식가치) 평가를 위해 항상성장모형・제로성장모형・고속성장모형의 배당평가모형과 이익평가모형이 이용될 수 있으며, 이들 방법을 이용하여 인수대상기업의 내재가치를 산출한다. 이외에도 *EPS*, *PER*, *PBR*, 그리고 앞에서 언급한 토빈(J. Tobin)의 q비율을 이용해서 인수대상기업의 주식가치의 적정여부를 평가할 수 있다.

한편, 유사기업의 시장가치를 참고하여 인수대상기업의 가치를 평가하는 상대가치평가방법을 이용할 수도 있는데, 산출방법은 다음과 같다.

$$\text{상대가치} = \text{유사기업의 주가} \times \left(\frac{\text{발행기업의 주당경상이익}}{\text{유사기업의 주당경상이익}} + \frac{\text{발행기업의 주당순자산}}{\text{유사기업의 주당순자산}} \right) \div 2 \quad (14\text{-}5)$$

* 경상이익 : 법인세비용차감전계속사업손익

이 상대가치평가방법은 비상장회사를 합병하는 경우 유사한 상장기업의 주가수준을 구해서 이를 인수가격 기준으로 비교하는 데 이용할 수 있다. 그러나 이 방법은 주가왜곡이 큰 상황에서는 적용하는 데 한계점이 있다.

현금인수의 경우 자본예산평가기법을 적용하여 평가할 수 있다. 즉, 식 (14-3), (14-4)를 이용하여 합병으로 인해 증가하는 증분현금흐름을 측정하고, 적절한 할인율을 구해 기업의 현재가치(V)를 분석한다. 할인율은 식 (14-3)의 위험조정할인율(k)이며, 이는 가중평균자본비용($WACC$)과 자본자산가격결정모형($CAPM$)을 이용하여 구해서 대체할 수 있다. 이렇게 구한 기업가치를 인수가격의 협상기준으로 사용할 수 있다.

(2) 주식교환에 의한 가치평가 : 주식교환비율의 결정

만약 인수대금의 지불형태가 현금지불방식인 경우에는 자본예산의 경제성평가기법이나 주식가치평가기법 등을 그대로 적용하여 사용할 수 있다. 그러나 주식교부 또는 주식교환(stock exchange)인 경우에는 주식교환비율이 중요한 문제로 제기된다.

주식교환비율(exchange ratio : ER)은 피인수기업의 주식 1주와 교환되는 인수기업의 주식수를 의미한다. 주식교환비율의 결정방법은 주당이익을 기준으로 하는 방법과 시장가치(market value)를 기준으로 하는 방법이 있다. 즉, 합병조건을 결정할 때, 시장주가와 주당이익을 중요한 결정요인으로 이용한다는 것을 의미한다.

이 외에 합병 결정시 중요시되는 재무요인으로는 이익과 이익성장률, 배당, 현재주가, 주당장부가치(BPS), 주당운전자본금 등을 들 수 있다.

1) 주당이익기준

주당이익을 기준으로 교환비율을 정하는 방법은 현재시점에서 피합병기업(target firm : T)의 주당이익(EPS_T)을 합병기업(acquiring firm : A)의 주당이익(EPS_A)으로 나누어 산출한다.

$$ER = \frac{EPS_T}{EPS_A} \tag{14-6}$$

단, EPS_A : 인수기업의 합병 전 주당이익
EPS_T : 피인수기업의 합병 전 주당이익

이 방법은 합병기업과 피합병기업의 위험이 동일하고, 합병에 의한 추가적 가치창출 즉 시너지효과가 없고, 기대성장률도 동일하다는 가정하에서 이루어지는 결정방법이다. 주당이익을 기준으로 합병조건을 평가하는 경우, 주당이익 자체가 가지고 있는 문제점이 있다. 즉, 주당이익은 과거자료인 회계적 수치이기 때문에 합병성과를 반영하기에는 충분치 못하다는 점, 그리고 주당이익이 화폐의 시간가치, 성장률, 위험 등을 고려하지 않은 측정치라는 점 때문에 합병의 장기적 영향을 평가 · 분석하는 데에는 적절치 않을 경우가 있다. 그래서 합병 당시 두 기업간의 성장률이 다르고 합병에 의한 시너지효과(추가적 가치창출)가 예상되는 경우에는 합병 후 기대주당이익(expected earning per share)을 기준으로 교환비율을 산출한다.

이렇게 시너지효과가 기대되는 경우, 인수기업의 합병 후 기대주당이익은 최소한 합병 전 주당이익보다 크거나 같아야 한다. 이러한 관계를 나타내면 다음과 같다.

$$EPS_A \le E(EPS_A) = \frac{TE}{N_A + N_T(ER)} \tag{14-7}$$

단, $E(EPS_A)$: 인수기업의 합병 후 기대주당이익
TE : 합병 후 총이익($EPS_A + EPS_T$ + 시너지효과)
N_A : 인수기업의 합병 전 발행주식수
N_T : 피인수기업의 합병 전 발행주식수
ER : 주식교환비율

시너지효과가 기대되는 경우, 인수기업(A)과 피인수기업(T)이 서로 양보하고 제시할 수 있는 최대·최소한의 주식교환비율이 존재하게 된다. 인수기업이 제시할 수 있는 최대 주식교환비율(ER)은 식 (14-8)과 같고, 피인수기업이 제시할 수 있는 최소 주식교환비율은 식 (14-9)와 같다.

$$\max\ ER_A = \frac{TE - EPS_A \times N_A}{EPS_A \times N_T} \tag{14-8}$$

단, ER_A : 인수기업의 주식교환비율

$$\min\ ER_T = \frac{EPS_T \times N_A}{TE - (N_T \times EPS_T)} \tag{14-9}$$

단, ER_T : 피인수기업의 주식교환비율

한편, 주당이익기준에 의한 평가는 합병기업이 합병 후 존속기업(인수기업)의 주당이익에 미칠 영향을 고려해야 한다. 매수시 PER이 낮은 기업이 PER이 높은 기업을 합병하는 경우, 즉 인수기업의 PER이 피인수기업의 PER보다 낮을수록 합병 후 존속기업의 EPS에 희석화 현상이 발생하여 EPS가 감소한다. 반대로 PER이 높은 기업이 PER이 낮은 기업을 합병하는 경우, 즉 인수기업의 PER이 피인수기업의 PER보다 높을수록 합병 후 존속기업의 EPS가 크게 증가한다. 이렇게 합병 후 EPS 증가·감소의 크기는 합병기업들간의 P/E배율의 차이로 인해 발생되며, PER_A/PER_T가 크면 클수록 합병 후 EPS는 증가한다.

그리고 두 기업간의 총이익(TE) 수준 크기에 따라 EPS가 달라진다. 피

인수기업의 총이익에 대한 인수기업의 총이익비율, 즉 TE_A/TE_T가 크면 클수록 합병 후 존속기업의 EPS가 크게 증가한다. 합병 후 EPS에 희석효과가 나타난다 해도 합병의 시너지효과, 즉 합병으로 인한 미래이익의 추가 창출이 크게 기대된다면, 높은 주식교환비율로 인수를 하더라도 정당화될 수 있다.

2) 시장가치기준

M&A 교섭과정에서 중요한 사안은 주당시장가격의 교환비율이다. 기업의 본질가치를 평가할 때 보통주의 시장가격에 관심을 갖게 된다. 보통주 시장가격은 기업의 기대이익 · 위험 · 자본구조 · 자산가치 · 성장가능성 등을 종합적으로 반영한 가격으로, 한 기업의 진정한 본질가치로 볼 수 있다. 따라서 시장가치기준에 의한 주식교환비율의 결정이 주당이익기준보다는 합리적이고 타당한 방법이라고 볼 수 있다.

주식교환방법으로 합병을 하는 경우 주식교환비율을 산출해야 한다. 시장가치기준에 의한 주식교환비율은 통상 두 기업의 시장가치총액(주가×주식발행수)을 비교해서 구하지만, 편의상 주당 시장가격에 의한 교환비율은 다음과 같다.

$$ER = \frac{MP_T}{MP_A} \tag{14-10}$$

단, MP_A : 인수기업의 주당 시장가격
MP_T : 피인수기업의 주당 시장가격

시장가치기준은 합병 후 기대되는 시너지효과가 주가에 반영되는지 여부가 평가의 초점이다. 합병 후 주식의 시장가격은 합병 후 기대되는 추정 EPS에 기대PER을 곱하여 산출한다.

$$MP^* = EPS^* \times PER^* \tag{14-11}$$

단, MP^* : 합병 후 주당 시장가격
EPS^* : 합병 후 추정 기대EPS
PER^* : 합병 후 추정 기대PER

시장주가기준으로 교환비율(ER)을 정할 때에는 합병 당사자간의 PER 수준 차이에 따라 EPS에 미치는 영향도가 큰 차이를 보이므로 주의가 요구된다. 주당이익기준에서 설명된 바와 같이, 인수기업의 PER이 피인수기업의 PER보다 높을수록 합병 후 EPS가 즉각적으로 크게 증가하며, 반대로 인수기업의 PER이 피인수기업의 PER보다 낮을수록 합병 후 희석화 현상으로 EPS가 크게 감소한다.

예제 14-1 주식교환비율 결정(주당이익기준)

A기업은 T기업을 주식매수방법으로 합병하려고 계획중이다. A기업의 발행주식수는 1,000주, 작년도말 순이익은 200만원이다. T기업의 발행주식수는 500주, 작년도말 순이익은 10만원이다. 그리고 A기업이 T기업을 합병한 후 기대 시너지효과로 인해 40만원의 증분현금흐름이 있을 것으로 예상하고 있다. 주당이익기준에 의해 주식교환비율을 구하고, A기업이 제시할 수 있는 최대주식교환비율은 얼마인가?

풀이

$$ER = \frac{100,000/500}{2,000,000/1,000} = \frac{200}{2,000} = 0.1$$

T기업 주식 10주에 대해 A기업 주식 1주를 교부한다.

$$TE = 2,000,000 + 100,000 + 400,000 = 2,500,000$$

$$ER = \frac{2,500,000 - 2,000 \times 1,000}{2,000 \times 500} = 0.5$$

T기업 주식 1주에 대해 A기업 주식 0.5주를, 즉 T기업 주식 2주에 대해 A기업 주식 1주를 교부한다.

예제 14-2 주식교환비율 결정(시장가치기준)

인수기업 A의 순이익은 200만원, 발행주식수는 1,000주이고, PER이 10배이다. 피인수기업 T의 순이익은 100만원, 발행주식수는 1,000주이고, PER이 4배라 할 때, 시장가치기준에 의해 주식교환비율을 구하시오.

풀이

$$ER = \frac{MP_T}{MP_A} = \frac{EPS_T \times PER_T}{EPS_A \times PER_A} = \frac{1,000 \times 4}{2,000 \times 10} = 0.2$$

T기업 주식 1주에 대해 A기업 주식 0.2주를 교부한다. 즉, T기업 주식 5주에 대해 A기업 주식 1주를 교부한다.

제 4 절 적대적 M&A에 대한 방어전략

기업의 M&A는 우호적 M&A보다는 적대적 M&A가 주를 이룬다. 우리나라도 자본시장 자유화와 1997년 증권거래법 제200조 개정 전까지는 재벌그룹의 계열사간의 합병이나 대기업이 생산·유통상 관계를 유지해 온 중소기업을 결합하는 형태의 우호적 M&A가 일반적이었다. 그러나 자본시장 개방과 증권거래법 개정 이후 외국기업의 또는 국내기업간의 공개매수와 적대적 주식매수 형태의 M&A가 점차 증가하고 있는 상황이다.

M&A 대상기업(target)은 인수기업(acquirer)의 매수제의(takeover offer)에 불순한 의도가 있다고 판단되면, 이를 막기 위해 방어수단(anti-take over)을 동원할 것이다. 이 방어수단은 잠재적 인수기업(potential acquirer)이 매수대상기업의 잠재적 매력을 상실하여 인수포기를 하게 한다는 의미에서 shark repellent라고도 불린다.

인수대상기업이 적대적 매수에 대응하여 취할 수 있는 방어수단, 즉 적대적 매수 방어전략(anti-hostile takeover strategy)은 시기별로 매수가 시도되기 이전의 예방적 방어전략과 매수가 시도된 이후의 적극적 방어전략으로 나눌 수 있다. 이들은 다음과 같은 다양한 구체적 전략으로 구분되며, 이 가운데 실무에서 대표적 방어수단으로 가장 많이 이용되는 전략은 독약전략, 백기사, 황금알 전략 등이다.

1. 예방적 방어전략

(1) 독약전략

독약(poison pill)전략은 인수대상기업(target)이 인수에 따른 불리한 결과를 가져올 아래의 독소조항들을 삽입하여 비용지출이 증가하도록 함으로써, 기업가치를 하락시켜 인수제의기업(bidder)의 손실을 유도하여 매수의도를 저지하려는 전략이다. 구체적으로 다음의 수단이 이용된다.

① 황금낙하산(golden parachutes) 규정 : 현 경영진에게 거액의 퇴직금과 보상금을 지급하기로 한 고용계약 규정을 삽입하는 것으로 인수기업(acquirer, bidder)이 합병 후에 기업가치 하락을 유도하는 전략이다. 합병 후 일반주주는 기업가치 하락으로 손실을 입겠지만, 경영진은 거액의 보상금(황금낙하산)을 받고 기업을 빠져나가는 것을 비유한 말이다.

② 신주인수권(warrants) : 신주인수가격이 높게 책정된 신주인수권이 붙은 신주인수권부사채(BW)를 발행함으로써, 합병 후 주식으로 전환시 피인수기업(target)의 주가를 희석시키는 전략이다.

③ 독약부채권(poison puts bond) 발행 : 독약부(附)채권은 만기 이전에 현금상환이나 주식전환을 청구할 수 있는 권리가 붙은 채권으로 이를 발행하여 인수매력을 잃게 하는 전략이다.

④ flip-over · flip-in 독약 : flip-over 독약은 합병 후 합병기업의 주식을 저가에 매입할 수 있는 권리를 부여한 독소조항이고, flip-in 독약은 합병 전 현재의 인수대상기업(target)의 주식을 저가에 매입할 권리를 부여한 독소조항으로, 이런 독소조항을 삽입하는 전략이다.

⑤ 매도권 · 투표권 : target기업의 주식을 이사회가 약속한 가격으로 매도하거나 주식으로 교환할 수 있는 독소조항이나 특정주주에게 초과투표권을 부여한 독소조항을 삽입하는 전략이다.

(2) 정관개정

기존의 정관을 변경하여 대응하는 전략으로서, 변경될 정관에 이사들의 임기를 각기 다르게 하거나 의결원칙을 까다롭게 하는 조항을 삽입하여 악의적 매수자(raider)의 매수의욕을 꺾는 전략이다. 예컨대, 이사들을 몇 그룹으로 나누어 각기 임기를 다르게 지정함으로써 이사진 교체를 어렵게 하는 시차이사조항(staggered terms of directors)을 신설한다거나, 합병승인에 필요한 주주총회의 의결권을 50% 이상의 다수결원칙(majority)이나 2/3 이상의 초다수결원칙(super majority)으로 의결조항(voting provisions)을 강화하는 예를 들 수 있다.

이 외에 주총 결의 없이 의결권부(附)우선주를 발행할 수 있도록 정관을 변경하고, 이를 우호적 기업, 즉 백기사(white knight)가 인수하도록 하는 전략이 있다. 악의적 매수자(raider)가 그린메일(green mail)을 시도할 경우 경영진이 초다수결원칙의 의결을 받도록 정관을 개정함으로써 매수합의를 어렵게 하는 반

(反)그린메일(anti-green mail)전략이 있다. 이런 방어전략들은 외부주주(outside shareholder)와 기관투자자의 자본이득 상실을 초래하므로 이들의 반대에 봉착할 수도 있다. 그리고 차등의결권주식제도가 있는 나라에서는 이 제도를 이용하여 경영권을 방어하고 있다. 이 제도는 정관개정이 아니라 기업공개시 창업주의 경영권을 보호받을 수 있는 차등의결권주식제도를 활용해 차등의결권주식을 발행하여 경영권 침해를 적극적으로 방어할 수 있다.

참고

• 차등의결권제

차등의결권제(differential voting rights system)는 창업자나 경영자 등 회사에 기여한 사람이 보유한 주식에 대해 일반 주식보다 더 많은 의결권을 부여하는 제도이다. 증시상장 등 대규모 투자유치로 창업주의 지분비율이 낮아지더라도 이전 그대로 안정적인 기업 운영을 가능하게 해준다. 국내 1위 이커머스 기업인 쿠팡(김범석 이사회 의장)이 2021년 3월 11일 뉴욕증권거래소(NYSE)에 상장하여 약 5조원의 거대 자본을 조달하였는데, 일반 보통주 의결권의 29배 의결권을 갖는 차등의결권주식을 부여받는 구조로 미국에서 기업공개(IPO)가 이루어졌다.

차등의결권주식제도란 '1주 1의결권(one share, one vote)' 원칙의 예외를 인정해 1주당 의결권이 상이한 두 종류 이상의 주식을 발행하는 것을 말한다. 복수의결권주, 부분의결권주, 무의결권주, 거부권부(附)주 등이 있다. 주식 보유기간이나 보유주식수에 따라 의결권 수에 차등을 두는 경우도 포함된다. 복수의결권주는 주로 기업의 창업자들을 대상으로 발행된다. 차등의결권제도는 미국과 유럽에서 오래전부터 존재해 온 제도로 구글이 2004년 기업공개 당시 도입하면서 대중적으로 알려지게 됐다. 당시 구글은 창업가팀이 장기적이고 혁신적임을 밝히고 클래스 A주식의 10배 의결권을 갖는 클래스 B주식을 발행했다. 이를 창업자 래리 페이지, 세르게이 브린, 에릭 슈밋이 나눠서 보유했다. 이 제도를 통해 구글은 기업공개 이후 경영권 상실 위협 없이 대규모 자본조달을 통해 고성장을 추구할 수 있었다.

또한, 2014년 중국의 알리바바가 차등의결권제도를 허용하지 않는 홍콩증권거래소를 포기하고 뉴욕증권거래소로 옮겨 상장한 이후 아시아 국가들에서도 차등의결권 관련 제도의 논의가 활발해졌다. 2018년 경제협력개발기구(OECD) 36개 회원국 중 17개국에서 차등의결권제도가 허용되고 있다. 2017년 기준 미국 러셀3000지수에 포함된 3,000개 미국 기업들 중 221개가 차등의결권 구조를 가진 것으로 나타났다. 미국에서는 유니콘기업(기업가치 10억 달러 이상 스타트업)들이 상장할 때 차등의결권제도를 활용하는 것이 보편화되고 있다. 프랑스도 2014년 플로랑주법(Florange Law) 통과로 2년 이상 보유한 모든 상장주식에 대해 2배의 의결권을 자동적으로 부여하는 '테뉴어 보팅(Tenure Voting)'제도를 도입했다.

알리바바의 뉴욕증시 상장 이후 차등의결권제도 도입을 고민하던 홍콩과 싱가포르도 결국 2018년 차등의결권주식 발행 기업의 상장을 허용하게 됐다. 반면, 한국은 상법에서 의결권이 배제, 제한되는 주식을 발행주식 총수의 4분의 1까지 발행할 수 있도록 규정하고 있으나, 이는 대기업 집단의 경제력 집중에 대한 우려가 강했던 현실이 반영된 것으로서 차등의결권이 허용되지 않음으로써 결과적으로 복잡한 피라미드 지배구조가 나타나게 되었다. 최근 정부와 국회가 벤처 붐을 확산하고 비상장 벤처기업의 성장을 촉진한다는 취지에서 차등의결권제도 도입을 위한 벤처기업법 개정안을 논의중이다. 쿠팡의 뉴욕증시 상장 추진을 계기로 이 논의가 더욱 활발해질 것으로 보인다. 반면, 이 제도는 경영자가 경영성과에 관계없이 경영권을 유지하거나 기업간 M&A를 어렵게 할 수 있다는 단점이 있다. 이 문제는 차등의결권제도가 없더라도 발생할 수 있는 문제이기에 심층적 분석이 더 필요하다. 차등의결권주식제도 등을 통한 장기적 관점의 경영이 경영혁신과 주가 성과에 긍정적인 영향을 준다는 실증연구가 다수 있으나 전체적으로 볼 때 차등의결권주식제도 도입과 기업가치의 관계에 대해 일치된 연구결과를 보여주지는 못하고 있다. 즉, 차등의결권주식제도가 장점만 있고 단점이 없는 제도라고 보기는 어렵다.

(동아일보, 2021. 2. 22. Inside & Insight, 이동기 서울대 교수, 일부 수정 재인용)

2. 적극적 방어전략

(1) 백기사

백기사(white knight)란 매수대상기업(target)에 대해 우호적인 제3자를 말하며, 피인수회사(target)는 자신에게 우호적인 주주들로 백기사를 확보할 것이다. SK의 경우, 2003년 영국계 투자운용회사인 소버린(실제는 子회사 크레스트)이 적대적 M&A 시도로 14.99%의 주식을 취득하자, 이에 대응하기 위해 대기업인 포스코에 백기사 역할을 요청하기도 했다. 이것도 여의치 않는 경우, 아예 target기업은 백기사에게 자사의 인수를 의뢰하는 전략을 사용하기도 하는데, 이를 lock-up option이라 한다.

(2) 황금알 전략

황금알 전략(crown jewels strategy)이란 target기업이 raider기업이 노리는 핵심사업부문(crown jewels)을 독립시키거나 매각하는 전략으로 raider의 매수의욕을 꺾어버리는 방법이다. 이에는 핵심자산 또는 핵심사업부문을 제3자에게 매각하는 자산매각(asset lockup)과 황금알을 내부 경영진이 매수하도록 하는 MBO 매각이 있다.

(3) 그린메일

악의적 매수자는 주식매수를 기업인수의 위협수단으로 사용하여 자본이득을 취하는 경우가 있다. 이때 피합병기업이 악의적 매수자가 취득한 자사 주식에 대해 프리미엄을 지급하고 높은 가격으로 재매입하는 것을 그린메일(green mail)이라고 한다.

(4) 불가침협정

인수대상기업이 자신의 기업을 인수하고자 시도하는 인수기업 또는 투자자와 더 이상의 추가적인 합병과 인수를 않겠다는 불가침협정(standstill agreement)을 맺는 것을 말한다. 대신에 피인수기업은 자사주를 높은 가격으로 재매입하는 그린메일을 받아들인다. 재매입불가침협정을 맺고 나서 매수자가 더 이상 재매입을 하지 않는 경우에는 그 대가로 일정한 경영참여를 인정하는 협정을 맺기도 한다. 또한 제3의 우호적 매수자인 백지주(white squire)와 불가침협정을 전제로 주식의 부분적 매수를 제의하기도 하는데, 이때 자사의 필요한 정보나 편의를 제공하게 된다.

(5) 자본구조 변경

자본구조 변경(capital structure change)은 부채나 주식을 추가로 발행하여 자본구조를 변경시키는 것이다. 발행주식수가 과다해지면 매수할 주식수가 늘어나고, 부채가 과다해지면 자본구조가 취약해지므로 매수의욕을 저하시키는 효과가 발생한다. 또한 부채로 주주에게 초과배당금을 지급하는 자본재구축(leveraged recapitalization)을 이용할 수 있다.

(6) 차별적 매수제의

차별적 매수제의(discriminatory tender offer)는 인수대상기업이 자사 주식을 매수하는 방법으로, 자사 경영진이 적대적 매수자(hostile bidder)의 매수제의가격보다 높게 매수주가를 제시하여 적대적 매수의욕을 무력화시키는 것이다.

(7) 선순위채권

인수대상기업이 스스로 주요자산의 매각을 하지 않겠다는 금지조항(covenant)이 부가된 선순위채권(senior bond)을 발행함으로써 인수기업(acquirer)이 인수대상기업(target)의 자산 매각이나 담보로 매수자금을 조달하려는 LBO전략을 저지할 수 있다.

(8) 기 타

매수제의기업을 법원에 제소하거나 매수대상기업(target)이 역으로 매수제의기업(bidder)을 공개적으로 매수하겠다고 선언하는 역매수방어(PacMan defense)를 사용할 수 있다.

연습문제

01 다음의 용어들을 간단히 설명하시오.

(1) 합병(merger)과 인수(acquisition)
(2) 자산매수
(3) 주식공개매수(tender offer)
(4) 위임장 투쟁(proxy contest)
(5) 차입인수(leveraged buyout)
(6) 경영진 차입인수(MBO)
(7) 백기사(white knight)
(8) 독약(poison pill)전략
(9) 그린메일(green mail)
(10) 황금낙하산(golden parachutes) 규정
(11) 차등의결권제(differential voting rights system)
(12) 황금알 전략(crown jewels strategy)

02 기업인수(acquisition)의 방법을 설명하시오.

03 주식공개매수에서 우호적 매수와 적대적 매수의 차이를 설명하시오.

04 LBO의 장 · 단점을 설명하시오.

05 M&A의 동기와 시너지효과를 설명하시오.

06 주식교환비율을 구하는 방법에서 주당이익기준과 시장가격기준의 차이점을 비교 · 설명하시오.

07 A사와 B사의 자료는 다음과 같고, A사가 B사를 합병한다면 시너지효과로 증분현금흐름 6억원이 예상된다. A사는 미래성장가능성이 높아서 PER이 B사보다 높게 형성되고 있다. 주당이익기준에 의한 주식교환비율과 A사가 제시할 수 있는 최대 주식교환비율, 그리고 시장가치기준에 의해 주식교환비율을 구하시오.

	A사	B사
현재 주당이익(EPS)	20억원	4억원
발행주식수	10만주	1만주
P/E배율	18배	10배

CHAPTER

15

국제재무관리

제 1 절 국제재무관리의 의의와 중요성
제 2 절 환율과 환율결정이론
제 3 절 해외투자
제 4 절 해외자본조달

학습목표

기업활동이 국제적으로 확대됨에 따라 국제재무관리의 중요성이 더욱 부각되고 있다. 국제재무관리는 국제금융시장과 국제자본시장으로부터의 자본조달과 해외시장·해외기업에의 투자결정이 주를 이룬다. 이러한 해외투자와 해외자본조달에는 환위험과 거래국의 특수위험이 수반된다. 국제재무관리에서 이해해야 할 핵심내용은 다음과 같다.

1. 국제재무의 중요성
2. 환율과 환율결정이론
3. 해외직접투자와 해외간접투자
4. 해외자본조달과 국제금융시장

제 1 절 국제재무관리의 의의와 중요성

국제재무관리는 기업가치극대화라는 기업목표를 달성하기 위해서 기업이 처한 환경과 제 조건을 고려하여 위험최소화와 수익극대화가 실현되도록 해외투자결정과 해외자본조달결정을 관리하는 것으로, 재무관리기능을 국제적으로 확대한 개념으로 정의할 수 있다. 국내시장지향기업이나 수출지향기업, 다국적기업 모두 투자 및 자본조달이란 기본적 재무의사결정에서는 동일하지만, 국제적 투자 및 자본조달에서의 의사결정은 상당히 다르다. 그 이유는 해외투자에 필요한 투자자금과 조달자본액이 외화로 이루어지는 데에 따른 외환위험과 현지국의 조세제도 · 회계처리기준 · 정치 및 경제체제에 따른 투자위험이 매우 크고 나라마다 다르기 때문이다.

오늘날 기업의 국제환경은 급변하고 있는데, 그 원인은 교통 · 통신수단의 발달, 무역의 활성화, 1980년대 이후 전개된 국제금융시장의 통합화와 자본자유화의 확산, 세계 각국의 규제완화추세, 제품 · 서비스 · 소비 패턴의 글로벌화 등이 급속히 진행된 데에서 찾을 수 있다. 이에 따라 자본조달시장 및 조달기회가 국제적으로 크게 확대되고, 국제금융의 흐름에도 큰 변화를 가져왔다. 또한 세계 각국의 정치 · 경제구조에도 큰 변화를 가져오며, 제품 · 서비스의 다국적 생산과 유통이 이루어지고, 자본조달방법의 다양화, 환율변동의 심화, 경쟁격화 등의 결과를 초래하고 있다. 더욱이 이런 결과는 전 세계적으로 매우 빠르게 파급되면서 기업경영에 매우 큰 영향을 미치고 있다.

이와 같은 국제환경 변화와 세계화의 조류 속에서, 기업은 글로벌시스템의 구성원으로서 경영활동을 영위해야만 성장이 가능한 패러다임의 전환기를 맞이한 지는 이미 오래되었다. 글로벌경영은 기업경영의 화두로 인식될 정도로 그 중요성이 부각되고 있는 현실하에서 국제재무에 정통한다는 것은 재무관리자의 필수조건이 되었다.

국제재무관리에서 특히 중요시하고 정통해야 할 요인들로는 환위험과 외환시장의 특성, 투자 및 거래 국가의 조세 및 회계제도 · 정치적 위험 · 투자제약조건 · 투자관련서류 · 무역관행 등의 국가위험(country risk), 국제금융시장의 특성과 정보 등을 들 수 있다.

제 2 절 환율과 환율결정이론

1. 환율과 외환거래

국가간의 무역 및 투자거래는 자국통화와 외국통화의 교환비율인 환율이란 매개체를 통해 이루어지는데, 국가간 화폐단위가 다르기 때문에 이를 균등한 가치로 조정해 주어야 한다. 환율(foreign exchange rate)이란 거래당사국의 통화간 상대적 가치로서, 특정시점에서의 특정통화 1단위와 상대국 통화의 교환비율을 말한다. 예를 들어, 한국 원화와 미국 달러의 환율이 1달러당 1,000원이라면, 미화 1달러는 한화 1,000원과 동일한 가치를 가진다는 것을 뜻한다. 이러한 표시방법을 자국화표시환율(rate in home money) 또는 직접법(direct quotation)이라 하고, 1원당 0.001달러로 표시하는 방법을 외화표시환율(rate in foreign money) 또는 간접법(indirect quotation)이라고 한다.

환율은 외환시장에서 결정되며, 크게 현물환율과 선물환율로 나뉘고, 외환시장에서 외환거래의 형태는 현물거래, 선물거래, 스왑거래 등이 있다.

매매계약의 성립과 동시에 외환의 인도와 대금결제가 이루어지는 외환거래를 현물거래(spot transaction)라 하고, 이때 적용되는 환율을 현물환율(spot exchange rate)이라 한다. 계약 당일의 환율로 계약을 맺고 결제는 통상 거래일로부터 제2영입일(value spot)에 이루어진다. 이와 대비되는 거래로 매매계약 후 3영업일 이후 특정일 또는 특정기간(통상 1~52주) 내에 외환의 인도와 대금결제가 이루어지는 외환거래를 선물환거래(forward transaction)라 하고, 이때 적용되는 환율을 선물환율(forward exchange rate)이라 한다. 선물환율은 일반적으로 현물환율과 내·외국간의 금리차에 의해 결정된다. 일반적으로 고금리국에서는 선물환율이 현물환율보다 높고, 저금리국에서는 그와 반대이다.

이 외에 외환시장에서 직접 거래되지 않는 제3국 통화와의 재정(triangular arbitrage)이 필요한 경우 적용되는 재정환율(arbitrage rate)이 있는데, 이는 제3국과의 대금결제 등을 편리하게 하기 위한 환율표시방법의 일종이다. 그리고 두 국가 통화간에 직접 설정된 환율은 말 그대로 직접환율이라 하고, 직접환율 중 기축통화(key currency)인 미국 달러와의 직접환율을 기준환율이라고 하며,

자국통화가 개입되지 않은 외국통화간의 환율은 교차환율(cross rate)이라고 한다.

재정환율은 미국 달러화 이외의 제3국 통화와 자국통화의 환율로서 자국통화와 미국 달러의 기준환율과 제3국 통화와 미국 달러의 기준환율로부터 간접적으로 구해진다. 즉 재정환율은 원/달러(₩/U$)환율을 교차환율로 나누어 계산한다. 일반적으로 국제금융시장의 관례는 국제결제통화로서의 역할을 하는 미국 달러를 기준으로 한 직접법을 쓰기 때문에 자국통화의 대미달러환율을 제3국 통화의 대미달러환율로 나누어 구하는데, 예외적으로 유로화(EUR), 영국 파운드화와 호주 및 뉴질랜드 달러화 등의 경우는 간접법으로 표시하기 때문에 곱해서 구해진다. 재정환율이 사용되는 이유는 세계적으로 각국 외환시장에서의 외환거래가 대부분 미국 달러화를 기준환율로 이용하기 때문이다. 또한 모든 통화간에 각기 서로 다른 환율로 거래된다면 재정거래가 일어나서 시장환율과 재정환율 간의 차이도 빠르게 줄어들어 균형을 이루기 때문이다. 우리나라의 경우에는 금융결제원이 원/달러 기준환율과 주요무역대상국과의 재정환율을 매일 고시하고 있다.

스왑거래(swap transaction)는 서로 다른 금리 또는 통화로 표시된 현금흐름을 상호 미리 약정된 조건으로 교환하는 거래를 말한다. 스왑거래에는 ① 동일통화에 금리조건만 다른 금리스왑(interest swap), ② 동일금리에 결제통화가 다른 통화스왑(currency swap), ③ 외환시장에서 현물환과 선물환 또는 선물환과 선물환을 결합한 현 · 선물스왑(spot-futures swap) 등의 세 가지 형태가 있다. 현 · 선물스왑거래는 거래방향이 서로 반대되는 현물환거래와 선물환거래 또는 선물환거래와 선물환거래가 동시에 이루어지는 거래로서, 스왑기간중 이자지급은 없으나 계약시에 통화간 이자율 차이가 반영되며, 만기시에 환율을 산정하는 방식을 취한다. 거래는 일반적으로 미래 특정시점에서의 특정통화를 현물환시장에서 매입(또는 매도)하는 동시에 선물환시장에서 매도(또는 매입)하는 형태로 이루어진다. 수출입기업이 외국환은행과 약속한 대금결제시기를 맞추기 위해 주로 이용한다.

한편, 외환시장은 수입대금 지불을 위해 자국통화를 외국통화로 교환하는 수입업자, 수출대금 지불을 위해 외국통화를 자국통화로 교환하는 수출업자, 외국의 주식과 채권을 매도 · 매수하는 포트폴리오 관리자, 매도 · 매수주문을 매칭시키는 외환브로커, 외환시장을 조성하는 거래자 등 다양한 형태의 참가자들로 구성된다.

2. 환율결정이론

(1) 일물일가법칙과 구매력평가설

거래당사자인 두 국가의 상황은 고려되지 않는다는 가정하에서 현물환율의 수준은 일물일가법칙(law of one price : LOP)에 의해 결정된다. 즉, 하나의 상품은 언제나 하나의 가격으로 결정된다는 법칙이다. 예컨대, t시점에서 A상품 1단위의 가격을 원화로 표시한 가격을 $P_{₩t}$, 달러화로 표시한 가격을 $P_{\$t}$, 현물환율을 $S_{₩/\$t}$이라 할 때, A상품의 가격을 일물일가법칙으로 나타내면 다음과 같다.

$$P_{₩t} = S_{₩/\$t} \cdot P_{\$t} \tag{15-1}$$

예를 들어, A상품이 뉴욕에서 1단위당 4U$에, 한국에서는 5,000원에 팔린다면, 이를 일물일가법칙으로 표시하면 다음과 같다.

$$5{,}000\text{원} = S_{₩/\$t} \times 4\$$$
$$S_{₩/\$t} = ₩1{,}250/U\$$$
$$S_{D/Ft} = ₩1{,}250/U\$$$

일물일가법칙이 적용된 원/달러의 현물환율은 미국 1U$당 1,250원이다. 여기서, $S_{D/Ft}$는 국내통화(domestic currency) 대 외국통화(foreign currency)의 현물환율로 달러 이외의 통화도 재정환율을 계산하여 이와 같은 방법으로 표시한다. 일물일가법칙은 선박료·보험료 등의 거래비용이 없고, 관세와 같은 무역장벽도 없으며, 양국간에 상품의 질과 선호도에서 차이가 없다는 가정을 만족시키는 경우 성립할 수 있다.

일물일가법칙에 의하면, 현물환율이 모든 상품의 가격수준이 같도록 조정되어야 하는데, 이 조정된 동일가격수준을 구매력평가라 한다. 즉, 구매력평가(purchasing power parity)란 양국의 상품가격수준, 즉 물가수준을 상대적으로 비교·평가해서 현물환율에 의해 조정된 양국 상품의 등가(等價)를 말한다. 여기서, 물가수준은 인플레이션이 반영되어 결정되며, 만일 자국의 물가수준이 외국의 물가수준보다 더 높다면, 두 나라의 통화의 구매력이 동일해지는 균형수준까지 자국통화의 가치는 하락하게 된다. 반대로 자국의 물가수준이 외국의 그것보다 낮다면, 양국 통화의 구매력이 같아지는 균형수준까지 자국통화의 가치는 상승할 것이다.

이상에서 구매력등가설 또는 구매력평가설(purchasing power parity theorem)은 자국통화와 외국통화의 환율은 국내와 외국의 물가수준(인플레이션)의 차이에서 비롯되며, 양국의 상품가격수준(구매력)이 동일해지는 균형수준으로 환율이 조정된다는 주장이다. 즉, 국내물가변동률(국내인플레이션율)은 외국물가변동률(외국인플레이션율)에 현물환율변동률이 반영되어 균형상태인 구매력등가관계가 성립한다. 이를 식으로 나타내면 다음과 같다.

$$\frac{P_{D_t}}{P_{D_0}} = \frac{S_{D/F_t}}{S_{D/F_0}} \times \frac{P_{F_t}}{P_{F_0}} \tag{15-2}$$

단, P_{D_t} : t 시점의 국내상품가격
P_{D_0} : 최초(0시점)의 국내상품가격
P_{F_t} : t 시점의 외국상품가격
P_{F_0} : 최초(0시점)의 외국상품가격
S_{D/F_t} : t 시점의 국내통화 대 외국통화의 현물환율
S_{D/F_0} : 최초(0시점)의 국내통화 대 외국통화의 현물환율

1+국내 인플레이션율(i_{D_t})=현물환율 변동률×[1+외국 인플레이션율(i_{F_t})]

식 (15-2)에서 P_{D_t}/P_{D_0}는 $1+i_{D_t}$로, P_{F_t}/P_{F_0}는 $1+i_{F_t}$로 나타낼 수 있다. 따라서 식 (15-2)는 식 (15-3)으로 바꾸어 나타낼 수 있다.

$$\frac{1+i_{D_t}}{1+i_{F_t}} = \frac{S_{D/F_t}}{S_{D/F_0}} \tag{15-3}$$

단, i_{D_t} : t 시점의 국내 인플레이션율
i_{F_t} : t 시점의 외국 인플레이션율
S_{D/F_t} : t 시점의 국내통화 대 외국통화의 현물환율
S_{D/F_0} : 최초(0시점)의 국내통화 대 외국통화의 현물환율

식 (15-3)에 미래의 기대인플레이션율을 반영하여 나타내면, 식 (15-4)와

같아진다. 이 식이 구매력등가설을 나타내는 등가관계식이다.

$$\frac{E[1+i_{D_t}]}{E[1+i_{F_t}]} = \frac{E[S_{D/F_t}]}{S_{D/F_0}} \quad (15\text{-}4)$$

단, $E[S_{D/F_t}]$: t 시점의 국내통화 대 외국통화의 기대현물환율

예제 15-1 구매력평가설에 의한 환율 결정

금년말까지 한국의 인플레이션율은 연 5% 상승할 것으로 예상되며, 미국의 기대인플레이션율은 3%로 예상된다. 현재 원/달러 환율은 ₩1,200 / U$이다. 양국의 상품은 일물일가법칙의 가정을 만족한다고 볼 때, 즉 다른 조건은 동일하다고 보는 경우 구매력평가설에 의하면, 금년말에 예상되는 원/달러 균형환율은 얼마인가?

풀이

$$\frac{1+0.05}{1+0.03} = \frac{E[S_{D/F_t}]}{1,200}$$

예상균형환율 = ₩1,223.3/U$

(2) 국제피셔효과

피셔효과(Fisher effect)는 피셔(Irving Fisher)가 제시한 이론으로, 명목이자율은 실질이자율에 인플레이션율이 반영되어 결정된다는 주장으로 식 (15-6)과 같다.

$$(1+R_n) = (1+R_r)(1+i) \quad (15\text{-}5)$$

$$R_n = R_r + i + R_r \cdot i \quad (15\text{-}6)$$

단, R_n : 명목이자율(nominal interest rate)
R_r : 실질이자율(real interest rate)
i : 인플레이션율(inflation rate)

만약 국제금융시장이 균형상태를 이루고 있다면, 각국의 실질이자율은 모두 동일해야 하며, 명목이자율의 차이는 인플레이션율의 차이와 같아질 것이다. 국제피셔효과(international Fisher's effect)는 두 국가간의 현물환율은 국가간 이자율의 차이만큼 반대방향으로 변동하여 이자율의 차이를 정확히 상쇄

시킨다는 이론이다. 이를 식으로 나타내면 식 (15-7)과 같다.

$$\frac{1+R_{D_t}}{1+R_{F_t}} = \frac{E[S_{D/F_t}]}{S_{D/F_0}} \tag{15-7}$$

단, R_{D_t} : t 시점의 국내 이자율
R_{F_t} : t 시점의 외국 이자율

예제 15-2 국제피셔효과에 의한 환율 결정

인플레이션율이 반영된 한국의 명목이자율은 연 8%, 인플레이션율이 반영된 미국의 명목이자율은 연 5%이다. 현재 원/달러 환율은 ₩1,200/U$이라면, 국제피셔효과에 의한 원/달러 균형환율은 얼마인가?

풀이

$$\frac{1+0.08}{1+0.05} = \frac{E[S_{D/F_t}]}{1{,}200}$$

예상균형환율＝₩1,234.3/U$

(3) 이자율평가설

이자율평가설(interest rate parity theorem)은 만기와 위험이 동일한 금융자산에 대한 국가간의 이자율 차이는 양 통화간 선물환율의 할인율 또는 할증률과 동일하다는 이론이다. 국가간에 이자율의 차이와 변동은 통상 존재하고, 국가간에 자본의 이동이 자유로운 상황하에서는 금리차익을 얻기 위한 단기자본의 이동이 신속하게 일어나게 되며, 이에 따라 현물환율과 선물환율의 변동이 일어난다. 환율의 변동은 국제금융시장에서 외화표시 금융자산에 투자하는 경우 금리차이와 더불어 중요한 요인으로 고려되는 사항이다. 만약, 미래의 환율변동까지를 감안해도 국내금융자산에의 투자가 외국금융자산에의 투자보다 유리하다고 판단되는 경우, 국내금융자산에 대한 투자수요가 증가하여 국내 이자율은 하락할 것이다. 반대의 경우에는 외국금융자산에 대한 투자수요가 증가하여 외국의 이자율이 하락하게 될 것이다.

이상에서 두 국가간의 이자율 차이는 두 국가간의 현물환율 및 선물환율의 변동과 동일하도록 균형관계를 이룬다. 이런 균형관계를 식으로 나타내면 식 (15-8)과 같아진다.

$$\frac{1+k_{D_t}}{1+k_{F_t}} = \frac{F_{D/F_t}}{S_{D/F_0}} \tag{15-8}$$

단, F_{D/F_t} : t시점의 국내통화 대 외국통화의 선물환율
S_{D/F_0} : 최초(0시점)의 국내통화 대 외국통화의 현물환율
k_{D_t} : t시점의 국내증권의 명목이자율
k_{F_t} : t시점의 외국증권의 명목이자율

예제 15-3 이자율평가설에 의한 환율 결정

1년 만기 미국 단기재무성증권의 금리는 연리 3%이고, 1년 만기 한국 통화안정채권은 연리 7%이다. 이들 두 투자기회로부터 이자율평가설에 의해 선물환율을 구하면 얼마인가? 단, 현재 원/달러 현물환율은 ₩1,200 / U$이다.

풀이

$$\frac{1+0.07}{1+0.03} = \frac{F_{D/F_t}}{1{,}200} \qquad \text{선물환율} = ₩1{,}246.6/U\$$$

(4) 환율결정이론의 균형관계

이상의 환율결정이론들은 각국의 실물시장, 금융시장, 외환시장에서 이자율, 인플레이션율, 선물환율의 할증률 · 할인율에 의해 균형상태를 이루게 된다. 이들 사이의 균형관계를 종합하여 나타내면 [그림 15-1]과 같다.

실물시상에서의 기대인플레이션율의 차이, 금융시장에서의 이자율 차이, 현물환율의 기대변동률, 선물환율의 할증(할인)률은 상호간 균형관계를 이루도록 작용한다. 선물환율은 미래현물환율의 기댓값에 의해 결정되므로, 선물

그림 15-1 환율결정이론의 균형관계

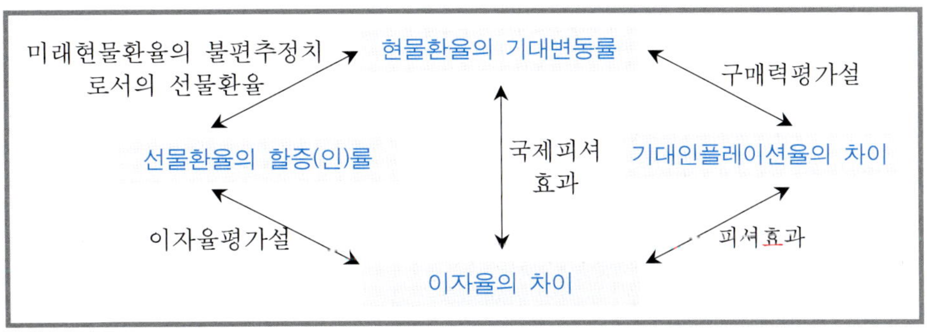

환율이 미래현물환율의 기댓값과 같을 때, 시장은 균형상태를 이루게 된다. 동시에 선물환율은 미래현물환율에 대한 불편추정치로서의 역할을 수행한다.

[그림 15-1]과 같이 이자율평가설과 국제피셔효과가 동시에 작용하는 경우 선물환율의 할증(할인)률은 현물환율의 미래기대변동률의 불편추정치가 된다. 그러나 현실적으로 등가관계가 성립하는 것은 아니다. 그 이유는 미래기대현물환율이란 발생가능한 실제 현물환율의 평균값으로, 사전에 확정된 선물환율과 일치하는 경우는 극히 드물다. 또한 미래인플레이션율과 이자율에 대한 예측이 어렵고, 국제적 자본이동에도 제약이 따르기 때문이다.

제 3 절 해외투자

본장의 제3절과 제4절은 국제투자와 국제자본조달이란 용어보다는 해외투자, 해외자본조달이란 용어를 사용하고 있다. 국제재무관리의 기능은 재무관리와 마찬가지로 국제투자결정과 국제자본조달결정이란 두 개의 기본적 기능으로 구분된다. 국제투자결정은 해외투자를 말하며, 해외투자는 크게 해외직접투자와 해외간접투자로 나뉜다. 해외직접투자는 해외의 설비에 대한 투자를 말하며, 자본예산기법이 적용되므로 국제자본예산이라고도 한다. 해외간접투자는 해외의 주식, 채권 등 외국증권에 대한 투자를 말하며, 국제분산투자가 주 내용을 이룬다.

한편, 자본조달은 해외의 국제금융시장과 국제자본시장으로부터의 국제적 자본조달이 주를 이루므로, 국제자본조달 또는 해외자본조달이라 한다.

1. 해외직접투자의 본질

해외직접투자는 투자수익의 극대화와 위험의 최소화라는 목표를 달성하기 위해서 해외투자안에 대한 가치평가와 투자결정을 하는 것이다. 해외투자안의 경제성 평가는 제4장에서 설명한 자본예산기법이 그대로 적용된다. 해외직접투자 역시 위험과 수익의 교환관계를 고려하여 선택여부를 결정하는데, 현금흐름과 자본비용의 예측에서 국내투자와는 달리 어렵고 복잡한 문제들이 있다. 즉, 미래환율의 변동에 따른 외환위험과 투자대상국가의 국가위험이 존재한다는 것이다. 국가위험(country risk)에는 투자현지국의 정치·경제적 규제와 차별정책, 조세제도, 회계처리기준 등의 직접위험이 있으며, 이 외에 과실송금의 제약, 자산몰수위험, 투자자금의 회수용이성 여부, 문화와 관습, 소득수준 등의 간접위험이 있다. 이런 위험은 국내투자시 고려되는 위험에 새로이 추가되는 위험으로 현금흐름과 할인율 추정에 크게 영향을 미친다. 그 밖에 국제금융시장에서의 자본조달의 용이성과 국제자본시장의 효율성 여부도 투자에 영향을 미친다.

2. 해외직접투자안의 가치평가

(1) 현금흐름의 추정

해외직접투자안의 현금흐름 추정은 순현재가치법(*NPV*)을 그대로 적용할 수 있다. H자동차회사는 미국에 자회사를 설립하는 투자계획을 수립하고 있는데, 이 투자안의 최초투자액은 1억달러이고, 세후 증분현금흐름은 〈표 15-1〉과 같이 추정된다고 가정하자. 미국 달러와 한국 원화의 현물환율은 ₩1,200 / U$이고, 기대현물환율은 이사율평가이론에 의해 산출한다고 가정할 때, 원화표시 현금흐름을 구하면, 다음과 같이 나타난다.

(단위 : 백만원 · U$백만)

표 15-1 현금흐름과 환율 예제

연 도	0	1	2	3	4	5
세후현금흐름(U$)	−100	50	50	50	50	50
감가상각비		20	20	20	20	20
운전자본		−30	−20	−20	−30	+100
현금흐름(U$)	−100	40	50	50	40	170
기대현물환율	1,200.00	1,246.15	1,294.08	1,343.85	1,395.54	1,449.21
현금흐름(₩)	−120,000	49,846.0	64,704.0	67,192.5	55,821.6	246,365.7

단, 미국의 1년 만기 재무성증권 이자율은 연 4%이고, 한국의 1년 만기 통화안정채권의 이자율은 연 8%이다. 그리고 향후 5년간 우리나라의 인플레이션율은 매년 5%씩 상승할 것으로 기대된다. 이 경우 이자율평가이론으로 1년 후 기대현물환율(F_{D/F_1})은 식 (15-8)을 이용하여 구하면 다음과 같다.

$$\frac{1+k_{D_t}}{1+k_{F_t}}=\frac{F_{D/F_t}}{S_{D/F_0}}$$

$$\frac{1+0.08}{1+0.04}=\frac{F_{D/F_t}}{1,200}$$

$$F_{D/F_1}=1,246.15,\ \ F_{D/F_2}=1,294.08,\ \ \cdots,\ \ F_{D/F_5}=1,449.21$$

이렇게 산출된 기대현물환율을 달러(U$) 현금흐름에 곱하면 원화(₩) 현금흐름으로 환산된다.

(2) 자본비용의 추정

해외직접투자안의 자본비용은 환위험과 특정국가위험에 의해 증가하지만, 국제분산투자에 의해 감소한다. 해외직접투자안 평가시 적용될 가중평균자본비용($WACC$)은 $CAPM$을 이용하여 추정할 수 있다. 일반적으로 해외사업을 계획중인 해외투자기업과 동일국가·동일산업에 속하는 비교가능한 기업을 찾아서 그 기업의 역사적 베타를 대용치로 이용한다. 만일 적합한 대용해외기업이 없다면, 동일한 형태의 국내투자안에 적용되는 베타를 대용치로 사용할 수 있다.

앞의 H자동차회사의 해외자회사 설립 투자안의 $WACC$과 NPV를 구해보자. 만일 세전 부채비용이 10%, 목표부채비율은 총자본의 30%, 법인세율은 27%라고 가정하자. 그리고 무위험이자율이 5%, 시장포트폴리오의 기대수익률이 15%이고, 투자안의 대용베타가 1.2로 산출된다면, 해외투자안 평가에 사용될 가중평균자본비용은 다음과 같이 산출된다.

$$\begin{aligned} k_e &= R_f+[E(R_m)-R_f]\beta_i \\ &= 5\%+[15\% \ -5\%]1.2 \\ &= 17\% \end{aligned}$$

$$WACC = (0.3)(0.1)(1-0.27) + 0.7(0.17)$$
$$= 14(\%)$$

이렇게 구해진 가중평균자본비용을 이용하여, 앞에서 구한 원화현금흐름의 NPV를 산출한다.

$$NPV = \frac{49,846}{(1+0.14)} + \frac{64,704}{(1+0.14)^2} + \frac{67,192.5}{(1+0.14)^3} + \frac{55,821.6}{(1+0.14)^4} + \frac{246,365.7}{(1+0.14)^5} - 120,000 = 179,883.8(\text{백만원})$$

$NPV > 0$ 이므로 투자안 선택을 결정한다.

3. 해외간접투자

해외간접투자는 해외 여러 나라의 주식이나 채권에 투자하는 것으로 국제분산투자를 말한다. 국제분산투자는 국제분산투자효과로 인해 국내분산투자보다 위험저감효과를 더욱 크게 발생시킨다. 국제분산투자효과란 외국의 주식들로 구성된 국제포트폴리오가 국내 주식들로만 구성된 국내포트폴리오보다 체계적 위험과 총위험을 더 감소시키는 위험저감효과로서, 이런 결과는 오래전에 실증에 의해 밝혀졌다.[1)]

국제분산투자는 실증면에서 어려운 문제가 있지만, 위험감소효과와 자본비용감소효과를 가져온다. 국제적으로 완전분산된 투자기업은 그렇지 못한 기업과 비교해 볼 때, 글로벌베타(global beta)와 위험프리미엄이 낮기 때문에 자본비용도 낮아진다. 솔닉(B. Solnik)은 국제분산투자가 주주의 위험을 유의적으로 감소시키는데, 국제적으로 분산된 주식포트폴리오의 분산값이 국내

1) Lessard, Donald, "International Portfolio Diversification: A Multivariate Analysis for a Group of Latin American Countries," *Journal of Finance*, 28(June 1973), pp.619～634 ; Levy, Haim and Marshall Sarnat, "International Diversification of Investment Portfolios," *American Economic Review*, 60(September 1970), pp. 668～675 ; Solnik, Bruno H., "The International Pricing of Risk: An Empirical Investigation of the World Capital Market Structure," *Journal of Finance*, 29(May 1974), pp.365～378.

개별증권으로 구성된 포트폴리오 분산값의 33%에 지나지 않는다는 실증결과를 제시하고 있다.2) 이는 국제포트폴리오가 1개국만의 증권으로 구성된 국내포트폴리오보다 위험이 더 낮다는 것을 의미한다.

한편, 〈표 15-2〉에서 보듯이 글로벌베타와 여타 국내베타를 비교해 보면 국제분산투자의 효과를 파악할 수 있다. 예를 들어, 홍콩 자본시장의 시장포트폴리오 위험(월별 표준편차) 12.8%가 세계시장포트폴리오에 투자할 때에는 4.2%로 감소하고 있다. 그 이유는 국내시장의 위험프리미엄보다 세계시장의 위험프리미엄이 더 낮기 때문이다. 또한 외국인직접투자는 기업의 지배구조개선과 대리인비용의 감소를 가져오는 동시에 선진국 자본시장으로부터의 자본조달을 용이하게 함으로써 자본비용을 감소시킬 수 있는 데에서도 그 원인을 찾을 수 있다.

표 15-2

각국 시장포트폴리오의 위험측정치

	베 타	월별 표준편차(%)
홍콩	2.08	12.8%
일본	1.42	6.1
스웨덴	0.73	6.2
노르웨이	0.57	5.3
벨기에	1.06	6.0
네덜란드	1.01	5.6
영국	1.38	7.9
덴마크	0.49	5.5
프랑스	0.69	7.4
오스트리아	0.19	5.4
독일	0.70	6.0
스위스	0.83	5.7
호주	1.39	8.2
캐나다	1.04	5.9
미국	0.97	4.7
세계시장	1.00	4.2

자료 : Harvey, Campbell R., "The World Price of Covariance Risk," *Journal of Finance*, March 1991. 표 I, p.122와 표 VI, p.140.

2) Solik, Bruno H., "Why Not Diversify Internationally Rather than Domestically?" *Financial Analysts Journal*, July-August 1974.

요약하면, 외국자본시장에의 국제분산투자는 시장통합의 경우에나 시장분할의 경우에나 모두 분산효과를 가져올 수 있다는 것이다.

첫째, 외국자본시장이 통화규제와 투자장벽, 법적규제, 정보부족 등이 없는 완전시장이라면, 투자자들은 효율적인 주식분산투자를 통해 주주의 부에 변동이 없는 전 세계시장을 대상으로 통합된 세계시장포트폴리오(world market portfolio)를 구성할 수 있다. 이런 통합된 국제증권시장에서 투자자들은 국내주식들로만 구성된 것과는 달리 외국주식에도 분산투자함으로써 보다 신속하고 광범위하게 위험을 감소시킬 수 있다. 즉, 국제포트폴리오의 구성주식수가 증가할수록 분산투자효과는 커지므로 체계적 위험까지 감소시킬 수 있다. 현실적으로 오늘날 외국의 많은 금융회사나 투자회사들이 세계 각국의 증권에 투자를 많이 하고 있으며, 실제로 높은 수익을 거둠으로써 국제분산투자의 이점을 누리고 있다.

둘째, 국제자본시장이 통합되어 있지 않더라도 각국의 국내시장에서는 $CAPM$을 고려한 투자가 가능한 시장이라면, 국가간 자본시장은 분할시장으로서의 역할을 하게 된다. 이런 환경하에서 투자자는 체계적 위험이 다른 국가로의 해외분산투자를 통해 초과이익의 획득기회를 가지게 됨으로써 주주의 부를 증가시킬 수 있다.

한편, 국제분산투자는 해외기업의 인수에도 적용될 수 있다. 해외기업인수는 국제분산투자와 직접적인 관련은 적지만, 해외기업을 인수한 기업의 증권에 대한 투자를 통해 국제분산투자의 간접적 효과를 얻을 수 있다. 해외기업의 인수 그 자체는 시장불완전성이 존재하는 국제자본시장을 분할하는 결과와 함께 분산투자로 인한 위험저감효과를 동시에 가져오는 특성이 있기 때문이다. 또한, 해외기업의 인수는 일반 투자자들이 할 수 없는 일을 국제투자자들이 간접적으로 해 준다는 면에서도 가치가 있는 일이라 하겠다.

제 4 절 해외자본조달

1. 해외자본조달의 의의와 특징

국제재무관리에서 해외투자와 함께 중요한 재무활동은 해외자본조달이다. 자본조달은 국내와 해외 모두 포함해서 자본비용이 가장 저렴한 자본의 조달에 초점이 맞춰지게 된다. 자본조달을 하는 방법은 국내, 현지국(투자대상국), 자본비용이 가장 저렴한 제3국으로부터 조달하는 세 가지가 있다. 기업이 국내 이외의 지역에서 자본조달이 용이하다면, 자본조달능력이 높아지는 효과를 가져와 자본비용을 낮출 수 있다. 또한, 효율적 국제분산투자를 통해 위험감소효과를 거둘 수 있기 때문에 자본비용의 감소효과는 더욱 커질 수 있다. 해외자본조달의 특징은 다음과 같이 정리할 수 있다.

첫째, 각국 금융시장의 자유화, 규제완화, 자본자유화, 기업활동의 국제화로 인한 국제금융시장의 글로벌화로 기업의 자본구조도 국제화되는 경향이 있으며, 이에 맞추어 자본비용을 감소시키려는 노력이 가일층 강조되고 있다. 자본비용의 최소화는 기업재무의 목표이기 때문이다.

둘째, 국가간에 자본비용이 서로 다르므로 자본비용이 저렴한 해외시장에 증권을 발행하거나 국가간 교차상장을 함으로써 자본비용을 낮출 수 있으며, 해외자본시장을 새로운 자본조달원천으로 활용하고 있다.

셋째, 모기업이 해외계열자회사의 자금조달 책임과 부담이 클수록 모기업의 총자본비용이 커지는 경향이 있다. 해외자본조달은 해외계열자회사에 대한 투자소요자금의 조달이 주를 이루는데, 주로 모기업의 유보이익 · 감가상각비 같은 내부조달원천으로 조달된다. 미국 다국적기업의 경우, 해외계열사의 투자자금조달을 위해서 내부조달방법이 70% 정도를 차지하고 있다. 내부조달이 여의치 않은 경우에는 현지국(투자대상국)의 상업은행이나 국제금융시장으로부터의 차입, 해외시장에서 주식 · 채권 발행을 통해 조달하는 외부조달원천이 이용된다.

2. 국제금융시장

기업은 해외자금조달을 위해 국제금융시장을 이용하게 되므로, 그 종류와 특성을 알아야 한다. 국제금융시장은 다양한 국제금융거래로 자금의 수요자와 공급자를 연결·중개함으로써 국가간·지역간 자금의 이동을 원활히 하고, 해외로부터의 자금조달을 용이하게 하는 기능을 한다.

(1) 유로달러시장과 유로커런시시장

유로달러(Euro-dollar)는 미국 이외의 모든 지역, 즉 역외시장(external market)[3]에 예치된 달러표시 예금을 말한다. 유로커런시(Euro-currency)는 자국 이외의 모든 지역에 예치된 자국통화표시 예금을 말하며, 유로스털링(영국), 유로유로(EU), 유로엔(일본) 등을 말한다. 유로달러도 유로커런시에 포함되나, 특히 유로달러가 비중이 커 별도로 불리고 있다. 유로달러시장(Euro-dollar market)과 유로커런시시장(Euro-currency market)은 미국 이외 모든 지역의 금융기관에 예치된 달러와 달러 이외의 여타국 통화로서 자국 이외의 지역에 예치된 자금인 유로커런시의 단기금융시장을 뜻하며, 자금수요자와 공급자가 유로달러나 유로커런시를 융자받고 예치하는 시장이다. 시장의 자금수요자와 공급자는 주로 각국의 중앙은행, 정부, 금융기관, 상업은행, 대기업들이다. 유로달러는 유로커런시시장에서도 거래자금 중 70% 이상을 차지할 정도로 비중이 크다. 차입금리로는 런던은행간이자율(LIBOR)이나 유럽은행간이자율(EURIBOR)이 적용된다.

(2) 국제본드시장과 유로본드시장

국제본드시장(international bond market)은 단기자금을 조달하기 위한 간접금융시장인 유로커런시시장(Euro currency market)에 대칭되는 시장으로서, 주로 장기자금을 조달하기 위한 직접금융시장을 의미한다. 국제본드(international bond)란 자금 차입자가 자국 이외의 외국에서 발행하여 판매하는 채권을 말하는 것으로서, 외국본드와 유로본드로 나누어지나 국제자본시장의 복잡화로 양자의 구별이 점차 희박해지고 있다.

---

3) 역외시장(external market)이란 자국 이외 지역의 금융시장을 말하며, 자국 내의 시장인 역내시장(internal market)에 대응하는 개념이다.

외국본드(foreign bond)는 차입자가 외국에서 해당국의 통화표시로 발행한 채권을 말한다. 외국채권본드에는 양키본드, 사무라이본드, 아시안달러본드, 타이거본드 등이 있다. 예를 들어, 미국의 채권시장에서 미국 이외의 기업이 채권을 발행하는 것을 양키본드라고 한다. 한국에서 외국인들이 원화표시채권을 발행하는 것을 타이거본드(tiger bond)라고 한다. 이러한 장기채권들의 발행이 성행하는 이유는 발행자의 경우 발행시장을 넓혀 자국시장보다 유리한

참고

• 양키본드

외국의 금융기관이나 기업이 미국채권시장에서 발행하여 미국 내에서 판매하는 달러화표시채권을 가리킨다. 이는 외국차입자가 장기달러화자금을 미국시장에서 조달하는 가장 전통적인 수단으로 간주되고 있다. 발행조건은 비교적 까다로운 편이지만, 통상 상환기간이 5~30년으로 장기라는 점에서 해외채권발행이나 상업차관보다는 인기가 높다. 발행기관들은 미국 내 신용평가회사로부터 등급판정(credit rating)을 받아야 하며, 등급이 높을수록 신인도가 높은 것으로 간주되어 저리(低利)의 채권발행이 가능하다.

• 사무라이본드

일본의 채권시장에서 외국 정부나 기업이 발행하는 엔화표시채권이다. 1970년 12월 아시아개발은행이 최초로 사무라이본드를 발행했고, 우리나라에서는 부산·대구 등 지방자치단체와 산업은행이 발행한 적이 있다. 1993년 11월 기업으로는 포항제철이 처음으로 발행했고, 한국전력도 일본에서 100억엔 이상의 엔화표시채권을 발행한 바가 있다.

• 유로본드시장

어떤 통화로 표시된 자금이 해당통화 발행국 이외의 국가에서 거래되는 시장, 즉 국내시장으로부터 독립된 외부의 시장으로서 줄여서 유로시장이라고 한다. 1950년 소련 등 동유럽국가들이 자신들의 달러예금을 미국 측의 달러 동결을 피해 유럽의 은행들에 예탁한 것이 그 기원이다. 특히, 1970년대의 오일쇼크시에 OPEC 국가들이 '오일달러'를 유로뱅크의 신디케이트론을 통해 무역수지 적자국으로 환류함으로써 현저한 발전을 이루었다. 당초에는 은행의 달러예금을 중심으로 한 유로커런시시장 또는 유로달러시장으로서의 성격이 농후하였으나, 1980년대 들어 국제금융시장의 증권화가 진전되면서 유로본드시장의 비중이 증대되어 마르크, 엔 등으로 거래통화도 다양화되었다. 국내의 규제에 얽매이는 경우가 적은 자유로운 시장으로 시장원리도 작용하기 쉽다. 국내시장으로부터 이전된 자금의 수용처로서 금융혁신의 진전에 공헌하였으며, 각국 시장의 폐쇄성·비효율성을 어렵게 하여 각국의 금융자유화와 국제화 추진에도 기여하였다.

조건으로 채권을 발행할 수 있고, 매입자의 경우 외국인이 발행한 고수익채권을 환율변동에 따른 위험이 없이 매입할 수 있는 장점이 있기 때문이다.

한편, 유로본드(Euro-bond)는 특정통화표시채권이 해당통화 발행국 이외의 국가에서 거래되는 채권이다. 예를 들어, 한국 기업이 발행한 달러표시채권이 제3국에서 판매되면 유로본드라 부른다. 유로본드는 발행자가 외국에서 제3국 통화표시로 발행하는 국제본드의 일종으로, 국제적 신디케이트를 통해 각국의 투자자들에게 판매된다. 전형적인 유로본드에는 유로달러채가 있으며, 기타 유로엔채 및 각종 복수통화단위표시채가 있다. 이러한 채권들은 다국적기업의 장기자본조달원천으로서 1973년 이후 다양한 형태로 발행되고 있다. 유로본드시장(Euro-bond market)은 유로본드가 거래되는 장기대부의 국제금융시장으로, 통상 유로시장(Euro market)이라고 불린다.

(3) 런던금융시장

런던금융시장은 전통적으로 단기금융이 중심을 이루는 금융시장이다. 국내거래금융을 주된 기능으로 1890년까지 발전해 오다가 1870~1914년간 국제무역의 확대를 계기로 국내금융으로부터 국제금융으로 발전하였다. 1950년대 초까지는 할인상사를 주축으로 한 전통적 국제단기금융이 중심을 이루었다. 그러나 제2차세계대전 이후에 뉴욕금융시장의 등장으로 그 지위가 쇠퇴함에 따라, 1950년대 중반 이후 전통적 단기금융시장과 함께 유로달러시장을 중심으로 한 2차적 화폐시장(secondary money market)의 세계적 단기금융시장으로 급속한 발전을 하게 되었다. 이후 1986년 10월에는 금융서비스법 개정으로 영국금융기관의 경쟁력 강화와 증권업무의 대변혁을 실시하여 국제금융시장에서의 위치 회복을 위해 노력하고 있다. 현재 런던금융시장은 유로뱅크 · 유로달러시장 등 세계적 단기금융시장으로서, 세계적 증권시장 · 보험시장의 하나로서 명성을 유지하면서 역할을 수행하고 있다.

(4) 뉴욕금융시장

뉴욕금융시장은 런던금융시장처럼 단기금융과 장기금융의 구분이 명확치 않다. 일반상업은행은 단기금융뿐 아니라 중장기대출을 다같이 취급하며, 또한 신규 발행증권의 인수나 판매를 하는 두사금융업자도 상업어음을 매매한다. 그러나 뉴욕금융시장도 다른 금융시장처럼 단기금융시장으로서의 화폐시장과 장기금융시장으로서의 자본시장으로 구분할 수 있다.

단기금융시장은 상업어음(Commercial Paper)시장, 은행인수어음(Banker's Acceptance)시장, 재무성증권(Treasury Bill)시장, 연방자금(Federal Fund)시장, CD 시장, 콜시장, 증권담보대출시장을 포함하며, 장기금융시장은 은행의 기한부 대출시장, 저당대출시장, 증권시장을 포함한다. 특히, 자본시장에서는 투자은행(investment bank)이 국내외 증권의 발행 및 인수·판매 활동을 한다.

(5) 아시안금융시장

아시아의 금융시장은 현재 규모와 제도 면에서 선진 금융시장으로 성장한 일본의 금융시장(동경증권거래소, 동경국제선물거래소)과 싱가포르 아시안달러본드시장, 홍콩의 아시아통화시장이 세계적인 금융시장으로서의 역할을 수행하고 있다. 홍콩의 아시아통화시장(Asian Currency Market)은 아시아 지역, 주로 홍콩에 예치되어 있는 예금인 아시안커런시로 형성되는 단기금융시장이다. 아시안달러본드(Asian Dollar Bond)는 싱가포르를 중심으로 한 아시아 지역에서 거래되는 유로본드를 말한다. 공모발행의 경우 싱가포르 증권거래소에 상장된 싱가포르달러화표시채권을 지칭하기도 한다. 아시안달러본드는 싱가포르 및 홍콩소재 금융기관이 인수와 판매에 중요한 역할을 하고 있고, 발행규모 및 발행조건의 다양화를 기하여 유통시장에서의 거래도 확산추세에 있다.

연습문제

01 다음의 용어들을 간단히 설명하시오.

(1) 국가위험
(2) 현물거래와 현물환율
(3) 선물거래와 선물환율
(4) 재정환율
(5) 스왑거래
(6) 세계시장포트폴리오
(7) 국제본드

02 일물일가법칙과 구매력등가설을 간단히 설명하시오.

03 국제피셔효과에 대해 간단히 설명하시오.

04 이자율평가설에 대해 간단히 설명하시오.

05 유로달러, 유로커런시, 유로본드를 비교 설명하시오.

06 해외간접투자에서 국제분산투자효과로는 어떤 것들이 있는지 설명하시오.

07 금년말까지 한국의 인플레이션율은 연 4% 상승할 것으로 예상된다. 일본의 기대인플레이션율은 2%로 예상되며, 현재 원/엔 환율은 ₩1,000/¥100이다. 양국은 상품가격에 미치는 영향이 동일하다고 보면 구매력등가설에 의해 금년 말에 예상되는 원/엔 균형환율은 얼마인가?

08 인플레이션율이 반영된 한국의 명목이자율은 연 6%, 인플레이션율이 반영된 일본의 명목이자율은 2%이다. 현재 원/엔 환율은 ₩1,000/¥100이라면, 국제피셔효과에 의한 원/엔 균형환율은 얼마인가?

09 1년 만기 미국 단기재무성증권의 금리는 연리 4%이고, 1년 만기 한국 통화안정채권은 연리 8%이다. 이들 두 투자기회로부터 이자율평가설에 의해 선물환율을 구하면 얼마인가? 단, 현재 원/달러 현물환율은 ₩1,200/U$이다.

10 L전자회사는 미국에 부품회사를 설립하는 투자계획안을 고려중이다. 이 투자안의 최초투자액은 1억달러이고, 세후 증분현금흐름은 다음의 표와 같이 추정된다. 달러 대 원화의 현물환율은 ₩1,000/U$이고, 미

국의 무위험이자율은 연 5%, 한국의 무위험이자율은 연 10%이며, 향후 5년간 우리나라의 인플레이션율은 매년 5%포인트씩 상승할 것으로 기대된다. 세전부채비용이 10%, 목표부채비율은 총자본의 50%, 법인세율은 40%라고 가정하고, 무위험이자율이 10%, 시장포트폴리오의 기대수익률이 15%이고, 이 투자안의 대용베타로 0.8을 적용할 예정이다.

(1) 이자율평가이론에 의해 기대현물환율을 산출하여 빈칸을 완성하시오.
(2) 원화로 현금흐름을 구하여 빈칸을 완성하시오.
(3) 자회사 설립투자안의 가중평균자본비용을 구하시오.
(4) 이 투자안의 순현재가치를 구하여 채택여부를 결정하시오.

(단위 : 백만원 · U$백만)

연 도	0	1	2	3	4	5
세후현금흐름(U$)	−100	40	20	50	70	50
감가상각비		20	20	20	20	20
운전자본		−20	−20	−20	−20	+80
현금흐름(U$)	−100	40	20	50	70	150
기대현물환율	1,000.0					
현금흐름(₩)	−100,000					

부 록

Ⅰ. 연습문제 해답

Ⅱ. 표준정규분포표

Ⅲ. 자연로그표

Ⅳ. 화폐가치환산표

Ⅰ. 연습문제 해답

APPENDIX

Chapter 2 화폐의 시간가치

04 $FV_5 = PV_0(FVIF_{0.08,\ 5}) = 2{,}000{,}000(1+0.08)^5$

$= 2{,}000{,}000 \times 1.4693 = 2{,}938{,}600$(원)

$FV_5 = PV_0(FVIF_{0.02,\ 20}) = 2{,}000{,}000(1+0.02)^{20}$

$= 2{,}000{,}000 \times 1.4859 = 2{,}971{,}800$(원)

05 $FV_5 = PV_0(1+0.08)^5 = 2{,}938{,}600$, $k=8\%$, $n=5$ 이므로

$PV_0 = \dfrac{FV_5}{(1+k)^5} = 2{,}938{,}600 \times 0.6806(PVIF_{8\%,\ 5}) = 2{,}000{,}000$(원)

06 연금의 합계액은 부록의 연금의 미래가계수($FVIFA$)를 이용하여 구한다.

$FVA_{10\%,\ 10} = 1{,}000 \times 15.937 = 15{,}937$(만원)

07 **06** 풀이의 역으로 간단히 해결할 수 있다. 연금의 미래가계수표에서 $n=10$년의 행에서 15.937을 찾은 다음에 해당열에서 이자율과 기간을 찾는다.

∴ 10%로 10년간 적립해야 한다.

08 $PVA_{10\%,\ 10} = 10{,}000{,}000 \times 6.1446 = 61{,}446{,}000$(원)

$PVA_{5\%,\ 20} = 5{,}000{,}000 \times 12.462 = 62{,}310{,}000$(원)

연간 2회 복리계산되므로 1,000만원을 2로 나누어 500만원으로 계산한다.

기간은 2배로 늘려 20회로, 이자율은 2로 나누어 5%로 계산한다.

09 $PVA_{10\%,\ 3} = 1{,}000{,}000 \times 2.4868 = 2{,}486{,}800$(원)

10 1) 지급횟수가 무한(∞)한 것으로 보기 때문에 일정성장영구연금으로 보고 풀면 다음과 같다.

$$PVA = \frac{A_1}{k-g} = \frac{100\text{만원}}{10\% - 5\%} = 2{,}000\text{만원}$$

2) 현가로 계산해서 비교·평가할 때, 일시불로 받는 것이 500만원 더 유리하다.

11 $PVA = \frac{A}{k} = \frac{100\text{만원}}{0.1} = 1{,}000\text{만원}$

12 $PVA = 421.24$만원, $FVA = 563.71$만원

13 5년 동안 매년 2,000만원씩 받는 현금흐름을 6%로 할인하면, 현재가치는 8,424.8만원이다.
$PVA = A \times PVIFA_{(6\%,\ 5)} = 20{,}000{,}000 \times 4.2124 = 84{,}248{,}000$(원)
현재 받은 계약금 1,000만원을 더하면 94,248,000원이 된다.

14 $PVA = A \times PVIFA_{(?\%,\ 5)}$

$$PVIFA_{(?\%,\ 5)} = \frac{PVA}{A} = \frac{84{,}248{,}000}{20{,}000{,}000} = 4.2124$$

연금현가계수표(부록)에서 5년에 해당하는 행에서 4.2124를 찾은 다음, 이 값에 해당하는 열의 최상단부에 표시된 이자율을 보면 6%이다. 이 6%가 투자수익률인데, 만약 최소한의 요구투자수익률(최저필수수익률)이 10%라면, 이 투자안은 바람직한 투자안이라고 할 수 없다. 그러나 투자안의 요구수익률을 5%로 가정한다면 이 투자안은 채택이 가능하다고 판단된다.

※ 향후 들어오는 미래현금흐름의 현재가치합계액이 현재 투자액과 똑같아지는 수익률을 내부수익률(internal rate of return : *IRR*)이라 한다.

15 $22{,}000{,}000 = A \times PVIFA_{(12\%,\ 6)} = A \times 4.1114$
$A = 5{,}350{,}975$(원)

16 $PV = 1{,}000 \div \left(1 + \frac{0.12}{12}\right)^{2 \cdot 12}$

$$= 1{,}000 \cdot PVIF_{(1\%,\ 24)} = 787.6(\text{만원})$$

$$\text{실효이자율} = \left(1 + \frac{0.12}{12}\right)^{1 \cdot 12} - 1 = 0.1268(12.68\%)$$

※ 식 (2-11) 실효이자율 공식에서 n을 넣지 않는 이유는 이자율은 1년 단위로 계산하기 때문이다.

17 1) 월별 실효이자율 : $\left(1+\dfrac{0.12}{12}\right)^{12}-1=0.1268(12.68\%)$

2) 분기별 실효이자율 : $\left(1+\dfrac{0.12}{4}\right)^{4}-1=0.1255(12.55\%)$

3) 반기별 실효이자율 : $\left(1+\dfrac{0.12}{2}\right)^{2}-1=0.1236(12.36\%)$

18 명목이자율=(1+실질이자율)×(1+인플레이션율)−1

$=(1+0.06)\times(1+0.03)-1=0.0918\ \ (9.18\%)$

Chapter 3 채권과 주식의 가치평가

5
$$B_0=I\times\ PVIFA_{(k_d,\ n)}+F\times\ PVIF_{(k_d,\ n)}$$
$$=\sum_{t=1}^{5}\frac{800}{(1+0.10)^t}+\frac{10{,}000}{(1+0.10)^5}$$
$$=800\times PVIFA_{(10\%,\ 5)}+10{,}000\times PVIF_{(10\%,\ 5)}$$
$$=800\text{만원}\times3.7908+10{,}000\text{만원}\times0.6209$$
$$=92{,}416{,}400\fallingdotseq9{,}242(\text{만원})$$

6
$$B_0=\frac{20{,}000}{(1+0.1)^5}=20{,}000\ \times PVIF_{(10\%,\ 5)}$$
$$=20{,}000\times0.6209=12{,}418(1\text{억}\ \ 2{,}418\text{만원})$$

7
$$B_0=\frac{500{,}000}{0.05}=10{,}000{,}000(\text{원})$$

영구사채에 준한다고 보고 계산한다.

8 • 시행착오법

$$P_0=\frac{C}{(1+r)}+\frac{C}{(1+r)^2}+\cdots\ +\frac{C+F}{(1+r)^n}$$
$$9{,}520=\frac{1{,}000}{(1+r)}+\frac{1{,}000}{(1+r)^2}+\frac{11{,}000}{(1+r)^3}$$
$$r\fallingdotseq12\%$$

• 근사법

$$r = \frac{\text{연평균 투자수익}}{\text{평균투자액}} = \frac{C + (F - P_0)/n}{(P_0 + F)/2}$$

$$= \frac{1{,}000 + (10{,}000 - 9{,}520)/3}{(9{,}520 + 10{,}000)/2} = 0.119$$

$r ≒ 12\%$

09 $$P_0 = \frac{d_1}{(1+k_e)} + \frac{d_2}{(1+k_e)^2} + \frac{P_2}{(1+k_e)^2}$$

$$= \frac{1{,}000}{(1+0.10)} + \frac{2{,}000}{(1+0.10)^2} + \frac{50{,}000}{(1+0.10)^2}$$

$$= 1{,}000 \times 0.9091 + 2{,}000 \times 0.8264 + 50{,}000 \times 0.8264 = 43{,}882(\text{원})$$

10 $$P_0 = \frac{d}{k_e} = \frac{1{,}200}{0.1} = 12{,}000(\text{원})$$

11 $$P_0 = \frac{d_1}{k_e - g} = \frac{1{,}000(1+0.05)}{0.10 - 0.05} = 21{,}000(\text{원})$$

$$P_0 = \frac{d_1}{k_e - g} = \frac{1{,}000(1+0.03)}{0.10 - 0.03} = 14{,}714(\text{원})$$

12 $$P_0 = \frac{EPS}{k_e} = \frac{500}{0.1} = 5{,}000(\text{원})$$

13 $$P_0 = \frac{EPS_1}{k_e} + \frac{EPS_1}{k_e}\left[\frac{f(r - k_e)}{k_e - f \cdot r(=g)}\right]$$

$$= \frac{1{,}000}{0.10} + \frac{1{,}000}{0.10}\left[\frac{0.4(0.20 - 0.10)}{0.10 - 0.4 \times 0.2}\right]$$

$$= 10{,}000 + 10{,}000 \times \frac{0.04}{0.02} = 30{,}000(\text{원})$$

$g = f \cdot r = 0.4 \times 0.2 = 0.08$, 성장기회의 현재가치($PVGO$)=20,000원

14 $$\text{주가수익비율}(PER) = \frac{20{,}000(P_0)}{2{,}000(EPS)} = 10\text{배}$$

$$\text{주가}(P_0) = PER^* \times EPS_1 = \frac{20{,}000}{4{,}000} \times 4{,}000 = 20{,}000(\text{원})$$

예상 $PER^{*}=5$(배)

15 주가$(P_0)=PER^{*}\times EPS_1=10\times 1{,}000=10{,}000$(원)

16

$$BPS=\frac{1{,}000{,}000{,}000-500{,}000{,}000}{100{,}000}=5{,}000(\text{원})$$

$$PBR=\frac{30{,}000}{5{,}000}=6(\text{배})$$

17

$$P_0=\frac{3{,}000}{0.1}=30{,}000(\text{원})$$

Chapter 4 자본예산과 현금흐름의 추정

08 신설비 구입투자액(I_0) : 20,000만원

설치 · 시운전비(P) : 2,500만원

순운전자본 투자액(ΔWC) : 2,000만원

구설비 매각가격(S_0) : 1,000만원

구설비의 현재 시점의 장부가격(BV_0) : $10{,}000-(2{,}000\times 3)=4{,}000$(만원)

구설비의 연간 감가상각비 : (취득가격 − 잔존가치)÷내용연수

$=(10{,}000-0)\div 5=2{,}000$(만원)

감세효과 : $(BV_0-S_0)t=(4{,}000-1{,}000)\times 0.27=810$(만원)

투자세액공제액(ITC) : 20,000만원 × 0.05 = 1,000만원

$$\Delta CF_0=-I_0-P-\Delta WC+S_0+(BV_0-S_0)t+ITC$$

$$=-20{,}000-2{,}500-2{,}000+1{,}000+810+1{,}000=-21{,}690(\text{만원})$$

09 매출액 증가액(ΔR) : 15,000(만원)

영업비용 증가액(ΔC) : 3,000(만원)

감가상각비 증가액(ΔD) : $4{,}500-2{,}000=2{,}500$(만원)

신설비의 연간 감가상각액 : $\dfrac{\text{취득가격}-\text{잔존가치}}{\text{내용연수}}$

$$=\frac{20{,}000+2{,}500-0}{5}=4{,}500(\text{만원})$$

$$\Delta CF_t = (\Delta R - \Delta C)(1-t) + \Delta D \cdot t - (\Delta WC_t)$$
$$= (15{,}000 - 3{,}000)(1-0.27) + (2{,}500 \times 0.27) - 500 = 8{,}935\text{(만원)}$$

10 신설비 처분에 따른 세금효과 : $(BV_n - S_n)t = (0 - 2{,}000) \cdot 0.27 = -540$

투자종료연도에서의 순운전자본 투자회수액 : 2,000 + 500 × 5 = 4,500

투자종료연도에서의 실제 순운전자본 투자회수액 : 4,500 − 500 = 4,000

※ 자본적 지출에 따라 부수적으로 발생하는 투자종료연도의 순운전자본회수액 500만원을 차감해 준다.

$$\Delta CF_n = (\Delta R - \Delta C)(1-t) + \Delta D \cdot t + S_n + (BV_n - S_n)t + \Delta WC_n$$
$$= (10{,}000 - 3{,}000)(1-0.27) + 2{,}500 \cdot 0.27 + 2{,}000 + (0 - 2{,}000) \cdot 0.27 + (4{,}500 - 500)$$
$$= 11{,}245\text{(만원)}$$

08, **09**, **10**으로부터 산출된 교체투자안의 현금흐름을 종합해서 표로 나타내면 다음과 같다.

교체투자안의 증분현금흐름 (단위 : 만원)

현금흐름 \ 투자영업기간	0(시초)	1	2	3	4	5(종료)
신설비 구입가격(I_0)	−20,000					
설치 및 시운전비(P)	−2,500					
순운전자본투자액(ΔWC)	−2,000	−500	−500	−500	−500	−500
구설비 매각가격(S_0)	1,000					
감세효과[$(BV_0 - S_0)t$]	810					
투자세액공제액(ITC)	1,000					
매출액증가액(ΔR)		15,000	15,000	15,000	15,000	10,000
영업비용증가액(ΔC)		3,000	3,000	3,000	3,000	3,000
법인세(−)		3,240	3,240	3,240	3,240	1,890
순이익증가액(ΔNI)		8,760	8,760	8,760	8,760	5,110
감가상각비감세효과($\Delta D \cdot t$)		675	675	675	675	675
신설비 매각가격						2,000
신설비 처분세금효과[$(BV_n - S_n)t$]						−540
순운전자본회수액						4,500
증분현금흐름(ΔCF)	−21,690	8,935	8,935	8,935	8,935	11,245

Chapter 5 투자안의 경제성 평가

5 $NPV = 10,000(1.07)^{-2} + 8,000(1.07)^{-3} + 6,000(1.07)^{-5} - 20,000$

$= 10,000(0.8734) + 8,000(0.8163) + 6,000(0.7130) - 20,000$

$= 8,734 + 6,530.4 + 4,278 - 20,000 = -457.6$

※ 각 기간별 현금흐름을 현가로 계산하여 합산한 후, 이 금액에서 투자원금을 빼면 순현재가치가 계산된다. 즉, 「각 기간별 현금흐름액의 현가 합계 − 현재 시점의 투자원금 = 순현재가치」가 된다.

6 순현가(NPV)　　A안 : 90,920원　　B안 : 27,274원

내부수익률(IRR)　　A안 : 20%　　B안 : 40%

※ NPV법으로는 A안을, IRR법으로는 B안을 채택한다. 이렇게 상호배타적 투자안의 경우에는 서로 다른 결과를 가져올 수 있다.

7 순현가(NPV)　　A안 : 136,375원　　B안 : 195,250원

내부수익률(IRR)　　A안 : 25%　　B안 : 15%

※ 상호배타적 투자안의 경우에는 서로 다른 결과를 가져올 수 있다. NPV법으로는 B안이, IRR법으로는 A안이 우월하다.

8 A투자안의 NPV : 2,434원　B투자안의 NPV : 2,982원

A투자안의 IRR : 23.4%　　B투자안의 IRR : 20.0%

따라서 NPV법으로는 B안을, IRR법으로는 A안을 채택한다.

9 $k = 8\%$, Fisher의 $K = 10.5\%$, $IRR_B = 13.3\%$, $IRR_A = 16.4\%$을 그림으로 그리고 판단한다.

$k(8\%) < 10.5\%(K)$ 이므로 IRR법에서는 A안을 채택, NPV법에서는 B안을 채택한다.

※ $k > 10.5\%$인 경우에는 IRR법으로나 NPV법으로나 모두 A안을 채택한다.

10 $IRR = 25\%$, 400% 두 개의 해가 존재한다.

$$NPV = -1,600 + \frac{10,000}{1+k} - \frac{10,000}{(1+k)^2}$$

($k = 0$인 경우 $NPV = -1,600$)

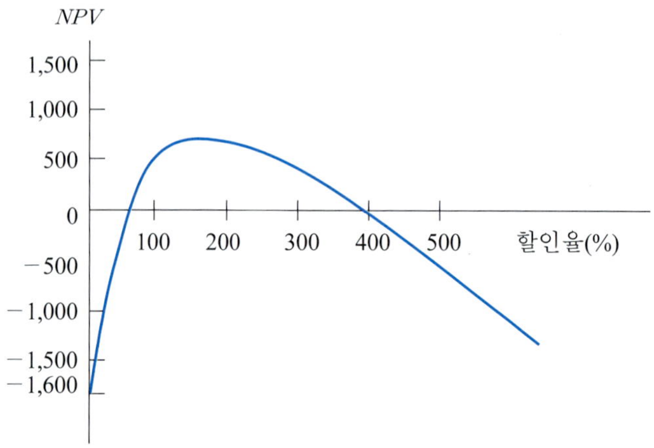

11 C투자안의 회수기간 : 800＝(200＋200＋200＋200) ; 4년

D투자안의 회수기간 : 800＝(100＋200＋300＋200) ; 3년 ＋ $\frac{200}{400}$ 년＝3.5년

※ 회수기간법으로는 D안이 우월하다.

(단위 : 만원)

t	0	1	2	3	4	5
C	−800	200	200	200	200	200
		181.8	165.3	150.3	136.6	124.2
D	−800	100	200	300	400	500
		90.9	165.3	225.4	273.2	310.5

C투자안의 할인회수기간 : 800−181.8−165.3−150.3−136.6−124.2＝41.8

D투자안의 할인회수기간 : 4년＋$\frac{800-90.9-165.3-225.4-273.2}{310.5}$＝4.15년

※ 할인회수기간법으로 평가하면, C안은 5년까지도 800만원에서 41.8만원이 부족하므로 회수가 불가능하다. 따라서 C안은 무조건 기각하고, D안(회수기간 ; 4.15년)을 채택한다.

12 (단위 : 만원)

연 도	1	2	3	4	평 균
기대순이익	2,000	2,000	2,000	2,000	2,000
기초 투자가치	10,000	8,000	6,000	4,000	
기말 투자가치	8,000	6,000	4,000	2,000	
연평균투자액	9,000	7,000	5,000	3,000	6,000

연간 감가상각액 : $\frac{10,000-2,000}{4}$＝2,000(만원)

$$ARR : \frac{2,000}{6,000} = 0.33(=33\%)$$

13

(단위 : 만원)

t	0	1	2	3	4	5
현금흐름(K)	−2,000	1,000	500	1,000	200	500
할인현금흐름(K)		909.1	413.2	751.3	136.6	310.5
현금흐름(G)	−4,000	1,000	1,500	2,000	1,000	1,500
할인현금흐름(G)		909.1	1,239.6	1,502.6	683.0	931.4

K투자안의 회수기간 : $2,000 = (1,000 + 500 + 500)$; $2년 + \frac{500}{1,000}년 = 2.5년$

G투자안의 회수기간 : $4,000 = (1,000 + 1,500 + 1,500)$; $2년 + \frac{1,500}{2,000}년 = 2.75년$

※ 회수기간법에 의하면 K안이 우월하다. 그러나 회수기간 이후인 4기와 5기에서의 현금흐름과 전체기간의 현금흐름 총액을 감안하면 오히려 G안이 우월하다. 이와 같이 회수기간법은 회수기간 이후 및 전체기간의 현금흐름을 평가하지 못하는 약점을 가지고 있다.

K투자안의 할인회수기간 : $2년 + \frac{2,000 - 909.1 - 413.2}{751.3}년 = 2.9년$

G투자안의 할인회수기간 : $3년 + \frac{4,000 - 909.1 - 1,239.6 - 1,502.6}{683.0}년 = 3.5년$

※ 할인회수기간법에 의해서도 K안이 우월하다. 그러나 할인회수기간은 3.5년으로 더 늘어났음을 볼 수 있나. 4기와 5기에서의 현금흐름과 전체기간의 할인현금흐름 총액을 감안하면 오히려 G안이 우월하다. 이와 같이 할인회수기간법도 회수기간법과 마찬가지로 할인회수기간 이후 및 전체기간의 현금흐름을 평가하지 못하는 약점을 가지고 있다.

14 A기계 투자안 : $NPV = 1,000 \times (PVIFA\ \ 8\%,\ 5) - 2,000$

$= 1,000 \times 3.9927 - 2,000 = 1,992.7$(만원)

B기계 투자안 : $NPV = 950 \times (PVIFA\ \ 8\%,\ 10) - 1,800$

$= 950 \times 6.7101 - 1,800 = 4,574.5$(만원)

• 최소공배수법

A기계는 내용연수가 5년이므로 한 번 더 반복투자하면 공통내용연수 10년(최소공배수)으로 일치된다.

$$1,992.7 + \frac{1,992.7}{(1+0.08)^5} = 1,992.7 + 1,356.2 = 3,348.9(만원)$$

∴ B안을 채택한다.

• 연간균등현가법

A의 $EAV(A) = 1{,}992.7 / (PVIFA\ 8\%,\ 5) = 1{,}992.7 \div 3.9927 = 499.1$(만원)

B의 $EAV(B) = 4{,}574.5 / (PVIFA\ 8\%,\ 10) = 4{,}574.5 \div 6.7101 = 681.7$(만원)

∴ B안을 채택한다.

최소공배수법과 결과가 같다.

15 명목가치기준에 의한 순현가 계산 (단위 : 만원)

		0	1	2	3	4	5
최초투자액		−50,000					
연간현금유입(4% 증가)			90,000	93,600	97,344	101,238	105,287
−연간현금유출(6% 증가)			75,000	79,500	84,270	89,326	94,686
세전영업이익(EBT)	①		15,000	14,100	13,074	11,912	10,601
$\times(1-t_c)$			0.7	0.7	0.7	0.7	0.7
세후이익(EAT)	②		10,500	9,870	9,152	8,338	7,421
$+(t_c \cdot \Delta D)$	③		3,000	3,000	3,000	3,000	3,000
순현금흐름	②+③=④		13,500	12,870	12,152	11,338	10,421
×(명목할인율($k_r+\rho$) 14%의 현가계수)	⑤		0.8772	0.7695	0.6750	0.5921	0.5194
PV(④×⑤)		−50,000	11,842	9,903	8,203	6,713	5,413

※ 인플레이션이 반영된 명목할인율에서 $k_r \cdot \rho$은 매우 작아(0으로 간주) 무시하고 구한다.
명목할인율≈실질할인율 8%+인플레이션율 6%=14%
$NPV = \Sigma PV - 50{,}000 = -7{,}926$(만원). 따라서 투자안의 투자가치가 없어 기각되어야 한다.

실질가치기준에 의한 순현가 계산 (단위 : 만원)

		0	1	2	3	4	5
최초투자액		−50,000					
순현금흐름	②+③=④		13,500	12,870	12,152	11,338	10,421
×인플레이션율(ρ) 6%의 현가계수			0.9434	0.8900	0.8396	0.7921	0.7473
순현금흐름	⑤		12,736	11,454	10,203	8,981	7,788
×(실질할인율 8%의 현가계수)	⑥		0.9259	0.8573	0.7938	0.7350	0.6806
PV(⑤×⑥)		−50,000	11,792	9,820	8,099	6,601	5,301

※ 실질현금흐름에 의한 순현금흐름 ④는 명목가치기준에 의한 순현금흐름과 같다. 다만, 이를 인플레이션율 6%로 할인하여 순현금흐름 ⑤를 구한 다음에 실질할인율 8%로 다시 할인하여 현가를 구한 것이 다른 점이다.

$$\frac{12{,}736}{1.08} + \frac{11{,}454}{(1.08)^2} + \frac{10{,}203}{(1.08)^3} + \frac{8{,}981}{(1.08)^4} + \frac{7{,}788}{(1.08)^5} - 50{,}000 = -8{,}387(\text{만원})$$

이상에서 명목가치기준법이나 실질가치기준법이나 투자안이 기각되어야 한다는 결과는 동일하다는 것을 알 수 있다. 단, *NPV*에 차이가 나는 것은 실질할인율을 피셔공식으로 정확하게 구하면 7.547%이나 8%로 적용하였기 때문이다.

Chapter 6 포트폴리오이론

6
- A주식의 $E(R_A)=(-5\%)(0.3)+(10\%)(0.5)+(15\%)(0.2)=6.5\%$
- B주식의 $E(R_B)=(-20\%)(0.3)+(10\%)(0.5)+(30\%)(0.2)=5\%$
- A주식의 분산 : $\sigma_A^2=(-5-6.5)^2 0.3+(10-6.5)^2 0.50+(15-6.5)^2 0.2=60.25\%^2$
- A주식의 표준편차 : $\sigma_A=\sqrt{60.25}\%=7.76\%$
- B주식의 분산 : $\sigma_B^2=(-20-5)^2 0.3+(10-5)^2 0.5+(30-5)^2 0.2=325\%^2$
- B주식의 표준편차 : $\sigma_B=\sqrt{325}\%=18.03\%$
- 포트폴리오의 기대수익률 : $E(R_p)=w_1\cdot E(R_A)+w_2\cdot E(R_B)=(0.5)(6.5)+(0.5)(5)=5.75\%$

7

$$r_{it}=\frac{30{,}000-20{,}000+2{,}000}{20{,}000}=60\%$$

8

$$AMR=\bar{r}_i=\frac{1}{5}(8-4+11-10+15)=4\%$$

$$\sigma^2=\frac{1}{5-1}[(8-4)^2+(-4-4)^2+(11-4)^2+(-10-4)^2+(15-4)^2]=111.5\%^2$$

$$\sigma=\sqrt{111.5}\%-10.56\%$$

9

$$\text{상관계수 : }\rho_{AB}=\frac{\sigma_{AB}}{\sigma_A\sigma_B}=\frac{0.012}{0.116\times 0.310}=0.333\ \text{(33.3\%의 상관관계)}$$

10

$E(R_A)=3.5\%,\ E(R_B)=10.6\%,\ E(R_p)=6.34\%$

$\sigma_A^2=125.24,\quad \sigma_A=11.2$

$\sigma_B^2=300.82,\quad \sigma_B=17.3,\quad \sigma_{AB}=177.9$

$$\sigma_p^2=w_A^2\sigma_A^2+w_B^2\sigma_B^2+2w_Aw_B\sigma_{AB}$$
$$=(0.6)^2(125.24)+(0.4)^2(300.82)+2(0.6)(0.4)(177.9)=178.61$$

$$\sigma_p=\sqrt{178.61}=13.36$$

$$\rho_{AB} = \frac{\sigma_{AB}}{\sigma_A \sigma_B} = \frac{177.9}{11.2 \times 17.3} = 0.918$$ (91.8%의 상관관계가 있다)

11

- S철강 주식의 기대수익률 : 5%, 분산 $54.4\%^2$ 또는 0.00544
  표준편차 : 7.38% 또는 0.0737504
- C건설 주식의 기대수익률 : 14%, 분산 : $217.6\%^2$ 또는 0.02176
  표준편차 : 14.8% 또는 0.147513
- S철강 주식과 C건설 주식의 공분산 : $\sigma_{SC} = -0.01088$
- 포트폴리오의 기대수익률(확률평균값) : 9.5%
  $E(R_p) = w_1 \cdot E(R_S) + w_2 \cdot E(R_C) = (0.5)(5) + (0.5)(14) = 9.5\%$ 또는 0.095
- 포트폴리오의 분산 : $\sigma_p^2 = 0.00136\%^2$, 표준편차 : $\sigma_p = 0.036878$ 또는 3.69%
  $\sigma_p^2 = w_S^2 \sigma_S^2 + w_C^2 \sigma_C^2 + 2 w_S w_C \sigma_{SC} = 0.00136$
- S철강 주식과 C건설 주식의 상관계수 : $\rho_{SC} = \frac{\sigma_{SC}}{\sigma_S \sigma_C} = \frac{-0.01088}{0.0738 \times 0.148}$
  $= -0.996$ 또는 -99.6%

∴ 따라서 두 주식은 99.6%의 음의 상관관계를 가진다.

12

1) 식 (6-17)에 의해 $\frac{E(R_M) - R_f}{\sigma_M} = \frac{20 - 10}{20} = \frac{1}{2} = 50(\%)$

2) 식 (6-13)에 의해 $E(R_K) = (1-w) R_f + w \cdot E(R_M)$
   $25 = (1-w) \cdot 10 + w \cdot 20$
   위험자산에의 투자비율 : $w = 1.5 = 150\%$
   무위험자산에의 투자비율 : $(1-w) = -0.5 = -50\%$
   ∴ 위험선호투자자 입장에서 차입포트폴리오를 구성한다. 즉 무위험자산 수익률로 투자금액의 50%를 차입하여 위험자산의 시장포트폴리오에 150%를 투자한다.

3) 포트폴리오 K의 위험(분산) : 0.09=9%
   식 (6-14)에 의해 $\sigma(R_K) = w(\sigma_M) = 1.5 \times 0.2 = 0.3$

Chapter 7 자본자산가격결정모형($CAPM$)

08 $R_A=8\%,\ R_B=10\%,\ R_C=14\%$

09 (1) 0.131 (2) 11.048%

10 (1) $\overline{R_M}=0.10,\ Var(R_M)=0.04,\ \sigma_M=0.2$

$\overline{R_A}=0.20,\ Var(R_A)=0.18,\ \sigma_A=0.424$

$\overline{R_B}=0.10,\ Var(R_B)=0.122,\ \sigma_B=0.349$

$Cov(R_A, R_M)=0.08,\ \rho_{AM}=0.943$

$Cov(R_B, R_M)=0.024,\ \rho_{BM}=0.344$

$Cov(R_A, R_B)=0.004,\ \rho_{AB}=0.027$

(2) $E(R_p)=0.140,\ Var(R_p)=0.0746,\ \sigma_p=0.273$

(3) $E(R_A)=16\%,\ E(R_B)=7.6\%$

$$\beta_A=\frac{\sigma_{AM}}{\sigma_M^2}=\frac{0.08}{0.04}=2,\quad \beta_B=\frac{\sigma_{BM}}{\sigma_M^2}=\frac{0.024}{0.04}=0.6$$

$E(R_A)=4+(10-4)\times 2=16\%$

$E(R_B)=4+(10-4)\times 0.6=7.6\%$

11

$$942.14=\sum_{t=1}^{3}\frac{100}{(1+k_d)^t}+\frac{970}{(1+k_d)^3}$$

$k_d=11.5\%$: 시행착오방법으로 구한 위험조정할인율

위험조정할인율 11.5%를 A사의 기내수익률로 대체해서 위험부채의 베타를 구할 수 있다.

$E(R_A)=10+(15-10)\beta_A=11.5\%$

$\beta_A=0.3$

Chapter 8 자본비용

05 $k_d = \frac{I}{B(1-f)}(1-t_c) = \frac{18}{200(1-0.1)}(1-0.3) = 7(\%)$

06 $k_d = 5 + (13-5)1.2 = 14.6(\%)$

07 $k_p = \frac{500}{5,000(1-0.1)} = 11.1(\%)$

08 $k_e = 8 + (12-8)0.9 = 11.6(\%)$

09 장부가치 :

- 부채비용 : $k_d = 8(1-0.3) = 5.6(\%)$
- 자기자본비용 : $k_e = 15(\%)$
- 가중평균자본비용($WACC$) : $k_w = \frac{2,000}{6,000} \times 5.6\% + \frac{4,000}{6,000} \times 15\% = 11.87\%$

시장가치 :

- 회사채의 시장가치 : $(9,000/10,000) \times 2,000 = 1,800$(만원)
- 우선주의 시장가치 : $(7,000/5,000) \times 1,000 = 1,400$(만원)
- 보통주의 시장가치 : $(10,000/5,000) \times 3,000 = 6,000$(만원)
- $WACC$: $k_w = (1,800/9,200) \times 5.6\% + (7,400/9,200) \times 15\% = 13.2\%$

10 (1) 부채의 자본비용 : $k_d = i(1-t_c)$

5,000만원 이하 8% : $k_d = 8\%(1-0.3) = 5.6\%$

5,000만원 이상 10% : $k_d = 10\%(1-0.3) = 7\%$

(2) 유보이익의 자본비용 : $k_r = \frac{d_1}{P_0} + g$

$$k_r = \frac{500}{5,000} + 0.1 = 0.2 \ (20\%)$$

(3) 보통주의 자본비용 : $k_e = \frac{d_1}{P_0(1-f_c)} + g$

5,000만원 이하 : $k_e = \frac{500}{5,000(1-0.1)} + 0.1 = 0.211 \ (21.1\%)$

5,000만원 이상 : $k_e = \dfrac{500}{5,000(1-0.08)} + 0.1 = 0.209$ (20.9%)

(4)

	가중치	5,000만원 이하	5,000만원 이상
부　　채	0.5	0.5×0.056=0.0280	0.5×0.070=0.035
자기자본	0.5	0.5×0.211=0.1055	0.5×0.209=0.1045
가중한계 자본비용		0.1335 (≒13.4%)	0.1395 (≒14.0%)

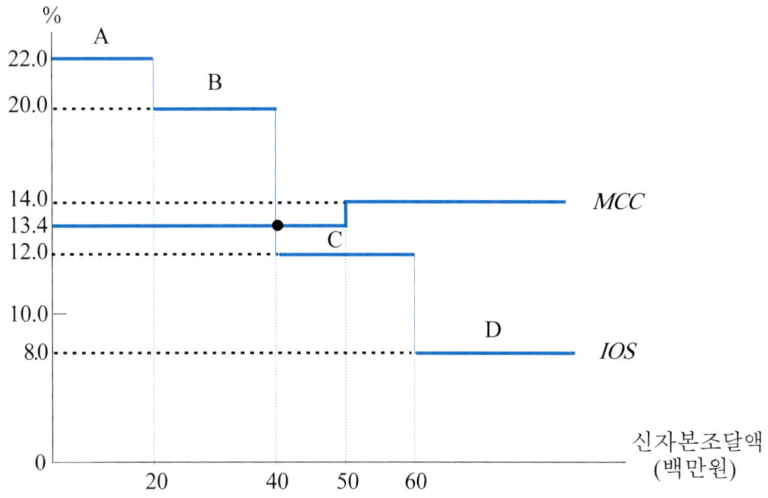

(5) 투자안 A, B를 선택. 최적자본규모는 4,000만원
한계자본비용(MCC)=투자기회자본비용(IOS)=13.4%

11 (1) 자기자본 조달가능액 : 25억원

- 우선주는 자기자본이지만 우선주의 배당금은 부채의 성격을 가지고 있고, 3년 후 상환하는 상환우선주이다. 따라서 자기자본 조달가능액이란 보통주와 유보이익으로 조달가능한 금액만을 의미한다고 하겠다.
- 현재 부채와 자기자본의 구성비(현 자본구조)=40%(80억원) : 60%(120억원)
- 설비자금 50억원을 추가조달시 부채와 자기자본의 구성비(신자본구조)
=40%(100억원) : 60%(150억원)
∴ 신설비에의 필요자금을 부채로 20억원, 자기자본으로 30억원을 추가조달한다.
- 자기자본 조달가능액 : 25억원
신설비 추가조달액 중 자기자본으로 30억원 조달하고, 총자기자본(120억원) 대 우선수 제외한 자기자본(보통주+유보이익=100억원)의 구성비 : 100/120이므로,

$\therefore$ 30억원$\times\dfrac{100}{120}$=25억원, 우선주 : 5억원 조달$\left(30억원\times\dfrac{20}{120}=5억원\right)$

(2) 자기자본조달액 중 신규 보통주로 외부조달가능액 : 15억원

- 30억원－5억원(우선주)－10억원(유보이익)＝15억원(보통주 신주)

(3) $k_d=6.6\%$, $k_p=11.5\%$, $k_r=14\%$, $k_e=14.67\%$

- $k_d=11\times(1-0.4)=6.6(\%)$
- $k_p=11.5\%=\dfrac{d_p}{P_0}=\dfrac{d_p}{10{,}000}\quad\therefore\ d_p=1{,}150$
- 배당수익률 : $6\%=\dfrac{d_1}{P_0}=\dfrac{d_1}{5{,}000}\quad\therefore\ d_1=300$
- $k_r=\dfrac{d_1}{P_0}+g=\dfrac{300}{5{,}000}+0.08=0.14\quad\therefore\ 14\%$
- $k_e=\dfrac{d_1}{P_0(1-f)}+g=\dfrac{300}{4{,}500}+0.08=0.1467\quad\therefore\ 14.67\%$

(4) 내년도 가중평균자본비용($WACC$) : 10.94%

- $k_w=w_dk_d(1-t)+w_pk_p+w_ek_e+w_rk_r$

$$=\frac{100}{250}(6.6)+\frac{20+5}{250}(11.5)+\frac{40+15}{250}(14.67)+\frac{60+10}{250}(14)$$

$$=10.94(\%)$$

Chapter 9 자본구조이론

08 $V_U=12$억원, $V_L=V_U+D\cdot t_c=12+10\times0.4=16$억원

10 (1) $k_e^U=18\%$, $k_e^L=22.8\%$; p.247 식 (ⅰ), p.247 식 (9-18) 이용

(2) $k_w^U=18\%$, $k_w^L=14.4\%$; p.247 식 (9-16) 이용

(3) ① 식 (9-18)에 의하면, k_e^L(부채기업의 자기자본비용)은 무부채기업보다 부채비율 증가에 따라 $(k_w^U-k_d)(1-t_c)\dfrac{D}{E}$만큼 더 발생하기 때문에

② 식 (9-16)에 의하면, k_w^L(부채기업의 가중평균자본비용)은 무부채기업의 가중평균자본비용(k_w^U)보다 부채비율 증가에 따라 $\left(1-t_c\dfrac{D}{V_L}\right)$만큼 법인세감세효과가 발생하기 때문에

11 (1)

자본조달방법에 따른 *EPS*

	부 채	우선주	보통주
영업이익(*EBIT*)	15,000만원	15,000만원	15,000만원
이자(이자율=12%)	3,600	3,600	3,600
신부채의 이자(14%)	5,600	–	–
세전이익(*EBT*)	5,800	11,400	11,400
법인세(40%)	2,320	4,560	4,560
세후이익(*EAT*)	3,480	6,840	6,840
우선주 배당금(*P*)(12%)	–	4,800	–
보통주 순이익(*NI*)	3,480만원	2,040만원	6,840만원
보통주 발행주식수	80,000주	80,000주	105,000주
주당이익(*EPS*)	435원	255원	651원

(2) 그림은 생략

1) 부채와 보통주의 자본조달분기점에서의 *EBIT* : 2.712억원

2) 우선주와 보통주의 자본조달분기점에서의 *EBIT* : 3.72억원

3) 부채와 우선주의 자본조달분기점은 존재하지 않는다. 모든 *EPS* 수준에서 부채가 우선주보다 180원만큼 크기 때문이다.

Chapter 10 배당정책

08 (1) 저배당률 : 고소득 내부소유주주는 자본이득을 통한 소득을 더 원할 것이기 때문이다.

(2) 저배당률 : 배당을 하면 유보이익 부족으로 투자자금의 부족을 초래하기 때문이다.

(3) 중간 또는 고배당률 : 자본비용을 충당하고도 자금이 충분히 남을 뿐 아니라, 더욱이 유동성이 풍부하고 차입가능성이 크므로 기업의 융통성 또한 상당히 높기 때문이다.

(4) 중간 또는 고배당률 : 배당을 갑자기 중단한다는 것은 쉽지 않고, 배당요구압력은 이익 하락에도 불구하고 오히려 상승하기 때문이다. 배당수준을 계속 유지해 오던 기업이 갑자기 배당을 중단한다면, 배당 중단이란 정보는 그 기업의 미래수익성에 문제가 있을 것이라는 신호효과로 작용할 것이므로 오히려 배당을 높게 책정해야 할 것이다.

(5) 저배당률 : 높은 경영위험을 상쇄시키고, 재무구조 강화를 위해서는 이익유보를 많이 하는 정책을 수립해야 할 것이다.

Chapter 11 장기자본조달

08 리스회사의 입장에서 보면 NAL이 0일 때 리스료의 수입과 직접판매가격이 동일해진다. 따라서 아무리 경쟁이 심하다 해도 최저 리스료 NAL을 0 이하로 다운시킬 수는 없다.

$$0 = P_0 - \sum_{t=1}^{5} \frac{L_t(1-t_c) + t_c \cdot Dep_t}{(1+k_L)^t}$$

$$= 3\text{억} - \sum_{t=1}^{5} \frac{0.6\,L_t + 0.4 \cdot 6{,}000\text{만}}{(1+0.06)^5}$$

$$(0.6\,L_t + 2{,}400\text{만}) \times PVIFA_{6\%,\ 5} = 3\text{억}$$

$$\therefore\ L_t \fallingdotseq 7{,}870\text{만원}$$

09 • 리스시

$$NAL = P_0 - \sum_{t=1}^{5} \frac{L_t(1-t_c) + t_c \cdot Dep_t}{[1+(1-t_c)k_d]^t}$$

$$= 3\text{억} - \sum_{t=1}^{5} \frac{7{,}870\text{만} \times 0.6 + 0.4 \times 6{,}000\text{만}}{(1+0.03)^5}$$

$$= 3\text{억} - (7{,}122\text{만} \times PVIFA_{3\%,\ 5}) \fallingdotseq -2{,}616.6\text{만(원)}$$

• 직접구입시

$$NAL = P_0 - \sum_{t=1}^{5} \frac{R_t(1-t_c) + t_c \cdot Dep_t}{[1+(1-t_c)k_d]^t} + \frac{E(MV)}{(1+k_w)^n} - p$$

$$= 3\text{억} - \sum_{t=1}^{5} \frac{1\text{억}(1-0.4) + 0.4 \cdot 6{,}000\text{만}}{[1+(1-0.4)0.05]^5} + 0 - 0$$

$$= 3\text{억} - (8{,}400\text{만} \times PVIFA_{3\%,\ 5})$$

$$= -8{,}469.5\text{만(원)}$$

직접구입이 더 유리하려면 NAL이 음(−)이어야 한다. 여기서, 리스료가 직접구입가격보다 더 많다. 즉, NAL이 음(−)이므로 직접구입이 유리하다.

Chapter 12 단기자본조달과 운전자본관리

09 변동비는 $-5{,}000$만원, 구매액은 10% 증가하므로 11,000만원이며, 이 금액을 3% 할인받으므로 10,670만원이다. 즉 $11{,}000\times(1-0.03)=10{,}670$

현재 신용기간(net 30) : $NPV=-5{,}000+\dfrac{10{,}000}{1+(0.1\times 30/365)}=4{,}918.48$

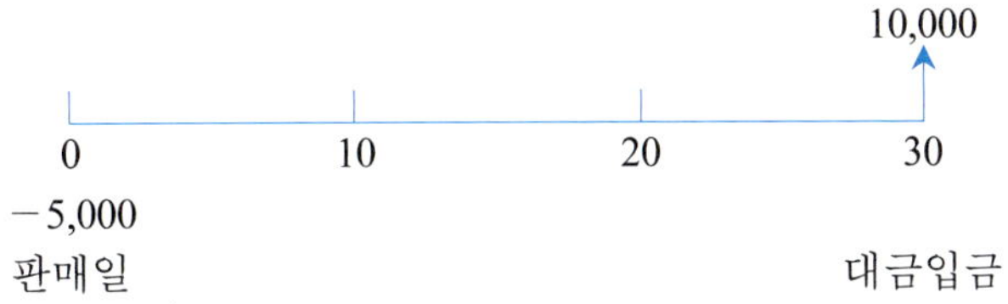

조정 신용기간(3/20, net 30) : $NPV=-5{,}500+\dfrac{10{,}670}{1+(0.1\times 20/365)}=5{,}111.85$

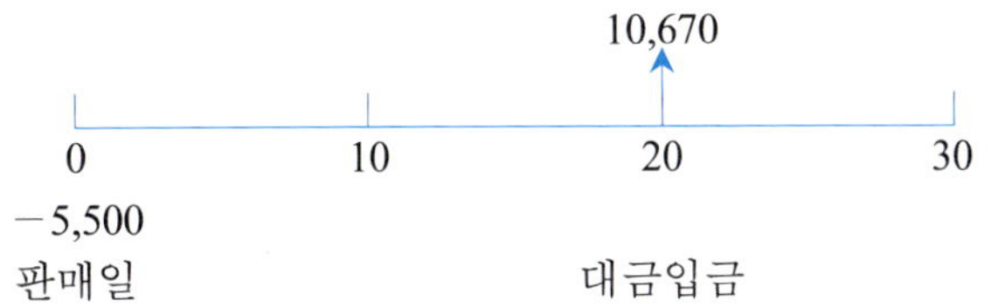

판매기업 : 20일 조정신용기간의 3% 할인정책이 순현재가치가 크므로 유리하다.
구입기업 : 현재 신용기간의 할인정책 선택이 더 유리하다.

10 $Q^{*}=\sqrt{\dfrac{2DO}{C}}=\sqrt{\dfrac{2(20{,}000)(2{,}000)}{10{,}000}}=89.4$(개)

$\dfrac{D}{Q}=20{,}000/89.4=223.7\fallingdotseq 224$(회)

Chapter 13 옵션과 선물거래

12 • 제1단계 : d_1과 d_2 산출

$$d_1=\left[\ln\left(\frac{S}{X}\right)+(R_f+1/2\times\sigma^2)\ T\right]/\sqrt{\sigma^2\cdot T}$$

$$=\left[\ln\left(\frac{82}{80}\right)+(0.195+1/2\times0.09)\times\frac{72}{365}\right]/\sqrt{0.09\times\frac{72}{365}}$$

$$=0.5404$$

$$d_2=d_1-\sqrt{\sigma^2 T}=0.4072$$

• 제2단계 : $N(d_1)$과 $N(d_2)$ 산출

표준정규분포표를 이용하여 구한다. 단, 표준정규분포의 값은 $-\infty$부터 $+\infty$까지의 값이지만, 우리가 구하는 누적확률은 0에서 +1 사이의 값이고 $N(0)=50\%$이므로 실제 $N(d_1)$의 값은 정규분포표에서 찾은 값에 0.5(50%)를 더해준 값이 된다.

$$N(d_1)=N(0.5404)=0.7054$$

$$N(d_2)=N(0.4072)=0.6581$$

• 제3단계 : 콜옵션가격 C 산출

$$C=S_0N(d_1)-X\cdot e^{-R_f\cdot T}N(d_2)$$

$$=(82\times0.7054)-(80\times[e^{-0.1950\times(72/365)}]\times0.6581)=7.22$$

∴ 주가지수옵션의 거래단위가 10만원이므로 콜옵션 1계약 금액은 722,000원이다.

13 옵션델타 : 6,000/60,000=0.1

주가가 1단위 변동할 때 옵션가격은 0.1단위 변동한다는 의미이다.

· 헤지비율 : $\frac{1}{\Delta}=1/0.1=10$(계약)

커버드 콜의 포트폴리오 구성 : 주식 1주를 매입하고, 콜옵션 10계약을 매도한다.

14 하락시 콜옵션가격 : 0.4(=1.00×0.4)만큼 하락하므로 1.00−0.4=0.6이 된다.

상승시 콜옵션가격 : 1.50×0.4=0.6만큼 상승하므로 1.00+0.6=1.60이 된다.

15 90.00옵션 2계약을 매도하고 87.50옵션 1계약을 매수한다.

이렇게 무위험헤지포트폴리오를 구성하는 경우, 포트폴리오의 델타는

−0.17×2+0.34=0이 되어 완전헤지가 이루어진다.

16 식 (13-16)에 의하면,

$$F_0 = S_0(1 + R_f - d) = 80.50(1 + 0.08 - 0.05) = 82.92$$

Chapter 14 M&A

07

$$ER = \frac{4억원/1만주}{20억원/10만주} = \frac{40,000}{20,000} = 2$$

B사 주식 1주에 대해 A사 주식 2주를 교부한다.

$$TE = 20억원 + 4억원 + 6억원 = 30억원$$

$$ER = \frac{30억원 - 20,000 \times 10만주}{20,000 \times 1만주} = 5$$

B사 주식 1주에 대해 A사 주식 5주를 교부한다.

$$ER = \frac{MP_B}{MP_A} = \frac{EPS_B \times PER_B}{EPS_A \times PER_A} = \frac{40,000 \times 10}{20,000 \times 18} = 1.1$$

B사 주식 1주에 대해 A사 주식 1.1주를 교부한다.

Chapter 15 국제재무관리

07 $\frac{1+0.04}{1+0.02} = \frac{E[S_{D/F_t}]}{1,000}$ 예상균형환율=₩1,019.6/¥100

08 $\frac{1+0.06}{1+0.02} = \frac{E[S_{D/F_t}]}{1,000}$ 예상균형환율=₩1,039.2/¥100

09 $\frac{1+0.08}{1+0.04} = \frac{F_{D/F_t}}{1,200}$ 선물환율=₩1,246.2/U$

10 (1) 기대현물환율

$$\frac{1+k_{D_t}}{1+k_{F_t}}=\frac{F_{D/F_t}}{S_{D/F_0}}$$

$$\frac{1+0.10}{1+0.05}=\frac{F_{D/F_t}}{1{,}000}$$

$F_{D/F_1}=1{,}047.6,\ F_{D/F_2}=1{,}095.2,\ F_{D/F_3}=1{,}142.9,$

$F_{D/F_4}=1{,}190.5,\ F_{D/F_5}=1{,}238.1$

(2) 현금흐름(₩)

1차년도 : 40×1,047.6=41,904

2차년도 : 20×1,095.2=21,904

3차년도 : 50×1,142.9=57,145

4차년도 : 70×1,190.5=83,335

5차년도 : 150×1,238.1=185,715

(3) 가중평균자본비용

$$k_e=R_f+[E(R_m)-R_f]\beta_i$$
$$=10\%+[15\%-10\%]0.8=14\%$$

(4) $WACC=(0.5)(0.1)(1-0.4)+(0.5)(0.14)=10(\%)$

$$NPV=\frac{41{,}904}{1+0.1}+\frac{21{,}904}{(1+0.1)^2}+\frac{57{,}145}{(1+0.1)^3}+\frac{83{,}335}{(1+0.1)^4}+\frac{185{,}715}{(1+0.1)^5}-100{,}000$$
$$=171{,}357.6(\text{백만원})$$

∴ $NPV>0$ 이므로 투자안 선택

Ⅱ. 표준정규분포표

APPENDIX

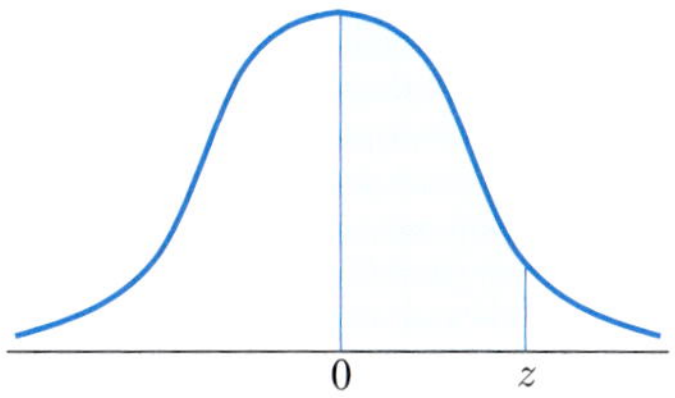

z	.00	.01	.02	.03	.04	.05	.06	.07	.08	.09
0.0	.0000	.0040	.0080	.0120	.0160	.0199	.0239	.0279	.0319	.0359
0.1	.0398	.0438	.0478	.0517	.0557	.0596	.0636	.0675	.0714	.0753
0.2	.0793	.0832	.0871	.0910	.0948	.0987	.1026	.1064	.1103	.1141
0.3	.1179	.1217	.1255	.1293	.1331	.1368	.1406	.1443	.1480	.1517
0.4	.1554	.1591	.1628	.1664	.1700	.1736	.1772	.1808	.1844	.1879
0.5	.1915	.1950	.1985	.2019	.2054	.2088	.2123	.2157	.2190	.2224
0.6	.2257	.2291	.2324	.2357	.2389	.2422	.2454	.2486	.2518	.2549
0.7	.2580	.2612	.2642	.2673	.2704	.2734	.2764	.2794	.2823	.2852
0.8	.2881	.2910	.2939	.2967	.2995	.3023	.3051	.3078	.3106	.3133
0.9	.3159	.3186	.3212	.3238	.3264	.3289	.3315	.3340	.3365	.3389
1.0	.3413	.3438	.3461	.3485	.3508	.3531	.3554	.3577	.3599	.3621
1.1	.3643	.3665	.3686	.3708	.3729	.3749	.3770	.3790	.3810	.3830
1.2	.3849	.3869	.3888	.3907	.3925	.3944	.3962	.3980	.3997	.4015
1.3	.4032	.4049	.4066	.4082	.4099	.4115	.4131	.4147	.4162	.4177
1.4	.4192	.4207	.4222	.4236	.4251	.4265	.4279	.4292	.4306	.4319
1.5	.4332	.4345	.4357	.4370	.4382	.4394	.4406	.4418	.4429	.4441
1.6	.4452	.4463	.4474	.4484	.4495	.4505	.4515	.4525	.4535	.4545
1.7	.4554	.4564	.4573	.4582	.4591	.4599	.4608	.4616	.4625	.4633
1.8	.4641	.4649	.4656	.4664	.4671	.4678	.4686	.4693	.4699	.4706
1.9	.4713	.4719	.4726	.4732	.4738	.4744	.4750	.4756	.4761	.4767
2.0	.4772	.4778	.4783	.4788	.4793	.4798	.4803	.4808	.4812	.4817
2.1	.4821	.4826	.4830	.4834	.4838	.4842	.4846	.4850	.4854	.4857
2.2	.4861	.4864	.4868	.4871	.4875	.4878	.4881	.4884	.4887	.4890
2.3	.4893	.4896	.4898	.4901	.4904	.4906	.4909	.4911	.4913	.4916
2.4	.4918	.4920	.4922	.4925	.4927	.4929	.4931	.4932	.4934	.4936
2.5	.4938	.4940	.4941	.4943	.4945	.4946	.4948	.4949	.4951	.4952
2.6	.4953	.4955	.4956	.4957	.4959	.4960	.4961	.4962	.4963	.4964
2.7	.4965	.4966	.4967	.4968	.4969	.4970	.4971	.4972	.4973	.4974
2.8	.4974	.4975	.4976	.4977	.4977	.4978	.4979	.4979	.4980	.4981
2.9	.4981	.4982	.4982	.4983	.4984	.4984	.4985	.4985	.4986	.4986
3.0	.4987	.4987	.4987	.4988	.4988	.4989	.4989	.4989	.4990	.4990
4.0	.4999685									

(예 : $z=1.96$일 때 색깔 있는 부분의 확률은 0.4750임)

Ⅲ. 자연로그표

APPENDIX

	0	1	2	3	4	5	6	7	8	9
1.0	0.	0.00995033	0.0198026	0.0295588	0.0392207	0.0487902	0.0582689	0.0676586	0.076961	0.0861777
1.1	0.0953102	0.10436	0.113329	0.122218	0.131028	0.139762	0.14842	0.157004	0.165514	0.173953
1.2	0.182322	0.19062	0.198851	0.207014	0.215111	0.223144	0.231112	0.239017	0.24686	0.254642
1.3	0.262364	0.270027	0.277632	0.285179	0.29267	0.300105	0.307485	0.314811	0.322083	0.329304
1.4	0.336472	0.34359	0.350657	0.357674	0.364643	0.371564	0.378436	0.385262	0.392042	0.398776
1.5	0.405465	0.41211	0.41871	0.425268	0.431782	0.438255	0.444686	0.451076	0.457425	0.463734
1.6	0.470004	0.476234	0.482426	0.48858	0.494696	0.500775	0.506818	0.512824	0.518794	0.524729
1.7	0.530628	0.536493	0.542324	0.548121	0.553885	0.559616	0.565314	0.57098	0.576613	0.582216
1.8	0.587787	0.593327	0.598837	0.604316	0.609766	0.615186	0.620576	0.625938	0.631272	0.636577
1.9	0.641854	0.647103	0.652325	0.65752	0.662688	0.667829	0.672944	0.678034	0.683097	0.688135
2.0	0.693147	0.698135	0.703098	0.708036	0.71295	0.71784	0.722706	0.727549	0.732368	0.737164
2.1	0.741937	0.746688	0.751416	0.756122	0.760806	0.765468	0.770108	0.774727	0.779325	0.783902
2.2	0.788457	0.792993	0.797507	0.802002	0.806476	0.81093	0.815365	0.81978	0.824175	0.828552
2.3	0.832909	0.837248	0.841567	0.845868	0.850151	0.854415	0.858662	0.86289	0.8671	0.871293
2.4	0.875469	0.879627	0.883768	0.887891	0.891998	0.896088	0.900161	0.904218	0.908259	0.912283
2.5	0.916291	0.920283	0.924259	0.928219	0.932164	0.936093	0.940007	0.943906	0.947789	0.951658
2.6	0.955511	0.95935	0.963174	0.966984	0.970779	0.97456	0.978326	0.982078	0.985817	0.989541
2.7	0.993252	0.996949	1.00063	1.0043	1.00796	1.0116	1.01523	1.01885	1.02245	1.02604
2.8	1.02962	1.03318	1.03674	1.04028	1.0438	1.04732	1.05082	1.05431	1.05779	1.06126
2.9	1.06471	1.06815	1.07158	1.075	1.07841	1.08181	1.08519	1.08856	1.09192	1.09527
3.0	1.09861	1.10194	1.10526	1.10856	1.11186	1.11514	1.11841	1.12168	1.12493	1.12817
3.1	1.1314	1.13462	1.13783	1.14103	1.14422	1.1474	1.15057	1.15373	1.15688	1.16002
3.2	1.16315	1.16627	1.16938	1.17248	1.17557	1.17865	1.18173	1.18479	1.18784	1.19089
3.3	1.19392	1.19695	1.19996	1.20297	1.20597	1.20896	1.21194	1.21491	1.21788	1.22083
3.4	1.22378	1.22671	1.22964	1.23256	1.23547	1.23837	1.24127	1.24415	1.24703	1.2499
3.5	1.25276	1.25562	1.25846	1.2613	1.26413	1.26695	1.26976	1.27257	1.27536	1.27815
3.6	1.28093	1.28371	1.28647	1.28923	1.29198	1.29473	1.29746	1.30019	1.30291	1.30563
3.7	1.30833	1.31103	1.31372	1.31641	1.31909	1.32176	1.32442	1.32708	1.32972	1.33237
3.8	1.335	1.33763	1.34025	1.34286	1.34547	1.34807	1.35067	1.35325	1.35584	1.35841
3.9	1.36098	1.36354	1.36609	1.36864	1.37118	1.37372	1.37624	1.37877	1.38128	1.38379
4.0	1.38629	1.38879	1.39128	1.39377	1.39624	1.39872	1.40118	1.40364	1.4061	1.40854
4.1	1.41099	1.41342	1.41585	1.41828	1.4207	1.42311	1.42552	1.42792	1.43031	1.4327
4.2	1.43508	1.43746	1.43984	1.4422	1.44456	1.44692	1.44927	1.45161	1.45395	1.45629
4.3	1.45862	1.46094	1.46326	1.46557	1.46787	1.47018	1.47247	1.47476	1.47705	1.47933
4.4	1.4816	1.48387	1.48614	1.4884	1.49065	1.4929	1.49515	1.49739	1.49962	1.50185
4.5	1.50408	1.5063	1.50851	1.51072	1.51293	1.51513	1.51732	1.51951	1.5217	1.52388
4.6	1.52606	1.52823	1.53039	1.53256	1.53471	1.53687	1.53902	1.54116	1.5433	1.54543
4.7	1.54756	1.54969	1.55181	1.55393	1.55604	1.55814	1.56025	1.56235	1.56444	1.56653
4.8	1.56862	1.5707	1.57277	1.57485	1.57691	1.57898	1.58104	1.58309	1.58515	1.58719
4.9	1.58924	1.59127	1.59331	1.59534	1.59737	1.59939	1.60141	1.60342	1.60543	1.60744
5.0	1.60944	1.61144	1.61343	1.61542	1.61741	1.61939	1.62137	1.62334	1.62531	1.62728
5.1	1.62924	1.6312	1.63315	1.63511	1.63705	1.639	1.64094	1.64287	1.64481	1.64673
5.2	1.64866	1.65058	1.6525	1.65441	1.65632	1.65823	1.66013	1.66203	1.66393	1.66582
5.3	1.66771	1.66959	1.67147	1.67335	1.67523	1.6771	1.67896	1.68083	1.68269	1.68455
5.4	1.6864	1.68825	1.6901	1.69194	1.69378	1.69562	1.69745	1.69928	1.70111	1.70293

	0	1	2	3	4	5	6	7	8	9
5.5	1.70475	1.70656	1.70838	1.71019	1.71199	1.7138	1.7156	1.7174	1.71919	1.72098
5.6	1.72277	1.72455	1.72633	1.72811	1.72988	1.73166	1.73342	1.73519	1.73695	1.73871
5.7	1.74047	1.74222	1.74397	1.74572	1.74746	1.7492	1.75094	1.75267	1.7544	1.75613
5.8	1.75786	1.75958	1.7613	1.76302	1.76473	1.76644	1.76815	1.76985	1.77156	1.77326
5.9	1.77495	1.77665	1.77834	1.78002	1.78171	1.78339	1.78507	1.78675	1.78842	1.79009
6.0	1.79176	1.79342	1.79509	1.79675	1.7984	1.80006	1.80171	1.80336	1.805	1.80665
6.1	1.80829	1.80993	1.81156	1.81319	1.81482	1.81645	1.81808	1.8197	1.82132	1.82294
6.2	1.82455	1.82616	1.82777	1.82938	1.83098	1.83258	1.83418	1.83578	1.83737	1.83896
6.3	1.84055	1.84214	1.84372	1.8453	1.84688	1.84845	1.85003	1.8516	1.85317	1.85473
6.4	1.8563	1.85786	1.85942	1.86097	1.86253	1.86408	1.86563	1.86718	1.86872	1.87026
6.5	1.8718	1.87334	1.87487	1.87641	1.87794	1.87947	1.88099	1.88251	1.88403	1.88555
6.6	1.88707	1.88858	1.8901	1.8916	1.89311	1.89462	1.89612	1.89762	1.89912	1.90061
6.7	1.90211	1.9036	1.90509	1.90658	1.90806	1.90954	1.91102	1.9125	1.91398	1.91545
6.8	1.91692	1.91839	1.91986	1.92132	1.92279	1.92425	1.92571	1.92716	1.92862	1.93007
6.9	1.93152	1.93297	1.93442	1.93586	1.9373	1.93874	1.94018	1.94162	1.94305	1.94448
7.0	1.94591	1.94734	1.94876	1.95019	1.95161	1.95303	1.95445	1.95586	1.95727	1.95869
7.1	1.96009	1.9615	1.96291	1.96431	1.96571	1.96711	1.96851	1.96991	1.9713	1.97269
7.2	1.97408	1.97547	1.97685	1.97824	1.97962	1.981	1.98238	1.98376	1.98513	1.9865
7.3	1.98787	1.98924	1.99061	1.99198	1.99334	1.9947	1.99606	1.99742	1.99877	2.00013
7.4	2.00148	2.00283	2.00418	2.00553	2.00687	2.00821	2.00956	2.01089	2.01223	2.01357
7.5	2.0149	2.01624	2.01757	2.0189	2.02022	2.02155	2.02287	2.02419	2.02551	2.02683
7.6	2.02815	2.02946	2.03078	2.03209	2.0334	2.03471	2.03601	2.03732	2.03862	2.03992
7.7	2.04122	2.04252	2.04381	2.04511	2.0464	2.04769	2.04898	2.05027	2.05156	2.05284
7.8	2.05412	2.0554	2.05668	2.05796	2.05924	2.06051	2.06179	2.06306	2.06433	2.0656
7.9	2.06686	2.06813	2.06939	2.07065	2.07191	2.07317	2.07443	2.07568	2.07694	2.07819
8.0	2.07944	2.08069	2.08194	2.08318	2.08443	2.08567	2.08691	2.08815	2.08939	2.09063
8.1	2.09186	2.0931	2.09433	2.09556	2.09679	2.09802	2.09924	2.10047	2.10169	2.10291
8.2	2.10413	2.10535	2.10657	2.10779	2.109	2.11021	2.11142	2.11263	2.11384	2.11505
8.3	2.11626	2.11746	2.11866	2.11986	2.12106	2.12226	2.12346	2.12465	2.12585	2.12704
8.4	2.12823	2.12942	2.13061	2.1318	2.13298	2.13417	2.13535	2.13653	2.13771	2.13889
8.5	2.14007	2.14124	2.14242	2.14359	2.14476	2.14593	2.1471	2.14827	2.14943	2.1506
8.6	2.15176	2.15292	2.15409	2.15524	2.1564	2.15756	2.15871	2.15987	2.16102	2.16217
8.7	2.16332	2.16447	2.16562	2.16677	2.16791	2.16905	2.1702	2.17134	2.17248	2.17361
8.8	2.17475	2.17589	2.17702	2.17816	2.17929	2.18042	2.18155	2.18267	2.1838	2.18493
8.9	2.18605	2.18717	2.1883	2.18942	2.19054	2.19165	2.19277	2.19389	2.195	2.19611
9.0	2.19722	2.19834	2.19944	2.20055	2.20166	2.20276	2.20387	2.20497	2.20607	2.20717
9.1	2.20827	2.20937	2.21047	2.21157	2.21266	2.21375	2.21485	2.21594	2.21703	2.21812
9.2	2.2192	2.22029	2.22138	2.22246	2.22354	2.22462	2.2257	2.22678	2.22786	2.22894
9.3	2.23001	2.23109	2.23216	2.23324	2.23431	2.23538	2.23645	2.23751	2.23858	2.23965
9.4	2.24071	2.24177	2.24284	2.2439	2.24496	2.24601	2.24707	2.24813	2.24918	2.25024
9.5	2.25129	2.25234	2.25339	2.25444	2.25549	2.25654	2.25759	2.25863	2.25968	2.26072
9.6	2.26176	2.2628	2.26384	2.26488	2.26592	2.26696	2.26799	2.26903	2.27006	2.27109
9.7	2.27213	2.27316	2.27419	2.27521	2.27624	2.27727	2.27829	2.27932	2.28034	2.28136
9.8	2.28238	2.2834	2.28442	2.28544	2.28646	2.28747	2.28849	2.2895	2.29051	2.29152
9.9	2.29253	2.29354	2.29455	2.29556	2.29657	2.29757	2.29858	2.29958	2.30058	2.30158

Ⅳ. 화폐가치환산표

APPENDIX

미래가치계수($FVIF$)　　　$FVIF_{k,\ n}=(1+k)^n$

기간수 (n)	1%	2%	3%	4%	5%	6%	7%	8%	9%	10%
1	1.0100	1.0200	1.0300	1.0400	1.0500	1.0600	1.0700	1.0800	1.0900	1.1000
2	1.0201	1.0404	1.0609	1.0816	1.1025	1.1236	1.1449	1.1664	1.1881	1.2100
3	1.0303	1.0612	1.0927	1.1249	1.1576	1.1910	1.2250	1.2597	1.2950	1.3310
4	1.0406	1.0824	1.1255	1.1699	1.2155	1.2625	1.3108	1.3605	1.4116	1.4641
5	1.0510	1.1041	1.1593	1.2167	1.2763	1.3382	1.4026	1.4693	1.5386	1.6105
6	1.0615	1.1262	1.1941	1.2653	1.3401	1.4185	1.5007	1.5869	1.6771	1.7716
7	1.0721	1.1487	1.2299	1.3159	1.4071	1.5036	1.6058	1.7138	1.8280	1.9487
8	1.0829	1.1717	1.2668	1.3686	1.4775	1.5938	1.7182	1.8509	1.9926	2.1436
9	1.0937	1.1951	1.3048	1.4233	1.5513	1.6895	1.8385	1.9990	2.1719	2.3579
10	1.1046	1.2190	1.3439	1.4802	1.6289	1.7908	1.9672	2.1589	2.3674	2.5937
11	1.1157	1.2434	1.3842	1.5395	1.7103	1.8983	2.1049	2.3316	2.5804	2.8531
12	1.1268	1.2682	1.4258	1.6010	1.7959	2.0122	2.2522	2.5182	2.8127	3.1384
13	1.1381	1.2936	1.4685	1.6651	1.8856	2.1329	2.4098	2.7196	3.0658	3.4523
14	1.1495	1.3195	1.5126	1.7317	1.9799	2.2609	2.5785	2.9372	3.3417	3.7975
15	1.1610	1.3459	1.5580	1.8009	2.0789	2.3966	2.7590	3.1722	3.6425	4.1772
16	1.1726	1.3728	1.6047	1.8730	2.1829	2.5404	2.9522	3.4259	3.9703	4.5950
17	1.1843	1.4002	1.6528	1.9479	2.2920	2.6928	3.1588	3.7000	4.3276	5.0545
18	1.1961	1.4282	1.7024	2.0258	2.4066	2.8543	3.3799	3.9960	4.7171	5.5599
19	1.2081	1.4568	1.7535	2.1068	2.5270	3.0256	3.6165	4.3157	5.1417	6.1159
20	1.2202	1.4859	1.8061	2.1911	2.6533	3.2071	3.8697	4.6610	5.6044	6.7275
21	1.2324	1.5157	1.8603	2.2788	2.7860	3.3996	4.1406	5.0338	6.1088	7.4002
22	1.2447	1.5460	1.9161	2.3699	2.9253	3.6035	4.4304	5.4365	6.6586	8.1403
23	1.2572	1.5769	1.9736	2.4647	3.0715	3.8197	4.7405	5.8715	7.2579	8.9543
24	1.2697	1.6084	2.0328	2.5633	3.2251	4.0489	5.0724	6.3412	7.9111	9.8497
25	1.2824	1.6406	2.0938	2.6658	3.3864	4.2919	5.4274	6.8485	8.6231	10.835
26	1.2953	1.6734	2.1566	2.7725	3.5557	4.5494	5.8074	7.3964	9.3992	11.918
27	1.3082	1.7069	2.2213	2.8834	3.7335	4.8223	6.2139	7.9881	10.245	13.110
28	1.3213	1.7410	2.2879	2.9987	3.9201	5.1117	6.6488	8.6271	11.167	14.421
29	1.3345	1.7758	2.3566	3.1187	4.1161	5.4184	7.1143	9.3173	12.172	15.863
30	1.3478	1.8114	2.4273	3.2434	4.3219	5.7435	7.6123	10.063	13.268	17.449
35	1.4166	1.9999	2.8139	3.9461	5.5160	7.6861	10.676	14.785	20.414	28.102
40	1.4889	2.2080	3.2620	4.8010	7.0400	10.286	14.974	21.725	31.409	45.259
45	1.5648	2.4379	3.7816	5.8412	8.9850	13.765	21.002	31.920	48.327	72.891
50	1.6446	2.6916	4.3839	7.1067	11.467	18.420	29.457	46.902	74.358	117.39
60	1.8167	3.2810	5.8916	10.520	18.679	32.988	57.946	101.26	176.03	304.48

기간수 (n)	11%	12%	13%	14%	15%	16%	17%	18%	19%	20%
1	1.1100	1.1200	1.1300	1.1400	1.1500	1.1600	1.1700	1.1800	1.1900	1.2000
2	1.2321	1.2544	1.2769	1.2996	1.3225	1.3456	1.3689	1.3924	1.4161	1.4400
3	1.3676	1.4094	1.4429	1.4815	1.5209	1.5609	1.6016	1.6430	1.6852	1.7280
4	1.5180	1.5735	1.6305	1.6890	1.7490	1.8106	1.8739	1.9388	2.0053	2.0736
5	1.6851	1.7623	1.8424	1.9254	2.0114	2.1003	2.1924	2.2878	2.3864	2.4883
6	1.8704	1.9738	2.0820	2.1950	2.3131	2.4364	2.5652	2.6996	2.8398	2.9860
7	2.0762	2.2107	2.3526	2.5023	2.6600	2.8262	3.0012	3.1855	3.3793	3.5832
8	2.3045	2.4760	2.6584	2.8526	3.0590	3.2784	3.5115	3.7589	4.0214	4.2998
9	2.5580	2.7731	3.0040	3.2519	3.5179	3.8030	4.1084	4.4355	4.7854	5.1598
10	2.8394	3.1058	3.3946	3.7072	4.0456	4.4114	4.8068	5.2338	5.6947	6.1917
11	3.1518	3.4785	3.8359	4.2262	4.6524	5.1173	5.6240	6.1759	6.7767	7.4301
12	3.4985	3.8960	4.3345	4.8179	5.3503	5.9360	6.5801	7.2876	8.0642	8.9161
13	3.8833	4.3635	4.8980	5.4924	6.1528	6.8858	7.6987	8.5994	9.5964	10.699
14	4.3104	4.8871	5.5348	6.2613	7.0757	7.9875	9.0075	10.147	11.420	12.839
15	4.7846	5.4736	6.2543	7.1379	8.1371	9.2655	10.539	11.974	13.589	15.407
16	5.3109	6.1304	7.0673	8.1372	9.3576	10.748	12.330	14.129	16.172	18.488
17	5.8951	6.8660	7.9861	9.2765	10.761	12.468	14.427	16.672	19.244	22.186
18	6.5436	7.6900	9.0243	10.575	12.375	14.463	16.879	19.673	22.901	22.623
19	7.2633	8.6128	10.197	12.056	14.232	16.777	19.748	23.214	27.252	31.948
20	8.0623	9.6463	11.523	13.743	16.367	19.461	23.106	27.393	32.429	38.338
21	8.9492	10.804	13.021	15.668	18.822	22.574	27.034	32.324	38.591	46.005
22	9.9336	12.100	14.714	17.861	21.645	26.186	31.629	38.142	45.923	55.206
23	11.026	13.552	16.626	20.362	24.891	30.376	37.006	45.008	54.648	66.247
24	12.239	15.179	18.788	23.212	28.625	35.236	43.297	53.109	65.032	79.497
25	13.586	17.000	21.231	26.462	32.919	40.874	50.658	62.669	77.388	95.396
26	15.080	19.040	23.991	30.167	37.857	47.414	59.270	73.949	92.092	114.48
27	16.738	21.325	27.109	34.390	43.535	55.000	69.345	87.260	109.56	137.37
28	18.580	23.884	30.634	39.204	50.066	63.800	81.134	102.97	130.41	164.84
29	20.624	26.750	34.617	44.693	57.575	74.009	94.927	121.50	155.19	197.81
30	22.892	29.960	39.116	50.950	66.212	85.850	111.06	143.37	184.67	237.38
35	38.575	52.800	72.068	98.100	133.18	180.31	243.56	327.99	440.70	590.67
40	65.001	93.051	132.78	188.88	267.86	378.72	533.86	750.38	1051.6	1469.8
45	109.53	163.99	244.64	363.68	538.77	795.44	1170.5	1716.7	2509.6	3657.3
50	184.56	289.00	450.74	700.23	1083.7	1670.7	2566.2	3927.4	5988.9	9100.4
60	524.06	897.60	1530.1	2595.9	4384.0	7370.2	12335.	20555.	34105.	56347.

현재가치계수($PVIF$)

$$PVIF_{k,\,n} = \frac{1}{(1+k)^n}$$

기간수 (n)	1%	2%	3%	4%	5%	6%	7%	8%	9%	10%
1	.9901	.9704	.9709	.9615	.9524	.9434	.9346	.9259	.9174	.9091
2	.9803	.9612	.9426	.9246	.9070	.8900	.8734	.8573	.8417	.8264
3	.9706	.9423	.9151	.8890	.8638	.8396	.8163	.7938	.7722	.7513
4	.9610	.9238	.8885	.8548	.8227	.7921	.7629	.7350	.7084	.6830
5	.9515	.9057	.8626	.8219	.7835	.7473	.7130	.6806	.6499	.6209
6	.9420	.8880	.8375	.7903	.7462	.7050	.6663	.6302	.5963	.5645
7	.9327	.8706	.8131	.7599	.7107	.6651	.6227	.5835	.5470	.5132
8	.9235	.8535	.7894	.7307	.6768	.6274	.5820	.5403	.5019	.4665
9	.9143	.8368	.7664	.7026	.6446	.5919	.5439	.5002	.4604	.4241
10	.9053	.8203	.7441	.6756	.6139	.5584	.5083	.4632	.4224	.3855
11	.8963	.8043	.7224	.6496	.5847	.5268	.4751	.4289	.3875	.3505
12	.8874	.7885	.7014	.6246	.5568	.4970	.4440	.3971	.3555	.3186
13	.8787	.7730	.6810	.6006	.5303	.4688	.4150	.3677	.3262	.2897
14	.8700	.7579	.6611	.5775	.5051	.4423	.3878	.3405	.2992	.2633
15	.8613	.7430	.6419	.5553	.4810	.4173	.3624	.3152	.2745	.2394
16	.8528	.7284	.6232	.5339	.4581	.3936	.3387	.2919	.2519	.2176
17	.8444	.7142	.6052	.5134	.4363	.3714	.3166	.2703	.2311	.1978
18	.8360	.7002	.5874	.4936	.4155	.3503	.2959	.2502	.2120	.1799
19	.8277	.6864	.5703	.4746	.3957	.3305	.2765	.2317	.1945	.1635
20	.8195	.6730	.5537	.4564	.3769	.3118	.2584	.2145	.1784	.1486
21	.8114	.6598	.5375	.4388	.3589	.2942	.2415	.1987	.1637	.1351
22	.8034	.6468	.5219	.4220	.3418	.2775	.2257	.1839	.1502	.1228
23	.7954	.6324	.5067	.4057	.3256	.2618	.2109	.1703	.1378	.1117
24	.7876	.6217	.4919	.3901	.3101	.2470	.1971	.1577	.1264	.1015
25	.7798	.6095	.4776	.3751	.2953	.2330	.1842	.1460	.1160	.0923
26	.7720	.5976	.4637	.3604	.2812	.2198	.1722	.1352	.1064	.0839
27	.7644	.5859	.4502	.3468	.2678	.2074	.1609	.1252	.0976	.0763
28	.7568	.5744	.4371	.3335	.2551	.1956	.1504	.1159	.0895	.0693
29	.7493	.5631	.4243	.3207	.2429	.1846	.1406	.1073	.0822	.0630
30	.7419	.5521	.4120	.3083	.2314	.1741	.1314	.0994	.0754	.0573
35	.7059	.5000	.3554	.2534	.1813	.1301	.0937	.0676	.0490	.0356
40	.6717	.4529	.3066	.2083	.1420	.0972	.0668	.0460	.0318	.0221
45	.6391	.4102	.2644	.1712	.1113	.0727	.0476	.0313	.0207	.0137
50	.6080	.3715	.2281	.1407	.0872	.0543	.0339	.0213	.0134	.0085
60	.5504	.3048	.1697	.0951	.0535	.0303	.0173	.0099	.0057	.0033

기간수 (n)	11%	12%	13%	14%	15%	16%	17%	18%	19%	20%
1	.9009	.8929	.8850	.8772	.8696	.8621	.8547	.8475	.8403	.8333
2	.8116	.7972	.7831	.7695	.7561	.7432	.7305	.7182	.7062	.6944
3	.7312	.7118	.6931	.6750	.6575	.6407	.6244	.6086	.5934	.5787
4	.6587	.6355	.6133	.5921	.5718	.5523	.5337	.5158	.4987	.4323
5	.5935	.5674	.5428	.5194	.4972	.4761	.4561	.4371	.4190	.4019
6	.5346	.5066	.4803	.4556	.4323	.4104	.3898	.3704	.3521	.3349
7	.4817	.4523	.4251	.3996	.3759	.3538	.3332	.3139	.2959	.2791
8	.4339	.4039	.3762	.3506	.3269	.3050	.2848	.2660	.2487	.2326
9	.3909	.3606	.3329	.3075	.2843	.2630	.2434	.2255	.2090	.1938
10	.3522	.3220	.2946	.2697	.2472	.2267	.2080	.1911	.1756	.1615
11	.3173	.2875	.2607	.2366	.2149	.1954	.1773	.1619	.1476	.1346
12	.2858	.2567	.2307	.2076	.1869	.1685	.1520	.1372	.1240	.1122
13	.2575	.2292	.2042	.1821	.1625	.1452	.1299	.1163	.1042	.0935
14	.2320	.2046	.1807	.1597	.1413	.1252	.1110	.0985	.0876	.0779
15	.2090	.1827	.1599	.1401	.1229	.1079	.0949	.0835	.0736	.0649
16	.1883	.1631	.1415	.1229	.1069	.0930	.0811	.0708	.0618	.0541
17	.1696	.1456	.1252	.1073	.0929	.0802	.0693	.0600	.0520	.0451
18	.1523	.1300	.1103	.0946	.0803	.0691	.0592	.0508	.0437	.0376
19	.1377	.1161	.0981	.0829	.0703	.0596	.0506	.0431	.0367	.0313
20	.1240	.1037	.0863	.0723	.0611	.0514	.0433	.0365	.0303	.0261
21	.1117	.0926	.0768	.0633	.0531	.0443	.0370	.0309	.0259	.0217
22	.1007	.0826	.0680	.0560	.0462	.0382	.0316	.0262	.0218	.0181
23	.0907	.0738	.0601	.0491	.0402	.0329	.0270	.0222	.0183	.0151
24	.0817	.0659	.0532	.0431	.0349	.0284	.0231	.0188	.0154	.0126
25	.0736	.0588	.0471	.0378	.0304	.0245	.0197	.0160	.0129	.0105
26	.0663	.0525	.0417	.0331	.0264	.0211	.0169	.0135	.0109	.0087
27	.0597	.0469	.0369	.0291	.0230	.0182	.0144	.0115	.0091	.0073
28	.0538	.0419	.0325	.0255	.0200	.0157	.0123	.0097	.0077	.0061
29	.0485	.0374	.0289	.0224	.0174	.0135	.0105	.0082	.0064	.0051
30	.0437	.0334	.0256	.0196	.0151	.0116	.0090	.0070	.0054	.0042
35	.0259	.0189	.0139	.0102	.0075	.0055	.0041	.0030	.0023	.0017
40	.0154	.0107	.0075	.0053	.0037	.0026	.0019	.0013	.0010	.0007
45	.0091	.0061	.0041	.0027	.0019	.0013	.0009	.0006	.0004	.0003
50	.0054	.0035	.0022	.0014	.0009	.0006	.0004	.0003	.0002	.0001
60	.0019	.0011	.0007	.0004	.0002	.0001	.00008	.00005	.00003	.00002

연금의 미래가치계수($FVIFA$)

$$FVIFA_{k,\ n} = \sum_{t=1}^{n} (1+k)^{n-t} = \frac{(1+k)^n - 1}{k}$$

기간수 (n)	1%	2%	3%	4%	5%	6%	7%	8%	9%	10%
1	1.0000	1.0000	1.0000	1.0000	1.0000	1.0000	1.0000	1.0000	1.0000	1.0000
2	2.0100	2.0200	2.0300	2.0400	2.0500	2.0600	2.0700	2.0800	2.0900	2.1000
3	3.0301	3.0604	3.0909	3.1216	3.1525	3.1836	3.2149	3.2464	3.2781	3.3100
4	4.0604	4.1216	4.1836	4.2465	4.3101	4.3746	4.4399	4.5061	4.5731	4.6410
5	5.1010	5.2040	5.3091	5.4163	5.5256	5.6371	5.7507	5.8666	5.9847	6.1051
6	6.1520	6.3081	6.4684	6.6330	6.8019	6.9753	7.1533	7.3359	7.5233	7.7156
7	7.2135	7.4343	7.6625	7.8983	8.1420	8.3938	8.6540	8.9228	9.2004	9.4872
8	8.2857	8.5830	8.8923	9.2142	9.5491	9.8975	10.260	10.637	11.028	11.436
9	9.3685	9.7546	10.159	10.583	11.027	11.491	11.978	12.488	13.021	13.579
10	10.462	10.950	11.464	12.006	12.578	13.181	13.816	14.487	15.193	15.937
11	11.567	12.169	12.808	13.486	14.207	14.972	15.784	16.645	17.560	18.531
12	12.683	13.412	14.192	15.026	15.917	16.870	17.888	18.977	20.141	21.384
13	13.809	14.680	15.618	16.627	17.713	18.882	20.141	21.495	22.953	24.523
14	14.947	15.974	17.086	18.292	19.599	21.015	22.550	24.215	26.019	27.975
15	16.097	17.293	18.599	20.024	21.579	23.276	25.129	27.152	29.361	31.772
16	17.258	18.639	20.157	21.825	23.657	25.673	27.888	30.324	33.003	35.950
17	18.430	20.012	21.762	23.698	25.840	28.213	30.840	33.750	36.974	40.545
18	19.615	21.412	23.414	25.645	28.132	30.906	33.999	37.450	41.301	45.599
19	20.811	22.841	25.117	27.671	30.539	33.760	37.379	41.446	46.018	51.159
20	22.019	24.297	26.870	29.778	33.066	36.786	40.995	45.762	51.160	57.275
21	23.239	25.783	28.676	31.969	35.719	39.993	44.865	50.423	56.765	64.002
22	24.472	27.299	30.537	34.248	38.505	43.392	49.006	55.457	62.873	71.403
23	25.716	28.845	32.453	36.618	41.430	46.996	53.436	60.893	69.532	79.543
24	26.973	30.422	34.426	39.083	44.502	50.816	58.177	66.765	76.790	88.497
25	28.243	32.030	36.459	41.646	47.727	54.865	63.249	73.106	84.701	98.347
26	29.526	33.671	38.553	44.312	51.113	59.156	68.676	79.954	93.324	109.18
27	30.821	35.344	40.710	47.084	54.669	63.706	74.484	87.351	102.72	121.10
28	32.129	37.051	42.931	49.968	58.403	68.528	80.698	95.339	112.97	134.21
29	33.450	38.792	45.219	52.966	62.323	73.640	87.347	103.97	124.14	148.63
30	34.785	40.568	47.575	56.085	66.439	79.058	94.461	113.28	136.31	164.49
35	41.660	49.994	60.462	73.652	90.320	111.43	138.24	172.32	215.71	271.02
40	48.886	60.402	75.401	95.026	120.80	154.76	199.64	269.06	337.88	442.59
45	56.481	71.893	92.720	121.03	159.70	212.74	285.75	386.51	525.86	718.90
50	64.463	84.579	112.80	152.67	209.35	290.34	406.53	573.77	815.08	1163.9
60	81.671	114.05	163.05	237.99	353.58	533.13	813.52	1253.2	1944.8	3034.8

기간수 (n)	11%	12%	13%	14%	15%	16%	17%	18%	19%	20%
1	1.0000	1.0000	1.0000	1.0000	1.0000	1.0000	1.0000	1.0000	1.0000	1.0000
2	2.1100	2.1200	2.1300	2.1400	2.1500	2.1600	2.1700	2.1800	2.1900	2.2000
3	3.3421	3.3744	3.4069	3.4396	3.4725	3.5056	3.5389	3.5724	3.6061	3.6400
4	4.7097	4.7793	4.8498	4.9211	4.9934	5.0665	5.1405	5.2154	5.2913	5.3680
5	6.2278	6.3528	6.4803	6.6101	6.7424	6.8771	7.0144	7.1542	7.2966	7.4416
6	7.9130	8.1152	8.3230	8.5355	8.7537	8.9775	9.2068	9.4420	9.6830	9.9299
7	9.7830	10.089	10.405	10.730	11.067	11.414	11.772	12.142	12.523	12.916
8	11.859	12.300	12.757	13.233	13.727	14.240	14.773	15.327	15.902	16.499
9	14.163	14.776	15.416	16.085	16.786	17.519	18.285	19.086	19.923	20.799
10	16.722	17.549	18.419	19.337	20.304	21.321	22.393	23.521	24.709	25.959
11	19.561	20.655	21.814	23.045	24.349	25.733	27.199	28.755	30.404	32.150
12	22.713	24.133	25.650	27.271	29.002	30.850	32.823	34.931	37.180	39.581
13	26.211	28.029	29.984	32.089	34.352	36.786	39.404	42.219	45.244	48.497
14	30.095	32.393	34.883	37.581	40.505	43.672	47.103	50.818	54.841	59.196
15	34.405	37.280	40.418	43.842	47.580	51.660	56.110	60.965	66.261	72.035
16	39.199	42.753	46.672	50.980	55.717	60.925	66.649	72.939	79.850	87.442
17	44.501	48.884	53.739	59.118	65.075	71.673	78.979	87.068	96.022	105.93
18	50.396	55.750	61.725	68.394	75.836	84.141	93.406	103.74	115.26	128.12
19	56.939	63.440	70.749	78.969	88.212	98.603	110.29	123.41	138.16	154.74
20	64.203	70.052	80.947	91.025	102.44	115.38	130.03	146.63	165.42	186.69
21	72.265	81.699	92.469	104.77	118.81	134.84	153.14	174.02	197.85	225.03
22	81.214	92.503	105.49	120.44	137.63	157.41	180.17	206.34	236.44	271.03
23	91.148	104.60	120.20	138.30	159.28	183.60	211.80	244.49	282.36	326.24
24	102.17	118.16	136.83	158.66	184.17	213.98	248.81	289.49	337.01	392.48
25	114.41	133.33	155.62	181.87	212.79	249.21	292.10	342.60	402.04	471.98
26	127.99	150.33	176.85	208.33	245.71	290.09	342.76	405.27	497.43	567.38
27	143.08	169.37	200.84	238.50	283.57	337.50	402.03	479.22	571.52	681.85
28	159.82	190.70	227.95	272.89	327.10	392.50	471.38	566.48	681.11	819.22
29	178.39	214.58	258.58	312.09	377.17	456.30	552.51	669.45	811.52	984.07
30	199.02	241.33	293.19	356.79	434.75	530.31	647.44	790.95	966.71	1181.9
35	341.59	431.66	546.68	693.57	881.17	1120.7	1426.4	1816.7	2314.2	2948.3
40	581.83	767.09	1013.7	1342.0	1779.1	2360.8	3134.5	4163.2	5529.8	7343.9
45	986.64	1358.3	1874.2	2590.6	3585.1	4965.3	6879.2	9531.6	13203.	18281.
50	1668.7	2400.0	3459.5	4994.5	7217.7	10436.	15089.	21813.	31515.	45497.
60	4755.1	7471.6	11762.	18535.	29220.	46057.	72555.	114189.	179494.	281737.

연금의 현재가치계수($PVIFA$)

$$PVIFA_{k,\ n} = \sum_{t=1}^{n} \frac{1}{(1+k)^t}$$

기간수 (n)	1%	2%	3%	4%	5%	6%	7%	8%	9%	10%
1	0.9901	0.9804	0.9616	0.9615	0.9524	0.9434	0.9346	0.9259	0.9174	0.9091
2	1.9704	1.9416	1.9165	1.8861	1.8594	1.8334	1.8080	1.7833	1.7591	1.7355
3	2.9410	2.8839	2.8286	2.7751	2.7232	2.6730	2.6243	2.5771	2.5313	2.4868
4	3.9020	3.8077	3.7171	3.6299	3.5460	3.4651	3.3872	3.3121	3.2397	3.1699
5	4.8534	4.7135	4.5797	4.4518	4.3295	4.2124	4.1002	3.9927	3.8897	3.7908
6	5.7955	5.6014	5.4172	5.2421	5.0757	4.9173	4.7665	4.6229	4.4859	4.3553
7	6.7282	6.4720	6.2303	6.0021	5.7864	5.5824	5.3893	5.2064	5.0330	4.8684
8	7.6517	7.3255	7.0197	6.7327	6.4632	6.2098	5.9713	5.7466	5.5348	5.3349
9	8.5660	8.1622	7.7861	7.4353	7.1078	6.8017	6.5152	6.2469	5.9952	5.7590
10	9.4713	8.9826	8.5302	8.1109	7.7217	7.3601	7.0236	6.7101	6.4177	6.1446
11	10.368	9.7868	9.2526	8.7605	8.3064	7.8869	7.4987	7.1390	6.8052	6.4951
12	11.255	10.575	9.9540	9.3851	8.8633	8.3838	7.9427	7.5361	7.1607	6.8137
13	12.134	11.348	10.635	9.9856	9.3936	8.8527	8.3577	7.9038	7.4869	7.1034
14	13.004	12.106	11.296	10.563	9.8986	9.2950	8.7455	8.2442	7.7862	7.3667
15	13.865	12.849	11.938	11.118	10.380	9.7122	9.1079	8.5595	8.0607	7.6061
16	14.718	13.578	12.561	11.652	10.838	10.106	9.4466	8.8514	8.3136	7.8237
17	15.562	14.292	13.166	12.166	11.274	10.477	9.7632	9.1216	8.5436	8.0216
18	16.398	14.992	13.756	12.659	11.690	10.828	10.059	9.3719	8.7556	8.2014
19	17.226	15.679	14.324	13.134	12.085	11.158	10.336	9.6036	8.9501	8.3649
20	18.046	16.351	14.877	13.590	12.462	11.470	10.594	9.8181	9.1285	8.5136
21	18.857	17.011	15.415	14.029	12.821	11.764	10.835	10.017	9.2922	8.6487
22	19.660	17.658	15.937	14.451	13.163	12.042	11.061	10.201	9.4424	8.7715
23	20.456	18.292	16.444	14.857	13.489	12.303	11.272	10.371	9.5802	8.8832
24	21.243	18.914	16.935	15.247	13.799	12.550	11.469	10.529	9.7066	8.9847
25	22.023	19.524	17.413	15.622	14.094	12.783	11.654	10.675	9.8266	9.0770
26	22.795	20.121	17.877	15.983	14.375	13.003	11.826	10.810	9.9290	9.1609
27	23.560	20.707	18.327	16.330	14.643	13.210	11.987	10.935	10.027	9.2372
28	24.316	21.281	18.764	16.663	14.898	13.406	12.137	11.051	10.116	9.3066
29	25.066	21.844	19.188	16.984	15.141	13.591	12.278	11.158	10.198	9.3696
30	25.808	22.397	19.600	17.292	15.373	13.765	12.409	11.258	10.274	9.4269
35	29.409	24.999	21.487	18.665	16.374	14.498	12.948	11.655	10.567	9.6442
40	32.835	27.356	23.115	19.793	17.159	15.046	13.332	11.925	10.757	9.7791
45	36.095	29.490	24.519	20.720	17.774	15.456	13.605	12.108	10.881	9.8628
50	39.196	31.424	25.730	21.482	18.256	15.762	13.801	12.233	10.962	9.9148
60	44.955	34.761	27.676	22.623	18.929	16.161	14.039	12.376	11.048	9.9671

기간수 (n)	11%	12%	13%	14%	15%	16%	17%	18%	19%	20%
1	0.9009	0.8929	0.8850	0.8772	0.8696	0.8621	0.8547	0.8475	0.8403	0.8333
2	1.7125	1.6901	1.6681	1.6467	1.6257	1.6052	1.5852	1.5656	1.5465	1.5278
3	2.4437	2.4018	2.3612	2.3216	2.2832	2.2459	2.2096	2.1743	2.1399	2.1065
4	3.1024	3.0373	2.9745	2.9137	2.8550	2.7982	2.7432	2.6901	2.6386	2.5887
5	3.6959	3.6048	3.5172	3.4331	3.3522	3.2743	3.1993	3.1272	3.0576	2.9906
6	4.2305	4.1114	3.9975	3.8887	3.7845	3.6847	3.5892	3.4976	3.4098	3.3255
7	4.7122	4.5638	4.4226	4.2883	4.1604	4.0386	3.9224	3.8115	3.7057	3.6046
8	5.1461	4.9676	4.7988	4.6389	4.4873	4.3436	4.2072	4.0776	3.9544	3.8372
9	5.5370	5.3282	5.1317	4.9464	4.7716	4.6065	4.4506	4.3030	4.1633	4.0310
10	5.8892	5.6502	5.4262	5.2161	5.0188	4.8332	4.6586	4.4941	4.3389	4.1925
11	6.2065	5.9377	5.6869	5.4527	5.2337	5.0286	4.8364	4.6560	4.4865	4.3271
12	6.4924	6.1944	5.9176	5.6603	5.4206	5.1971	4.9884	4.7932	4.6105	4.4392
13	6.7499	6.4235	6.1218	5.8424	5.5831	5.3423	5.1183	4.9095	4.7147	4.5327
14	6.9819	6.6282	6.3025	6.0021	5.7245	5.4675	5.2293	5.0081	4.8023	4.6106
15	7.1909	6.8109	6.4624	6.1422	5.8474	5.5755	5.3242	5.0916	4.8759	4.6755
16	7.3792	6.9740	6.6039	6.2651	5.9542	5.6685	5.4053	5.1624	4.9377	4.7296
17	7.5488	7.1196	6.7291	6.3729	6.0472	5.7487	5.4746	5.2223	4.9897	4.7746
18	7.7016	7.2497	6.8399	6.4674	6.1280	5.8178	5.5339	5.2732	5.0333	4.8122
19	7.8393	7.3658	6.9380	6.5504	6.1982	5.8775	5.5845	5.3162	5.0700	4.8435
20	7.9633	7.4694	7.0248	6.6231	6.2593	5.9288	5.6278	5.3527	5.1009	4.8696
21	8.0751	7.5620	7.1015	6.6870	6.3125	5.9731	5.6648	5.3837	5.1263	4.8913
22	8.1757	7.6446	7.1695	6.7429	6.3587	6.0113	5.6964	5.4099	5.1486	4.9094
23	8.2664	7.7184	7.2297	6.7921	6.3988	6.0442	5.7234	5.4321	5.1668	4.9245
24	8.3481	7.7843	7.2829	6.8351	6.4338	6.0726	5.7465	5.4509	5.1822	4.9371
25	8.4217	7.8431	7.3300	6.8729	6.4641	6.0971	5.7662	5.4669	5.1951	4.9476
26	8.4881	7.8957	7.3717	6.9061	6.4906	6.1182	5.7831	5.4804	5.2060	4.9563
27	8.5478	7.9426	7.4086	6.9352	6.5135	6.1364	5.7975	5.4919	5.2151	4.9636
28	8.6016	7.9844	7.4412	6.9607	6.5335	6.1520	5.8099	5.5016	5.2223	4.9697
29	8.6501	8.0218	7.4701	6.9830	6.5509	6.1656	5.8024	5.5098	5.2292	4.9747
30	8.6938	8.0552	7.4957	7.0027	6.5660	6.1772	5.8294	5.5168	5.2347	4.9789
35	8.8552	8.1755	7.5856	7.0700	6.6166	6.2153	5.8582	5.5386	5.2512	4.9915
40	8.9511	8.2433	7.6344	7.1050	6.6418	6.2335	5.8713	5.5482	5.2582	4.9966
45	9.0079	8.2825	7.6609	7.1232	6.6543	6.2421	5.8773	5.5523	5.2611	4.9986
50	9.0417	8.3045	7.6572	7.1327	6.6605	6.2463	5.8801	5.5541	5.2623	4.9995
60	9.0736	8.3240	7.6873	7.1401	6.6651	6.2491	5.8819	5.5553	5.2630	4.9999

찾아보기

저자소개

강 신 성 현, 한남대학교 경상대학 경영학과 교수
서울대학교 경영학과
서울대학교 대학원 경영학과(경영학 석사, 경영학 박사)
미국 University of Illinois at Urbana and Champaign 객원교수
미국 University of Michigan 객원교수
한남대학교 경상대학장 역임
공인회계사, 행정고시 · 외무고시 출제위원

이 광 로 현, 건국대학교 글로컬캠퍼스 경영학과 명예교수
건국대학교 경영학과
건국대학교 대학원 경영학과(경영학 석사, 경영학 박사)
건국대학교 사회과학대학장 역임
강릉영동대학교 총장 역임
한국산업경제학회 회장(2004년)
대한경영학회 회장(2005년)
한국전문경영인학회 회장(2008~2009년)

제7판 재무관리

2003년 7월 21일 제 1 판 1쇄 발행
2021년 6월 20일 제 7 판 1쇄 인쇄
2021년 6월 25일 제 7 판 1쇄 발행

저 자 강신성 · 이광로
발 행 인 권 영 섭
발 행 처 (주)신 영 사
경기도 파주시 심학산로 12(출판문화단지)
등 록 : 1988. 5. 2 / 제406-1988-000020호
전 화 : 031-946-2894(代)
F A X : 031-946-0799
e - mail : sys28945@naver.com
홈페이지 : http://www.shinyoungsa.co.kr

정가 29,000원

ISBN 978-89-5501-769-4